TRAVEL
무작정
따라하기

크로아티아
CROATIA

정숙영 지음

미리 보는 테마북

무작정 따라하기 크로아티아
The Cakewalk Series-CROATIA

초판 발행 · 2016년 12월 7일
초판 4쇄 발행 · 2019년 9월 25일

지은이 · 정숙영
발행인 · 이종원
발행처 · (주)도서출판 길벗
출판사 등록일 · 1990년 12월 24일
주소 · 서울시 마포구 월드컵로 10길 56(서교동)
대표전화 · 02)332-0931 | **팩스** · 02)323-0586
홈페이지 · www.gilbut.co.kr | **이메일** · gilbut@gilbut.co.kr

기획 및 책임편집 · 민보람(brmin@gilbut.co.kr) | **진행** · 방혜수 | **제작** · 이준호, 손일순
영업마케팅 · 한준희 | **웹마케팅** · 이정, 김진영 | **영업관리** · 김명자 | **독자지원** · 송혜란

디자인 · design GO | **지도** · 팀맵핑 | **교정교열** · 조진숙
CTP 출력 · 인쇄 · 상지사 | **제본** · 신정제본

- 잘못된 책은 구입한 서점에서 바꿔 드립니다.
- 이 책에 실린 모든 내용, 디자인, 이미지, 편집 구성의 저작권은 (주)도서출판 길벗과 지은이에게 있습니다. 허락 없이 복제하거나 다른 매체에 옮겨 실을 수 없습니다.

ISBN 979-11-6050-056-1(13980)
(길벗 도서번호 020056)

© 정숙영

정가 17,800원

독자의 1초까지 아껴주는 정성 길벗출판사

(주)도서출판 길벗 | IT실용, IT/일반 수험서, 경제경영, 취미실용, 인문교양(더퀘스트) www.gilbut.co.kr
길벗이지톡 | 어학단행본, 어학수험서 www.eztok.co.kr
길벗스쿨 | 국어학습, 수학학습, 어린이교양, 주니어 어학학습, 교과서 www.gilbutschool.co.kr

페이스북 · www.facebook.com/gilbutzigy | 트위터 · www.twitter.com/gilbutzigy

"

독자의 1초를 아껴주는 정성!
세상이 아무리 바쁘게 돌아가더라도
책까지 아무렇게나 빨리 만들 수는 없습니다.
인스턴트식품 같은 책보다는
오래 익힌 술이나 장맛이 밴 책을 만들고 싶습니다.

땀 흘리며 일하는 당신을 위해
한 권 한 권 마음을 다해 만들겠습니다.
마지막 페이지에서 만날 새로운 당신을 위해
더 나은 길을 준비하겠습니다.

독자의 1초를 아껴주는 정성을 만나보십시오.

"

INSTRUCTIONS
무작정 따라하기 일러두기

이 책은 전문 여행작가가 크로아티아 전 지역을 누비며 찾아낸 관광 명소와 함께,
독자 여러분의 소중한 여행이 완성될 수 있도록 테마별, 지역별 정보와 다양한 여행 코스를 소개합니다.
이 책에 수록된 관광지, 맛집, 숙소, 교통 등의 여행 정보는 2019년 8월 기준이며 최대한 정확한 정보를 싣고자 노력했습니다.
하지만 출판 후 또는 독자의 여행 시점과 동선에 따라 변동될 수 있으므로 주의하실 필요가 있습니다.

1권 미리 보는 테마북

1권은 크로아티아의 다양한 여행 주제를 소개합니다. 자신의 취향에 맞는 테마를 찾은 후
2권 페이지 연동 표시를 참고, 2권의 지역과 지도에 체크하며 여행 계획을 세우세요.

1권은 크로아티아의 다양한 여행 주제를 볼거리, 음식, 쇼핑, 체험으로 소개합니다.

이 책의 지명과 관광 명소 등은 국립국어원 외래어 표기법에 따라 표기했습니다. 한글 표기와 함께 현지에서 도움이 될 수 있도록 크로아티아어와 영어를 병기했습니다.

- 볼거리
- 음식
- 쇼핑
- 체험

구글 지도 GPS
위치 검색에 이용하도록 구글 지도 검색창에 입력하면 바로 장소별 위치를 알 수 있는 구글 지도 GPS좌표를 알려줍니다. 구글 지도 검색창에 좌표를 입력하세요.

찾아가기
버스터미널이나 대표 랜드마크 기준으로 가장 효율적인 동선으로 찾아갈 수 있는 방법을 설명합니다.

전화
대표 번호 또는 각 지점의 번호를 안내합니다.

시간
해당 장소가 운영하는 시간을 알려줍니다.

휴무
특정한 쉬는 날이 없는 현지 음식점이나 기타 장소들은 비정기적으로 표기했습니다.

2권 가서 보는 코스북

2권은 크로아티아의 주요 도시를 세부적으로 나눠 지도와 여행 코스를 함께 소개합니다. 지역별, 일정별, 테마별 등 다양하게 제시합니다. 1권 어떤 테마에 소개된 곳인지 페이지 연동 표시가 되어 있으니, 참고해 알찬 여행 계획을 세우세요.

교통 한눈에 보기
세부 지역별로 주요 장소에서 그곳으로 가는 교통편을 동선 표시, 소요시간, 비용과 함께 자세하게 소개합니다. 그 외 해당 지역 안에서 도보 이동이 가능한지, 그곳의 MTR 출구가 단일 출구인지 등등 생생한 팁을 제공합니다.

지역 페이지
지역마다 인기도, 관광, 식도락, 쇼핑, 문화 유적의 테마별로 별점을 매겨 지역의 특징을 한눈에 보여줍니다.

아주 친절한 실측 여행 지도
세부 지역별로 소개하는 볼거리, 음식점, 쇼핑점, 체험 장소 위치를 실측 지도로 자세하게 소개합니다. 지도에는 한글 표기와 크로아티아어(또는 영어), 소개된 본문 페이지 표시가 함께 구성되어 길 찾기가 편리합니다.

코스 무작정 따라하기
그 지역을 완벽하게 돌아볼 수 있는 다양한 시간별, 테마별 코스를 지도와 함께 소개합니다.

① 주요 스팟별로 그다음 장소를 찾아가는 방법, 운영 시간, 가격 등을 소개합니다.
② 주요 스팟을 기본적으로 영업시간과 간단한 소개글로 설명합니다.
③ 스팟별로 머물기 적당한 소요시간을 표시했습니다.
④ 코스별로 교통비, 입장료, 식사 비용 등을 영수증 형식으로 소개해 알뜰한 여행이 되도록 도와줍니다.

트래블 인포 & 줌인 세부 구역
그 지역 볼거리, 맛집, 쇼핑, 체험 장소를 소개합니다. 밀집 구역은 줌인 지도와 함께 한 번 더 소개하여 더욱 완벽하게 즐길 수 있게 도와줍니다.

가격
입장료, 체험료, 메뉴 가격 등을 소개합니다.

홈페이지
해당 지역이나 장소의 공식 홈페이지를 기준으로 합니다.

MAP
해당 스팟이 소개된 지역의 지도 페이지를 안내합니다.

INFO
1권일 경우 2권의 해당되는 지역에서 소개되는 페이지를 명시, 여행 동선을 짤 때 참고하세요!
2권일 경우 1권의 관련 페이지를 연동 표시했습니다.

CONTENTS

1권 미리 보는 테마북

INTRO

008	작가의 말
010	크로아티아 국가 정보
012	크로아티아 지역 한눈에 보기

OUTRO

222	디데이별 여행 준비
230	INDEX

STORY

014	반전 매력의 나라, 크로아티아
016	관광
017	역사
019	쇼핑&음식, 경제
020	크로아티아, 어느 계절에 가는게 좋을까?
022	크로아티아에서 꼭 해야할 것 베스트 5
024	크로아티아의 작은 도시를 즐기는 법 베스트 5
026	크로아티아에서 만나는 자연의 신비 베스트 5
028	크로아티아의 유네스코 세계문화유산 베스트 5
030	크로아티아에서 꼭 먹어 볼 음식 베스트 5
031	크로아티아에서 꼭 사봐야할 쇼핑 아이템 베스트 5

Part. 1 SIGHT SEEING

034	**MANUAL 01** 크로아티아 3대 도시
044	**MANUAL 02** 소도시와 마을
058	**MANUAL 03** 역사유적
076	**MANUAL 04** 숲과 계곡
092	**MANUAL 05** 뷰포인트
104	**MANUAL 06** 성당
112	**MANUAL 07** 골목
118	**MANUAL 08** 해변
126	**MANUAL 09** 섬 여행

Part. 2
EATING

Part. 3
SHOPPING

Part. 4
EXPERIENCE

136	**MANUAL 10**	메뉴 가이드
140	**MANUAL 11**	전통 음식
144	**MANUAL 12**	베스트 맛집
148	**MANUAL 13**	와인과 맥주

156	**MANUAL 14**	쇼핑아이템
166	**MANUAL 15**	시장과 마트
174	**MANUAL 16**	쇼핑몰과 쇼핑 거리

182	**MANUAL 17**	특별한 체험
186	**MANUAL 18**	드라이브
192	**MANUAL 19**	레포츠
196	**MANUAL 20**	축제와 이벤트
202	**MANUAL 21**	당일치기
210	**MANUAL 22**	숙소

PROLOGUE

작가의 말

작가 정숙영

여행 작가이자 번역가.
〈무작정 따라하기 도쿄〉〈금토일 해외여행〉
〈일주일 해외여행〉〈앙코르와트 내비게이션〉
〈노플랜 사차원 유럽여행〉〈도쿄만담〉
〈사바이 인도차이나〉〈여행자의 글쓰기〉
등의 책을 냈고 지금도 부지런히 쓰고 있다.

"뭐라고? 크로아티아를 안 간다고?
거기가 얼마나 아름다운 나란데!!!!!"

지금으로부터 10여 년 전, 대한민국에서 월드컵을 개최했던 2002년에 저는 생애 첫 유럽 여행을 했습니다. 초보 오브 초보답게 파리, 밀라노, 뮌헨, 프라하, 빈 등 남들 다 가는 동네들을 돌아봤죠. 그렇게 여행을 즐기던 중 저의 귀에 한 나라의 이름이 몹시도 자주 들려왔습니다.

크로아티아.

호스텔이나 카페에서 만나는 유럽 여행자들은 하나같이 발칸의 아름다움을 입에 침이 마르도록 칭찬해댔고, 특히 크로아티아는 재산이라도 털어줄 기세로 찬사를 퍼부었습니다. 그곳의 바다가 얼마나 눈부신 푸른빛인지, 마을과 도시들이 얼마나 비현실적으로 아름다운지, 숲과 계곡은 얼마나 환상적인지… 그때까지 크로아티아라는 나라에 대해 아는 거라곤 유고 내전과 크로캅 정도였던 저에게 그들의 호들갑스러운 찬사는 몹시도 쉽게 스며들었습니다. 그리하여 여행 막판, 유레일 패스를 도둑맞고 될 대로 되라며 유럽 동쪽을 마구 헤매던 저는 그들이 그토록 칭찬해대던 크로아티아로 가기 위해 정보를 모아보았습니다. 뻥 안 치고 한국어 웹에서는 몇 글자 찾아보기 힘들었습니다. 간신히 얻은 정보 하나는 '비자는 필요 없지만 현금으로 미화 300달러 상당의 금액을 소지해야 한다'라는 것. 돈이 오늘 떨어지느냐 내일 떨어지느냐 하는 상황이었던지라 300달러는 먹고 죽으려고 해도 없었습니다. 저는 아쉽게 크로아티아행을 포기했습니다.

크로아티아와 인연을 맺게 된 것은 그 후로 딱 10년 지나서였습니다. 그 10년 세월 동안 크로아티아는 정말 빠른 걸음으로 우리 곁으로 다가왔습니다. 눈 밝고 발 빠른 여행 선수들이 이 나라의 아름다움을 조금씩 알렸고, 많은 여행자들이 동경하기 시작했죠. 저는 남들보다 조금 일찍 동경했지만 그렇게 남들보다 빠르지는 않은 속도로, 2012년 가을 크로아티아에 첫발을 내딛었습니다.

크로아티아에는 생각보다 훨씬 더 감동적인 것들이 기다리고 있었습니다. 신비한 석회암 섬들이 떠 있는 새파란 아드리아 해, 지금 당장 엘프가 달려나와 말을 태워줄 것 같은 플리트비체 국립공원의 숲, 수백 년의 세월에 닳은 석회암 집과 보도들, 디나르 알프스의 기암괴석… 그곳에는 제가 지금까지 몰랐던 유럽의 또 다른 풍경들이 숨어 있었습니다. 10년 전 그들의 말은 허풍이 아니었습니다. 아니, 오히려 더 매력적인 나라였어요.

저는 여행에서 돌아와 바로 크로아티아 책을 준비했습니다. 그 후로도 몇 차례 더 여행을 했고, 몇 년에 걸쳐 원고를 썼습니다. 제 친구들은 가끔 묻습니다. 너 크로아티아 책 쓴다더니 아직도 안 나왔냐고요. 도대체 몇 년 동안 쓰고 있는 거냐고 말이지요. 그렇게 준비한 책이 이제 드디어 여러분 앞에 모습을 드러냅니다. 저 나름으로 최선을 다해 만들었습니다만, 한 가지는 확실히 말씀드리고 싶습니다. 제 부족한 능력의 한계 내에서 최선일 뿐, 결코 크로아티아의 최선은 아니라고요. 크로아티아는 아직까지 알려지지 않은 매력이 훨씬 많은, 잠재력 최강의 나라라고요.

부디 여러분의 여행에 이 책이 조금이나마 도움이 되기를 바랍니다.

2016년 11월 정숙영

Special thanks to

먼저 이 책을 함께 만든 길벗 편집부의 민보람 과장님과 방혜수 대리님에게 감사를 드립니다. 이렇게 상냥하고 유능한 편집진을 만나는 게 흔한 일이 아닌데 제가 그 복을 받았네요. 언제나 저의 든든한 배경이 되어주는 가족들과 친구들에게 감사와 사랑을 보냅니다. 특히 제가 가장 바쁠 때마다 기가 막힌 타이밍으로 공습해 무차별로 귀여움 폭탄을 날려댄 조카 서율이에게 가장 큰 사랑을 보냅니다. 자신의 금쪽같은 휴가를 쪼개 보충 취재를 도와준 좋은 동생이자 친구, 우크라이나의 현지 메이글 킴에게도 꼭 감사를 표하고 싶습니다. 크로아티아 여행 중에 만났던 많은 친구들, 주혜씨, 화현씨, 달재, 동수 등등 딱히 안부 전하지는 않아도 페이스북에서 근황 잘 보고 있어요~ 크로아티아에서 처음 만나고 이제는 도쿄에서 만나는 미미, 사진 고마워! 그리고 마지막으로 꼭 감사함을 전하고 싶은 분들이 있습니다. 제가 이스트라의 어느 시골에 갇혀 오도가도 못하고 있을 때, 제게 다가와 친절하게 여기저기 전화를 돌리며 교통편을 알아봐주고 자기들의 소중한 점심 도시락까지 건네주었던 예쁜 커플. '한국에 돌아가면 크로아티아가 얼마나 친절한 나라인지 널리 알려달라'고 했던 당부, 이렇게 지킵니다.

INTRO
무작정 따라하기 크로아티아 국가 정보

국가명
크로아티아

CROATIA

크로아티아는 영어 명칭이고, 현지어로는 '흐르바츠카Hrvatska'라고 한다.

국가 설명
20세기에는 발칸 반도의 공산 국가 연합 '유고슬라비아Yugoslavia'의 일부였으나 21세기 초 치열한 내전을 통해 독립했다. 서쪽으로는 지중해의 일부인 아드리아 해가 펼쳐져 있고, 동쪽으로는 알프스의 지맥인 디나르 알프스 산맥이 뻗어 있는 배산임수 지형이다. 수도는 자그레브.

국기

빨강, 하양, 파랑의 삼색기에 방패 문양이 한가운데에 자리한 형태이다. 삼색은 크로아티아의 역사 속에 등장하는 세 왕국(크로아티아 왕국, 슬라보니아 왕국, 달마티아 왕국)을 상징한다. 방패는 크로아티아 고유의 체크 문양에 크로아티아, 두브로브니크, 달마티아, 이스트라, 슬라보니아를 상징하는 문장 다섯 개가 왕관처럼 얹혀 있다.

위치와 면적
유럽 동남부의 발칸 반도에 자리하고 있다. 슬로베니아, 헝가리, 보스니아-헤르체고비나, 몬테네그로와 국경을 맞대고 있고, 서쪽으로는 아드리아 해를 사이에 두고 이탈리아와 마주하고 있다. **면적은 5만6594㎢**로 남한의 절반 정도.

비자&여권
한국과 무비자 협정이 체결되어 관광 목적으로 입국 시에는 **90일까지 비자가 면제**된다. 유럽 내의 국경 개방 조약인 솅겐조약Schengen Agreement에 가입되어 있지만 아직 발효되지 않아 유럽의 다른 나라와 오갈 때 여권 검사를 한다.

언어
크로아티아어

남부 슬라브어 계통의 크로아티아어를 사용한다. 과거 한 나라였던 슬로베니아, 몬테네그로, 보스니아-헤르체고비나, 세르비아 모두 대동소이한 언어를 사용한다. 문자는 알파벳을 사용하며, 고유의 발음을 표현하기 위한 발음 기호를 몇 가지 사용하고 있다.

거리와 시차
서울에서 자그레브까지는 8481km.
직항으로 11시간 가량 소요되며, 경유편으로는 최소 15~16시간 소요. 시차는 서머타임 실시 때는 7시간, 서머타임 해제 때는 8시간. 유럽의 다른 국가와 마찬가지로 3월 마지막 주 월요일에 서머타임을 시작하고, 10월 마지막 주 일요일에 해제한다.

화폐
1쿠나≒184원 (2019년 8월 기준)
크로아티아의 화폐 단위는 '쿠나kuna'이고, 약칭으로는 HRK라고 한다. 국내에서 환전은 되지 않으니 유로를 가져가서 현지에서 재환전하거나 체크카드를 가져가야 한다. 1쿠나 이하의 단위는 '리파Lipa'이고, 1쿠나는 100리파이다. 리파 단위는 모두 동전으로 유통되고, 지폐는 5쿠나 이상에서 볼 수 있다. 환율은 보통 1쿠나에 180~200원 정도로 여행자들 사이에서는 1쿠나를 200원으로 치는 간편 계산법이 통용되고 있다.

56,594㎢

인터넷 사용
와이파이가 전국적으로 잘 보급되어 있다. 대부분의 숙소·식당·카페에는 와이파이가 설치되어 있다. 현지인 민박 중에 간혹 와이파이가 없는 경우도 있으므로 예약이나 흥정 시 미리 체크하자.

스마트폰
우체국이나 버스표 판매소인 **티삭TISAK에서 심카드를 구매**할 수 있다. VIP, T 등 통신사마다 조금씩 다른 상품을 내놓는데, 80쿠나 정도면 일주일 동안 넉넉히 쓸 수 있는 상품을 구할 수 있다. 안드로이드용과 아이폰용이 골고루 통용되고 있다.

신용카드 & 현금 인출

호텔, 고급 레스토랑, 기념품점 등에서 신용카드를 받는다. 호스텔, 민박, 저렴한 식당 등에서는 신용카드가 통하지 않는 경우가 많다. 비자VISA, 마스터카드MasterCard가 가장 흔히 통용되며, 최근에는 유니온페이UNIONPAY가 세력을 넓혀가고 있다. 아메리칸 익스프레스AMEX는 통하지 않는 곳이 많다. 아주 작은 도시에서도 현금 인출이 가능한 ATM을 볼 수 있으므로 해외에서 사용 가능한 체크카드 하나쯤은 꼭 준비하는 것이 좋다.

교통수단
버스가 가장 발달되어 있다. 수도인 자그레브에는 트램이 다니지만, 다른 도시는 대부분 버스만 다닌다. 도시 내 이동은 물론이고 도시 간 이동에도 버스가 가장 활발하게 이용된다.
주요 도시들 사이에는 기차도 있으나 시설이 워낙 낙후되어 이용 가치는 높지 않다. 유레일 패스 중에 크로아티아가 포함된 지역 패스 상품도 있으나 가볍게 무시할 것.

친절도
전반적으로 순박하고 친절하며 인심이 좋다. 길을 물어보거나 급한 도움이 필요할 때는 언제나 어렵지 않게 도움을 구할 수 있다. 소매치기를 비롯한 각종 범죄의 위험도 적은 편. 다만 여행자 편의 시설 및 시스템이 다소 미흡하고, 레스토랑 등의 서비스는 좀 느린 편.

화장실
공중 화장실이 흔하지 않다.
급하면 호텔, 레스토랑 등의 화장실을 이용하는 수밖에 없는데, 대부분 흔쾌히 허락한다. 버스터미널 등 공공시설의 화장실에서는 5쿠나 안팎의 이용료를 받는다.

팁
규정된 팁 문화가 없기 때문에 팁을 주지 않아도 비매너로 취급하지는 않는다. 레스토랑에서 식사와 서비스에 만족했다면 식대의 10~15퍼센트 정도를 현금으로 주면 된다. 고급 레스토랑에서는 식대에 서비스 요금이 포함되는 경우도 종종 있다.

전압
한국과 같은 220V를 사용한다. 플러그 모양도 잘 맞으므로 유니버설 어댑터를 비롯한 별도의 준비는 전혀 하지 않아도 OK.

INTRO

무작정 따라하기 크로아티아 지역 한눈에 보기

1 자그레브 Zagreb

크로아티아의 수도이자 크로아티아 여행의 시작점이 되는 곳이다. 작고 소박하지만 오래된 도시 특유의 느낌을 간직하고 있는 구시가도 한나절의 좋은 볼거리.

◉★★★☆☆ ⓜ★★★★☆ 🖼★★★★☆

2 두브로브니크 Dubrovnik

크로아티아 여행의 꽃이자 핵심. 유럽에서 가장 완벽한 중세 도시라는 극찬을 받고 있는 크로아티아 최남단의 도시이다. 크로아티아에서 단 한 곳만 여행한다면 주저 말고 이곳을 선택할 것.

◉★★★★★ ⓜ★★★★☆ 🖼★★★☆☆

3 플리트비체 Plitvice

'죽기 전에 꼭 가봐야 할 세계의 절경' 등에 자주 선정되는 크로아티아 최대의 국립공원. 수십 개의 호수와 폭포, 석회암 절벽과 숲 등 카르스트 지형이 빚어내는 천혜의 경관을 만끽하자.

◉★★★★★ ⓜ★☆☆☆☆ 🖼★☆☆☆☆

4 스플리트 Split

달마티아 지역의 중심으로, 크로아티아에서 가장 중요한 역사 유적인 디오클레티아누스 궁전 유적이 있다. 유적지와 휴양지 중간쯤의 고색창연하면서도 여유로운 느낌이 매력적.

◉★★★★☆ ⓜ★★★★☆ 🖼★★★☆☆

5 흐바르 Hvar

달마티아 지방은 새파란 바다 위에 아름다운 섬이 수없이 늘어선 곳인데, 흐바르는 그중에서도 단연 으뜸가는 아름다움을 자랑한다. 드라이브와 휴식에 최적화된 섬.

◉★★★★☆ ⓜ★★☆☆☆ 🖼★☆☆☆☆

6 자다르 Zadar

크로아티아의 서부 해안 지방인 달마티아Dalmatia의 북부에 자리한 도시. 하늘과 땅과 소리가 어우러진, 세상에 둘도 없는 특별한 낙조 풍경이 매일매일 펼쳐진다.

◉★★★★☆ ⓜ★★★☆☆ 🖼★★☆☆☆

7 트로기르 Trogir

달마티아의 작은 도시로, 구시가 전체가 유네스코 세계문화유산으로 지정되었다. 아주 작은 구시가 안에 여러 시대의 아름다운 건축물이 모여 있어 살아 있는 건축 박물관으로 불린다.

◉★★★★☆ ⓜ★★☆☆☆ 🖼★☆☆☆☆

8 프리모슈텐 Primošten

유럽의 아름다운 마을 선발대회에서 황금 장미상을 수상한 마을. 바다 위에 오롯이 떠 있는 구시가를 보며 눈부시게 맑은 물에서 해수욕을 즐길 수 있다.

◉★★★☆☆ ⓜ★★☆☆☆ 🖼★★★☆☆

13

STORY

지도:
- 오스트리아 Austria
- 헝가리 Hungary
- 슬로베니아 Slovenia
- ① 자그레브 Zagreb
- 모토분 Motovun
- 포레치 Poreč
- 로빈 Rovinj
- ⑩ 이스트라 반도 Istra
- 풀라 Pula
- ③ 플리트비체 Plitvice
- 보스니아-헤르체고비나 Bosnia and Herzegovina
- ⑥ 자다르 Zadar
- ⑨ 시베니크 Šibenik
- ⑧ 프리모슈텐 Primošten
- ⑦ 트로기르 Trogir
- ④ 스플리트 Split
- ⑤ 흐바르 Hvar
- ② 두브로브니크 Dubrovnik
- 이탈리아 Italy
- 몬테네그로 Montenegro

9 시베니크 Šibenik

유네스코 세계문화유산인 성 야고보 대성당이 있는 달마티아의 작은 도시. 아직 개발과 복구가 끝나지 않아 앞으로가 더 기대된다. 플리트비체에 버금가는 생태관광지 크르카Krka와 가깝다.

◉ ★★★★☆ ⓜ ★☆☆☆☆ ▣ ★☆☆☆☆

10 이스트라 반도 Istra

크로아티아 서북쪽에서 아드리아 해를 향해 비죽하게 튀어나온 통통한 반도. 아직 제대로 개발되지 않았으나 잠재력만큼은 크로아티아 제일! 로빈과 모토분, 풀라, 포레치 등의 작은 마을이 있다.

◉ ★★★★☆ ⓜ ★★★★☆ ▣ ★☆☆☆☆

STORY
무작정 따라하기 크로아티아 스토리

크로아티아의 인기가 심상치 않다. 대학 시절 유럽 여행을 했던 김 과장은 크로아티아 때문에 10여 년 만에 다시 유럽행 항공권을 검색하고, 결혼 날짜를 잡은 이 대리는 신혼여행지의 강력한 후보로 크로아티아를 올린다. 지금 유럽에서 가장 '핫'한 나라, 크로아티아. 이 나라가 어떤 색깔과 모습을 지니고 있는지, 여러 가지 이야기를 통해 알아보도록 하자. 덧붙여 지금의 크로아티아는 나라 전체가 서서히 기지개를 켜고 있는 중이라 앞으로 몇 년 후에는 이 이야기들이 얼마 바뀔지 나도 모르고 여러분도 모르며 아마 크로아티아도 모를 것이다.

1 | 반전 매력의 나라, 크로아티아

알고 보면 크로아티아는 이런 나라!

반전 1 날씨가 춥지 않을까? ⇨ No! 오히려 덥다!

'동유럽'의 이미지에는 춥고 음울한 날씨가 포함되어 있다. 크로아티아는 발칸 반도에 자리한 나라로, 경도상이나 관념상 동유럽에 포함된다. 따라서 크로아티아는 당연히 추울 것이라고 생각할 수도 있다. 그러나 이것은 진짜 큰 오해. 크로아티아의 기온은 전반적으로 한국보다 높다. 사철 더운 열대 기후까지는 아니고, 제주도나 오키나와 정도로 보면 된다. 북쪽의 이스트라 반도는 9~10월, 남쪽의 두브로브니크는 11월 하순까지 해수욕을 즐길 수 있다. 한겨울에도 영하로 내려가는 일이 잘 없으며, 여름에는 현기증이 날 정도로 뜨겁다.

> **+PLUS INFO**
> **다 더운 건 아니다!**
> 전체적으로 기온이 높은 편이다. 하지만 산간 지방인 플리트비체는 한여름에도 밤에는 긴 옷을 입어야 할 정도로 쌀쌀하고, 수도인 자그레브는 한국 남쪽 지방과 비슷한 정도의 기온 분포를 보인다. 자세한 설명은 P.20 참조.

반전 2 위험하지 않을까? ⇨ No! 완전 안전하다!!

유럽에는 여행자를 노리는 도둑과 소매치기가 많다. 크로아티아는 다른 EU 국가들에 비해 경제 수준이 낮은 편이다. 게다가 전쟁이 끝난 지 얼마 되지 않았고, 심지어 한때는 공산주의 국가였다. 그래서 크로아티아가 위험할 거라고, 가는 데마다 도둑놈 천지일 거라고 생각하는 사람들이 종종 있다. 그러나 그 걱정과 오해는 편히 내려놓아도 된다. 크로아티아는 범죄 발생률이 말도 안 될 정도로 낮은 국가로, 슬로베니아와 더불어 유럽 범죄율 최하위를 기록하고 있다. 아주 후미진 곳만 아니면 밤에 마음껏 돌아다녀도 아무 문제없다. 공산주의 시절부터 내려오는 튼튼한 경찰력이 범죄 예방에 한몫하고 있다. 이종 격투기 챔피언 크로캅이 한때 이 나라의 경찰이었음을 기억하자. 크로아티아 경찰이라서 '크로' '캅'인 거냐고? 그렇다.

반전 3 영어가 안 통하는 건 아닐까? ⇨ No! 통하긴 통한다!

공공 시설에는 영어가 흔히 병기되어 있다.

크로아티아의 공식 언어는 슬라브어 계통의 크로아티아어. 낯선 언어를 쓰는 나라다 보니 영어가 통하지 않을 거라고 생각할 수도 있지만, 아니다. 통한다. 그럭저럭 의사소통에 큰 지장은 없을 정도로 통한다. 솔직히 전반적으로 영어를 잘하는 편은 아니다. 문법이나 발음을 깐깐하게 따지는 사람들이라면 공항이나 호텔에서조차 영어 잘한다는 느낌을 받지 못할 것이다. 그러나 외국어로 소통할 때 문법이나 발음 이상으로 중요한 것이 바로 성의와 배려. 크로아티아인들에게는 그것이 있다. 알아듣든 말든 자기네 나라 말로만 마구 떠든다거나, 영어를 못한다며 냅다 도망가는 사람들은 보기 힘들다. 우리도 그네들도 영어 짧은 것은 마찬가지이나, 분명 소통된다. 그러니까, 걱정하지 말자.

+PLUS INFO

정식 국명은 '흐르바츠카'

우리나라의 정식 국호는 대한민국이지만 영어로는 코리아Korea라고 부른다. 크로아티아도 마찬가지. '크로아티아Croatia'는 영어 표기로 외국에서 부르는 명칭이며, 현지어로 된 정식 국호는 흐르바츠카Hrvatska이다. 크로아티아의 웹 국가 도메인이 .hr인 것도 흐르바츠카에서 연유한 것.

반전 4 사람들이 불친절하고 거칠지는 않을까? ⇨ 절대 No! No!

과거 공산주의였던 동유럽 국가에 경제발전도도 썩 높지 않은 나라. 그런데 경찰력까지 강하다. 심지어 이종 격투기 챔피언도 배출했다. 그렇다면 사람들이 몹시 괄괄하지는 않을까? 단호하게 말한다. 절대 아니다. 크로아티아 사람들 정말 순박하고 착하다. 자기네 집은 와이파이가 안 된다며 옆집 와이파이 비번을 얻어오는 민박집 아저씨, 오도가도 못하는 상황에 놓인 외국인 여행자를 위해 택시를 불러주는 예쁜 커플, 비에 홀딱 젖은 여행자를 타월로 꼼꼼히 닦아주는 호텔 리셉션 직원 등등 친절함과 유쾌함은 일일이 다 표현할 수 없을 정도이다. 게다가 다들 예쁘고 잘생겼다. 구릿빛 피부와 탄탄한 몸매, 또렷한 이목구비를 자랑한다. 심지어 잘 웃는다. 아드리아 해 위로 타오르는 햇살처럼 환하게 웃는 크로아티아 사람들. 이 나라의 가장 큰 매력 중 하나는 바로 사람들이다. 다만 최근 관광객 수가 폭증하며 예전에는 없던 바가지나 불친절, 팁 강요 등을 겪는 여행자들이 간간이 나타나고 있다. 모든 유명 관광국가들이 한번씩은 거쳐가는 일이긴 하나 안타깝고 씁쓸한 마음은 지우기 힘들다.

2 | 관광 SIGHTSEEING

크로아티아에는 이런 볼거리가 있다

01 소도시와 마을의 뷔페

크로아티아에는 파리나 런던, 로마 같은 대도시가 없다. 수도인 자그레브조차 몹시 아담하다. 그 대신 작은 소도시와 마을들이 서부 해안 지방을 중심으로 별처럼 총총히 박혀 있다. 작은 골목까지 샅샅이 둘러봐야 다리가 아파오기 시작하는 아담한 규모. 화려하진 않지만 예쁘게 나이 든 유적과 문화유산들. 오랫동안 사람들이 살아왔고, 지금도 삶을 이어가고 있는 아기자기한 집과 골목, 그곳의 잘 가꾸어진 화단과 화분이 전해주는 주민들의 소박하고 느긋한 삶. 여기에 새빨간 지붕과 석회암으로 만든 하얀 중세 건축물, 눈부시게 새파란 바다 등 크로아티아 특유의 유전자가 추가되면 비로소 크로아티아 해안 소도시의 모습이 완성된다. 모토분이나 라스토케처럼 특별하고 개성적이라 더욱 아름다운 마을도 있다. 일품요리를 먹듯 한두 도시에 지그시 눌러앉는 여행이 아니라, 마치 뷔페처럼 여러 도시와 마을을 조금씩 맛보며 돌아다니는 여행. 그런 여행이 크로아티아에 잘 어울린다.

02 요정이 살 것 같은 신비로운 땅

크로아티아는 아름다운 배산임수 지형을 자랑하는 나라이다. 동쪽으로는 장엄하고 이색적인 모습의 디나르 알프스가 뻗어 있고, 서쪽으로는 푸른빛을 자랑하는 아드리아 해가 펼쳐져 있다. 게다가 이 산과 바다에는 비현실적으로 아름다운 신비로운 자연 풍경이 숨어 있다. 디나르 알프스Dinar Alps, Dinarske Planine는 알프스 산맥의 지맥으로, 발칸 반도 전역에 척추와 늑골처럼 뻗어 있다. 하얀 민둥산에 관목이 듬성듬성 자라 있거나 시커먼 빛깔의 암석이 불쑥 솟아 있는, 한국에서는 보기 힘든 모습의 산악 지형이다. 이 산맥을 구성하는 암석 성분의 대부분은 석회암. 이런 석회암 지대에 수백만 년 동안 물이 흐르며 폭포와 계곡이 생기고, 호수가 만들어졌다. 석회암을 녹인 물은

햇빛을 만나 지구 어디에도 없을 듯한 신비로운 푸른빛을 띠게 되었다. 그렇게 산과 물은 당장 엘프가 튀어나와 말을 태워줄 것 같은 싱싱하고 아름다운 자연을 연출해냈다. 크로아티아의 지층 대부분을 구성하는 석회암은 바다에도 놀라운 신비를 선사했다. 푸른 바다 위에 마시멜로처럼 하얗게 떠 있는 희한한 모습의 석회암 섬들은 다른 곳에서는 흔히 볼 수 없는 장관이다. 그 가운데는 환상적인 물빛의 해식 동굴과 독특한 모습의 해안선도 있다. 마치 바다의 요정 세이렌이 어디선가 노래를 부를 것 같은 바다가 크로아티아 서쪽을 따라 펼쳐져 있다. 이렇게 환상적인 자연환경을 가진 나라는 세계적으로도 드물 것이다.

03 미래가 더 기대되는 휴양지

유럽에서 바다가 예쁜 나라를 뽑는다면 아무리 보수적으로 잡아도 크로아티아가 다섯 손가락 안에는 무사히 안착할 것이다. 단연 크로아티아가 최고라는 의견도 적지 않다. 그만큼 아드리아 해의 바다는 예쁘다. 달마티아의 기나긴 해안선을 따라 수평선 저 멀리까지 사파이어 빛깔의 투명한 바닷물이 찰랑이고, 해안선 가까운 곳은 에메랄드빛과 사파이어빛이 오묘하게 교차한다. 게다가 바다 위에 떠 있는 신비한 모양의 석회암 섬까지. 날씨도 좋다. 비 오는 날은 적고 햇빛은 아낌없다. 1년 중 해수욕 가능한 기간이 그렇지 않은 기간보다 길다. 이런 이유로 크로아티아는 유럽인들이 몹시 사랑하는 휴양지로 오랫동안 사랑받고 있다. 그럼에도 불구하고 해안 휴양지의 볼거리와 할 거리 대부분은 제대로 개발되지 않은 날것 그대로의 상태이다. 다른 나라들 같았으면 근사한 리조트가 들어서고도 남았을 것 같은 그림 같은 바닷가에 어부의 집이나 소소한 민박이 있는 모습을 볼 때면 땅바닥에 널린 다이아몬드로 꼬마들이 공기놀이를 하더라는 어느 아프리카 오지 부족의 얘기가 생각날 정도이다. 전쟁이 끝난 지 20년. 이제 겨우 EU에 가입한 나라. 지금도 대세라는 소리를 듣고 있긴 하나 사실 크로아티아는 지금보다 미래가 훨씬 기대되는 곳이다.

3 | 역사 HISTORY

유럽의 위대한 과거와 슬픈 현대를 간직한 나라

01 오랜 역사를 간직한 유서 깊은 땅

크로아티아의 이스트라 반도와 달마티아 지역은 예로부터 유럽 남동부에서 아주 중요한 지역이었다. 땅 자체가 아름답고 비옥한데다 이탈리아 반도, 유럽 동부, 그리스, 중동 지역을 잇는 중요한 길목이기도 했다. 고대 그리스인들은 기원전부터 두브로브니크 인근에 몰려 살며 흐바르에 별장을 지었다. 로마 제국 지배하에 있을 때 달마티아에서 황제를 배출해냈다. 베네치아 공화국의 세력하에 있는 동안에는 베네치안 스타일의 성당과 집이 지어졌고, 그 밖에도 고딕과 르네상스·바로크 등 유럽 건축의 중요한 사조들을 반영한 건물들이 곳곳에 들어섰다. 로마에서 중세로 넘어가며 로마 제국의 흔적은 성당 건축 재료로 사용되기도 했고, 그리스도 교인들을 심하게 박해한 황제의 영묘가 성당이 되는 아이러니한 상황이 벌어지기도 했다. 그리고 이러한 역사의 흔적들은 성당과 건축물, 성벽, 기둥, 주춧돌로 남아 여행자들을 반기고 있다. 그냥 볼 때는 아무 의미 없는 돌덩이일 수 있지만, 그것에 스며 있는 이야기를 알고 난 후에는 사뭇 다르게 보이는 법이다.

02 슬프도록 아름다운 발칸

크로아티아가 한국에서 유명해진 것은 최근 3~4년 사이의 일. 2000년대 초반만 해도 이름조차 잘 모르던 나라였다. 왜 크로아티아는 이제야 우리에게 회자되기 시작한 것일까? 그 대답은 크로아티아의 현대사에서 찾아야 할 것 같다. 크로아티아는 20세기 내내 공산주의 국가였다. '유고슬라비아'라는 이름을 기억하는지? 발칸 반도의 공산주의 연방 국가 유고슬라비아 말이다. 크로아티아가 바로 그 유고슬라비아의 일부였다. 제1차 세계대전 무렵 세르비아-슬로베니아-크로아티아 삼국 연합 왕국으로 시작해 제2차 세계대전이 끝날 무렵 공화정으로 전환되었고, 소련이 개입하며 여러 나라가 연합한 공산주의 연방 국가로 자리 잡게 되었다. 이후 요시프 티토라는 강력한 지도자의 지휘 아래 소련과도 다른 독자적인 공산주의 노선을 걸으며 연방 국가를 유지했으나, 1980년 티토가 사망한 뒤 역사와 민족, 종교 등을 따라 분열이 가속화되었다.

여기에 세르비아의 대통령이자 발칸의 도살자라 불리는 밀로세비치의 폭주가 더해져 발칸 반도는 세계 제일의 화약고가 되고 말았다. 크로아티아도 이 전쟁에 휩쓸렸다. 세르비아의 침공을 받는가 하면, 보스니아를 침공하기도 했다. 1991년 시작된 내전은 1995년 세르비아-크로아티아-보스니아 3국이 강화 협정을 맺으며 종결되었고, 오랜 복구의 시간을 거친 뒤 21세기 초에 들어서야 그나마 전쟁의 상흔에서 벗어나기 시작했다.

해외여행객에 대한 까다로운 규제가 풀린 것도, 자그레브 공항이 번듯한 국제공항의 모습을 갖춘 것도 미처 10년이 되지 않았다. 즉, 크로아티아가 세계의 여행자들을 받아들일 태세를 갖추기 시작한 것이 겨우 최근 몇 년 사이의 일인 것이다. 지금도 크로아티아를 비롯한 발칸 반도의 나라들에서는 지난 전쟁의 미처 아물지 못한 생채기들이 구석구석에서 발견된다. 폭격에 무너진 집, 성벽이나 성당 외벽에 남은 총상, 현지 민박집 할머니의 가족사진 속에 있는 전사자 등. 이런 모습들을 마주할 때면 조금은 숙연한 마음을 가지는 것, 그런 마음이 이 땅을 찾은 이방인으로서의 예의일 것이다.

4 | 쇼핑&음식 SHOPPING&FOOD

질 좋은 농작물과 신선한 식재료

경도상, 그리고 통념과 정서상으로 보면 크로아티아는 동유럽이 맞지만 그 이상으로 남유럽의 성격이 강한 곳이다. 연중 따뜻한 기온, 아름다운 바다, 느긋하고 쾌활한 사람들, 독실한 가톨릭 신앙 등 흔히 이탈리아나 스페인의 구성 요소로 여겨지는 것들이 크로아티아에도 충실하게 갖춰져 있다. 이러한 '남유럽다움'의 요소에는 꽃과 농작물로 가득한 풍요로운 땅도 포함된다.

봄에는 딱총나무, 여름에는 라벤더, 가을에는 포도의 향기가 가득하다. 크로아티아의 산업 구조에서 농업이 차지하는 비율은 5퍼센트 정도지만, 농산물의 질은 내로라할 만하다. 특히 라벤더·올리브·포도·체리를 비롯한 허브와 꽃, 과실류가 유명하며, 농산물을 가공한 주류·향료·가공식품 등도 발달되었다. 크로아티아의 여행을 기념할 무언가를 사 오고 싶다면 이쪽으로 관심을 돌려보자. 패션이나 소비재 제조업의 발전도는 높지 않으므로 예쁜 패션 아이템이나 특이한 디자인 상품 등에 대해서는 처음부터 기대를 버릴 것을 권한다. 한편 좋은 식재료가 생산되는 것에 비해 미식은 크게 발달하지 않았다. 굴라쉬 등 동유럽 특유의 요리와 이탈리아의 영향을 받은 피자 및 파스타, 해안 지방의 생선 요리 등이 있으나, 특별히 '꼭 먹어야 할 전통음식'이나 모두가 맛있다고 말하는 맛집 같은 것은 별로 없는 편이다. 그러나 식재료 자체는 상당히 좋으므로 제철 재료를 사용한 요리를 주문하면 재료 본연의 신선한 맛을 만끽할 수 있다.

5 | 경제 ECONOMY

어쩌면 지금 당장 크로아티아로 가야 할 이유

크로아티아의 큰 장점 중 하나는 바로 저렴한 물가일 것이다. 서유럽 국가의 60~70퍼센트 수준으로, 한국과 비교했을 때는 비슷하거나 약간 싼 편이다. 유럽의 설렘과 낭만은 그대로 즐기면서 살인적인 물가를 피할 수 있다는 것은 여행자 입장에서 거부할 수 없는 매력 포인트이다. 크로아티아의 물가가 싼 이유는 아무래도 경제 수준 때문일 것이다. 관광, 기계제조, 금융, 유통업이 크로아티아의 주산업인데, 유럽 전체 수준에 비해 발전도가 다소 뒤떨어지는 것은 사실이다. 스타벅스가 없고, 교통망이 좋지 못해서 도시 간 이동이 불편하며, 관광지의 개발도가 높지 않다. 샤넬, 루이비통, 버버리 따위의 명품 브랜드는 찾아보기 힘들고, 그 흔한 자라나 H&M 매장조차 손에 꼽을 정도이다. 그러나 그밖에 이 나라의 경제 사정이 여행자에게 폐를 끼치는 지점은 거의 없다. 오히려 도시 중심가마다 무료 와이파이가 팡팡 터질 정도로 관광 인프라는 잘되어 있고, 아직 때가 덜 묻은 사람들의 인심과 개발 전의 질박한 풍경이 매력적이기만 하다. 그리고 유럽에서나 뒤처지는 것일 뿐, GNP 1만5000달러의 세계 중상위권의 경제력에 속한다. 이러한 저렴한 물가는 앞으로 오래 가지는 못할 것 같다. 크로아티아가 조만간 통화를 유로로 바꿀 예정이기 때문. 2019년에 정식으로 유로존 가입 신청을 했고, 이것이 순조롭게 승인된다면 2023년부터는 유로 사용 국가가 된다. 그리고 유로를 쓰기 시작하면 물가는 천정부지로 오를 것이 분명하다. 어쩌면 지금 당장 크로아티아로 가야 할 가장 큰 이유일지도 모르겠다.

● 크로아티아 물가 한눈에 보기

물 500ml 5~6kn (≒1000~1200원)
코카콜라 500ml 8kn (≒1600원)
아메리카노 커피 8~20kn (≒1600~4000원)
캔맥주 500ml 8~10kn (≒1600~2000원)
생맥주 500ml 13~20kn (≒2600~4000원)
감자칩 1봉지 4.99kn (≒1000원)
사과 1kg 7~15kn (≒1400~3000원)
파스타 500g 7.49~10.99kn (≒1500~2200원)
H&M 니트 스웨터 199kn (≒40000원)
저렴한 한끼 40~80kn (≒8000~16000원)
근사한 한끼 100kn~ (≒20000원~)
자동차 휘발유 1ℓ 10~12kn (≒2000~2400원)

◎ 2019년 8월 현재 환율은 1쿠나=184원. 환율은 자주 변동되므로 예산을 짜거나 물가를 비교할 때 1쿠나=200원으로 계산하는 것이 편하다.

STORY
크로아티아, 어느 계절에 가는 게 좋을까?

| 4월 | 5월 | 6월 | 7월 | 8월 | 9월 |

X ←
○ 5월 말~10월 **건기** (거의 매일 날씨가 맑다.)
○ 4~10월 **서머타임** (해가 오후 7~9시에 진다.)

SPRING   SUMMER   FA

4~5월 (기온 15~25도 선)
윈터타임이 끝나고 성수기가 슬슬 시작되는 시즌. 자그레브는 한국의 봄보다 약간 기온이 높은 정도이다. 교통편은 모두 정상적으로 운행되고, 레스토랑과 명소는 아주 일부를 제외하고는 모두 문을 연다. 다만 배편은 국제선이나 믈리예트행 등 일부 운항하지 않는 구간도 있다. 플리트비체에는 새잎이 돋아나고 비가 가끔씩 온다. 달마티아 지역과 두브로브니크에서는 이르면 4월 말, 일반적으로는 5월 중순부터 해수욕이 가능하다. 각종 비치 시설과 레포츠는 5월부터 영업을 시작하는 경우가 많다.

복장 준비
기본적으로는 봄옷 차림. 속에 반팔이나 민소매를 입고 겉에 점퍼나 카디건을 걸치는 것 추천. 두브로브니크에서 입을 휴양지 복장과 플리트비체의 밤을 대비하는 두꺼운 스웨터도 필수.

6~8월 (기온 25~30도 선)
완연한 여름으로 자그레브부터 두브로브니크까지 덥지 않은 곳이 없지만 30도를 훌쩍 넘는 정도의 폭염은 별로 없다. 모든 바다에서 해수욕이 가능하고 모든 레스토랑과 명소는 내부 수리를 하지 않는 이상 모두 활짝 열려 있다. 배편·항공편·기차편·버스편 할 것 없이 모두 정상적으로 다닌다. 다만 너무도 명실상부한 여름이며 성수기이므로 어디를 가도 더위와 사람에 치일 각오는 하는 것이 좋다.

복장 준비
가장 얇고 가장 여름답고 가장 휴양지다운 옷차림을 챙긴다. 평소 노출이 심해서 입지 못하는 옷이 있었다면 이 기회에 뽐내볼 것. 플리트비체는 밤에 쌀쌀한 편이므로 추위를 탄다면 얇은 카디건은 필수.

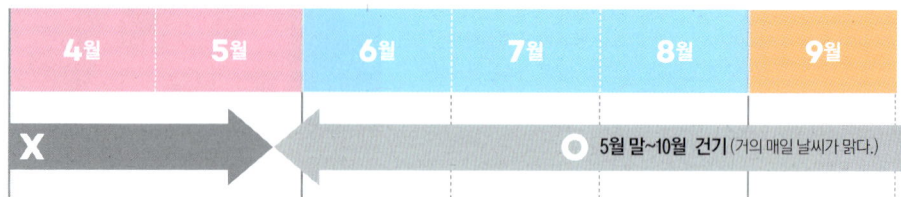

9~10월
(기온 20~25도 선)
크로아티아의 계절 구분은 다소 느슨한 편이라 크게 가을 분위기가 나지 않고 초여름 정도의 살짝 땀나는 날씨가 이어진다. 9월까지는 극성수기의 분위기지만 10월부터는 비수기로 접어든다. 명소와 레스토랑은 대부분 문을 열고 교통편도 일부 배편을 제외하고는 모두 원활하게 다니므로 여행에는 큰 지

자그레브 기온 그래프

플리트비체 기온 그래프
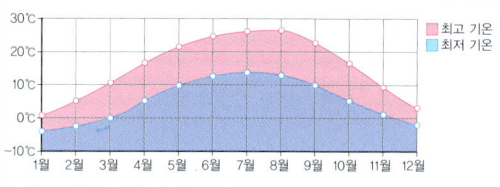

크로아티아의 국토는 느타리버섯과 비슷한 모양으로, 남북으로 길고 북부가 다시 동쪽으로 넓게 퍼져 있다. 이 중 버섯의 갓에 해당하는 북부·동부는 대부분 공업 지역이고 관광개발도가 낮아 수도 자그레브를 제외하면 거의 갈 만한 곳이 없다고 봐도 무방하다. 크로아티아 관광의 중심지는 달마티아를 비롯한 서부 해안 지방으로, 연중 따뜻하고 온화한 날씨에 겨울에도 좀처럼 영하로 떨어지지 않는 지중해성 기후를 보이고 있다. 여름 휴양지의 성격이 강하기 때문에 모든 것이 하절기-성수기에 맞춰져 있어 상대적으로 동절기-비수기에는 문 닫은 곳도 많고 교통편도 매끄럽지 않다. 유럽의 경포대 정도로 생각하면 된다.

| 10월 | 11월 | 12월 | 1월 | 2월 | 3월 |

✗ 11월~5월 초 우기 (비가 제법 많이 온다.)

✗ 11~3월 윈터타임 (해가 오후 4~5시에 진다.)

FALL

장이 없다. 여름 분위기를 즐기면서 극성수기의 번잡함을 피하고 싶다면 최고의 시즌. 10월 말부터는 플리트비체에 단풍이 들기 시작한다.

복장 준비
여름옷 차림을 기본으로 기온이 낮아질 때를 플리트비체를 대비한 겉옷을 챙길 것. 약간 두꺼운 카디건이나 바람막이, 얇은 카디건이나 맨투맨 티셔츠 추천.

WINTER

11~3월 (기온 -3~5도 선)
크로아티아의 완연한 비수기. 배편은 대부분 끊기고, 도시 간 버스 운행은 성수기 절반 수준으로 줄어든다. 레스토랑은 대부분 문을 닫고, 관광 명소도 문을 닫거나 입장 시간이 극히 제한된다. 12월 동지 전에는 오후 3~4시, 그 외에는 오후 5시면 해가 진다. 11월 초중순 플리트비체의 단풍과 동절기의 설경을 기대하는 사람, 11월에도 해수욕이 가능한 두브로브니크에서 여름 기분을 내고 싶은 사람 외에는 추천하고 싶지 않은 계절.

복장 준비
영하로 떨어지는 일은 거의 없다. 한국 12월 초순 정도의 초겨울 차림을 기본으로 하되 플리트비체의 한겨울 추위와 두브로브니크의 더위를 모두 대비해야 한다.

+PLUS INFO

크로아티아 여행용 신발 챙기기

<u>밑창이 두꺼울 것</u> 플리트비체 하이킹에 등산화까지는 필요 없지만 발이 편하고 밑창이 두꺼운 신발은 필수이다. 두브로브니크 등 오래된 도시들의 구시가도 보도가 자연석으로 되어 있어 밑창 얇은 신발로는 발이 아플 염려가 있다.

<u>신고 벗기 좋을 것</u> 이스트라나 달마티아에서는 굳이 의도하지 않았더라도 모래를 밟을 일이 많다. 모래가 들어가도 금방 털어버리기 좋은 신발을 고를 것.

<u>슬리퍼를 챙길 것</u> 바닷가에서 태닝과 해수욕을 즐길 때, 숙소에서 주변을 편하게 돌아다닐 때 슬리퍼 없는 것만큼 난감한 일도 없다.

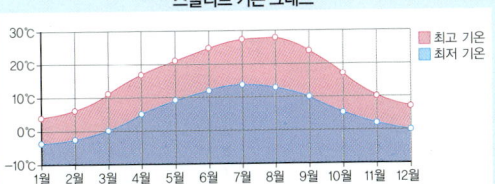

스플리트 기온 그래프

두브로브니크 기온 그래프

크로아티아에서 꼭 해야 할 것
Best 5

1

↑ 두브로브니크 성벽 투어
구시가를 둘러싼 성벽 위에 마련된 코스를 따라 한 바퀴 도는 것. 중세 도시와 아드리아 해, 태양의 조화가 완벽하게 이루어진 코스로 두브로브니크의 아름다움을 모든 감각으로 체험할 수 있다. 유럽 전체에서도 오로지 크로아티아에서만 가능한 특별한 경험!

플리트비체 국립공원 하이킹 →
'죽기 전에 꼭 가봐야 할 세계의 절경' 등에 자주 선정되는 크로아티아 최대의 국립공원이다. 수십 개의 호수와 폭포, 석회암 절벽과 숲 등 천혜의 경관 속에서 자연과 동화되어 하이킹을 할 수 있다. 자연이 원래 보습 그대로 존재한다는 것만으로도 얼마나 큰 감동인지 깨닫는 곳.

2

3 달마티아 드라이브

달마티아의 해안 도로는 유럽 최고의 드라이브 코스 중 하나로 극찬을 받고 있다. 리예카에서 자다르, 자다르에서 스플리트, 스플리트에서 두브로브니크 등 각각의 코스마다 특별한 풍경과 볼거리로 드라이버를 맞는다. 운전이 가능하다면 렌터카로, 그렇지 않다면 버스로 만끽해보자.

4 바다 즐기기

크로아티아는 유럽에서 가장 아름다운 바다인 아드리아 해와 접하고 있는 나라이다. 여행 중 꼭 한번은 본격적으로 바다와 마주해볼 것. 해수욕을 기본으로 절벽 다이빙, 스노클링, 카야킹 등 다양한 레포츠를 즐길 수 있다.

5 아무것도 안 하기

이스트라 반도와 달마티아에는 아직 관광객의 발걸음이 많이 닿지 않은 섬과 작은 마을들이 산재한다. 조용한 곳에서 일상의 피로를 털어버리고 싶었다면 하루쯤은 책 한권, 맥주 한잔 정도만 곁들인 휴식의 시간을 만들어보자.

크로아티아의 작은 도시를 즐기는 법
Best 5

1 ↑ 골목 헤매기

중세 느낌 가득한 오래된 마을의 좁은 골목을 마구 거닐어보자. 야트막한 지붕, 화분이 놓인 창문, 번지수와 사람 이름이 적힌 문패, 나부끼는 빨래와 흙 묻은 세발자전거 등에서 대도시에서는 느끼기 힘든 진한 삶의 냄새를 맡을 수 있다. 규모가 워낙 작아 지도도 필요 없다.

2 ← 전망대 올라가기

크로아티아의 작은 도시에는 대부분 마을 전체를 조망할 수 있는 전망대가 마련되어 있다. 성당의 종탑, 옛 성벽, 언덕 꼭대기 등 선망내가 있겠다 싶은 곳에는 어김없이 자리한다. 새빨간 지붕과 하얀 집, 그리고 새파란 바다의 조화를 만끽할 것.

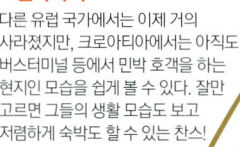

↓ 민박하기

다른 유럽 국가에서는 이제 거의 사라졌지만, 크로아티아에서는 아직도 버스터미널 등에서 민박 호객을 하는 현지인 모습을 쉽게 볼 수 있다. 잘만 고르면 그들의 생활 모습도 보고 저렴하게 숙박도 할 수 있는 찬스!

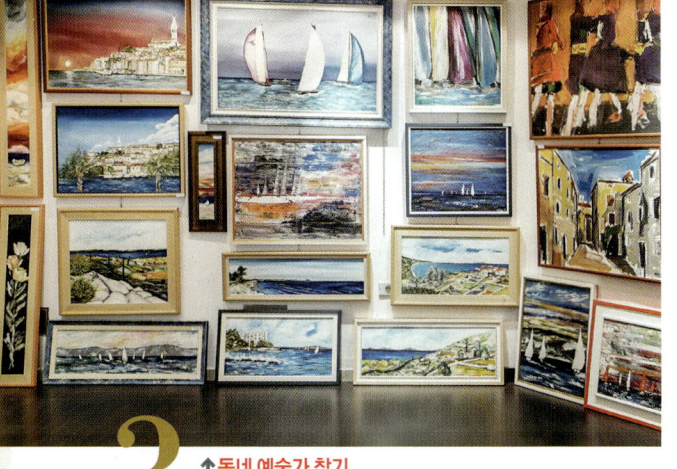

↑ 동네 예술가 찾기

어느 소도시든 마을이든 그곳의 풍경화나 여행자들의 초상화를 그리는 화가들은 꼭 있기 마련. 골목을 헤매다 보면 이런 동네 예술가들의 작업실이나 화랑을 종종 발견한다. 가격이 많이 비싸지 않으므로 맘에 든다면 하나쯤 구입해보는 것도 추천.

↓ 모르는 동네 들러보기

크로아티아에는 아직 숨겨진 보석 같은 소도시와 마을이 너무도 많다. 책이나 블로그에서는 본 적 없지만 길을 달리다 왠지 맘에 드는 소도시나 마을이 있다면 무조건 한번 들러보자. 그렇게 찾아낸 마을들이 어쩌면 더 오래 기억에 남을 수도 있다.

크로아티아에서 만나는 자연의 신비
Best 5

↑ 플리트비체
크로아티아의 카르스트 지형이 줄 수 있는 모든 감동의 종합선물세트. 비취를 녹여놓은 듯한 신비로운 빛깔의 계곡과 가슴까지 시원해지는 폭포, 푸르다 못해 검게 우거진 숲 등이 태초에서 그다지 변하지 않은 듯한 모습으로 남아 있다.

↓ 그린 케이브/블루 케이브
이탈리아 카프리 섬의 푸른 동굴처럼 바닷물이 신비한 빛을 내는 해식동굴이 크로아티아에도 있다. 그것도 두 개나! 중부 달마티아 지방의 비스Vis 섬에는 초록빛을 내는 그린 케이브가, 비스 섬 옆의 비셰보 섬에는 푸른빛을 내는 블루 케이브가 있다.

3
← 즐라트니 라트

중부 달마티아의 브라치Brač 섬 남쪽에 있는 해변으로, 육지에서 바다를 향해 송곳처럼 뾰족하게 튀어나온 신기한 모양의 백사장이 있다. 백사장이란 무릇 해안선을 따라 길게 뻗어 있는 것이라는 고정관념을 상큼하게 깨준다.

4
↑ 크르카

플리트비체와 비슷한 카르스트 지형의 국립공원으로, 10여 개의 폭포가 첩첩이 쌓인 호쾌한 자연환경을 자랑한다. 가장 하단의 호수에서는 수영도 가능하므로 무더운 여름날 크로아티아를 여행할 생각이라면 주저하지 말고 달려갈 것

5
파그 섬 →

달마티아 북부에 자리한 길쭉한 모양의 석회암 섬으로, 해안선과 수평으로 약 60km 길게 늘어져 있는 모습이 마치 바다에 길게 생크림을 뿌려놓은 것처럼 보인다. 달마티아 북부 드라이브 시 바다 쪽에 신비한 풍경을 제공하는 일등 공신.

크로아티아의 유네스코 세계문화유산 Best 5

1 ← **디오클레티아누스 궁전 유적**
서기 3~4년, 일개 병졸에서 로마 황제의 자리에까지 오른 풍운의 사나이 디오클레티아누스의 궁전 유적. 스플리트 구시가의 대부분을 차지하고 있다. 지금은 대성당이 된 황제의 영묘, 열주 광장, 주피터 신전 등이 남아 있다.

↓ **두브로브니크 구시가**
중세 라구사 공화국의 흔적을 간직하고 있는 곳으로, 유럽에서 가장 완벽한 중세 도시로도 불린다. 성벽과 구시가 전체가 유네스코 세계문화유산으로 지정되어 있다. 유고 내전 당시 성벽을 지키기 위해 유럽의 지식인들이 인간 방패를 자청하기도 했다. **2**

↓ 트로기르 구시가

작은 도시지만 헬레니즘부터 바로크까지 다양한 시대를 망라하는 건축 사조 종합 박물관 같은 곳이다. 중부 달마티아에서 가장 예쁜 구시가로 손꼽힌다. 특히 이곳의 종탑은 크로아티아의 모든 종탑을 통틀어 가장 멋진 전망을 선사한다.

5

3 ↑ 포레치 유프라시우스 성당

6세기에 건축된 비잔틴 양식 성당으로, 초기 기독교의 모자이크와 건축 양식을 엿볼 수 있는 귀중한 유적이다. 역사 및 건축 마니아들은 오로지 이 성당을 보기 위해 포레치에 들르기도 한다.

↓ 시베니크 성 야고보 대성당

중세 이탈리아 중북부와 달마티아의 최고 명장들이 심혈을 기울여 만든 성당. 크로아티아에서는 보기 드물게 돔 지붕이 얹혀 있다. 르네상스 시대 최고의 기술이 동원된 건축물이다

4

크로아티아에서 꼭 먹어볼 음식
Best 5

1 ↑ 부자루 Buzaru
고기 반찬 없이는 밥을 한 숟갈도 먹지 않는 육식주의자라도 바다의 나라 크로아티아에서는 해산물을 즐겨보자. 기왕이면 크로아티아 전통 기법인 '부자루'로 조리한 해산물로 말이다. 해산물에 화이트 와인과 향신료를 넣고 강한 불에 익힌 것으로, 감칠맛은 살아나고 비린내는 사라진다. 특히 스캄피 새우 부자루가 최고!

2 ↑ 트리피체 Tripice
머나먼 크로아티아에서 한국 스타일의 걸쭉함과 얼큰함을 맛볼 수 있다. 스플리트에 있는 식당 '피페Fife'에서 내놓는 크로아티아식 내장탕 '트리피체'는 소 내장에 파프리카와 토마토, 감자를 넣고 뭉근하게 끓인 것으로, 한국의 감자탕이나 내장탕과 비슷한 맛을 낸다. 아저씨 입맛의 여행자에게 강추.

3 ↑ 오징어 먹물 리조토 Black Risotto
오징어 먹물은 크로아티아에서 가장 맛있는 식재료 중 하나이고, 크로아티아의 리조토는 본토 이탈리아의 맛에 버금간다. 그 두 가지가 만난다면? 두고 볼 것도 없다. 믿고 주문하자. 그리고 행복하자.

4 ↑ 부렉 Burek
부렉은 발칸 반도를 대표하는 빵으로, 얇은 페이스트리 반죽을 돌돌 말아서 굽는다. 빵집이나 마트 등에서 쉽게 구할 수 있으므로 출출할 때는 고민하지 말고 부렉을 고를 것. 대단히 맛있다고는 못해도 발칸 반도 여행 기념으로 먹어주기엔 이만한 게 또 없다.

5 ← 크렘슈니테 Kremšnite
원래는 이웃나라 슬로베니아의 전통 디저트지만 크로아티아 북부에서도 흔히 먹는다. 크림 반 케이크 반의 자비로운 비율을 자랑하는 크림 케이크로, 부드러움의 극치를 맛볼 수 있다.

크로아티아에서 꼭 사봐야 할 쇼핑 아이템
Best 5

STORY

2

➜ **말라 브라챠 화장품**
유럽에서 두 번째로 오래된 수도원 약국에서 비밀 제조법으로 만든 천연 화장품. 세상에서 오로지 두브로브니크 프란체스코 수도원 부설 약국에서만 구할 수 있다. 장미 크림과 장미 화장수는 모든 피부 타입에 잘 맞는다.

1 ↑ **라벤더 오일**
오픈한 지 2년 된 오일이 아직도 생생하게 향이 살아 있다면 믿으시겠는가. 크로아티아의 라벤더 오일이 그렇다. 보기에는 허름하지만 품질은 최고. 가격도 세계 제일로 착하다. 주머니 사정과 짐의 무게가 허락하는 한도 내에서 쓸어 담아올 것.

↑ **전통 문양 넥타이**
크로아티아는 넥타이의 원조 국가라는 자부심이 대단한 나라이다. 수도 자그레브에서는 크로아티아의 전통 문양과 색상을 살린 고급 넥타이를 선보이는 숍들을 어렵지 않게 찾아볼 수 있다. 여행을 기념할 특별한 아이템을 찾는 당신에게 딱이다.

← **딘가치 와인**
크로아티아는 괜찮은 와인을 만드는 나라지만, 산출량이 적어 대부분 자국에서 소화된다. 즉, 크로아티아 밖에서는 거의 맛볼 기회가 없다는 말씀. 한 병쯤 구입해서 와인 좋아하는 친구에게 으스대며 선물해보자. 여러 브랜드 중 딘가치가 가장 무난하다.

4

5 ← **파그 치즈**
크로아티아 북쪽 해안에 길게 자리한 파그Pag 섬에서는 세계 10대 치즈에 종종 선정되는 명품 치즈인 '파그 치즈'가 생산된다. 미식에 일가견이 있다면 마트에서 쉽게 볼 수 있으니 꼭 구입해 볼 것. 경성 치즈이므로 찌그러질 걱정은 하지 않아도 좋다.

034	**MANUAL 01**	크로아티아 3대 도시
044	**MANUAL 02**	소도시와 마을
058	**MANUAL 03**	역사와 유적
076	**MANUAL 04**	숲과 계곡
092	**MANUAL 05**	뷰포인트
104	**MANUAL 06**	성당
112	**MANUAL 07**	골목
118	**MANUAL 08**	해변
126	**MANUAL 09**	섬 여행

MANUAL 01

크로아티아 3대 도시

크로아티아 여행 핵심 지역 탐구

남북으로 긴 크로아티아 국토를 따라 수없이 늘어선 도시와 명소들을 다니다 보면 마치 산해진미가 차려진 뷔페 상차림을 보는 것 같다. 이 중 어느 것을 먼저 골라 담아야 할지 망설여진다면, 지금 소개할 세 도시를 가장 우선순위로 생각할 것. 샐러드 바에서 널찍한 양상추를 먼저 담는 것처럼 이 세 도시를 루트 밑바닥에 튼튼하게 깔아두면 다른 매력적인 소도시나 여행지들은 언제든지 마음껏 올려 담을 수 있다.

이렇게 야무지고 완벽한 모양새의 구시가는 유럽 전체를 뒤져봐도 찾아보기 힘들다.

크로아티아 해안에서 가장 아름다운 도시

1 아드리아 해의 루비, 두브로브니크 Dubrovnik

크로아티아의 최남단에 자리한, 크로아티아 최고의 관광도시이다. 크로아티아 사람들이 하는 우스갯소리 중에 '우리나라에서 제일 잘 나가는 산업은 뭐니 뭐니 해도 두브로브니크'라는 말이 있을 정도이다. 크로아티아는 관광 수익이 GDP의 20%를 차지할 정도로 관광 의존도가 큰 나라인데, 그중에서도 두브로브니크가 가장 큰 비중을 차지한다고 한다.

크로아티아의 해안 지방이 가진 매력을 가장 아름답고 완벽한 모습으로 간직하고 있는 도시이다. 쉽게 말해서, '다 가진 곳'이다. 중세 모습을 고스란히 간직하고 있는 구시가가 있고, 그곳에서 몇 발자국만 나가면 근사한 백사장이 있다. 굽이굽이 해안선을 따라 예쁜 암석 해변이 자리하고, 조금 떨어진 곳에는 한적한 휴양마을이나 예쁜 어촌도 있다. 옛 항구 코앞에는 공작새가 뛰어노는 섬이 있고, 조금 더 먼 바다로 나가면 놀라운 아름다움을 간직한 비밀스러운 섬이 있다. 이웃 나라도 가까워 마음 내키면 드라이브 삼아 얼마든지 다녀올 수 있다. 그리고 이 모든 것은 거짓말처럼 새파란 아드리아 해와 신비한 석회암 산맥인 디나르 알프스가 함께 한다. 유럽에서도 아름다운 도시로 몇 손가락 안에 꼽힐 만한 곳이다.

2권 MAP P.62 INFO P.56

두브로브니크 대성당에서 플라차 거리 방향으로 바라본 모습

플로체 게이트 부근에는 전통 복장의 여인들이 라벤더 제품이나 리넨류의 기념품을 팔고 있다.

√ **WRITER'S NOTE**
크로아티아를 여행할 때 두브로브니크에서 최소 3일은 머물러야 합니다. 주어진 시간이 많지 않다면 달마티아의 다른 도시들은 다 포기하고 두브로브니크만 여행해도 됩니다. 크로아티아에서 단 한 곳만 여행한다면? 취향 일정 모든 것을 막론하고 당연히 두브로브니크 입니다!

두브로브니크를 만나는 5가지 키워드!

1. 두브로브니크의 오래된 이름
라구사 공화국 Ragusa

중세 최고의 무역항이었던 옛 항구로 통하는 문. (2권 P.76)

성문을 지나 두브로브니크 구시가로 한발 내딛는 순간 여행자는 강제 시간여행을 떠나게 된다. 이렇게 두텁고 완벽한 성벽 안에 담겨 있는 새하얀 중세 도시는 누구에게나 처음 보는 풍경일 것이다. 두브로브니크는 14세기부터 1808년까지 이어진 라구사 공화국의 수도였던 곳으로, 거리와 성벽 구석구석에서 라구사 공화국의 지혜롭고 부강했던 흔적을 느낄 수 있다.

두브로브니크 성벽에 자리한 감시탑. 라구사 공화국은 성의 방비를 위해 유럽 그 어느 곳보다 두텁고 견고한 성벽을 쌓았다. (2권 P.70)

중세의 과학적 기술과 지혜가 집약된 급수대인 오노프리오 분수. (2권 P.77)

2. 구시가 여행은 이곳에서 시작!
필레 게이트 Pile Gate

구시가는 세 개의 입구가 있는데, 그중 서쪽에 있는 필레 게이트(2권 P.76)는 구시가에서 가장 큰 메인 게이트이자 구시가 일대 지리의 핵심이다. 필레 게이트 앞에는 구시가에서 가장 큰 버스 정류장이 있으며, 버스터미널이나 항구 등에서 버스를 타면 보통 이곳에서 내리게 된다. 택시나 당일 투어의 경우도 마찬가지.

이 문을 통해 들어가면 거짓말 같은 중세 도시가 눈앞에 펼쳐진다.

3. 푸른 바다에서 즐기는, 최고의 휴식
아드리아 해 Adriatic Sea

날이면 날마다 눈부시도록 파란 바다, 아드리아 해를 만날 수 있다.

유럽 최고의 휴양지로 오랜 시간 군림하고 있는 두브로브니크. 구시가에서 몇 발자국만 나가도 해수욕이 가능한 근사한 바닷가가 나타난다. 눈부시게 새파란 아드리아 해를 바라보며 느긋하게 한잔 즐길 수도 있고, 바다에서 다양한 레포츠를 즐길 수도 있다. 하루쯤은 관광에 대한 강박관념을 버리고 크로아티아의 햇살과 바다를 온몸으로 만끽할 것.

4 밤은 두브로브니크를 위한 시간
낙조와 야경 Night Scenery

크로아티아 서부 해안 지대에서는 날씨만 흐리지 않다면 저녁때 반드시 아름다운 낙조를 볼 수 있다. 특히 두브로브니크는 주변 환경과 구시가가 어우러진 감동적인 저녁노을과 야경을 선사한다. 스르지 산 전망대에서 일몰 풍경과 야경을 보는 일은 두브로브니크 여행의 필수 코스 중 하나. 오래된 석회암 건물들이 조명을 받아 새하얀 윤기를 내는 구시가의 밤거리 산책도 좋은 추억이 될 것이다.

하늘은 어두워지고 집과 건물은 붉게 물드는 저녁나절의 풍경

반질반질하게 닦은 석회암 바닥에 불빛이 물처럼 흐르는 밤의 구시가

5 크로아티아에서 만나는 또 다른 세계
발칸의 여러 나라들 Balkan Peninsula

크로아티아에게 있어 두브로브니크는 육지에 갇힌 섬 같은 곳이다. 크로아티아 본토와는 바닷길로 연결되어 있고, 육지 쪽은 보스니아와 몬테네그로에 둘러싸여 있다. 크로아티아를 여행하며 발칸 반도의 다른 나라에도 눈길이 간다면 두브로브니크를 여행하는 중 한번쯤 거리의 여행사 홍보 간판에 눈길을 줘보자. 뚜벅이 여행자들을 위한 당일치기 투어 상품이 잘 발달되어 있다. 보스니아나 몬테네그로의 색다른 풍경도 즐기고 여권에 도장도 하나 늘려볼 좋은 기회.

당일치기 투어를 진행하는 여행사의 홍보 간판. 두브로브니크 구시가에서 쉽게 발견할 수 있다.

크로아티아 남쪽에 자리한 작은 나라 몬테네그로의 오래된 도시 코토르 Kotor (2권 P.83)

기독교와 이슬람, 두 개의 종교가 공존하며 만들어내는 독특하고 인상적인 풍경이 가득한 곳. 보스니아-헤르체고비나의 도시 모스타르 (2권 P.83)

유고슬라비아 내전의 아픈 사연이 깃든 다리, 스타리 모스트 (1권 P.207)

'수도'라는 색안경을 벗을 것
② 작고 고즈넉한 크로아티아의 수도, 자그레브 Zagreb

반 옐라치치 광장과 자그레브 구시가의 모습.
일국의 수도지만 소박한 동유럽 소도시 모습에 가깝다.

자그레브 구시가에는 고즈넉한 동유럽 느낌이 물씬 나는 골목이 많다.

자그레브는 작고 수수하다. 수도씩이나 되는 도시가 채 한나절 거리가 되지 않는다. 관광 포인트가 구시가 안에 몰려 있는데, 점심을 먹고 구시가를 속속들이 훑어보아도 저녁밥 때까지 시간이 남을 정도이다. 일국의 수도다운 화려한 느낌도 없다. 서울이나 파리, 도쿄, 프라하 같은 도시들을 생각하다가 자그레브를 보면 당황스럽기까지 하다. 어느 나라나 수도가 관광의 중심이 되는 것은 흔한 일이다. 그 나라에서 가장 화려한 건축물은 거의 반드시 수도에 있고, 그 나라가 이룩한 문화의 정수를 보여주는 곳도 수도이다. 그런 의미에서 여행자들은 자그레브에 수도다운 볼거리를 기대하곤 하지만, 자그레브 입장에서는 그런 기대가 조금은 억울할 수도 있다.

자그레브는 11세기에 로마 주교구가 되며 역사에 처음으로 이름을 내밀었다. 점차 발칸 반도 동북부의 정치적 중심지로 발돋움했지만 17~18세기에 대역병과 화재로 초토화되었다. 그 후 19세기에 크로아티아 문화 운동의 중심지가 되었다가, 유고슬라비아 연방이 들어서며 제2의 도시이자 공업 도시로 번성하게 되었고, 크로아티아가 유고슬라비아 연방에서 독립하면서 수도가 되었다. 즉, 자그레브가 수도 딱지를 붙인 지는 이제 겨우 20여 년이 넘었다는 얘기이다. '수도'라는 색안경을 벗고 자그레브를 바라보면 비로소 이 도시의 매력이 보이기 시작한다. 좁은 골목과 낡은 건물에서 느껴지는 덜 다듬어진 거친 질감. 크로아티아 여행 중 유일하게 구 동구권의 색채를 볼 수 있는 도시이기도 하다. 이러한 색채는 크로아티아와 자그레브가 발전함에 따라 서서히 사라져갈 것이다. 그런 의미에서 자그레브가 지금 보여주는 수수하고 한적한 풍경은 어쩌면 한시적인, 그래서 기억할 가치가 있는 것일지도 모르겠다.

2권 ⊙ MAP p.40 ⓘ INFO p.34

자그레브의 칸프타인 성 마르코 성당.
(2권 P.51) 실제로 보면 두 번 놀란다.
예뻐서 놀라고, 너무 작아서 놀라고.

허름한 공터에 자리한 의외로 근사한 카페.
자그레브의 구석구석을 잘 뒤져보면
바라 괜찮은 공간들을 발견할 수 있다.

자그레브를 야무지게 여행하는 5가지 키워드!

1 크로아티아의 허브!
공항과 버스터미널 Airport & Bus Terminal

자그레브는 관광지보다는 크로아티아 여행의 시작점으로서 의미가 더 강한 곳이다. 크로아티아를 찾아오는 사람들을 받아들이고 이들을 다시 크로아티아 각지로 보내는, 크로아티아의 '관문'이라 생각하면 정확하다. 크로아티아에 입국하고자 자그레브 국제공항을 이용하고, 다른 도시로 향하고자 터미널에서 버스를 이용하는 것이 크로아티아 여행을 시작할 때 가장 일반적인 경로이다.

기차가 부실한 크로아티아에서 전국적 교통망을 책임지는 것이 바로 장거리 버스! 자그레브는 크로아티아 장거리 버스망의 중심점이다.

2017년 3월 말부터 자그레브 신공항이 문을 열었다. 옛 공항이 시골 터미널이었다면 신공항은 말끔하고 번듯한 그야말로 최신식 공항이다. 단, 여전히 규모는 몹시 아담하다.

2 자그레브 여행의 시작과 끝
반 옐라치치 광장 Trg Bana Jelačića

자그레브 여행의 모든 것은 이 광장을 중심으로 이루어진다. 반 옐라치치 광장(2권 P.46) 북쪽 뒤편이 바로 자그레브 관광의 중심지인 구시가다. 이 광장부터는 모두 도보로 이동이 가능하며 자그레브에서 가장 큰 관광안내소도 이 광장에 있다. 가장 많은 트램이 서는 곳도 이 일대이다. 자그레브를 여행하다 길을 잃었다면 길 가는 아무나 붙잡고 '반 옐라치치 스퀘어!'(Ban Jelačića Square)를 외치면 만사 OK!

축제나 이벤트가 있을 때도 가장 중심이 되는 곳이다.

광장 한가운데 우뚝 선 동상의 주인공인 말 탄 아저씨의 이름이 바로 반 옐라치치

√ WRITER'S NOTE
숙소도 가급적 반 옐라치치 광장 근처에 잡으세요. 자그레브 관광이 한결 편해집니다!

3 자그레브 관광의 모든 것
구시가 Stari Grad, Old Town

캅톨Kaptol과 그라데츠Gradec 두 언덕 위에 10세기부터 터를 잡았던 중세 마을로, 자그레브 관광의 대부분을 차지하는 곳이다. 주요 건축물이나 골목, 맛집 등 70% 이상이 이 일대에 있다. 발칸 반도에서 옛 모습이 가장 완벽한 형태로 보존되어 있는 중세 도시 중 한 곳으로 손꼽힌다. 수수한 모습에 크기도 작아 1~2시간이면 모두 다 돌아볼 수 있지만, 고즈넉하고 평화로운 분위기 때문에 가슴에 제법 큰 여운을 남기는 곳이다.

> √ **WRITER'S NOTE**
> 자그레브 구시가는 현지어로 '스타리 그라드Stari Grad'라고 하고, 그라데츠 언덕 지역은 '윗동네'라는 뜻의 '고르니 그라드Gorni Grad'라고 불립니다. 그냥 '올드 타운Old Town'이라고 해도 다들 잘 알아들어요.

4 자그레브 쇼핑의 알파이자 오메가
시장과 마트 Markets And Supermarkets

크로아티아 쇼핑의 주요 종목은 식재료와 각종 천연 제품. 시장과 마트는 크로아티아의 대지가 내려주는 축복을 싸고 편하게 만나게 해주는 핵심 쇼핑 스팟이다. 자그레브에는 크로아티아에서 가장 큰 전통시장인 돌라치Dolac 시장(2권 P.55)이 있고, 시내 한복판에 대형마트도 여러 개 있다. 쇼핑 물가도 전국적으로 가장 저렴한 편.

5 섬세하고 느긋하게 여행할 것
느리게 걷기 Walking Slowly

자그레브 구시가 산책은 되도록 천천히 할 것. 길의 보도, 벽 창문, 하부 이런 것들에 해 하나 시선을 두자. 중세 시대에 지어진 성벽, 오스트리아-헝가리 제국의 분위기를 풍기는 지붕의 교회, 유고 내전의 상흔이 남아 있는 무너진 벽 등을 눈으로 꼼꼼히 어루만지며 자그레브라는 도시가 지나온 역사를 낱낱이 느껴보자. '느리게 걷기'는 자그레브가 지나온 모든 세월과 정서를 제대로 느낄 수 있는 가장 좋은 방법이다.

> √ **WRITER'S NOTE**
> 자그레브 구시가를 거닐 때는 담벼락을 유심히 보세요. 그곳을 살다간 위대한 사람들의 흔적들을 종종 만날 수 있습니다.

스플리트는 새파란 바다와 붉은 지붕의 구시가가 어우러진, 달마티아의 전형적인 도시 모습을 보여준다.

스플리트에서는 해 질 무렵에 리바를 거닐어볼 것. 달마티아의 노을은 감수성이 바닥인 사람의 마음도 두근거리게 할 만큼 아름답다.

알면 알수록 매력 넘치는 곳

③ 중부 달마티아의 중심, 스플리트 Split

스플리트는 중부 달마티아Dalmatia 지역의 중심 도시이다. 달마티아는 크로아티아의 서쪽 해안 지역을 일컫는 말로, 자그마한 도시들이 해안선을 따라 늘어서 있고 신비로운 모양의 석회암 섬들이 푸른 아드리아 해에 떠 있는 아름다운 지역이다. 북쪽으로는 자다르, 남쪽으로는 두브로브니크까지 기나긴 해안선이 이어지는데, 그 딱 중간에 자리한 도시가 바로 스플리트이다. 지리적 이점 덕분에 달마티아는 물론이고 크로아티아 전역으로 연결되는 교통의 요지로서 역할을 톡톡히 하고 있다. 또한 확실한 볼거리를 갖춘 도시이기도 하다.

서기 3~4세기경 로마의 황제였던 디오클레티아누스가 건설한 궁전 유적이 있는데, 스플리트라는 도시가 탄생한 곳이다. 거침없이 내리쬐는 오렌지빛 태양 아래 퇴색한 흰빛의 유적과 그 안의 희고 좁은 골목들이 만들어내는 풍경은 온전히 스플리트만의 매력이다.

그러나 이것이 스플리트의 전부는 아니다. 스플리트는 양파 같은 매력적인 도시로, 껍질을 까면 깔수록 숨겨진 매력이 드러난다. 구시가의 골목 안쪽에는 재미있는 숍들이 즐비하다. 뒷골목까지 돌아보기 귀찮다고 되돌아가는 여행자들은 절대 볼 수 없는 독특한 카페와 예쁜 집들이 숨어 있다. 유적 안쪽에서만 공연하는 전통 합창단도 있다. 가장 쓸 만한 기념품들은 지하시장에서 팔며, 그 지하시장 안쪽에는 지하궁전이 숨겨져 있다. 좀 더 깊숙이 들여다보는 여행자에게 좀 더 많은 것을 보여주는 도시, 스플리트는 그런 곳이다.

옛 궁전 성벽을 따라 카페들이 줄지어 있다.

2권 ⓜ MAP P.114 ⓘ INFO P.110

스플리트를 만끽하는 5가지 키워드!

1 모든 길은 스플리트로 통한다
교통 중심지 Transportation

스플리트는 크로아티아의 거의 모든 도시 및 관광지와 직통으로 연결되는 중부 달마티아의 허브 도시이다. 북부에서 남부로 이동하고자 할 때 중간에 스플리트를 끼워넣으면 루트가 몹시 부드러워진다. 특히 버스편이 극도로 줄어드는 동절기에는 다른 지역에서 달마티아로 가려면 스플리트를 거치는 방법 외에 대안이 없는 경우도 있다.

달마티아의 섬으로 향하는 페리의 대부분이 스플리트에서 출발한다.

2 달마티아의 작고 예쁜 마을들
소도시 여행 Small Towns

달마티아 지역은 매력적인 소도시가 많은 곳으로 유명한데, 대부분이 스플리트 주변에 다닥다닥 몰려 있다. 렌터카 여행자들은 북에서 남으로 해안선을 따라 달리며 차례차례 둘러보 스플리트에서 짐을 풀고, 버스로 여행하는 뚜벅이 여행자들은 스플리트에 숙소를 정하고 당일치기로 달마티아의 작은 도시들을 돌아본다. 트로기르(2권 P.146), 프리모슈텐(2권 P.154), 시베니크(2권 P.162) 등이 스플리트에서 당일치기 가능한 대표적인 소도시들이다.

석회암 언덕을 배경으로 자그마한 마을이 옹기종기 자리 잡고 있다.

√ **WRITER'S NOTE**
달마티아에는 잘 알려지지 않은 소도시와 작은 마을들이 산재합니다. 렌터카 여행자라면 해안선을 달리다가 멋진 마을이 눈에 들어오면 멈추고 풍광을 즐겨보세요.

오래된 마을의 좁은 골목을 걷다 보면 시간 감각이 흐려지곤 한다.

석회암 언덕과 새파란 바다를 전세 낸 것처럼 즐길 수 있는 달마티아의 작은 마을

달마티아 민요를 부르는 남성 중창단이 등장해 화음을 뽐내는 거소居所 유적.

궁전 유적의 중심부. 오래된 기둥과 벽면을 보면 이 유적이 얼마나 오랜 세월을 견뎌 왔는지 가슴에 와닿는다.

3 스플리트는 여기서 태어났다
디오클레티아누스 궁전 유적 Palace of Diocletian

달마티아 출신의 로마 황제 디오클레티아누스가 만년에 지은 궁전 유적이 스플리트의 중심부에 남아 있다. 스플리트의 역사가 시작된 곳이기도 하다. 오랜 세월 유적과 어우러져 살아온 스플리트의 역사를 고스란히 느낄 수 있는 곳. 스플리트 시내 관광의 핵심이라 할 수 있다. 유네스코 세계문화유산에 등록된 정식 명칭은 '스플리트의 디오클레티아누스 궁전과 역사 건축물 Historical Complex of Split with the Palace of Diocletian'이다.

√ **WRITER'S NOTE**
베르사유 궁전처럼 멋진 궁전을 상상하면 안 돼요. 궁전은 이미 7세기경에 폐허가 되었고, 그 안에 사람들이 들어와서 도시를 건설하고 살았던 세월이 천년도 넘었어요. '궁전'이라기보다 '유적'이에요!

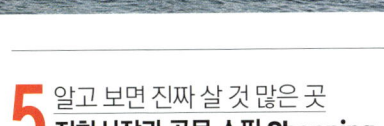

달마티아의 바다와 해변의 진수를 맛보려면 섬으로 떠나야 한다.

4 바다가 그립다면 떠나자 섬 여행 Islands

스플리트는 중부 달마티아의 주요 항구 도시로, 대부분의 섬 여행은 이곳에서 출발한다. 특히 달마티아 섬의 끝판왕이라 불리는 흐바르Hvar(2권 P.128)는 크로아티아 여행 필수 코스 중 하나로 꼽힐 정도.

그 밖에 유럽에서 가장 신비한 해안을 가지고 있는 브라치 Brač 섬(2권 P.121), 햇빛을 받아 신비한 푸른빛으로 빛나는 해식 동굴이 있는 비스Vis 섬(2권 P.121) 등이 있다.

5 알고 보면 진짜 살 것 많은 곳
지하시장과 골목 쇼핑 Shopping

지하시장에서 팔고 있는 기념품 종 20kn

축제가 있을 때는 리바(2권 P.118)에서 큰 노천 시장이 열린다.

스플리트는 '은근히' 살 거리가 많은 곳이다. 특히 여행 기념품을 사고 싶다면 스플리트가 제격. 궁전 유적 아래 지하시장(2권 P.126)은 냉장고 자석이나 열쇠고리 등의 평범한 기념품을 가장 손쉽게 살 수 있는 곳이다. 또한 자칫 길을 잃을 것만 같은 스플리트 구시가의 미로 같은 골목 안에는 쇼핑 여행자들의 본능을 자극하는 숍들이 곳곳에 숨어 있다. 생각지도 못한 순간 득템할 수 있는 스플리트 골목 쇼핑을 즐겨볼 것.

스플리트는 크로아티아 축구리그 명문 팀인 하이두크 스플리트Hajduk Split의 본거지라 축구 관련 기념품이 많은 편이다.

MANUAL 02

소도시와 마을

느릿느릿 타박타박 현지인처럼 여행하기

크로아티아의 해변과 산맥 속에는 관광지와 생활의 터전 중간쯤에서 예쁘게 나이 들어간 소도시와 작은 마을들이 수두룩하게 산재해 있다. 대도시의 세련된 맛보다는 시골의 소박하고 아늑한 맛을 즐기는 여행자라면 크로아티아 여행이 더욱 즐거울 것이다.

내 취향에 맞는 소도시 & 마을 찾기

	바다 vs 산	
바다가 좋아! 해변, 낙조, 갈매기... 🚤 바다		🏔 산 **산이 좋아!** 숲, 계곡, 물안개...
역시 도시가 좋아! 버스도 다니고 마트도 있고 🏙 소도시	소도시 vs 시골 마을	🏡 시골 마을 **시골이 최고야!** 깨끗한 공기, 밤마다 별이 총총
가기 쉬운 게 좋아! 찾아가기 불편한 건 질색! 🌐 접근성	접근성	✈ 접근성 **나만의 여행지가 좋아** 여행은 고생을 좀 하는 게 맛이지!
확실한 볼거리가 있어야지! 유적도 좋고 자연 풍경도 좋아! 📷 관광	볼거리	☂ 휴양 **딱히 없어도 돼~** 그냥 그곳에 있기만 해도 좋은 곳 있잖아?
해가 있을 때 열심히 보자! 일찍 일어나는 새가 벌레를... ☀ 아침형	아침형 vs 저녁형	🌙 저녁형 **야경이 진짜 여행의 참맛!** 술 한잔 마시고 보는 밤 풍경. 캬!

자다르 Zadar
크로아티아의 대표적 소도시이자 달마티아 북부의 교통 허브. 로마 시대의 유적과 세계에서 가장 아름다운 낙조 풍경으로 유명!

로빈 Rovinj
드라마 〈마이 디어 프렌즈〉에 등장하며 주가를 올리기 시작한 이스트라의 해안 소도시. 특별한 볼거리는 없지만 마음이 푸근해지는 곳. 야경도 일품!

라스토케 Rastoke
플리트비체 인근에 자리한 작은 민박촌. 강 두 개가 합류하는 지점이라 사방에 폭포와 계곡이 가득하다. 또 쉬기 좋은 마을.

트로기르 Trogir
구시가 전체가 유네스코 세계문화유산으로 지정되어 있는 아름다운 중세 도시. 들르기 편한 위치에 있어 가벼운 마음으로 당일치기하기 좋은 곳.

프리모슈텐 Primošten
유럽에서 가장 아름다운 마을로 뽑히기도 한 달마티아의 작디작은 해안 마을. 크로아티아에서 가장 아름다운 비치가 있는 곳.

모토분 Motovun
크로아티아의 모든 관광지를 통틀어 가장 가기 힘든 곳 No. 1. 그러나 산 위에 오롯이 자리한 신비한 풍경과 새벽안개 때문에 인기는 최정상을 달리는 곳.

로만 포룸의 석재로 중세 시대에 지어진 성 도나트 성당

누가 봐도 성 도나트 성당의 종탑이지만 사실 뒤쪽에 있는 성 스토시야 성당의 종탑!

자다르 중심가에 자리한 로마 유적지 포룸Forum에는 로마 시대의 기둥과 장식돌이 아무렇지 않게 널려 있다.

은근히 반전 있는 도시

바다의 노래를 들어라, 자다르 Zadar

추천 시간대 16:00~22:00

세계 최고의 낙조 풍경을 놓치지 말자!

자다르는 달마티아의 주요 도시 중에서 가장 북쪽에 자리하고 있다. 대도시는 물론이고 이스트라 반도와 달마티아의 아주 작은 도시에서도 직행편 버스를 쉽게 찾아볼 수 있을 정도로 교통이 편리하다. 스플리트가 달마티아 제1의 허브 도시라면 자다르는 넘버투쯤 된다. 선사시대부터 사람들이 거주했고 기원전 7세기 무렵에는 이미 번듯한 항구였던 아주 오래된 도시이다. 기원전 1세기경 로마의 식민지였고, 13세기부터 나폴레옹 침공 전까지 베네치아 공화국의 지배를 받았다. 제2차 세계대전 중에 도시의 대부분이 파괴되었지만 1989년 모두 복원하고 현재의 모습을 찾았다.

자다르는 밤과 낮이 꽤 다른 도시이다. 대낮의 자다르는 썩 인상적인 도시가 아닐 수도 있다. 두브로브니크나 스플리트에 비하면 수수하고, 크로아티아에서 다섯 번째로 큰 도시이다 보니 작은 마을들에 비하면 아기자기한 맛이 부족하다. 로마의 유적이 꽤 남아 있지만 역사에 관심 없는 사람이라면 그냥 다 '돌'일 뿐이다. 그러나 저녁이 되면 이야기가 달라진다. 해변에서는 저녁마다 시각과 청각이 어우러지는 공감각적인 낙조 풍경이 펼쳐지는데, 세상 어디에서도 볼 수 없을 정도로 특별하다. 성문 주변으로는 젊은 이들의 흥겨운 나이트라이프가 펼쳐진다. 낮과 밤이 다른 반전 매력의 도시, 자다르는 그런 곳이다. 2권 ◉ MAP P.140 ◉ INFO P.136

자다르 구시가의 중심 광장인 나로드니 광장의 시계탑

영화감독 알프레드 히치콕이 극찬한 자다르의 일몰 풍경. 진짜 혼자 보기는 아깝다.

자다르, 이런 도시

1 노을의 도시

김승옥의 〈무진기행〉에서 '무진의 특산물은 안개'라고 했듯이, 자다르의 특산물은 저녁노을이다. 알프레드 히치콕은 자다르의 일몰 풍경을 가리켜 '세계에서 가장 아름다운 저녁노을'이라고 했다. 새빨간 노을이 수평선 부근의 코르나티 군도를 간질이다가 이내 해가 넘어가고 사위가 검푸르게 물드는 모습은 몇 번을 봐도 감탄이 나올 정도로 아름답다. 바닷가에 설치된 바닥 조명 시설 '태양의 인사Pozdrav Suncu, Greetings to the Sun'는 해질 무렵부터 찬란한 빛을 내기 시작해 자다르의 노을에 화려함을 더한다.

태양의 인사 2권 ⊙ MAP P.140A ⓘ INFO P.142

바닥에 깔린 이 유리판의 정체가 바로 '태양의 인사'

누구랑 보더라도 혼자 보는 것보다는 둘이 보는 게 낫다.

자다르에서는 날씨가 아주 흐리지 않으면 거의 매일 최고의 낙조를 볼 수 있다.

2 바다가 노래하는 도시

해변에 설치된 풍력 음향 장치인 '바다의 오르간'은 자다르의 최고 명물로, 자다르의 바다 풍경을 세계에서 가장 특별한 것으로 만드는 일등공신이다. 바닷바람을 빨아들여 마치 바다 요정이 부르는 것 같은 소리로 돌려준다. 이 소리를 듣기 위해 자다르까지 찾아오는 사람들도 많다.

바다의 오르간 2권 ⊙ MAP P.140A ⓘ INFO P.142

아이에게 신비한 바닷소리를 들려주고 있는 아빠. 그러나 아기가 듣기에는 살짝 무서울 수도 있다.

3 유적의 도시

자다르 구시가 곳곳에서 로마 시대 및 중세 베네치아 공화국의 유적을 볼 수 있다. 로마 시대의 유적은 대부분 주춧돌만 남아 있는데, 제2차 세계대전이나 유고 내전 때 파괴된 것이 아니라 중세 시대에 새 건물을 건축하기 위해 훼손한 것이라고 한다. 로마 시대의 유적으로 지은 중세의 건축물도 현재까지 잘 보존되어 있다. 역사의 아이러니를 느낄 수 있는 곳이다.

구체적인 정체를 알 수 없는 오래된 건물의 흔적들이 곳곳에 자리하고 있다.

로마 시대 건물의 기둥과 주춧돌

오래된 건물은 대부분 사라지고 터만 남아 있다.

✓ WRITER'S NOTE

로마 시대의 공회당 유적인 포룸Forum은 공원에 가깝게 정비되어 있습니다. 밟지 마라거나 들어가지 마라는 표시 같은 것도 없어요. 예전에는 기둥 위에 도시락을 펼쳐놓고 피크닉하던 사람들도 있었는데 이젠 흔하지 않은 모습입니다. 특별한 지시는 없지만 대부분 조심조심 유적을 아끼는 분위기입니다.

4 미남 미녀의 도시

자다르 구시가를 돌아다니다 보면 유난히 젊고 예쁜 현지인 남녀가 많은 것을 볼 수 있다. 구시가 바깥쪽에 자다르 대학이 있는데, 이곳의 학생들이 구시가까지 진출해 일종의 대학가처럼 여기고 다니기 때문.

저녁나절이 되면 구시가 안팎에 용모가 빼어난 자다르의 젊은이들이 삼삼오오 몰려드는 모습을 볼 수 있다.

바닷가에 관광객만큼이나 현지인도 많다.

트로기르의 중심 광장인 이나바 파블라 2세 광장. 작디작은 광장 안에 다양한 시대의 건축물이 모여 있다.

작지만 강력한 아름다움과 가치를 지닌 곳

옛 도시가 주는 마력, 트로기르 Trogir

추천 시간대 10:00~15:00

태양 아래서 아름다운 건축물들을 즐기자!

리바Riva 거리 풍경

2권 MAP P.150　INFO P.146

새파란 바다 곁 오래된 도시, 도시를 튼튼히 둘러 싼 중세의 성벽, 석회암으로 만든 새하얀 길바닥과 건축물들, 엷은 살굿빛을 띠는 몸뚱이에 빨간 지붕을 얹은 집들, 세월이 느껴지는 골목과 골목. 달마티아의 도시들과 트로기르가 공통적으로 지니고 있는 유전자이지만, 트로기르는 비슷해 보이는 수많은 얼굴 가운데서도 눈에 띄는 미모를 자랑하는 도시이다. 사람에 비유하자면 체구는 작지만 연륜과 카리스마가 느껴지고, 뜯어보면 뜯어볼수록 아름다운 미녀 같다.

트로기르는 역사적·건축학적으로 아주 특별한 도시이다. 헬레니즘 시대에 현재의 도시 구조가 확립되었고, 그 이후 로마와 베네치아로 지배 세력이 바뀌면서도 도시의 오래된 구조를 유지한 채로 그때그때 필요한 건축물을 짓고 옛 건축물을 보수해 나갔다. 그 결과 이 도시는 작은 규모의 구시가에 헬레니즘, 로마네스크, 베네치안 르네상스, 바로크까지 다양한 시대상을 반영하는 건축물이 들어선 그야말로 살아 있는 건축 박물관 같은 곳이 되었다. 그러나 역사적·건축학적 안목이 반드시 필요한 것은 아니다. 미로 같은 골목을 쏘다니다 보면, 광장의 회랑에서 햇빛을 피하다 보면, 성당 안을 거닐다 보면 오랜 역사와 시대가 중첩된 도시가 가진 특별한 기운과 소소한 디테일들이 어느 순간 여행자의 감성과 시선을 자극한다. 아주 최소한, '참 예쁜 중세 도시'라는 것만은 반드시 느낄 수 있을 것이다.

이나바 파블라 2세 광장에는 노천카페와 레스토랑이 자리 잡고 있다.

트로기르 구시가는 좁고 미로 같은 골목의 연속이다.

트로기르, 이런 도시

1 유네스코의 도시

트로기르의 구시가는 전체가 유네스코 세계문화유산으로 지정되었다. 중심 광장인 이나바 파블라 2세 광장을 둘러싼 성 로브로 성당, 옛 시청사, 치피코 궁전, 로지아 등 헬레니즘 시대부터 천년에 이르는 역사를 온몸으로 전해주는 아름다운 건축물들을 보다 보면 이곳이 살아 있는 건축 박물관으로 불리는 이유를 실감할 수 있다.

성 로브로 성당 출입구를 장식하고 있는 '아담과 이브' 동상 중 아담. 달마티아 최초의 누드 조각상이다.

움직인다! 시간도 맞다!

요 안으로 들어가면 크로아티아의 위대한 조각가 이반 메슈트로비치가 만든 부조 작품이 있다!

트로기르의 상징적 건축물인 시계탑과 로지아. 15세기에 만들어진 중세 건축물이다.

2 종탑의 도시

성 로브로 성당의 종탑은 달마티아의 여러 성당 종탑 전망대 중에서 가장 뛰어난 전망을 자랑한다. 전망 외에 건축학적·예술적으로도 뛰어나다. 트로기르까지 왔다면 꼭 한번 올라가 볼 것. 무릎 관절염이나 아킬레스건 이상이 아닌 이상 꼭 올라갈 가치가 있다.

성 로브로 성당 입구. 어지러울 정도로 섬세한 부조 장식을 볼 수 있다.

3 디테일의 도시

트로기르는 몹시 섬세한 아름다움을 자랑하는 도시이다. 대표 건축물인 성 로브로 성당은 달마티아에서 가장 섬세하고 아름다운 조각으로 유명하다. 유명 건축물은 물론이고 골목 안 오래된 집이나 교회 등에서도 섬세한 부조나 재치 있는 장식 등 예쁜 디테일이 유난히 많이 발견된다.

동네 골목에 놓여 있는 할머니 마네킹. 트로기르의 좁은 골목을 걷다 보면 재미있는 것들이 뜬금없이 나타나곤 한다.

종탑에서 바라본 풍경. 붉은 지붕이 오밀조밀하게 모여 있는 풍경이 펼쳐진다.

조그만 육계도를 가득 채운 오래된 마을.
아주 꼼꼼히 돌아봐도 2시간이면 충분하다.

오래된 집들 사이로 난 좁은 골목

한번쯤 머물고 싶은 해수욕 & 휴양 마을

아드리아 해의 풍경, 프리모슈텐 Primošten

프리모슈텐의
진가는 해수욕!

추천 시간대 10:00~19:00
(일몰까지)
하루종일
해수욕을
즐기자!

프리모슈텐은 시베니크와 트로기르 사이에 자리한 아주 작은 마을이다. 원래는 작은 섬이었는데 16세기에 육지와 연결되는 둑길을 놓아 물방울 모양의 육계도가 되었다. 육계도 안에는 작은 중세 마을이 자리하고, 마을 북쪽으로는 넓은 자갈 해변이 펼쳐져 있다. 마을은 몹시 소박하다. 섬 한가운데 자리한 교회를 중심으로 석회암으로 지어진 야트막한 집들이 들어서 있고, 집들 사이에는 낡고 소담한 골목이 자리한다. 섬 주변은 울퉁불퉁한 암석 해안이, 다시 그 주변은 눈이 시리도록 새파란 바다가 둘러싸고 있다. 마을을 종으로 횡으로 마구 헤매며 둘러보아도 채 몇 시간이 걸리지 않을 정도로 아담하다. 큰 도시들처럼 번화한 맛은 없지만 그 이상으로 고즈넉하고 아기자기한 맛이 일품이다. 바다 위에 오롯이 떠 있는 마을을 산책하다 넓은 해변에서 바다를 만끽하며 쉬기 좋은 마을로, 어느 매체에서 유럽 최고의 휴양지에 선정된 적도 있다. 그러나 프리모슈텐은 요란한 명성보다는 숨겨진 명소로 남는 것이 더 어울리는 곳이다. 2권 ◉ MAP P.158 ◉ INFO P.154

최성수기를 제외하면
크게 붐비지 않는다.
크로아티아 최고의 비치로
손꼽히는 라두차 비치조차
비수기에는 한산함
그 자체!

프리모슈텐, 이런 마을

1 해수욕의 마을

아드리아해 연안의 도시에서는 모두 해수욕이 가능하지만 프리모슈텐은 그중에서도 가장 사랑받는 곳이다. 프리모슈텐 마을 북쪽에 남북으로 펼쳐진 라두차Raduča 비치는 크로아티아 최고의 비치로 손꼽히고 있다. 짧은 시간 휙 돌아보고 떠나는 것보다 적어도 한나절은 느긋하게 해수욕을 즐길 생각으로 방문하는 것이 좋다.

> 모래 해변이 아닌 암석 해변이나 선착장 등에서도 해수욕을 즐기는 사람이 많다.

구시가 바로 옆에 자리한 말라 라두차Mala Raduča 비치의 풍경. 말라는 '작다'는 뜻으로, 라두차 비치에 못지않은 인기를 자랑하는 곳이다.

2 인증샷의 마을

프리모슈텐은 멀리서 보면 마치 생일 케이크처럼 예쁜 모습이라 달마티아 지역을 소개하는 풍경으로 애용된다. 이는 해안도로에서 바라본 풍경으로 시베니크에서 남쪽을 향해 달리다 보면 쉽게 찾을 수 있는 포인트이므로, 렌터카 이용 여행자라면 프리모슈텐에 들르지 않더라도 인증샷은 한 방 찍고 갈 곳. 단, 대중교통 이용자는 약간 접근하기 힘들다.

프리모슈텐의 공방들은 재미있는 간판이나 외부 장식물을 내놓는다.

3 공방의 마을

프리모슈텐에는 소규모의 수공예 공방들이 여러 곳 자리하고 있는데, 오로지 프리모슈텐에서만 볼 수 있는 독특한 물건을 판매한다. 관광지 노점에서 흔히 보이는 싸구려 기념품과는 차원이 다른 아이디어와 디자인, 만듦새를 보여주는 기념품이기에 크로아티아 여행 기념으로 사 오기에는 더 이상 좋을 수 없다.

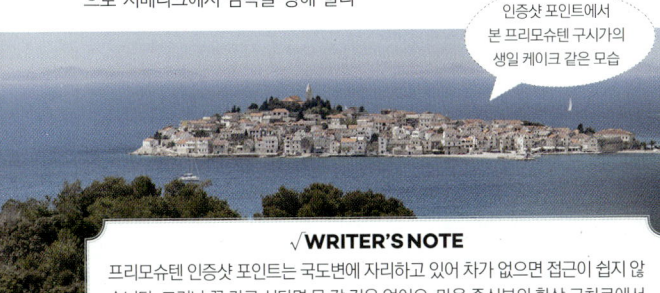

> 인증샷 포인트에서 본 프리모슈텐 구시가의 생일 케이크 같은 모습

√ WRITER'S NOTE

프리모슈텐 인증샷 포인트는 국도변에 자리하고 있어 차가 없으면 접근이 쉽지 않습니다. 그러나 꼭 가고 싶다면 못 갈 것은 없어요. 마을 중심부의 환상 교차로에서 구시가 쪽을 향해 걷다 보면 갈림길이 나오는데, 거기서 구시가 반대쪽 길을 택한 뒤 쭉 남쪽으로 내려가다 8번 국도를 만나면 국도변을 따라 남쪽으로 조금 더 내려갑니다. 걷는 거리는 총 1.5km 정도. 중간 구간은 구글 지도에서 로드뷰도 안 나오는 후미진 길이고, 마지막 250m 구간은 차들이 쌩쌩 달리는 찻길입니다. 그냥 버스 창밖으로 보라고 권하고 싶습니다.

마을 입구에서 바라본 마을 전경

한번쯤 살아보고 싶은 마을
마음으로 느끼는 물의 마을, 라스토케 Rastoke

추천 시간대 04:00~08:00
해뜨기 전 새벽 물안개를 놓치지 말자!

플리트비체 국립공원에서 북쪽으로 약 35km 정도 떨어진 작은 마을로, 행정구역상으로는 슬루니 Slunj라는 곳에 속한다. 이 일대는 남에서 북으로 흐르는 슬루니치차Slunjčica 강이 동서로 흐르는 코라나Korana 강과 합류하는 지점으로, 수량이 풍부한 폭포와 급류가 곳곳에 흐르고 있다. 이러한 지형적인 특색을 이용해 19세기 말에서 20세기 초에 물레방앗간촌이 생겨났고, 지금까지 그 모습을 그대로 간직하고 있다. 현재는 플리트비체 인근의 대표적인 관광지로 마을 전체가 민박촌으로 운영되고 있다.

TV 프로그램 <꽃보다 누나>에 등장해 많은 사람들에게 알려진 바 있지만 이곳의 진짜 매력은 화면이나 사진에 쉽게 담을 수 없다. 폭포의 우렁찬 소리, 손님들에게 커피와 케이크를 대접하는 민박집 주인장의 인심, 지나가는 사람들의 푸근한 미소, 계곡물의 선뜻한 느낌, 새소리, 폭포 옆에서 즐기는 커피 맛 등 오감을 모두 자극하기 때문. 걸어서 돌아보는 데 한 시간도 걸리지 않을 정도로 작은 마을이지만 가슴에 남는 것은 한 시간 이상의 그 무엇이다. 단 며칠이라도 좋으니 이곳에서 조용히 속세를 떠난 듯 살아보고 싶은 매력적인 마을이다.

마을 입구에는 거짓말처럼 아름다운 폭포들이 산재한다.

크로아티아 시골에서도 벽에다 옥수수를 걸어서 말린다. MLIN은 크로아티아어로 '방앗간'이라는 뜻

2권 MAP P.108 INFO P.108

라스토케, 이런 마을

1 물의 마을

라스토케의 모든 풍경은 물과 어우러진다. 마을 바깥쪽은 폭포와 급류의 풍경이 펼쳐지고, 안쪽은 잔잔한 개울과 저수지가 예스러운 작은 집들과 어우러진 한가로운 풍경이 펼쳐진다.

라스토케는 어디를 가나 개울과 웅덩이, 폭포를 쉽게 볼 수 있다.

2 휴식의 마을

대단한 볼거리가 있을 거라는 기대는 금물. 여기서 차를 타고 30분만 가면 크로아티아에서 가장 대단한 볼거리인 플리트비체 국립공원이 있다. 플리트비체를 맞이하기 전 잠시 몸과 마음을 쉬는 곳, 또는 플리트비체를 다녀온 뒤 잠시 여운을 즐기는 곳으로 생각하면 딱 좋다.

마을 안에는 물소리를 들으며 차를 즐길 수 있는 야외 카페가 있다.

3 민박의 마을

라스토케에 있는 거의 대부분의 집이 민박으로 운영되고 있는데, 음식 솜씨와 인심이 좋기로 유명하다. 손님이 오면 개울가에 작은 티 테이블을 차려주는 서비스는 라스토케 투숙객만이 누릴 수 있는 보너스.

라스토케의 민박집들은 대개 아침식사를 제공하는 B&B 스타일로 운영된다.

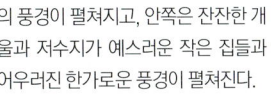

ZIMMER는 독일어로 '방'이라는 뜻. 독일인들이 즐겨 찾는 곳이라 독일어 표지판을 내건 곳이 많다.

라스토케에는 1층은 돌, 2층은 나무로 된 전통 가옥이 많다.

몹시도 예쁜 해안 마을
미소가 절로 나는 해안, 로빈 Rovinj

로빈은 어촌이면서 휴양지인 곳이라 언제나 요트와 어선들이 어우러져 있다.

추천 시간대 14:00~20:00
해질 무렵의 따뜻한 풍경을 감상하자!

여행자들에게 '예쁘다'라는 말은 종종 엄청난 마력을 발휘한다. 유적이든 집이든 자연환경이든 그 무엇이든 간에 그냥 '예쁘다' 한마디면 끝난다. 로빈(로비니)의 가장 강력한 매력도 '예쁘다'는 것에 있다. 로빈은 예쁘다. 그것도 많이, 아주 많이.

로빈은 이스트라 반도 서쪽 해안 중부에 자리하고 있는 작은 마을로, 육지에서 바다로 살짝 튀어나온 곳에 자그마한 구시가가 형성되어 있다. 언덕 위 교회를 중심으로 채도 낮은 파스텔톤의 나지막한 집들이 곶을 동그랗게 둘러싸고 있고, 그 사이사이를 반짝거리도록 닳은 하얀 석회석 보도들이 채우고 있는 동네이다. 원래는 물길로 육지와 분리되어 있던 작은 섬이었는데, 1763년에 복개 공사를 하여 지금과 같은 작은 곶이 되었다고 한다. 지리적으로도 가까운 데다 고대와 중세 내내 로마와 베네치아의 지배하에 있었고 20세기 초에도 30여 년간 이탈리아의 영토였던지라 전반적으로 이탈리아의 색채가 상당히 강하다.

예로부터 이스트라 반도 일대의 주요 어업 항구로 발달했다. 현재는 어업과 관광이 3 대 7 정도이며, 질박한 어선과 호화로운 요트가 어우러진 묘한 풍경은 로빈이라는 마을을 구성하는 중요한 요소 중 하나가 되었다. 별달리 할 것이 있거나 대단한 명소가 있는 것은 아니나 감수성을 심히 자극하는 풍경으로 여행자들에게 오랫동안 사랑받고 있다.

2권 ⓜ MAP P.176 ⓘ INFO P.176

√ WRITER'S NOTE
드라마 〈디어 마이 프렌즈〉 재미있게 보셨나요? 그 드라마에서 고현정과 조인성의 러브스토리가 펼쳐졌던 배경이 바로 로빈이랍니다!

로빈의 대표적 뷰포인트인 대방파제에서 바라본 구시가의 모습

다정하고 유머러스한 느낌이 가득한 로빈의 집들

로빈, 이런 마을

1 야경의 마을
로빈의 절정은 해가 진 이후에 찾아온다. 아드리아 해로 해가 떨어지고 마을 전체가 새빨간 노을에 잠겼다가 모닥불처럼 새까맣게 사그라진다. 이내 마을에 하나둘씩 불이 켜지며 밤하늘을 배경으로 보석처럼 빛난다.

달이 환하게 뜨는 밤이면 더욱 아름답다.

3 느긋한 마을
로빈에서는 똑 부러진 볼거리나 할 거리에 대한 강박관념에서 벗어날 것. 그냥 좁은 골목을 거닐다, 교회 위에 올라 바다를 바라보다, 바닷가의 어느 카페에서 맥주라도 한잔 마시다 방파제 앞에서 한없이 마을 바라보며 여유롭게 지내는 것으로 충분하다. 여름이라면 하루 정도 날을 잡아 느긋하게 물놀이나 태닝을 즐길 것.

화랑 골목의 그림들은 대부분 촬영 금지라는 사실!

곳곳에 풍경 좋은 노천카페들이 산재해 있다.

작은 터널을 통해서 보는 마을 풍경

2 예술가의 마을
로빈에는 유난히 화랑이며 거리의 미술가들이 많다. 중심부의 성 유페미아 성당으로 올라가는 길에는 '예술가의 거리'라 부르는 작은 화랑 골목이 있을 정도. 대단한 박물관이나 미술관에서는 느껴볼 수 없는 소박한 개성이 오히려 매력적으로 다가온다.

MANUAL 02 소도시와 마을

모토분의 전경. 산 위에 오롯이 자리 잡은 모습이 사뭇 신비롭다.

아름답지만 잔인한 그대

천공의 마을, 모토분 Motovun

추천 시간대 05:00~10:00

성벽 아래로 펼쳐지는 새벽 안개구름 풍경이 최고!

이스트라 반도 내륙 지역에 있는 소도시로 야트막한 산꼭대기에 중세 마을이 환상적인 모습으로 자리하고 있다. 저패니메이션의 거장 미야자키 하야오가 〈천공의 성 라퓨타〉의 모티브를 얻었다는 마을이기도 하다. 높지 않은 산꼭대기에 14세기 베네치아 공화국 시절에 만들어진 요새 마을의 구시가가 남아 있다. 외부와 극히 단절된 환경이라 침략이나 전쟁 등의 영향을 덜 받아 성벽과 교회, 집 등이 로마네스크나 고딕 등 중세 초기 양식의 옛 모습을 잘 보존하고 있다. 현재는 구시가를 중심으로 산비탈을 따라 집이 다닥다닥 붙어 있는 작은 마을이 형성되어 있다.

잘 알려져 있는 곳은 아니지만 크로아티아 여행을 준비하다 보면 어렵지 않게 이름을 접할 수 있다. 워낙 여행자의 감수성과 도전정신을 자극하는 모습이라 한번쯤은 루트에 살며시 밀어 넣게 되지만 정작 찾는 사람은 많지 않다. 특히 뚜벅이 여행자들은 1000명이면 99명이 포기한다. 대중교통편이 극악이기 때문. 가장 가까운 도시인 파진Pazin에서 학생들 통학을 위한 버스편이 하루 2~3차례, 포레치Poreč에서 단 1차례 있을 뿐이다. 이스트라 지역이 전체적으로 대중교통편이 썩 좋은 편은 아니지만 모토분은 잔인하다 싶을 정도로 열악하다. 아직까지는 렌터카 아니면 못 가는 곳이라는 말이 맞으며, 대중교통은 없는 셈 치는 게 좋다.

앞마당을 개방해놓은 집들도 있다. 주민들이 가꾼 화분이나 화단을 구경하는 재미가 쏠쏠하다.

2권 ⓜ MAP P.182 ⓘ INFO P.182

입구에서 바라본 구시가 모습

음식을 먹으며 전망을 즐길 수 있는 식당

모토분, 이런 마을

1 아침 안개의 마을

모토분의 참맛은 동틀녘에 느낄 수 있다. 언덕 아래의 평지에 안개구름이 깔려 진짜 라퓨타에 와 있는 듯한 기분이 느껴진다. 구름 사이로 햇살이 내리쬐고 그 햇살이 또다시 저 아래의 구름에 반사되어 신비로운 빛을 만들어낸다. 발아래 작은 마을들에는 분명 농부나 전기기술자, 상점 주인 등이 살고 있을 텐데 그러한 현실 따위는 몹시도 아름답게 왜곡되어 마치 요정이나 엘프가 살고 있을 것 같은 착각을 안겨준다.

화이트 트러플을 얇게 깎아 올린 파스타

2 트러플과 와인의 마을

이스트라 반도는 서양 식문화에서 몹시 귀한 식재료로 여기는 화이트 트러플의 주산지이다. 다른 곳에서는 구경도 하기 힘든 화이트 트러플을 모토분에서는 거의 모든 레스토랑에서 취급한다. 또한 말바지아 포도로 만든 맛있는 화이트 와인의 산지이기도 하다.

말바지아 포도로 만든 '토마즈Tomaz' 와인. 모토분의 대표적 와인이다.

구름을 뚫고 햇살이 비치면 마치 다른 세상에 온 듯한 기분이 든다.

해가 뜨면 구름이 천천히 걷히며 마을이 모습을 드러낸다. 모토분 최고의 순간!

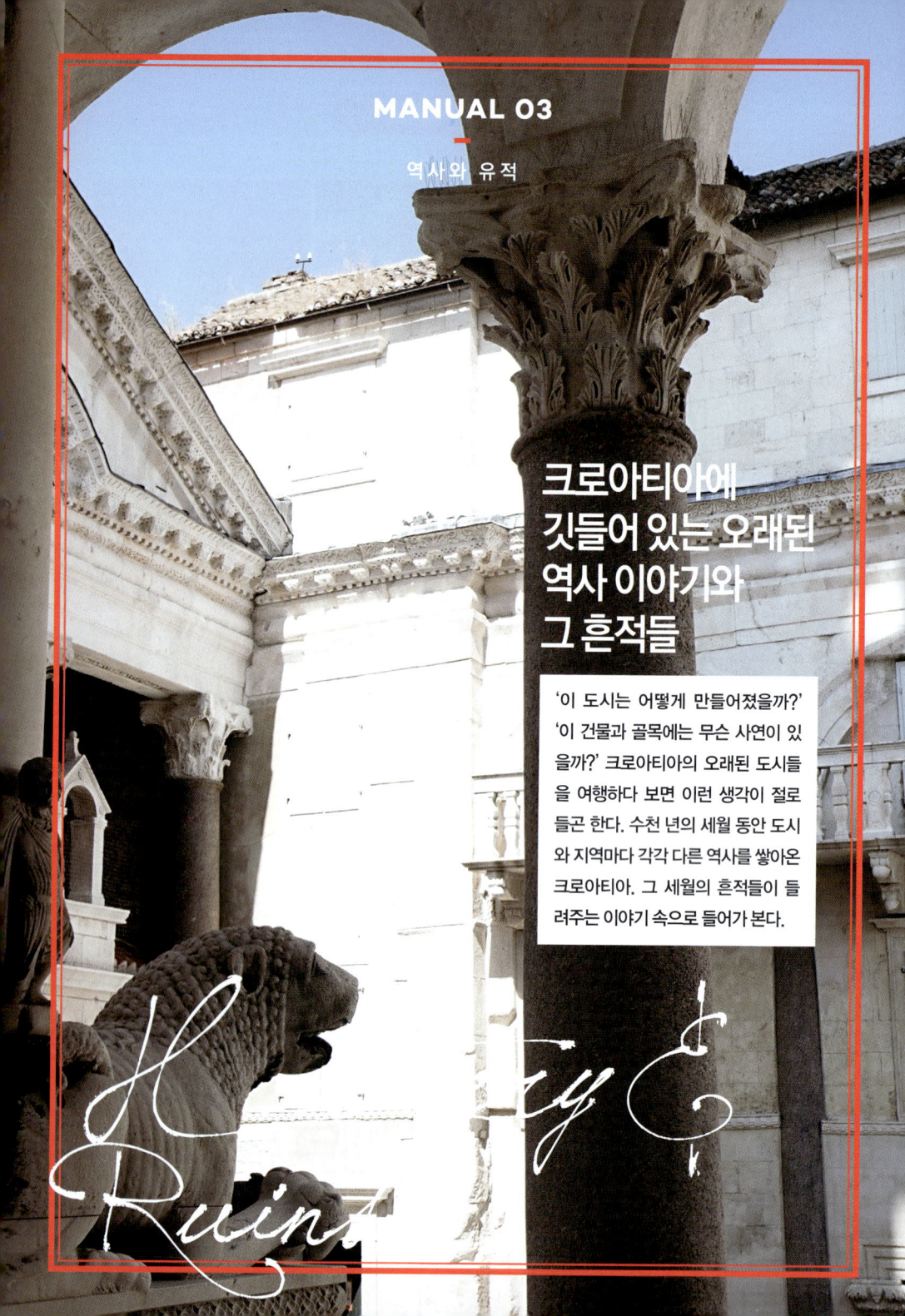

MANUAL 03

역사와 유적

크로아티아에 깃들어 있는 오래된 역사 이야기와 그 흔적들

'이 도시는 어떻게 만들어졌을까?' '이 건물과 골목에는 무슨 사연이 있을까?' 크로아티아의 오래된 도시들을 여행하다 보면 이런 생각이 절로 들곤 한다. 수천 년의 세월 동안 도시와 지역마다 각각 다른 역사를 쌓아온 크로아티아. 그 세월의 흔적들이 들려주는 이야기 속으로 들어가 본다.

[Type 1] **크로아티아 3대 도시 구시가의 역사 이야기**

 두브로브니크 구시가에 있던 옛날 옛적 어느 나라
라구사 공화국 Republic of Ragusa

라구사 공화국의 시작과 끝

옛날 옛적 그러니까 중세 시대 즈음에, 두브로브니크에는 하나의 나라가 있었다. 현재 두브로브니크 일대부터 북쪽의 펠리예사츠Pelješac 반도, 보스니아-헤르체고비나의 땅인 네움Neum 일대까지 포함하는 땅을 지배하는 도시 국가였다. 나라 이름은 '두브로브니크 공화국'이라고도 불리고, '라구사 공화국'이라고도 불렸다. 두브로브니크는 고대 그리스 시대부터 내려오는 이곳의 전통적인 지명이고, 라구사는 라틴어 이름이다. 교황청과 베네치아의 영향력이 강력했던 시대인지라 세상에는 라구사라는 이름으로 좀 더 많이 알려졌다.

이 일대가 처음 개발된 것은 고대 그리스 시대로, 아드리아 해의 주요 보급항 중 하나였다고 한다. 그러다 7세기경 도시가 생겨났다. 현재의 차브타트 일대에 에피다우룸Epidaurum이라는 로마의 도시가 있었는데, 유목민들의 공격에 파괴되며 생존자들이 현재의 두브로브니크 일대로 도망 와서 새로운 도시를 꾸렸다고 전해진다. 이탈리아와 그리스를 잇는 천

혜의 루트에 자리한지라 어렵지 않게 발전 일로를 걷다가 11세기에 십자군 원정(유럽의 기독교인들이 이스라엘을 비롯한 중동 지역에 자리한 성지를 탈환하기 위해 일으킨 전쟁)이 시작되며 아드리아 해 최고의 무역항으로 부상하게 되었다. 12세기 초 영국의 유명한 정복왕 리처드 1세, 일명 '사자왕 리처드'가 십자군 원정차 아드리아 해를 건너다 라구사 앞바다에서 난파를 당하고 표류하다 로크룸Lokrum 섬에서 항구를 오가던 배에 구조된 뒤 목숨을 건진 것에 감사하며 두브로브니크에 거대한 로마네스크 양식의 성당을 짓기도 했다.

도시가 생겨날 무렵에는 비잔틴 제국의 보호령이었고, 13세기부터 약 150년간 베네치아 공화국의 지배를 받는다. 14세기 말에는 베네치아 공화국과 헝가리-크로아티아-보헤미아 제국 사이의 협정에 따라 헝가리-크로아티아-보헤미아 제국의 지배하로 들어가게 되는데, 이때 제국의 황제가 라구사 공화국의 자치권을 인정해주면서 사실상 독립을 맞게 된다. 그 후 오스만튀르크에게 조공을 바치는 신하국이 되지만 실질적으로는 독립을 유지했고, 서방 세계와 오스만튀르크 사이에서 미묘하게 균형을 잡으며 자유 무역으로 엄청난 돈을 벌어들였다. 이러한 번영은 지중해 무역이 쇠퇴하며 조금씩 빛이 바랬고 1667년의 대지진으로 크게 휘청였다가 결국 19세기 초 나폴레옹에게 점령당하며 공화국으로서의 역사가 끝이 나고 만다.

WRITER'S NOTE

라구사는 강대국 사이에 낀 서러움 속에서도 묘한 균형을 잡으며 부를 축적하고 세련된 시스템을 갖추어 나가던 나라였습니다. 왠지 우리 역사와도 은근히 겹쳐 보이는 구석이 있죠?

NOW! 지금은?

사자왕 리처드가 지었던 거대한 로마네스크 양식의 성당은 대지진 때 완전히 무너져버렸고, 그 이후 재건축되어 지금까지 내려오고 있다. 바로 두브로브니크의 중심 성당인 **두브로브니크 대성당** Katedrala Velike Gospe, Katedrala Marijina Uznesenja, Dubrovnik Cathedral이다.

2권 ⓜ MAP P.74B ⓘ INFO P.75 ⓖ 구글 지도 GPS 42.63998, 18.11037 ⓐ 찾아가기 플라차 거리의 동쪽 끝 지점에서 오른쪽으로 간 뒤 길의 끝까지 직진한다. ⓐ 주소 Poljana M Držića, Dubrovnik ⓣ 전화 020-323-459 ⓢ 시간 월~토요일 09:00~16:00, 일요일 11:30~16:00(성당 사정에 따라 시간 수시 변경) ⓡ 휴무 비정기적 ⓟ 가격 무료 입장

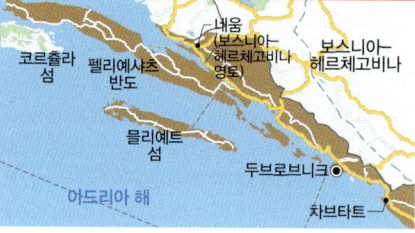

중세의 민주 공화국

라구사 공화국은 중세 국가치고는 꽤 민주적이었다. 귀족-시민-상공인-노예 네 계급으로 구성된 철저한 계급 사회였기에 '완전히 현대적 민주 국가!'라 하기에는 무리가 있지만, 시대 배경을 생각해보면 상당히 앞선 것은 사실이다.

이들은 의회를 통해 정책과 법령을 제정하고 시민들에게 공표한 뒤 실행하는 시스템을 갖추고 있었다. 40세 이상의 귀족 45명으로 이루어진 대의회가 모든 법령과 정치에 관한 결정을 내렸다. 이들은 한 달에 한 번씩 대의회의 리더 '의장Rector'을 선출했고, 선출된 의장은 재직 기간 동안 의장 궁전Knežev Dvor, Rector's Palace에 머물며 행정의 수반이자 라구사 공화국의 얼굴로서 소임을 다했다.

대의회에서 결정된 각종 사항은 루자 광장에 자리한 오를란도브 기둥Orlandov Stup, Roland's Column을 통해 시민들에게 공표되었다. '오를란도브Orlandov'란 기둥에 조각되어 있는 긴 칼을 든 기사의 이름으로 중세 프랑스의 전설의 기사 롤랑Roland의 크로아티아식 표기이다. 기둥에는 라구사 공화국을 상징하는 깃발이 휘날렸는데, 새로 제정된 법령이나 규칙 등의 공지 사항이 생기면 알림꾼이 그 위로 올라가 시민들에게 큰 소리로 알렸다고 한다. 오를란도브 기둥은 그 외 아주 요긴한 용도가 또 하나 있었는데, 뒤에서 얘기 하겠다.

NOW! 지금은?

의장 궁전은 두브로브니크의 역사와 문화, 라구사 공화국 당시 귀족들의 생활상을 보여주는 박물관으로 사용되고 있다.

2권 MAP P.74B INFO P.77 구글 지도 GPS 42.64033, 18.11064 찾아가기 성 블라시우스 성당을 끼고 오른쪽으로 돈 뒤 약 70m 직진하면 왼쪽에 보인다. 주소 Knežev dvor 1, Dubrovnik 전화 020-321-422 시간 4~10월 09:00~18:00, 11~3월 09:00~16:00 휴무 비정기적 가격 입장료 100kn

NOW! 지금은?

오를란도브 기둥은 현재도 그 자리에 있다. 롤랑의 조각은 이제 많이 닳아 눈이 풀린 것처럼 보인다. 두브로브니크 여름 축제 때는 이곳에 라구사 공화국의 깃발을 꽂아둔다.

2권 MAP P.74 INFO P.76 구글 지도 GPS 42.64097, 18.11039 찾아가기 플라차 광장 동쪽 끝. 성 블라호 성당 맞은편에 위치한 루자 광장의 한복판에 있다. 주소 Luža ulica, Dubrovnik(루자 광장) 시간 24시간 개방

MARIN DRŽIĆ

✓ WRITER'S NOTE

이분은 누구?
의장 궁전 앞에는 코가 무척 큰 남성이 앉아있는 동상이 있습니다. 주인공은 르네상스 시대에 활약한 두브로브니크 출신의 위대한 희극작가이자 교육자 마린 드르지치Marin Držić입니다. 동상의 코와 무릎이 유난히 반들거리는 것을 볼 수 있는데요, 이런 동상은 보통 '만지면 행운을 준다'는 유의 전설이 있으나 여기에는 그런 게 전혀 없다는 반전이 존재합니다. 그냥 '코가 참 크다' 하는 마음으로 만져보는 게 아닐까 싶네요.

✓ WRITER'S NOTE

오를란도브가 라구사의 영웅?
어쩌다 프랑스의 기사가 머나먼 라구사의 기둥에까지 새겨지게 된 걸까요? 일설에는 오를란도브, 그러니까 롤랑이 사라센 제국의 침략으로부터 라구사를 지켜주었다는 얘기가 전해 내려옵니다. 전 유럽에 용맹을 떨치던 롤랑이니 그럴 수도 있겠다 싶지만 이는 이순신 장군이 삼일 운동 때 독립 만세 불렀다는 것과 비슷한 정도로 시대가 안 맞는다고 하네요. 롤랑이 죽은 뒤 유럽 전역에 자유와 충성의 상징으로 그의 동상을 세우는 게 유행이었고, 두브로브니크의 롤랑도 그 맥락으로 보는 편이 맞는 듯해요. 또 한편에서는 헝가리-크로아티아-보헤미아 제국의 지기스문트 황제를 상징하는 것이라고 합니다.

지혜롭고 실용적이며 살기 좋은 도시

라구사 공화국의 시스템과 문화는 중세라고 믿기지 않을 정도로 세련되고 혁신적이었다. 노예의 매매를 금지했고, 전 세계의 난민과 망명객을 받아들여 문화의 다양성을 꾀했다. 공공 노인 요양소와 고아원 등의 복지 시설과 시민을 위한 의료 기관 등을 갖추고 지금 세상에서도 쉽지 않은 무상 교육과 복지 정책을 실행하고 있었다.

유럽 최초로 대중에 문을 연 약국도 있었다. 프란체스코 수도원 부설 약국으로, 유럽에서 세 번째로 오래된 약국이다. 중세 시대의 수도원은 현재의 대학과 같이 다양한 학문 연구를 진행하던 기관이었는데, 두브로브니크의 프란체스코 수도원은 그중에서도 제약 및 화장품 연구에 일가를 이룬 곳이다.

라구사가 얼마나 지혜롭고 살기 좋은 곳이었는지를 설명하기 위해 빼놓을 수 없는 것이 급수 시설이다. 15세기 전까지 주 식수원으로 빗물을 이용했고 갈수기에는 먼 곳에 있는 수원지에서 배로 물을 실어와 우물을 채웠다. 그러다 보니 시간과 자원의 낭비가 심했고, 물값도 나날이 비싸졌다. 그리하여 라구사 공화국에서는 당시 달마티아 최고의 건축가였던 오노프리오 조르다노Onofrio Giordano를 고용했고, 그는 무려 12km 떨어진 '슈멧Šumet' 지역에 자리한 수원지에서 물을 끌어와 공급하는 방식을 고안해냈다. 오노프리오 분수대는 총 16면으로 되어 있는데, 각 면에는 각기 다른 사람과 동물 얼굴이 조각되어 있고 입 부분에 파이프가 설치되어 그곳에서 물이 나온다. 15세기로서는 상당히 혁신적인 아이디어였고, 지금도 옛날 방식 그대로 물이 나올 정도로 완성도가 높다. 오노프리오가 만들 당시에는 위쪽에 돔형 쿠폴라(지붕)와 조각 작품이 있었으나 대지진 때 무너졌다고 한다.

NOW! 지금은?

프란체스코 수도원에서는 여전히 약국을 운영한다. 이곳의 **말라 브라차 약국**에서는 의약품도 팔지만 가장 유명한 것은 뭐니 뭐니 해도 천연 화장품. 쇼핑에 치명적으로 약한 두브로브니크에서 가장 좋은 선물을 살 수 있는 곳이다.

2권 ⓞ **MAP** P.74A ⓘ **INFO** P.82 ⓖ **구글 지도 GPS** 42.64172, 18.10746 ⓖ **찾아가기** 성 스파사 성당과 프란체스코 수도원 사이로 난 좁은 길로 들어간다. ⓐ **주소** Placa 30, Dubrovnik ⓟ **전화** 020-321-411 ⓢ **시간** 4~9월 월~금요일 10:00~19:00, 토요일 10:00~15:00, 10~3월 월~토요일 10:00~13:30 ⓗ **휴무** 일요일, 동절기(10~3월)에는 비정기적 ⓟ **가격** 크림류 70~90kn, 핸드 크림·립밤 40~50kn

NOW! 지금은?

오노프리오 분수대에서는 여전히 물이 나온다. 단, 겨울이나 갈수기에는 물이 나오지 않아 급수대가 아닌 종교 상징물이나 지하 감옥처럼 보인다.

2권 ⓞ **MAP** P.74A ⓘ **INFO** P.77 ⓖ **구글 지도 GPS** 42.64157, 18.10733 ⓖ **찾아가기** 필레 게이트에서 구시가로 들어오면 오른쪽에 바로 보인다.

WRITER'S NOTE

오노프리오가 만든 또 하나의 분수
오노프리오 분수는 구시가의 서쪽 끝에 있는데요, 반대쪽 끝, 그러니까 동쪽 끝 부분 시계탑 언저리에는 오노프리오가 만든 또 하나의 분수가 있습니다. 상단부는 돌고래가 조각되어 있고, 그 아래에 있는 사람 얼굴에서 물이 뿜어져 나오는 형태입니다.

아드리아 해의 무역 강국

라구사 공화국은 로마의 교황청과 오스만튀르크의 술탄, 아드리아의 맹주 베네치아 공화국 가운데서 아슬아슬하게 균형을 잡으며 아드리아 해의 중계 무역으로 큰 부를 축적했다. 여기저기 조공도 많이 바쳐야 했고, 시시때때로 조공의 금액을 높여대는 바람에 허리가 휘기도 했지만, 그로써 얻어지는 평화는 라구사의 가치를 크게 높였다.

구시가 동쪽 끝에 있는 항구는 바쁘게 오가는 무역선들로 언제나 붐볐다. 거대한 배에서 중동과 베네치아, 발칸 반도의 호화로운 특산물들이 항구로 부려졌다. 이 물건들은 모두 교역소인 스폰자 궁전으로 향했다. 중세 및 르네상스 시대의 무역은 상인이 직접 도시의 상점을 돌아다니는 것이 아니라 무역상과 마을 상인들이 모두 항구 부근에 설치된 공공 교역소에 모여 물건을 사고파는 형태였다. 라구사 공화국의 특산물은 물론이고 두브로브니크 항구를 찾아오는 지중해 각지의 물건이 스폰자 궁전에서 거래되었다. 무역으로 먹고사는 라구사에게 있어 교역소란 시청 이상으로 중요한 건물이었을 것이다. 그래서 스폰자 궁전은 당시 가장 뛰어난 건축가에 의해 최신 공법을 이용해 만들어졌고, 어찌나 튼튼하게 만들었는지 17세기의 대지진에도 끄떡없이 버텼다.

교역소에서 거래를 하다 보면 자연스럽게 다툼과 시비도 일어났다. 라구사에서 교역을 하다가 길이에 관한 시비가 붙으면 사람들은 어김없이 오를란도브 기둥으로 달려갔다. 동상 왼팔의 팔꿈치부터 손끝까지의 길이가 50cm 약간 넘는데, 이를 자 삼아 길이를 판가름했던 것. 앞에서 얘기한 오를란도브 기둥의 '그 외 아주 요긴한 용도'란 바로 이것이다.

NOW! 지금은?

두브로브니크의 모든 항구 기능은 버스터미널 부근에 있는 그루즈Gruž 항구로 옮겨지고, **옛 항구** 자리는 개인 요트 정박 및 소규모 페리들이 발착하는 용도로만 쓰인다. 노천카페와 레스토랑이 즐비해 항구라기보다는 근사한 해변 산책로의 느낌이다. **스폰자 궁전**은 현재 두브로브니크 역사 기록물 보관소로 운영되고 있어 내부 출입이 되지 않는다.

옛 항구(올드 포트) 2권 MAP P.63F INFO P.76 구글 지도 GPS 42.64094,18.11156 찾아가기 스폰자 궁전 옆 폰타 게이트로 나간 뒤 정면에 보이는 문을 한 번더 통과해나간다. 시간 24시간 개방

스폰자 궁전 2권 INFO P.77 구글 지도 GPS 42.6411,18.11063 찾아가기 플라차 거리 끝, 폰타 게이트 바로 옆에 있다. 주소 Stradun 2, Dubrovnik

라구사 공화국의 도시 계획과 대지진

11세기부터 라구사 공화국은 수도를 깔끔하고 효율적으로 정비해 나간다. 원래 도시 한가운데 물이 흐르고 그 물길을 기준으로 북쪽은 육지, 남쪽은 라우스Laus라는 이름의 섬이었다. 그 물길을 매립해 도시의 남북을 하나로 연결해 중심 도로로 만들고 길의 이름을 플라차Placa 또는 스트라둔Stradun이라고 불렀다. 둘 다 '큰길'이라는 뜻을 가지고 있는데, 공식 명칭은 플라차이며 스트라둔은 그냥 구전되는 지명이다. 이때 도시가 현재의 구시가 크기로 확정되고 한 겹짜리 얇은 벽이 차츰 두툼하고 견고한 성벽으로 증축된다.

도시 안에는 다양한 건축물이 지어졌다. 성당이나 관공서, 교역소 등의 특수한 공공건물을 제외한 일반 상점이나 주택은 거의 비슷한 모습과 규격으로 지어졌다. 라구사 공화국의 정부는 도시 미관을 통일된 모습으로 가꾸기 위해 많은 공을 들이며 개인 주택과 상가의 '튀는' 모양새를 허용하지 않았다. 사치를 금하는 법이 있었던 데다 검소하며 실용적인 문화가 퍼져 있어 도시는 오랜 세월 상당히 통일된 모습을 유지할 수 있었다.

세월이 흐르는 동안 여러 번의 재앙이 라구사를 덮쳤다. 대화재도 있었고, 지진도 여러 차례 있었는데 그중에서도 17세기의 지진은 꽤 타격이 컸다. 도시의 많은 부분이 무너지고 인명 피해도 적지 않았다. 라구사 시민들은 성문 근처에 작은 성당을 짓고 예수님께 봉헌하며 무사와 안전을 기원했다. 그러나 이러한 소망에도 불구하고 1667년에 진도 10의 엄청난 지진이 라구사를 덮쳤다. 도시의 90%가 파괴되고, 5000여 명의 인명 피해가 발생했다.

지진이 지나간 후 라구사 공화국 정부에서는 복원 작업에 들어갔으며, 효율적이고 빠른 재건을 위해 건물의 높이와 외관을 규격화했다. 어차피 지진 이전에도 그다지 개성 넘치는 거리는 아니었으므로 지진 이후에도 표준화된 건물의 형태를 쉽게 찾아낼 수 있었고, 시민들의 동의 과정도 빨랐다. 도시는 빠른 속도로 제 모습을 찾았고, 그 모습 그대로 현재까지 유지되고 있다. 그리고 무시무시한 지진 속에서도 예수님께 봉헌되었던 성 스파사 성당은 기적적으로 아무런 피해를 입지 않아 라구사 시민들에게 구원과 희망의 상징이 되었다.

두브로브니크 구시가 2권 MAP P.74 INFO P.70, 74

NOW! 지금은?

플라차 거리는 아직까지 구시가의 중심 도로 역할을 수행하고 있다. 새하얀 석회암 보도가 세월에 닳아 빛이 닿을 때마다 환한 윤기를 낸다. 길가에 늘어선 고만고만한 모습의 건물들은 기념품 숍이나 레스토랑 등으로 사용되고 있다. 안쪽의 건물들은 대부분 아파트먼트나 민박 등의 숙소로 이용된다.

2권 MAP P.74 INFO P.75 구글 지도 GPS 42.64173, 18.10712(필레 게이트 쪽 시작점) 42.64136, 18.10896(중심부) 찾아가기 필레 게이트에서 문 안으로 들어가면 바로 연결된다. 주소 Plača Ulica, Dubrovnik 시간 24시간 개방

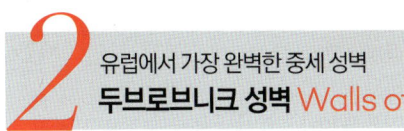

2 유럽에서 가장 완벽한 중세 성벽
두브로브니크 성벽 Walls of Dubrovnik

유럽에는 중세의 풍경을 간직한 도시들이 많지만 그 어느 도시도 두브로브니크만큼 웅장하고 도도한 성벽을 갖고 있지 않다. 게다가 이 성벽은 내 발로 밟으며 돌아볼 수 있다. 성벽을 도는 동안 스르지 산과 옛 항구, 저 멀리 펼쳐진 아드리아 해의 눈부신 풍경이 펼쳐지고, 높고 새파란 하늘 위로는 오렌지빛 태양이 아낌없이 쏟아진다. 두브로브니크의 성벽은 유럽에서 가장 완벽한 중세 성벽이자 두브로브니크를 만나는 가장 완벽한 방법이다.

두브로브니크의 과거와 현재, 그리고 모든 것

7세기경부터 라구사 공화국의 시민들은 방어를 위한 성벽을 쌓기 시작했다. 지정학적 위치가 워낙 아드리아 해 일대에서 손꼽히는 무역 루트에 전략적 요충지였으니 이곳을 넘보는 외적의 숫자란 상상을 초월했을 것이다. 그 수많은 눈초리들 사이에서 도시의 자유를 지키기 위해 시민들은 성벽을 나날이 강화해 나갔다. 나무에서 돌로, 한 겹에서 두 겹으로 성벽은 점점 더 견고하게 다져졌다. 마침내 14세기에는 현재와 같은 형태의 성벽이 완성되었고, 그 후 17세기까지 꾸준히 확장과 보수를 통해 유럽 최강의 성벽으로 군림하게 되었다. 그러나 1667년의 대지진을 겪으며 크게 타격을 입었고, 그 이후 러시아·오스트리아 등과의 전쟁에서 훼손과 임시방편의 개보수가 반복되면서 성벽은 원래의 모습을 많이 잃게 되었다.

그렇게 꽤 오랜 시간 훼손된 모습으로 방치된 성벽은 1979년 유네스코 세계문화유산에 지정되면서 본격적인 복원 작업에 들어가게 된다. 10여 년의 노력 끝에 성벽은 원래의 모습을 되찾는 듯했지만 1991년 유고 내전(유고슬라비아 연방의 해체 과정에서 일어난 내전. 크로아티아는 세르비아의 침공으로 큰 피해를 입었다)으로 두브로브니크 시내가 70퍼센트 가까이 파괴되며 성벽 또한 큰 피해를 입었다. 전 세계가 두브로브니크에 포격을 가한 세르비아군을 비난했고, 유럽의 지식인들은 두브로브니크를 지키기 위한 인간 성벽을 자처하기도 했다. 전쟁이 끝난 이후 복원 작업이 재개되

었고, 2007년에 시가지와 성벽은 옛 모습을 되찾게 되었다. 현재 두브로브니크 성벽은 일반에 개방되어 두브로브니크 최고의 관광 명소로 사랑받고 있다.

성벽 일주는 두브로브니크라는 도시가 가진 모든 아름다움을 가장 큰 스케일로, 그러나 디테일하게 보여주는 실로 완벽한 여행 방법이다. 구시가 안에 존재하는 모든 역사적인 건축물과 명소들을 낱낱이 눈에 넣을 수 있다. 높이조차 완벽해 시가 안을 가득 채운 붉은 지붕은 물론이고 그 안에서 살아가는 사람들의 삶까지 엿볼 수 있다. 이렇게 한 도시가 가진 모든 것이 완벽한 조화를 이루며 친근한 높이에서 감동적으로 펼쳐지는 경험은 흔하지 않다. 두브로브니크에서 다른 것은 뭘 해도 좋고 뭘 하지 않아도 좋으니 성벽 투어만은 꼭 할 것. 이것은 권유를 넘어선 강요이다.

2권 ⓞ MAP P.63E, F ⓘ INFO P.70 ⓖ 구글 지도 GPS 42.64174, 18.10723(필레 게이트 시작점) 42.64171, 18.1116(플로체 게이트 시작점) ⓖ 찾아가기 필레 게이트와 플로체 게이트에 시작점이 있다. 필레 게이트는 성 스파사 성당 왼쪽에, 플로체 게이트는 게이트와 구시가를 잇는 골목에 있다. ☎ 전화 020-324-641 ⓛ 시간 4~5월 08:00~18:30, 6~7월 08:00~19:30, 8월 08:00~19:00, 9월 1일~14일 08:00~18:30, 9월 15일~9월 30일 08:00~18:00, 10월 08:00~17:30, 동절기(11~3월) 9:00~15:00 ⓞ 휴무 일요일, 동절기에는 비정기적 ⓢ 가격 성인 200kn, 어린이(18세 미만)·학생(국제학생증 소지 시) 50kn ⓗ 홈페이지 citywallsdubrovnik.hr

HOW TO ENJOY

● 두브로브니크 성벽 투어는 간단하다. 입구를 통해 성벽으로 올라간 뒤, 성벽 위로 난 길을 따라 시계 반대 방향으로 걷기만 하면 된다. 정해진 대로 걸으며, 마음 내키는 대로 감동할 것.

● 먼저 구시가를 한 바퀴 돌아본 후 성벽 투어 하는 것을 추천한다. 눈높이에서 돌아본 시가지의 모습을 새로운 각도에서 바라볼 수 있다.

● 시가지를 사방으로 네모지게 둘러싸고 있는 성벽의 총 길이는 약 2km. 빨리 걸으면 20~30분이면 충분한 거리지만 풍경을 천천히 감상하고 사진도 찍다 보면 보통 1시간은 넘게 소요되며 길게는 2시간까지도 걸린다.

● 입구는 여러 곳에 있지만 플로체 게이트 앞에서 시작하는 것이 가장 이상적이다. 처음에는 스르지 산과 주택가의 소소한 풍경을 즐기다가 후반부에 본격적으로 바다와 구시가가 어우러진 풍경을 즐길 수 있다. 가장 찾기 쉬운 입구는 필레 게이트 앞이지만 바다 풍경이 먼저 펼쳐진 뒤에 주택가와 산의 풍경을 보게 되므로 후반부에서 약간 김이 빠진다.

● 가장 시원한 시간에 움직일 것. 그늘이 하나도 없다. 적어도 낮 12시~오후 3시에는 금물. 특히 여름에는 죽을 수도 있다.

● 선글라스, 생수, 선크림은 꼭 준비할 것. 봄가을은 물론이고 아주 한겨울이 아니라면 반팔에 겉옷 차림새를 추천한다. 겨울이라고 우습게 보지 말자. 달마티아 남부의 태양은 만만치 않다.

● 티켓은 버리지 말 것. 티켓 검사는 필레와 플로체 게이트에서 각각 한 번씩 진행된다. 즉 입장한 곳에서 한 차례, 그리고 중간 지점에서 또 한 차례 한다. '입장했으니까 됐어'라며 멋지게 버렸다가는 큰 낭패를 볼 수 있다.

+ PLUS INFO

두브로브니크를 즐기는 또 다른 모습

로브리예나츠 요새 Tvrđava Lovrijenac, Fortress Lovrijenac

성벽 투어를 하다 보면 필레 게이트에서 바다 쪽으로 접어들 때 오른쪽으로 작은 석조 요새가 하나 보인다. '저기는 어디지?' '직접 갈 수 있나?' 하며 제법 신경 쓰이는 곳이다. 이곳이 로브리예나츠 요새로, 11세기에 지어져 17세기까지 두브로브니크의 중요한 방어용 요새로 쓰였다. 최근에는 TV 시리즈 <왕좌의 게임>의 로케이션으로도 유명하다. 이곳은 성벽 투어 티켓을 가지고 있으면 무료입장이 가능하다. 내부에 딱히 볼거리가 있는 것은 아니나 꼭대기까지 오르면 바다와 구시가의 풍경이 새로운 모습으로 들어온다. 꼭대기까지는 체력에 따라 다르나 5~10분 정도면 충분히 올라간다. 성벽에서는 성벽 자체의 모습을 볼 수 없지만 이곳에서는 성벽과 시가지 내부, 그리고 바다까지 어우러진 색다른 절경을 즐길 수 있다. 오전 시간대에는 역광이라 사진 찍기가 그다지 좋지 못하다. 가장 뜨거운 시간을 피해 오후 3~5시에 방문하는 것이 좋다. 원래는 성벽 투어를 한 당일에만 무료입장이나 티켓 데스크에 맘 좋은 경비 아저씨가 있는 날은 하루 이틀 전 티켓을 들고 가도 들여보내는 복불복 시스템이다.

2권 ⓜ MAP P.63E ⓘ INFO P.71 ⓢ 구글 지도 GPS 42.64056, 18.10431 ⓖ 찾아가기 필레 게이트에서 약 300m ⓐ 주소 Ul. od Tabakarije 29, Dubrovnik ⓣ 전화 020-432-792 ⓢ 시간 시기에 따라 수시로 변동한다. 보통 오전 8~9시경에 열어 일몰 전후로 닫는다(일몰 시간 : 11~3월 오후 4시 전후, 4~5월·9~10월 오후 6~7시, 6~8월 오후 8~9시). ⓗ 휴무 비정기적 ⓢ 가격 50kn(두브로브니크 성벽 입장권 소지 시 무료)

3 자그레브의 오래된 이름
자그레브 구시가, 고르니 그라드 Gornji Grad

캅톨 vs. 그라데츠

고르니 그라드의 역사는 11세기부터 시작한다. 두 언덕 중 먼저 두각을 나타내기 시작한 것은 캅톨이었다. 크로아티아를 정복한 헝가리의 왕 라디슬라우 1세Ladislaus I가 캅톨에 대규모의 정착지를 만들고, 부근의 교회 한 곳을 자그레브 대성당Zagrebačka Katedrala, Zagreb Cathedral(000페이지)으로 개축한 후 다른 지역에 있던 주교를 이곳에 불러다 앉힌다. 이로 인해 캅톨은 일대의 종교적 중심지로 떠오르게 된다. 라디슬라우 1세는 그라데츠에도 정착지를 만들었지만 규모는 캅톨에 비해 상대적으로 작았다.

자그레브는 두 개의 언덕

구시가 관광을 위해 발걸음을 옮기다 보면 여지없이 언덕길을 만난다. 비스듬한 경사로도 있고, 계단도 있으며, 언덕길을 오가는 푸니쿨라도 있다. 자그레브 구시가 전체가 야트막한 언덕 위에 자리하고 있기 때문이다. 그래서 자그레브 구시가에는 크로아티아어로 '고르니 그라드Gornji Grad'라는 이름이 붙어 있다. 영어로 하면 'Upper City', 우리말로 하면 '위쪽 도시'쯤 된다. 자그레브라는 도시명의 어원이 '언덕 너머'라는 뜻의 'za breg(om)'라는 설도 있을 정도로, 언덕은 자그레브라는 도시에서 떼려야 뗄 수 없는 중요한 요소이다.

고르니 그라드는 두 개의 언덕으로 구성되어 있다. 동쪽 언덕이 캅톨Kaptol, 서쪽 언덕이 그라데츠Gradec이다. 행정구역상으로 '고르니 그라드'라는 명칭은 그라데츠에만 해당되고, 캅톨과 그라데츠 두 개를 아울러서 얘기할 때는 '구시가'라는 뜻의 '스타리 그라드Stari Grad'로 부르는 것이 정확하다. 그러나 현지에서도 '고르니 그라드'를 캅톨과 그라데츠 모두를 포함해 구시가 전체를 아우르는 명칭으로 쓰는 경우가 많다.

NOW! 지금은?

캅톨은 여전히 자그레브의 신앙적 중심지로 자리매김하고 있다. 12세기에 최초로 설립된 **자그레브 대성당**은 그 이후로도 여러 차례 파괴와 재건을 반복했고, 1880년 대지진으로 큰 피해를 당한 뒤 현재의 모습으로 완성됐다. 하지만 지금도 영원히 끝나지 않을 것 같은 보수 공사를 반복하고 있다.

2권 ⓜ MAP P.50B ⓘ INFO P.51 ⓖ 구글 지도 GPS 45.814516, 15.979842 ⓒ 찾아가기 반 옐라치치 광장에서 성당 첨탑을 바라보며 언덕을 따라 올라간다. 광장 오른쪽으로 돌아가는 길이 가장 가깝다. ⓐ 주소 Kaptol ulica 31, Zagreb ⓣ 전화 01-4814-727 ⓢ 시간 월~토요일 10:00~17:00, 일요일 13:00~17:00 ⓗ 휴무 비정기적 ⓟ 가격 무료 입장

그런데 13세기부터 두 언덕의 판세가 뒤바뀌기 시작한다. 타르타르족의 침략으로 두 곳 모두 초토화되었는데, 전쟁 중 헝가리-크로아티아의 왕 벨라 4세Bela IV가 그라데츠에 머물다가 목숨을 건지게 된 것. 벨라 4세는 황금으로 된 소 조각상을 수여하는 것을 시작으로 그라데츠에 엄청난 사랑을 퍼붓는다. 벨라 4세는 우선 그라데츠의 사방에 두터운 방어벽을 두르고 곳곳에 감시탑을 세워 외적의 침입에서 안전한 요새로 만들었다. 세금도 면해주고, 외국의 유능한 장인과 예술가를 대거 영입해 복구 및 건축 사업도 벌였다. 14세기에 만들어진 성 마르코 성당Crkva Sv. Marka, St. Mark's Church 입구의 화려한 부조도 이러한 과정에서 탄생했다.

그라데츠가 왕의 비호 아래 승승장구하는 동안 교회가 장악하고 있던 캅톨은 상대적으로 뒤처지게 되었다. 이러한 발전의 차이는 두 지역 사이에 묘한 라이벌 의식을 조성했고, 언제나 일촉즉발의 긴장감이 감돌았다. 두 언덕 사이에는 메드베슈차크Medveščak라는 이름의 작은 개울이 흐르고 있었는데, 이 일대에서는 언제나 캅톨과 그라데츠 사이의 불화가 가실 날이 없었다. 싸움은 종종 극한 상황까지 치달았고, 이들이 흘린 피에 붉게 물들곤 한 다리는 아예 '피의 다리Kravavi Most'로 불리기도 했다. 캅톨과 그라데츠가 화해하는 것은 1년에 딱 세 번, 장이 설 때뿐이었다.

그렇게 수세기를 아웅다웅하던 두 지역은 15세기 중반에 커다란 위기에 봉착한다. 오스만튀르크가 두 언덕의 바로 밑까지 쳐들어온 것이었다. 캅톨의 주교는 대부분의 영지를 잃고, 그라데츠는 그동안 받아온 수많은 특혜를 잃었다. 더 이상 자기들끼리 싸우고 있을

NOW! 지금은? 감시탑 중 가장 남쪽에 있던 **로트르슈차크 탑** Kula Lotrščak, Lotrščak Tower은 지금까지 남아 있다. 시계가 신통치 않았던 19세기에 대포를 쏘며 정오를 알리는 역할을 했는데, 시계가 발달한 지금까지도 정오가 되면 어김없이 대포를 쏘고 있어 영문 모르는 관광객들은 놀라곤 한다.

2권 ⊙ MAP P.50 ⓘ INFO P.53 ⓖ 구글 지도 GPS 45.814629, 15.973280 ⓖ 찾아가기 성 마르코 성당에서 남쪽으로 쭉 내려가다 보면 높은 탑이 보인다. ⓞ 주소 Strossmayerovo šetalište 9, Zagreb ⊖ 전화 01-4851-768 ⓢ 시간 화~일요일 11:00~20:00 ⊖ 휴무 월요일 ⓢ 가격 전망대 20kn

14세기에 입구의 화려한 조각 장식으로 명성을 떨쳤던 **성 마르코 성당**은 19세기에 화려한 지붕 모자이크를 덧씌웠다. 지금은 입구의 조각보다 지붕의 모자이크로 훨씬 유명하다. 성 마르코 성당 옆에는 크로아티아의 국회의사당이 자리하고 있다.

2권 ⊙ MAP P.50A ⓘ INFO P.51 ⓖ 구글 지도 GPS 45.816142, 15.973642(성당 앞 광장) ⓖ 찾아가기 돌의 문을 등지고 약 100m 직진한 뒤 오른쪽을 돌아본다. ⓞ 주소 Trg Svetog Marka 5, Zagreb ⊖ 전화 01-485-1611 ⓢ 시간 매일 11:00~16:00, 17:35~09:00 ⊖ 휴무 연중무휴 ⓢ 가격 무료 입장

메드베슈차크 개울은 19세기에 복개되어 길이 되었다. 두 언덕 사이에 있는 유명한 카페 거리 **트칼치체바** Tkalčićeva가 바로 그곳이다. 피의 다리가 있던 곳은 평범한 골목이 되었는데, 골목 이름은 여전히 '피의 다리 Kravavi Most'로 불리고 있다.

2권 ⊙ MAP P.50B ⓘ INFO P.51 ⓖ 구글 지도 GPS 45.814772, 15.976143(트칼치체바 거리 쪽 시작점) ⓖ 찾아가기 반 엘라치치 광장에서 트칼치체바 거리로 올라가는 길의 왼쪽 첫 번째 골목 ⓞ 주소 Krvavi Most, Zagreb1 ⓢ 시간 24시간 개방

때가 아니라는 것을 깨달은 캅톨과 그라데츠는 힘을 합쳐 오스만튀르크의 침략에 대적했고, 17세기 초반에는 하나의 도시로 합쳐졌다. 자그레브의 본격적인 탄생이었다.

고르니 그라드의 발전과 수난, 그리고 희망

오스만튀르크가 쓸고 간 뒤에도 자그레브는 용케 살아남아 발전을 거듭했고, 발칸 반도 북동부에서 가장 중요한 도시 중 하나로 성장해 나갔다. 예수회가 들어와 그래머스쿨(중세의 중등 교육기관)을 열었고, 이것이 나중에는 대학으로 성장했다. 1년에 세 번 열리던 장터를 좀 더 넓은 곳으로 옮기기 위해 물색하다 성벽 아래 넓은 공터로 이전했다. 공터 주변에 마을이 생기기 시작하며 도시의 범위도 점점 넓어졌다. 자연스럽게 언덕 위의 '고르니 그라드'와 언덕 아래의 '도니 그라드Donji Grad'로 갈라졌다.

자그레브가 마냥 영광스러운 나날을 보낸 것만은 아니었다. 두 세기에 걸친 전란으로 가난에 시달렸고, 잇따른 전염병과 화재로 크로아티아 정부가 인근의 작은 도시 바라즈딘Varaždin으로 피해 가기도 했다. 그중 1731년의 대화재는 고르니 그라드가 거의 전소될 정도로 타격이 컸다. 그라데츠를 둘러싼 성벽의 출입문도 모두 탔지만 동쪽 출입구였던 '돌의 문Kamenita Vrata, The Stone Gate' 안에 있던 성모마리아의 그림은 나무로 된 액자만 조금 탔을 뿐 거의 멀쩡한 모습으로 살아남았다. 이를 기적으로 생각한 자그레브 시민들은 이곳을 희망의 성지로 여기게 되었고, 성모의 자비와 은총을 바라며 기도를 올렸다. 이러한 희망의 여러 조각들을 바탕 삼아 자그레브는 19세기부터 번영을 누리기 시작했고, 유고슬라비아 제2의 도시에서 마침내 독립 크로아티아 공화국의 수도까지 발돋움했다.

자그레브 구시가 2권 ⓜ MAP P.30 ⓘ INFO P.46, 50

 WRITER'S NOTE

고르니 그라드의 어둠을 밝히는 가스등

고르니 그라드 일대는 유럽의 다른 도시에서는 볼 수 없는 고색창연한 가스등이 밤과 새벽의 어둠을 밝히고 있습니다. 1863년 처음 불을 밝힌 이래 200여 개의 가스등이 고르니 그라드의 밤을 로맨틱한 빛깔로 물들이고 있죠. 모양만 가스등처럼 만들어놓은 것이 아니라 진짜 가스등 맞아요. 불을 켜고 끄는 것도 일일이 사람이 직접 해요. 하늘이 붉어지는 저녁나절 오렌지빛으로 일렁이는 고르니 그라드의 가스등 불빛을 보고 있노라면 19세기와 시선을 공유하고 있는 듯한 느낌을 받곤 합니다.

NOW! 지금은? 예수회의 그래머 스쿨이 열렸던 곳은 현재까지 남아 있다. 그라데츠 남쪽의 **성 카타린 성당**Crkva Sv. Katarine, Saint Catherine Church이 바로 그곳. 이 성당 뒤의 공터가 그라데츠 최고의 뷰포인트.

2권 ⓜ MAP P.50A ⓘ INFO P.52 ⓖ 구글 지도 GPS 45.814743, 15.974264 ⓕ 찾아가기 성 마르코 성당이나 브로큰 릴레이션십 뮤지엄에서 로트르슈차크 탑 방면으로 쭉 걸어가다 길이 끝나면 왼쪽으로 꺾는다. 약 50m 앞에 흰빛의 성 카타린 성당이 있고, 그 오른쪽에 공터로 통하는 철문이 있다. ⓐ 주소 Katarinin trg bb, Zagreb ⓣ 전화 01-4851-950 ⓣ 시간 성당 사정에 따라 유동적

새로운 장터가 열렸던 언덕 아래 넓은 공터가 바로 현재 자그레브의 중심인 **반 옐라치치 광장**Trg Bana Jelačića, Ban Jelačića, Square이다. 아랫동네 '**도니 그라드**'는 자그레브의 실질적인 도심 지역으로 상점과 레스토랑, 카페, 퍼브, 박물관, 공원 등이 몰려 있다. 고르니 그라드에 주로 관광객이 몰린다면 이 일대는 현지인과 관광객이 비슷한 정도로 찾는다.

반 옐라치치 광장 2권 ⓜ MAP P.40C ⓘ INFO P.46 ⓖ 구글 지도 GPS 45.813401, 15.977296 ⓕ 찾아가기 트램 1, 6, 11, 12, 13, 14, 17번 Trg Bana Jelačića 하차 ⓣ 시간 24시간 개방
도니 그라드 2권 ⓜ MAP P.40C, E ⓘ INFO p.46 ⓖ 구글 지도 GPS 45.808837, 15.972946(중심부) ⓣ 시간 24시간 개방

돌의 문은 지금도 자그레브에서 가장 성스러운 곳으로 많은 이들이 기도하고 있으므로 큰 소리로 떠들거나 플래시를 터뜨리며 사진을 찍는 것은 금물이다.

2권 ⓜ MAP P.50A ⓘ INFO P.52 ⓖ 구글 지도 GPS 45.815734, 15.975238 ⓕ 찾아가기 라디체바 거리의 성 게오르기우스 동상 뒤쪽으로 감아 올라가는 경사로를 따라간다. ⓣ 시간 24시간 개방

그라데츠의 최남단 로트르슈차크 탑 부근에는 언덕 위아래를 연결하는 **푸니쿨라**가 있다. 1890년에 놓인, 유럽에서 가장 오래된 푸니쿨라로 현재 자그레브의 중요한 문화재 중 하나로 손꼽히고 있다. 자그레브 시민들은 '유럽에서 가장 짧은 푸니쿨라'라면서 자랑스러워한다.

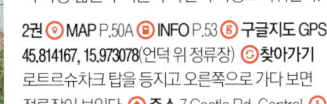

2권 ⓜ MAP P.50A ⓘ INFO P.53 ⓖ 구글지도 GPS 45.814167, 15.973078(언덕 위 정류장) ⓕ 찾아가기 로트르슈차크 탑을 등지고 오른쪽으로 가다 보면 정류장이 보인다. ⓐ 주소 7 Castle Rd, Central ⓣ 시간 매일 06:30-22:00(10분에 한 대 출발) ⓣ 휴무 유지 보수를 위해 동절기(11~3월)에 비정기적으로 휴업함 ⓟ 가격 편도 5kn

4 황제의 나날과 스플리트의 탄생
로마 황제 디오클레티아누스와 스플리트 구시가 Diocletianus

황제가 된 사나이

스플리트를 흔히 '왕의 도시'라고 말한다. 서기 2세기 로마 황제였던 디오클레티아누스의 인생이 얽혀 있는 도시이기 때문이다. 디오클레티아누스는 서기 245년에 달마티아의 살로나 Salona(현재의 솔린Solin)에서 하층 자유인의 신분으로 태어났다. 하급 병사로 군대 경력을 시작했으나 여러 전장에서 혁혁한 전과를 세우며 승승장구했고, 다뉴브 이남 지역의 군사를 이끄는 사령관까지 올라갔다. 서기 282년에는 카루스 황제의 근위대 장군이 되는데, 황제가 사망하고 황제의 두 아들 중 한 명이 암살당하는 일이 벌어지자, 군대에 의해 로마 황제로 추대된다.

디오클레티아누스의 통치 기조는 황제의 권력 강화와 지배 체제의 안정이었다. 그의 치세 기간 중 가장 유명한 것은 일명 '사두정치四頭政治'로, 나라를 동서로 나누고 각각에 정제와 부제를 두어 총 네 명의 황제가 통치하는 제도였다. 자신은 동방 정제이자 최고위 황제로 군림하고, 나머지 세 명은 가족이나 믿을 수 있는 동료를 앉혀 자신의 통치가 제국의 전 영토에 닿을 수 있도록 했다. 그는 기독교 박해로도 유명했다. 태양의 신 주피터를 숭앙하고 황제의 권위를 신의 경지로 올리고자 했던 디오클레티아누스에게 기독교는 눈엣가시 같은 존재였다. 그는 교회를 파괴하고 성직자들을 처형했으며 서적과 성물을 빼앗았다. 디오클레티아누스의 기독교 박해는 로마 역사의 마지막 박해이자 가장 강력한 박해로 평가받고 있다.

그렇게 약 20년간 로마를 통치하던 디오클레티아누스는 병을 얻은 뒤 스스로 황제 자리에서 물러나 고향인 달마티아로 돌아간다. 그는 자신의 고향에서 약간 떨어진 한적하고 아름다운 해안 지역 '스팔라토스Spálathos'를 말년을 보낼 곳으로 점찍고 그곳에 당시로서는 엄청난 대규모의 궁전을 짓는다. 병

디오클레티아누스 궁전 유적은 현재 옛 모습이 거의 남아 있지 않다. 특히 황제가 거주하던 공간인 '**거소居所**' 유적은 현관으로 이용되던 원뿔형 공간을 제외하고는 모두 폐허가 되었다. 원뿔형 공간에서는 종종 달마티아 전통 민요 중창단의 공연이 열린다.

2권 ⊙ MAP P.122 ⓘ INFO P.125 ⓖ 구글 지도 GPS 43.508050, 16.440054(현관 유적) ⓖ 찾아가기 열주 광장에서 트인 쪽을 뒤로하고 정면의 회랑을 바라보면 각각 위와 아래로 향하는 두 개의 입구가 있다. 이 중 위쪽 입구로 올라간다. ⓒ 시간 24시간 개방

황제가 병사를 사열하던 광장은 현재 '**열주 광장**Peristil, Peristyle'으로 불린다. 스플리트 구시가에서 가장 핵심 장소로, 이벤트나 페스티벌이 열릴 때 행사장으로 즐겨 사용된다. 평소에는 '카페 룩소르Cafe Luxor'의 노천카페 공간으로 이용되고 있다.

2권 ⊙ MAP P.122B ⓘ INFO P.123 ⓖ 구글 지도 GPS 43.508304, 16.440190 ⓖ 찾아가기 디오클레티아누스 궁전 유적 한복판에 있다. 동문과 가장 가깝고, 북문과 서문에서는 좁은 골목을 따라 직진한다. 남문에서는 지하시장을 거쳐 올라온다. ⓒ 시간 24시간 개방

사를 사열할 광장도 짓고, 숭앙하는 주피터 신전도 지었다. 디오클레티아누스 궁전의 규모나 화려함에 비해 황제의 말년은 상당히 소박했던 것으로 전해지는데, 주로 텃밭 가꾸기와 산책으로 소일했다고 한다. 고향으로 돌아와 3년 남짓 세월을 보내다가 사망하는데, 일설에는 사두정치의 붕괴와 가족들의 수난에 상심해 자살했다는 얘기도 전해진다. 사망 후 궁전 한복판에 그를 기리는 영묘가 세워졌다.

도시의 탄생과 역사의 아이러니

디오클레티아누스 궁전은 약 6세기경까지 궁전으로 사용되었지만 그 후 버려져 서서히 잊혀지다 7세기경에 다시 역사의 무대로 등장한다. 달마티아의 주요 도시이자 디오클레티아누스의 고향이었던 살로나가 몽골계 기마 민족인 아바스Avars족의 침략을 받게 된다. 피란처를 찾던 시민들은 스팔라토스의 궁전 유적에 주목한다. 살로나의 시민들은 짐을 싸서 궁전의 성벽 안쪽으로 이주해 방어 도시를 만들었고, 아바스족이 물러난 이후에도 그곳에 정착해 살아간다. 그들이 이 도시에 붙인 이름이 바로 '스팔라툼Spalatum'. 이렇게 하여 현재의 스플리트가 탄생한다.

스팔라툼 시민들은 오래된 궁전 유적을 자신들의 삶의 터전으로 바꾸어 나간다. 궁전 안팎으로 집을 짓고, 궁전 내의 옛 건축물들을 조금씩 필요한 건물로 바꾸는데 그중 가장 대표적인 것이 디오클레티아누스 황제의 영묘였다. 7세기경 살로나 시민들은 황제의 영묘를 대성당으로 개축하고, 이곳에 3세기경 살로나의 대주교였던 성 돈니우스의 이름을 붙인다. 여기서 역사의 아이러니를 경험할 수 있는데, 성 돈니우스는 바로 디오클레티아누스의 기독교 박해 때 순교한 인물. 이렇게 스플리트는 지난 역사의 현장 위에 또 하나의 역사를 쌓아가며 현재까지 이어오고 있다.

스플리트 구시가 2권 ⓞ MAP P.122 ⓘ INFO P.118, 122

스팔라툼 시민들이 건설했던 도시가 현재의 스플리트 구시가이다. 유적 안에서 사람들이 살아온 시간이 적지 않은 터라 지금은 어디가 구시가고 어디가 유적인지 특별한 경계 없이 어우러져 조화를 이루고 있다.

성 돈니우스 대성당은 현재 스플리트의 중심 성당으로 군림하고 있다. 대성당 옆에는 11세기에 만들어진 60m 높이의 종탑이 서 있는데, 스플리트의 가장 대표적인 전망대로 손꼽힌다.

2권 ⓞ MAP P.122B ⓘ INFO P.123 Ⓖ 구글 지도 GPS 43.508057, 16.440499 ⓐ 찾아가기 스플리트 구시가 한복판 열주 광장 바로 옆 ⓐ 주소 Kraj Sv. Duje 5, Split ⓣ 전화 021-342-589 ⓢ 시간 6~9월 월~토요일 08:00~19:00, 일요일 12:30~18:30, 10~5월 비정기적 ⓔ 휴무 10~5월의 비수기에는 평일에도 없이 휴무 ⓢ 가격 성당 35kn, 종탑 20kn, 종탑+성당+주피터 신전 45kn

주피터 신전은 성 돈니우스 성당과 더불어 또 다른 역사의 아이러니를 간직한 공간이다. 황제가 가장 숭배한 신을 모시던 공간을 스팔라툼 시민들이 교회의 세례소로 만들어버린 것. 현재는 내부에 크로아티아의 대표적 조각가 이반 메슈트로비치의 조각 작품이 있다.

2권 ⓞ MAP P.122B ⓘ INFO P.124 Ⓖ 구글 지도 GPS 43.508341, 16.439579 ⓐ 찾아가기 열주 광장에서 카페 룩소르 건물을 바라보면 왼쪽으로 좁은 골목 하나가 보인다. 이 골목으로 들어가면 바로 나타난다. ⓐ 주소 Kraj Svetog Ivana 2, Split ⓣ 전화 021-345-602 ⓢ 시간 5~9월 월~토요일 08:00~19:00, 일요일 12:30~18:30 ⓔ 휴무 10~4월 비수기 ⓢ 가격 10kn, 종탑+성당+주피터 신전 45kn

✓ WRITER'S NOTE

이건 왜 여기 있을까?

열주 광장의 한쪽 구석에는 크로아티아와도 로마와도 관련 없어 보이는 물체가 놓여 있습니다. 검은 스핑크스 상이죠. 너무 낡아 보이기 때문에 모조품으로 생각하기 십상이지만, 그것은 오해랍니다. 기원전 15세기에 만들어진 진짜 이집트 유물로, 디오클레티아누스 황제가 이집트로 원정 갔을 때 기념품으로 가져와 자신의 궁을 장식했다고 해요. 이런 중요한 유물을 박물관이 아니라 공공장소에 두었다는 것이 놀라워요. 스플리트에는 현재 총 세 개의 이집트 스핑크스가 있는데 하나는 열주 광장, 또 하나는 주피터 신전 앞, 나머지 하나는 시티 뮤지엄에 있습니다. 주피터 신전 앞의 스핑크스는 머리가 없는 것으로도 유명하죠.

+ PLUS INFO

네 개의 성문

디오클레티아누스 궁전 유적에는 동서남북 네 개의 성문이 있다. 모든 성문에는 별칭이 하나씩 붙어 있고, 모양새도 조금씩 다르다. 각각의 성문을 알아두면 방향 감각과 지리 파악에 큰 도움이 된다. 성문이 네 개나 된다고 해서 그렇게 넓고 웅장한 성일 것이라고 생각하지는 말자. 구글 지도로 재보면 동문부터 서문까지 약 200m 나온다.

① 동문/은의 문
Srebrna Vrata, Silver Gate

성 돔니우스 성당 너머로 보이는 궁전 유적과 가깝게 통하는 문이다. 네 개의 성문 중에서 가장 성문다우며 중요한 출입구라 할 수 있다. 성문 안팎으로 기념품과 옷 등을 판매하는 시장이 넓게 형성되어 있다.

② 서문/철의 문
Zeljezna Vrata, Iron Gate

나로드니 광장에서 궁전 유적으로 들어가는 문으로, 네 개의 문 중 가장 화려하고 아름답다. 정확히 말하자면 성문 자체는 골목 약간 안쪽에 있고 정작 모양새는 수수하나, 시계탑 및 주변 건물의 부조 등과 어우러져 아름답게 보인다. 문 안쪽 공간에는 주변 레스토랑의 노천 좌석이 있고, 종종 거리의 악사들이 나와 음악을 연주하는데, 성문 안쪽의 돌벽에 공명해 무척 달콤한 소리가 울려 퍼지곤 한다.

③ 남문/동의 문
Brončana Vrata, Bronze Gate

리바 거리에서 지하시장을 통해 열주 광장으로 들어가는 문이다. 역시 골목 안쪽으로 들어가야 성문을 만날 수 있는데, 아무 장식도 없고 수수함이 지나쳐 나중에 성문이라는 것을 알면 약간 놀랍기까지 한 곳이다.

✓ WRITER'S NOTE

그레고리우스 닌 대주교의 동상
엄지발가락을 만지면서 소원을 빌면 그 소원이 이뤄진다는 속설이 있습니다. 그러나 제 소원은 4년째 이뤄지지 않고 있습니다. 참고하세요.

④ 북문/금의 문
Zlatna Vrata, Golden Gate

열주 광장을 등지고 좁은 길을 쭉 따라가면 나오는 문으로, 이름은 '골든 게이트'이지만 실제로는 '어디가 골드냐' 싶은 수수한 문이다. 보존 상태가 썩 좋지 못하며 여기저기 훼손된 곳도 많은데, 세월이 지난 탓도 있으나 유고 내전 당시 입은 피해가 워낙 크다고 한다. 성벽 바깥쪽 면은 총상 흔적이 보일 정도. 성문 밖으로 나가면 그레고리우스 대주교의 동상이 서 있는 작은 공원이 나온다.

【 Type 2 】 크로아티아의 대표적인 로마 유적

1. 로마인의 일상이 펼쳐지던 곳
자다르 **로만 포룸** Roman Forum

BC 1세기부터 AD 3세기까지 이 자리에 존재하던 로마 시대 공공 광장 포룸의 유적이다. 이탈리아 바깥에 있는 로마 시대의 포룸 중에서는 가장 큰 규모를 자랑한다. 이곳을 만든 사람은 다름 아닌 로마 초대 황제 아우구스투스라고 한다. '포룸'이란 로마 시대에 시민들이 모이던 가장 중심적인 공간으로, 우리말로 표현하자면 '공회당' 정도가 적절할 것이다. 북쪽에 집회장과 공공시설이 있었고, 남쪽에는 상점가가 있었던 것으로 추정되고 있다. 원래는 열주로 둘러싸여 있었으나 지금은 기둥 일부와 주춧돌만 남아 있다. 6세기의 대지진으로 모두 무너진 뒤 복원하지 않고 중세 시대에 이곳에 널브러진 석재를 가져다 건축물을 만드는 데 썼다고 한다. 대표적인 것이 포룸 바로 앞에 자리한 성 도나트 성당 Crkva Sv. Donata, St. Donatus Church으로, 이 성당을 건축한 자재가 바로 포룸의 기둥과 벽면들이라고 한다. 1930년대에 발굴하기 시작했고, 1970년대에 복원을 시작해 현재와 같은 공원의 형태로 정비되었다.

2권 ⓞ MAP P.140A ⓘ INFO P.143 ⓖ 구글 지도 GPS 44.11572, 15.22455(성 도나트 성당 부근) ⓖ 찾아가기 나로드니 광장에서 시작해 시로카 거리를 따라 걷다 보면 약 250m 지점에서 눈앞이 탁 트이며 광장과 교회가 나타난다. 이 광장이 바로 포룸이다.

+ PLUS INFO

포룸 Forum, Now

① 로만 포룸 유적지 전체가 공원처럼 개방되어 있다. 만지거나 밟지 말라는 등의 표식이 전혀 없으나 다들 유적을 아끼고 존중하는 분위기가 강하다.

② 로만 포룸 북쪽에는 신전이 있었을 거라고 추측한다. 당시 신에게 희생 제물을 바치던 제단의 일부가 남아 있다. '수치의 기둥' 뒤쪽에 있는 세 개의 신상 받침대 부근에 있으니 잘 찾아볼 것. 받침대에는 각각 주피터, 메두사, 아몬이 새겨져 있다.

③ 로만 포룸의 석재를 재활용(?)해 지은 성 도나트 성당.

④ 로마 시대에는 일종의 도시 미관용으로 기둥을 이곳저곳에 세웠는데, 당시의 장식용 기둥 중 온전히 제자리에 남아 있는 것이 하나 있다. 이 기둥은 로만 포룸의 북쪽 구석에서 찾아볼 수 있는데, 중세에는 '수치의 기둥'이라고 하여 죄인을 묶어두고 본보기 용도로 사용했다고 한다. 아직도 기둥에는 사슬의 일부가 남아 있다.

2 미니 콜로세움
풀라 원형 경기장 Amfiteatar, Amphitheater or Pula Arena

풀라는 이스트라 반도 최남단에 자리한 항구 도시로, 이스트라 반도에서 로마 시대의 유적이 가장 많이 남아 있는 곳이다. 기원전 2세기경부터 로마의 세력권에 속했고, 로마 제국과 해상 왕래가 용이한 천혜의 항구 도시라는 지리적 이점 덕분에 이내 이스트라 반도 및 크로아티아 북부 일대에서 가장 큰 도시로 군림했었다고 한다.

풀라의 로마 유적 중 가장 유명한 것은 로마 시대의 원형 경기장. 10쿠나 지폐 뒷면 도안에 들어가 있는 크로아티아의 대표 문화재이다. 기원전 1세기 목재로 지어졌다가 이후 베스파시아누스 황제가 검투사 경기를 개최하기 위해 석회암으로 개축했다고 한다. 중세 시대 때 성당 건축 등의 자재로 쓰기 위해 원형 경기장의 석재를 뜯어내며 크게 훼손되었다가 19세기에 복원되었다. 현재 세계에 남아 있는 여러 로마 원형 경기장 중에서 네 개의 탑과 건축 양식이 고스란히 남아 있는 것은 풀라 원형 경기장이 유일하다. 약 2만5000명을 수용할 수 있는 규모로, 로마 콜로세움과 비교했을 때 크기는 한참 못 미치지만 건축 연대는 거의 비슷하거나 오히려 앞선다고 한다. 현재는 관광지 겸 콘서트장으로 사용되고 있다.

2권 ⊙ MAP P.180 ⊙ INFO P.181 ⊙ 구글 지도 GPS 44.872960, 13.849519(입구 부근) ⊙ 찾아가기 풀라 구시가 입구 맞은편 ⊙ 주소 Scalierova ul. 30, Pula ⊙ 전화 052-219-028 ⊙ 시간 11~3월 09:00~17:00, 4·10월 08:00~20:00, 5·9월 08:00~21:00, 6월 08:00~22:00, 7~8월 08:00~23:00 ⊙ 휴무 비정기적 ⊙ 가격 입장료 성인 50kn, 어린이·학생 25kn(학생증 지참 필수)

+PLUS INFO

풀라 수페리오룸 Pula Superiorvm

1년에 한 번 개최되는 풀라의 고대 로마 축제로, 시민들이 로마 시대의 가장을 하고 시내 곳곳에서 합창, 악기 연주, 연극 등 다양한 이벤트를 벌인다. 풀라 원형 경기장은 이벤트의 가장 주된 장소로, 검투사 경기를 재현하기도 한다. 날짜는 해마다 조금씩 다르나 일반적으로 6월 2~3째 주에 3일간 펼쳐진다. 홈페이지에 자세한 이벤트 정보와 장소가 소개되어 있으니 관심 있다면 꼭 체크해볼 것.

⊙ 홈페이지 www.pulasuperiorum.com

3 역사 & 건축 마니아 주목!
포레치 | 유프라시우스 대성전 Eufrazijeva Bazilika, Euphrasian Basilica

이스트라 반도의 작은 휴양 도시 포레치에는 유네스코 세계 문화유산에 등재되어 있는 중요 문화재가 있다. 구시가에 자리한 유프라시우스 대성전이 바로 그것. 6세기경 이스트라가 비잔틴 제국의 지배를 받을 때 건축된 예배당 유적으로, 비잔틴 시대의 예술적 성취를 가늠할 수 있는 귀중한 유적으로 손꼽힌다. 당시의 건축물과 프레스코, 모자이크가 온전하게 남아 있는데 거의 유일하다고 한다. 역사 및 건축 마니아들은 오로지 이 성당 하나를 보기 위해 포레치에 들르는 경우도 있을 정도이나 굳이 그런 분야에 조예가 없더라도 옛 건축물 특유의 투박한 아름다움과 바다의 조화로운 풍경은 이스트라 반도에서 중요한 볼거리라 할 수 있다.

2권 ⓞ MAP P.178 ⓘ INFO P.179 ⓢ 구글 지도 GPS 45.228695, 13.593246(성당 중심부) 45.228312, 13.593251(입구) ⓖ 찾아가기 성벽 북쪽에 맞닿아 있다. 구시가 가장 북쪽에 있는 유프라지예바 길Eufrazijeva ul.을 찾아간다. 구시가 곳곳에 표지판이 있어 쉽게 찾을 수 있다. 입구가 의외로 수수하므로 주소지를 정확히 찾아갈 것. ⓐ 주소 Eufrazijeva ulica 22, Poreč ⓣ 전화 052-451-784 ⓗ 시간 4~6월·9~10월 09:00~18:00, 7~8월 09:00~21:00, 11~3월 09:00~16:00 ⓡ 휴무 일요일 ⓟ 가격 성인 50kn, 학생 25kn, 미취학 아동 무료

+ PLUS INFO
바실리카 Basilica, Now

① 단연 최고의 걸작은 동쪽 끝 제단의 모자이크. 중앙의 아기 예수를 중심으로 대천사들과 이스트라 지역의 순교자들을 새겨놓았다. 왼쪽에서 두 번째에 있는 인물이 이 성전을 건축한 유프라시우스 대주교로, 손에 성전의 모형을 들고 있다.

② 구석구석에 당시의 모자이크를 원본 그대로 전시하고 있다. 발굴 현장 그대로 전시해둔 곳도 있다.

③ 이곳까지 왔다면 종탑에는 꼭 올라가 볼 것. 바다와 포레치 구시가 인근의 풍경이 소담하게 들어온다. 그다지 높지 않아 올라가기도 쉽다.

MANUAL 04

숲과 계곡

어쩌면 정말 요정이 살지도 몰라

발칸 반도의 석회암 지형은 오랜 세월 물과 바람에 깎여 크로아티아의 산악 지대에 감동적인 신비를 선사했다. 푸른 숲과 새하얀 석회암 언덕, 신비한 빛의 호수가 환상적인 조화를 이루며 여행자를 기다린다. 세계 최고의 자연 생태 여행지 플리트비체 국립공원과 천혜의 물놀이터 크르카 국립공원으로 떠나보자.

> STEP 1 **플리트비체의 사계절**

플리트비체 국립공원은 언제 가도 감동받는 곳이지만, 계절마다 보여주는 모습에는 다소 차이가 있다. 계절마다 어떤 매력과 장단점이 있는지 알아보자.

2권 MAP P.93 INFO P.86

봄 Spring, Proljeće

3월 중순이 되면 최저기온이 영하에서 벗어나며 비로소 플리트비체에 봄이 오기 시작한다. 겨우내 잎을 떨구던 나무에 새순이 돋으며 계곡 전체가 연둣빛으로 물들고, 희고 노란 들꽃들이 갈색의 땅 위로 솟아오른다. 4~5월은 최고기온 15~21도, 최저기온 4~8도로 낮에는 추위를 심하게 타지 않는다면 누구나 쾌적하게 느낄 만한 따뜻한 날씨가 이어진다. 단, 부슬비가 자주 오는 편이므로 유의할 것. 특히 4월에 비가 조금 더 많이 내린다.

마른 가지에 꽃을 피우는 계절, 봄

봄의 플리트비체는 온통 연둣빛이다.

이름 모를 흰꽃이 지천으로 피어난다.

여름 Summer, Ljeto

6월부터 8월까지 플리트비체는 온통 햇빛과 푸르름으로 물든다. 나뭇잎들이 왕성하게 우거져 숲은 푸르다기보다 검게 보일 정도이다. 기온은 30도를 채 넘지 않지만 햇살이 강렬해서 그늘이 없는 곳에서는 더위를 먹을 수도 있다. 가장 많은 여행자들이 몰리는 계절이라 오붓함이나 한적함을 느끼기는 어렵다. 일교차가 커서 밤에는 긴팔을 입어야 할 정도로 쌀쌀하다. 반딧불을 가장 잘 볼 수 있는 시기이므로 밤 시간을 놓치지 말 것.

여름에는 어느 곳이나 햇살이 충만하다.

어느 계절에나 플리트비체의 물빛은 신비로운 푸른빛을 띤다.

가을 Fall, Jesen

9월 중순부터 기온이 급격히 떨어지기 시작해 10월 중순이면 완연한 가을이 찾아온다. 10월 중하순부터 11월 초까지는 연중 플리트비체가 가장 아름다운 계절로, 온 계곡에 단풍이 물든 장관을 볼 수 있다. 다만 겨울이 예고 없이 빨리 찾아오는 편이라, 10월 중순인데도 폭설이 내리는 불상사가 종종 발생한다. 10월 마지막 일요일에 서머타임이 끝나면 그냥 겨울이라고 생각하는 게 편하다. 또한 9월부터 12월까지는 플리트비체의 우기이므로 언제라도 비가 올 수 있으니 염두에 둘 것.

계곡이 온통 붉고 노랗게 물든다.

가을은 플리트비체의 별명인 '요정의 숲'이 가장 실감나는 계절이다.

겨울 Winter, Zimski

11월 중순부터 3월 초순까지 겨울이다. 최저기온은 영하 3~4도, 낮 최고기온이 높아야 5도 안팎인 추운 날씨가 이어진다. 나무는 잎을 모두 떨구어 앙상하고, 많은 편의 시설과 서비스 시설은 문을 닫고 통제되는 구간도 생긴다. 그러나 설경을 감상할 수 있다는 치명적인 매력이 있다. 눈 쌓인 숲과 언덕, 꽁꽁 언 폭포와 호수의 풍경을 볼 수 있는 계절이므로 좀 더 꼼꼼하게 준비해 떠나면 문제가 없을 것이다.

설경보다는 앙상한 나무와 숲을 보게 될 확률이 높다.

보기는 아름답지만 걷기는 미끄럽다. 튼튼한 신발을 준비할 것.

> **STEP 2** 플리트비체 하이킹 코스 미리 보기

플리트비체 국립공원을 방문하는 목적은 90% 이상이 하이킹. 플리트비체의 하이킹 코스는 중앙의 코자크 호수 Jezero Kozjak를 기점으로 하여 남쪽의 상단부와 북쪽의 하단부로 나눠볼 수 있다. 상단부는 여러 개의 호수와 폭포, 여울이 이어지며 카르스트 지형의 소소하면서 아름다운 자연 풍경을 만끽할 수 있는 코스이고, 하단부는 플리트비체에서 가장 큰 폭포인 벨리키 폭포 Veliki Slap가 있으며 신비한 푸른빛의 계곡 풍경을 감상할 수 있는 코스이다. 상단부와 하단부를 모두 돌면 넉넉잡아 4~6시간 정도 소요된다.

플리트비체 하이킹 코스 Tip

플리트비체의 하이킹 코스는 총 일곱 가지가 있다. 1번 입구와 2번 입구에서 시작하는 코스가 각각 세 가지 있으며 1번, 2번 입구 공통의 코스가 한 가지 있다. 소요시간이 플리트비체 현지의 안내판 및 홈페이지에 자세히 나와 있는데, 실제 걸어보면 이보다 훨씬 적게 걸린다. 4~6시간으로 나와 있는 H코스도 빨리 돌면 4시간 이내에 주파 가능하다.

+ PLUS INFO

플리트비체의 교통수단

① **셔틀버스** 8톤 트럭을 개조한 듯한 무시무시하고 거대한 모양의 셔틀버스가 운행 중이다. 정류장은 ST1, ST2, ST4 세 곳 있으며 각각 1번 입구, 2번 입구, 상단부 하이킹 시작점에 자리해 있다. 별도의 요금은 없으며, 수시로 운행한다.

② **보트** 코자크 호수를 횡단한다. P1, P2, P3 세 개 선착장이 있으며 P1 선착장은 2번 입구, P2는 상단부 하이킹 코스, P3는 플리트비체 내의 유일한 휴게소와 화장실, 하단부 하이킹 코스와 연결된다. 각 지점에서 보트가 수시로 오가기 때문에 행선지를 잘 보고 타야 한다.

① ENTRANCE 1 출발

A·B·C 코스 모두 1번 입구에서 표지판을 따라가면 자연스럽게 하이킹 루트와 연결된다.

A코스
(2~3시간 소요)

하단부의 주요 루트를 도는 코스이다. 플리트비체의 양대 하이라이트라 할 수 있는 신비로운 푸른 물빛의 계곡과 벨리키 폭포를 모두 돌아볼 수 있다. 단체 여행자, 시간이 부족한 당일치기 여행자들이 가장 많이 택하는 코스이다.

B코스
(3~4시간 소요)

A코스에 코자크 호수 보트 횡단이 포함된 루트이다. 같은 입장료를 낸다면 보트라도 한번 타보는 게 나을 것 같아 보이지만, 보트 횡단이 생각보다 재밌거나 알차지는 않다. 짧은 시간에 하이킹을 즐기며 플리트비체의 모든 교통수단을 경험해보고 싶은 사람에게 추천.

C코스
(5~6시간 소요)

1번 입구에서 시작해 하단부를 먼저 돈 뒤 호수를 건너가 상단부를 도는 루트이다. 플리트비체의 매력을 골고루 즐길 수 있어 2번 입구의 H코스와 더불어 가장 높은 인기를 누리고 있다. 상단부로 올라간 뒤에 계속 미세한 오르막길이 이어지고, 푸른 계곡과 벨리키 폭포를 먼저 보기 때문에 상단부가 시시해 보일 수도 있다.

② ENTRANCE 2 출발

E와 H코스는 2번 입구 앞쪽에 있는 ST2 셔틀버스 정류장에서 버스를 타고 상단부의 꼭대기에 있는 ST4로 간 뒤 그곳에서 하이킹을 시작한다. 1번 입구 앞에 있는 ST1에서 타도 ST4로 갈 수 있다. F는 2번 입구 쪽에 있는 P1 선착장에서 시작한다.

E코스
(2~3시간 소요)

ST4에서 시작해 상단부를 한 바퀴 훑은 뒤 보트를 이용해 P1으로 갔다가 2번 입구로 빠져나가는 코스이다. 주로 2번 입구 부근에서 남들을 따라 한 바퀴 돈 후 보트를 타버렸더니 이후 루트가 꼬인 사람들, 아니면 한 차례 돈 뒤 두 번째 하이킹에서 상단부만 돌고 싶은 사람들이 주로 이용하는 코스이다.

√ **WRITER'S NOTE**
이 코스로 돈 분들이 나중에 꼭 '아, 그 사진에서 보던 폭포랑 파란 물은 다른 데 있는 거예요?'라고 하시더군요.

F코스
(3~4시간 소요)

P1 선착장에서 P3행 보트를 탄 뒤 하단부 하이킹을 하고 ST1으로 가서 셔틀버스를 타고 2번 입구로 돌아온다. B코스를 거꾸로 도는 것으로, 2번 입구에서 시작해 하단부의 하이라이트 코스를 돌고 싶은 사람에게 적합한 코스. 주로 두 번째 도는 사람들이 택한다.

H코스
(4~6시간 소요)

C코스와 더불어 플리트비체에서 가장 인기 있는 루트. ST4에서 시작해 내리막 지형을 따라 내려가다 P2에서 P3로 보트를 타고 코자크 호수를 건너고, 하단부 하이킹을 한 뒤 ST1으로 올라간다. 초반에 소박하면서 다양한 자연을 접하다 후반부에 하이라이트를 보는 구성도 좋고, 내리막 지형을 따라 걷게 되므로 피로도 덜하다.

√ **WRITER'S NOTE**
개인적으로 H코스를 플리트비체 하이킹 코스의 끝판왕이라고 평가하고 있습니다. C코스와 길이는 비슷하지만 H코스가 구성 면에서 더 나아요.

하이킹 시뮬레이션! **H코스에서 보내는 하루**

플리트비체 국립공원 하이킹은 길도 비교적 평탄하고 코스도 잘 짜여 실제로 해보면 어려울 게 하나도 없다. 그러나 그것은 경험해본 사람들 얘기고, 아직 떠나보지 않은 사람들은 많은 것이 생소하기만 한 것이 당연하다. 그렇다면 눈으로 먼저 한번 떠나보는 건 어떨까? 플리트비체 최고 인기 하이킹 코스인 H코스의 모든 것을 낱낱이 풀어본다!

2번 입구 Entrance 2

매표소에서 티켓을 구입한다. 짐을 맡길 사람은 인포메이션 센터에서 열쇠를 받을 것.
▶ 구름다리를 건너 이동. 약 5분 소요

ST2 정류장

구름다리를 내려와 호텔들이 들어서 있는 숲을 지나 서쪽 방향으로 걸어가면 매점 및 안내소가 보이고, 근처에 ST2 정류장이 있다. 이곳에서 ST4로 향하는 셔틀버스를 탄다. 버스는 수시로 운행한다.
▶ 셔틀버스 탑승. 약 10분 소요

ST4 정류장

셔틀버스에서 내리면 앞쪽에 H코스의 시작을 알리는 표지판과 함께 호수 저 너머까지 펼쳐진 산책로가 보인다. 호수 위로는 갈대가 무성히 자라고, 구름 사이로 내비친 햇빛이 호수 깊은 곳까지 채우고 있다. 나무를 촘촘히 엮어 만든 호수 위 산책로에 한 발을 내딛으면 플리트비체 하이킹이 시작된다.
▶ 도보로 하이킹 시작!

✓ **WRITER'S NOTE**
어디가 ST4인지 걱정 안 해도 돼요. 사람들 다 내리는 데서 따라 내리면 거의 틀림없습니다.

하단부 하이킹 시작!

P3 선착장

P3 휴게소에서 선착장 부근을 보면 하이킹 코스의 시작점을 알리는 표지판이 있다. H코스의 방향을 따라서 다시 걷기 시작할 것. 평지를 따라 호수를 바라보며 걷는 코스가 이어진다. 하늘, 구름, 나무, 갈대, 바위, 호수, 폭포, 물 위에 드리워지는 풍경, 수면 아래로 꿈틀거리는 물고기들의 생생한 움직임, 그리고 믿기지 않을 정도로 새파란 물빛이 곁을 따라온다. 중간부터는 'Veliki Slap(벨리키 폭포)'으로 향하는 표지판을 찾아볼 것.
▶ 벨리키 폭포를 향해 하이킹. 20~30분 소요

플리트비체 하이킹 코스의 휴게소 겸 만남의 광장. 화장실과 매점이 있으므로 이곳에서 잠시 쉬어간다. 식사 시간이라면 매점에서 간단한 요기 거리를 사다 먹어도 좋다. 이곳의 닭구이는 플리트비체 인근에서 가장 맛있는 음식으로 통한다.
▶ 휴식!

벨리키 폭포

플리트비체에서 가장 큰 폭포. 호쾌하게 쏟아지는 폭포를 바라보며 기념사진을 찍자. 단체 사진 찍기 좋은 발판도 준비되어 있다. 벨리키 폭포를 다 본 뒤에는 왔던 길로 되돌아 나와 H코스 표지판을 찾아 하이킹을 다시 시작한다.
▶ 다시 하이킹 코스로!

상단부 하이킹

상단부는 완만한 내리막길이 이어지며 자잘한 호수와 폭포가 계속되는 코스이다. 산, 나무, 호수, 하늘, 바위산, 세찬 물소리, 시리도록 맑은 공기. 그 어느 것도 이전에 보거나 겪지 않은 것이 없지만, 자연이라는 것이 자연 그대로의 모습으로 존재한다는 것만으로도 가슴이 벅차다. 갈림길마다 표지판이 나타나 길 안내를 하므로 자신이 어떤 코스를 택했는지 잘 기억해두면 길 잃을 염려는 없다. 그저 가끔씩 뒤를 돌아보며 내가 지금 얼마나 아름다운 길을 걷고 있는지 확인할 것.
▶ 도보로 하이킹. 1시간 30분~2시간 소요

눈앞에 코자크 호수가 펼쳐지고, 작은 선착장인 P2가 보인다. 최종 목적지는 호수 북쪽 건너편에 있는 P3 선착장. 그러나 P2에서 P3로 바로 가는 배는 드문드문 오므로, 건너편의 P1 선착장으로 가서 그곳에서 P3로 가는 배를 타는 편이 낫다. 비수기에는 P2에서 P3로 바로 가는 배가 아예 끊기기도 한다. P1과 P2 사이를 왕복하는 배는 수시로 다닌다.
▶ P2에서 P1으로 이동. 10~20분 소요

P2 선착장

코자크 호수 횡단

P1에서 P3행 셔틀보트를 타고 코자크 호수를 건넌다. 플리트비체의 가운데에 있는 가장 큰 호수로, 지금까지 보아온 상단부의 풍경에 비하면 다소 심심하다. 느긋하게 쉬는 기분으로 보트를 타자.
▶ 보트 이동. 10~15분 소요

하이라이트

ST1 정류장

플리트비체의 대표 풍경으로 널리 알려진, 신비로운 빛깔의 호수에 다리가 놓여 있는 구간이다. 먼저 다리를 건너 호수 건너편으로 간 뒤, 경사로를 따라 언덕 위로 올라간다. 호수와 저 멀리 폭포의 풍광을 바라보며 플리트비체가 얼마나 가슴 벅찬 풍경을 가지고 있는지 다시 한 번 실감할 것.
▶ 도보로 이동

표지판을 따라 ST1에 도착하면 H코스 하이킹이 비로소 종료된다. 여기서 1번 입구로 가려면 표지판을 따라가고, 2번 입구로 돌아가려면 셔틀버스를 타면 된다.

> **STEP 3** 플리트비체의 의衣 · 식食 · 주住

여행에서도 의식주는 중요하다. 무엇을 입고, 무엇을 먹고, 어디서 잘 것인가는 여행의 일상적인 면을 지배하며 여행의 퀄리티를 좌우하곤 한다. 플리트비체 국립공원 여행을 수월하게 즐기기 위해 준비해야 할 의 · 식 · 주의 모든 것을 알아본다.

하이킹이라고 해서 특별히 옷을 더 챙길 필요는 없다. 계절에 맞는 편안한 복장이면 아무거나 OK. 등산복까지 준비할 필요는 없다.

얇은 겉옷 슈플랴라Supljara 동굴에 갈 계획이라면 얇은 겉옷 하나를 챙길 것. 동굴 내 기온이 영상 10도 안팎이기 때문에 감기 걸릴 위험이 있다.

우비 or 우산 플리트비체는 비가 꽤 많이 오는 곳이다. 맑은 날에도 갑자기 소나기가 쏟아질 확률이 높다. 얇고 튼튼한 우비나 가벼운 우산 하나는 언제나 휴대할 것.

선글라스 & 선크림 투명한 햇살과 정면으로 마주하게 된다. 햇살 안에는 자외선도 듬뿍 들어 있다는 것을 잊지 말 것. 사계절 내내 필수 품목!

운동화 트레킹화나 등산화까지는 필요 없지만 발이 편한 운동화나 워킹화는 필수. 여름에는 발을 든든하게 받쳐주는 스포츠 샌들도 좋다.

그 밖의 준비물

봉지 국립공원 내에서 쓰레기통을 찾기 힘들다. 자신의 쓰레기를 스스로 치울 봉지 하나쯤은 꼭 가지고 다니자.

식수 사방에 흔한 게 물이지만 정작 마실 물은 없다. 하이킹 코스 내내 식수대가 없으므로 마실 물은 넉넉히 챙기자.

食 식

플리트비체는 밥 먹을 데가 마땅찮기로 유명하다. 레스토랑도 별로 없고, 그나마 뿔뿔이 흩어져 있어 언제 어디서 어떻게 먹어야 할지 알 수가 없다. 그렇다고 굶을 수는 없는 일. 플리트비체에서 가장 맛있게 먹는 몇 가지 방법을 소개한다.

1 직접 해 먹기

저예산 여행자들이 주로 택하는 방법이자 플리트비체 끼니 해결의 가장 보편적인 방법이기도 하다. 한국에서 가져간 즉석밥이나 라면 등을 먹거나 현지 슈퍼마켓에서 장을 봐서 조리해 먹는다. 민박 마을인 무키네Mukinje와 라스토바치Rastovaca에는 공동 주방을 갖춘 숙소가 많으므로, 직접 취사할 생각이라면 주방이 있는지 반드시 물어볼 것. 특히 장을 봐 해 먹을 생각이라면 플리트비체 인근에서 가장 큰 슈퍼마켓이 있는 무키네 마을에 묵을 것을 추천한다.

3 '그나마' 맛집 찾아 사 먹기

플리트비체에서 가장 맛있는 식당으로 알려진 곳은 의외로 공원 내부 P3 선착장에 있는 매점으로, 닭구이가 맛있기로 유명하다. 2번 입구 부근에는 국영 레스토랑이 한 곳 있고, 호텔 레스토랑들도 이용 가능하다. 특히 호텔 예제로의 리조토는 가격대도 적당하고 한국인 입맛에도 잘 맞는다.

2 레스토랑 딸린 숙소에서 해결하기

이것저것 고민하기 싫은 여행자에게 강력 추천하는 방법. 호텔에 묵으며 호텔 레스토랑에서 끼니를 해결하거나, 소베 중에 투숙객에 한해 점심, 저녁식사를 파는 곳을 알아보는 것도 좋다. 무키네 63번지인 빌라 리카Villa Lika의 레스토랑은 맛과 가격이 모두 준수한 편.

여기가 빌라 리카

√ WRITER'S NOTE

대표적 민박 마을인 무키네에는 유명한 레스토랑이 있습니다. 스키장 입구에 있는 '스키알리슈테 피자 비스트로 부츠니카Skijaliste Pizza Bistro Vucnica'입니다. 피자는 그럭저럭 괜찮은데, 나머지 음식은 '지옥 같다'라는 평까지 나오고 있습니다. 다행히 최근에는 맛이 좀 개선된 조짐이 있습니다만, 예전에는 없던 바가지가 생겼습니다. 케첩 추가하면 돈 더 달라는 종업원 있으니 조심하세요.

플리트비체는 당일치기로 여행할 수도 있지만, H나 C코스 등의 풀코스를 천천히 돌고 싶은 여행자라면 아무래도 1박하는 편이 좋다. 별이 쏟아지는 밤하늘이나 나무에 매달린 반딧불이 또한 숙박객에게만 주어지는 사치. 플리트비체 숙소는 어떤 곳이 있고 어떻게 예약 가능한지 알아보자.

1 주변 마을의 현지인 민박에서 자기

플리트비체 주변에는 민박 마을이 몇 곳 있다. 1번 입구 부근의 라스토바차 Rastovača와 2번 입구 부근의 무키네Mukinje, 무키네 길 건너편의 예제르체Jezerce 가 대표적. 이 중에서 압도적으로 인기가 높은 곳은 무키네. 2번 입구와 마을을 걸어서 오갈 수 있는 샛길이 있는데다 예쁜 소베도 많고, 큰 슈퍼마켓이 있어 여러모로 편리하다. 이곳에서 영업 중인 현지인 민박, 일명 '소베Sobe'는 플리트비체에서 가장 흔한 숙박 형태라 할 수 있다. 도미토리는 찾아보기 힘들고 싱글 룸, 더블 룸, 트윈 룸 등의 별도 객실에 욕실이 딸려 있다. 가격이 저렴한 편이라 저예산 여행자들에게 좋다. 주로 예쁜 펜션 같은 전통 건물에서 영업하므로 여행 기분 내기에도 그만이다. 가격대는 30~100유로 정도로 인원 수, 시즌, 조건, 위치에 따라 천차만별이다.

√ WRITER'S NOTE
현금을 챙기자!
발품을 판 경우는 물론이고 예약 사이트를 이용했을 경우에도 숙박비는 현금으로 결제해야 하는 경우가 많아요. 가족 단위로 소소하게 운영하는 민박일 경우에는 100퍼센트 현금 결제한다고 생각하면 됩니다.

+ PLUS INFO
현지인 민박, 이렇게 잡는다

예약하기 호텔 예약 사이트나 에어비앤비, 이메일을 통해 예약 가능하다. 최근에는 에어비앤비에 올려놓는 경우가 많아졌다. 에어비앤비에서 예약할 경우 마을 입구까지 픽업을 나오기도 한다.

발품 팔기 플리트비체의 민박 마을에서는 아직까지도 직접 발품을 팔아 흥정하는 경우가 많다. 마을이 그렇게 크지 않기 때문에 20~30분 정도만 돌아다니면 만족도 높은 숙소를 구할 수 있다. 발품을 팔아 구할 생각이라면 되도록 이른 시간에 도착할 것. 성수기에는 오전 시간에 텅텅 비어 있던 집도 해가 질 무렵이면 만실이 되는 경우가 흔하다.

2 공원 내 호텔에서 자기

플리트비체 국립공원 2번 입구 부근에 자리한 2~3성급 호텔 세 곳 중 하나를 골라 숙박하는 것으로, 가장 무난한 선택이다. 특히 대중교통으로 여행하는 사람이 플리트비체에서 호텔 숙박을 원하는 경우에는 아예 다른 선택의 여지가 없다. 세 호텔 모두 가격대가 제법 높은 데 비해 객실과 설비는 만족스럽지 않지만, 공원 입구와 가깝다는 장점이 있다. 혼자 여행하는 여성이나 가족 여행자에게 추천. 호텔 예약 사이트에서 쉽게 찾아볼 수 있다.

추천 숙소

호텔 벨뷰 Hotel Bellevue ★★
세 호텔 중 가장 선호도가 높다. 외관과 내부가 나무로 되어 있어 아늑한 분위기를 느낄 수 있다. 객실 인테리어가 세련된 편이나 다소 좁은 것이 흠. 단체 관광객도 자주 이용한다.

2권 ⓞ MAP P.93C ⓢ 구글 지도 GPS 44.880978, 15.621778 ⓢ 주소 Plitvička Jezera, Plitvice ⓢ 전화 053-751-800 ⓢ 시간 체크인 14:00, 체크아웃 12:00 ⓢ 가격 400kn(약 50유로)~

호텔 플리트비체 Hotel Plitvice ★★
객실은 약간 낙후된 편이나 서비스 때문에 만족도는 괜찮은 호텔이다. 객실 수가 적어 예약하기 상대적으로 어려운 편. 동절기에는 한시적으로 문을 닫기도 한다. 레스토랑이 맛있는 것으로 평가받고 있다.

2권 ⓞ MAP P.93C ⓢ 구글 지도 GPS 44.881761, 15.620651 ⓢ 주소 Plitvička Jezera, Plitvice ⓢ 전화 053-751-200 ⓢ 시간 체크인 14:00, 체크아웃 12:00 ⓢ 가격 500kn(약 65유로)~

호텔 예제로 Hotel Jezero ★★★
세 호텔 중 유일한 3성급 호텔로 규모도 크고 객실 수도 가장 많다. 그러나 가격대가 높은 데 비해 객실이나 설비가 낙후되어 만족도는 크지 않다. 동절기 및 비수기에는 호텔 벨뷰 및 호텔 플리트비체는 문을 닫고 이곳만 유일하게 영업한다.

2권 ⓞ MAP P.93C ⓢ 구글 지도 GPS 44.883798, 15.618655 ⓢ 주소 Plitvička Jezera, Plitvice ⓢ 전화 053-751- 500 ⓢ 시간 체크인 14:00, 체크아웃 12:00 ⓢ 가격 600kn(약 80유로)~

> √ **WRITER'S NOTE**
> 여행자들의 선호도 및 평가는 호텔 벨뷰, 플리트비체, 예제로 순서인데, 그냥 고만고만하다고 봐도 무방합니다. 예약 시 가장 저렴한 곳으로 해도 큰 문제 없습니다!

+ PLUS INFO

3개 호텔 투숙객 공통 혜택

무료입장권 공원 내 세 호텔에 투숙할 예정이라면 공원 입장권을 끊을 때 굳이 2일권을 끊지 말자. 1일권 티켓을 구매하고 호텔 프런트에 제시하면 하루 더 돌아볼 수 있는 바우처를 얹어준다.

무료 셔틀버스 버스를 이용해 플리트비체에 도착한 경우, 호텔이 몰려있는 2번 입구가 아니라 1번 입구에서 내렸다면 호텔 바우처를 들고 인포메이션 센터로 갈 것. 즉각 셔틀버스를 보내준다.

3 특별한 숙소 찾아가기

플리트비체 일대에서 괜찮은 숙소들은 모두 공원에서 꽤 떨어진, 차로밖에 갈 수 없는 곳에 자리하고 있다. 렌터카 여행자라면 굳이 공원 주변 숙박을 고집할 이유가 없다. 특히 신혼여행 등 기억에 남는 로맨틱한 여행을 원하는 여행자에게 좀 더 강력하게 추천한다.

추천 숙소

호텔 데게니야 Hotel Degenija ★★★★
플리트비체 인근의 유일한 4성급 호텔로, 최근 인기 있는 호텔로 떠오르고 있다. 객실 수가 겨우 20개밖에 되지 않지만, 세심하고 친절한 서비스를 자랑하는 곳으로 정평이 나 있다. 넓고 세련된 인테리어의 객실에는 발코니가 딸려 있으며, 욕실도 최근 단장해 깔끔하다.

ⓞ MAP 지도 범위 밖 ⓢ 구글 지도 GPS 44.945460, 15.634882 ⓢ 찾아가기 플리트비체 국립공원에서 북쪽으로 약 4~5km 떨어진 셀리슈테 드레즈니치코 Selište Drežničko 마을에 있다. ⓢ 주소 Selište

Drežničko 59, Rakovica ⓢ 전화 047-782-143 ⓢ 시간 체크인 14:00, 체크아웃 11:00 ⓢ 가격 600kn (약 80유로)~ ⓢ 홈페이지 www.hotel-degenija.com

**리조트 투리스트 그라보바츠
Resort Turist Grabovac ★★★**
짙은 숲으로 둘러싸여 있는 조용한 숙소로, 캠핑장과 호텔이 함께 있는 소규모 리조트이다. 본관에 호텔식으로 영업하는 20여 개의 객실이 있고, 3개의 독채 방갈로가 있다. 고즈넉하면서 아름다운 환경과 식사가 해결 가능하다는 것, 호텔다운 서비스를 받을 수 있다는 것 등이 장점.

ⓞ MAP 지도 범위 밖 ⓢ 구글 지도 GPS 44.973547, 15.647934 ⓢ 찾아가기 플리트비체 국립공원에서 북쪽으로 약 12km 떨어진 그라보바츠 Grabovac에 있다. ⓢ 주소 Grabovac 102, Rakovica ⓢ 전화 047-784-192 ⓢ 시간 체크인 14:00, 체크아웃 12:00 ⓢ 가격 450kn(약 60유로)~ ⓢ 홈페이지 www.kamp-turist.h

**슬로빈 유니크 라스토케
Slovin Unique Rastoke**
요정 마을 라스토케에 자리한 숙소. 관광 코스·레포츠 시설·연회장·식당 등이 함께 있는 자연휴양림 같은 곳으로, 레스토랑에 딸린 2개의 객실과 동의 방갈로를 운영하고 있다. 호텔 예약 사이트에 올라 있지 않으니 홈페이지를 통해 이메일로 예약해야 한다. 객실이 몇 개 없으므로 예약은 되도록 일찍 할 것.

ⓞ MAP 지도 범위 밖 ⓢ 구글 지도 GPS 45.120441, 15.585378 ⓢ 찾아가기 라스토케 마을과 다리를 사이에 두고 자리한다. 플리트비체 국립공원에서는 북쪽으로 30km 이상 떨어져 있다. ⓢ 주소 Rastoke 25 b, Slunj ⓢ 전화 047-801-460 ⓢ 가격 550kn(약 70유로)~ ⓢ 홈페이지 slunj-rastoke.com

크르카 국립공원 Krka National Park
크르카의 매력 포인트 5가지

어쩌면 세계에서 가장 아름다운 물놀이터

크르카는 달마티아 중부, 스플리트나 시베니크에서 멀지 않은 곳에 자리한 자연 생태 관광지이다. 푸르게 우거진 숲 사이로 장쾌한 폭포, 신비한 푸른빛을 내는 호수가 층층이 쌓인 풍경 등은 플리트비체 국립공원과 여러모로 비슷하지만 물놀이가 가능하다는 결정적인 차이점이 있다. 크르카의 매력과 여행법을 하나하나 풀어본다.

2권 MAP P.170 INFO P.170

1 17단 폭포가 있다

크르카는 호수와 폭포, 계곡을 망라하는 제법 넓은 지대로, 총 다섯 개의 포인트가 있다. 가장 유명한 곳은 첫 번째 포인트인 스크라딘 폭포 Skradinski Buk로, 총 17단계로 된 폭포가 근사한 풍경을 펼쳐낸다. 신비한 빛깔의 파란 물이 층층이 쏟아지는 풍경은 플리트비체에도 없는 크르카만의 장관. 크르카에 들르는 목적 중 70퍼센트는 스크라딘 폭포 즐기기라고 봐도 무방하다.

2 물놀이가 가능하다

크르카의 가장 큰 특징 중 하나는 근사한 폭포와 울창한 숲을 배경으로 시리도록 푸른 물속에서 물놀이를 즐길 수 있다는 것. 겉보기에는 발끝만 담가도 벌금 물게 생겼지만 실상은 남녀노소가 모두 자유롭게 물놀이를 즐긴다. 세계에서 가장 아름다운 물놀이터 중 하나라고 해도 그 누구도 반기 들 사람 없는 곳이다. 6~9월에 크르카를 여행한다면 물놀이를 꼭 염두에 둘 것.

+ PLUS INFO
물놀이 준비물
돗자리 비치 베드나 평상 등은 마련되어 있지 않다. 바닥에 깔 것을 반드시 준비할 것.
수영복 깨끗한 화장실은 있으나 샤워 시설이나 탈의실은 따로 없다. 처음부터 속에 수영복 입고 가는 것을 추천한다.
수건 수건 빌릴 데가 없으므로 각자 챙겨 가야 한다.
간식과 물 현지에 식당이 있기는 하나 과일과 물 정도는 사 가도록 한다.

3 하이킹을 즐길 수 있다

스크라딘 폭포 일대에는 장쾌한 폭포와 신비한 빛깔의 호수, 검푸른 숲의 구석구석을 여러 각도로 음미할 수 있는 하이킹 코스가 조성되어 있다. 1~2시간이면 끝나는 짧고 굵은 코스로, 플리트비체가 웅장하고 신비로운 자연 경관의 극치라면 크르카에서는 좀 더 아기자기한 풍경을 감상할 수 있다.

4 볼거리가 다채롭다

크르카에는 스크라딘 폭포 외에도 네 개의 포인트가 더 있다. 호수 한가운데 오롯이 떠 있는 작은 섬에 프란체스코 수도원이 자리한 비소바츠 Visovac와 여러 개의 폭포가 계단식으로 연결된 로슈키 계곡 Roski Slap, 15세기에 지어진 유서 깊은 크르카 수도원 Manastir Krka, 로마 시대의 군사 기지 유적이 남아 있는 부르눔 Burnum 등이다. 각 포인트는 보트 및 셔틀버스로 연결되며, 강줄기를 따라 도로가 나 있어 자동차로도 돌아볼 수 있다.

√ **WRITER'S NOTE**
스크라딘 폭포 외의 다른 포인트를 보트나 셔틀버스로 돌아보려면 시간이 엄청나게 걸립니다. 연결도 그다지 효율적이지 않고요. 모든 곳을 돌아보려면 자동차 렌트가 필수라고 생각하는 게 좋아요!

5 가깝다

크르카는 중부 달마티아의 주요 도시들과 비교적 가까운 거리에 자리하고 있다. 크르카 여행의 출발 지점인 스크라딘까지 가는 데 스플리트에서는 약 1시간 30분, 시베니크에서는 약 30분 걸린다. 시간이 부족한 여행자라면 오전에는 크르카 물놀이와 하이킹, 오후에는 다른 도시 관광 식으로 타이트한 스케줄을 짤 수도 있다.

시뮬레이션! 크르카에서 보내는 하루

크르카 국립공원을 즐기는 방법은 크게 세 가지로, 첫째 물놀이, 둘째 하이킹, 셋째 각 포인트를 찾아다니는 드라이브이다. 이 중 가장 인기 있는 것은 하이킹+물놀이 조합. 크르카에서 하루 보내기를 지면으로 낱낱이 풀어본다.

스크라딘 Skradin 가기

스플리트와 시베니크 모두 오전 8~9시에 스크라딘행 버스가 있다. 스플리트에서는 약 1시간 30분, 시베니크에서는 약 30분 정도 걸린다. 티켓을 끊을 때 돌아오는 버스편까지 같이 끊으면서 배차 시간도 확인할 것.
▶ 버스 이동. 30분~1시간 30분 소요

√ **WRITER'S NOTE**
안내 방송은 없지만 여행자로 보이는 사람들은 거의 100% 한 곳에서 내리니 그냥 따라 내리면 거의 틀림없습니다. 정 불안하면 버스기사나 주변 현지인에게 크르카에서 내린다고 하면 알려줍니다!

티켓 구입

스크라딘에는 터미널이 없고 작은 정류장만 있다. 정류장에서 강가 쪽으로 조금 걸어가면 크르카 관광안내소가 나온다. 이곳에서 티켓을 구입한 뒤 선착장으로 간다.
▶ 도보로 이동

물놀이 시작!

출입 금지 구역 띠가 둘러진 곳 외에는 어디서든 물놀이가 가능하다. 막배 및 막차가 허락하는 시간까지 실컷 즐길 것. 이런 근사한 풍경을 보며 물놀이할 기회가 평생 자주 오는 것은 아니다!

√ **WRITER'S NOTE**
맥주 파는 곳도 있습니다. 한잔 시원하게 즐기세요!

돌아가자!

아까 탄 배 다시 타고 가서, 아까 내렸던 곳에서 다시 버스를 타고 돌아가면 된다. 시간표나 표지판 따위는 없지만 일단 기다리면 버스가 온다. 버스가 오면 자리를 잡은 뒤 처음에 출발한 지점으로 돌아간다.

√ **WRITER'S NOTE**
버스 시간이 많이 남았다면 스크라딘 마을을 한 바퀴 돌아보는 것도 좋습니다. 다 돌아보는 데 1시간도 채 걸리지 않을 정도로 작지만 의외로 느낌이 좋은 곳이에요!

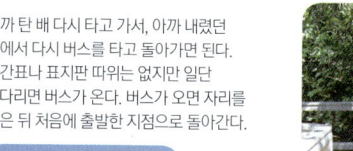

배를 탄다

선착장에는 제법 유람선처럼 생긴 배가 기다리고 있다. 배에서는 되도록 전망 좋은 곳에 자리 잡자. 30분 가까이 가는 데다 주변 경치가 워낙 좋기 때문. 크르카의 자연에 취해 있다 보면 어느새 배가 도착한다.
▶ 배로 이동

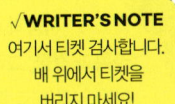

√ **WRITER'S NOTE**
여기서 티켓 검사합니다.
배 위에서 티켓을
버리지 마세요!

메인 입구로!

선착장에 도착한 뒤 안내판을 따라 조금 걸어가면 크르카의 메인 입구이자 스크라딘 폭포 Skradinski Buk와 연결되는 로조바츠 Lozovac 입구가 나온다.
▶ 도보로 이동

하이킹!

스크라딘 폭포 하이킹 코스는 초반에 폭포 상류로 올라가는 오르막이 계속되다가 상류의 숲과 물길을 한 바퀴 돌고 다시 하류의 호수로 내려오는 순서로 구성되어 있다. 17단 폭포의 장엄한 풍경과 우거진 숲, 얕은 여울 등의 아기자기한 풍경을 모두 감상할 수 있는 알찬 코스. 소요시간은 약 1시간 이내.
▶ 하이킹 루트를 따라 이동

스크라딘 폭포 도착!

입구에서 숲길을 따라 약 5분 걸어가면 바로 스크라딘 폭포가 보인다. 우선 하이킹을 먼저 한 뒤 물놀이를 즐겨보자. 폭포를 마주보고 오른쪽으로 가면 하이킹 코스 입구를 쉽게 찾을 수 있다.
▶ 도보로 이동

√ **WRITER'S NOTE**
하이킹 코스 중간에 보면 비소바츠로 향하는 보트 선착장으로 빠져나가는 루트가 있습니다. 즉, 비소바츠를 보트로 가려면 하이킹을 중간에 포기하거나, 하이킹을 마친 뒤 다시 반 바퀴쯤 돌아가야 해요. 가라는 건지 말라는 건지 잘 모르겠습니다. 다른 포인트로 갈 생각이면 처음부터 자동차로 움직이세요!

MANUAL 05

뷰포인트

크로아티아 최고의 풍경을 한눈에

새빨간 지붕과 세월이 느껴지는 골목과 건물, 그리고 때때로 새파란 바다. 이런 일류 재료들이 한꺼번에 어우러지는 근사한 풍경을 보고 싶다면 높은 곳으로 올라가는 것이 정답이다. 크로아티아의 각 도시와 마을에는 그곳의 전망을 가장 감동적으로 전해주는 전망대와 뷰포인트가 있다. 고소공포증 정도는 충분히 이겨낼 가치가 있는 멋진 곳들을 소개한다.

Viewpoint

크로아티아 뷰포인트 best view 비교 랭킹

높이
가장 높은 곳에서 탁 트인 전망을 즐기자!

1등 두브로브니크
스르지 산 전망대

스르지 산은 해발 412m! 전망대는 정상부!

2등 흐바르
스파뇰라 요새

해발 87m 언덕의 정상 가까운 곳에 있다.

3등 스플리트
돔니우스 대성당 종탑

탑신의 전체 높이는 60m, 전망대는 50m 안팎

4등 스플리트
마르얀 언덕 전망대

전체 높이는 178m지만 전망대는 초입 50m에 못 미치는 지점

5등 트로기르
성 로브로 성당 종탑

탑 전체 높이는 47m, 전망대는 40m 안팎

6등 두브로브니크
부자 바

이 일대 절벽의 최대 높이는 20m 정도, 부자 바의 위치는 그보다 낮다.

7등 자그레브
성 카타린 성당 공터

정확한 높이는 알 수 없으나 10m 안팎 정도로 그다지 높지 않다.

난이도
고생 끝에 낙이 온다! 힘들어도 도전!

1등 스플리트
돔니우스 대성당 종탑

183개의 좁고 꼬불꼬불한 계단을 도보로!

2등 트로기르
성 로브로 성당 종탑

높지 않고 계단도 비교적 적지만 위험하기는 한 수 위

3등 스플리트
마르얀 언덕 전망대

차로 올라가면 더 복잡하므로 웬만하면 걸어갈 것!

4등 흐바르
스파뇰라 요새

도보로 올라가면 2~3등급, 차로 올라가면 6~7등급. 따라서 평균은 중간쯤

5등 두브로브니크
부자 바

성벽 남쪽으로 나가기만 하면 그 다음에 찾는 것은 쉽다.

6등 자그레브
성 카타린 성당 공터

그라데츠 언덕 위에서는 어디서든 쉽게 접근 가능

7등 두브로브니크
스르지 산 전망대

케이블카로 한번에 쑤욱!

전망
최고의 전망만 쏙쏙 골라 보자!

1등 두브로브니크
스르지 산 전망대

바다, 산, 섬, 마을… 살면서 다시 보기 힘든 풍경

2등 흐바르
스파뇰라 요새

마을과 바다, 섬과 배들이 만들어내는 환상적인 풍경.

3등 두브로브니크
부자 바

저 끝까지 펼쳐진 바다를 시원하고 편안하게!

4등 자그레브
성 카타린 성당 공터

성당 종소리와 함께 공감각적으로 즐기는 풍경

5등 트로기르
성 로브로 성당 종탑

트로기르 구시가가 포근하고 아기자기하게 들어온다

6등 스플리트
마르얀 언덕 전망대

리바와 앞바다. 구시가가 눈에 들어오지만 숲에 약간 가린다.

7등 스플리트
돔니우스 대성당 종탑

고생 대비 전망 품질에 대해 뒷말이 조금 있는 편

비용
싼 곳들만 골라서 봐도 완전 이득!

공동 1등
스플리트
마르얀 언덕 전망대 &
자그레브
성 카타린 성당 공터

무료 관람

공동 3등
스플리트
돔니우스 대성당 종탑 &
트로기르
성 로브로 성당 종탑

15kn

5등 흐바르
스파뇰라 요새

25kn

6등 두브로브니크
부자 바

입장료는 없으나 음료수값이 50kn 정도 든다.

7등 두브로브니크
스르지 산 전망대

108kn, 압도적으로 비싸지만 절대 아깝지 않다.

구시가와 앞바다, 로크룸 섬이 한 프레임에 멋지게 들어온다.

인생 낙조를 만날 수 있는 곳

두브로브니크

아드리아 해의 노을 풍경,
스르지 산 전망대 Planina Srđ, Srđ Mountain

추천 시간대 15:00~24:00
낙조와 야경을 즐기자. 해지기 1시간 전쯤에 올라가면 적당하다.

새파란 아드리아 해를 배경으로 해안선이 구불구불 굽이치는 가운데, 두터운 성벽에 둘러싸여 오롯이 자리하고 있는 두브로브니크 구시가. 이토록 아름다운 모습의 도시를 한눈에 담고 싶다면 주저하지 말고 스르지 산의 전망대로 가자. 스르지 산은 구시가 동북쪽에 자리한 석회암 산으로, 유럽에서 가장 완벽한 성벽 도시이자 중세 도시를 한눈에 담을 수 있는 유일한 전망대가 자리하고 있다. 특히 이곳에서 바라보는 낙조 풍경은 완벽하다. 수평선으로 해가 가라앉으며 구시가와 해안선을 새빨갛게 물들이는 모습은 그야말로 장관이다. 시간이 지남에 따라 색이 조금씩 짙어지고 그때마다 구시가는 루비처럼 빛났다가, 새빨간 장미 처럼 피어났다가, 스러져가는 모닥불처럼 잠잠해지며 시시각각 모습을 바꾼다. 달마티아 지역에서는 어디서나 아름다운 노을을 볼 수 있지만 스르지 산 전망대에서 바라본, 두브로브니크 구시가와 노을이 어우러지는 풍경은 인생에서 몇 번 경험해보기 힘든 감동을 선사한다.

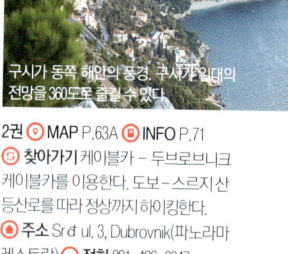

구시가 동쪽 해안의 풍경. 구시가 일대의 전망을 360도로 즐길 수 있다.

2권 ⓞ MAP P.63A ⓘ INFO P.71
ⓞ **찾아가기** 케이블카 – 두브로브니크 케이블카를 이용한다. 도보 – 스르지 산 등산로를 따라 정상까지 하이킹한다.
ⓞ **주소** Srđ ul. 3, Dubrovnik (파노라마 레스토랑) ⓞ **전화** 091-486-0047 (파노라마 레스토랑) ⓞ **시간** 케이블카 운행시간에 준함 ⓞ **휴무** 연중무휴 ⓞ **가격** 무료 ⓞ **홈페이지** www.dubrovnikcablecar.com

전망대에는 '파노라마 Panorama'라는 이름의 전망 레스토랑이 있다.

스르지 산 전망대에서 바라본 두브로브니크의 일몰 풍경.

스르지 산 전망대를 오르는 3가지 방법

1 케이블카로 오르기

스르지 산 전망대로 오르는 가장 일반적인 방법으로, 가장 효율적이고 편리하다. 구시가 북쪽 언덕 위 도로변에 케이블카 정류장이 있다. 30분 정도의 배차 간격과 10분 미만의 승차 시간만 들이면 간편하게 전망대까지 올라갈 수 있다. 케이블카가 올라갈 때 창밖으로 비치는 근사한 전망은 보너스. 요즘은 다소 비싼 편이나 아낀다고 부자 될 정도의 금액은 아니다. 동절기에는 비정기적으로 휴무를 갖기 때문에 이용이 불가능할 수도 있다. 홈페이지를 미리 체크할 것.

언덕을 따라 케이블카가 다닌다.

2권 ⓞ MAP P.63A~D ⓑ INFO P.71 ⓢ 구글지도 GPS 42.6431, 18.11172 ⓖ 찾아가기 플로체 게이트로 나가서 북쪽으로 길을 건넌 뒤 좁은 계단을 한참 오르면 케이블카 정류장에 도착한다. 버스편도 있으나 루트가 비효율적이므로 추천하지 않는다. ⓞ 주소 Petra Krešimira 4, Dubrovnik(구시가 측 정류장) ⓟ 전화 020-414-321(운영사 마케팅팀) ⓣ 시간 12~1월 09:00~16:00, 2~3월 09:00~17:00, 4월 09:00~20:00, 5월 09:00~21:00, 6~8월 09:00~24:00, 9월 09:00~22:00, 10월 09:00~20:00, 11월 09:00~17:00 (11~3월 막차는 하행 기준. 상행도 막차 30분 전 마감된다.) ⓒ 휴무 유지 보수를 위해 동절기(11~3월) 사이에 비정기적으로 휴무. 날짜는 홈페이지에 사전 공지 ⓟ 가격 성인 왕복 170kn, 편도 90kn, 어린이(4~12세) 왕복 60kn, 편도 40kn ⓗ 홈페이지 www.dubrovnikcablecar.com

2 도보로 오르기

스르지 산 전면에 완만한 경사의 하이킹 코스가 조성되어 있다. 보통 걸음으로 올라갈 때는 1시간~1시간 30분, 내려올 때는 40분 정도 소요된다. 등산 등으로 단련되었다면 어렵지 않게 왕복 가능하다. 길이 거칠기 때문에 튼튼한 운동화는 필수이며, 슬리퍼를 신고 갔다가는 중턱에서 발을 부여잡고 통곡할 수도 있다. 여기까지만 보면 별문제 없어 보이지만 치명적인 위험도 하나 존재한다. 진입로까지 가는 길이 위험하기 때문. 큰 차들이 쌩쌩 다니며 횡단보도는 커녕 변변한 인도조차 없는 고속국도를 걷고 건너야 한다. 이 문제가 개선되기 전까지는 그다지 권하고 싶지 않은 방법이다.

산길이 거친 편이다. 신발은 꼭 튼튼한 운동화를 신자.

2권 ⓞ MAP P.63A ⓖ 찾아가기 케이블카 정류장 부근에서 길을 건너 계단을 따라 언덕을 오르면 8번 국도에 도착한다. 8번 국도를 거슬러 올라가다 보면 국도와 갈라져 아래쪽으로 내려가는 작은 차도가 하나 나온다. 차도 쪽으로 내려가 걸어가다 보면 산으로 올라가는 진입로가 보인다.

3 차로 오르기

시내부터 스르지 산 전망대까지 자동차도로가 나 있다. 편도 15분 정도 소요되는, 짧은 드라이브 코스이다. 도보처럼 힘들거나 위험하지 않고 케이블카처럼 시간에 구애받을 필요가 없는 편리한 방법이다. 도보나 케이블카로는 갈 수 없고 차로만 접근 가능한 뷰포인트가 한 곳 있다. 옛 항구 쪽이 정면으로 보이는 포인트로, 오로지 이곳에서만 이 각도가 나온다. 렌터카로 여행 중 두브로브니크에서도 하루 정도 차를 쓸 계획이라면 차로 오르는 것을 고려해보자.

바로 이 풍경! 차로 오르지 않으면 보기 힘든 풍경!

2권 ⓞ MAP P.63B
ⓖ 찾아가기 8번 국도에서 남쪽 방향으로 가다 보면 왼쪽으로 스르지산 진입로가 있다. 내비게이션에 목적지를 'Tvrđava Srđ', 'Srđ

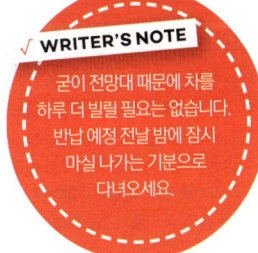

✓ WRITER'S NOTE

굳이 전망대 때문에 차를 하루 더 빌릴 필요는 없습니다. 반납 예정 전날 밤에 잠시 마실 나가는 기분으로 다녀오세요.

Fortress' 또는 'Panorama Restaurant' 등으로 세팅해보자. 진입로가 눈에 잘 띄지 않아 헤맬 수도 있는데 가장 확실하고 속 편한 방법은 현지 택시 기사들에게 물어보는 것이다.

HOW TO ENJOY

● 전망대에 도착하면 무조건 옥상으로 가자. 건물 옥상에 본격적인 전망대 시설이 갖추어져 있다.

● 전망대 1층에는 '파노라마Panorama' 라는 이름의 레스토랑이 있다. 전망은 당연히 최고이며 맛도 제법 준수하다. 특별한 여행이라면 테라스석이나 창쪽 자리를 예약해볼 것. 음료나 맥주 한 잔만 가볍게 즐겨도 눈치 주지 않는다. 11~3월에는 영업하지 않는 경우가 많으므로 이메일 등으로 미리 확인해볼 것.

● 해가 지기 1시간 전쯤 올라가 햇빛 아래의 전망을 감상하다가 낙조를 보고 야경까지 감상한 후 내려오는 것이 베스트. 단, 11~3월의 동절기에는 케이블카 운행 시간이 짧아 해가 지는 시간과 케이블카 막차 시간이 엇비슷하므로 애석하지만 야경은 볼 수 없다.

● 도보와 케이블카 편도를 적절히 섞어오르는 것도 추천. 평소 걷는 것은 자신 없지만 탁 트인 멋진 풍경을 보고 싶다면 올라갈 때는 케이블카를 타고 내려가는 것만 도보를 이용할 수도 있다.

● 뚜벅이 여행자 중 '차로만 접근 가능한 뷰포인트'가 탐나는 사람은 전망대에서 내려갈 때 택시를 이용해보자. 파노라마 레스토랑에서 도움을 구할 수도 있고, 올라가기 전 구시가 근처에서 택시를 잡아 기사와 미리 협의할 수도 있다. 요금은 시내까지 편도 100kn 이상으로 비싼 편.

+ PLUS INFO

두브로브니크의 전망 감상 베스트 타임

언제 또 볼 지 모르는 두브로브니크의 전망. 햇빛 아래 탁 트인 전망도, 새빨갛게 불타오르는 낙조도, 까만 밤하늘 아래 보석처럼 빛나는 야경도 모두 놓칠 수 없다면 오른쪽의 표를 참조하자. 일몰과 막차를 모두 고려하여 찾아낸 스르지산 케이블카 최적의 이용시간을 월별로 정리해 보았다.

> 4~10월에만 야경과 일몰을 함께 볼 수 있다!

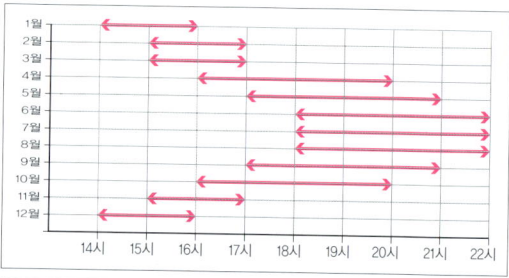

	1월	2월	3월	4월	5월	6월	7월	8월	9월	10월	11월	12월
일몰	16~17	16~17	18~19	19~20	20~21	20~21	20~21	20~21	19~20	18~19	16~17	16~17
막차	16:00	17:00	17:00	20:00	21:00	24:00	24:00	24:00	22:00	20:00	17:00	16:00

절벽에서 바라보는 아드리아 해
술맛 나는 노을과 바다, **부자 바** Buža Bar

두브로브니크

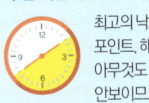
추천 시간대 14:00~20:00
최고의 낙조 포인트. 해지면 아무것도 안보이므로 깜깜해지기 전에 일어설 것.

부자 바는 구시가 남쪽, 성벽 바깥쪽 절벽에 자리한 카페이다. '부자Buža'란 크로아티아의 옛말로 '다른 곳과 연결되는 작은 구멍'이라는 뜻. 즉, '개구멍'이다. 성벽에 사람 하나 간신히 지나다닐 만한 구멍이 뚫려 있고, 그 구멍을 지나가면 드넓은 바다를 배경으로 절벽 저 아래까지 요령 좋게 만들어놓은 노천 바가 펼쳐진다. 'Bi바Bar'라고만 생각하면 함량 미달인 구석이 많기도 하다. 신용 카드도 안 받고, 뜨거운 음료도 없는데다 얼음은 떨어지기 일쑤고, 화장실은 참으로 열악하다. 크로아티아 물가를 생각했을 때는 음료 값도 다소 비싼 편이다. 그러나 이곳은 웬만큼 까다로운 사람도 대범하고 느긋하게 만드는 마성의 장소이다. 전망과 분위기를 즐기며 맥주라도 한잔 마시고 있다 보면 카드 결제도 안 되고 화장실 부실한 것 정도는 얼마든지 용서하게 된다.

2권 ⓞ MAP P.74A ⓘ INFO P.79 ⓢ 구글지도 GPS 42.63901, 18.10865 ⓖ 찾아가기 성 이그나티우스 성당 앞 광장에서 성당 맞은편 쪽으로 광장을 가로질러 가면 레스토랑들이 보인다. 레스토랑 뒤편으로 가보면 성벽으로 통하는 좁은 입구가 보인다. 입구로 들어간 뒤 성벽을 왼쪽에 두고 쭉 길을 따라가면 부자 바로 통하는 작은 입구가 나온다.
ⓐ 주소 Crijevićeva ulica 9, Dubrovnik
ⓣ 전화 098-361-934 ⓒ 시간 09:00~다음날 01:00(동절기에는 단축 영업) ⓒ 휴무 비정기적 ⓟ 가격 아이스커피 20kn, 맥주·와인 40~50kn, 소프트드링크 30~40kn

절벽에 간단한 난간과 테이블을 설치해 카페를 만들었다. 아이디어는 정말 최고!

일몰 시간에 난간 쪽 자리를 잡으려면 꽤 일찍 가야 한다.

HOW TO ENJOY

● 가장 쉽게 찾는 법은 성 이그나티우스 성당 앞에서 이동하는 것이지만 성벽 안쪽을 따라 돌다 보면 언젠가는 찾게 된다. 군데군데 'Cold Drink'라고 적힌 표지판이 나오므로 놓치지 말고 따라갈 것.

● 언제 가도 좋은 곳이지만 뭐니 뭐니 해도 최고는 일몰 무렵. 성수기에는 해 질 시간에 딱 맞춰 갔다가는 자리를 잡기 힘들다. 넉넉히 해가 지기 2~3시간 전에 가는 것을 추천.

● 바에 자리 잡지 않고 절벽 아래로 내려가 전망을 감상할 수도 있다. 절벽 아래에서는 아무것도 주문하지 않아도 되므로 주머니 사정이 넉넉지 않은 저예산 여행자도 포기하지 말고 꼭 들러보자.

● 절벽 아래쪽 해변은 두브로브니크의 유명 다이빙&해수욕 포인트이기도 하다. 하절기에 여행한다면 수영복을 입고 가서 잠시 바다를 즐기는 것도 good.

자그레브 대성당의 첨탑과 빨간 지붕이 눈앞에 펼쳐진다.

아는 사람만 아는 자그레브 뷰포인트

자그레브

세 개의 종소리와 함께 내리는 저녁, **성 카타린 성당 뒷마당 공터**
Crkva Sv. Katarine, Saint Catherine Church

추천 시간대 16:00~21:00

일몰 시간대의 정각 타임

이곳은 진짜 아는 사람들만 안다. 이곳을 찾는 사람들은 현지인 아니면 베테랑 가이드들이 이끄는 단체 관광객 정도이다. 자유여행자들은 정말 우연히 발견하거나 알음알음 정보를 듣고 찾아오는 정도로 숫자가 많지 않다. 그라데츠 언덕 동남쪽 끝자락에 자리해 동쪽으로는 캅톨 언덕 지역의 빨간 지붕들이, 남쪽으로는 신시가지의 세련된 건물들이 넓게 펼쳐진다. 캅톨 지역의 지붕과 골목들이 가지런히 정리되어 있는 가운데 대성당을 비롯한 여러 성당의 첨탑들이 삐죽삐죽 비어저 올라온 모습이 상당히 인상적이다.

캅톨 지역의 전망을 감상할 수 있는 포인트는 여러 곳 있지만 이렇게 시야가 탁 트이면서 공짜인 곳은 여기가 유일하다. 왜 공짜냐 하면, 현재 이곳은 정식 전망대가 아니기 때문. 그라데츠 끝자락에 자리한 작은 성당인 성 카타린 성당 뒤쪽으로 펼쳐진 공터일 뿐이다. 도대체 이렇게 괜찮은 전망을 가진 곳이 언제까지 이렇게 공짜일지는 알 수 없다. 내일 당장 전망 시설을 만들고 입장료를 징수한다고 해도 이상할 것은 없다. 그전에 빨리 가보기를 권한다.

2권 ⓜ MAP P.50A ⓘ INFO P.52 ⓖ 구글지도 GPS 45.814743, 15.974264 ⓒ 찾아가기 성 마르코 성당이나 브로큰 릴레이션십 뮤지엄에서 로트르슈차크 탑 방면으로 걸어가다 길이 끝나면 왼쪽으로 꺾는다. 약 50m 앞에 성 카타린 성당이 있고, 그 오른쪽에 주차장으로 통하는 철문이 있다. ⓐ 주소 Katarinin trg bb, Zagreb ⓣ 전화 01-4851-950(성 카타린 성당) ⓣ 시간 성당 사정에 따라 유동적

✓ WRITER'S NOTE

이 공간의 정체는 아직 정확히 모릅니다. 주차장으로 짐작하고 있지만 그런 것치고는 성당 앞에 마구 주차하는 차들이 많단 말이지요. 어쨌든 현재는 그냥 공터입니다.

HOW TO ENJOY

- 저녁 해 지기 직전이 가장 아름답다. 캅톨의 새빨간 지붕이 노을과 어우러져 따뜻한 정경을 자아낸다.

- 조용히, 깔끔하게 즐기고 떠날 것. 정식 전망대가 아닌 일종의 사유지라는 것을 잊지 말 것.

- 매시간 정각에 찾아갈 것. 캅톨에 있는 크고 작은 성당에서 매시간 정각을 알리는 종소리를 울리는데, 이곳에서는 마치 일부러 맞추기라도 한 듯 아름다운 화음을 이루며 풍경과 함께 어우러지는 모습을 볼 수 있다.

자그레브의 또 다른 뷰포인트 3

1 자그레브 아이 Zagreb Eye
반 옐라치치 광장 길 건너편 고층 빌딩 옥상에 자리한 전망대이다. 자그레브에서 가장 전망대다운 전망대로, 구시가와 신시가를 가리지 않고 자그레브 도심의 모든 전망이 360도로 펼쳐진다. 자그레브 도시 풍경이 마음에 들었다면 방문해볼 만하다.
2권 ⓜ MAP P.40C ⓘ INFO P.47

2 로트르슈차크 탑 부근
로트르슈차크 탑 앞에서는 도니 그라드의 풍경을 즐길 수 있다. 탑 위로 올라가면 더 스펙터클한 전망을 볼 수 있음에도 다들 계단과 입장료가 부담스러운지 정작 탑 위에는 아무도 없고 언제나 이곳에만 사람들이 바글바글하다.

3 라디체바 길 북쪽 계단 위
라디체바 길에서 언덕을 따라 쭉 올라가면 계단이 하나 나온다. 그 계단을 따라 올라가면 성당의 첨탑이 잘 보이는 뷰포인트가 하나 있다.

60m 높이의 늘씬한 탑. 스플리트 구시가에서 가장 높은 건물이다.

전망대에서 바다 쪽을 바라본 풍경

구시가와 리바, 마르얀 언덕이 한눈에 들어온다.

스플리트의 대표 전망대

천년의 역사 위에서 스플리트를 굽어보다, 성 돔니우스 대성당 종탑
Katedrala Svetog Duje, Cathedral of Saint Domnius

스플리트

추천 시간대
06:30~12:00, 16:00~19:00
아무때나 가도 좋은 곳!

성 돔니우스 종탑 위 우아한 탑신과 열주광장의 기둥이 어우러진 풍경은 스플리트를 대표하는 이미지 중 하나. 종탑은 11세기에 로마네스크 양식으로 건설되었다가 20세기 초 대대적인 개보수를 거치며 현재의 모습이 되었다고 한다. 꼭대기에는 전망대가 설치되어 있어 디오클레티아누스 궁전 유적의 모습을 비롯해 스플리트 구시가와 새파란 바다가 한눈에 들어오는 풍경을 볼 수 있다. 이곳에 오른 사람들의 약 70%는 스플리트에 왔다면 꼭 한번은 봐야 하는 풍경이라고 말하고, 약 30%는 들인 수고에 비해서 볼 것이 없다고 말한다. 그러나 한 가지 확실한 것은 스플리트까지 왔으면 놓치기는 아까운 경험 중 하나라는 것. 천년 가까운 역사를 가진 종탑을 내 발로 오를 수 있는 기회는 흔한 게 아니다.

2권 ⓜ MAP P.122B ⓘ INFO P.123 ⓖ 구글지도 GPS 43.508100, 16.440308 ⓒ 찾아가기 스플리트 구시가 한복판 열주 광장 바로 옆 ⓐ 주소 Kraj Sv. Duje 5, Split ⓣ 전화 021-342-589 ⓢ 시간 매일 06:30~12:00, 16:00~19:00 ⓗ 휴무 10~5월의 비수기에는 평일에 예고 없이 휴무 ⓟ 가격 성당 25kn, 종탑 15kn, 종탑+성당+주피터 신전 45kn

HOW TO ENJOY

● 높이 60m의 탑이지만 엘리베이터 따위는 없다. 종탑 입구부터 꼭대기까지 총 183개의 계단을 내 발로 올라야 한다. 체력이 보통 이상이라면 크게 무리하지 않고 오를 수 있으나 중간중간 크게 숨을 한 번씩 고를 것.

● 안전에 유의할 것. 전망대까지는 좁고 가파른 계단을 따라 한참을 올라야 한다. 종탑 앞에는 '당신의 안전은 스스로 책임지세요'라는 다소 무책임해 보이는 경고 문구가 붙어 있다.

스플리트에 내리는 저녁 풍경

항구의 풍경이 한눈에, 마르얀 언덕 전망대 스플리트
Marjan

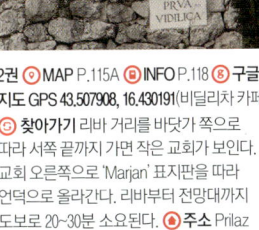

추천 시간대 16:00~20:00
해 지기 직전에 올라가서 해 지면 빨리 내려올 것!

스플리트 구시가 서쪽에는 야트막한 언덕 하나가 자리하고 있다. 누가 봐도 스플리트 시내를 한눈에 내려다볼 수 있는 전망대가 하나쯤 있음직한 위치인데, 아니나 다를까 어김없이 유명한 전망대가 있다. 언덕 전체가 넓은 공원으로 조성되어 있고, 전망대는 언덕의 동쪽 끝에 소박하게 마련되어 있다. 왼쪽으로는 시가지와 산맥이, 오른쪽으로는 리바 거리와 바다 풍경이 반반씩 사이좋게 펼쳐진다. 이른 저녁 식사를 하고 배가 빵빵해진 여름날 저녁, 마침 하늘은 붉은빛으로 물들어가는 중이라면 소화도 시킬 겸 산책 삼아 올라올 만한 곳이다.

2권 ◎MAP P.115A ❶INFO P.118 ⑧구글 지도 GPS 43.507908, 16.430191(비딜리차 카페)
◎찾아가기 리바 거리를 바닷가 쪽으로 따라 서쪽 끝까지 가면 작은 교회가 보인다. 교회 오른쪽으로 'Marjan' 표지판을 따라 언덕으로 올라간다. 리바부터 전망대까지 도보로 20~30분 소요된다. ❶주소 Prilaz Vladimira Nazora 1, Split(비딜리차 카페)
◎시간 24시간 개방

나무에 가려 사진 찍기는 좋지 않다. 실물 풍경이 훨씬 아름다운 곳

HOW TO ENJOY

여유만점 비딜리차 카페의 모습

● 자동차로도 오를 수 있다. 시내 바깥쪽의 도로를 삥 돌아가야 하기 때문에 도보보다 오히려 시간이 더 걸릴 수도 있다는 건 염두에 둘 것. 정식 주차장은 없으나 모두 길가에 차를 자유롭게 대는 분위기이다.

● 전망대 근처에 '비딜리차Vidilica'라는 카페가 하나 있다. 느긋하게 즐기고 싶다면 이곳에서 커피나 맥주를 한잔 즐겨보자.

● 산 위쪽으로 더 올라가면 현지인들이 산책을 즐기는 하이킹 코스와 공원이 이어진다. 해변의 풍경을 감상할 수 있는 산책로도 있으므로 찾아볼 것.

● 해가 진 이후에는 방문을 삼가자. 몇 년 전 이곳에서 밤늦은 시간에 여행자를 대상으로 한 흉악 범죄가 일어난 적이 있다.

종탑 올라가는 중간쯤에서 내려다본 시계탑과 로지아의 모습

종탑의 외관. 높지는 않으나 우아하고 아름답다.

트로기르

따뜻하고 평화로운 풍경을 만끽

달마티아 최고의 종탑 전망대, 성로브로 대성당 종탑
Katedrala Sv. Lovre, Cathedral of St. Lawrence

추천 시간대 08:00~12:00
트로기르는 낮에 보는게 아름답다

트로기르의 중심 성당이자 달마티아에서 가장 중요한 종교 건축물 중 하나로 꼽히는 성 로브로 성당(성 로렌스 성당)에는 높이 47m의 종탑이 딸려 있다. 달마티아 지역의 성당에는 웬만하면 종탑이 하나씩 딸려 있어 이 곳도 그냥 달마티아의 흔한 종탑 중 하나로 보일 수 있다. 그러나 그것은 이 종탑을 너무 띄엄띄엄 본 것. 성 로브로 성당 종탑의 전망대에서는 트로기르 구시가와 주변 섬들, 그리고 바다 풍경이 소담하게 들어온다. 종탑 전망대 높이가 그다지 높지 않아 스펙터클한 맛은 떨어지지만 아기자기하고 평화로운 느낌이 가득해 달마티아 지역의 모든 전망대와 종탑을 통틀어 가장 뛰어난 풍경이라는 평가를 받고 있다. 유명세를 빼고 온전히 전망만 놓고 보면 스플리트보다 이쪽이 한 수 위라는 사람들도 적지 않다. 트로기르를 들르게 된다면, 그리고 관절염이나 무릎 인대에 이상이 있는 게 아니라면 꼭 한번은 올라가 볼 것.

2권 ⊙ **MAP** P.150B ⊙ **INFO** P.152 ⊙ **구글지도 GPS** 43.517019, 16.251290 ⊙ **찾아가기** 구시가의 중심인 이바나 파블라 2세 광장 북쪽에 자리하고 있다. ⊙ **주소** Trg Ivana Pavla II, Trogir ⊙ **시간** 6~8월 08:00~12:00, 16:00~19:00, 9~5월 08:00~12:00 ⊙ **휴무** 비정기적 ⊙ **가격** 입장료 15kn

종탑 안에서 바라본 창문의 모습

HOW TO ENJOY

● 창문을 유심히 보면서 올라갈 것. 세 개 층 각각의 건축 연대가 모두 다른데 가장 확실하게 표시가 나는 것이 바로 창문의 모양이다. 각 창문 앞에서 기념사진을 한 장씩 찍어보는 것도 추천.

● 꼭대기 층에 네 개의 동상이 있다. 모두 당대 최고의 조각가들이 만든 걸작이다. 풍경만큼이나 중요한 볼거리이므로 꼭 챙겨 볼 것.

● 스플리트 종탑 이상으로 계단이 좁고 가파르다. 최대한 조심하며 올라가자.

여행 최고의 순간

흐바르

달마티아의 진수를 보여주는 곳, 스파뇰라 요새
Tvrdava Spanjola, Hvar Fortress

추천 시간대
10:00~15:00
햇살 가득한 바다 풍경을 즐기자!!!

흐바르 타운의 언덕 위에 우뚝 서 있는 옛 성채로, 6세기경 베네치아의 지배를 받을 때 축성된 것이라 한다. 흐바르 타운이 한눈에 내려다보이는 멋진 전망대로 흐바르에서 꼭 찾아가야 할 단 한 곳의 스폿을 꼽는다면 바이 곳이다. 올라가는 데는 제법 힘들지만 아드리아 해에 안긴 흐바르 타운의 전경은 그깟 다리 좀 아프고 숨 좀 차는 것이 아무렇지 않을 정도로 근사하다.

2권 ◎ MAP P.132B ❸ INFO P.134 ⓖ 구글 지도 GPS 43.174745, 16.442176(요새 중심부) 43.175165, 16.441604(주차 가능 공간) ⓖ 찾아가기 흐바르 타운에서 북쪽 언덕으로 향하는 골목 아무데나 들어가면 요새로 안내하는 표지판을 쉽게 찾을 수 있다. 흐바르 타운에서 도보로 약 20분 소요 ⓐ 주소 Fortica, Hvar ⓛ 시간 성수기(5~9월) 08:00~22:00 (자정까지 개방할 때도 있음), 비수기(10~4월) 09:00~15:00 ⓒ 휴무 비수기 기간에는 예고 없이 휴무 ⓢ 가격 입장료 40 kn

스파뇰라 요새에서 바라본 흐바르 타운과 앞바다의 풍경은 달마티아를 대표하는 풍경 중 하나!

HOW TO ENJOY

● 자동차로도 올라갈 수 있다. 렌터카를 이용해 흐바르를 돌아볼 예정이라면 굳이 도보로 올라갈 필요는 없다.

● 요새 자체는 그다지 볼 것이 없다. 그러나 진짜 근사한 전망을 보기 위해서는 요새 안쪽으로 들어가야 하므로 입장료를 아끼지는 말 것. 그리고 입장료를 냈다면 지하 감옥은 꼭 보고 나오자.

● 요새 앞쪽 소나무 숲에서 보는 전망도 꽤 근사하다. 입장료가 아까운 사람, 또는 10~4월의 비수기에 힘들게 찾아갔더니 문을 닫아서 망연자실한 사람은 이쪽에서 아쉬운 대로 즐기고 갈 것.

MANUAL 06

성당

유럽에서 제일 멋진 건물은 어딜 가나 성당

유럽 대부분의 국가들이 그러하듯 크로아티아에서도 가장 멋지고 웅장한 건축물은 단연 성당이다. 크로아티아는 법적으로는 종교의 자유가 보장되어있음에도 전 인구의 8할 이상이 로만가톨릭을 믿는 독실한 가톨릭 국가이다. 로마 시대부터 뿌리를 내리기 시작해 크로아티아인들의 생활과 정서 깊숙이 박혀 있는 가톨릭 신앙의 상징, 크로아티아의 멋진 성당들을 하나하나 살펴보자.

Catholic Church

성모 마리아 기념탑

15세기에 만든 방어벽의 일부

이것이 자그레브 대성당. 언제나 공사 중!

자그레브 대성당
Zagrebačka Katedrala, Zagreb Cathedral

자그레브

어디서나 보이는 자그레브의 랜드마크

자그레브 공항버스가 시내 중심가로 진입하면 저 앞으로 신기루처럼 구시가의 풍경이 펼쳐진다. 정체를 알 수 없는 수많은 아름다운 건물 가운데서 단연 눈에 띄는 것은 두 개의 첨탑을 지닌 우아한 성당. 바로 자그레브 대성당이다. 반 옐라치치 광장, 중앙역 등 구시가 동쪽 인근에서는 어디에서나 두 개의 첨탑을 볼 수 있다. 자그레브 대성당은 크로아티아에서 가장 높은 성당으로 첨탑의 가장 높은 지점이 무려 108m나 된다고 한다. 덕분에 자그레브의 구시가 주변을 여행할 때는 지도 없이도 대성당만 보면 방향을 잡을 수 있다.

언제나 공사 중인 천년 성당

자그레브 대성당의 역사는 지금으로부터 약 1000년을 거슬러 올라간다. 최초로 이 자리에 대성당이 건축되기 시작한 것은 1093년으로, 자그레브라는 도시가 탄생한 것과 거의 동일한 시기이다. 그로부터 대성당은 자그레브가 겪은 모든 역사적인 영욕의 순간을 몸소 겪게 된다. 13세기 초 오랜 공사를 끝내고 세상에 모습을 드러내지만, 몇 년 되지 않아 타르타르족의 침략에 의해 완전히 파괴되었다가 14세기 무렵 다시 재건되었다. 15세기에는 오스만튀르크의 침략에 맞서 방어벽을 구축해 현재도 그 일부가 남아 있다. 한때는 높은 종탑까지 갖추고 있었지만 1880년 자그레브 대지진 때 본당 건물을 비롯해 종탑과 방어벽 대부분이 파괴된다. 이후 재건축을 통해 두 개의 첨탑은 네오고딕 양식, 몸통 부분은 바로크 양식을 띠는 현재와 같은 모습으로 완성되었으나 질 낮은 건축 자재를 사용하는 바람에 곳곳이 훼손되었다. 1938년 또다시 재건축에 들어갔으나 공산국가가 되며 중단되었다. 공산정권 하에서는 부분적인 보수만 행하다가 1990년부터 본격적인 재건축에 들어갔고, 그 공사는 현재까지 진행 중이다. 어느 책에선가는 '영원히 계속될 것만 같은 대성당 첨탑의 보수 공사'라고 표현하기도 했다. 이 공사가 언제 끝날지는 크로아티아 정부도 모르고 아마 성당 자신도 모를 것이다.

2권 ◎ MAP P.50B ◎ INFO P.51
◎ 구글 지도 GPS 45.814516, 15.979842 ◎ 찾아가기 반 옐라치치 광장에서 성당 첨탑을 바라보며 언덕을 따라 올라간다. 광장 오른쪽으로 돌아가는 길이 가장 가깝다. ◎ 주소 Kaptol ulica 31, Zagreb ◎ 전화 01-4814-727 ◎ 시간 월~토요일 10:00~17:00, 일요일 13:00~17:00 ◎ 휴무 비정기적 ◎ 가격 무료 입장

아는 만큼 더 보이는 성당 안팎의 모습들

자그레브 대성당 구석구석에는 의미를 모르면 그냥 지나치게 되는 중요한 포인트들이 산재한다.
자그레브 대성당을 조금 더 의미 깊게 즐길 수 있는 포인트들을 소개한다.

1 | 오래된 시계와 두 개의 기둥

성당을 마주보고 왼쪽으로 가면 옛 방어벽 앞에 시계와 기둥 두 개가 있는데, 이는 1880년 대지진 이후 자그레브 대성당의 역사를 말해주는 증거물들이다. 시계는 1880년 대지진 때 지진이 일어난 그 시각 그대로 멈춰 있다. 두 개의 기둥 중 왼쪽이 1880년 지진 이후 복구 작업 때 만들어진 기둥으로, 질 낮은 재료를 사용하고 오랫동안 그대로 방치해 심하게 훼손된 것을 볼 수 있다. 오른쪽은 1990년의 대공사 때 복구한 기둥이다.

다시 만든 기둥
엉망으로 만든 기둥
지진이 일어난 오전 7시 3분으로 고정되어 있다.

2 | 벽면의 글라골 문자

성당 내부로 들어서서 오른쪽으로 향한 뒤 뒤쪽 벽면을 보면 도통 정체를 알 수 없는 글자가 벽면을 가득 채운 것을 볼 수 있다. 이는 9세기경 슬라브 지역에서 만들어진 글라골Glagol 문자로, 현재 슬라브 민족들이 광범위하게 사용하고 있는 키릴 문자의 원형이다. 대성당 내의 글라골 문자는 1941년에 크로아티아에 세례가 전해진 지 1300년 되는 해를 기념해 쓰인 것으로, 크로아티아 내의 가톨릭 도입 및 전파에 대한 내용을 담고 있다고 한다.

3 | 15세기의 제단과 삼면화

역사가 천년이 넘은 성당이다 보니 내부의 제단도 모두 각각 그 제작 연대가 다르다. 오른쪽 벽면에서 가장 안쪽에 자리한 제단은 15세기의 것으로, 크로아티아의 국보급 유물이다.

4 | 14세기의 프레스코화

중앙 제단에서 오른쪽 벽면을 보면 중세 시대의 프레스코 벽화 한 점을 발견할 수 있다. 천년의 역사를 자랑하는 성당이지만 워낙 수난을 겪어 옛 흔적이 많이 남아 있지 않는데, 이 벽화는 자그레브 대성당에 남아 있는 귀중한 중세의 흔적 중 하나이다.

5 | 성모 마리아 기념탑
Virgin Mary with Angels

성당 바로 앞에는 흰색과 금색의 화려한 기념탑 하나가 서 있다. 중앙에 우뚝 선 성모 마리아가 네 명의 천사를 거느리고 있는 모습인데, 1880년 대지진으로 성당이 무너진 뒤 현재의 모습으로 재건축된 것을 기념하기 위해 만들어졌다. 유럽에서 이런 종류의 기념탑은 보통 전염병(주로 흑사병) 퇴치를 축하하며 만들어지는데, 자그레브의 성모 마리아 기념탑은 의외로 전염병과는 아무 관련이 없다.

오스트리아의 조각가 안톤 도미니크 폰 페른코른 Anton Dominik von Fernkorn의 작품. 반 옐라치치 광장의 말 탄 아저씨 동상도 그의 작품이다.

6 | 알로이시우스 스테피나츠
Aloysius Stepinac 대주교의 관

20세기 초중반 자그레브의 대주교이자 크로아티아의 추기경이었던 알로이시우스 스테피나츠의 관으로, 성당 중앙 제단 안쪽에 자리하고 있다. 제2차 세계대전 중에는 성당을 나치에게 공격받는 이들에게 피신처로 제공하고, 공산 정권 당시에는 크로아티아 국민을 대변해 공산 정권과 맞서 싸워 크로아티아의 국민들에게 큰 존경을 받았다. 관 안에는 밀랍으로 만든 모형이 있다.

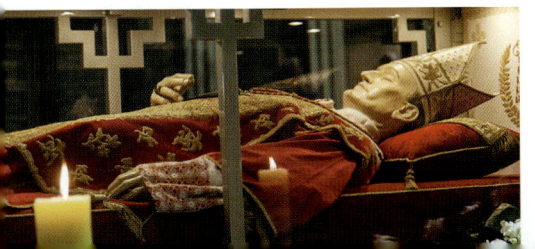

7 | 이반 메슈트로비치 Ivan Meštrović 부조

중앙 제단을 바라보고 왼쪽으로 가면 벽면에서 발견할 수 있는 부조로, 몹시 소박해 보이지만 사실은 크로아티아를 대표하는 현대 조각가 이반 메슈트로비치의 작품이다. 알로이시우스 스테피나츠 대주교가 예수님께 축성받는 모습을 조각한 것이라고.

성 블라호 성당. 구시가의 중심에 자리해 이곳을 대성당으로 착각하는 여행자들도 많다.

여기가 바로 두브로브니크 대성당

√ **WRITER'S NOTE**
'성 블라이세 성당'이라는 이름으로도 유명합니다. '블라호'는 크로아티아어 명칭이고, 영어로는 블레이스 Blaise, 이탈리어로는 블라시오 Blasio, 라틴어로는 블라시우스 Blasius라고 합니다. 눈치 채셨겠지만 '블라이세'는 영어명 철자를 있는 그대로 읽은 것이랍니다.

성 블라호 성당 두브로브니크
Crkva Sv. Vlaho, St. Blaise Church

'성 블라호'의 전설이 깃든 곳

플라차 거리 끝자락. 루자Luža 광장 한쪽에 웅장하면서도 우아한 모습으로 자리하고 있는 성당이다. 원래 17세기에 지어졌으나 지진과 화재로 무너져 18세기에 현재의 모습으로 재건축된 것이라 한다. 성 블라호Sv.Vlaho는 4세기경 아르메니아의 세바스테Sebastea라는 곳의 주교로, 기록에 의하면 로마의 기독교 박해로 고문을 당하고 순교했다고 전해진다. 어쩌다 흑해 연안의 성인께서 머나먼 발칸 반도 도시의 수호성인이 되었을까? 여기에 대해서는 전설이 하나 전해 내려온다.

7세기경 베네치아 공화국의 함대가 두브로브니크 앞바다에 찾아온다. 물을 구하기 위해서 왔다는 핑계를 댔지만, 사실은 두브로브니크를 시작으로 동방 원정을 떠나는 해군 함대였던 것. 시민들이 순진하게 성문을 열어주려던 때, 한 사제가 성당에서 신비로운 일을 경험한다. 밤중에 문이 열려 있는 성당에 우연히 들어갔다가 무장 군대를 거느린 노인을 마주친 것. 노인은 '나는 성 블라호인데, 지금 저 함대는 침략자이니 조심하라'는 메시지를 전해준다. 사제는 이 메시지를 정부에 전하고, 정부는 성벽의 문을 닫고 방어에 들어간다. 베네치아 군대는 한동안 틈을 엿보다 너무도 탄탄한 방어 태세를 보고 결국 닻을 올리고 물러난다. 그 이후 성 블라호는 두브로브니크의 수호성인으로 추대되었다.

수호성인의 기적은 또 한번 두브로브니크를 찾는다. 성당 내부의 제단에는 은으로 만든 성 블라호의 조각상이 모셔져 있는데, 18세기 초반 성당에서 일어난 화재 당시 내부의 모든 금속 장식과 조각품이 녹아내렸으나 오로지 성 블라호의 조각상만 무사했다. 현재도 그 조각상은 내부 제단에 모셔져 있다.

2권 ⓜ MAP P.74B ⓘ INFO P.75 ⓖ 구글지도 GPS 42.64077, 18.11031 ⓕ 찾아가기 루자 광장에서 필레 게이트를 등지고 구 항구 쪽을 바라봤을 때 오른쪽에 있다. ⓐ 주소 Luža 3, Dubrovnik ⓣ 전화 020-324-999 ⓢ 시간 매일 08:00~12:00, 16:00~18:00 ⓗ 휴무 비정기적 ⓟ 가격 무료 입장

+ **PLUS TIP**

성 블라호의 조각상은 주로 한 손은 하늘을 가리키고, 다른 한 손에는 무언가 묵직한 것을 들고 있는 모습이다. '묵직한 것'은 바로 두브로브니크의 모형이라고 한다.

성 야고보 대성당 시베니크
Catedrala Sv. Jakoba, The Cathedral of St. James

긴 보수작업 중이라 안팎이 다소 공사장 같은 모습이다.

크로아티아에 흔치 않은 돔 지붕 성당

시베니크의 중심 성당으로 유네스코 세계문화유산으로 지정된 크로아티아의 대표 문화재이다. 13세기부터 축조하기 시작해 15세기에 완공되었는데 건축 기간이 길었던 탓에 고딕과 르네상스 양식이 사이좋게 동거하고 있다. 당시 이탈리아 중북부와 달마티아 최고의 명장들이 심혈을 기울여 만든 성당으로, 이탈리아의 유명 두오모들에 못지않은 최고의 건축 기술이 사용되었다고 한다. 크로아티아의 성당들에서 흔히 보이는 높은 첨탑 대신 독특하게 돔 지붕을 얹었는데, 돔 지붕은 르네상스 건축 기술의 총아 중 하나로 크로아티아에서는 보기 드문 형태이다. 역사와 문화를 사랑하는 여행자라면 오로지 이 성당 하나만 보고 시베니크행을 결정해도 후회하지 않을 것이다. 돔 천장에 뚫려 있는 창문과 벽면 높은 곳에 자리한 스테인드글라스에서 흘러들어오는 햇빛이 어둡고 웅장한 느낌의 실내에 신비스러운 빛을 채우는 모습을 보면 적지 않은 감동이 느껴진다.

2권 ⓞ MAP P.166A ⓑ INFO P.168 ⓢ 구글 지도 GPS 43.735703, 15.889066 ⓖ 찾아가기 버스 터미널 부근에서 바닷가로 난 길을 따라 약 500m 걸어간 뒤 오른쪽으로 'Gradska Vrata' 길이 나타나면 그 길을 따라 언덕으로 올라간다. 한 블록 다음에 성당이 있다. ⓞ 주소 Trg Republike Hrvatske, Sibenik ⓞ 시간 6~9월 08:00~20:00, 10~5월 08:00~19:00 ⓞ 휴무 비정기적 ⓢ 가격 입장료 20kn

성당은 여기!

이것이 성 야고보 대성당의 돔지붕.

[성 야고보 대성당에서 꼭 봐야 할 포인트]

성 야고보 대성당은 크로아티아에서 가장 독특한 모습의 성당 중 하나. 심지어 몇몇 요소들은 그 독특함이 전 유럽 내지는 세계 레벨까지 치솟기도 한다. 다음 두 가지는 꼭 체크해볼 것

1 | 두상 장식

성 야고보 대성당에서 가장 특이한 점이라면 성당 벽면을 사람의 두상으로 장식했다는 것. 벽면을 빙 둘러가며 총 72개의 머리가 있는데, 단 한 개도 같은 얼굴이 없으며 얼굴만 보고 직업과 나이를 짐작할 수 있을 정도로 세심한 것이 특징이다. 성당이 축조되던 당시 시베니크 주민들을 모델로 만든 것이라고 한다.

2 | 세례소

성 야고보 대성당 내부에서 최고 걸작으로 일컬어지는 작품이다. 성수반 주변 벽면에 새겨진 부조는 돌이 아닌 비누로 조각이라도 한 듯 섬세하고 유려한 솜씨를 자랑한다. 부조 한가운데는 성 야고보의 상징이자 순례자의 표식인 조개가 조각되어 있는 것을 볼 수 있다.

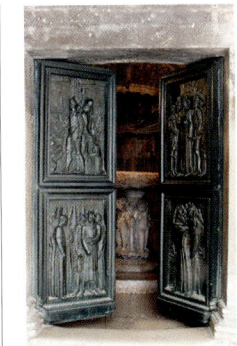

> 종탑의 창문은 층마다 제작 연대가 달라 스타일도 제각각!

성 로브로 대성당 [트로기르]
Katedrala Sv. Lovre, Cathedral of St. Lawrence

살아 있는 건축 박물관

영어 명칭인 '성 로렌스 성당'으로 더 유명한 곳으로, 초기 기독교의 성인인 성 라우렌시오에게 헌정된 성당이다. 높은 종탑과 우아한 자태가 단숨에 눈길을 끄는데 트로기르의 중심 성당이자 달마티아에서 가장 중요한 종교 건축물 중 하나로 꼽힌다. 12세기에 사라센 제국의 침략으로 파괴된 성당 자리에 1213년부터 새로 건물을 지어 올리기 시작한 것이 건축의 시초인데, 완벽하게 완공된 것은 그로부터 장장 400년이 흐른 17세기이다. 좀 더 정확히 말하면 건물의 대부분은 1251년에 완공되었고 그 후로 오랜 세월 조금씩 증개축을 더해 17세기에 완전히 마무리된 것이다. 건물의 주된 양식은 로마네스크이나 고딕과 매너리즘 양식이 가미되어 있다. 크로아티아에 전래된 유럽의 다양한 건축 양식을 한 몸에 지니고 있는 살아 있는 건축 박물관 같은 성당으로, 역사나 건축 전공자에게는 더욱 뜻 깊은 방문이 될 것이다. 종탑 위에 전망대가 설치되어 있는데, 크로아티아에서 손에 꼽히는 아름다운 전망으로 유명하다.

2권 ⓜ MAP P.150B ⓘ INFO P.152 ⓖ 구글 지도 GPS 43.517046,16.251513 ⓕ **찾아가기** 구시가의 중심인 이나바 파블라 2세 광장 북쪽에 자리하고 있다. ⓐ **주소** Trg Ivana Pavla II, Trogir ⓣ **시간** 24시간 개방 ⓗ **휴무** 비정기적 ⓟ **가격** 성당 5kn, 종탑 통합 성인 25kn 학생 20kn

종탑 전망대에서 바라본 트로기르 구시가의 모습

성 로브로 대성당에서 꼭 봐야 할 포인트

멀리서 봐도 아름답지만 자세히 들여다보면 디테일 하나하나에 깃든 역사와 스토리에 감동하게 된다.
입구에서 꼭 챙겨 봐야 할 요소는 다음의 다섯 가지.

1 | 입구
성 로브로 대성당의 서쪽 메인 입구의 건축과 조각은 13세기 트로기르의 명장 라도반Radovan의 작품으로, 달마티아 최고의 예술품으로 손꼽힌다.

2 | 아치 상단부
여러 겹의 아치에 무언가가 깨알처럼 조각되어 있는데 이는 다름 아닌 예수의 생애를 부조로 표현한 것이다. 반달 모양의 중심부에는 예수의 탄생이 조각되어 있다.

3 | 사자상
문 좌우에 사자상이 하나씩 놓여 있다. 사자는 베네치아 공화국의 상징으로, 과거 트로기르가 베네치아의 지배를 받았음을 상징한다. 현재도 베네치아에서는 사자 그림이 들어가 있는 깃발을 사용하고 있다.

4 | 기둥을 받치는 사람들
입구에서 눈높이의 조각들만 보고 지나치지 말고 반드시 아래쪽을 한번 내려다볼 것. 온갖 화려한 부조로 장식된 기둥을 사람들이 어깨로 힘들게 받치고 있는, 익살스러운 부조를 볼 수 있다.

5 | 아담과 이브
좌우의 사자상 뒤로는 나체상이 하나씩 조각되어 있다. 문을 바라보고 왼쪽이 여성, 오른쪽이 남성이다. 이는 성서에 나오는 최초의 인류인 아담과 이브를 조각한 것인데, 달마티아 최초의 누드 조각상이라고 한다.

MANUAL 07
골목

**풍경이 있는 감성 여행,
자그레브의 골목들**

골목은 그 도시가 가지고 있는 가장 내밀하고 솔직한 모습을 볼 수 있는 곳이다. 자그레브의 역사, 그리고 그 위에 켜켜이 쌓여가는 현재의 생활을 가감 없이 보여주는 자그레브의 매력적인 골목 네 곳을 소개한다.

수수하지만 은근히 멋스러운 카페와 상점들이 줄지어 있다.

① 자꾸 걷고 싶어지는 카페 거리, 트칼치체바
Tkalčićeva Ulica, Tkalčićeva Street

자그레브에서 제일 예쁜 거리

캅톨과 그라데츠 언덕 사이에 자리한 골목길로, 자그레브에서 가장 예쁜 거리를 꼽으라면 두말 않고 첫손 꼽히는 곳이다. 앞에서 소개했던 메드베슈차크 개울을 기억하는지? 캅톨과 그라데츠가 험악한 사이이던 시절 종종 핏빛으로 물들었다던 그 비운의 냇물 말이다. 그 냇물을 복개해 도로로 만든 것이 바로 트칼치체바 거리이다. 냇물이 흐르던 시절에는 자그레브에서 가장 큰 물레방아촌이었고, 18세기에는 의류·종이·술·비누 등을 만드는 공방이 들어섰다가, 19세기에 개울이 복개된 뒤 자연스럽게 식당과 카페가 들어서며 현재와 같은 모습이 되었다. 500m가 될동말동하는 길이지만 돌아보는 데는 시간이 의외로 꽤 소요된다. 거리 양쪽에 늘어선 각양각색의 카페와 퍼브들을 구경하다 보면 걸음이 한없이 느려지기 때문. 차분한 분위기의 자그레브 구시가 일대에서 활기로 가득한 쉼표 같은 역할을 하는 곳이다.

HOW TO ENJOY

● 거리의 예쁜 모습을 즐기려면 맑은 날 오후에, 현지인들의 다양한 모습을 구경하려면 밤 시간대에 방문할 것. 오전 10시 이전에는 문 열지 않는 곳이 많아 다소 휑하다.

● 가게마다 다르지만 보통 아메리카노 한 잔에 10kn 내외, 맥주 한 잔에 20kn 내외 정도이다. 맘에 드는 카페에서 커피나 맥주를 한잔 시켜놓고 지나가는 사람들을 구경하는 것도 트칼치체바의 재미 중 하나.

2권 ⊙ MAP P.50B ⓘ INFO P.51
ⓖ 구글 지도 GPS 45.8150 09, 15.976385 (반 옐라치치 광장 쪽 시작점-해시계 부근)
ⓖ 찾아가기 반 옐라치치 광장에서 광장 북쪽 중앙에 있는 대형 건물 왼쪽 골목으로 들어간다. 갈림길이 나오면 왼쪽 골목으로 들어가 약 50m 직진. 돌라치 시장에서 스칼린스카 골목이나 성 마리야 성당 옆길로 들어가도 연결된다.
ⓢ 시간 레스토랑 및 상점 10:00~22:00 (가게마다 다름) ⓗ 휴무 가게마다 다름

+RECOMMENDED

아가바 Agava

자그레브의 대표적인 맛집으로 손꼽히는 곳. 크로아티아 전통 음식을 기본으로 서양 음식의 다양한 요리법을 응용한 음식을 선보인다. 약간 언덕진 건물의 2층에 자리하고 있어 트칼치체바 거리가 한눈에 들어온다.

와인과 향신료를 넣고 끓인 소고기 요리로 달마티아 지방의 대표 음식이다.

파슈티차다 Pašticada
95kn

2권 ⓞ MAP P.50B ⓑ INFO P.54 ⓖ 구글 지도 GPS 45.816345, 15.976266 ⓢ 찾아가기 트칼치체바 한복판에 있다. 해시계-작가 동상을 기준으로 북쪽으로 약 150m 올라간다 ⓐ 주소 Tkalčićva ulica 39, Zagreb ⓔ 전화 01-482-9826 ⓣ 시간 매일 09:00~23:00 ⓗ 휴무 비정기적 ⓟ 가격 전채 · 샐러드 68~110kn, 메인 요리 85~400kn, 포카치아Focaccia 12kn ⓦ 홈페이지 www.restaurantagava.hr

히스토리 카페 History Cafe

트칼치체바에서 가장 큰 카페. 거리의 한가운데에 자리하고 있고 대규모의 쾌적한 노천 좌석이 있어 편하게 거리 구경하기 좋다. 서비스가 좋은 편으로 요청하면 무료 담요도 가져다준다.

2권 ⓞ MAP P.50B ⓑ INFO P.66 ⓖ 구글 지도 GPS 45.817378, 15.976417 ⓢ 찾아가기 트칼치체바 중심부에서 약간 북쪽, 해시계-작가 동상을 기준으로 약 250m 올라간다. 오파토비나 공원 출구와 가깝다. ⓐ 주소 Tkalčićva 68, Zagreb ⓔ 전화 095-646-4117 ⓣ 시간 매일 08:00~04:00 ⓗ 휴무 비정기적 ⓦ 홈페이지 history.hr

이 분은 누구?

트칼치체바 초입에는 후덕한 중년 여인의 동상이 하나 있다. 동상의 주인공은 19세기 말부터 20세기 초까지 활약한 크로아티아의 작가 마리야 유리츠 자고르카Marija JuričZagorka. 크로아티아 최초의 여성 기자이기도 하다.

프리툴레 Fritule

'프리툴레'는 크로아티아 전통 간식으로 일종의 도넛이다. 달콤한 음식을 좋아하는 사람에게는 자그레브 필수 코스 중 하나.

작게 튀긴 도넛 위에 설탕이나 시나몬 가루를 뿌려 달콤한 맛이 나는 크로아티아 길거리 간식

프리툴레
Fritule
한 컵 15kn

지루하지 않은 언덕

② 그라데츠로 통하는 언덕길, **라디체바**
Radićeva Ulica, Radićeva Street

반 옐라치치 광장에서 그라데츠로 올라가는 길로, 지도상에서 보면 트칼치체바와 나란히 놓인 평지처럼 보이지만 실제로는 제법 경사가 있는 언덕길이다. '라디체바'는 20세기 초에 암살당한 크로아티아의 정치가 파블레 라디치Pable Radić의 이름에서 유래했다고 한다. 원래 이 길에는 나무로 된 집들이 조르르 모여 있었으나 고르니 그라드를 휩쓸고 지나간 화재에 수차례 전소된 뒤 현재와 같은 벽돌집들로 바뀌었다고 한다. 예쁜 집들과 소박한 상점이 늘어서 있어 지루하지 않게 즐길 수 있는 길이다.

2권 ⓜ MAP P.50B ⓘ INFO P.52
ⓖ 구글 지도 GPS 45.813510, 15.976164(반 옐라치치 광장 쪽 시작점) 45.816118, 15.975575(성 게오르기우스 동상 부근)
ⓕ 찾아가기 반 옐라치치 광장 서북쪽 모퉁이에 라디체바 거리로 올라가는 초입이 있다. 반 옐라치치 광장 초입에서 150번 버스를 타고 한 정거장 가서 성 게오르기우스 동상 앞에서 내린다.
ⓣ 시간 24시간 개방

이분은 누구?

라디체바 초입에서 약 300m 정도 올라간 지점에 놓여 있는 동상으로, 주인공은 초기 기독교의 성자 성 게오르기우스(성 조지)이다. 리비아에 나타난 용을 퇴치하고 공주를 구출한 전설로 유명하다. 달마티아 출신의 로마 황제 디오클레티아누스의 기독교 박해로 순교했다. 이 동상을 감아 올라가는 경사로를 따라가면 그라데츠의 성문인 '돌의 문'이 나온다.

HOW TO ENJOY

● 성 게오르기우스 동상에서 돌의 문으로 바로 들어가지 말고 언덕을 따라 조금만 더 올라가 볼 것. 골목 사이사이로 캅톨의 전망을 감상할 수 있다.

● 언덕을 바라보고 올라가는 방향에서 오른쪽으로 트칼치체바와 연결되는 작은 골목과 계단이 수시로 나온다. 트칼치체바와 라디체바를 잇는 가장 메인 골목은 '피의 다리 Krvavi Most' 골목이지만 가장 재미없고 평범한 길이기도 하다. 길 잃는 것을 두려워하지 않는다면 작은 골목에 도전해볼 것.

● 버스가 다닌다. 반 옐라치치 광장 쪽 초입에서 150번 버스를 타고 한 정거장 지나 돌의 문 앞에 내린다. 1일권 티켓을 갖고 있으며 언덕길을 죽어도 걸어 오르기 싫다면 버스를 탈 것.

+RECOMMENDED

크라바타 Kravata

크로아티아는 넥타이의 원조 국가. 크라바타는 넥타이 전문 숍으로, 크로아티아 전통 패턴의 넥타이를 선보이고 있다. 라디체바에만 두 곳의 점포가 있다.

2권 ⓜ MAP P.50 ⓘ INFO P.55
ⓖ 구글 지도 GPS 45.814487, 15.975643
ⓕ 찾아가기 라디체바 길 중간에 있다. 반 옐라치치 광장 쪽에서는 약 150m 언덕을 따라 올라가고, 트칼치체바 쪽에서 갈 때는 Krvavi Most를 통해 라디체바 길로 들어간 뒤 좌회전해 언덕을 따라 조금 내려가면 바로 보인다. ⓐ 주소 Radićeva 13, Zagreb
ⓟ 전화 01-4851-164 ⓣ 시간 월~토요일 09:00~20:00, 일요일 09:00~15:00 ⓗ 휴무 비정기적 ⓒ 가격 넥타이 390kn~
ⓦ 홈페이지 www.kravata-zagreb.com

캅톨 대표 먹자 골목

3 피자 냄새 나는 골목, 스칼린스카
Skalinska Ulica, Skalinska Street

캅톨과 트칼치체바를 잇는 언덕길로, 80m 남짓의 길 전체가 카페와 레스토랑으로 가득 찬 먹자골목이다. 이 골목에는 자그레브에서 가장 유명한 여행자 식당 두 곳이 있는데, 가격이 몹시 저렴한 것에 비해 양과 맛은 훌륭해 저예산 여행자들에게 큰 사랑을 받고 있다. 주 메뉴는 피자와 리조토 등의 이탈리아 음식으로, 크로아티아 음식이 입에 맞지 않는 여행자들에게 더욱 큰 사랑을 받고 있다. 전 세계 여행자들과 크로아티아 젊은이들이 몰려 저녁마다 왁자지껄한 분위기를 자아내므로 여행의 분위기를 만끽하기에도 그만이다.

크로아티아의 팁 문화

크로아티아에는 공공연하게 통용되는 팁 문화가 없다. 팁을 강요하는 경우는 찾아보기 힘들고, 봉사료를 식대에 포함하는 경우도 많지 않다. 식사를 마친 후 서비스가 마음에 들었다면 전체 요금의 10~15% 정도를 팁으로 주면 OK. 그러나 스칼린스카의 피자 레스토랑에서 팁을 주고 싶을 정도로 서비스를 받을 가능성은 전혀 없으므로 그냥 안 줘도 된다고 맘 편하게 생각할 것.

RECOMMENDED

녹투르노 Nokturno

호스텔과 식당을 함께 운영하는 곳으로, 저예산 여행자들에게 자그레브 최고의 맛집으로 추앙받고 있다. 피자를 주 메뉴로 하는 이탈리아 음식점으로 파격적으로 저렴한 가격이 매력적이다. 가장 저렴한 피자가 27kn로 한국 돈 오천 원 남짓. 그러나 가격 수준에 비해 양과 질은 매우 만족스럽다. 호스텔 또한 자그레브의 저예산 숙소 중 최고라는 평가를 받고 있다.

2권 ⓜ MAP P.50B ⓘ INFO P.54 ⓖ 구글 지도 GPS 45.81479, 15.97709 ⓖ 찾아가기 돌라치 시장의 북쪽 광장에서 트칼치체바로 내려가는 스칼린스카 골목에 있다. ⓐ 주소 Skalinska 4, Zagreb ⓣ 전화 01-4813-394 ⓞ 시간 월~목요일 08:00~24:00, 금~토요일 09:00~01:00, 일요일·공휴일 08:00~24:00 ⓗ 휴무 비정기적 ⓟ 가격 피자 30~65kn, 맥주 7.5~18kn 각종 음료 6~12kn ⓦ 홈페이지 www.restoran.nokturno.hr

피자 녹투르노
Pizza Nokturno(소) 36kn
여성은 혼자 다 먹기 힘들 정도로 양이 많다.

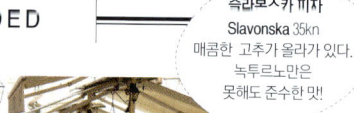

슬라보스카 피자
Slavonska 35kn
매콤한 고추가 올라가 있다. 녹투르노만은 못해도 준수한 맛!

레오나르도 Leonardo

녹투르노 바로 위쪽에 자리한 레스토랑이다. 녹투르노와 마찬가지로 피자를 비롯한 이탈리아 음식을 주로 선보이며 녹투르노에 좀처럼 줄지 않는 긴 줄이 서는 동안 비운의 한가로움을 뽐낸다. 가격대와 유명세는 녹투르노에 다소 뒤지나 음식 맛은 오히려 나은 부분도 있다. 특히 피자 외의 메뉴는 전반적으로 레오나르도 승.

2권 ⓜ MAP P.50B ⓘ INFO P.54 ⓖ 구글 지도 GPS 45.814793, 15.977251 ⓖ 찾아가기 돌라치 시장에서 트칼치체바 거리로 향하는 스칼린스카 길, 녹투르노보다 조금 더 언덕 위쪽에 있다. ⓐ 주소 Skalinska 6, Zagreb ⓣ 전화 01-487-3007 ⓞ 시간 매일 10:00~24:00 ⓗ 휴무 비정기적 ⓟ 가격 큰 바다 샐러드Big Sea Salad 45kn, 블랙 리조토Black Risotto 69kn ⓦ 홈페이지 www.facebook.com/Trattoria-Leonardo-155456264216

트램이 지나다니는 길이므로 '골목'이라기에는 살짝 무리가 있긴 하다. 자그레브 지리를 파악하기 위해서는 꼭 알아야 할 길

신시가지의 느낌을 만끽하자

④ 자그레브 중심가의 핵심 도로, 일리차
Ilica Ulica, Ilica Street

반 옐라치치 광장 앞쪽에 동서로 길게 뻗어 있는, 자그레브 중심가에서 가장 핵심이 되는 도로이다. 신시가지인 도니 그라드 Donji Grad의 한가운데를 꿰뚫는 길이다. 길을 따라 호텔과 호스텔이 줄지어 있으며 최근에는 인터내셔널 브랜드의 매장이 속속 들어서고 있어 쇼핑 명소로의 재탄생을 준비 중이다. 트램이 왕복으로 다니는 정도의 폭에 구시가 일대에서는 가장 큰길 중 하나지만 '골목'이라는 이름이 주는 정취는 충분히 느낄 수 있는 길이다. 특히 현대 도시 자그레브 신시가지의 느낌을 한껏 맛볼 수 있다.

2권 ⊙ MAP P.40C ⓘ INFO P.46 ⊙ 구글 지도 GPS 45.813064, 15.976244 (반 옐라치치 광장 앞 시작점) ⊙ 찾아가기 반 옐라치치 광장 서쪽 끝에서 시작한다. 동상과 건물을 등지고 오른쪽을 향해 뻗어 있다. ⊙ 시간 레스토랑 및 상점 10:00~20:00 (가게마다 다름)

HOW TO ENJOY

● 원래 일리차는 상당히 긴 길로, 반 옐라치치 광장부터 자그레브의 서쪽으로 약 6km 정도 뻗어 나간다. 그중 시작점부터 약 350m 정도의 구간만 구시가 중심가와 맞닿아 있어 골목의 운치를 보여준다.

● 나이키 NIKE · 아디다스 ADIDAS · 나프나프 NAF NAF · 맥 MAC 등의 유명 브랜드 매장이 있다. 크로아티아에서 브랜드 쇼핑을 원한다면 꼭 한번은 들를 것.

+RECOMMENDED

카르피사 Carpisa

이탈리아 가방 브랜드. 저렴하지만 질이 좋은 것으로 유명하며, 특히 여행 가방이 가격 대비 품질 좋기로 유명하다. 자그레브에서 급하게 여행 가방이 필요할 때 가장 먼저 고려할 만한 곳이다.

2권 ⊙ MAP P.41A ⊙ 구글 지도 GPS 45.813385, 15.974038 ⊙ 찾아가기 반 옐라치치 광장에서 일리차 거리를 따라 약 170m 서쪽으로 간다. ⊙ 주소 Ilica 12, Zagreb ⊙ 홈페이지 www.carpisa.it

호텔 예거호른 Hotel Jegerhorn

일리차 거리 대로변에서 안쪽으로 약간 들어간 곳에 있는 부티크 호텔로, 구시가 관광에는 이보다 더 좋을 수 없는 곳에 자리 잡고 있다. 반 옐라치치 광장까지 도보로 5분 이내이며, 호텔 뒤편의 언덕길로 올라가면 바로 로트르슈차크 탑이 나온다. 호텔 입구 부근에 소규모의 고급스러운 상점가가 있는데, 길가에서는 전혀 보이지 않는 일종의 히든 플레이스이다.

2권 ⊙ MAP P.40C ⊙ INFO P.49 ⊙ 구글 지도 GPS 45.813136, 15.973743 (일리차에서 골목으로 들어가는 초입 지점) ⊙ 찾아가기 일리차 거리 한복판에 있다. ⊙ 주소 Prolaz-Lovački Rog, Zagreb ⊙ 시간 매장마다 다름 ⊙ 휴무 매장마다 다름 ⊙ 홈페이지 www.hotel-jagerhorn.hr/en (호텔 예거호른)

MANUAL 08

―

해 변

눈부신 아드리아 해, 오감으로 즐긴다.

크로아티아의 달마티아와 이스트라는 해수욕 가능 시즌이 1년에 절반 이상인 유럽 최고의 해변 휴양지이다. 사파이어를 녹여놓은 듯 푸르른 아드리아 해를 보면서 풍덩 빠져보고 싶은 생각이 들지 않는다면 물 공포증 내지는 바닷물 알레르기일 터. 크로아티아에서 바다를 쉽고 알차게 즐길 수 있는 장소를 알아보자.

크로아티아의 바다, 시간별로 즐기기

10:00 바다 보면서 브런치 or 커피 즐기기

12:00 해수욕 & 스노클링 하기

14:00 태닝하며 낮잠 자기

16:00 기운 차리고 물놀이 만끽하기

18:00 저녁노을 즐기며 해변 산책하기

type 1
리바 Riva

크로아티아어로 '리바Riva'는 영어의 '워터프런트Waterfront'와 비슷한 의미로, 해안을 따라 길게 조성된 산책로 및 수변공원을 뜻한다. 달마티아와 이스트라의 휴양 도시에는 어디에나 리바 거리가 있고, 그 도시를 상징하는 풍경이 된다. 도시와 휴양지 중간 선상의 매력을 한껏 보여주는 크로아티아의 대표적 리바는 다음과 같다.

이것이 리바다, 스플리트 리바 Split Riva

스플리트라는 도시를 책이나 TV 등에서 접하게 된다면 그 풍경은 무조건 둘 중 하나이다. 디오클레티아누스 유적, 아니면 리바. 길이는 350m 정도밖에 안 되지만, 크로아티아의 여러 리바 거리 중에서도 단연 넓고 아름답고 쾌적하다. 길 한쪽으로는 항구와 푸른 바다가 펼쳐져 있고, 다른 한편으로는 거칠거칠한 느낌의 구시가 담벼락과 그 아래 노천카페가 줄지어 자리하고 있으며, 그 가운데 널찍한 보행자 전용 도로를 따라 시원한 옷차림의 사람들이 행복한 표정으로 걷고 있다. 한겨울만 아니라면 언제나 여름 분위기가 나는 곳이지만, 진짜 여름에 방문하면 화단에 아무렇게나 피어 있는 라벤더의 향기까지 덤으로 얻을 수 있다. 낮에는 아이스크림, 밤에는 맥주병을 손에 들고 삼삼오오 모여서 수다를 떠는 모습도 정겹다. 스플리트가 가진 항구 도

> **✓ WRITER'S NOTE**
> 구시가와 항구, 버스터미널을 이어주는 거리라 굳이 찾아가지 않아도 저절로 가게 되는 곳이랍니다.

시, 유적 도시, 휴양 도시 세 가지 모습을 모두 보여주는 거리라 할 수 있다.

2권 ⓞ MAP P.115A ⓘ INFO P.118
ⓖ 구글 지도 GPS 43.507244, 16.43959(동쪽 시작점 부근) 43.507632, 16.43838(중심부) 43.508196, 16.436468(서쪽 마르몬토바 거리 교차점 부근) ⓖ 찾아가기 구시가 남쪽 바닷가에 있다. 구시가에서는 마르몬토바 거리 입구, 궁전 유적 남문, 보치니 광장 등과 이어지며, 항구나 버스 터미널에서는 구시가 쪽으로 걸어오다 보면 바로 보인다.
ⓣ 시간 24시간 개방

정면에 등 보이는 아저씨를 기준으로 왼쪽이 구시가, 오른쪽이 바다

HOW TO ENJOY

● **카페 찾기** 리바 거리 시작부터 끝까지 노천카페가 늘어서 있다. 아메리카노 커피 1잔이 10kn 안팎으로 가격도 저렴한 편. 최근 리바 쪽 건물 2층에 예쁜 카페와 바들이 속속 들어서고 있는데, 리바의 풍경을 100% 즐길 수 있어 큰 인기를 끌고 있다.

● **무료 와이파이** 리바 거리에서는 스플리트 시에서 관광객을 위해 제공하는 무료 와이파이망을 쓸 수 있다. 단, 워낙 많은 사람이 이용해서 그런지 접속률도 좋지 않고 속도도 느린 편.

● **거리에서 맥주 즐기기** 땅거미가 지고 리바에 밤이 찾아오면 벤치나 방파제 등에 자리를 잡고 맥주를 즐겨보자. 노을 지는 항구를 바라보며 마시는 맥주 한잔은 생각보다 훨씬 근사한 기분을 안겨준다.

열대 느낌의 산책로, **트로기르 리바**
Trogir Riva

트로기르의 리바는 구시가 남쪽 해안에 접하고 있다. 약 500m 남짓으로, 길이만 보면 스플리트 리바보다 길지만 모습은 훨씬 소박하다. 한쪽에는 구시가의 건물과 노천카페가 있고, 반대편 해안에는 고급 요트가 줄지어 정박해 있는 모습을 볼 수 있다. 가로수로 야자수를 심어놓아 열대의 느낌이 물씬 난다. 이웃 섬의 모습이 손에 잡힐 듯 가까이 보이는 것이 특징. 곳곳에 벤치와 예쁘게 조성된 화단이 있어 느긋한 마음으로 걷다 쉬다 하기 좋다. 소박하고 한가로운 매력에 반하게 되는 곳이다.

2권 ⓞ MAP P.150A, B ⓘ INFO P.153
ⓖ 구글 지도 GPS 43.51574, 16.25105(이바나 파블라 2세 광장 남쪽에서 연결되는 지점), 43.51531, 16.24729(카메를렌고 요새) ⓒ 찾아가기 트로기르 구시가에서 남쪽으로 방향을 잡으면 금세 도착한다. 성 로브로 대성당이 있는 이바나 파블라 2세 광장에서 길을 따라 남쪽으로 내려간다.
ⓛ 시간 24시간 개방

HOW TO ENJOY

● **중세 요새 찾기** 카메를렌고 요새 Tvrđava Kamerlengo를 찾아가 보자. 리바 끝자락에 자리한 중세풍 요새로, 보자마자 '앗 중세'를 외칠 만큼 전형적인 중세의 성 모습을 하고 있다. 15세기에 축성되었던 방어용 성벽의 일부로, 이후 증축되어 궁전으로 쓰였다가 현재는 다양한 이벤트에 활용하고 있다.

● **트로기르 전경 바라보기** 리바에서 바다 건너편을 보면 빨간 지붕의 집들이 다닥다닥 붙어 있는 동네가 보인다. 그곳은 치오보Čiovo 섬으로, 행정구역상으로는 트로기르에 속한다. 치오보 섬 쪽에서 보는 트로기르의 풍경이 제법 근사하므로 한번쯤은 가볼 만하다. 트로기르에서 다리 하나만 건너면 바로 닿는데, 이 다리는 예전에 큰 배가 지나가면 열리는 도개교였다고 한다.

바다의 오르간이 있는 곳, **자다르 리바** Zadar Riva

자다르의 리바는 '육지의 문'부터 시작해 구시가의 성벽 서쪽 바깥쪽을 따라 '바다의 오르간'(1권 P.182)까지 1km 정도 길게 이어진다. 육지의 문부터 시작하면 구시가를 오른쪽으로 끼고 걷게 되는데, 성벽과 요새, 솔숲, 구시가의 레스토랑, 집 등의 풍경이 이어진다. 바다 쪽으로는 새하얀 석회암 섬이 떠 있는 신비로운 풍경을 볼 수 있다. 대부분의 구간은 일반 해변 산책로이고, 바다의 오르간 쪽은 공원으로 조성되어 있다. 날씨 좋은 날 육지의 문부터 바다의 오르간까지 천천히 걸어가다 보면 성벽 안쪽에서는 보지 못했던 자다르의 또 다른 매력을 만날 수 있다.

2권 ⓜ MAP P.140A ⓘ INFO P.143
ⓖ 구글 지도 GPS 44.11467, 15.22337 (포룸에서 바닷가 쪽으로 나왔을 때의 합류 지점) ⓖ 찾아가기 구시가 서쪽 바닷가 전체가 리바이다. 시작점은 육지의 문 부근이지만 실제로는 포룸 근처에서 가는 편이 제일 낫다.
ⓣ 시간 24시간 개방

새파란 바다와 새하얀 석회암 섬을 바라보며 신비로운 바다의 오르간 소리를 듣는 것은 크로아티아 여행에서 가장 기억에 남을 만큼 인상적인 경험이다.

✓ WRITER'S NOTE

자다르 리바 곳곳에는 바다로 내려가는 사다리가 설치되어 있습니다. 10~20대 서양 남자들은 이곳에서 수영도 하고 다이빙도 많이 해요.

HOW TO ENJOY

● 맥주 마시며 오르간 듣기

자다르 리바의 최고 명물은 뭐니 뭐니 해도 바다의 오르간. 바다와 함께 어우러지는 묘한 소리를 들으며 맥주 한잔 마시는 기분은 오로지 자다르에서만 느낄 수 있다. 근처에 마트가 없으므로 구시가 안쪽에서 준비해 오는 것이 좋다.

type2 찾기 쉬운 해변

사실 크로아티아의 진짜 좋은 해변들은 작은 섬과 인적 없는 마을에 숨어 있거나 고급 리조트의 프라이빗 비치로 외부인 출입이 금지되어 있다. 여행 기간이 넉넉하거나, 렌터카를 이용하거나, 리조트에 묵는다면 좋은 해변을 쉽게 찾을 수 있다. 하지만 길지 않은 시간에 대중교통으로 여행하는 저예산 여행자들에게는 그림의 떡. 그래서 크로아티아의 주요 도시를 여행하며 쉽게 갈 수 있는 비치들을 모아 소개해본다.

엑셀시오르 호텔 근처에서 본 반예 비치의 풍경. 구시가의 웅장한 모습을 배경으로 물놀이를 즐길 수 있다.

두브로브니크 구시가가 보이는 해변, **반예 비치** Banje Beach

플로체 게이트 부근에서 엑셀시오르 호텔 부근까지 동남쪽으로 쭉 뻗어 있는 해변으로, 두브로브니크 구시가에서 가장 가까운 비치이자 인근에서 가장 큰 비치이다. 모래가 촘촘히 깔려 있는데다 수심이 얕아 수영을 못하는 사람들도 얼마든지 즐길 수 있다. 한쪽으로는 장엄한 성벽이, 눈앞에는 초록빛의 로크룸 섬이 보이는 풍경도 일품. 제트스키, 패러세일링 등의 해양 레포츠도 가능하다. 각종 렌털이나 레포츠 등 해수욕 관련 부대시설은 5~10월에만 영업하니 참고할 것. 수건이나 돗자리 등을 개인이 준비한다면 한겨울을 제외한 모든 계절에 해수욕이 가능하다.

여기가 로크룸 섬! 반예 비치에서 약 1.5km 떨어져 있다.

2권 ⓜ MAP P.63F ⓘ INFO P.71 ⓖ 구글지도 GPS 42.64159, 18.11637 ⓖ 찾아가기 플로체 게이트를 등지고 해변 도로를 따라 약 300m 가면 오른쪽으로 비치로 통하는 계단이 보인다. ⓐ 주소 Ul. Frana Supila, Dubrvnik ⓣ 시간 부대시설 5~10월 10:00~22:00 ⓟ 가격 선베드+파라솔 100kn (1인당)

한적한 동네 해변, 라파드 비치 Lapad Beach

라파드는 두브로브니크 구시가에서 버스로 약 10분 거리에 있는 동네로, 그루즈 버스터미널에서 호객꾼을 따라가 민박을 잡거나 아니면 중간 가격대의 호텔을 원하는 여행자가 이 지역에서 숙박하는 경우가 많다. 라파드 비치는 라파드 중심가의 서쪽에 자리한 자그마한 비치로, 이 일대 주민의 물놀이터 겸 근처 호텔들의 공용 비치로 쓰이고 있다. 규모는 크지 않지만 한가롭고 조용한 매력이 있어 큰 비치들보다 알차게 즐길 수 있다. 단, 8월의 극성수기 때는 여기도 상당히 붐빈다. 바다를 바라보고 오른쪽으로 가면 바빈 쿡까지 이어지는 해안 산책로가 있는데, 풍경이 아름답고 분위기도 좋다.

2권 MAP P.62 구글 지도 GPS 42.65511, 18.07017 찾아가기 라파드 호텔 거리에서 서쪽으로 가면 바로 나온다. 구시가나 버스터미널 등에서는 버스 2A, 5, 6, 7, 9번을 타고 Lapad Posta에서 내리면 라파드 호텔 거리와 바로 이어진다. 가격 선베드 세트 (선베드 2개+파라솔) 100kn (시즌별로 차이 있음)

WRITER'S NOTE
자갈 해안이므로 신발을 신고 다니는 걸 추천해요!

라파드 비치의 전경. 자그마한 비치지만 있을 건 다 있다.

라파드 비치와 바빈 쿡 사이 해안 산책로의 풍경. 마치 전세 낸 것처럼 호젓한 물놀이를 즐길 수 있다.

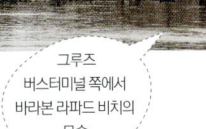

그루즈 버스터미널 쪽에서 바라본 라파드 비치의 모습

의외로 인기 있는 스플리트 해변, **바츠비체 비치** Bacvice Beach

바츠비체 비치의 전경. 한국 해수욕장과 비슷한 풍경이다.

2권 ⊙ MAP P.153D ⊙ INFO P.119
⊙ 구글 지도 GPS 43.502525, 16.446828 (비치 중심부) ⊙ 찾아가기 버스터미널과 기차역을 지나 남쪽으로 쭉 걷다가 표지판을 따라 왼쪽으로 간다.
⊙ 가격 대여료 비치베드·파라솔 20~40kn
⊙ 시간 24시간 개방

시내 남쪽에 자리한 작은 비치로, 스플리트 주민을 위한 공영 비치로 이용되고 있다. 풍경이 그다지 아름답지는 않으나 파라솔, 비치베드, 샤워 시설 등 기본적인 시설은 모두 갖추고 있으며 접근성이 좋아 여행자들에게 인기는 높은 편이다. 암석이나 자갈 비치가 많은 크로아티아에서 동네 공영 비치로는 보기 드물게 부드러운 모래가 깔려 있는 것이 장점. 간혹 해외의 여행 관련 매체에서 달마티아의 대표적 비치 중 한 곳으로 꼽히기도 한다. 스플리트에서 머무는 동안 쉽고 편하게 해수욕을 즐기고 싶다면 찾아갈 것.

자다르에서 본격적인 해수욕을 원한다면, **콜로바레 비치** Kolovare Beach

'자다르에서 시간이 났다. 멀리까지 나갈 정도는 안 되고, 그냥 구시가 근처에서 조촐하게 해수욕을 즐기고 싶다. 리바보다는 좀 더 해수욕장 기분 나는 데면 좋겠다.' 이런 바람을 가진 여행자라면 콜로바레 비치를 찾아보자. 구시가와 버스터미널 중간 정도의 거리에 자리한 자그마한 비치로, 자다르 시민들의 여름 휴식처로 애용되는 곳이다. 모래가 거친데다 풍경은 평범하므로 크게 기대하지는 말 것. 현지인들의 여름나기 풍경을 구경하기에 좋다.

2권 ⊙ MAP P.140B ⊙ INFO P.144
⊙ 구글 지도 GPS 44.10489, 15.23449
⊙ 찾아가기 구시가에서 버스터미널 방면으로 바닷가 길을 따라 약 1km 가면 오른쪽으로 비치 모습이 보인다. ⊙ 주소 Kolovare Ulica, Zadar ⊙ 시간 24시간 개방

프리모슈텐의 해변을 만끽하고 싶다면, 라두차 비치 Raduča Beach

프리모슈텐의 구시가 부근에서 시작해 해안을 따라 북쪽으로 거슬러 올라가며 넓게 펼쳐져 있는 비치이다. 크로아티아에서 가장 아름다운 비치 베스트 10에 선정된 적도 있다. 구시가 북쪽 반도의 벨리카 라두차Velika Raduča(큰 라두차)와 구시가 인근의 말라 라두차Mala Raduča(작은 라두차)로 나뉜다. '큰 라두차'는 소나무 숲이 둘러싸고 있는 작은 조약돌 해안으로 눈부시게 맑은 물을 호젓하게 즐길 수 있고, '작은 라두차'는 구시가의 풍경과 함께 물놀이를 할 수 있다. 버스편이 잘되어 있으므로 스플리트에서 당일치기로 다녀와도 되고, 마을에서 1~2박 하며 질리도록 해수욕을 즐기는 것도 OK.

말라 라두차 비치의 풍경. 프리모슈텐 구시가의 생일 케이크 같은 모습이 보인다.

2권 ⓞ MAP P.158B ⓘ INFO P.160
ⓖ 구글 지도 GPS 43.58968, 15.92217 (벨리카 라두차), 43.58752, 15.92334 (말라 라두차) ⓡ 찾아가기 프리모슈텐 구시가 성문 바깥쪽에서 바다 방향으로 가면 금세 찾을 수 있다.

+ PLUS TIP

크로아티아의 해변을 즐기기 전에 알아둘 것들

| 크로아티아 해변은 대부분 암석 비치이다. 서양 여행자들은 암석 비치는 물론이고 콘크리트로 된 구조물에서도 해수욕이나 태닝을 즐기곤 한다.
| 아주 작은 비치에도 간단한 샤워 시설이나 발 씻는 수도 시설은 다 준비되어 있다. 수건과 깔개 정도는 미리 준비할 것.
| 달마티아의 해안선을 따라 잘 알려지지 않은 보석 같은 해변들이 줄줄이 늘어서 있다. 렌터카 여행자들은 마음에 드는 곳이 있다면 주저 말고 차를 세우자.
| 크로아티아에서 진짜 좋은 비치들은 대부분 섬에 있다. 물놀이와 휴양을 꿈꾸는 여행자라면 섬으로 가자.

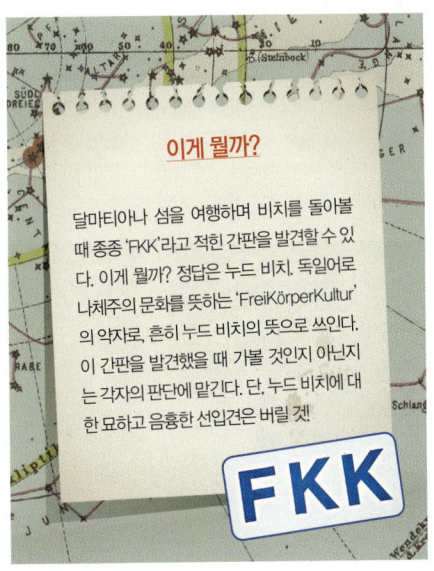

이게 뭘까?

달마티아나 섬을 여행하며 비치를 돌아볼 때 종종 'FKK'라고 적힌 간판을 발견할 수 있다. 이게 뭘까? 정답은 누드 비치. 독일어로 나체주의 문화를 뜻하는 'FreiKörperKultur'의 약자로, 흔히 누드 비치의 뜻으로 쓰인다. 이 간판을 발견했을 때 가볼 것인지 아닌지는 각자의 판단에 맡긴다. 단, 누드 비치에 대한 묘하고 음흉한 선입견은 버릴 것!

MANUAL 09
섬 여행

크로아티아의 섬들은 달마티아의 해안이 가진 미덕을 응축한 에센스로 만들어 바다 위에 점점이 뿌린 것 같다. 섬으로 가면 바다도 훨씬 드라마틱하게 아름답고, 크로아티아에서 가장 멋진 비치들도 죄다 있으며, 소도시와 마을들도 더욱 고즈넉하고 예쁘다. 크로아티아를 여행할 때 꼭 한번은 섬에 들르자. 이것은 권유를 넘어선 강요이다.

지금 당장 떠나고 싶은 크로아티아 섬 여행
T. Islands

1 달마티아의 모든 것, 호바르
Hvar

단 한 곳만 간다면, 여기

흐바르는 스플리트의 앞바다에 있는 여러 개의 섬 중 가장 규모가 큰 섬에 속한다. 일찌감치 그리스 시대에 개발되어 여러 시대를 걸쳐 고급 휴양지로 사랑받았다. 과거에는 황제나 군주들이 주로 이곳에서 지친 몸을 쉬었고, 지금은 할리우드 스타를 비롯한 각국의 유명 인사들이 이곳에 발걸음을 한다. 베네치아의 지배를 받던 시절 만들어진 하얀 건물과 대리석 바닥 등이 그대로 남아 있고, 광장과 건물 뒤로는 푸른 언덕이 있으며, 사파이어처럼 시리게 푸른 아드리아 해의 바다가 그 주위를 둘러싸고 있다. 이곳에 온 사람들 중 그 누구도 바빠 보이는 사람은 없다. 그저 광장에서 느긋하게 음료수를 마시거나, 요트 위에서 시간을 보내거나, 언덕 위 요새로 산책을 가거나, 섬 주변에 수없이 자리한 해수욕장에서 물과 비치를 즐긴다. 달마티아의 역사와 자연 모든 것을 가진 섬으로, 크로아티아에서 섬 여행을 단 한 곳만 한다면 두 번 생각하지 않고 고를 만한 곳이다.

2권 MAP P.132 INFO P.128

KEYWORD

드라이브

스타리 그라드–흐바르 구간, 흐바르 일주 구간 등 괜찮은 드라이브 코스가 있으므로 렌터카 여행자라면 꼭 차를 가져갈 것. 여름에는 라벤더가 활짝 핀 들판도 볼 수 있다. 스플리트에서 스타리 그라드Stari Grad 항구로 가는 페리는 카페리로 운영된다.

해수욕

항구 쪽을 제외한 섬의 해안 전체가 해수욕장이라고 봐도 무방하다. 비치는 대부분 자그맣고, 암석이나 자갈로 이루어져 있다. 그러나 빼어나게 맑은 물과 여유 넘치는 사람들의 표정을 보면 당장에라도 뛰어들고 싶은 생각이 든다. 섬의 여러 비치 중에서 암포라 리조트가 있는 보니Bonj 비치가 가장 넓고 아름다우며 해수욕 시설도 잘되어 있다. 수상 레포츠와 해변 클러빙을 즐기고 싶다면 훌라훌라Hula Hula 비치로 가자.

흐바르 타운

흐바르의 관광 중심지. 스파뇰라 요새와 성 스테판 광장Trg Sv. Stjepana 등 주요 볼거리가 모두 몰려 있다. 그러나 흐바르는 그다지 볼거리에 집착할 필요 없이 보이는 대로 보고 발길 닿는 대로 걸으면 되는 곳이다. 그래도 스파뇰라 요새는 꼭 올라가 볼 것.

밤

> 흐바르에서 가장 신나는 곳 훌라훌라비치, 밤에는 훨씬 더 신나는 모드!

밤이 오면 흐바르는 더욱 즐거운 섬이 된다. 골목과 광장은 환히 밝혀지며, 사방에서 흥겨운 음악이 흘러나오고, 레스토랑과 바들은 사람들로 북적인다. 스파뇰라 요새에는 조명이 환하게 밝혀지고, 바다 위의 배들은 별처럼 빛을 낸다. 흐바르 섬은 밤이 진리라는 말도 떠돌 정도이니 평소 음주가무를 즐기는 여행자라면 흐바르에서 1박을 심각하게 고려할 것.

라벤더

흐바르는 크로아티아의 대표적 라벤더 생산지이다. 자그레브든 두브로브니크든 라벤더 파는 곳에 가보면 '흐바르산'이라고 붙어 있는 것을 어렵잖게 볼 수 있다. 그래서 라벤더 관련 제품은 흐바르가 가장 저렴하다는 여행자들의 증언이 심심찮게 들려온다. 겉모습은 조잡하지만 가격이 싸고 인심이 좋아 덤도 잘 준다는 소문. 그러나 절대 아니라고 강하게 부인하는 여행자들도 없지 않으므로, 우선 자그레브와 스플리트를 한 차례 돌아본 뒤 가격을 비교해보고 구입하자.

2 사자왕과 공작새의 섬, 로크룸
Lokrum

두브로브니크에서 보내는 괜찮은 반나절

두브로브니크의 올드 포트 앞에는 무척 신경 쓰이는 섬 하나가 떠 있다. 성벽에 올라가도 보이고, 스르지 산 전망대에서도 보인다. 어찌나 가까운지 수영 잘 하는 사람이라면 헤엄쳐 갈 수도 있을 것 같아 보인다. 이 섬의 이름은 로크룸 Lokrum. 중세 시대에 사자왕 리처드가 표류해 목숨을 건졌다는 전설의 섬이다. 섬 전체가 공원으로 꾸며져 있어 느긋하게 산책을 즐기기도 좋고, 섬을 빙 둘러가며 바위 비치가 있어 해수욕을 즐기기도 좋다. 배도 자주 있거니와 15분만 가면 도착하기 때문에 마음 내키면 아무 때나 갈 수 있다. 두브로브니크에서 반나절의 여유가 생겼을 때 어디를 가면 제일 좋겠느냐고 묻는다면, 묻지도 따지지도 않고 추천할 만한 곳이다.

2권 ⓞ MAP P.84 ⓘ INFO P.84 ⓖ **찾아가기**
두브로브니크→로크룸 올드 포트에서 약 15분 소요. 10:00~19:00(6~9월 30분마다 운항, 10~5월 매시 정각 운항). 로크룸에서 두브로브니크로 가는 마지막 배는 18:00에 운항한다. ⓣ **시간** 4~11월(12~3월에는 문을 닫는다) ⓗ **휴무** 12~3월에는 섬 전체가 휴장한다. 배도 운항하지 않는다. ⓢ **가격** 뱃삯 왕복 150kn(입장료 포함)

KEYWORD

공작

배를 타고 로크룸 입구에 도착하면 몹시 특별한 원주민이 여행자를 맞아준다. 바로 공작새. 로크룸은 섬 전역에 공작을 풀어 기르고 있어 어디를 가도 화려한 깃털의 공작이 노니는 모습을 볼 수 있다. 사람을 보고도 도망가지 않고 그저 심드렁한 표정으로 꽁지를 펼치고 제 볼일을 보는 공작을 보면 이 섬의 진정한 주인은 공작이 아닌가 싶기도 하다.

비치 전세 내기

로크룸은 두브로브니크에서 가장 한가롭고 아름다운 비치를 가진 섬이지만, 두브로브니크에 널린 게 비치다 보니 굳이 배 타고 입장료 내면서까지 이곳에 오려는 사람은 많지 않다. 그래서 극성수기 외에는 거의 비치에 나오면 우리 일행 밖에 없는 경우가 흔하다. 섬 주위가 온통 암석으로 둘러싸여 있어 바닷물이 그 어느 곳보다 맑고 투명하다. 저 멀리 보이는 해안선의 풍경도 넋을 잃고 쳐다볼 만큼 인상적이다.

√ **WRITER'S NOTE**
비치 곳곳에 간이 샤워장이 있어요. 성수기에만 작동됩니다. 비수기에는 물 안 나와요!

산책

로크룸은 지름이 최장 2km 정도인 작은 섬이므로 천천히 걸어도 1시간 남짓이면 모두 둘러볼 수 있다. 숲과 잔디와 들풀이 섬을 뒤덮은 가운데 포장되지 않은 산책로를 따라 걷다 보면 상쾌한 숲의 향기가 가슴을 채운다. 작은 베네딕트 수도원, 합스부르크 왕족이 지은 저택, 열대 정원, 유적 등이 있어 작은 섬임에도 불구하고 볼거리가 알찬 편이다. 중간중간 지도와 표지판이 잘되어 있어 길 잃을 염려도 없다.

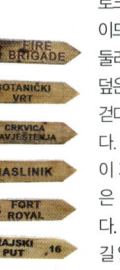

소금 호수

해안에서 약간 안쪽으로 들어간 곳에 자리한 소금 호수로, 안내 지도에는 '사해Dead Sea'라는 이름으로 표시되어 있다. 깊은 곳은 수심이 10m 이상 되기 때문에 다이빙 명소로도 인기가 높다. 풍경이 워낙 아름다워 딱히 수영이나 다이빙을 하지 않고 그냥 바라만 보고 있어도 좋은 곳이다.

√ **WRITER'S NOTE**
입구에서 멀지 않은 곳에 누드 비치가 있어요. 지도나 표지판에서 FKK를 찾으면 됩니다.

3 140개의 섬을 떠돈다, 코르나티 국립공원
Nacionalni Park Kornati

크로아티아의 다도해 해상공원

달마티아 지방을 여행하다 보면 바다 위에 떠 있는 새하얀 석회암 무인도들이 눈에 들어오기 마련이다. 멀리서 볼 때는 마냥 신비하고 신기한데 가까이에서 보면 어떤 풍경일지, 위에서 바라보면 어떤 풍경일지 궁금하다면 코르나티 국립공원으로 가는 게 제격이다. 자다르와 시베니크 사이의 달마티아 앞바다에 떠 있는 석회암 군도로, 140여 개의 크고 작은 섬들이 몰려 있다. 우리나라의 다도해 해상국립공원과 비슷하다고 보면 된다. '코르나티'는 그중 가장 큰 섬의 이름이다. 셰익스피어의 희극〈십이야十二夜, Twelfth Night〉의 무대인 아드리아 해의 고대 국가 '일리리아Illyria'의 배경이 바로 코르나티 군도라고 한다. 관목이 드문드문 자란 석회암 섬들이 점점이 흩어져 있는 신비로운 풍경에 물까지 맑아 해수욕 명소로도 인기가 높다.

2권 ⓜ MAP P.140A ⓘ INFO P.145
ⓖ 찾아가기 자다르에서 당일치기 투어를 이용한다. 개인 요트나 보트로도 출입 가능하고, 자다르나 시베니크의 항구에서 보트를 2박 정도 전세 낼 수도 있다. 자세한 정보는 2권 P.145 참조

KEYWORD

투어

코르나티 군도까지 정기적으로 운항하는 페리가 없기 때문에 자다르에서 출발하는 당일치기 상품을 이용하는 것이 정석이라고 할 수 있다. 자다르 시내의 여러 여행사에서 코르나티 군도 당일치기 투어를 만나볼 수 있으며, 가격도 모두 대동소이하다. 아파트먼트나 호텔의 리셉션에서도 수수료 없이 예약을 대행해주는 경우가 흔하므로 주저 없이 문의할 것. 투어 가격에 보트 가격, 아침·점심 식사와 배 안에서의 간단한 다과까지 포함되어 있다. 가격은 370~400kn (50유로 상당).

레브르나카 Levrnaka

코르나티 투어는 오전 시간 동안 배 안에서 다과를 즐기며 섬 곳곳을 둘러보는, 그야말로 다도해 해상공원 관광을 하다가 점심시간을 전후로 섬 1~2곳을 들러 식사하고 비치와 전망대 등을 돌아보는 코스로 진행된다. 가장 중심이 되는 곳이 바로 레브르나카 섬으로, 전망대 하이킹과 물놀이가 모두 이 섬에서 진행된다. 특히 이 섬에 있는 로예나Lojena 비치는 크로아티아에서도 가장 아름다운 비치 중 하나로 손꼽힌다.

4 마음을 치유하는 풍경, **믈리예트**
Mljet

우리나라에는 아직 덜 알려진 비경의 섬

주변 사람들과 겹치지 않는 특별한 크로아티아에서의 추억이 필요한지? 아름다운 자연 속에 묻혀 마음속에 쌓아둔 근심을 털어버리고 싶은지? 그렇다면 믈리예트로 가자. 두브로브니크 북쪽, 펠리예샤츠 반도와 가까운 곳에 자리한 섬으로, 그림 같은 풍경 덕분에 현지인이나 유럽 여행자들에게는 두브로브니크 인근의 최고 여행지로 통하는 곳이다. 섬 서북쪽 끝의 믈리예트 국립공원을 중심으로 섬 가장자리를 빙 둘러가며 아드리아 해에서 가장 아름다운 비치들이 자리하고 있다. 호수와 어우러진 풍경이란 점에서 '바다의 플리트비체'라고 부르는 사람들도 있다. 아드리아 해의 섬이 보여줄 수 있는 가장 아름다운 풍경이라고 해도 과언은 아니다.

2권 ⓞ MAP P.62 ⓘ INFO P.72 ⓖ 찾아가기
6~9월의 성수기에는 두브로브니크의 그루즈 항구에서 믈리예트의 폴라체Polace 항구를 잇는 페리보트가 다닌다. 페리 운항사의 이름은 G&V Line. 7~8월에는 08:00, 09:15 하루 2회 출발하고, 6월과 9월은 09:15에만 출발한다. 소요시간은 약 1시간 40분. 자세한 정보는 2권 P.72 참조

KEYWORD

호수

믈리예트 관광의 중심은 섬 서북쪽 끝 대부분을 차지한 '믈리예트 국립공원'으로, 두 개의 아름다운 소금 호수를 야트막한 구릉이 감싸고 있다. 두 호수는 벨리코 호수Veliko Jezero와 말로 호수Malo Jezero인데, 뜻은 각각 '큰 호수'와 '작은 호수'. 두 호수 주변을 중심으로 마련된 자전거 도로 및 하이킹 트레일을 따라 국립공원의 구석구석을 돌아보거나, 비치에 누워 새파란 호수를 바라보며 태닝을 하거나, 호수에서 수영을 즐긴다.

수도원

믈리예트에서 꼭 찾아봐야 할 곳이 있다면 벨리코 호수에 있는 베네딕트 수도원Benedictine Monastery을 들 수 있다. 호수 위에 오롯이 떠 있는 멜리타 섬Islet Melita, Melita Island 위에 그림같이 자리한 12세기 수도원의 유적으로, 성수기에는 수도원까지 보트를 운항한다. 섬까지 들어가지는 않더라도 호숫가에서 수도원의 아름답지만 외로워 보이는 모습을 지켜보는 것만으로도 가슴에 뭔가가 아련하게 남는다. 입장료 90kn.

1박

믈리예트에서 두브로브니크로 돌아가는 배는 오후 4시 55분에 있다. 당일치기로 여행하는 것도 가능하지만, 해가 지기 전에 돌아가야 하다 보니 아쉬운 감이 적지 않다. 믈리예트 섬을 만끽하기 위해서는 1박 이상 머무르는 것을 추천. 국립공원 인근 및 폴라체 항구 쪽에 현지인 민박이 다수 운영 중이며, 성수기에는 호객꾼도 많이 나온다.

+ PLUS INFO
카페리로 가기

펠리예샤츠Peljesac 반도에 자리한 프라프라트노Prapratno 항구에서 믈리예트 동쪽에 자리한 소브라Sobra 항구까지 카페리를 운항한다. 연중 쉬지 않고 하루에 4~5회 정도 운항하므로 당일치기도 가능하다. 스플리트에서 내려오는 길에 잠시 들른 후 두브로브니크로 가는 루트도 계획 가능하다. 소요시간은 약 45분.

5. 마르코 폴로의 고향, **코르출라**
Korčula

바다 위의 두브로브니크

흐바르와 믈리예트 사이에 자리 잡은 섬으로, 기원전으로 거슬러 올라가는 기나긴 역사를 가지고 있다. 사방에 아드리아 해가 펼쳐진 아름다운 풍경 속에 중세에 만들어진 성채 마을이 오롯이 자리하고 있어 마치 바다 한가운데에 두브로브니크가 떠 있는 듯한 느낌이 든다. 화려하지는 않지만 다듬어지지 않은 소박한 매력이 일품으로, 진짜 중세 마을을 걷고 있는 듯한 착각이 일어날 정도이다. 13세기 베네치아의 상인이자 〈동방견문록〉의 저자인 마르코 폴로Marco Polo의 출생지로도 유명하다. 극성수기를 제외하고는 크게 붐비지 않는 것도 무시할 수 없는 매력 중 하나이나.

2권 ⓞ MAP P.62 ⓑ INFO P.73 ⓖ **구글지도 GPS** 42.96163, 17.13609(구시가 중심부) ⓖ **찾아가기** 야드롤리니야에서 스플리트 ↔ 코르출라 구간의 정기 페리를 운항한다. 두브로브니크에서도 페리 및 버스가 다니는데, 해마다 변동이 심한 편이다. 여름철 성수기에는 흐바르-코르출라-믈리예트를 잇는 페리기 운항힌디.

KEYWORD

구시가

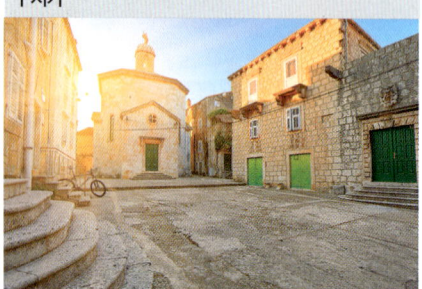

코르출라의 구시가는 섬 동쪽에서 펠리예샤츠 반도와 마주 보는 곳에 자그맣게 자리하고 있다. 두브로브니크를 연상시킬 정도로 튼튼한 성벽, 그리고 그 안에 담겨 있는 오밀조밀하고 완벽한 형태의 구시가는 달마티아 육지의 그 어느 구시가와 비교해도 아름다움에서 뒤지지 않는다. 사방이 '마르코 폴로'라는 점만 빼면 그다지 관광지 느낌도 강하지 않아 예쁜 시골 마을을 여행하는 기분을 한껏 느낄 수 있다.

본격 섬 여행

여름철 성수기에는 흐바르-코르출라-믈리예트를 잇는 페리편이 운항된다. 흐바르에서 배를 타고 코르출라로 건너간 뒤 다시 코르출라에서 믈리예트로 이동하는 루트가 가능한 것. 달마티아의 섬을 제대로 돌아보고 싶은 여행자에게는 최고의 기회가 될 것이다. 페리편 운항 시기는 해마다 유동적인데, 보통 7~8월에는 반드시 운항한다.

6 황금의 해안, 브라치 Brač

신기하고 아름다운 해안

스플리트와 흐바르 사이에 자리한 큰 섬으로, 크로아티아에서 가장 신기한 해안 중 하나로 손꼽히는 '즐라트니 라트Zlatni Rat'가 있는 곳이다. 모래톱이 삼각형의 뿔 모양으로 바다에 비죽이 나와 있는 모양새로, '즐라트니 라트'라는 지명 자체가 '황금의 뿔'이라는 뜻이라고 한다.

세계적으로 이런 모양의 모래톱이 아주 드문 것만은 아니지만, 이렇게 새하얀 모래톱이 눈이 시리도록 파란 바닷물과 어우러진 풍경은 절대 찾아보기 쉽지 않다. 현재까지는 오로지 즐라트니 라트 하나 때문에 찾게 되는 섬이지만, 그 '오로지'의 가치는 절대 작지 않다.

2권 MAP P.110 INFO P.121
찾아가기 야드롤리니야에서 브라치 섬까지 정기편을 운항하나 저녁 시간이 다 되어 출발하기 때문에 현지에서 반드시 1박을 해야 한다. 당일치기를 원한다면 스플리트 시내 여행사에서 운영 중인 브라치 섬 당일 투어를 이용할 것. 자세한 설명은 2권 P.121 참조.

KEYWORD

비치 즐기기

즐라트니 라트의 생김새만 봐서는 자연보호구역이라도 이상할 게 없을 것 같지만, 이곳은 크로아티아에서 가장 인기 높은 비치 명소이다. 해수욕과 태닝을 마음껏 즐길 것. 이렇게 독특한 모습의 비치에서 해수욕 즐길 기회가 자주 오는 것은 아니다!

7 신비한 푸른 동굴, 비스 Vis

이탈리아에만 있는 게 아니야!

좁은 해식 동굴 안으로 햇빛이 스며들어 동굴 속의 물이 온통 신비한 푸른빛으로 빛나는 일명 '푸른 동굴'. 이탈리아 남부의 카프리 섬에만 있는 것으로 알고 있었다면 그 편견 이제는 버리자. 크로아티아의 비스 섬에도 있다. 심지어 두 개나 있다. 비스 섬은 스플리트에서 약 60km 떨어져 있으며 본섬에는 초록빛을 내는 '그린 케이브Green Cave'가, 부속 섬인 비셰보Biševo에는 파란빛을 내는 '블루 케이브Blue Cave'가 있다. 자연의 신비를 한가롭게 즐길 수 있는 절호의 찬스이니 놓치지 말자.

2권 MAP P.110 INFO P.121
찾아가기 스플리트에서 비스까지 정기편이 운항된다. 스플리트 시내의 여행사에서 블루 케이브와 그린 케이브에 브라치 섬까지 엮은 당일치기 투어를 쉽게 찾아볼 수 있다. 자세한 설명은 2권 P.121 참조.

KEYWORD

여름

비스 섬을 여행하는 목적의 80퍼센트는 아마도 블루 케이브와 그린 케이브일 것이다. 두 동굴을 여행할 때 최대의 관건은 바로 날씨. 현기증 날 정도로 해가 강렬하게 내리쬐는 날씨여야 동굴 속 바닷물이 빛나는 모습을 제대로 볼 수 있다. 7~8월이 아니면 진가를 알기 힘들기에 푸른 동굴 여행을 하고 싶다면 꼭 여름 시즌에 갈 것.

136	**MANUAL 10** 메뉴 가이드
140	**MANUAL 11** 전통 음식
144	**MANUAL 12** 베스트 맛집
148	**MANUAL 13** 와인과 맥주

MANUAL 10

— 메뉴 가이드 —

메뉴 고르기 성공 확률 100%에 도전한다

크로아티아의 메뉴판은 여행자 입장에서 볼 때 다소 혼란스럽다. 동유럽과 중부 유럽, 이탈리아의 영향을 고루고루 받아 자연친화적이고 풍요로운 식문화를 누리고 있다고 하지만, 동유럽과 중부 유럽, 이탈리아 메뉴가 뒤섞여 뭐가 뭔지 알 수 없을 뿐이다. 여행자를 갈등의 도가니로 빠뜨리는 크로아티아 메뉴판의 숲을 헤치고 맛있는 메뉴를 쟁취하는 몇 가지를 비결을 소개해본다.

오늘의 생선 키워드 1

고기 없으면 못 사는 육식주의자라도 크로아티아에서는 바다의 축복을 즐겨보자. 이스트라와 달마티아에서는 해산물 요리가 발달해 온통 바다 향기 가득한 메뉴판을 만날 수 있다. 특히 이스트라 반도의 해산물 요리는 이탈리아의 베네치아 일대와 맛이나 조리법은 흡사하나 가격은 훨씬 저렴해 이탈리아 여행하다 해산물 먹으러 배 타고 넘어오는 사람들이 있을 정도이다. 가장 대표적인 요리는 신선한 해산물에 소금 간만 하여 올리브유에 구워낸 것으로, 어지간히 솜씨 없는 레스토랑 아니고서야 다 맛있다. '오늘 가장 좋은 생선이 무엇이냐는 것은 꼭 물어볼 것. 그날 가장 물 좋은 생선을 먹는 것은 그날 그 도시에서 가장 맛있는 음식을 먹는다는 것과 같은 의미이다.

추천 맛집

마르얀 Marjan

해외의 각종 여행 정보서나 온라인 여행 정보 사이트 등에서 한결같이 스플리트 최고의 맛집으로 꼽는 레스토랑이다. 메뉴는 두 페이지가 전부. 그리고 그 대부분은 생선 이름으로 가득하다. 마르얀은 그날그날 잡아온 신선한 해물을 최상의 방법으로 요리해내는 것으로 유명하다. 재료에 따라 즉흥적으로 스페셜 메뉴를 새롭게 만들어 내놓기도 한다. 오늘 가장 물 좋은 생선이 무엇인지 꼭 물어봐야 하는 레스토랑. 파스타나 수프 등의 요리도 맛있다.

WRITER'S NOTE 준비 여부에 따라 정오에 열기도 해요.

2권 ⓜ MAP P.115A ⓘ INFO P.119
⊙ 구글 지도 GPS 43.508430, 16.434193
⊙ 찾아가기 마르얀 언덕으로 올라가는 길 초입에 있다. 리바 거리 서쪽 끝에 있는 작은 교회 오른쪽으로 들어간 후 갈림길이 나오면 또 오른쪽으로 간다. ⊙ 주소 Senjska 1, Split ⊙ 전화 098-934-6848
⊙ 시간 매일 12:00~22:30 ⊙ 휴무 비정기적
⊙ 가격 스타터 30~60kn, 파스타·리조토 50~90kn, 생선 요리 90~400kn ⊙ 홈페이지 www.facebook.com/KonobaMarjan

1등급 생선 구이 First Class Fish from the Grill(1kg) 380kn

대구 스튜 Cod Fish Stew 60kn

시푸드 파스타 Pasta with Seafood 80kn

토마토 `키워드 2`

이탈리아 남부나 스페인 등 남유럽의 토마토는 신의 축복이다. 토마토의 맛이 극대화되어, 마치 속살에 태양을 품고 있는 듯한 맛이 난다. 크로아티아의 토마토도 이런 진한 맛이다. 위도가 이탈리아와 거의 비슷하니 햇빛의 축복이야 비슷할 터. 그래서 크로아티아를 여행할 때는 토마토 들어간 요리는 실패 확률이 거의 없다. 토마토소스 파스타, 토마토가 듬뿍 올라간 피자, 토마토 샐러드 등 알레르기만 없다면 토마토는 무조건 강력 추천.

30~50kn 정도면 맛있는 토마토소스 파스타를 먹을 수 있다.

두브로브니크 '코마르다Komarda'의 문어 굴라시 Octopus Goulash

✓ WRITER'S NOTE
정보를 전혀 얻을 수 없는 소도시나 시골 마을의 허름한 식당에 들르게 된다면 토마토 들어간 메뉴를 주문하세요. 실패 확률을 줄이는 가장 확실한 방법이에요.

오징어 먹물 `키워드 3`

한국에서는 보기 힘든 식재료인 오징어 먹물이 크로아티아에서는 아주 흔하다. 번듯한 레스토랑은 물론이고 피자, 파스타를 취급하는 저렴한 식당까지 오징어 먹물이 들어간 파스타나 리조토를 내놓으며, 어지간히 못하는 집이 아닌 이상 만족스러운 맛을 보여준다. 몸에도 좋은 재료이므로 크로아티아까지 간 김에 실컷 먹고 올 것.

추천 맛집

보반 Boban
크로아티아가 낳은 세계적 축구 선수 즈보니미르 보반이 운영하는 이탈리언 레스토랑이다. 브루스케타 같은 간단한 요리부터 본격적인 고기·생선 요리까지 다양한 메뉴를 선보여 오히려 선택 장애를 일으킨다. 달걀을 넣어 반죽한 홈메이드 파스타가 유명하다. 특히 오징어 먹물을 섞은 검은 탈리아텔레 면을 사용한 일명 '블랙 파스타'가 가장 인기.

2권 ⓜ MAP P.40C ⓘ INFO P.48 구글지도 GPS 45.811596, 15.976464 찾아가기 반 옐라치치 광장 길 건너편 두브로브니크 호텔 골목으로 약 150m 직진 주소 Gajeva ul 9, Zagreb 전화 01-48-11-549 시간 월~목요일 11:00~23:00, 금~토요일 11:00~24:00, 일요일 12:00~23:00 휴무 비정기적 가격 메인 요리 80~150kn 홈페이지 www.boban.hr

✓ WRITER'S NOTE
오징어 먹물이 영어로 무엇인지 고민하지 마세요. 메뉴 이름에 'Black' 들어가 있으면 99% 오징어 먹물입니다.

새우를 곁들인 블랙 파스타
Homemade Taliatele with Scampi **92kn**

연체류 해산물

키워드 4

평소 낙지, 한치, 오징어, 꼴뚜기, 문어 등 다리 많은 해산물을 즐겨 먹는다면 크로아티아에서는 하루 세끼 그것만 먹어도 좋다. 특히 문어는 아드리아 해의 주요 생산물 중 하나로, 플리트비체 정도만 제외하면 크로아티아 전역에서 쫄깃하면서도 부드러운 문어를 맛볼 수 있다. 문어 샐러드, 문어 구이, 문어가 들어간 파스타 등 메뉴도 다양한 편.

추천 맛집

코르출라 Korcčula

도니 그라드의 번화한 골목에 자리하고 있는 레스토랑. '코르출라'는 달마티아에 있는 섬으로, 이름에 걸맞게 달마티아풍 해물 요리를 주특기로 한다. 가장 인기 메뉴는 '문어를 곁들인 구운 감자'로, 문어의 촉촉하고 부드러운 식감이 일품이다. 그 외에도 스파게티, 리조토, 뇨키 등 해물이 들어간 식사류는 모두 맛있는 편.

시푸드 스파게티
Spagetti with Seafood 75kn

문어를 곁들인 구운 감자
Roasted Potatoes with Octopus 135kn

2권 MAP P.40C INFO P.48
구글 지도 GPS 45.811215, 15.974689
찾아가기 일리차 거리에서 나이키 맞은편 골목으로 들어가 츠비예트니 광장을 지나 쭉 직진하다 길이 끝나는 곳 길 건너편에 있다. 주소 Teslina 17, Zagreb
전화 01-4872-159, 01-4811-331 시간 월~토요일 11:00~23:00 휴무 일요일
가격 전채류 40~130kn, 파스타·리조토 75~95kn, 메인 요리 80~450kn 홈페이지 www.restoran-korcula.hr

오징어 먹물 리조토 Black Risotto 85kn

로칸다 페스카리야
Lokanda Peskarija

두브로브니크 올드 포트에서 약간 들어간 곳에 있는 시푸드 레스토랑으로, 연체류 해산물은 물론 모든 종류의 해산물 요리에 강하다. 오징어튀김, 문어 샐러드, 홍합찜, 해물 리조토, 새우구이 등 크로아티아의 시푸드 레스토랑에서 흔히 취급하는 친숙한 메뉴들을 선보인다. 모든 메뉴가 고루 합격점 이상의 맛을 내며 양도 푸짐한데다 가격도 합리적이다. 특히 오징어튀김은 '이곳이 가장 맛있다'는 사람들이 적지 않다. 올드 포트의 풍경이 한눈에 들어오는 노천 테이블이 널찍하게 마련되어 있는데, 테이블이 많아 자리 없을 염려도 적다. 적당한 가격에 맛과 풍경을 모두 즐기고 싶은 두브로브니크 여행자에게 강력 추천.

2권 MAP P.74B INFO P.80 구글 지도 GPS 42.64026, 18.11115 찾아가기 올드 포트에 있다. 바다 쪽을 바라보고 오른쪽으로 약 100m 쯤 가면 바로 보인다. 주소 Na ponti bb, Dubrovnik 전화 020-324-750 시간 11:00~24:00 (7,8월은 1:00까지) 휴무 동절기 휴업 (보통 11~3월) 가격 해산물 요리 70~300kn
홈페이지 www.mea-culpa.hr

오징어튀김 Fried Squids 123kn

시푸드 리조토
Seafood Risotto 123kn

홍합 Mussels 104kn

새우 그릴 구이
Grilled Shrimps 155kn

돼지고기·양고기 키워드 5

인류라면 응당 고기를 먹어줘야 한다고 생각하는 육식주의자를 위한 팁. 전통적으로 크로아티아는 소고기보다는 돼지고기와 양고기, 오리고기 등을 더 많이 먹는다고 한다. 요리 자체도 돼지고기나 양고기 요리가 더 다채롭고 맛있다. 소고기 요리가 맛있다는 소문이나 특별한 언급이 없는 한 되도록 피할 것. 특히 비프스테이크는 그릴 전문 레스토랑이 아닌 다음에는 실패 확률이 아주 높다. 정 소고기를 먹고 싶다면 굴라쉬 등 국물이 있는 요리로 주문하는 것이 좋다.

√ WRITER'S NOTE

크로아티아에서 안일하게 비프스테이크를 시켰다가는 인생 최악의 스테이크를 먹게 될 수도 있어요. 제가 바로 피해자예요.

보스니아-헤르체고비나 키워드 6

이제는 영영 다른 나라가 된 크로아티아와 보스니아-헤르체고비나(이하 보스니아). 그러나 서울에서 평양냉면집 찾기 어렵지 않듯, 크로아티아에서도 보스니아 전통 음식점을 쉽게 볼 수 있다. 보스니아는 이슬람 문화권의 영향에 발칸 반도의 특성이 잘 결합된 풍요로운 맛의 세계를 선보이는데, 터키 음식과도 약간 비슷하다. 다소 느끼하고 향이 강하지만 이 장벽을 넘어서면 발칸 반도에서만 체험할 수 있는 또 하나의 미식 세계가 열린다. '사라예보' '모스타르' 등 보스니아의 지명을 내건 레스토랑들도 성공 확률이 높다. 크로아티아에서도 즐겨 먹는 빵 '부렉burek'은 원래 보스니아가 원조.

타지 마할 특선 메뉴
Speciality of the House 'Taj Mahal' 160kn

추천 맛집

타지 마할 Taj Mahal

두브로브니크에서 오랫동안 최고 맛집 중 하나로 군림하고 있는 보스니아 음식 전문 레스토랑으로, 현지인들에게 '괜찮은 레스토랑을 추천해달라'고 하면 가장 먼저 거론되는 곳 중 하나이다. 대표 메뉴는 발칸 반도식 케밥이라 할 수 있는 체바피Ćevapi. 떡갈비처럼 구운 양고기를 촉촉한 빵 껍질 안에 넣은 요리로 크로아티아의 체바치치와 정확히 동일한 음식이다. 그 외에 바삭한 파이 안에 버섯 크림과 치즈로 맛을 낸 송아지 고기를 담아낸 타지 마할 특선 메뉴Speciality of the House 'Taj Mahal'도 상당히 맛있다. 고기 요리를 좋아하는 사람에게 강력 추천.

2권 ⓜ MAP P.74A ⓘ INFO P.79 ⓖ 구글 지도 GPS 42.64054, 18.10883 ⓒ 찾아가기 루자 광장을 등지고 플라차 길을 따라가다 왼쪽으로 네 번째 골목으로 들어가 직진 후 다시 네 번째 골목에서 우회전하면 바로 보인다. 플라차 광장 골목 초입에 안내판이 붙어 있다. ⓐ 주소 Nikole Gucetica 2/Iva Vojnovica 14, Dubrovnik ⓣ 전화 020-323-221 ⓗ 시간 매일 10:00~다음 날 01:00 ⓧ 휴무 비정기적 ⓟ 가격 메인 요리 90~250kn ⓦ 홈페이지 www.tajmahal-dubrovnik.com

체바피Ćevapi 10조각 120kn, 7조각 100kn, 5조각 90kn

MANUAL 11

전통 음식

크로아티아 사람들은 무엇을 먹을까?

우리나라 곳곳에서도 세계의 맛을 어렵지 않게 즐길 수 있지만 크로아티아 음식은 아직 제대로 소개되지 않았다. 발칸 반도 고유의 식탁에 헝가리·오스트리아 등 동유럽 식문화의 색채가 가미되고 거기에 바다의 축복이 더해진 크로아티아의 다채로운 전통 음식들을 알아본다.

TYPE 1 메인 요리

체바치치 Cevapcici

납짝한 빵 사이에 손가락 굵기의 구운 양고기를 여러 개 넣은 발칸 반도식 케밥. 보스니아나 세르비아 등 이슬람 문화권에서 즐겨 먹는 음식이나 크로아티아에서도 어렵지 않게 만날 수 있다. 피자나 햄버거 등을 파는 간이음식점에서 흔히 볼 수 있는 메뉴이다.

파슈티차다 Pašticada

소고기 수육 위에 걸쭉한 소스를 뿌린 달마티아 지방의 전통 요리. 레스토랑에서 크로아티아 전통 고기 요리를 추천해달라고 하면 열에 아홉이 거론하는 메뉴이다. 결혼식 등 경사스러운 날 즐겨 먹는 요리라고 한다. 그러나 한국인 여행자들에게 '크로아티아 전통 요리 별로 맛없더라'라는 편견 어린 총평을 이끌어내는 장본인이기도 하다.

굴라쉬 Gulaš, Goulash

고기와 채소에 토마토와 파프리카를 넣어 얼큰하게 끓여낸 스튜. 원조는 헝가리지만 유럽 동부 일대에서는 대부분 먹을 정도로 보편화된 음식이다. 크로아티아 동부 지역에서는 감자와 고기를 넣고 좀 더 묽게 끓이는 초바나츠 Čobanac라는 요리도 있다.

세켈리 굴라쉬 Sekeli Gulash

돼지고기를 새콤한 양배추절임과 함께 볶은 후 쪄내는 요리로, 북부 크로아티아에서 새해맞이 음식으로 즐겨 먹는다. 이름에는 스튜의 대명사인 '굴라쉬'가 붙어 있지만 국물이 거의 없는 것이 반전.

푼예네 파프리케 Punjene Paprike

파프리카에 다진 고기와 쌀, 향신료를 채워넣고 토마토소스에 졸인 요리. 여름철이면 크로아티아의 모든 가정에서 만들어 먹는 인기 계절 음식이다. 달마티아 지역에서는 주로 송아지 고기를, 북부 지역에서는 주로 돼지고기를 사용한다.

사르마 Sarma

양배추에 다진 고기와 쌀, 향신료를 넣고 돌돌 만 뒤 쪄내는 음식. 크로아티아식 양배추 만두라고 생각하면 이해가 쉽다. 주로 겨울에 즐겨 먹는 음식이다.

부자루 Buzaru

크로아티아에서 가장 흔하게 볼 수 있는 해산물 요리. 갑각류와 조개, 한치, 꼴뚜기 등을 화이트 와인, 마늘, 파슬리, 빵가루를 넣고 강한 불에 익혀낸다. 특히 스캄피 새우를 요리하는 경우가 많다. 색깔과 향을 내기 위해 토마토소스를 넣기도 한다.

리블랴 주하 Riblja Juha

'생선 수프'라는 뜻으로, 다양한 조리법이 있지만 달마티아 지역에서는 주로 대구 등의 흰 살 생선을 올리브유와 향신료로 양념한 뒤 끓여낸다. 깔끔한 맛이라 생각보다 한국인의 입맛에 잘 맞는다. 비슷한 재료에 토마토소스를 넣어 푹 끓이면 브루뎃Brudet이라는 스튜가 된다.

푸쉬 Fuži

크로아티아식 파스타로, 이스트라 지역에서 많이 먹는다. 넓게 편 반죽을 네모나게 자른 뒤 대각선으로 돌돌 말아서 만든다. 주로 트러플을 첨가한 크림소스로 먹는다.

브루뎃

+ PLUS INFO

크로아티아 명물 치즈, 파그치즈 Pag Cheese

원어는 '파슈키 시르Paški Sir'이다. 달마티아 북쪽 바다에 자리한 파그 섬에서 생산되는 치즈로, 100% 양젖으로 만든다. 이탈리아의 페코리노치즈와 여러모로 비슷한 짭짤한 맛의 경성 치즈. 세계 10대 치즈나 유럽 10대 치즈 등을 꼽을 때 종종 선정되는 크로아티아의 자랑이다.

TYPE 2 디저트 & 간식

프리툴레 Fritule
밀가루 반죽에 건포도와 레몬즙, 리큐어 등을 넣고 동글동글하게 뭉쳐서 튀겨내는 일종의 도넛이다. 크로아티아에서 가장 인기 있는 간식 중 하나.

브레스크비체 Breskvice
핑크빛 복숭아 모양의 쿠키로, 반원형의 달콤한 바닐라 쿠키 사이에 살구잼과 견과류를 넣었다. 마트에서도 쉽게 볼 수 있을 정도로 흔한 디저트.

로자타 Rozata
두브로브니크 일대의 전통적인 디저트로, 캐러멜을 듬뿍 얹은 푸딩이다. 입 안에 넣는 순간 사르르 녹는 부드러운 맛이 일품.

크렘슈니테 Kremšnite
일명 '블레드 크림 케이크'라고도 한다. 원래는 슬로베니아 블레드 호수 지방의 특산 케이크인데, 자그레브를 비롯한 크로아티아 북부 지역에서도 쉽게 찾아볼 수 있다. 커스터드 크림이 잔뜩 들어 있어 입에서 살살 녹는 것이 특징.

+ PLUS INFO

아이스크림을 먹자!
봄가을에도 낮이면 반소매가 더울 정도로 햇살이 내리쬐는 크로아티아의 거리에서는 그야말로 아이스크림이 제격이다. 더욱이 크로아티아의 아이스크림은 이탈리아 젤라토에 버금가는 맛을 자랑한다. 특히 망고와 블루베리, 레몬 등 과일즙을 사용한 아이스크림은 성공 확률이 상당히 높다. 모든 도시에 아이스크림 맛집이 하나씩은 꼭 있는데, 그중에서도 스플리트의 아이스크림이 가장 맛있는 편.

빌리 산 Bili San
마르몬토바의 작은 골목에 자리한 아이스크림 가게로, 레몬과 오렌지, 블루베리 등의 과즙을 사용한 아이스크림이 매우 맛있다. 특히 레몬 아이스크림은 상큼함의 핵폭탄으로 더위와 피로를 단숨에 날려버릴 만한 맛이다.

스플리트 2권 ⓜ MAP P.115A ⓘ INFO P.120 ⓖ 구글 지도 GPS 43.509772, 16.43/552 ⓣ 찾아가기 마르몬토바 거리의 북쪽 끝 사거리에서 궁전 유적 쪽으로 꺾는다. 북쪽 성벽과 이어지는 길에서 남쪽으로 한 블록 아래 골목에 있다. ⓐ 주소 Ul. Nigerova 2, Split ⓒ 시간 매일 10:00~22:00(시즌에 따라 닫는 시간 다름) ⓗ 휴무 비정기적 ⓢ 가격 1스쿱 7kn

슬라스티차르나 리바 Slastičarna Riva
리바 거리에서 단연 눈에 띄는 아이스크림 숍. 슬라스티차르나는 크로아티아어로 '제과점'이라는 뜻으로 거의 모든 아이스크림 숍 앞에 붙는다. 접근성이 최고라 누구나 손쉽게 찾아갈 수 있다. 모든 아이스크림이 맛있지만 특히 망고 맛은 스플리트 최고이다.

스플리트 2권 ⓜ MAP P.115A ⓘ INFO P.120 ⓖ 구글 지도 GPS 43.507519, 16.439532 ⓣ 찾아가기 지하시장의 리바 쪽 출입구를 바라보고 왼쪽 약 30m ⓐ 주소 Obala hrv. narodnog preporoda 20, Split ⓣ 전화 021-355-184 ⓒ 시간 매일 06:00~24:00 ⓗ 휴무 비정기적 ⓢ 가격 1스쿱 8kn ⓗ 홈페이지 www.facebook.com/slasticamicariva.split

돌체 비타 Dolce Vita
두브로브니크 아이스크림 숍 중 최고의 인기를 구가하는 곳. 이탈리아풍의 젤라토를 선보이며, 추운 계절에도 야외 테이블에 자리 잡기 힘들 정도로 인기가 높다. 모든 아이스크림이 수준급의 맛을 낸다.

두브로브니크 2권 ⓜ MAP P.74A ⓘ INFO P.81 ⓖ 구글 지도 GPS 42.64153, 18.10883 ⓣ 찾아가기 필레 게이트에서 플라차 거리를 따라 걷다가 왼쪽 다섯 번째 골목으로 들어간다(프란체스코 수도원 입구로 들어가는 골목을 제외하고 다섯 번째). ⓐ 주소 Nalješkovićeva 1A, Dubrovnik ⓣ 전화 020-321-666 ⓒ 시간 매일 09:00~24:00(비수기에는 영업시간 단축) ⓗ 휴무 비정기적 ⓢ 가격 1스쿱 10kn

TYPE 3 빵 & 페이스트리

부렉 Burek
발칸 반도 전역에서 즐겨 먹는 페이스트리로, 얇은 반죽을 여러 번 겹친 후 돌돌 말거나 반으로 접어 굽는다. 빵집은 물론이고 마트나 터미널의 간이 식당 등에서도 쉽게 볼 수 있으며, 부렉만 전문으로 파는 빵집도 간간이 있다.

핀차 Pinca
부활절에 먹는 달콤한 빵. 사순절四旬節 동안 금식 및 절식을 끝내고 예수의 부활을 축하하는 의미로 먹는다. 반죽에 버터와 부활절을 상징하는 달걀을 듬뿍 넣는 것이 특징. 부활절 달걀과 핀차를 함께 먹기도 한다. 반죽 한가운데 십자로 칼집을 내어 굽는데, 예수의 십자가를 상징하는 것이라고 한다. 시르니차Simica라고도 한다.

마코브냐차 & 포비티차 Makovnjača & Povitica
크로아티아식 롤 케이크. 밀가루 도우 위에 달콤한 필링을 넣어 돌돌 만 뒤 구워낸다. 필링 재료로 양귀비 씨앗을 넣으면 마코브냐차, 호두를 넣으면 포비티차가 된다. 크리스마스나 결혼식을 비롯해 모든 축하와 기념의 자리, 티타임에 즐겨 먹는다.

마코브냐차  포비티차

포가차 Pogača
헝가리와 발칸 반도, 그리스, 터키 등지의 지역에서 즐겨 먹는 빵이다. 밀가루를 오일과 소금으로 반죽한 뒤 벽난로의 잿더미에 넣어두었다가 오븐에 굽는다. 이탈리아의 포카치아와 맛과 제조법이 비슷하다. 포가치체Pogačice로도 불린다.

+ PLUS INFO

자그레브의 빵집들!
평소 밥보다 빵을 좋아하는 빵식주의자라면 자그레브를 천국으로 느낄 수도 있다. 이곳에는 바게트, 크루아상 같은 일상적인 빵부터 크로아티아 전통 빵까지 저렴한 가격에 다양하게 즐길 수 있는 빵집이 곳곳에 있다. 아무 빵집이나 들어가도 우리 돈 2000원 정도면 맛있고 배부르게 먹을 수 있지만 검증된 빵집을 원한다면 다음의 두 곳을 찾아갈 것.

✓ **WRITER'S NOTE**
판 펙과 두브라비차 모두 돌라치 시장 내에 지점이 있어요. 실내 시장에 자리 잡고 있는데 둘 다 사람이 바글바글해서 찾기 전혀 어렵지 않습니다. 영업시간은 오전 6시에서 오후 2시 정도입니다. 참, 일요일에는 정오 전후로 문을 닫아요.

판 펙 PAN PEK
크로아티아의 국민 빵집으로 불리는 곳으로, 자그레브 시내 중심가에만 지점이 여러 개 있을 정도로 사랑을 듬뿍 받는 곳이다. 일반 식사용 빵과 크로아티아 전통 빵, 파이, 케이크를 비롯해 햄버거나 샌드위치까지 다양한 빵을 만나볼 수 있다. 변변한 패스트푸드가 없는 크로아티아에서 맥도날드와 버거킹의 몫까지 하고 있다.

2권 Ⓜ MAP P.40C Ⓘ INFO P.48 구글 지도 GPS 45.813013, 15.975510
Ⓖ 찾아가기 반 옐라치치 광장 건너편, 자그레브 아이가 있는 고층 빌딩의 오른쪽 옆 건물 1층 Ⓐ 주소 Frane Petrića 1, Zagreb Ⓣ 전화 099-311-5281 Ⓞ 시간 월~토요일 06:30~22:00, 일요일 16:00~23:00 Ⓗ 휴무 비정기적 Ⓟ 가격 빵 1개 5~10kn 홈페이지 www.panpek.hr

두브라비차 DUBRAVICA
자그레브 로컬 빵집 브랜드로, 판 펙보다 지점은 적지만 맛과 가격 면에서는 능가한다는 평을 듣고 있다. 두브라비차 중에서도 단연 유명한 곳은 버스터미널 지점. 간단한 빵과 함께 커피를 제공하는 메뉴가 있으며 편히 앉아 먹을 수 있는 공간도 마련되어 있다. 여행자들에게 특히 인기 있으며 가격과 맛 모두 뛰어나다.

2권 Ⓜ MAP P.40F Ⓘ INFO P.48 구글 지도 GPS 45.803737, 15.993589 Ⓖ 찾아가기 자그레브 버스터미널 1층 Ⓐ 주소 Avenija Marina Držića 4, Zagreb Ⓣ 전화 01-6111-764 Ⓞ 시간 24시간 Ⓗ 휴무 비정기적 Ⓟ 가격 식사용 빵 4~6kn, 빵+커피 세트 메뉴 5~10kn 홈페이지 www.pekara-dubravica.hr

MANUAL 12

베스트 맛집

강추! 꼭 가봐야 할 크로아티아 최고의 레스토랑

여행 중 맛있는 한끼의 위력은 대단하다.
극히 평범한 날이 맛있는 저녁 식사 하나 때문에 즐거운 날로 돌변하는 것은 일상에서도 자주 벌어지는 마법.
특별한 여행의 순간을 더욱 특별하게 만들어줄, 크로아티아의 검증된 맛집들을 알아보자.

당신을 위한 베스트 오브 베스트는?

A 평판 좋은 음식점은 다 가봐야 직성이 풀리는 당신에게

B 주머니는 가볍지만 입맛은 진지한 당신에게

C 숨은 맛집을 뒤지는 맛집 탐색가인 당신에게

A 최근엔 20위권이지만…
몇 년 동안 트립어드바이저 자그레브 맛집 1위였던
트릴로기야 Trilogija

B 심지어 한국어 메뉴판도 있다
착한 가격과 다종다양한 메뉴를 자랑하는
피페 Fife

C 민박 할머니들의 강추 맛집
한국어 웹에서는 검색해도 안 나오는 스플리트의 동네 맛집
루차츠 Lučac

D 맛과 풍경, 두 마리 토끼를 잡으려는 당신에게

E 레스토랑은 친절이 최고라고 믿는 당신에게

F 맛을 위해서는 산도 넘고 바다도 건너는 당신에게

D 1년에 절반만 영업!
두브로브니크 앞바다의 풍경을 즐기며 최고의 그릴 요리를 즐기는
레이디 피피 Lady Pi-Pi

E 식전빵용 참치 스프레드도 최고
유쾌한 서비스와 수준급 맛을 자랑하는
코르나트 Kornat

F 모토분, 그 멀고도 험한 곳
뉴욕 타임스에서 '평생 못 갈지도 모르는 최고의 레스토랑'으로 선정한
몬도 Mondo

자그레브 — 부동의 Top에는 이유가 있다 **트릴로기야 Trilogija**

가지가 들어간 라자냐
Lasagna Patlada 55kn

아시아풍 립아이 스테이크
Ramstek 140kn

유명 여행 사이트 '트립 어드바이저Trip Advisor'에서 몇 년 동안 압도적인 지지율로 자그레브 맛집 랭킹 1위를 지켜왔던 레스토랑이다. 고정된 메뉴판이 없고, 그날그날 시장에서 가장 신선한 재료를 들여와 유통기한 하루짜리 메뉴를 만든다. 프렌치와 이탤리언을 기본으로 하여 다양한 조리법을 도입한 창작 요리 정도로 설명할 수 있는데, 좀 더 간단히 말하자면 무규칙 이종 요리. 그냥 한 마디로 하면, 맛있다. 재료의 장점을 최대한 살리면서도 솜씨와 개성을 한껏 발휘한, 세상에서 오로지 트릴로기야에만 있을 것 같은 음식을 선보인다.

✓ WRITER'S NOTE
테이블 수가 많지 않아 예약 없이는 점심이나 저녁 피크 시간에 자리 잡기 힘들어요. 특히 성수기에는 꼭 예약하고 가세요. 아니면 오후 3~4시의 어정쩡한 시간에 들르는 것도 방법이에요.

HOW TO ENJOY
● 굴소스를 첨가해 아시아풍의 맛을 내는 립아이 스테이크RamStek는 워낙 인기 메뉴라 거의 매일 준비된다. 고기를 좋아하는 사람에게 강력 추천.
● 음식 메뉴는 가게 안팎의 보드에 적혀 있다. 종업원들에게 추천을 부탁하면 그날의 재료 준비 상태와 손님의 입맛에 따라 아주 친절하게 골라 준다. 음료는 메뉴판이 제공된다.
● 산 세르볼로San Servolo 맥주(1권 P.152)를 취급한다. 흔한 맥주가 아니므로 꼭 마셔볼 것.

2권 ⓜ MAP P.50A ⓘ INFO P.54
ⓖ 구글 지도 GPS 45.8157023, 15.975067
ⓐ 찾아가기 돌의 문 바로 옆에 있다. 성 게오르기우스 동상 반대쪽 입구 부근으로, 입구를 등지고 왼쪽에 바로 있다. ⓓ 주소 Kamenita 5, Zagreb ⓣ 전화 01-485-1394
ⓞ 시간 월~토요일 11:00~23:00, 일요일 11:00~17:00 ⓡ 휴무 비정기적 ⓟ 가격 파스타 70~100kn, 메인 요리 100~680kn
ⓗ 홈페이지 www.trilogija.com

두브로브니크 — 고생 끝에 맛이 온다 **레이디 피피 Lady Pi-Pi**

운동이 밥맛을 돋운다는 말이 진리라면, 이곳에서 밥맛 없을 일은 없다. 구시가 북쪽 언덕 꼭대기에 자리하고 있어 무려 300여 개의 계단을 올라야 하기 때문. 그러나 그렇게 고생을 하고 나면 근사한 전망과 맛이 보상으로 주어진다. 거의 성벽에 준하는 눈높이에서 아드리아 해와 구시가의 지붕을 바라보며 근사한 식사를 즐길 수 있다. 한편에 직화 그릴이 설치된 그릴 전문 레스토랑으로, 저녁 시간에 빨갛게 물들어가는 시가와 바다를 바라보며 와인과 함께 즐기는 그릴 요리의 매력은 가히 두브로브니크 최고의 사치라 할 수 있다.

믹스드 그릴
Mixed Grill 220kn

새우구이
Grilled Scampi 130kn

1권 ⓜ MAP P.74A ⓘ INFO P.79 ⓖ 구글 지도 GPS 42.64245, 18.10902 ⓐ 찾아가기 필레 게이트에서 플라차를 따라가다 왼쪽으로 네 번째 골목으로 들어간 뒤 계단을 통해 언덕으로 올라간다. 성 바깥쪽으로 올 때는 부자 게이트를 통해 성안으로 들어와 북쪽 내벽을 따라 벽을 등지고 오른쪽 방향으로 간다. ⓓ 주소 Peline, Dubrovnik
ⓣ 전화 020-321-288 ⓞ 시간 4월~10월 중순 09:00~22:00 ⓡ 휴무 10.중순~3.31
ⓟ 가격 그릴 요리 90~230kn ⓗ 홈페이지 www.facebook.com/LADY.PI.PI.Dubrovnik

✓ WRITER'S NOTE
전망 좋은 자리를 맡기 위해 문 열기 한 시간쯤 전에 가서 기다리는 사람들도 있습니다. 그 정도의 가치가 있냐고요? 네, 있습니다.

HOW TO ENJOY
● 영업시간은 날씨에 따라 조금씩 변동된다. 해가 긴 7~8월에는 디너 시간이 한 시간 늦춰지기도 한다. 미리 확인할 것.
● 구이 요리는 대부분 다 맛있으나 특히 비프 스테이크가 일품이다.
● 1년에 절반은 영업을 하지 않는다는 치명적인 단점이 있다. 5~10월의 성수기에만 문을 여는데, 정확한 날짜는 페이스북을 통해 확인하자.

스플리트
현지 미식가들의 단골집 루차츠 Lučac

시내 동쪽에 자리 잡은 작은 레스토랑. 이 일대는 버스터미널을 중심으로 호객하는 현지인 민박이 많은데, 민박집 주인들이 여행자들에게 양손 엄지를 모두 치켜들며 추천해 알려진 곳이다. 크로아티아 및 발칸 반도의 전통요리에 셰프의 창의성을 더한 메뉴를 선보이는데, 소박하지만 정성과 아이디어가 가득하다. 깔끔한 실내 공간과 그럴듯한 야외 테라스 좌석을 갖추고 있다. 숙소가 근처라면, 또는 스플리트의 맛집을 모두 섭렵하고 싶은 사람이라면 꼭 한번은 가봐야 할 곳이다.

2권 MAP P.115B INFO P.119
구글 지도 GPS 43.506454, 16.443170
찾아가기 구시가에서 동쪽 방향으로 빠져나와 길을 건넌 뒤 동쪽으로 진행하는 야트막한 언덕길로 올라가다 오른쪽으로 빠지는 샛길로 들어간다.
주소 Ul. Sv. Petra starog 2, Split
전화 021-490-266 시간 매일 12:00~24:00 휴무 비정기적 가격 전체 30~90kn, 파스타 40~60kn, 해산물 50~290kn, 고기 요리 60~200kn 홈페이지 www.facebook.com/konoba.Lucac

HOW TO ENJOY

● 모든 요리가 고르게 수준급이지만, 그중에서도 돼지고기 요리를 가장 잘 하는 것으로 유명하다. 베이컨을 사용한 요리들도 성공 확률이 높다.

● 계절별로 신메뉴를 꾸준히 개발, 업데이트한다. 모험심 강한 미식가라면 신메뉴를 도전해볼 것. 파슈티차다나 굴라쉬처럼 평범한 전통요리도 이곳에서는 상당한 연구와 아이디어를 가미한 메뉴로 만나볼 수 있다.

구운 농어 Grilled Sea Bass **95kn**

스플리트
가성비 최강 레스토랑 피페 Fife

해외여행 사이트와 국내 여행 정보, 현지인 모두 스플리트의 대표 저렴한 맛집이라고 한목소리로 외치는 곳이다. 원래 현지인들이 즐겨 찾던 소박한 동네 식당이었는데, 크로아티아 전통 음식을 폭넓게 취급하고 가격이 저렴해 여행자들에게 입소문이 퍼졌다고 한다. 외국 여행자들에게 인기가 많은 곳이라 각국 언어로 된 메뉴판을 보유하고 있다. 한국어 메뉴판도 있는데, 신기할 정도로 문법에 잘 맞는다. 한국인의 입맛과 '간'이 맞는다는 평가를 받고 있어 유난히 한국인 여행자들을 많이 볼 수 있는 곳이기도 하다.

2권 MAP P.115A INFO P.119
구글 지도 GPS 43.507611, 16.433768
찾아가기 리바를 따라 마르얀 언덕 쪽으로 가다가 리바가 끝나면 바닷가 쪽 큰길인 'Trumbićeva Obala'를 따라간다. 약 200m 가면 길이 갈라지는데, 오른쪽 길의 초입에 있다. 주소 Trumbiceva obala 11, Split 전화 021-345-223
시간 매일 06:00~24:00 휴무 비정기적
가격 메인 요리 45~85kn

WRITER'S NOTE

주문할 때는 한글 메뉴판에서 해당 메뉴를 정확히 짚어주면 돼요. 크로아티아어 메뉴판과 대조해서 주문을 받는데, 거의 틀리지 않고 가져다줘요.

파슈티차다 Pašticada **84kn**

크로아티아식 내장탕 Tripice **47kn**

HOW TO ENJOY

● 가족이 운영하는 소규모 식당에 손님이 너무 많아 서비스의 속도가 충격적으로 느리다. 잊어버리는 일은 거의 없으므로 느긋하게 기다릴 것.

● 생선 구이와 각종 튀김류도 한국인의 입맛에 잘 맞는다. 리조토를 비롯한 쌀 요리도 맛있는 편. 2~3인이 함께 가서 여러 가지를 주문해서 맛볼 것.

● 강력 추천 메뉴는 '크로아티아식 내장탕. 소 처녑, 벌집양 등에 토마토, 파프리카를 넣고 끓인 요리로 얼큰한 맛이 한국의 감자탕과 비슷하다.

자다르 | 다양한 매력과 따뜻한 서비스 코르나트 Kornat

구시가 바깥쪽 항구 부근에 자리한 레스토랑으로 시푸드와 파스타, 달마티아 전통 요리 등을 다양하게 선보이는 곳이다. 위치도 좋고 인테리어와 맛, 서비스 모두 합격점 이상으로, 한국 여행자들에게는 자다르에서 가장 유명한 맛집으로 꼽힌다. 메뉴의 종류가 그다지 많지 않은데, 계절마다 제철 재료를 살린 참신한 메뉴를 그때그때 내놓기 때문. 한 조각에 몇백 쿠나 하는 생선 요리부터 파스타나 리조토 등 친숙한 요리까지 하나하나 세심하게 공들인 맛이 느껴진다. 식전빵과 함께 제공되는 맛있는 참치 페이스트와 종업원들의 세심하고 따뜻한 서비스도 가산점의 포인트.

2권 MAP P.140A INFO P.144 구글지도 GPS 44.11856, 15.22291 찾아가기 구시가 서북쪽 끝 성벽 바깥쪽에 있다. '바다의 오르간' 부근에서 도로를 따라 시계 방향으로 가면 금세 찾을 수 있다. 주소 Liburnska Obala 6, Zadar 전화 023-2540-501 시간 매일 12:00~24:00 휴무 비정기적 가격 리조토·파스타 60~95kn, 메인 요리 70~200kn 홈페이지 www.restaurant-kornat.hr

HOW TO ENJOY
● 가장 인기 있는 메뉴는 연어 스테이크 Steak of Adriatic Tuna, 130kn. 해물 구이 요리에 강세를 보인다.
● 식전빵과 함께 참치 페이스트를 주는데, 이것을 먹으러 찾아와도 될 정도로 맛있다. 별도의 요금은 받지 않으므로 안심하고 즐길 것.

문어 카르파초
Octopus Carpaccio 60kn

마라슈티나 탈리아텔레
Tagliatelle Maraština 85kn

오징어 리조토
Fisherman Risotto with Crispy Calamari 70kn

모토분 | 산꼭대기에서 맛보는 이스트라의 진미 몬도 Mondo

이스트라의 은둔 마을 모토분에 있는 작은 레스토랑. 크로아티아에서 가장 오지라고 할 수 있는 곳에 자리하고 메뉴도 소박하지만, 오로지 맛 하나 때문에 여행자들 사이에 널리 소문난 곳이다. 이스트라의 특산물인 트러플을 사용한 요리가 특기로, 흔히 먹을 수 있는 파스타나 리조토 등이 트러플과 만나 몹시 특별한 요리로 변신하는 경험을 할 수 있다. 문제는 모토분이라는 동네 자체가 워낙 가기 힘든 곳이라는 점. 뉴욕타임스에서는 이 레스토랑을 일컬어 '어쩌면 당신이 평생 갈 수 없을지도 모르는 최고의 레스토랑 중 하나'라고 표현하기도 했다.

2권 MAP P.182 INFO P.184 구글지도 GPS 45.33721, 13.82912 찾아가기 모토분 구시가에서 언덕을 내려오자마자 바로 오른쪽에 있다. 주소 Barbican 1, Motovun 전화 052-616-918 시간 수~월요일 점심 12:00~15:30, 저녁 18:00~22:00 휴무 화요일 가격 파스타·리조토 70~150kn, 메인 요리 100~200kn 홈페이지 www.facebook.com/Konoba-Mondo-Motovun-1746883358902143

HOW TO ENJOY
● 말바지아 포도로 만든 화이트 와인을 곁들여볼 것. 이스트라 반도의 특산물로, 트러플을 쓴 요리와 아주 잘 어울린다.
● 이곳의 간판 메뉴는 탈리아텔레. 야들야들하고 촉촉한 홈메이드 탈리아텔레를 맛볼 수 있다.

트러플 소스 탈리아텔레
Tagliatelle in Black Truffle Sauce 105kn

MANUAL 13

와인과 맥주

크로아티아에서 한잔하기

와인과 맥주는 여행에서 적지 않은 역할을 담당한다. 식사 중에 맛과 분위기를 돋워주는 응원 단장 노릇도 하고, 밤 시간에 흥겨운 추억을 더해주는 친구도 되며, 때로는 가족과 지인에게 줄 가장 무난한 여행 선물로도 자리매김한다. 크로아티아에는 어떤 술이 여행자들을 기다리고 있는지 살펴보자.

와인 Wine

한국에는 아직 잘 알려지지 않았지만 크로아티아는 고대 그리스 시대부터 와인을 제조하던 유서 깊은 와인 생산국이다. 생산량이 많지 않은데다 수출량이 전무하다시피 하지만 품질은 상당히 인정받는 편. 약 300여 지역에서 다종다양한 품종의 포도를 재배하는데 가장 대표적인 와인을 소개해본다.

Red Wine

크로아티아 최고의 레드 와인, 딘가치 Dingač

딘가치는 달마티아 지역 남쪽의 펠리예샤츠Pelješac 반도에 자리한 작은 와이너리 이름으로, 크로아티아 레드 와인 중 가장 높은 평가를 받고 있다. 크로아티아의 대표적인 포도인 플라바츠 말리Plavac Mali 단일 품종으로 만들며 진한 맛과 두툼한 타닌, 묵직한 바디감, 16도 안팎의 높은 알코올 도수 등이 특징이다. 다양한 생산자 및 브랜드가 있는데, 가장 구하기 쉽고 맛 좋은 것은 비나리야 딘가치Vinarija Dingač로 마트나 기념품점 등에서 99kn 안팎에 살 수 있다. 최고급 제품을 찾는다면 그르기츠Grgić나 마투슈코Matuško를 추천. 크로아티아에서 괜찮은 선물을 찾는다면 일순위로 고려해 볼 만한 아이템이다.

상쾌하고 독특한 맛의 와인, 포스투프 Postup

딘가치와 더불어 크로아티아를 대표하는 레드 와인 쌍두마차 중 하나이다. 포스투프 또한 펠리예샤츠 반도에 자리한 와이너리 이름이다. 플라바츠 말리 단일 품종으로 만들어지지만 미디엄 바디이며, 독특한 향과 상쾌함이 매력적. 크로아티아의 다른 와인들과 비슷한 저렴한 가격대의 제품도 있지만, 좋은 빈티지의 포스투프는 크로아티아 와인 중에서 가장 비싸다고 한다.

펠리예샤츠 Pelješac

저렴하고 마시기 편한 와인, 펠리예샤츠 or 플라바츠
Pelješac or Plavac

비싼 거 싫다. 어차피 숙소나 바닷가에서 종이컵에 따라 마실 텐데 좋은 것 다 소용없다. 싸고 마시기 편한 와인이 최고이다. 이렇게 생각하는 사람이라면 마트나 슈퍼마켓의 선반에서 '펠리예샤츠Pelješac' 또는 플라바츠Plavac'라고 적혀 있는 와인을 골라보자. 펠리예샤츠는 말 그대로 특정 밭이 아닌 펠리예샤츠 반도 전반에서 생산되는 포도를 이용해 만든 와인을 뜻하고, 플라바츠는 그냥 이름 그대로 플라바츠 말리로 만든 와인이다. 딘가치나 포스투프보다 훨씬 가볍고 잘 넘어가며, 어차피 모두 플라바츠 말리로 만들기 때문에 와인 맛에 예민하지 않은 사람들은 고급 와인과 큰 차이를 느끼지 못한다. 750ml 큰 병을 30~50kn 정도면 살 수 있으므로 주당이라면 부담 없이 각 일병으로 즐길 수 있다.

플라바츠Plavac

+ PLUS INFO

모를 땐 당나귀!

크로아티아 와인도 은근히 생산자나 브랜드가 많아서 선택 장애가 종종 일어난다. 도대체 뭐가 뭔지 모르겠다면 무조건 당나귀 그림이 그려진 라벨을 찾아볼 것. 당나귀 그림은 펠리예샤츠의 대표적인 와인 브랜드인 '비나리야 딘가치Vinarija Dingač'의 트레이드마크. 이름에 딘가치가 붙어 있긴 하지만 포스투프 · 펠리예샤츠 · 플라바츠 등 플라바츠 말리로 만드는 거의 모든 종류의 레드 와인을 생산한다. 가격이며 맛이 모두 준수한데다 마트, 슈퍼마켓, 기념품점 등 어느 곳에나 있어 구하기 아주 쉽다.

White Wine

상쾌한 여름 와인, 말바지아 Malvasia

이탈리아와 슬로베니아, 크로아티아 등에서 널리 재배하고 있는 청포도 품종으로, 크로아티아에서는 주로 이스트라 반도에서 많이 재배한다. 상큼하고 가벼우며 과일 맛이 풍부한 것이 특징. 여름밤에 한잔 기울이기 딱 좋은 와인으로, 특히 모토분의 '토마즈 Tomaz' 말바지아 와인은 맛이 아주 뛰어나다. 저렴한 가격대 와인은 맛이 너무 가벼운 경우가 흔하므로 약간 가격대가 있는 와인을 선택할 것. 750ml에 50~100kn면 만족할 만한 와인을 구할 수 있다.

리슬링 와인, 그라셰비나 Graševina

리슬링은 독일을 대표하는 화이트 와인 품종으로, 싱그러운 향과 상쾌한 미네랄, 단맛과 신맛의 적절한 조화로 은근히 두터운 팬층을 형성하고 있다. 크로아티아의 그라셰비나는 독일 리슬링의 사촌뻘 되는 품종으로, 리슬링 특유의 시원한 달콤함과 새큼한 미네랄 느낌을 잘 간직하고 있다. 평소 리슬링 와인을 좋아하거나 드라이한 화이트 와인이 부담스럽다면 권해주고 싶은 품종. 단, 독일 리슬링에 비하면 향이 좀 부족한 편.

달콤한 와인, 프로셰크 Prošek

평소 단맛의 화이트 와인을 즐겨 마신다면 크로아티아에서는 프로셰그가 제격이다. 이탈리아의 프로세코 Prosecco와 동일한 품종으로, 주로 약한 발포성의 스파클링 와인으로 만든다. 비슷한 약발포성 와인인 무스카토에 비하면 한결 단맛이 약하지만 상쾌한 단맛과 시원한 향 때문에 여름 나라인 크로아티아와 찰떡궁합이다. 와인 초보자들도 쉽게 마실 수 있다.

달마티아 음식에 어울리는 와인, 포쉬프 Pošip

달마티아의 대표적인 섬 중 하나인 코르출라 Korčula의 특산 포도 품종으로, 크로아티아의 대표적인 화이트 와인으로 꼽힌다. 가볍지만 어느 정도 바디감이 있고 드라이한 것이 특징. 평소 와인 좀 마시는 사람이라면 크로아티아의 어느 화이트 와인 품종보다도 입에 잘 맞을 것이다. 단독으로 마실 때보다 음식에 곁들일 때 진가를 발휘하며, 달마티아의 생선 요리나 치즈와 매우 잘 어울린다.

Rose Wine

크로아티아가 원조!
진판델 Zinfandel

독특한 딸기향 때문에 '감기약 맛 와인'으로도 불리는 진판델 로제. 진판델은 미국 캘리포니아를 대표하는 포도 품종으로 유명하지만 원래는 크로아티아에서 생산하는 크를리예나크 카슈텔란스키Crljenak Kaštelanski라는 이름 긴 품종이었다. 이 품종은 이탈리아로 전파되었다가 오스트리아를 거쳐 미국으로 건너가게 된다. 과거에는 진판델의 원조가 이탈리아로 알려져 있었지만 2001년 DNA 조사를 통해 진실이 밝혀졌다고 한다. 최근 크로아티아에서도 이 품종을 이용해 로제 와인을 만들며 '진판델'의 이름을 붙여서 출시하고 있다. 맛은 미국 진판델과 대동소이. 여성이라면 그다지 싫어할 리 없는 달콤하고 향긋한 와인이다.

✓ WRITER'S NOTE

미니와인 크로아티아의 와인을 모두 맛보고 싶지만 다양한 와인을 죄다 큰 병으로 사기는 망설여지는 사람들 있을 겁니다. 게다가 뭐가 입에 맞을지 어떻게 아나요. 그럴 때 정답은 바로 미니와인. 대형 마트부터 작은 슈퍼마켓까지 어렵지 않게 볼 수 있으며 특히 두브로브니크에서는 골목골목의 구멍가게까지 다양한 종류의 미니와인을 들여놓고 있습니다. 대부분 돌려 따는 마개라 와인 오프너도 필요 없다는 것이 큰 장점이죠. 가격대도 10~30kn 정도로 저렴해요.

+ PLUS INFO

크로아티아 와인 200% 즐기기

① 크로아티아의 와인도 브랜드와 빈티지에 따라 가격대가 천차만별, 비싼 게 좋은 거라는 건 만고의 진리지만, 어떤 품종이든 100~200kn 안팎이면 마시기도 무난하고 선물하기도 부끄럽지 않은 와인을 구할 수 있다. 마트나 와인숍에서는 90~150kn, 레스토랑에서는 150쿠나 안팎으로 찾아볼 것.

② 와인을 구하기 위해 굳이 와인 숍을 찾아 헤맬 필요는 없다. 대형 마트나 슈퍼마켓, 기념품점 등에서 쉽게 구할 수 있기 때문. 고급 와인을 찾는다면 대형 마트로 갈 것.

③ 다종다양한 와인을 직접 마시며 비교해보고 싶다면 와인 테이스팅 코스를 즐겨볼 것. 두브로브니크의 드비노D'vino(2권 P.80)가 가장 유명하다.

④ 평소 와인에 관심이 많다면 와이너리 투어를 한번 해보자. 스플리트와 흐바르, 코르출라, 펠리예샤츠 반도 등에서 어렵지 않게 찾아볼 수 있다.

⑤ 크로아티아 여행 중에는 식사할 때 물이나 맥주보다는 와인을 곁들여보자. 특히 생선 요리나 전통 음식은 와인이 훨씬 잘 어울린다. 웨이터나 오너에게 와인 맛을 칭찬하는 것도 센스. 크로아티아 사람들 자기 나라 칭찬하는 거 진짜 좋아한다.

⑥ 주당이라면 야외 음주도 고려해볼 것. 슈퍼마켓에서 한 병 사다 성벽이나 바닷가에서 병째 들이켜는 것도 기분이 아주 새롭다.

맥주 Beer

크로아티아처럼 더운 나라는 아무래도 맥주와 잘 어울린다. 뜨거운 햇살 아래서 땀을 한 사발쯤 흘린 뒤 목구멍으로 넘어가는 맥주의 탄산 느낌은 여름에 빼놓을 수 없는 즐거움 중 하나. 크로아티아의 대표적인 맥주 브랜드와 조금은 특별한 맥주를 만나보자.

인기 최고 맥주, 오주이스코 Ožujsko

1초에 10병씩 팔려나간다는 최고 인기 맥주로, 일반적으로 크로아티아에서 가장 맛있는 맥주라는 평가를 받고 있다. 깔끔하고 기본적인 라거 맥주의 맛으로 취향과 입맛, 상황 등에 크게 구애받지 않고 두루두루 잘 맞는다. 현재는 벨기에의 회사가 소유권을 가지고 있다.

국민 맥주, 카를로바치코 Karlovačko

오주이스코가 인기 최고라면 카를로바치코는 국민 맥주로 통한다. 남의 나라에 팔린 오주이스코와 달리 카를로바치코는 크로아티아 회사에서 생산되기 때문. 자그레브에서 플리트비체로 향하는 길목에 자리한 작은 도시 카를로바츠 Karlovac에 공장이 있다. 깔끔하고 가벼운 맛을 선호하는 사람에게 추천.

진하고 깊은 맛의 맥주, 판 Pan

칼스버그 크로아티아에서 생산하는 맥주로, 크로아티아의 맥주들이 대부분 깔끔하고 가벼운 맛인 데 비해 강하고 진한 맛을 보여준다. 특히 생맥주가 맛있다. 오주이스코나 카를로바치코에 비해서는 점유율에서 다소 밀리는 편이나 마트나 슈퍼마켓에서 심심치 않게 보인다.

미식가를 위한 맥주, 산 세르볼로 San Servolo

이스트라의 작은 도시 부예 Buje에 있는 소규모 브루어리에서 만드는 맥주로, 생산량이 아주 적어 자그레브와 이스트라에서만 제한적으로 유통되고 있다. 맛만 두고 봤을 때는 크로아티아에서 단연 최고로 손꼽히므로 어디서든 눈에 띈다면 꼭 주문해볼 것.

물 좋은 맥주, 라슈코 Laško

발칸 반도의 이웃 나라 슬로베니아의 간판 맥주. 라슈코는 슬로베니아의 온천 지대로, 물이 좋은 것으로 유명하다. 크로아티아에서는 주로 이스트라 반도와 자그레브에서 볼 수 있다. 부드러우면서도 쌉쌀한 맛이 일품.

+ PLUS INFO

레몬 맥주에 대한 모든 것

TV 프로그램 <꽃보다 누나>에서 레몬 맥주를 마시는 장면이 등장한 이래 우리나라에서는 '크로아티아=레몬 맥주'라는 등식이 성립된 느낌이 있다. 이 등식의 참과 거짓을 해부해보자.

① 원조는 독일

레몬 맥주의 원조는 독일로, 독일어로는 '라들러Radler'라고 한다. '자전거 타는 사람'이라는 뜻으로, 자전거를 타면서도 맥주를 마실 수 있도록 레모네이드 등을 섞어 도수를 낮춘 것이 그 유래라고 한다. 크로아티아에서도 메뉴판에는 '라들러'로 표기하는 경우가 많다.

② 생맥주는 없다

독일어권에서는 즉석에서 레모네이드와 생맥주를 섞어 만드는 라들러를 쉽게 맛볼 수 있지만 애석하게도 크로아티아에서는 생맥주 라들러를 찾아보기 힘들다. 레스토랑이나 퍼브 등에서도 대부분 병으로 된 라들러를 취급한다. 크로아티아의 대표적인 맥주 브랜드인 오주이스코, 카를로바치코, 판에서 레몬 맥주를 판매한다. 가격은 10kn 안팎.

③ 다른 과일 맥주도 있다

레몬 맥주 외에도 딸기·포도·오렌지·라임 등 다양한 맛의 과일 맥주가 있다. 그중 단연 맛있는 것이 오주이스코의 그레이프프루트 맥주, 일명 '자몽 맥주'이다. 작은 슈퍼마켓에서는 구하기 힘들고, 주로 대형 마트에서 발견할 수 있다. 두브로브니크의 부자 바에도 메뉴판에 그레이프프루트 맥주가 쓰여 있지만 품절일 때가 더 많다.

✓ WRITER'S NOTE

하이두츠코 Hajducko 스플리트에는 '하이두크 스플리트Hajduk Split'라는 축구팀이 있어요. 크로아티아를 대표하는 명문 축구 클럽으로 전국적으로 두터운 팬층을 보유하고 있다고 합니다. 그런데 이 팀은 2012년 커다란 재정적 위기를 맞이합니다. 명문 클럽이 문을 닫을 위기에 처하자, 칼스버그 크로아티아가 메인 스폰서로 나서며 아이디어를 하나 냅니다. 하이두크 스플리트의 이름과 로고를 활용한 맥주를 출시하고, 맥주 가격에서 1리터당 1kn을 하이두크 스플리트 클럽에 기부하는 아이디어였어요. 그때 출시된 맥주가 하이두츠코Hajducko였고, 이 맥주는 전국적으로 제법 좋은 반응을 끌어냅니다. 2012년 7월에 출시되었는데, 다음해 3월에 30만901kn(약 5000만원)을 팀에 전달했다고 하네요. 이 맥주는 어디까지나 이벤트성 상품이었기 때문에 2014년 판매가 종료됐다고 합니다. 아쉽네요. 유럽 어느 곳에 내놔도 경쟁력 있을 정도로 맛있는 맥주였거든요.

156	**MANUAL 14** 쇼핑아이템
166	**MANUAL 15** 시장과 마트
174	**MANUAL 16** 쇼핑몰과 쇼핑 거리

MANUAL 14

쇼핑 아이템

크로아티아에서 쇼핑할 때 공략해야 할 것들

크로아티아는 빈말로도 쇼핑하기 좋은 나라는 아니다. 명품이나 SPA 브랜드, 드러그스토어 등을 기대한다면 아마 크게 실망할 것이다. 그러나 화려한 상품들은 없어도 대지와 태양의 축복이 가득한 국토에서 손재주 많은 사람들이 생산해내는 순수한 제품들이 그 자리를 든든하게 채우고 있다. 취향에 맞는다면 여행 가방이 터져 나갈 정도로 잔뜩 채워서 돌아오게 될지도 모른다. 크로아티아를 여행할 때 눈여겨봐야 할 세 가지 아이템을 살펴본다.

type 1 향기 나는 것

크로아티아, 특히 달마티아 지역은 풍요로운 대지에서 향료와 과일이 풍부하게 생산된다. 이러한 재료를 일차 가공해 만들어낸 향기로운 물건들이 쇼핑 공략 아이템 No 1.이다.

✓ WRITER'S NOTE
정말 찐~~합니다.
몇 년이 지나도 향이
꼬스란히 남아 있어요.

크로아티아는 유럽의 대표적인 라벤더 산지. 달마티아 지역은 초여름이면 길거리 화단에서도 보랏빛 꽃망울을 볼 수 있을 정도로 라벤더가 흔하다. 덕분에 크로아티아 전국 어디를 가든 라벤더 관련 상품을 쉽게 찾아볼 수 있다. 라벤더 엑기스 오일이 가장 흔하고, 포푸리·미스트·베개 등등 종류도 다양하다. 향료가 들어간 제품을 구입할 때도 라벤더를 고르면 거의 실패하지 않는다.

1 라벤더 제품

라벤더 엑기스 오일 50ml 1개 **30kn**

+ PLUS INFO

흐바르 vs. 자그레브
라벤더를 구입하기 가장 좋은 곳은 흐바르와 자그레브. 흐바르는 크로아티아 최대의 라벤더 산지로, 라벤더 농장을 운영하는 사람들이 직접 가공한 오일이나 포푸리를 파는 노점을 볼 수 있다. 운이 좋으면 오일 한두 개를 사고 포푸리를 한 가득 받기도 한다. 자그레브는 가격이 가장 저렴하다. 특히 돌라치 시장은 전국에서 라벤더 제품이 가장 저렴한 곳이라고 해도 과언이 아닐 정도이다. 단점이 있다면 산지를 확인할 수 없다는 것. 이곳의 제품도 죄다 '흐바르산'이라고 써 붙이기는 했지만, 100% 신뢰하기는 힘들다.

2 허브티

향기롭고 몸에도 좋은 허브티의 매력을 제대로 아는 사람이라면 크로아티아 여행 중 득템 찬스를 노려보자. 달마티아 및 지중해 지역에서 생산되는 과일과 허브를 햇빛에 정직하게 말린 질 좋은 허브티를 곳곳에서 구할 수 있다. 지역색 가득한 독특한 허브티를 파는 전문 숍도 있고, 손수 말린 허브티를 들고 나와 시장에서 파는 상인들도 볼 수 있다. 시장에는 허브티는 물론이고 로즈메리 · 베이리프 · 바질 · 타임 등의 향신료도 있으니 요리를 좋아한다면 잊지 말고 찾아볼 것.

스플리트 티 하우스
Split Tea House

240 종이 넘는 다양한 종류의 차를 취급하는 차 전문점. 녹차 · 홍차 · 루이보스티 등의 일반적인 차 외에도 숍에서 직접 믹스한 독특한 허브티를 여러 종류 선보인다. 달마티아에서 재배한 다양한 허브와 열매, 오렌지 필, 꽃 등을 사용한, 마치 꽃다발을 마시는 것처럼 화사한 향이 가득한 티 믹스이다. 원하는 스타일을 말하면 제품을 추천해주기도 하므로 차를 좋아하는 사람이라면 꼭 들러볼 것.

메디터레이니언 믹스
Mediterranean Mix 100g **49kn**

달마티안 티
Dalmatian Tea 100g **49kn**

스플리트 2권 ⓞ MAP P.115A ⓘ INFO P.120 ⓖ 구글 지도 GPS 43.509952, 16.438109 ⓟ 찾아가기 마르몬토바 거리의 북쪽 끝 부근에서 구시가의 벽을 따라 오른쪽으로 꺾은 뒤 약 50m 직진한다. ⓐ 주소 Kralja Tomislava 6, Split ⓣ 전화 021-33-2358 ⓗ 시간 월요일 12:00~20:00, 화~금요일 08:00~20:00, 토요일 08:00~14:00 ⓒ 휴무 일요일 ⓟ 가격 믹스티 50g 25~30kn, 고급 녹차 50g 35~100kn ⓦ 홈페이지 www.kucacaja-split.hr

돌라치 시장 허브티 할머니를 찾으세요!

이 할머니! 이 할머니를 찾으세요!

자그레브의 돌라치 시장에는 직접 말린 허브티를 파는 할머니가 계십니다. 단골들이 '자그레브 최고의 허브티라고 엄지손가락을 치켜들길래 무작정 구입했어요. 최상품 허브를 사용했다고 거듭 강조하셨는데, 그 말이 거짓은 아닌 듯합니다. 특히 페퍼민트티는 나쁜 냄새가 전혀 나지 않는데다 잎도 부서지지 않고 하나하나 잘 마른 것이 보기 드물 정도로 상등품이었어요. 이 차가 다 떨어지면 크로아티아에 가야 하는 건 아닐까 고민스럽습니다. 실내 시장 안쪽에서 장사하십니다. 돌라치 시장 가면 꼭 찾아보세요!

페퍼민트
Pepper mint
50g **50kn**

캐모마일
Camomile
100g **25kn**

로즈메리
Rosemary
25g **15kn**

3 천연화장품

천연화장품이나 수제 비누, 천연세제 등에 관심이 많다면 크로아티아에서 절호의 쇼핑 기회를 만날지도 모른다. 천연화장품으로 유럽 전체에서 명성을 떨치는 브랜드도 있고, 집에서 만든 수제 비누를 잔뜩 가져다가 파는 시장 아주머니들도 쉽게 볼 수 있다. 허브나 향료가 지천으로 나는 나라이므로 재료의 질은 얼마든지 믿어도 좋다.

두브로브니크
말라 브라차 약국 화장품
Ljekarna Mala Braća

두브로브니크의 프란체스코 수도원에 있는 유럽에서 세 번째로 오래된 약국에서 제조하는 천연화장품. 이곳에서는 예로부터 피부 질환 및 각종 트러블을 치유할 목적으로 천연 성분 화장품을 만들어왔는데, 이것이 암암리에 소문이 퍼져 현재는 두브로브니크의 필수 코스로 자리 잡고 있다. 지금도 100% 천연 성분을 이용해 수도사들이 직접 소규모 수공으로 제작하며 제조법은 비밀이다. 순하면서도 보습력 좋고, 진정 효과가 탁월하면서도 천연화장품치고 가격까지 착하다. 두브로브니크까지 갔다면 꼭 사와야 할 필수 아이템 No.1.

모든 제품은 직접 테스트해볼 수 있다. 피부 타입을 말하면 추천해주기도 한다.

2권 ⓜ MAP P.74A ⓘ INFO P.82
ⓖ 구글 지도 GPS 42.64172, 18.10746
ⓕ 찾아가기 성 스파사 성당과 프란체스코 수도원 사이로 난 좁은 길로 들어간다. ⓐ 주소 Plaća 30, Dubrovnik
ⓣ 전화 020-321-411 ⓢ 시간 월~금요일 10:00~19:00, 토요일 10:00~15:00, 10~3월 매일 10:00~13:30 ⓗ 휴무 일요일, 10~3월 비정기적 ⓟ 가격 크림류 60~70kn, 핸드 크림·립밤 40~50kn

수도원 입구. 안쪽으로 들어가면 약국 문이 나타난다.

골드 크림 (살구씨 크림) 60kn

라벤더 크림 60kn

핸드 크림 49kn

로즈 크림 70kn

✓ **WRITER'S NOTE.**
오렌지 크림 등 과일 성분 크림은 기름기가 상당히 많으니 참고하세요.

로즈 워터 51kn

천연 재료의 증류기가 매장 안에 전시되어 있다.

아로마티카 Aromatica *자그레브*

두브로브니크에 말라 브라차가 있다면 자그레브에는 아로마티카가 있다. 직접 증류·채취한 순수 아로마를 이용해 비누, 바스 젤, 핸드크림, 아로마 오일 등을 생산하는 브랜드로 자그레브를 찾는 여성 여행자들에게 큰 인기를 누리고 있다. 매장 안에 아로마 증류기와 다양한 허브·꽃 등이 마련되어 있어 재료에 대한 신뢰를 한층 높여준다. 매우 질 좋은 재료를 사용하는 고급 제품임에도 가격대는 그다지 비싸지 않은 편. 여타 유럽산 천연화장품 브랜드들을 생각해본다면 오히려 저렴하다고도 할 수 있다.

각종 꿀도 취급한다. 잡화꿀 25g
6.20kn

핸드크림은 직접 테스트해보고 구매할 수 있다. 가격은 성분마다 모두 다르다.
25~80kn

2권 MAP P.50B INFO P.55
구글 지도 GPS 45.813504, 15.979654
찾아가기 자그레브 대성당을 등지고 남쪽으로 가면 왼쪽, 즉 동쪽 방향으로 완만하게 내려가는 Vlaška 길이 보인다. 그 길로 약 20m 가면 왼쪽에 있다. 주소 Vlaška 7, Zagreb 전화 01-481-1584 시간 월~금요일 08:00~20:00, 토요일 08:30~15:00 휴무 일요일 홈페이지 www.aromatica.hr

4 마라스키노

마라스키노 Maraschino는 자다르를 대표하는 브랜드로, 달마티아 특산물인 마라스카 체리로 만든 증류주이다. 달콤하면서도 쌉쓰레한 맛이 나며, 도수는 32도로 약간 센 편. 달콤하고 향긋한 소주 맛이라고 생각하면 크게 다르지 않다. 체리 브랜디는 체리에 브랜디를 부어서 담근 술로, 크로아티아에서는 마라스카 체리를 이용해 만든다. 마라스키노보다 좀 더 달콤하고 마시기 편하다.

+ PLUS INFO

마트에도 있다!
자다르 외에도 두브로브니크와 자그레브의 대형마트에서는 마라스카의 제품을 볼 수 있다. 자다르의 소규모 기념품 숍보다는 마트에서 구입하는 것이 좀 더 저렴하다. 단, 체리카는 자다르 이외 지역에서 구하기 힘드니 꼭 자다르를 여행할 때 구입할 것.

마라스카 Maraska 〈자다르〉

'마라스카'는 달마티아에서 생산되는 체리의 품종이자, 자다르에 본사를 두고 있는 크로아티아의 대표적인 주류·음료 회사의 이름이기도 하다. 이 회사에서는 각종 과일 브랜디와 리큐어, 과즙 음료 등을 생산하는데, 자다르의 특산물인 마라스키노와 체리 브랜디도 이곳의 제품이 가장 유명하다. 골목마다 '마라스카'를 내걸고 있는 숍들을 쉽게 볼 수 있으며, 대부분 시음해볼 수 있다. 독한 술이 싫다면 체리로 만든 와인 체리카 Cherrica를 눈여겨볼 것. 상큼하고 달콤하면서 도수가 세지 않아 편하게 마실 수 있다.

2권 MAP P.140A INFO P.145
구글 지도 GPS 44.11693, 15.22465
찾아가기 시로카 거리에서 성스토시야 성당을 지나 직진하다 성당 앞 사거리에서 오른쪽(항구쪽)으로 1블록 간다.
주소 Mate Karamana 3, Zadar
시간 월~토요일 08:00~20:00 휴무 일요일
가격 마라스카 주류 100kn 내외
홈페이지 www.maraska.hr

√ **WRITER'S NOTE**
마라스카에서는 음료수나 과일 시럽 등도 나와요. 특히 블루베리 시럽은 블루베리 함량도 높고 맛도 좋아 현지인들에게도 인기가 높다고 합니다.

마라스키노 Maraschino 1L 1병 50kn
체리 브랜디 Cherry Brandy 1L 1병 50kn

| type 2
| 먹을 것

크로아티아의 농산물은 유럽에서도 질 좋기로 유명하다. 게다가 크로아티아는 물가가 저렴한 편이다. 그래서 마트나 시장에서는 뛰어난 품질의 농산물을 저렴한 가격에 살 수 있다. 주부 소울을 가진 여행자에게 크로아티아는 어쩌면 생각보다 훨씬 더 괜찮은 쇼핑 명소일지도 모른다.

1 꿀

꿀은 크로아티아의 대표적인 특산물 중 하나로, 질 좋은 꿀을 저렴한 가격에 구입할 수 있다. 특히 라벤더, 아카시아, 전나무 등 달마티아 지역에 지천으로 피어나는 여러 꽃과 나무에서 얻어지는 꿀들이 유명하다. 시장, 마트, 기념품점 어디서나 쉽게 꿀을 볼 수 있다.

√ **WRITER'S NOTE**
기침, 가래, 기관지염 등에 좋은 꿀이에요. 국내에 유통되고 있는 동종 제품과 비교해보면 확실히 저렴해요.

유칼립투스+전나무 꿀
(스플리트, 청과물 시장) 250g 30kn

크랄레브 메드 Kraljev Med
크로아티아에서 가장 유명한 꿀 브랜드 중 하나로, '왕의 꿀'이라는 뜻. 시장이나 마트 등지에서 흔히 볼 수 있다.
250g 25~40kn

전통시장에서도 다종다양한 꿀을 파는 매대를 쉽게 볼 수 있다.

크로아티아 여행 후에 직장 동료나 친구, 친지 등에게 나눠줄 선물을 고민 중이라면 초콜릿을 추천한다. 크로아티아의 초콜릿은 화려하지는 않지만 정직한 재료를 사용해 가격 대비 훌륭한 맛을 보인다.

2 초콜릿

크라쉬 Kraš 자그레브

구멍가게에서도 흔히 볼 수 있는 크로아티아의 대표적인 초콜릿 브랜드. 역사가 1911년까지 거슬러 올라가는, 유럽 동쪽에서 가장 오래된 초콜릿 브랜드라고 한다. 다양한 스타일의 초콜릿을 생산하는 브랜드로, 마트에서는 크라쉬의 이름을 단 판초콜릿이나 초콜릿 바 등을 쉽게 볼 수 있고, 직영 매장을 찾으면 초콜릿 안에 다양한 재료를 넣은 고급스러운 프랄린을 만날 수 있다. 특히 견과류 누가를 넣은 바야데라 Bajadera 프랄린이 큰 인기를 끌고 있다. 전국적으로 매장이 있으나 자그레브 일리차 거리에 있는 매장이 가장 크고 찾기 쉽다.

바야데라 Bajadera 200g 50kn

일리차 거리 매장은 초콜릿 부티크 겸 카페로 운영되고 있다.

2권 ◉ MAP P.40C ⓘ INFO P.49
ⓖ 구글 지도 GPS 45.813066, 15.973134
ⓐ 찾아가기 반 옐라치치 광장에서 일리차 거리를 따라 300m 직진
ⓐ 주소 Ilica 15, Zagreb ☎ 전화 01-4876-362 ⓞ 시간 매일 08:00~22:00 ⓗ 휴무 비정기적 ⓢ 가격 초콜릿 20~50kn
ⓗ 홈페이지 www.kraschocobar.com

나달리나 Nadalina 스플리트

저 카피를 보라! 무려 '홈메이드' 초콜릿이다!

초콜릿 5종 세트 70kn

스플리트에서 약 7km 떨어진 솔린 Solin 지역에 본점이 있는, 달마티아 지역에서 가장 유명한 초콜릿 브랜드이다. 카카오 70%의 진한 다크 초콜릿에 라벤더, 견과류, 특산 과일 등 달마티아의 특색이 가득한 속재료를 넣었다. 특히 라벤더 초콜릿은 맛도 좋고 크로아티아 느낌이 분명해서 선물용으로 그만이다.

2권 ◉ MAP P.122B ⓘ INFO P.127
ⓖ 구글 지도 GPS 43.508885, 16.440532
ⓐ 찾아가기 열주 광장을 등지고 북문으로 향하는 작은 골목으로 들어가 약 60m 직진 ⓐ 주소 Dioklecijanova 6
☎ 전화 021-212-651 ⓞ 시간 월~금요일 08:30~20:00, 토요일 09:00~14:00
ⓗ 휴무 일요일 ⓢ 가격 판초콜릿 40~50g 14kn, 각종 믹스 제품 100g 29kn
ⓗ 홈페이지 www.nadalina-cokolade.com.hr

+ PLUS INFO

공항에도 있다!

크라쉬 초콜릿과 나달리나 초콜릿은 자그레브 국제공항 면세점에도 입점되어 있다. 가격대는 일반 매장과 비슷하다.

3 이탈리아 요리 재료

크로아티아와 이탈리아는 식생활에 공통분모가 크다. 혹시 주식이 파스타가 아닐까 의심이 될 정도로 파스타를 많이 먹고, 올리브나 토마토, 향신료도 이탈리아만큼 흔하게 먹는다. 이러한 식재료의 질은 이탈리아와 거의 비등비등하고, 가격은 비슷하거나 더 저렴하다. 요리를 좋아하는 여행자라면 마트와 시장 등지에서 보물 같은 식재료들을 쉽게 발견할 수 있을 것이다.

▶ 파스타

한국에서는 구하기 힘든 다양한 종류의 파스타를 저렴한 가격에 구할 수 있다. 파스타 요리를 좋아한다면 가방을 큰 것으로 준비할 것. 무게 대비 부피가 크기 때문.

500g 1팩 **7.49~10.99kn**

▲ 오레가노

요즘에는 한국에서도 바질이나 피클링 스파이스 같은 향신료는 어렵잖게 구할 수 있지만 유난히 오레가노는 잘 보이지 않는다. 토마토소스 요리를 만들 때 맛을 확 살려준다. 가격도 착하니까 많이 집어올 것

1팩 15g **5.49kn**

▶ 토마토 페이스트

설탕이나 조미료를 쓰지 않고 100% 토마토를 농축한 것. 요리에 쓰기 딱 좋다.

200g **10.99kn**

▶ 올리브유

기념품 숍이나 와인 숍 중에는 올리브유를 직접 시식해보고 살 수 있는 곳이 많다. 시장에 가면 마치 한국 참기름처럼 수동 압착기로 짜서 페트병에 넣어 파는 올리브유도 볼 수 있다.

700ml **99kn**

4 각종 양념류

✓ WRITER'S NOTE.
후추나 계피 등도 한국보다 저렴해요.

아시아에 미원과 아지노모토가 있다면 서양에는 치킨 스톡이 있다. 스튜나 수프를 만들 때 치킨 스톡을 약간만 넣어도 맛이 확 살아난다. 치킨맛 외에 돼지고기나 버섯 등의 맛도 있다. MSG에 소고기와 조개가 아닌 다른 재료를 섞으면 어떤 맛이 날지 궁금한 사람은 구입해볼 것.

치킨 스톡 & 각종 양념
6.49~10.99kn

5 스프레드

크로아티아의 레스토랑에서는 식전 빵에 발라 먹는 용도로 종종 참치 스프레드를 내놓는다. 이것이 마음에 들었다면 마트를 꼼꼼히 뒤져볼 것. 튜브에 들어 있는 참치 스프레드를 쉽게 찾을 수 있다. 아울러 독일 및 동유럽의 호텔 조식에 단골로 등장하는 리버 파테, 햄 파테 스프레드도 저렴한 가격으로 쉽게 구할 수 있다.

참치 스프레드 100g
18.99kn 80g 13.99kn

햄 스프레드
2.10 – 2.00kn

✓ WRITER'S NOTE
핑크색 참치 스프레드는 토마토 맛이에요.
일반 스프레드보다 훨씬 맛있어요.

6 말린 과일

크로아티아처럼 햇빛과 과일이 풍부한 나라라면 당연히 말린 과일이 많을 터. 아니나 다를까 모든 시장과 기념품점에서 지중해 느낌이 물씬한 무화과, 토마토, 살구, 포도, 크랜베리 등의 말린 과일을 만날 수 있다. 특히 전통시장에서는 말린 과일을 파는 상인들이 워낙 많으니 3~4곳을 비교하고 구매하는 것을 추천한다.

포도 grožđa 1kg 40kn   살구 marelica 1kg 60kn   크랜베리 brusnica 1kg 60kn   무화과 smokva 1kg 40kn

type 3 전통과 솜씨가 깃든 것

크로아티아를 대표하는 이미지 중 하나는 전통 복장을 입고 자수 제품을 팔고 있는 여인의 모습. 예로부터 크로아티아인들은 손재주가 좋아 각종 수공예품이나 예술품 분야에서 두각을 나타냈다. 크로아티아의 전통미와 좋은 품질, 두 마리의 토끼를 잡을 수 있는 제품들을 알아본다.

1 넥타이

크로아티아 기마병의 아내들은 전쟁에 나가는 남편의 목이 무사하기를 기원하며 목에 스카프를 길게 매어주었다. 17세기 중엽 프랑스에서 크로아티아 기마병을 용병으로 고용했을 때 크로아티아 병사들은 스카프를 휘날리며 파리로 멋지게 입성했다. 프랑스 왕 루이 13세가 이를 본떠 크로아티아 스타일의 스카프를 매기 시작했고, 삽시간에 파리 상류층 남성들에게 유행되었다. 이것을 '크로아티아 스타일 목장식'이라는 뜻으로 '크라바트 Cravat'라고 불렀고, 현대 넥타이의 시조라 할 수 있다. 크로아티아의 어느 도시를 가나 넥타이 매장을 쉽게 볼 수 있지만 자그레브의 매장들이 가장 크고 상품 구성도 다양하다.

크라바타 Kravata <자그레브>

라디체바 거리에 자리한 작은 넥타이 전문점. 크로아티아의 국기에 들어 있는 붉고 흰 체크무늬나 글라골 문자를 응용한 패턴 등 크로아티아에서만 구할 수 있는 독특한 디자인이 돋보인다. 원단은 100% 실크이며 전량 핸드메이드 제품. 본인을 위한 고급스러운 기념품이나 어르신들 선물로 추천할 만하다. 구시가를 돌아보다가 가볍게 들르기도 좋다.

이게 바로 크로아티아의 전통 문자인 글라골 문자!

2권 MAP P.50B INFO P.55
구글 지도 GPS 45.814487, 15.975643
찾아가기 라디체바 거리 중간에 있다. 반 옐라치치 광장 입구에서는 약 150m 언덕을 따라 올라가고, 트칼치체바 쪽에서 갈 때는 Krvavi Most를 통해 라디체바로 들어간 뒤 좌회전해 언덕을 따라 약간 내려가면 바로 보인다.
주소 Radićeva 13, Zagreb
전화 01-4851-164 시간 월~토요일 09:00~20:00, 일요일 09:00~15:00 휴무 비정기적 가격 넥타이 300kn~
홈페이지 www.kravata-zagreb.com

크로아타 Croata <자그레브>

넥타이를 중심으로 남성 의류와 여성 의류, 액세서리 등 다양한 실크 제품을 선보이는 크로아티아의 명품 브랜드라고 할 수 있다. 크로아티아의 전통 문양이나 컬러를 살리면서도 좀 더 트렌디한 디자인을 선보인다. 가격대는 다소 높은 편이므로 개인적인 패션 아이템이나 격식을 차린 선물용으로 구매하는 것을 추천. 자그레브 일리차 지점이 본점으로, 가장 많은 상품을 갖추고 있다.

2권 MAP P.40C INFO P.49
구글 지도 GPS 45.812763, 15.974986
찾아가기 일리차 거리의 옥토곤 Oktogon 쇼핑센터 안에 있다. 반 옐라치치 광장에서 일리차 거리를 따라 직진하다가 150~200m 부근에서 길 왼쪽 'PRIVREDNA BANKA ZAGREB' 간판 아래의 입구로 들어간다. 주소 Oktogon, Ilica 5, Zagreb 전화 01-6457-052 시간 월~금요일 08:00~20:00, 토·일요일 08:00~15:00 휴무 비정기적 가격 실크 넥타이 450~2000kn
홈페이지 www.croata.hr/en

2 레이스 & 리넨

크로아티아 어디를 가든 레이스 및 리넨 제품을 어렵잖게 만날 수 있다. 노점상이나 시장에서 전통 복장을 입은 할머니들이 '핸드메이드'를 주장하며 팔고 있다. 손으로 놓은 자수와 레이스, 크로아티아 전통 패턴을 응용해 짠 리넨 제품은 인테리어용품은 물론이고 선물용품으로도 좋다.

크로아티아 전통 하트 패턴의 테이블 러너 120kn

MANUAL 15

시장과 마트

크로아티아 쇼핑의 핵심

크로아티아의 주요 쇼핑 아이템들은 대부분 농산물 내지는 농산물 가공품이며, 가격대가 저렴하다. 이런 물건들을 가장 저렴하면서 다양하게 만나 볼 수 있는 공간은 단연 시장과 마트. 평소 장보기를 즐기는 주부 감성의 여행자들에게는 어지간한 관광지보다도 더 재미있는 곳이 될 수 있다.

type 1
크로아티아의 시장 한눈에 보기

크로아티아의 시장은 유럽 시장 특유의 선명한 색채와 이국적인 느낌을 간직하면서도 훨씬 순박하고 덜 다듬어진 분위기라 한층 친근한 느낌이다. 게다가 크로아티아는 주요 쇼핑 아이템들이 농산물 관련인지라 백화점이나 로드숍 보다 시장이 더 중요한 쇼핑 장소가 된다. 크로아티아를 여행하는 중에 만나게 되는 즐거운 시장들을 하나하나 살펴보자.

크로아티아 시장 쇼핑의 메카 자그레브

동유럽 최고의 시장, 돌라치 시장
Dolački Vremeplov, Dolač Market

20세기 초에 만들어져 100년 가까운 세월 동안 자그레브의 식생활을 책임져온 종합 전통시장이다. 크로아티아에서 가장 큰 시장이자 부다페스트 중앙시장과 더불어 동유럽 일대에서 가장 큰 재래시장이고, 유럽 전체에서도 열 손가락 안에 꼽힐 정도이다. 꽃과 과일, 수산물, 육류, 유제품, 향신료 등 자그레브 주민들이 실제로 먹고 살아가는 모든 것을 사고판다. 아파트나 호스텔 등 조리가 가능한 숙소에 묵고 평소 요리를 즐긴다면 이곳에서 장을 보는 즐거움을 절대 놓치지 말 것. 아무것도 사지 않더라도 시장 특유의 활기와 푸근한 정서에 흠뻑 빠질 수 있다는 것만으로도 이 시장을 들를 가치는 충분하고도 남는다. 또한 복잡한 시장에서도 좋은 물건을 골라내는 안목이 있는 사람이라면 이 시장의 진면목을 충분히 알아볼 수 있을 것이다.

돌라치 시장의 상징인 '시장 아줌마 Market Lady' 동상. 기념사진용으로도 최고!

2권 ◎ MAP P.50B ◎ INFO P.55
⑥ 구글 지도 GPS 45.814326, 15.977214 ◎ 찾아가기 자그레브 대성당에서는 골목을 따라 서쪽 방향으로 내려간다. 반 옐라치치 광장에서는 북쪽 가장 큰 건물의 왼쪽으로 난 골목으로 들어가 계단을 타고 올라간다. ◎ 시간 월~금요일 06:00~15:00, 토요일 07:00~14:00, 일요일 07:00~13:00 ◎ 휴무 비정기적
◎ 홈페이지 www.trznice-zg.hr

돌라치 시장 돌아보기

Point 1
광장에 자리한 노천 시장과 실내 시장으로 나뉘어 있다. 실내 시장은 노천 시장이 열리는 광장에서 계단을 내려가면 자리하고 있다. 계단이 상단과 하단으로 나뉘어 있는데, 실내 시장의 입구는 상·하단의 딱 중간에 있다. 노천 시장은 주로 꽃과 과일·채소류, 실내 시장은 채소와 육류·생선·유제품·반조리 식품 등을 취급한다.

꽃을 파는 노천 시장의 모습

Point 2
노천 시장 한편에 자리한 성 마리야 성당St. Mary's Church. 18세기에 지어진 바로크 건축물로 성당 뒤쪽으로 내려가면 바로 트칼치체바 거리와 이어진다. 돌라치 시장 쪽에서는 작은 입구만 보이지만 트칼치체바 거리 쪽으로 돌아서 가보면 제법 규모가 있는 성당이라는 것을 알 수 있다.

본격적인 시장의 '포스'를 풍기는 실내시장의 모습

돌라치 시장에서 보이는 성 마리야 성당. 이래 봬도 반대쪽은 꽤 크다.

Point 3
영업시간은 오후 3시까지이나 정오 전후만 되어도 파장 분위기가 느껴진다. 시장 분위기를 제대로 즐기고 싶다면 오전 11시 전에 방문할 것. 이르면 이를수록 좋다.

Point 4
실내 시장에는 빵집이 몇 곳 있다. 그중 자그레브에서 가장 맛있는 빵집으로 이름난 '두브라비차Dubravica'는 꼭 찾아볼 것.

우리네 시장 풍경과도 사뭇 다르지 않다.

맛있기로 유명한 두브라비차 매장

✓ WRITER'S NOTE.
직접 비교해본 결과, 라벤더 오일이나 허브티, 꿀, 말린 과일 등 전국적으로 모두 구할 수 있는 특산물은 이변이 없는 한 돌라치 시장이 가장 저렴해요. 포장이 허술하기 때문에 선물용으로는 부적합하나 집에다가 쌓아놓고 쓰기는 딱 좋아요.

> 은근히 현지인들도 많이 찾는 곳   두브로브니크

두브로브니크에서 가장 오래된 시장, **군둘리치 시장**
Gundulićeva Tržište, Gundulić Market

군둘리치 광장Gundulić Poljana에서 매일 열리는 작은 규모의 시장이다. 상설 시장이 아닌, 오전에만 잠시 매대를 차렸다가 정오 전후로 모두 철수하는 일종의 벼룩시장이다. 주로 청과물을 중심으로 치즈·소시지·올리브·향신료 등의 식료품과 아로마 오일·포푸리·수제 레이스 등의 지역 특산물을 판매한다. 1890년대부터 문을 연 전통시장으로, 두브로브니크 인근에서는 가장 오래된 시장이다. 위치가 위치이니만큼 관광객 대상의 성격이 짙지만 현지인들도 그날그날 먹을 채소나 과일을 사기 위해서 즐겨 찾는 곳이다. 두브로브니크 구시가의 비현실적인 중세 느낌과 시장 특유의 현실적인 활기가 어우러진 독특한 분위기를 즐길 수 있다.

> 라벤더 관련 제품을 파는 상인들이 가장 많다.

2권 ⊙ MAP P.74B ⊙ INFO P.81 ⊙ 구글 지도 GPS 42.64036, 18.11000(군둘리치 동상 주변) ⊙ 찾아가기 성 블라호 성당과 대성당 뒤편 성 이그나티우스 성당으로 올라가는 계단 앞쪽 ⊙ 주소 Gundulić Poljana, Dubrovnik ⊙ 시간 매일 06:00~13:00 ⊙ 휴무 비정기적 ⊙ 홈페이지 www.trznice-zg.hr

군둘리치 시장 돌아보기

Point 1
위치가 좋은 만큼 시장치고 가격대는 살짝 높은 편이지만 시향이나 시식 등의 인심도 후하고, 비수기에는 큰 폭의 에누리도 가능하다. 물건의 질은 좋은 편.

> 광장 가운데에 서 있는 동상의 주인공은 두브로브니크 출신의 17세기 시인 이반 군둘리치Ivan Gundulić

Point 2
일주일 중 토요일에 시장이 가장 크게 열린다. 평소에는 군둘리치 광장 안쪽에서만 열리지만 토요일에는 의장 궁전 앞까지 진출하기도 한다.

Point 3
늦어도 오전 11시 전에는 갈 것. 오전 11시 30분 정도부터 철수를 시작해 주변 레스토랑들이 이곳에 야외 테이블을 차릴 때쯤이면 완전히 파장한다.

진짜진짜 현지인 시장

스플리트

달마티아의 삶을 엿보다,
스플리트 청과물 시장 Pazar, Green Market

스플리트 시내 인근에서 가장 큰 시장으로, 과일과 채소를 중심으로 꽃·와인·올리브유·치즈·향신료·소시지 등 식료품과 생활용품을 광범위하게 취급한다. 돌라치 시장이 대형 전통시장이고 군둘리치 시장이 현지인 시장과 관광객용 기념품 시장이 3 대 7 정도로 섞였다면, 스플리트 청과물 시장은 현지인들이 이용하는 동네 시장에 가깝다. 진짜 스플리트에서 먹고 살아가는 사람들을 위한 시장이라 쇼핑거리는 다양하지 않지만 그만큼 현지인의 삶을 엿보는 재미가 큰 곳이다. 숙소에서 직접 음식을 만들어 먹는 여행자, 또는 사과 두어 개로 끼니를 해결하며 버티려는 강인한 체력의 저예산 여행자는 꼭 주목할 것.

2권 ⊙ MAP P.115B ⓘ INFO P.120
⊗ 구글 지도 GPS 43.507972, 16.441862
(청과물 좌판이 가장 많은 지점)
⊙ 찾아가기 구시가 동문(실버 게이트) 바로 앞부터 성벽을 따라 넓게 펼쳐져 있다.
⊙ 주소 Stari pazar 8, Split ⓘ 시간 매일 개점 06:00~07:00, 폐점 15:00~16:00 (가게마다 다름) ⊖ 휴무 비정기적

청과물 시장 돌아보기

Point 1
일정한 시간에 여닫는 시장은 아니지만 보통 오전 6~7시쯤 열어 오후 3~4시에는 철수하기 시작한다. 모든 매대가 문을 열고 북적거리는 모습을 보고 싶다면 꼭 오전에 방문할 것.

전통 방식으로 압착한 올리브유. 허름한 페트병에 들어 있지만 향은 최고

호박씨 기름

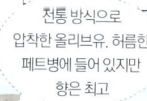

Point 2
올리브유, 라벤더, 와인은 꼭 눈여겨볼 것. 주요 산지인 흐바르, 코르출라, 펠리예샤츠 등이 가깝기 때문에 좋은 물건을 저렴하게 구할 수 있다.

+ PLUS INFO

스플리트 생선 시장 Ribarnice, Fish Market

구시가 서쪽에 자리한 작은 규모의 생선 전문 시장이다. 신선한 생선을 매대 위에 잔뜩 쌓아놓고 판매하는 상인들과 생선값을 흥정하는 주변 상인 및 스플리트 주민들의 모습에서 그들이 가꾸어가고 있는 저녁 밥상의 모습이 보이는 듯해 흐뭇해지는 곳이다. 한국과는 사뭇 다른 생김새의 각종 물고기들을 보는 것도 제법 흥미롭다. 생선 좀 아는 사람이라면 이곳을 한 바퀴 둘러본 뒤 저녁 식사 메뉴를 정하는 것도 좋다. 단, 노량진 수산시장 같은 규모를 생각하지는 말 것. 마트의 생선 판매 코너보다 조금 큰 수준이다.

2권 ⊙ MAP P.115A ⓘ INFO P.121 ⊗ 구글 지도 GPS 43.509165, 16.437441 (좌판이 가장 많은 지점)
⊙ 찾아가기 리바 서쪽 끝에서 마르몬토바 거리 입구로 들어가 약 100m 직진하면 오른쪽에 있다.
⊙ 주소 Kraj Svete Marije, Split

기념품 쇼핑은 이곳에서

유적 지하의 쇼핑 명소,
지하시장 Podrum

디오클레티아누스 궁전 유적의 지하층인 일명 '지하 궁전' 입구 부근에는 꽤 큰 규모의 기념품 시장이 형성되어 있다. 주로 냉장고 자석과 액세서리, 엽서, 장식 접시, 머그컵 등 소소한 기념품이나 지역 예술가들의 그림·조각 작품 등을 판매한다. 대부분은 기념 삼아 구입하는, 다소 조악한 품질의 물건들이지만 가끔씩 눈에 확 띌 정도로 괜찮은 물건도 있으니 눈을 크게 뜨고 찾아볼 것. 딱히 쇼핑을 하지 않더라도 지하시장이라는 독특한 공간감 때문에 한번은 가볼 만한 곳이다.

2권 ⓞ MAP P.122B ⓘ INFO P.126
ⓖ 구글 지도 43.507606, 16.439713
ⓒ 찾아가기 디오클레티아누스 궁전 유적 지하에 있다. 열주 광장에서 지하로 들어가거나 리바 거리에서 남문(브론즈 게이트)를 통해 들어간다. ⓣ 시간 매일 10:00~20:00(매장마다 다르며 성수기에는 22:00까지 영업하는 곳도 있다)
ⓧ 휴무 비정기적

지하시장 돌아보기

시장에서 자체적으로 정해놓은 영업시간이 없다. 보통 오전 10시경에 문을 열어 오후 7~8시 정도까지 영업하며, 성수기에는 밤 10시까지도 영업하는 등 매장마다 각기 다르다.

√ **WRITER'S NOTE**

크로아티아의 모든 시장에서는 흥정이 가능합니다. 보통 10~20% 정도는 기분 좋게 깎아주고요, 수완 좋은 사람들은 더 깎을 수도 있어요.

type 2
크로아티아의 마트 한눈에 보기

크로아티아의 주된 산업은 바로 유통업, 그중에서도 마트이다. 어느 도시를 가도 마트는 쉽게 눈에 띄지만 크로아티아가 초행인 한국 여행자들 입장에서는 도대체 어떤 게 마트 간판인지 알기 힘들다. 크로아티아의 대표적인 마트 체인들을 한자리에 모아본다.

① 크로아티아의 마트

콘줌 Konzum
전국 어디를 가나 눈에 띄는 국민 마트 체인. 신선한 과일과 채소, 빵, 육류 등은 물론이고 주류나 반조리 식품 등도 다양하게 구비되어 있다. 콘줌의 간판이 보이면 믿고 가도 좋다.

스투데나츠 Studenac
달마티아 일대, 특히 소도시에서 가끔 눈에 띈다. 중소형 매장이 많다.

빌라 Billa
유럽 전역에 체인이 있는 대형 마트. 주로 시내 중심가에서 약간 벗어난 곳에 있으며 가장 마트다운 마트.

토미 Tommy
스플리트에 본사를 두고 있는 마트 체인. 주로 달마티아 지역에서 볼수 있으며 식품류에 강세를 보인다.

디엠 DM
독일과 동유럽 일대에서 흔히 보이는 체인. 화장품·세제·의약품을 비롯해 생활용품을 판매하는 일종의 드러그스토어이다.

+ PLUS INFO
마트 장 보기 전, 시간 체크!
● 일요일은 영업하지 않거나 오후 1~2시 정도에 영업을 종료한다.
● 오후 4~5시에는 현지인들도 장을 보기 때문에 그 이후 시간에 들르면 원하는 물건이 없을 수 있다. 되도록 오후 4시 이전에 장을 볼 것.
● 평일에는 보통 오전 10시 전후에 열어 오후 8시경에 닫는다. 지역과 체인마다 조금씩 차이는 있으며, 작은 동네일수록 더 빨리 닫는다.

② 슈퍼마켓에서 눈여겨볼 마실 거리들

골라 먹는 우유

크로아티아의 우유는 한국에서 먹던 우유가 가짜로 느껴질 만큼 맛있다. 마트에 가면 우유가 지방 함량별로 촘촘히 늘어서 있는 모습을 볼 수 있는데, 2% 이하의 저지방 우유부터 4%를 훌쩍 넘는 고지방 우유까지 취향대로 골라 먹을 수 있다.

파란 환타

✓ **WRITER'S NOTE**
파란 환타에 중독되어 삼시세끼 이것만 찾는 한국인 여행자를 본 적이 있어요.

크로아티아에는 파란 환타가 있다! 환타라면 오렌지·파인애플·딸기 정도만 생각하던 우리의 고정관념을 100% 배신한다. 상큼한 레몬 맛을 기본으로 정체 모를 달콤한 꽃향기가 감도는데 이 향의 정체는 바로 엘더플라워Elderflower의 추출물. 봄이면 크로아티아 전역에 지천으로 피어나는 새하얀 꽃으로, 우리말로는 딱총나무 꽃이라고 한다. 오로지 발칸 반도와 동유럽 지역에서만 생산·판매하는 환타이다. 마트에서는 500ml에 6~7kn 정도.

슈웹스 탠저린

코카콜라사에서 출시하는 탄산음료 브랜드 슈웹스. 한국에도 비터레몬이나 진저에일 정도는 들어와 있지만 탠저린은 아직 소개되지 않았다. 진한 오렌지 맛이 일품.

요거트

크로아티아는 전반적으로 유제품이 맛있는 편. 요거트도 당연히 맛있다. 프룬, 블루베리, 체리, 딸기 등 과일 맛 요거트가 높은 인기를 누리고 있다.

야나 레몬워터

야나Jana는 크로아티아의 대표적인 생수 브랜드로, 크로아티아의 제조업 일등 공신으로 꼽히며 동유럽과 발칸 반도 일대로 수출까지 하고 있다. 야나의 레몬워터는 상큼하지만 달지 않고 시원하게 잘 넘어가는 맛으로 높은 인기를 끌고 있다. 레몬 외에도 다양한 과일 맛이 출시되어 있지만 레몬이 가장 무난하다. 가격 또한 5~6kn로 일반 물과 거의 비슷하다.

✓ **WRITER'S NOTE**
일반 생수도 야나가 가장 맛있어요. 물맛에 까다로운 한국인 여행자들에게도 높은 점수를 받고 있습니다.

MANUAL 16

쇼핑몰과 쇼핑거리

크로아티아를 여행하는 멋쟁이를 위하여

크로아티아는 공산주의 시절의 영향과 검소한 국민성 덕에 아직 패션이니 브랜드니 하는 분야에는 발전도가 높지 않다. 게다가 현지인들이 즐겨 찾는 대형 쇼핑몰이 대부분 도시 외곽에 있는 탓에 상대적으로 관광 중심가에서는 이렇다 할 쇼핑 명소를 찾아보기 힘들다. 그러나 '힘든 것'일 뿐 아예 없는 것은 아니다. 크로아티아 여행 중 놓치면 아쉬운 소소하고 재미있는 쇼핑 명소들을 알아본다.

Shopping Malls & Streets

자그레브

자그레브 중심지 유일의 현대식 쇼핑몰,
츠비예트니 Cvjetni

영국의 여성 캐주얼 브랜드 몬순Monsoon의 매장

도니 그라드에서 가장 활기찬 츠비예트니Cvjetni 광장에 자리한 쇼핑몰. 1~2층의 H&M 대형 매장과 지하의 콘줌KONZUM 대형 마트를 중심으로 다양한 인터내셔널 브랜드 매장과 레스토랑, 카페 등이 입점해 있다. 자그레브 도심 일대에서는 유일한 현대식 쇼핑몰로, 크로아티아에서 패션·마트·드러그스토어 쇼핑을 원하는 사람이라면 제일 먼저 찾아야 할 곳이다.

츠비예트니 즐기기

H&M 도심에 자리한 유일한 H&M 매장으로, 규모도 크고 구색도 다양하며 가격 또한 한국보다 대체적으로 저렴하다. 크로아티아에서 H&M 쇼핑은 오로지 여기서만 해도 충분하다.

콘줌 도심 일대에서 가장 쉽게 찾을 수 있는 대형 마트로, 각종 식료품부터 와인까지 마트에서 파는 것이라면 무엇이든 구할 수 있다.

기타 인터내셔널 브랜드 록시땅, 몬순, 액세서라이즈, 게스, 스카치 & 소다, 팀버랜드 등의 브랜드 매장과 드러그스토어 디엠DM, 화장품과 향수를 판매하는 메가스토어 '더글러스Douglas' 등이 입점해 있다. 하지만 가격이나 상품 구색이 다른 유럽 국가들에 비해 그다지 훌륭하지는 않은 편.

H&M의 긴팔 티셔츠 99kn 가격대는 한국과 비슷하거나 약간 더 싼 편

자그레브 시내에서 가장 큰 콘줌 매장이 이곳에 있다.

2권 ⓞ MAP P.40C ⓘ INFO P.49
ⓢ 구글 지도 GPS 45.812502, 15.973739
찾아가기 트램 1, 6, 11, 12, 13, 14, 17번 반 옐라치치 광장 하차. 일리차 거리에서 나이키 맞은편 번화한 길로 들어가거나 옥토곤을 따라가면 쉽게 찾을 수 있다. 츠비예트니 광장에 있다. ⓐ 주소 Trg Petra Preradovića 6/I, Zagreb ⓟ 전화 01-487-4370 ⓣ 시간 (매장) 월·토요일 09:00~21:00, 일요일·공휴일 10:00~18:00 (레스토랑) 월·토요일 07:00~24:00, 일요일·공휴일 07:00~24:00 (콘줌) 월·토요일 08:00~22:00, 일요일·공휴일 08:00~19:00 ⓗ 휴무 비정기적 ⓦ 홈페이지 www.centarcvjetni.hr

자그레브

고풍스럽고 쾌적한 아케이드, **옥토곤** Oktogon

일리차 거리의 한 블록을 거의 통으로 점유하고 있는 자그레브 기업 은행Provredna Bank Zagreb의 건물 한가운데를 관통하는 아케이드형 쇼핑몰. 일리차 거리부터 츠비예트니 광장을 잇는 100m 정도의 통로를 따라 의류, 기념품, 액세서리 상점 등이 늘어서 있다. 옥토곤Oktogon은 헝가리어로 '팔각형'이라는 뜻으로, 중심부에 아름다운 팔각형 유리 천장이 있다. 19세기 후반에서 20세기 초반에 만들어진 건물이라 당시 유럽을 강타하던 아르누보-아르데코 스타일의 천장 등과 유리 장식 등도 볼거리.

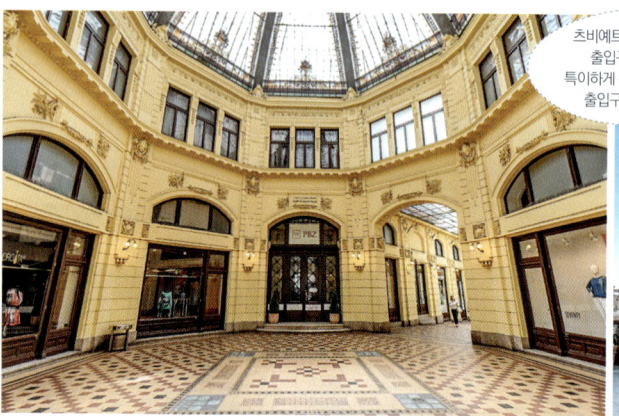

츠비예트니 광장 쪽 출입구 모습. 특이하게 건물 모서리에 출입구가 있다!

옥토곤 즐기기

우리에게 익숙한 브랜드의 매장은 거의 기대할 수 없지만 믹스 미라Max Mara의 캐주얼 라인인 위크엔드Weekend와 크로아티아의 넥타이 브랜드인 크로아타가 있으니 본격 쇼핑을 원한다면 방문해볼 것.

옥토곤의 중심부를 빛내는 아름다운 팔각형 유리 천장

요기가 크로아타 매장!

고급스러운 선물로 딱 좋은 넥타이와 스카프류를 만날 수 있다. 가격대는 500~2000kn

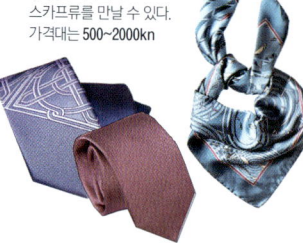

2권 ◉ MAP P.40C ▣ INFO P.49
⊛ 구글 지도 GPS 45.813049, 15.974978 (일리차 거리 쪽 입구) ⊛ 찾아가기 트램 1, 6, 11, 12, 13, 14, 17번 옐라치치 광장 하차. 반 옐라치치 광장에서 일리차 거리를 따라 직진하다가 약 150~200m 부근에서 길 왼쪽 'Privredna banka zagreb' 간판 아래의 입구로 들어간다. ⊛ 주소 Ilica 5, Zagreb ⊖ 전화 01-4874-370 ⊙ 시간 월~금요일 08:00~20:00, 토요일 08:00~15:00 ⊖ 휴무 일요일

쇼핑 거리라기엔 수수한 모습의 마르몬토바 전경

스플리트

스플리트의 대표적인 쇼핑 거리, 마르몬토바 거리 Ul. Marmontova

구시가의 서쪽 외곽을 따라 펼쳐진 보행자 전용도로로, 스플리트 최고의 쇼핑 거리이다. 최고의 쇼핑 거리라 해봐야 인터내셔널 브랜드의 매장 몇 개와 피자 가게, 약국, 안경점 등이 전부로 소박하기 이를 데 없지만, 아마 중심가의 단일 도로에서 브랜드 매장 밀집도가 가장 높은 곳으로는 크로아티아에서 단연 최고라 할 수 있다. 크로아티아에서 인터내셔널 브랜드 쇼핑을 하기에 가장 좋은 곳으로 츠비예트니와 쌍벽을 이룬다.

마시모 두띠의 매장 입구. 규모는 작지만 의류부터 잡화까지 모든 게 다 있다.

마르몬토바 거리 즐기기

자라ZARA의 대형 매장이 있다. 크로아티아의 중심가 자라 매장 중에서는 가장 규모가 큰 편으로 건물도 꽤 멋지다. 평소 자라를 좋아했다면 꼭 한번 들러볼 것.

이 주변의 골목은 현지 젊은이들의 핫스폿이라 깜짝 놀랄 만큼 매력적인 카페나 전시 공간들이 숨어 있다. 꼼꼼히 뒤져볼 것. 현재 게스Guess, 마시모 두띠Massimo Dutti, 베르슈카Bershka, 타미힐피거Tommy Hilfiger 등의 낮익은 인터내셔널 브랜드들의 매장이 자리하고 있다. 그 외에도 여러 브랜드의 매장들이 생겼다 없어졌다를 반복하고 있다.

2권 ⓜ MAP P.115A ⓘ INFO P.120 ⓖ 구글 지도 GPS 43.508468, 16.436550 (리바 부근 시작점) 43.510115, 16.437488 (북쪽 성벽 교차점) ⓐ 찾아가기 리바 서쪽 끝에서 북쪽으로 올라간다. 구시가 내부에서 골목을 따라 서쪽으로 빠져나오면 마르몬토바로 연결된다. ⓟ 주소 Marmontova Ulica, Split ⓣ 시간 상점마다 다름

여긴 어디?

프리마PRIMA 백화점

마르몬토바 거리의 북쪽 끝 지점에서 오른쪽으로 꺾어 조금만 더 가면 나온다. 5층 규모의 건물에 1층에는 화장품 매장이 있고 위로 올라가면 의류 매장이 있는 전형적인 소규모 백화점이다. 크로아티아에 수십여 개가 있는 체인 백화점이나 스플리트 지점은 시골 쇼핑몰 수준이라 작정하고 쇼핑할 거리는 없다. 여행 가방이나 저렴한 의류 등의 실용적인 쇼핑을 하기에는 유용하다.

2권 ⓜ MAP P.115A ⓘ INFO P.121 ⓖ 구글 지도 GPS 43.510757, 16.438690 ⓐ 찾아가기 마르몬토바 거리의 북쪽 끝 지점에서 오른쪽으로 꺾어 약 25m 가면 보인다. ⓟ 주소 Trg Gaje Bulata 5, Split, ⓒ 전화 021-211-566 ⓣ 시간 월~토요일 08:00~20:00 ⓒ 휴무 일요일 ⓗ 홈페이지 www.prima-commerce.hr

폭이 몇 미터 되지 않는다.

스플리트

아마도 세상에서 가장 좁은 쇼핑 거리,
크레쉬미로바 길 Krešimirova

왕궁 유적의 서문(철의 문)에서 열주 광장으로 향하는 60m 정도의 골목으로, 양옆으로 브랜드 숍과 선물 가게, 잡화점들이 가득하다. 두 사람이 나란히 걷기에도 버거울 정도로 좁은 골목인데다 코앞에 스플리트 최고의 볼거리가 있는지라 대부분의 여행자는 그냥 빨리 지나치기에 바쁘다. 하지만 걸음의 속도를 늦추고 찬찬히 살펴보면 좁은 길 양쪽으로 의외로 괜찮은 숍들이 많이 포진해 있다. 특히 의류와 잡화 쇼핑을 좋아한다면 꼼꼼히 살펴볼 것.

크레쉬미로바 길 즐기기

이 골목에서 가장 눈여겨볼 만한 브랜드 숍은 칼제도니아Calzedonia. 스타킹을 비롯해 각종 여성용 언더웨어와 비치웨어 등을 취급하는 이탈리아 브랜드로, 유럽 느낌 물씬한 색감과 디자인으로 지나가는 여성들의 눈길을 사로잡는다.

그 외 캐주얼 브랜드 디젤Diesel과 스트리트 패션 브랜드 칼하트Carhartt의 매장이 있으며, 소규모 편집 숍도 몇 곳 있다. 가격은 저렴하지만 전반적인 디자인은 평범한 편. 신발과 가방 등을 판매하는 잡화 숍이 많으며 특히 신발은 가격 대비 질이 좋은 편인데다 디자인도 재미있다. 넥타이 브랜드 크로아타의 매장도 있다. 열주 광장 바로 앞이라 찾기도 쉽다.

✓ **WRITER'S NOTE**

길의 풀네임은 '페타르 크레쉬미라 4세 길'UI. Kralja Petar Krešimira IV'로 '울리차 크랄리야 페타르 크레쉬미라 체트브르타'라고 읽습니다. 11세기 크로아티아의 위대한 왕의 이름이라고 합니다. 길고 어렵죠? 그냥 '서문에서 열주 광장 가는 골목'으로만 알고 있어도 아무 지장 없습니다. 구글 지도에서는 뭘로 찾든 잘 안 나옵니다. 너무 좁은 골목이라 그런 게 아닐까 싶네요. 골목 내의 숍 이름으로 찾거나 아예 열주 광장(peristil)으로 찾는 것이 현명합니다.

여성 여행자들은 열이면 열 눈을 떼지 못하는 칼제도니아의 매장

2권 MAP P.122 INFO P.127 구글지도 GPS 43.508597, 16.439503(서문 부근 시작점) 찾아가기 나로드니 광장에서 서문(철의 문)을 통과하면 바로 이어진다. 샛길이나 뒷골목 같은 길이 눈앞에 펼쳐지지만 그 길이 바로 크레쉬미로바 길이므로 당황하지 말 것. 주소 UI. Kralja Petra Krešimira IV, Split

+ PLUS INFO 1

크로아티아의 인터내셔널 브랜드

크로아티아의 쇼핑은 먹거리나 천연 제품, 핸드메이드 등에 강세를 보이고 상대적으로 브랜드나 패션 분야에는 약한 것이 사실. 그래서 디자인은 그다지 인상적이지 않다. 예쁘고 특색 있는 물건에 대한 기대는 버릴 것. 다만 전체적으로 물가가 저렴한 나라라 인터내셔널 브랜드 제품의 가격도 저렴하다. 저렴한 가격을 이용해 기본 아이템 중심으로 구매하는 것이 가장 좋다. 유럽 사이즈가 전반적으로 한국보다 큰 편이다. 한국에서 맞는 사이즈를 구하기 힘든 통통족이라면 좀 더 신경을 바짝 세워보자. 명품이나 하이패션 브랜드는 거의 찾아보기 힘들지만 자라ZARA, 망고MANGO, 베네통, H&M 같은 대중적인 캐주얼 SPA 브랜드는 대부분 들어와 있다. 단, 중심가에는 매장의 숫자가 많지 않고 규모도 작은 편.

지역별 브랜드 매장

자그레브 H&M, 데시구엘Desigual, 나프나프NAFNAF, 액세서라이즈, 베네통, 아디다스, 나이키
스플리트 자라, 게스, 마시모 두띠, 타미힐피거
자다르 망고, 베네통

자다르 구시가에 있는 망고MANGO 매장

스플리트 마르몬토바 거리의 게스 GUESS 매장

+ PLUS INFO 2

눈여겨 볼 로컬브랜드 아쿠아 Aqua

바캉스용품과 바다를 주제로 한 다양한 액세서리·인테리어 소품·일상용품 등을 판매하는 크로아티아 로컬 브랜드. 크로아티아를 중심으로 발칸 반도 전역에 매장이 있어 아무리 작은 소도시에 가도 매장 한두 개쯤은 쉽게 눈에 띈다. 물건의 만듦새도 꼼꼼하며 디자인이 세련되면서도 무난해 실용성이 높은 것도 한 장점. 비치웨어·비치타월·슬리퍼·수영복·수영 도구 등 다양한 비치용품을 갖추고 있으므로 수영 도구를 준비하지 오지 않았다면 핑계 삼아 이곳에서 모두 구입해도 좋을 정도. 기념 티셔츠 등은 주변 선물용품으로도 좋다. 에스파드리유 같은 비치 샌들 종류는 100kn 안팎, 티셔츠 100kn, 타월류 90~230kn, 파우치류 80~130kn 정도로 가격대는 약간 높은 편. 매장마다 영업시간은 조금씩 다르지만 6~9월의 성수기에는 자정 가까이까지 영업하는 곳이 많다.

2권 MAP P.74A INFO P.82 구글 지도 GPS 42.64125, 18.10937 **찾아가기** 플라차 거리의 필레 게이트 쪽 시작점에서 약 200m **주소** Placaulica 7, Dubrovnik **전화** 013-091-765 **시간** 성수기(6월 중순~9월 초) 08:00~24:00, 비수기(9월 중순~6월 초) 09:00~20:00 **휴무** 일요일

'아쿠아'라는 이름에 걸맞게 주로 흰색·하늘색·남색 등의 깔끔하면서도 귀여운 디자인이 주종을 이룬다.

크로아티아 여성복 사이즈

	XS	S	M		L		XL	
한국	44~55		55~66		66~77		88~99	
크로아티아	32	34	36	38	40	42	44	46

182	**MANUAL 17** 특별한 체험
186	**MANUAL 18** 드라이브
192	**MANUAL 19** 레포츠
196	**MANUAL 20** 축제와 이벤트
202	**MANUAL 21** 당일치기
210	**MANUAL 22** 숙소

MANUAL 17
특별한 체험

오로지 크로아티아에만 있는
특별한 순간들

여행을 하다 보면 나도 모르게 비교하는 마음이 생기곤 한다. 어느 나라의 성당이 더 멋지다거나 예전에 가봤던 바다보다 물 색깔이 덜 예쁘다는 등등. 그러나 지금 소개할 스폿과 경험들은 그런 비교가 불가능하다. 오로지 크로아티아에만 있거나 다른 나라에 있더라도 몹시 드물기 때문. 크로아티아 여행을 더욱 특별하게 만들어줄 유니크한 스폿과 체험들을 소개해본다.

바다가 노래를 불러주는 곳, **바다의 오르간** *자다르*
Morske Orgulje, Sea Organ

자다르 최고의 명물, 자다르의 하이라이트이자 메인 이벤트, 사나트를 나른 도시와 차별해주는 결정적인 스폿. 누군가에게는 자다르라는 도시를 방문하게 만드는 단 하나의 이유. 바다의 오르간은 자다르에 있어 이렇게 대단한 존재이다. 그러나 겉으로 보기에는 썩 대단치 않다. 자다르에는 구시가 성벽을 반 바퀴쯤 감싸고 도는 해변 산책로, '리바Riva' 거리가 있는데 바다의 오르간은 이 리바의 끝자락에 자리한 계단식 조형물이다. 누가 '이게 오르간이다'라고 말해주기 전까지는 그냥 제방이나 계단으로만 보인다. 계단 맨 위깥에 보면 자잘한 구멍이 뚫려 있는 것을 볼 수 있는데, 파도가 치면 이 구멍으로 바람이 들어가 소리가 난다. 하모니카와 정확히 같은 원리이다. 음색은 콜라병에 바람 불 때 나는 소리와 거의 같고, 음계도 단순하다. 그러나 바다의 오르간은 이러한 '스펙만으로는 설명되지 않는다. 새파란 아드리아 해와 그 위로 떠 있는 흰 석회암 섬. 이러한 풍경과 어우러지는 바다의 오르간 소리는 신비롭다 못해 음산하고 몽환적이다. 그리스 로마 신화에 나오는 요정 세이렌의 노래가 딱 이런 소리가 아니었을까 싶다. 영화감독 알프레드 히치콕이 세상에서 가장 아름다운 일몰이라고 칭송한 자다르의 낙조와 어우러지는 바다의 오르간 소리는 더욱 특별하다. 사진으로도 담지 못하는 청각의 추억. 바다의 오르간은 자다르를 세상에 둘도 없는 곳으로 만들어주는 특별한 선물이다.

바다의 오르간 원리
구멍으로 소리가 들어가서 나오는 것

2권 ⓜ MAP P.140A ⓘ INFO P.142 ⓖ 구글지도 GPS 44.11733, 15.21986 ⓕ 찾아가기 자다르 구시가 서북쪽 끝. 바닷가를 따라서 난 리바를 따라 쭉 걷다 보면 구시가의 서북쪽 끝에서 찾을 수 있다. ⓢ 시간 24시간 개방

12시를 알리는 대포 소리, 로트르슈차크 탑 `자그레브`
Kula Lotrščak, Lotrščak Tower

점심시간 무렵 반 옐라치치 광장 주변을 걷다 보면, 어디선가 정체를 알 수 없는 '꽝!' 하는 소리가 들려온다. 자그레브에 대한 첫인상이 그다지 좋지 못했다면 100% 총소리로 오인할 만한 굉음이다. 오해하지 말자. 그라데츠 언덕 남쪽에 자리한 로트르슈차크 탑에서 매일 12시에 쏘는 대포 소리일 뿐이니까. 로트르슈차크 탑은 000페이지에 언급한 대로, 14세기 건설된 성벽 감시탑이다. 이 흉흉한 소리의 원흉(?)은 탑의 4층에 있는 '그리치 톱Grički Top'이라는 대포로, 1877년부터 지금까지 매일 하루도 쉬지 않고 정오를 알리는 포를 쏘고 있다. 지금처럼 시계가 흔하지 않았던 시절에는 자그레브의 모든 교회들이 이 포 소리에 따라 정오의 종을 울렸다고 한다. 지금은 휴대전화까지 시계 노릇을 하는 세상이지만 포를 쏘는 관습은 아직까지 남아 영문 모르는 여행자들을 놀라게 하고 있다.

> 착한 사람 눈에는 맨 꼭대기 층에서 고개를 내밀고 있는 대포가 보인다.

로트르슈차크 탑은 자그레브의 대표적 전망대이기도 하다.

2권 ⓜ MAP P.50A ⓘ INFO P.53 ⓖ 구글 지도 GPS 45.814629, 15.973280 ⓐ 찾아가기 성 마르코 성당에서 남쪽으로 쭉 내려오다 보면 높은 탑이 보인다. ⓓ 주소 Strossmayerovo šetalište 9, Zagreb ⓣ 전화 01-4851-768 ⓞ 시간 화~일요일 11:00~20:00 ⓗ 휴무 월요일 ⓟ 가격 입장료 20kn

타자마자 내린다, 푸니쿨라 `자그레브`
Funicular

> 이렇게 많은 사람이 타는 경우는 그렇게 흔하지 않다.

걸어가도 10~15분이면 충분히 올라갈 수 있는 언덕

로트르슈차크 탑 바로 앞에는 언덕 위아래를 연결하는 푸니쿨라가 놓여 있다. 보기에는 유럽의 흔한 푸니쿨라처럼 보이지만 의외로 많은 역사적 의미와 기록이 숨어 있다. 우선 이 푸니쿨라는 자그레브의 공공 교통수단 중에서 가장 오래되었다. 최초로 승객을 태운 것이 1890년으로, 말이 끄는 트램이 다니기 시작한 것보다도 1년이 빠르다고 한다. 유럽 전체를 통틀어도 가장 오래된 푸니쿨라로서 자그레브의 중요한 근대 문화재 중 하나로 손꼽히고 있다. 그리고 이 푸니쿨라가 가지고 있는 '세계 기록'이 하나 더 있다. 바로 세계에서 가장 '짧은' 푸니쿨라라는 것. 선로의 총 길이는 겨우 66m, 탑승 시간은 고작 55초에 불과하다. 정말 타자마자 내린다고 해도 과언이 아니다. 고르니 그라드로 오르는 언덕이 가파르지 않으며 오르내리는 길 자체가 좋은 산책로인지라 교통수단으로는 그다지 가치가 없다. 총 28명을 태울 수 있지만 언제나 비어 있거나 나이 드신 분들 내지는 기념 삼아 타는 관광객 1~2명이 전부이다.

2권 ⓜ MAP P.50A ⓘ INFO P.53 ⓖ 구글 지도 GPS 45.814167, 15.973078(언덕 위 정류장) ⓐ 찾아가기 로트르슈차크 탑을 등지고 오른쪽으로 가다 보면 정류장이 보인다. ⓓ 주소 7 Castle Rd, Central ⓞ 시간 매일 06:30~22:00(10분에 한 대 출발) ⓗ 휴무 유지 보수를 위해 동절기(11~3월)에 비정기적으로 휴업함 ⓟ 가격 편도 5kn

하늘엔 노을, 땅에는 현란한 조명, **태양의 인사** 자다르
Pozdrav Suncu, Greetings to the Sun

바다의 오르간 옆 광장에는 바닥에 둥글고 넓은 조명판 같은 것이 설치되어 있다. 보는 순간 호기심이 생기지만 낮에는 죽어도 그 진가를 알아낼 수 없다. 이것이 제 모습을 드러내는 것은 바로 일몰 이후. 낮 시간 내내 태양광을 모아두었다가 밤이 되면 모아둔 태양 에너지를 조명으로 바꾸어 현란한 조명 쇼를 벌인다. 하늘에는 새빨간 노을이 스러지고 땅에는 신비로운 빛이 가득한 놀라운 풍경을 볼 수 있다. 이 풍경을 즐기기 위해 자다르에서 일부러 1박을 하는 여행자들도 적지 않다. '태양의 인사'로 통칭되고 있지만 제대로 된 번역은 '태양에게 보내는 인사(Pozdrav Suncu, Greetings to the Sun)'이다.

√ WRITER'S NOTE
태양광이 시원찮은 동절기에는 쉽니다. 다만 하절기에는 비 오는 날도 조명 쇼를 볼 수 있습니다. '태양 집광 장치'라고 홍보하고 있지만 성수기에는 딱히 태양광만 쓰는 게 아닌 것 같다는 합리적인 의심을 해도 좋을 것 같습니다.

2권 MAP P.140A
INFO P.142
구글 지도 GPS 44.11771, 15.21989
찾아가기 자다르 구시가 서북쪽 끝, 바다의 오르간 바로 옆에 있다. 시간 일몰 이후부터 일출까지

화려한 불빛의 쇼가 형형색색으로 바뀌며 밤새도록 펼쳐진다.

노을이 화려하게 물든 날에는 하늘의 노을이 땅에도 붉게 물든다.

여권 준비! 강제 보스니아-헤르체고비나 여행, 두브로브니크
네움 Neum

북쪽에서부터 남쪽으로 내려가는 루트로 두브로브니크로 향하다 보면 반드시 보스니아-헤르체고비나의 영토를 지나쳐야 한다. 쭉 크로아티아로 이어져야 할 것만 같은 해안선에 난데없이 툭 불거진 불청객 같은 땅. 이 일대의 지명은 네움Neum이라고 한다. 어쩌다 이런 희한한 국경선이 형성됐을까? 현대사에 밝은 사람들이라면 유고 내전을 쉽게 떠올리겠지만 아쉽게도 유고 내전과는 관계없다. 네움 일대의 영토가 크로아티아의 역사에서 빠지게 된 것은 17세기 말의 일로, 자금난에 시달리던 라구사 공화국이 네움 일대의 땅을 오스만튀르크에게 판 것이 시초였다고 한다. 이후 라구사 공화국은 크로아티아의 영토가 되고, 오스만튀르크가 지배하던 지역은 보스니아-헤르체고비나가 되면서 현재와 같은 묘한 국경선이 굳어지게 되었다는 것. 국경 문제 때문에 교통이나 물류에 막대한 지장을 겪고 있던 크로아티아는 결국 바닷길에 다리를 놓아 국토를 연결하는 대공사에 착수했으나, 재정적인 문제에 막혀 진행이 신통치 못하다.

네움 일대의 바다 풍경. 나라는 달라도 풍경은 달마티아의 여느 바다와 같다.

+PLUS INFO
싸다! 네움 휴게소 마트

네움을 지나는 모든 버스는 반드시 호텔 야드란Hotel Jadran의 부속 휴게소에 정차한다. 이게 보스니아-헤르체고비나 법인지 아니면 버스회사들 담합인지 알 수는 없으나 8번 국도상에서 가장 제대로 된 휴게소라는 것만은 분명하다. 휴게소 지하 1층에는 대형 마트가 있는데, 물가가 상당히 저렴하다. 특히 와인과 초콜릿, 마라스카Maraska 주류 등이 다른 어느 곳보다 싸다.

열주 광장을 둘러싼 얇은 계단에 방석을 깔아놓은 것이 카페 룩소르의 노천 공간. 세계 최고의 호연지기 노천카페라 할 수 있다.

커피 한잔과 유적에 내리는 노을, 스플리트
카페 룩소르 Cafe Lvxor

2000년 된 유적, 그것도 유네스코 세계문화유산에 차려진 노천카페를 본 일 있는지? 감히 그런 일이 가능할 거라고 생각하기도 힘들지만, 크로아티아하고도 스플리트에는 그런 곳이 있다. 그것도 디오클레티아누스 궁전 유적의 중심인 열주 광장을 빙 둘러싸고 있는 계단 위에 방석을 깔아놓고 영업하는 카페가 있다. 좀 더 정확히 얘기하자면 열주 광장 서쪽 면에 자리한 건물에 '카페 룩소르Cafe Luxor'라는 카페가 있는데, 그곳에서 열주 광장을 노천 공간으로 쓰고 있는 것. 크로아티아 정부 및 유네스코와는 어떻게 협의되었는지는 알 수 없으나, 유적 보호에 아무런 문제가 없다는 전제를 달면 이곳은 감히 유럽에서 가장 근사한 노천카페라고 해도 과언이 아니다. 가격은 스플리트 시내의 다른 카페들보다는 조금 비싼 편이나 자리 값이라고 생각하면 아깝지는 않다. 해가 질 무렵 카페 룩소르에서 맥주를 한잔 시켜놓고 하늘과 유적의 색이 바뀌는 것을 느끼게 지켜보는 순간은 세상 어디에도 없는, 오로지 스플리트에서만 누릴 수 있는 경험이다.

✓ WRITER'S NOTE
실내 공간 및 실외 레스토랑도 있어요. 식사 메뉴도 있긴 한데 가격에 비해 맛은 그저 그럴립니다. 단, 아침 식사 메뉴는 괜찮아요.

✓ WRITER'S NOTE
무료 와이파이 있습니다. 스플리트 시내 전체에서 속도가 가장 빠른 편이에요. 와이파이 비밀번호는 영수증 아래쪽에 화장실 비밀번호와 함께 적혀 있습니다. 종업원에게 물어봐도 알려주고요. 저는 처음 갔을 때 비번을 등록한 이래 그 앞에만 가면 계속 신호가 잡힙니다. 비번 몇 년째 안 바꾸나 봐요.

열주 광장에서는 종종 이벤트가 열린다. 카페 룩소르에서 맥주나 차를 주문한 뒤 느긋하게 리허설을 구경할 수 있다.

2권 MAP P.122B INFO P.126
구글 지도 GPS 43.508241, 16.439817 찾아가기 열주 광장, 스플리트 구시가 한복판에 있다.
주소 Kraj Sv. Ivana 11, Split
전화 021-341-082 시간 매일 09:00~24:00 휴무 비성수기적
가격 커피 15~30kn, 맥주 36kn, 탄산음료 30~40kn 홈페이지 www.lvxor.hr

MANUAL 18

— 드라이브 —

크로아티아를 달리자!

크로아티아는 드라이버에게 그렇게 상냥한 곳만은 아니다. 도로는 좁고 꼬불꼬불하며 노면도 썩 매끄럽지 않다. 그러나 그런 불편은 아무렇지 않게 느껴질 정도로 크로아티아의 길은 아름답다. 야트막하고 하얀 석회암 산에 관목들이 자라난 이국적인 풍경과 중간중간 나타나는 평야와 호수, 강. 세계에서 가장 아름다운 바다인 아드리아 해를 끼고 달리는 환상적인 드라이브는 크로아티아 여행에서 절대 포기할 수 없는 최고의 경험 중 하나!

크로아티아는 렌터카가 진리

운전을 할 줄 안다면, 국제면허증을 발급받을 수 있는 조건이 된다면, 렌터카 가격이 부담될 정도의 저예산 여행자가 아니라면, 더 이상 고민할 필요가 없다. 무엇을 망설이나. 크로아티아 여행에서 렌터카는 그야말로 진리이다. 불규칙하고 드문드문한 버스 스케줄 때문에 스트레스받을 필요도 없고, 아름다운 드라이브 코스들을 만끽하며 나만의 여행을 만들어갈 수도 있다. 평생 차와 면허 없이 행복하게 살아온 사람들이 크로아티아를 여행하며 인생 잘못 살았다고 후회하곤 한다.

+ PLUS INFO

렌터카 비교해보기

좀 더 다양한 선택의 여지를 원한다면 렌터카 비교 사이트인 렌털카즈닷컴을 이용하자. 트래블직소나 카하이어3000 등 유명 렌터카 비교 사이트를 하나로 통합한 것으로, 현재 가장 많은 차종과 회사를 비교할 수 있는 사이트이다.
렌털카즈닷컴 www.rentalcars.com

어디서 예약하지?

허츠와 에이비스, 알라모, 식스트, 스리프티 등 거의 모든 유명 렌터카 업체에서 크로아티아 렌터카를 취급한다. 하지만 여행자들이 가장 선호하는 것은 아래의 세 곳이다.

유니렌트 Uni Rent

크로아티아 로컬 업체로, 저렴한 가격과 특유의 친절함을 겸비해 크로아티아 렌터카의 진리로 통한다. 구석구석까지 사무소를 열고 있어 긴급한 상황에서도 쉽게 도움을 받을 수 있다는 것 또한 무시할 수 없는 장점. 차종이 제한되어 있다는 평가도 듣지만 여행에는 지장 없으니 안심하자. ⊙ 홈페이지 www.uni-rent.net

렌털라스트미닛

TV 프로그램 〈꽃보다 누나〉에서 출연진들이 이용한 곳으로, 가격대가 저렴하고 차종이 다양해 유니렌트 다음으로 애용되는 곳이다. 영국의 예약 사이트인 라스트미닛닷컴의 정식 라이선스를 획득해 영업하고 있는 크로아티아의 현지 업체로, 영국 라스트미닛 본사와는 관계가 없다.
⊙ 홈페이지 www.rentacarlastminute.hr/en

오릭스렌트 Oryx Rent

폭스바겐에 강세를 보이는 크로아티아 로컬 렌터카 회사. 가격대는 약간 높은 편이지만 폭스바겐을 원한다면 그 어느 회사보다 매력적인 곳이다. 단, 폭스바겐을 예약해놓고 스코다 차량을 받게 되는 경우가 종종 있으므로 픽업 전에 마음의 준비를 할 것.
⊙ 홈페이지 www.oryx-rent.hr

크로아티아 렌터카 여행 시 궁금한 것들 Q & A

Q 크로아티아는 운전하기 쉬운 나라인가요?
크로아티아의 도로 상태는 썩 좋지 못하다. 노면도 거칠고 폭도 좁은 편. 그러나 크로아티아를 렌터카로 여행한 여행자들은 입을 모아 '그래도 운전하기 좋은 나라'라고 말한다. 도로망이 복잡하지 않고 차가 많지 않기 때문. 한국과 같은 오른쪽 차선–왼쪽 핸들 시스템이라는 것도 운전에 자신감을 더해주는 요소 중 하나이다.

Q 필요 서류는 무엇이 있나요?
국제면허증과 여권은 필수. 예약 시 사용했던 본인 명의의 신용카드 또한 차량을 픽업할 때 제시해야 하므로 꼭 챙겨두자. 국내 면허증도 만약을 대비해 챙겨놓을 것.

Q 오토 차량도 렌트 가능한가요?
원래 유럽에서 오토 차량 빌리기가 쉽지 않은데, 크로아티아는 약간 더 심하다. 차종도 제한되어 있고 수량도 적은 편. 꼭 오토 차량을 원한다면 일찍부터 예약해두거나 여러 회사를 뒤져보는 것을 권한다. 언제나 그러하듯 오토는 수동보다 비싸다는 것은 염두에 둘 것.

Q 어떤 차종이 가장 좋을까요?
크로아티아 여행 중에는 아주 좁은 길을 달려야 하는 경우가 심심치 않기 때문에 되도록 작고 힘좋은 차가 좋다. 현재 인기 있는 차종은 단연 푸조Peugeot로 2인 여행에는 푸조 107, 4인 이상의 여행에는 푸조 308을 선호한다. 문제는 워낙 인기가 많다 보니 푸조를 예약해놓고도 현지에서는 동급의 다른 차량을 받게 되는 일이 종종 일어난다는 것. 체코 브랜드인 스코다Skoda 차량으로 대체하는 경우가 흔하다. 이렇게 차종이 바뀌는 경우 렌터카 회사에서 눈치 빠르게 차량 등급을 하나 올려서 준비해주는 경우가 흔하며, 스코다 또한 푸조에 못지않은 차종이므로 안심하고 탈 것.

Q 내비게이션은 꼭 빌려야 하나요?
일단 요금부터 알아보자. 내비게이션은 유니렌트 기준 1일 대여료가 10유로 선이며, 최대 50유로까지 요금이 부과된다. 즉, 5일을 빌리나 일주일을 빌리나 요금은 똑같이 50유로. 다만 '꼭 빌려야 하는가'라는 물음에 '반드시 그래야 한다'라고 대답하기는 힘들다. 크로아티아의 도로들은 그다지 복잡하지 않고 표지판도 잘되어 있는데도, 무엇보다 내비게이션이 믿음직스럽지 못하다. 최단거리를 찾으면 진짜 우악스럽게 지도상의 최단거리를 찾느라 말도 안 되는 골목과 산길을 누비기도 한다. 최근 구글 지도의 내비게이션 서비스가 워낙 좋아 현지 심카드와 스마트폰 또는 태블릿 조합이면 굳이 내비게이션을 따로 빌리지 않아도 크게 문제없다. 이 또한 100% 신뢰하기는 힘들기에 표지판을 잘 보고 종이 지도도 참고할 것.

요즘은 내비게이션을 대여하지 않고 스마트폰으로 구글 지도나 내비게이션 앱을 쓰는 게 대세!

Q 자그레브에서 시작해 두브로브니크에서 반납하려고 합니다. 가능할까요?
대여한 곳이 아닌 다른 곳에서 차를 반납하는 일명 '편도 이용', 얼마든지 가능하다. 이럴 때는 보통 편도 요금을 따로 매기기 마련인데, 유니 렌트를 비롯한 대부분의 크로아티아 렌터카 업체에서는 편도 요금을 별도로 매기지 않고 있다. 정 못 미더우면 예약할 때 업체에게 따로 문의해볼 것.

Q 보험은 어떻게 해야 하나요?
기본적인 차량 손실 면책 프로그램 CDW(Collision Damage Waiver)와 도난 보험 TP(Theft Protection)는 요금에 포함되어 있다. 유니렌트를 기준으로 할 때 CDW보다 좀 더 면책 범위가 넓은 SCDW(SuperCDW)는 하루 8.16~13.61유로씩 가산되며, 탑승자 상해 보험 PAI(Passenger Accident Insurance)는 하루에 2.72유로씩 가산된다. 보통 차량 보험은 CDW까지만 들고 탑승자 상해 보험을 추가하는 경우가 많으나, 평소 자신의 운전 패턴 등을 생각해 결정하는 것이 좋다.

+ PLUS INFO

크로아티아에서 주유는 셀프가 기본

- **제한 속도**: 도시 내에서는 50km/h, 외곽 도로와 고속도로에서는 90~130km/h 선으로 제법 후한 편이다.
- **잔돈은 쿠나로**: 요금은 쿠나와 유로를 모두 받으나 잔돈은 쿠나로만 준다. 고속도로 요금은 비교적 싼 편.
- **주유는 셀프로**: 주유소는 도로 선상에서 어렵지 않게 찾아볼 수 있으며, 대부분 셀프 주유로 운영된다. 차 렌트할 때 업체에서 지정해준 유류의 종류를 잘 찾아서 넣을 것.
- **불법 주차 No!**: 불법 주차를 하면 거의 무조건 견인을 당한다. 차를 찾으러 가면 벌금 120쿠나에 견인 비용을 별도로 500쿠나 물어야 한다. 노면 주차장을 찾기 어렵지 않으므로 불법 주차는 삼갈 것.

불법 주차를 하면 이런 외진 곳을 물어물어 찾아가서 벌금과 견인비를 내야 한다.

크로아티아 최고의 드라이브 코스들

렌터카 사이트에서 차를 고르며 아드리아 해의 드라이브를 꿈꾸는 여행자들을 위한 추천 루트들.
렌터카를 이용할 수 없는 대중교통 여행자들이
크로아티아 드라이브 루트를 조금이라도 맛 볼 수 있는 방법도 소개한다.

아드리아 해 최고의 루트, 리예카~자다르

아드리아 해의 푸르른 바다. 그 위에 점점이 떠 있는 신비로운 석회암 섬들. 깎아지른 절벽 아래로 보이는 작은 물굽이와 그 안으로 밀려드는 새하얀 파도. 내리쬐는 햇살 아래 반짝이는 깨끗한 자갈 해변과 간간히 만나는 소박한 어촌 마을. 그리고 다른 한쪽으로 펼쳐지는 장엄한 석회암 산맥. 리예카에서 자다르로 향하는 드라이브 루트는 아드리아 해가 보여줄 수 있는 아름다움의 모든 것을 보여준다. 세계 최고의 드라이브 루트로 알려진 이탈리아의 아말피 코스트와 견주어도 크게 뒤지지 않는다. 절벽 위를 꼬불꼬불하게 달리는 루트가 많아 초보 운전자에게는 부담이 될 수 있으나, 운전에 능숙한 사람이라면 오히려 제대로 드라이브하는 맛을 느끼곤 한다.

For Drivers E65 고속도로를 이용한다. 리예카를 빠져나올 때는 D8번 국도를 타다가 약 10km 지점인 바카르Bakar 인근에서 E65로 바꿔 탄다. E65는 자다르 바로 앞까지 이어지다가 남쪽으로 내려가므로, 자다르로 들어갈 무렵에는 표지판을 잘 봐야 한다. 3~4시간 소요.

For DDubuks 리예카→자다르행 버스의 대부분이 E65 고속도로를 이용한다. 개중에 회사에 따라 루트가 다를 수 있으므로 티켓을 끊기 전 '바다가 보이는 길로 가고 싶다'는 의사를 분명히 밝혀두자. 워낙 소요 시간이 길어 중간에 휴식 시간도 있다. 약 5시간 소요.

차창 옆으로 크르크Krk, 파그Pag 등 크로아티아 북부 지방의 대표적인 섬들이 지나간다.

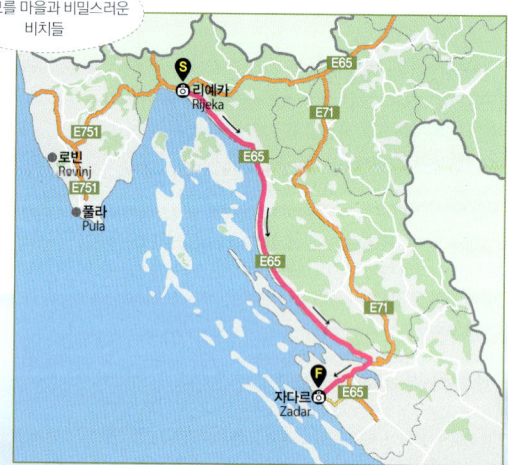

가끔씩 나타나는 이름 모를 마을과 비밀스러운 비치들

✓ WRITER'S NOTE

루트는 무조건 북쪽에서 남쪽으로 잡는다. 크로아티아 여행에서 명심해야 할 진리인데, 특히 드라이브 여행에서는 금과옥조라 해도 과언이 아닙니다. 해안도로가 국토의 서쪽 해안을 따라 나 있는데다 차량이 오른쪽 통행이기 때문에 북쪽에서 남쪽으로 내려가야 해안을 가깝게 즐길 수 있습니다. 반대로 남쪽에서 북쪽으로 올라가는 것도 가능하지만 이건 풍경을 반만 즐기겠다는 얘기와 같아요. 무조건 북쪽에서 남쪽으로 내려가세요!

흐린 날에는 석회암의 흰빛과 하늘의 빛깔이 어우러져 하늘과 바다의 경계가 몹시도 모호한, 그런 신비한 분위기를 즐길 수 있다.

산과 바다를 모두 즐긴다!, 벨레비트 산맥

플리트비체에서 달마티아로 넘어갈 때 일반적으로 이용하는 고속도로가 아닌 벨레비트 산맥을 넘는 국도를 타는 것이다. 고속도로보다 시간과 수고는 더 들지만 크로아티아의 모든 아름다움을 종합선물세트로 즐길 수 있다. 벨레비트 산맥은 아드리아 서해안을 남북으로 달리는 산맥으로, 크로아티아의 산악 지역 중 가장 아름다운 풍경을 가진 곳으로 꼽힌다. 이 루트의 압권은 산맥의 정상부에서 달마티아 쪽으로 내려가는 코스로, 사방에 아름다운 벨레비트 산맥이 포진하고 있는 가운데 저 멀리 아드리아 해에 둥실 떠 있는 파그Pag 섬의 모습이 감동적으로 들어온다.

For Drivers 플리트비체에서 D1 국도를 따라 내려가다가 코레니차Korenica에서 D25 국도로 바꿔 탄 뒤 쭉 내려간다. 그대로 달리다가 카를로박Karlobag이라는 해안 마을에서 E65로 바꿔 탄 뒤 자다르까지 간다. 소요 시간은 약 3시간. 내비게이션만으로는 무리가 있으므로 대형 종이 지도를 함께 보며 가는 것이 좋다. 중간에 파그 섬의 길쭉한 몸체가 한눈에 들어오는 전망대도 있으므로 놓치지 말고 가서 볼 것.

산맥 정상부에서는 파그Pag 섬의 길쭉한 모습이 잘 보인다.

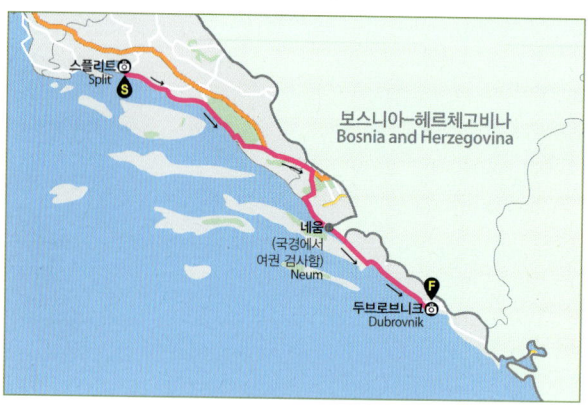

ⓖ For Drivers D8 국도를 이용한다. 내비게이션이 'E65로 가면 더 빨라요'라고 유혹하더라도 과감히 뿌리치자. 스플리트에서 410번 도로로 빠져나와 D8 합류점으로 들어가 계속 도로를 타고 가면 된다. 약 3시간 소요.

ⓖ For DDubuks 스플리트 버스터미널 매표소에서 티켓을 끊을 때 매표원이 '패스트 버스냐 노멀 버스냐. 패스트 버스는 고속도로로 가기 때문에 바다가 안 보이나'라고 친절하게 말해준다. 만약 얘기를 안 해주면 '바다가 보이는 버스를 원한다'라고 선수를 치자. 중간에 보스니아-헤르체고비나 도시인 네움Neum의 휴게소에서 잠시 정차한다. 5~6시간 소요.

스플리트에서 두브로브니크 가는 길에 볼 수 있는 네레트바 델타 Neretva Delta의 풍경. 네레트바 강의 삼각주 지역에 위치한 농토로, 독특한 형식의 경작지와 산맥이 어우러진 풍경을 볼 수 있다.

아드리아 해안 드라이브의 정석 코스, 스플리트~두브로브니크

크로아티아 여행자라면 누구나 한번은 달리고 싶어 하는 정석 루트. 짧은 기간 동안 자그레브→플리트비체→스플리트→두브로브니크의 루트로 여행하는 사람들에게 해안도로를 마음껏 달려볼 수 있는 가장 유용한 기회이다. 풍경 자체는 앞의 두 루트에 비해 조금 떨어지지만 새파란 아드리아 해와 간간히 보이는 예쁜 마을들은 충분히 아름답다.

두브로브니크로 진입하는 좁고 긴 만灣 위에 놓인 프라뇨 투지만Franjo Tuđman 다리. 프라뇨 투지만은 크로아티아 초대 대통령으로, 유고 연방에서 분리 독립한 이후 선거를 통해 최초의 민주 정부를 수립한 인물이다. 이 다리를 건너가면 그루즈 Gruž 터미널에 도착한다.

흐바르 드라이브 중에 볼 수 있는 흔한 풍경. 라벤더가 없는 계절에도 충분히 멋진 풍경을 볼 수 있다.

꼭 차를 가지고 가야 할 섬, 흐바르

흐바르는 크지 않은 섬이지만 차를 가지고 가는 편이 여러모로 좋은 곳이다. 일단 좁은 버스에서 미친 듯이 흔들리며 스타리 그라드와 흐바르 타운 사이의 꼬부랑 언덕을 넘지 않는 것만으로도 차를 가져갈 가치는 충분하며, 덤으로 스파뇰라 요새에도 힘들이지 않고 올라가는 특권(?)을 누릴 수 있다. 스타리 그라드~흐바르 타운 사이 길의 풍경도 차로 느긋하게 올라갈 경우에는 그 어느 드라이브 루트에 지지 않을 정도로 감탄의 연속이다. 대중교통이 거의 없는 흐바르에서 여러 비치와 작은 마을들을 자유롭게 오갈 수 있다는 것, 흐바르의 명물인 라벤더 밭에 접근할 수 있다는 것 등이 장점이다.

스플리트부터 흐바르 섬 북쪽의 스타리 그라드 Stari Grad까지 카페리가 운항한다.

For Drivers 스타리 그라드 항구행 티켓을 끊을 때 차를 가져갈 것이라고 분명히 얘기하자. 스타리 그라드-흐바르 구간에는 여러 도로 루트가 있는데, 가장 편하게 달리려면 D116 국도를 이용하는 것이 좋다. 바닷가 근처로 달리기 때문에 풍경도 좋은 편. 라벤더 성수기에 여행한다면 라벤더 밭이 있는 섬 서북쪽의 브루제Brusje 지역을 거쳐 달릴 것.

✓ WRITER'S NOTE
흐바르의 라벤더는 6월 초부터 피기 시작해 6월 중순에 정점을 찍었다가 6월 말부터 7월 초에 전부 져버립니다. 최근 흐바르의 라벤더 농사 규모가 크게 축소되어 라벤더 밭의 규모도 아주 작은 편입니다. 너무 기대하지는 마세요.

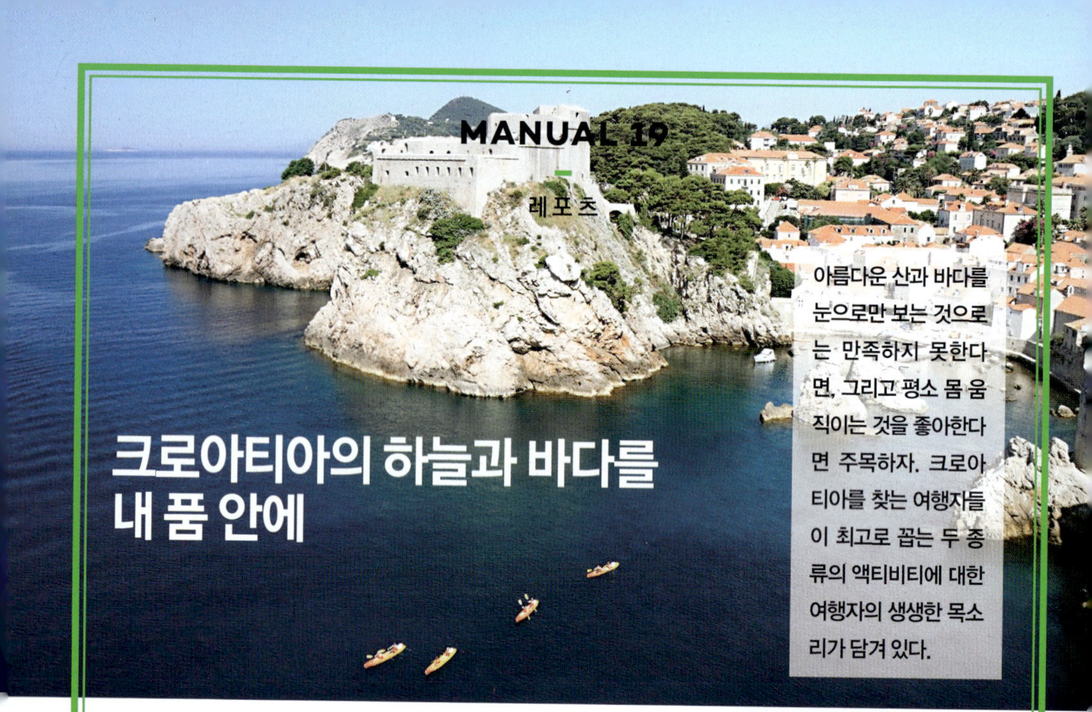

MANUAL 19
레포츠

크로아티아의 하늘과 바다를 내 품 안에

아름다운 산과 바다를 눈으로만 보는 것으로는 만족하지 못한다면, 그리고 평소 몸 움직이는 것을 좋아한다면 주목하자. 크로아티아를 찾는 여행자들이 최고로 꼽는 두 종류의 액티비티에 대한 여행자의 생생한 목소리가 담겨 있다.

내 힘으로 아드리아 해를 헤쳐 나가는 짜릿한 기분

바다를 가르며 달려라, 카약 Kayak

평소 운동은 좀 하시는가? 체력은 좋은 쓴인가? 생수통 안 멍노 버서분 서실 제력은 아닌가? 왜 묻느냐 하면, 카약이 체력이 꽤 필요한 액티비티라서 그렇다. 한 시간여 바다를 힘차게 저어가야 하기 때문에 평균 체력은 되어야 한다. 여성이라면 조깅이나 등산, 아웃도어 액티비티를 즐기며 체력을 다져놓은 사람들에게 좀 더 적합하다. 그러나 조건이 된다면 주저하지 말자. 카약은 크로아티아에서 흔한 레포츠로, 두브로브니크에서 가장 활성화되어 있다. 작은 배에 몸을 싣고 푸른 바다를 가로지르며 풍경과 햇살을 정면으로 마주하다가 비밀스러운 해안에서 휴식하며 스노클링이나 해수욕을 즐긴다. 활동적인 여행자에게는 어쩌면 최고의 추억이 될 수도 있다.

카야킹 준비하기

① 예약하기
구시가 인근에서 영업하는 여행사 대부분이 카약 상품을 취급하며 호텔·호스텔에서도 손쉽게 예약 가능하다. 필레 또는 플로체 게이트 앞쪽에서 호객 중인 여행사 부스를 찾아가면 친절하게 상담받을 수 있다.

② 어떤 상품을 고를까?
가장 기본적인 코스는 구시가 부근에서 출발해 로크룸 섬 해변에 도착한 뒤 잠시 휴식을 취하고 로크룸 섬을 한 바퀴 돈 뒤 다시 구시가로 돌아오는 코스로, 소요 시간은 2~3시간 안팎이다. 여기에 스노클링을 포함하는 코스, 휴식지에서의 물놀이 시간을 길게 주는 코스, 소수 정예로 운영되는 코스 등 계절에 따라 회사마다 조금씩 다른 옵션을 제시하므로 여러 군데를 비교해 볼 것. 가격은 보통 200~300kn 선으로 코스에 따라 다양하다.

③ 준비물
물에 젖어도 되는 편안한 옷차림이면 무엇이든 OK. 물놀이나 스노클링에 대비해 속에 수영복을 입는 것이 좋다. 방수통이 제공되므로 카메라, 휴대전화도 휴대 가능하다. 간단한 간식과 물은 업체에서 제공한다.

2권 ◎ MAP P.63E ◉ INFO P.72

INTERVIEW

카약, 나는 이렇게 즐겼다!

Q 성함과 직업을 알려주세요.
A 박경민입니다. 통신을 전공하고 있는 대학생입니다.

Q 카야킹에 대한 정보는 어디서 얻으셨나요?
A 숙박했던 호스텔에서 사장님의 추천으로 알게 되었어요. 처음엔 보트 투어를 할 생각이었으나 카야킹이 더 재미있을 것 같았어요. 게다가 가격도 더 저렴했고요.

Q 예약 시 유의 사항 알려주세요.
A 카야킹 투어를 하는 관광업체는 아주 많습니다. 원하는 경로와 특징, 인원수, 가격 등을 고려해 선택하면 될 것 같아요. 카야킹 투어는 낮 투어와 선셋 투어로 나뉘는데, 낮에는 햇빛이 너무 강해서 선셋 투어를 추천해요. 저는 비수기에 여행을 해서 그런지 당일 예약이 가능했어요. 너무 많은 인원이 참여하는 투어는 비추입니다. 저는 총원이 가이드 포함 6명이 참여한 투어라 소수 정예로 즐길 수 있었죠. 휴식 지점에서 다른 팀을 봤는데, 서로 부딪힐 정도로 많은 인원이었어요. 개인 행동을 하는 분도 생기고 사진 찍을 시간, 아름다운 장면을 감상할 시간이 없을 것 같았어요. 상황에 따라서 루트 변경도 못하고요. 참여 인원이 많으면 조금 더 저렴한데 요금을 더 지불하더라도 사람이 적은 곳에서 투어를 하라고 권하고 싶습니다.

Q 진행 과정을 실감나게 소개해주세요.
A 제가 해본 선셋 투어를 중심으로 설명해드릴게요. 집합 시간과 루트는 일몰 시간에 따라 다소 유동적인데, 대체로 오후 5시에서 5시 30분 사이에 모임 장소에 도착해달라고 합니다. 도착하면 방수통을 하나씩 나눠줍니다. 그 안에 카메라나 휴대전화 등을 넣고 카약 위에 올립니다. 처음엔 카약 타는 방법을 배우는데 조금 따라 해보면 요령은 금세 익힐 수 있어요. 다 배우면 가이드를 따라 출발합니다. 가는 동안 가이드가 두브로브니크에 관련된 역사를 재미있게 설명해주세요. 그렇게 두브로브니크 해변을 따라 이동하다가 비밀스러운 느낌의 해변에서 휴식을 취합니다. 카약으로만 접근할 수 있는 해변이라고 하더군요. 가이드가 카약을 안전하게 주차(?)해주고, 맛있는 샌드위치를 나눠줍니다. 샌드위치를 먹고 근처에서 해수욕을 즐기다 쉬는 시간이 끝나면 다시 카약을 타고 이동합니다. 원래는 로크룸 섬을 한 바퀴 도는 코스이나 시간이 부족하고 다들 지쳐서 왔던 방향으로 돌아왔습니다. 투어를 끝내고 도착하면 미니 와인 한 병을 주고 샤워 시설을 빌려줍니다.

Q 카약 투어, 어떠셨나요? 감상을 말씀해주세요.
A 두브로브니크 구시가의 아름다움을 온몸으로 느낄 수 있습니다. 360도 가려진 것 없이 활짝 열린 시야, 파도와 하나가 된 느낌이 너무 좋았어요. 게다가 선셋 투어는 아름다운 바다 위에서 석양을 가장 가까이 만날 수 있죠. 석양빛에 물든 올드 타운 성벽과 주황색 지붕, 석양빛으로 일렁이는 맑은 바다를 보면 막 벅차올라요! 너무 아름다워 바다 한가운데 떠서 멍하니 바라만 봤어요. 같이 카야킹을 한 외국인들도 같은 마음으로 멍하니 석양을 보고 있더군요. 저에겐 잊을 수 없는 최고의 경험이었습니다.

> 모토분의 모든 것을 한눈에!

모토분의 하늘을 날다, **패러글라이딩** Paragliding

모토분은 그냥 걷고 쉬고 느끼는 것만으로도 충분히 아름다운 마을이지만 이곳을 조금 더 감동적으로 체험할 수 있는 최고의 방법이 하나 있다. 바로 패러글라이딩. 상공에서 산꼭대기의 마을과 주변의 푸르른 산지와 평야를 한눈에 담을 수 있어 가히 모토분을 감상하는 최고의 방법이라 할 수 있다. TV 여행 다큐멘터리 프로그램에 등장한 이후 한국 여행자들에게 모토분 패러글라이딩은 크로아티아 여행의 최고 로망 중 하나로 등극하게 되었다.
모토분까지 어려운 발걸음을 한다면, 그리고 평소 고소공포증 따위는 모르고 씩씩하게 살고 있다면 한번쯤 도전해볼 것.

패러글라이딩 준비하기

예약하기

패러글라이딩 업체가 있는 것이 아니라 '에어리 사샤Airie Sasha' 개인이 진행한다. 사샤는 호주의 패러글라이딩 강사로, 연중 전 세계의 패러글라이딩 명소를 여행하다 봄~여름 시즌에는 모토분에서 패러글라이딩 투어를 운영한다. 해마다 일정이 달라지나 보통 5월부터 시작해서 8~9월까지 가능하다. 주로 숙소를 통해 예약 가능하다.

INTERVIEW

패러글라이딩, 나는 이렇게 즐겼다!

Q 성함과 직업을 알려주세요.
A 김수진입니다. 회사원이에요 :)

Q 모토분은 어떤 곳이었나요? 여행의 감상을 들려주세요.
A 모토분은 정말 작아요. 도시보다는 마을이라고 하는 게 더 어울리는 곳이죠. 대부분의 관광객들이 당일치기로 들르기 때문인지 낮에는 사람들로 조금 붐벼요. 그래서 저에게는 사람들이 빠져나간 조용한 모토분에서 보낸 저녁과 아침 시간이 기억에 많이 남아요. 모토분 사람들의 평범한 일상생활을 옆에서 지켜보는 것도 좋았고요. 크로아티아 여행 중 가장 여유롭고 차분한 시간을 보낼 수 있었던 곳이었어요. 한 바퀴 둘러보는 데 30분도 걸리지 않지만 골목골목 아기자기한 상점들이 많아 둘러보는 재미가 쏠쏠하고, 붉은 석양을 바라보며 식사를 할 수 있는 레스토랑에서 하루를 마무리하는 시간도 참 좋았어요. 딱 부러지게 소개할 만한 볼거리는 없지만 오히려 그것이 모토분에 들러야 하는 중요한 이유가 될 수 있을 것 같아요.

Q 본격적으로 패러글라이딩 얘기를 해볼까요? 예약은 어떻게 하셨나요?
A 여행 전에 에어리 사샤의 예약 정보를 찾아봤지만 도통 나오지 않더라고요. 일단은 무작정 모토분으로 갔죠. 다행히 숙소 주인에게 물어보았더니 바로 알더군요. 숙소 주인이 그분에게 연락을 취해주셨고, 예약을 잡을 수 있었어요. 여행 전 문의하고 싶다면 숙소와 미리 상의하는 게 가장 확실한 방법 인 것 같아요.

Q 비용은 어느 정도 드나요?
A 저는 550쿠나 지불했어요. 현금으로만 가능해요.

Q 패러글라이딩은 구체적으로 어떻게 진행되나요?
A 에어리 사샤를 만나면 모든 것이 일사천리로 진행돼요. 단, 바람이나 날씨, 대기자에 따라서 변수가 있기는 하죠. 바람이 좋고 대기자가 없으면 만나자마자 당장 시작할 수도 있어요. 저는 한참 기다리다 결국 바람이 충분하지 않아 하루 더 모토분에 머물러야 했고요. 모든 조건이 완벽하면, 모토분 성벽 바깥쪽 경사지에서 출발해요. 모토분 상공에서 모토분 주변을 20분 정도 둘러보고, 산 아래쪽 평지에 도착하게 돼요. 그곳에 미리 차량이 대기하고 있어요. 차량을 타고 다시 모토분까지 올라오는 데 20~30분 정도가 소요됩니다.

Q 패러글라이딩의 감상을 말씀해주세요.
A 모토분의 진짜 모습은 하늘에서 봐야 제대로라는 생각이 들더라고요. 산꼭대기 작은 마을에 집들이 올망졸망 모여 있는 모습이 재미났어요. 주변의 들판과 멀리 보이는 풍경들도 정말 아름답고요. 다른 나라에서도 몇 번의 패러글라이딩 경험이 있는데, 모토분에서만 볼 수 있는 풍경이 정말 따로 있더라고요. 그래서 모토분에 많은 패러글라이딩 마니아들이 모여드는 게 아닐까 실감했어요. 모토분 패러글라이딩, 정말 강력 추천해요.

MANUAL 20

축제와 이벤트

알고 가면 재미가 두 배!
크로아티아의 축제와 이벤트

크로아티아는 신실한 가톨릭 국가이고, 한때 유고슬라비아 연방의 일부였으며, 음악과 영상예술을 사랑하는 동유럽의 문화 강국이다. 이러한 크로아티아의 특성은 철철이 열리는 축제와 각종 이벤트에 반영되어 화려한 모습으로 거리마다 피어난다. 날짜만 잘 맞추면 여행자들도 즐길 수 있는 재미있는 축제, 그리고 꼭 알아둘 만한 공휴일을 알아본다.

1월

6일. 공현 대축일 Epiphany
일명 '올드 크리스마스Old Christmas'. 동방 박사가 아기 예수 방문한 것을 기념하는 축제. 전국적으로 다양한 행사가 열린다.

1월 말~3월 초. 리예카 카니발 Rijeka Carnival
1982년부터 시작된 행사로, 크로아티아 전국에서 가장 큰 카니발 축제이다. 가장 행렬을 중심으로 다양한 행사가 화려하게 펼쳐진다. 부활절 40일 전인 사순절(Lent) 바로 전주에 열리므로 열리는 시기는 매해 달라진다. 이 시기를 전후해 전국 각지의 도시에서 모두 카니발이 열린다. www.rijecki-karneval.hr

2월

3일. 성 블라호 축제
Feast of St Blaise
두브로브니크에서 도시의 수호성인인 성 블라호를 기리기 위해 여는 축제이다. 전통 의상을 입은 시민들의 행렬과 전통 춤 공연 등이 도시 곳곳에서 열린다.

4월

하순. 뮤직 비엔날레 자그레브
Music Biennale Zagreb

2년에 한 번씩 홀수 해마다 열리는 크로아티아 최대의 음악 축제. 전 세계 다양한 장르의 뮤지션들이 자그레브로 날아와 일주일간 수준 높은 공연을 펼친다. 공연장은 시내 전역에 널리 퍼져 있으며, 거리 공연도 종종 볼 수 있다. www.mbz.hr

6월

초순. 아니마페스트 Animafest

자그레브에서 열리는 애니메이션 축제. 상영, 컨퍼런스, 전시 등 다양한 방법으로 세계의 애니메이션 작품을 선보인다. www.animafest.hr

중순. 유로카즈 Eurokaz

한국에는 잘 알려져 있지 않으나 유럽 동부에서는 가장 크고 권위 있는 공연 예술 축제로, 자그레브에서 열린다. 현대 무용, 연극, 실험극, 행위 예술 등 다양한 분야의 공연이 펼쳐지는데, 파격적이면서 전위적인 예술 세계를 선보이는 것으로 유명하다. www.eurokaz.hr

25일. 분리 독립 선포 기념일

1991년 크로아티아가 유고슬라비아 연방과 작별을 고한 날로, 종교적 색채가 없는 국경일 중에는 가장 성대하게 기념하는 날이다. 전국적으로 거리 곳곳에 색색의 깃발이 나부끼고 여러 단체의 시가행진이 벌어진다.

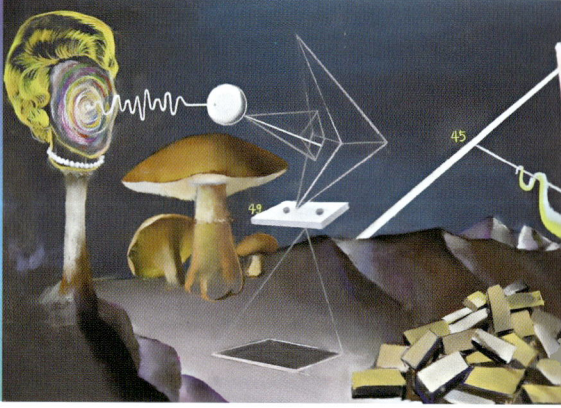

초~중순. 스플리트 페스티벌 Split Festival

크로아티아에서 가장 큰 대중음악 축제로, 매해 스플리트에서 개최된다. 크로아티아의 유명 가수와 대중음악 관계자들이 한자리에 모이는 축제로 현지인들에게 큰 사랑을 받고 있다.

중순. 세계민속축제
International Folklore Festival

50여 년의 역사를 자랑하는 크로아티아의 대표적인 국제 행사로, 자그레브에서 열리는 축제 행사 중 가장 큰 규모를 자랑한다. 세계 각지의 민속 공연 및 관련 전시가 시내 전역을 무대로 펼쳐지기 때문에 거리와 광장 곳곳에서 민속 의상을 입은 사람들의 흥겨운 춤과 공연을 볼 수 있어 여행자들에게도 인기. www.msf.hr

10~25일. 두브로브니크 여름 축제
Dubrovnik Summer Festival

1950년대부터 시작된 유서 깊은 여름 음악 축제로, 두브로브니크를 대표하는 축제이자 크로아티아에서 가장 오래된 문화 예술 관련 축제이다. 클래식 음악과 오페라를 중심으로 음악·무용·거리극 등 다양한 공연이 구시가 곳곳에서 펼쳐진다. 축제 초반과 후반을 수놓는 불꽃놀이가 백미. 이 시기를 전후해 달마티아 지역의 많은 도시에서 클래식 음악 관련 축제를 선보인다.

7월 말~8월 초. 모토분 필름 페스티벌
Motovun Film Festival

7월 하순에서 8월 초순 사이 4일간 개최되는 영화제로, 규모는 작지만 엄연한 국제영화제이다. 모토분 구시가 광장에 노천극장을 가설해 블록버스터부터 독립영화, 다큐멘터리까지 장르와 규모를 망라한 70여 편의 영화를 상영한다. 〈빌리 엘리어트〉가 이 영화제에서 상을 받은 바 있다. www.motovunfilmfestival.com

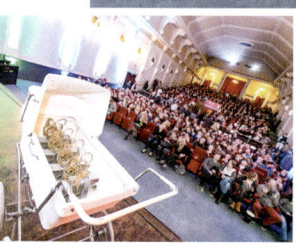

10월

중순. 자그레브 필름 페스티벌
Zagreb Film Festival

세계 중소 규모 국제영화제 중에서는 제법 권위와 특별성을 인정받고 있는 영화제이다. 이제 첫 번째 내지는 두 번째 작품을 발표한 신진 감독의 작품만을 상영·심사한다. 신인 감독의 등용문이라는 의미에서 유모차를 본뜬 마크를 사용한다. www.zagrebfilmfestival.com

중순. 자그레브 마라톤
Zagreb Marathon

1992년부터 시작된 크로아티아의 대표적 마라톤 행사. 참가비가 150쿠나인데, 유럽 내의 마라톤 중 가장 참가비가 저렴한 편에 속한다.

11월

1일. 만성절 Halloween

다른 나라와 마찬가지로 우스꽝스럽지만 유쾌한 분장을 한 어린이들과 시민들을 거리 곳곳에서 만나볼 수 있다.

초순. 자그레브페스트 Zagrebfest

스플리트 페스티벌과 쌍벽을 이루는 크로아티아의 대표적 대중음악 페스티벌.

25일. 크리스마스 Christmas

12월

독실한 가톨릭 국가인 크로아티아에서 크리스마스는 가장 중요하고도 뜻 깊은 축제이다. 수많은 크리스마스트리와 장식, 마켓, 조명이 여행자를 반겨준다. 나라 안팎에 넘쳐나는 크리스마스 무드에 푹 빠져볼 것.

+ PLUS INFO

크로아티아의 공휴일

크로아티아 여행 기간 동안 공휴일이 끼어 있다면 살짝 마음의 준비를 하는 게 좋다. 크로아티아는 공휴일에 관공서나 은행은 물론이고 어지간한 레스토랑이나 상점, 박물관까지 모두 문을 닫는다. 특히 가톨릭 관련 공휴일에는 더 심하다. 원하는 레스토랑이나 명소 등이 있다면 공휴일을 피해서 계획을 잡을 것.

날짜	공휴일
1월 1일	신년 축일
1월 6일	공현 대축일
4월 중순~5월 초	부활절(춘분 뒤 첫 보름달 다음에 오는 일요일)
	※부활절 다음 월요일도 휴무
5월 1일	노동절
6월 중순~7월 초	성체축일(부활절 60일 후)
6월 22일	반파시스트 투쟁 기념일
6월 25일	분리 독립 선포 기념일
8월 5일	승전 기념일
8월 15일	성모 승천일
10월 8일	독립 기념일
11월 1일	만성절(핼러윈)
12월 25일	크리스마스
12월 26일	성 스티븐 데이

MANUAL 21

당일치기

두브로브니크에서 떠나는 한나절 여행

두브로브니크를 볼 만큼 봤는 데도 하루가 남았다면? 걱정할 것 없다. 두브로브니크를 잠시만 벗어나자. 국경을 마주하고 있는 이웃 나라로 가서 또 다른 발칸을 만날 수도 있고, 조용한 근교 마을에서 한적하게 쉴 수도 있다. 두브로브니크 가까이 자리한 매력적인 당일치기 여행지들을 알아보자.

언덕 위 공동묘지 부근에서 바라본 차브타트의 모습

인파에 지친 당신에게
작고 한가로운 피신처, 차브타트 Cavtat

두브로브니크는 워낙 세계적인 관광도시다 보니 아주 극비수기 아닌 다음에는 한가함과는 거리가 좀 있다. 적당히 북적이는 분위기는 여행의 활력소가 되기도 하지만, 종종 구시가가 감당할 수 있는 수준을 넘어선 과포화 상태가 된다. 특히 한여름 최성수기에 크루즈라도 한 대 찾아오면 반나절쯤 도망가고 싶은 마음이 든다. 그럴 때 가장 적절한 곳이 바로 차브타트. 두브로브니크에서 남쪽으로 20km 정도 떨어진 작은 마을로, 작은 반도에 항구를 중심으로 예쁜 마을이 형성되어 있다. 무언가 굳이 찾아다니면서 보는 마을이 아니다. 그냥 항구에서 바라보는 해안선과 빨간 지붕을 가진 나지막한 집들과 골목 사이를 돌아다니며 한가로운 분위기를 만끽하는 것. 그러다 마음에 드는 카페에 앉아 커피라도 한잔 마시는 것이 차브타트의 전부라고 해도 과언이 아니다. 그러나 그런 한가로움 덕분에 두브로브니크에서 사람멀미를 겪는 사람에게는 가장 좋은 처방전이 되는 곳이기도 하다. 특히 신혼여행자 등 둘이서 오붓하게 이야기 나누며 즐길 곳을 찾는 여행자에게는 차브타트가 좋은 대안이 될 것이다.

WRITER'S NOTE
이스트라 반도랑 살짝 비교됩니다. 로빈이나 포레치와 여러모로 비슷하지만 솔직히 그쪽이 더 예뻐요. 이스트라 여행 계획이 있는 분들은 코스에서 제외하거나 아니면 아무 기대 없이 방문하시는 걸 권해요.

2권 ⓜ MAP P.62 ⓘ INFO P.73 ⓖ 구글지도 GPS 42.58318, 18.21689(구시가 중심부)
ⓖ 찾아가기 버스나 보트로 간다. 버스는 그루즈 터미널에서 10번 버스를 타고 종점에서 하차한다. 오전 5시부터 1시간에 1대꼴로 있으며, 소요시간은 약 30분. 보트는 옛 항구(올드 포트)에서 차브타트행이 오전 10시 30분부터 1시간 간격으로 출발한다. 소요시간 약 1시간 ⓢ 가격 버스 편도 27kn, 보트 편도 60kn, 보트 왕복 100kn

HOW TO ENJOY

① 로크룸 섬과 묶는다

두브로브니크에서 하루 정도 시간이 남지만 굳이 멀리 가고 싶지는 않다면 차브타트와 로크룸 섬을 묶어 하루 코스를 만들어보는 것을 추천한다. 먼저 버스를 타고 차브타트로 가서 오전 시간을 보낸 뒤 점심시간 이후 보트를 타고 로크룸 섬으로 가서 오후 시간을 보낸다. 차브타트에서 로크룸 섬까지 1시간에 1대꼴로 보트가 있다.

② 라치치 마우솔레움 Račić Mausoleum 방문하기

언덕 위에 자리하고 있는 라치치 마우솔레움 Račić Mausoleum은 꼭 방문해볼 것. 두브로브니크의 조선업 재벌 라치치 가문의 영묘靈廟로, 크로아티아를 대표하는 현대 조각가 이반 메슈트로비치 Ivan Meštrović의 작품이다. 이 영묘를 중심으로 작은 공동묘지가 형성되어 있는데, 아름다운 묘비 너머로 바다와 해안선이 어우러져 아늑한 풍경을 자아내고 있다.

> 크로아티아와는 또 다른 모습의 발칸

발칸 반도의 매력과 아픔을 한몸에 담은 나라,
보스니아-헤르체고비나 Bosnia-Herzegovina

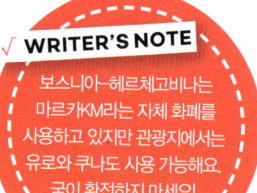

WRITER'S NOTE
보스니아-헤르체고비나는 마르카KM라는 자체 화폐를 사용하고 있지만 관광지에서는 유로화 쿠나도 사용 가능해요. 굳이 환전하지 마세요!

발칸 반도의 여러 나라들은 한때 유고슬라비아라는 하나의 이름으로 묶여 있다 20세기 말 내전을 통해 지금처럼 뿔뿔이 흩어지게 되었다. 이들이 그토록 치열하게 싸웠던 큰 이유가 바로 인종과 종교의 차이. 크로아티아를 여행하는 사람에게 이런 차이를 가장 극명하게 볼 수 있는 나라가 바로 보스니아-헤르체고비나이다. 발칸 반도의 어느 나라보다 종교적·문화적으로 다양하며, 특히 이슬람의 색채가 강하게 드러나는 나라. 이 나라를 가장 효율적이고 손쉽게 돌아보는 것이 바로 두브로브니크에서 출발하는 일일 투어이다. 두브로브니크는 크로아티아 최남단의 도시로 두 개의 국경과 접하고 있는데, 그중 하나가 보스니아-헤르체고비나. 보스니아-헤르체고비나는 북쪽의 보스니아와 남쪽의 헤르체고비나로 나뉘는데, 두브로브니크에서 출발하는 투어는 주로 남부 헤르체고비나 지역의 명소를 돌아보게 된다. 가톨릭 국가인 크로아티아와 전혀 다른 결의 또 다른 발칸을 만날 차례이다.

2권 INFO P.83

보스니아-헤르체고비나는 이슬람 신앙의 비중이 높은 국가라 모스크를 비롯한 아랍풍 건축물이 종종 눈에 띈다.
크로아티아와는 결과 빛깔이 상당히 다른 나라이다.

한가운데에 자리한 다리가 모스타르의 명물 스타리 모스트이다.
모스타르의 역사가 깃들어 있는 유서 깊은 다리이다.

보스니아-헤르체고비나 핵심 볼거리 1

아름답고 이색적이고 슬픈 도시, 모스타르 Mostar

두브로브니크에서 출발하는 보스니아-헤르체고비나 일일 투어의 핵심 도시는 바로 모스타르이다. 헤르체고비나 최대의 도시이자 보스니아-헤르체고비나 최고의 관광도시로, 아름다움이나 볼거리만 두고 보면 수도인 사라예보보다도 한 수 위라는 평가를 받고 있다. 모스타르의 가장 큰 특징이자 매력은 이슬람과 가톨릭 두 종교의 문화가 혼재되어 있는 모습을 볼 수 있다는 것. 중세까지는 가톨릭 신앙이 지배적이었으나 15세기에 오스만튀르크가 이 지역을 지배하며 이슬람 문화가 들어오게 된다. 오스만튀르크는 '모스크의 탑보다 더 높은 교회 종탑은 세울 수 없음'을 조건으로 모스타르의 원주민들에게 가톨릭 신앙을 유지할 수 있도록 허락해주었는데, 두 종교의 생활과 문화가 다르다 보니 거주 지역 또한 자연스럽게 나뉘게 되었다. 도시 한가운데를 관통하는 네레트바 강을 기준으로 동쪽에는 이슬람 신도인 보스니아계가, 서쪽에는 가톨릭을 믿는 크로아티아계가 모여 살게 되었고, 현재까지도 이 경계는 계속되고 있다. 다리 위에 서서 강 양안을 바라보면 서쪽에는 유럽풍의 집들이, 동쪽에는 이슬람풍의 모스크가 서 있는 실로 이색적인 풍경을 볼 수 있다. 터키와 다소 비슷한 느낌이지

강 동쪽 이슬람 지구의 모습

구시가 입구의 모습

만 중동풍의 풍경에 석회암 산맥과 짙은 숲, 네레트바 강의 검푸른 물, 그리고 유럽풍의 붉은 지붕이 더해진 모습은 오롯이 모스타르만의 것이다.

구시가를 벗어나면 폐허가 된 건물들을 쉽게 볼 수 있다.

✓ WRITER'S NOTE

모스타르는 아직 전쟁의 상처에서 벗어나지 못했습니다. 구시가를 조금만 벗어나도 폭격이나 총상의 흔적이 고스란히 남아 있는 건물들을 어렵잖게 볼 수 있어요. 그런 걸 볼 때마다 가슴이 먹먹해집니다. 현지 가이드는 이렇게 말했습니다. "파괴된 건물들의 사진을 찍어도 괜찮습니다. 하지만 이들을 존중한다면 절대 가까이에서 찍지는 말아주세요"라고요. 타인의 상처를 나의 구경거리로 삼지 않는 태도, 발칸반도를 여행할 때 갖춰야 할 최소한의 예의가 아닐까 싶네요.

보스니아-헤르체고비나 핵심 볼거리 2
발칸의 성스러운 땅, 메주고리예 Medjugorje

보스니아-헤르체고비나 투어는 모스타르를 중심으로 3~4개 스폿을 들르는 루트로 구성되어 있는데, 보통 가장 첫 번째로 방문하는 곳이 메주고리예이다. 비포장도로를 털털거리며 들어가야 하는 시골 마을로, 도착해보면 성당 하나가 덜렁 있을 뿐 딱히 인상적인 풍경이 아니다. 실제 관광도 약 1시간 정도 성당과 기념품 판매소를 돌아보는 것으로 끝난다. 도대체 여기를 왜 오나 싶겠지만 알고 보면 이곳은 1년에도 수십만 명이 찾는 명소 중의 명소이다. 바로 성모 발현지이기 때문.

이곳에 성모가 발현한 것은 1981년의 일로, 이 지역의 아이들 앞에 수차례 나타나 항상 기도할 것과 이 지역에 전쟁이 발발할 위험이 있으니 평화의 마음가짐을 가지라는 메시지를 전했다고 한다. 성모 발현 외에도 다양한 종교적인 기적이 벌어져 전 세계 가톨릭 신자들에게는 유명한 성지 순례지가 되었으나, 정작 교황청의 공인 발현지로는 인정받지 못한 상황이다. 현지인들의 설명에 의하면 발현 당시는 공산 국가였기 때문에 교황청 조사단이 들어갈 수 없었고, 내전이 종식되고 어느 정도 정리가 된 2010년부터 교황청에서 본격적인 조사 작업에 착수했다고 한다.

메주고리예의 중심 성당. 이곳에서 성모가 발현한 것은 아니다. 성모 발현지는 산속 깊은 곳에 있어 여행자의 접근이 힘들기 때문에, 당일 투어에서는 그냥 이 성당만 들른다.

✓ WRITER'S NOTE

보스니아-헤르체고비나 투어는 루트나 여행지를 유연하게 운영합니다. 모스타르와 메주고리예는 거의 고정적이지만 나머지 옵션 여행지는 계절과 상황에 따라 회사 및 가이드 재량으로 선택하는 편이에요. 여름철에는 주로 부나Buna라고 하는 계곡 일대로, 비수기에는 포시텔리Positelj라는 유적 마을로 갑니다.

+PLUS INFO
모스타르, 자유여행으로 가기

모스타르는 루트상 스플리트와 두브로브니크 중간에 자리한다. 가장 흔한 것은 스플리트에서 출발해 모스타르에서 1박한 뒤 두브로브니크로 가는 것. 당일치기도 불가능하지는 않지만 버스 소요 시간이 만만치 않기 때문에 1박을 하는 것이 좋다. 몹시 한가한 하루가 될 가능성이 높지만, 당일 투어로는 볼 수 없는 야경을 즐길 수 있다는 큰 장점이 있다. 스플리트에서는 버스가 하루 4~5차례 있으며 소요 시간은 4시간 조금 못 걸린다. 모스타르→두브로브니크는 하루 2~3회, 소요 시간은 3시간~3시간 30분 정도이다. 렌터카 여행자라면 스플리트에서 두브로브니크 가는 길에 당일치기로 들르는 것을 고려해볼 수 있다.

HOW TO ENJOY

스타리 모스트 Stari Most
모스타르의 가장 핵심적인 볼거리. 네레트바 강에 우뚝 선 오래된 다리로, 16세기에 오스만튀르크의 술탄의 명에 의해 지어졌다. 스타리 모스트는 '옛 다리'라는 뜻. 발칸 반도에서 가장 중요한 이슬람 건축물 중 하나로, 모스타르의 이름 자체가 '다리 파수꾼'이라는 뜻의 'Mostari'에서 온 것이라고 한다. 400여 년을 끄덕 않고 버티던 스타리 모스트는 1993년 유고 내전 중 크로아티아군의 폭격에 의해 한 줌의 돌무더기가 되어버린다. 이 폭격은 전 세계의 비난을 한 몸에 받았고, 전쟁이 끝나기 무섭게 재건에 들어가 2004년 다시 세상에 모습을 드러냈다.

20유로 점프왕
스타리 모스트에 상주하는 젊은 남성으로, 관광객이 20유로를 주면 강물로 다이빙을 한다. 누가 돈을 줄까 싶지만 의외로 하루에도 몇 차례 뛰어내리는 모습을 볼 수 있다.

구시가
구시가는 스타리 모스트를 중심으로 강 양쪽에 형성되어 있는데, 전부 돌아보는 데 두 시간이 채 걸리지 않을 정도로 자그마하다. 딱히 지도도 필요 없이 강 양쪽을 좁게, 또는 크게 돌아보면 대부분의 볼거리는 볼 수 있다.

'Don't Forget 93'
구시가 곳곳에서 'Don't Forget' 또는 'Don't Forget 93'이라고 쓰인 돌조각을 볼 수 있다. 1993년은 바로 스타리 모스트 폭격이 일어난 해. 즉, 전쟁을 잊지 말자는 뜻이다.

보스니아 전통음식 즐기기
네레트바 강가에 강과 다리의 풍경을 즐기며 식사할 수 있는 식당들이 많다. 보스니아 음식은 크로아티아에 비해 간이 짠 편이고 맥주를 곁들이는 것이 좋다. 얼마 전까지만 해도 이슬람 지역에서는 술을 전혀 팔지 않았다고 하는데 최근에는 이슬람 신자가 아닌 사람들에게는 맥주 정도는 파는 추세이다.

기념품, 살까 말까?
모스타르에는 크로아티아와 완전히 다른 스타일의 기념품을 볼 수 있다. 터키에서 수입한 조잡한 기념품과 보스니아-헤르체고비나에서 만들어진 괜찮은 공예품들이 섞여 있으니 꽤 신중한 안목이 필요하다.

때묻지 않은 발칸의 순수한 매력
검은 산과 맑은 물의 나라, 몬테네그로 Montenegro

두브로브니크에서 당일 투어로 돌아볼 수 있는 또 하나의 나라로 몬테네그로 Montenegro가 있다. 크로아티아 남쪽에 자리한 작은 나라로, 유고 내전 이후 세르비아와 병합되었다가 2006년 독립하게 되었다. 몬테네그로는 이탈리아어로 '검은 산'이라는 뜻으로, 베네치아의 지배를 받을 때 붙여진 이름이다. 디나르 알프스의 거무스름한 석회암 산맥이 국토의 대부분을 차지하고 있는 것에서 유래했다. 디나르 알프스와 아드리아 해라는 유전자는 크로아티아와 공유하지만 아직 개발도가 낮고 관광의 때가 많이 묻지 않아 크로아티아보다도 한층 더 순수하고 질박한 느낌이 가득하다. 아직 차를 반납하지 않은 렌터카 여행자라면 하루쯤 당일치기로 다녀와도 좋은 곳이다. 몬테네그로 투어는 코토르와 부드바 두 개의 도시를 중심으로 중간중간 몬테네그로의 아름다운 풍광 지구들을 들르는 식으로 진행된다. 2권 ⓘ INFO P.83

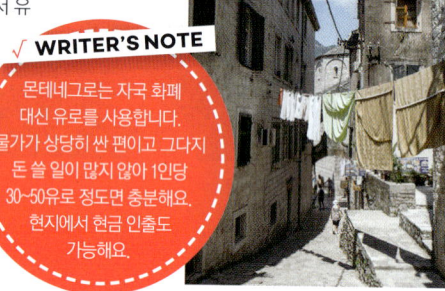

√ WRITER'S NOTE
몬테네그로는 자국 화폐 대신 유로를 사용합니다. 물가가 상당히 싼 편이고 그다지 돈 쓸 일이 많지 않아 1인당 30~50유로 정도면 충분해요. 현지에서 현금 인출도 가능해요.

몬테네그로 핵심 볼거리 1
몬테네그로를 대표하는 풍경, 코토르 Kotor

몬테네그로의 핵심 도시는 코토르로, 베네치아 시대에 지어진 예스러운 건물들이 고스란히 남아 있는 항구 도시이다. 앞에는 코토르 만의 새파란 물이 펼쳐지고 뒤로는 거무스레한 로브첸 산이 우뚝 서 있으며 도시는 배산임수의 모습으로 조용히 자리하고 있다. 역사적 가치가 높은 중세 건축물이 많으며 도시의 모습이 잘 보존되어 있어 구시가 전체가 유네스코 세계문화유산으로 지정되어 있다. 스플리트, 트로기르, 시베니크 등과 어느 정도 흡사해 보이나 그보다 거칠거칠하면서 덜 다듬어진 매력이 있다. 특히 이 나라가 왜 '검은 산'이라 불리는지 실감케 해주는 검은 석회암 절벽이 특별한 이국적인 매력을 더해준다. 투어 시에는 약 2시간 정도 자유 시간을 주는데, 구시가 자체는 1시간이면 모두 돌아볼 정도로 자그마하다.

HOW TO ENJOY
성벽 투어

두브로브니크 성벽 투어보다는 규모가 훨씬 작지만 검은 산과 푸른 바다, 그리고 중세 도시가 어우러지는 풍경은 이곳만의 특별한 장관이다. 도시의 아무 곳에서나 로브첸 산이 보이는 쪽으로 이동하면 성벽으로 향하는 입구를 쉽게 찾을 수 있다. 요금 3유로.

몬테네그로 핵심 볼거리 2
작은 두브로브니크, 부드바 Budva

시즌에 따라서 조금씩 차이는 있지만 일반적으로 오전에는 코토르에서, 점심 시간과 오후 시간은 부드바에서 보내게 된다. 부드바는 지중해에서 가장 오래된 해양 요새 도시 중 한 곳으로, 두브로브니크가 발전하기 전에는 아드리아 해에서 가장 중요한 항구였다고 한다. 구시가 전체가 높은 성벽으로 둘러싸여 있고 한쪽이 탁 트인 아드리아 해와 마주 보고 있는 모습이 여러모로 두브로브니크와 비슷해 보인다. 투어 중에는 주로 해안에서 태닝을 즐기거나 구시가를 천천히 돌아다니며 시간을 보내게 된다. 부드바는 몬테네그로에서 가장 유명한 휴양지로, 몬테네그로치고는 물가가 비싼 편이다. 그러나 다른 유럽 휴양지와 비교하면 상당히 저렴한 편에 속한다.

HOW TO ENJOY
해산물을 먹자
특별한 경우가 아니면 점심식사를 부드바에서 하게 된다. 크로아티아보다 훨씬 저렴한 가격에 신선한 해산물을 맛볼 수 있으므로 알레르기만 없다면 꼭 맛볼 것.

+ PLUS INFO
보스니아-헤르체고비나 & 몬테네그로 데이 투어 A to Z

① 여행의 시작, 예약
레아 트래블LEA Travel이라는 곳이 투어의 퀄리티나 가격, 친절함 모두 단연 최고라 할 수 있다. 예약은 전화나 이메일, 홈페이지로 가능하며 호텔에서 묵는 경우에는 프런트나 컨시어지와 상담하면 대신 친절히 예약해준다.

- 전화 098-787-708 시간 하절기 09:00~22:00 동절기 09:00~19:00
- 휴무 비정기적 가격 보스니아-헤르체고비나 59유로(440~450kn), 몬테네그로 59유로(440~450kn)
- 홈페이지 www.lea-travel.com

② 여행의 시작과 끝
숙소를 알려주면 여행사 측에서 픽업을 온다. 호텔은 바로 문 앞까지 오고, 아파트나 현지인 민박은 가까운 픽업 장소를 지정해준다. 공식적인 출발은 오전 7~8시이나 숙소에 따라 조금씩 차이를 둔다. 투어를 마치고 두브로브니크에 돌아오면 오후 6시경이 된다. 구시가 인근 또는 각자의 숙소 앞에서 내려주므로 자신의 다음 일정에 따라 편한 곳을 선택하자.

✓ WRITER'S NOTE
크로아티아 사람들 정말 약속 시간을 잘 지킵니다. 지정된 픽업 시간에서 5분 늦는 법도 잘 없어요. 픽업 시간까지 모두 고려해 투어 일정을 짜기 때문에 정해준 시간에서 늦으면 크게 폐를 끼치게 됩니다. 절대 늦지 마세요.

③ 여권은 필수
발칸 반도의 국가들은 아직 셍겐 조약을 비롯한 국경 협정에 등록되어 있지 않으므로 국경마다 여권 검사를 한다. 잊지 말고 챙길 것.

④ 가이드 말에 귀를 기울이자
투어는 가이드가 차로 목적지까지 실어다 준 뒤 자유 시간을 주고, 다시 차로 실어 다음 목적지로 실어다 주는 평범한 형태로 진행된다. 차로 이동할 때는 가이드가 주변 자연환경과 주요 지형지물, 발칸 반도의 역사와 유고 내전, 현재의 정치적 상황 등에 대해 다양한 이야기를 들려준다. 영어도 유창하고 말솜씨도 좋아 귀에 쏙쏙 들어온다.

MANUAL 22

숙소

크로아티아의 달콤한 밤을 위하여

어떤 여행을 떠나느냐에 따라 숙소는 크게 달라지기 마련이다. 사랑하는 사람과 함께하는 로맨틱한 여행, 큰맘 먹고 떠나는 럭셔리한 휴가 여행에서는 비용이 좀 들더라도 되도록 고급스러운 숙소를 원하지만, 배낭여행에서는 조금이라도 더 저렴하면서도 쾌적한 숙소를 찾게 된다. 로맨틱한 풍경 때문에 신혼여행지로 각광받는 한편 유럽에서 가장 물가가 저렴한 나라로 배낭여행지로도 사랑받고 있는 크로아티아에서 이런 모든 욕구를 충족시켜 줄 숙소를 소개해본다.

Accomodations

크로아티아 여행을 위한 숙소 레시피

자그레브 Zagreb
반 엘라치치 광장에서 도보 10분 이내로 구할 것. 최근에는 버스터미널 주변에도 좋은 숙소들이 하나둘 생기는 추세이다. 부득이 먼 곳의 숙소를 구한다면 6번 트램이 다니는 곳인지 꼭 확인할 것.

포레치 Poreč / 모토분 Motovun / 로빈 Rovinj / 풀라 Pula — 이스트라 반도 Istra
렌터카 여행자라면 에어비앤비를 주목하자. 대중교통으로 접근 못하고 차로만 갈 수 있는 근사한 해안 빌라들이 에어비앤비에 종종 등장한다. '크로아티아'로 검색한 뒤 지도가 뜨면 확대해서 꼼꼼히 찾아보자.

플리트비체 Plitvice
예약 없이 호객꾼과의 흥정으로 숙소를 잡으려는 저예산 여행자는 시베니크를 주목하자. 스플리트와 비슷한 교통 조건임에도 민박 가격이 훨씬 더 저렴하다.

자다르 Zadar
구시가 안쪽에 호텔·호스텔·아파트가 모두 있으며 가격도 저렴한 편이다. 가격 걱정에 지레 겁먹고 멀리 있는 숙소를 구하지 말고 구시가 안쪽에서 해결할 것!

시베니크 Šibenik / 프리모슈텐 Primošten / 트로기르 Trogir / 스플리트 Split / 흐바르 Hvar — 달마티아 해안
굳이 구시가 안쪽에 집착하지 말 것. 특히 성수기에는 사악하다고 해도 좋을 정도로 가격이 올라가지만 가격 대비 만족도는 떨어지는 편. 구시가에서 도보 10분 이내면 충분. 좋은 리조트들은 구시가에서 멀리 떨어져 있는 경우가 많으므로 렌터카 여행이라면 노려보자.

두브로브니크 Dubrovnik
중심가에는 리조트나 호텔이 많지 않으므로 럭셔리 여행자라면 고급 아파트를 구하는 것이 좋다. 키워드는 '리바' 또는 '시계탑 전망'이다. 크로아티아에서 숙소 호객꾼이 가장 많은 동네이므로 저예산 여행자라면 굳이 예약 안 하고 와도 될 정도.

보스니아-헤르체고비나 Bosnia and Herzegovina
몬테네그로 Montenegro
이탈리아 Italy

크로아티아 여행을 위한 숙소 레시피

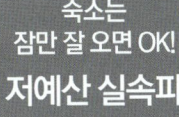

숙소는 되도록 안락하고 고급스럽게! **럭셔리파**

여행의 목적은 관광!
중심가에 있는 숙소가 최고!

자그레브
- 에스플라나데 자그레브 호텔
- 베스트 웨스턴 프리미어 호텔 아스토리아

두브로브니크
- 빌라 아나스타샤
- 힐튼 임페리얼
- 더 푸치치 팰리스

스플리트
- 팰리스 유디타 헤리티지 호텔
- 코르나로 호텔
- 호텔 마몬트

자다르
- 바스티온 헤리티지 호텔

좀 멀어도 OK!
휴양하기 좋은 곳이 최고!

두브로브니크
- 호텔 엑셀시오르
- 빌라 두브로브니크
- 호텔 벨뷰
- 라디슨 블루 리조트 & 스파

흐바르
- 암포라 리조트

프리모슈텐
- 아드리아틱 호텔 조라

숙소는 잠만 잘 오면 OK! **저예산 실속파**

숙소는 누가 뭐래도
호텔이 최고!

아무 생각 없다!
그냥 갈 거다!

↓

민박 현지 조달!
(P.89)

자그레브
- 호텔 크로아티아

두브로브니크
- 호텔 라파드

여행 기분을 만끽할 수 있는 호스텔
현지인 민박이 최고!

자그레브
- 호스텔 샤피
- 녹투르노 호스텔
- 스완키 민트 호스텔

두브로브니크
- 호스텔 빌라 안젤리나 올드 타운
- 호스텔 마이웨이

스플리트
- 골리보시 디자인 호스텔
- 호스텔 엠마누엘
- 부티크 호스텔 포룸

자그레브 Zagreb Luxury

에스플라나데 자그레브 호텔
Esplanade Zagreb Hotel

중앙역에서 반 옐라치치 광장으로 가는 길목에 자리한 호텔로, 모르는 사람 눈에는 대통령 궁쯤으로 보일 정도로 근사하다. 로비와 객실, 서비스, 식사, 집기 등 어느 하나 흠잡을 구석 없이 매우 고급스러운 호텔로, 신혼여행객들이 애용하는 곳이다. 유럽 스타일의 고풍스러운 인테리어를 자랑하며 다소 중후한 분위기라 호불호는 약간 갈리는 편. 그럼에도 불구하고 현재 자그레브에서 가

장 좋은 호텔이라고 해도 크게 시비 걸 사람은 없다.

2권 MAP P.40E 구글 지도 GPS 45.805407, 15.975889 찾아가기 중앙역 앞 대로에서 중앙역을 등지고 왼쪽으로 가다 보면 길 건너편으로 호텔 건물이 보인다. 트램 2, 4, 6, 9, 13번 Glavni Kolodvor 하차 후 도보 약 10분 주소 Mihanovićeva 1, Zagreb 전화 01-456-6666 시간 체크인 15:00, 체크아웃 12:00 가격 비수기(10~5월) 800kn(≒100유로)~, 성수기(6~9월) 1150kn(≒150유로)~ 홈페이지 www.esplanade.hr

베스트 웨스턴 프리미어 호텔 아스토리아 Best Western Premier Hotel Astoria

최고의 위치와 뛰어난 서비스, 편리한 객실 설비 등으로 자그레브를 찾는 여행자들에게 다년간 최고의 인기를 누리고 있는 4성급 호텔이다. 구시가와 중앙역의 딱 중간쯤에 있어 어느 쪽으로든 도보로 편리하게 이동할 수 있다는 것이 최고의 장점. 한적한 골목의 낡은 건물에 자리해 외관이 약간 낙후되어 보이지만, 객실은 고전적인 분위기에 편리한 설비를 잘 갖추고 있으며 관리도 깔끔하게 잘되어 있는 편이다. 저예산 여행자를 제외한 어떤 타입의 자그레브 여행에도 무난하게 추천할 수 있는 호텔이다.

2권 MAP P.40D 구글 지도 GPS 45.807212, 15.980415 찾아가기 중앙역 앞에서 길을 건넌 뒤 오른쪽으로 방향을 틀어 80m 정도 걷다가 왼편으로 나타나는 Petrinjska 길로 들어가 다시 200m 정도 직진하면 오른편에 보인다. 트램 2, 4, 6, 9, 13번 Glavni Kolodvor 하차 후 도보 약 5분 주소 Petrinjska 71, Zagreb 전화 01-4808-900 시간 체크인 14:00, 체크아웃 12:00 가격 비수기(10~5월)

600kn(≒80유로)~, 성수기(6~9월) 800kn(≒100유로)~ 홈페이지 www.bestwestern-ce.com/astoria

✓ WRITER'S NOTE
저렴한 카테고리의 객실은 다소 좁습니다. 혼자 다니시는 분이라면 모를까, 커플 여행자들은 비용을 약간 투자하시길 권하고 싶습니다.

자그레브 Zagreb Economy

호텔 크로아티아
Hotel Croatia

가격 대비 훌륭한 객실을 갖추고 있다. 로비나 식당 등의 부대시설은 썩 특별할 것 없으나 객실이 상당히 넓은데다 가구 및 비품이 충실하게 갖춰져 있고 무료 와이파이에 욕실도 훌륭하다. 반 옐라치치 광장에서 트램으로 세 정거장 떨어져 있으나 만능 트램 6번이 다니기 때문에 교통편은 오히려 좋은 편이라 할 수 있다. 중저가 가격대의 괜찮은 호텔을 찾는 사람들에게 강력 추천.

2권 MAP 지도 범위 밖 구글 지도 GPS 45.814744, 15.9545220 찾아가기 트램 2, 6, 11번 dr. Franje Tuđmana역에서 내린 뒤 일리차 길을 따라 서쪽으로 간 뒤 오른쪽으로 보이는 언덕길로 들어간다. 주소 Vinogradska cesta 20, Zagreb 전화 01-376-8870, 01-376-8552 시간 체크인 14:00, 체크아웃 11:00 가격 450kn(≒60유로)~ 홈페이지 www.hotel-croatia.com.hr

호스텔 샤피 Hostel Shappy

최근 자그레브에서 가장 인기 있는 호스텔이다. 더블룸과 트윈룸, 도미토리 중심으로 운영되며, 리셉션과 엘리베이터가 없다는 것을 제외하면 호텔과 크게 다르지 않은 인테리어와 설비를 자랑한다. 깔끔하고 관리 상태도 좋으며 인테리어 센스도 좋은 편. 도니 그라드의 번화한 길가에 자리하고 있어 찾기도 편하다. 개인실을 선호하지만 호텔 숙박비는 부담스러운 여행자에게 강력 추천한다.

2권 ⊙ MAP P.40C ⑧ 구글 지도 GPS 45.812013, 15.972674 ⊙ 찾아가기 반 엘라치치 광장에서 일리차 거리를 따라 약 200m 직진하다 나이키 맞은편의 넓은 골목으로 좌회전한다. 그 골목에서 츠비예트니를 지나 직진하다가 오른쪽으로 Varšavska 길이 나오면 우회전해 약 100m 직진한다. 트램 1, 6, 11, 12, 13, 14, 17번 Trg Bana Jelačića 하차 후 도보 약 10분 ⊙ 주소 Varšavska 8 Zagreb ⊙ 전화 01-483-0483 ⊙ 시간 체크인 14:00, 체크아웃 11:00 ⑤ 가격 다인실 120kn(≒16유로)~, 더블·트윈룸 350kn(≒45유로)~ ⊙ 홈페이지 www.hostel-shappy.com

녹투르노 호스텔 Nokturno Hostel

000페이지에서 소개한 피자 레스토랑 녹투르노와 함께 운영하고 있는 호스텔. 올드 타운의 한복판인 스칼린스카 거리에 자리하고 있어 관광하기 편리하면서도 가격은 저렴한 편이고, 시설과 청결도도 수준급이다. 저예산 여행자가 자그레브를 여행할 때 그다지 갈 등할 것 없이 최우선 순위로 고려해볼 만한 곳이다.

2권 ⊙ MAP P.40C ⑧ 구글 지도 GPS 45.814795, 15.977094 ⊙ 찾아가기 돌라치 시장에서 트칼치체바 거리로 향하는 스칼린스카 언덕의 아래쪽. 녹투르노 식당 위층에 있다. 트램 1, 6, 11, 12, 13, 14, 17번 Trg Bana Jelačića 하차 후 도보 약 10분. ⊙ 주소 Skalinska 2a Zagreb ⊙ 전화 01-4813-325 ⊙ 시간 체크인 14:00, 체크아웃 11:00 ⑤ 가격 3인실 이상 130kn(≒18유로), 싱글룸 200kn(≒20유로) ⊙ 홈페이지 www.hostel.nokturno.hr

스완키 민트 호스텔 Swanky Mint Hostel

19세기부터 염색 및 드라이클리닝 공장으로 쓰이던 곳을 개조해 호스텔로 사용하고 있으며, 〈꽃보다 누나〉에서 연기자와 스태프들이 묵었던 곳이다. 옛 공장의 분위기를 재치 있게 살린 현대적이면서 젊은 감각의 인테리어가 돋보이며 설비도 좋은 편이다. 반 엘라치치 광장에서 트램으로 한 정거장 떨어져 있기는 하나 대로변에 자리하고 있어 찾기는 쉬운 편.

2권 ⊙ MAP P.40C ⑧ 구글 지도 GPS 45.813323, 15.968680 ⊙ 찾아가기 반 엘라치치 광장에서 일리차 거리를 따라 약 600m 직진. 또는 트램 1, 6, 11번 Frankopanska 하차 ⊙ 주소 Ilica 50 Zagreb ⊙ 전화 01-4004-248 ⊙ 시간 체크인 14:00, 체크아웃 11:00 ⑤ 가격 4인실 이상 90kn(≒12유로)~, 싱글룸 220kn(≒30유로)~ ⊙ 홈페이지 www.swanky-hostel.com

두브로브니크 Dubrovnik Luxury

빌라 아나스타샤 Villa Anastasia

18세기에 귀족이 거주하던 저택을 리모델링한 럭셔리 아파트이다. 3실의 스위트룸을 운영하고 있는데, 모든 객실이 크로아티아 각지에서 수집한 앤티크 가구와 베네치아 유리로 고급스럽게 꾸며져 크로아티아 귀족의 집을 빌린 듯한 특별한 기분까지 느껴진다. 기본적으로는 렌탈 아파트지만 정식 로비를 갖추고 있고 조식도 제공되며 컨시어지 서비스도 받을 수 있다. 자쿠지 풀까지 설치된 넓은 정원, 베란다에서 보이는 구시가와 바다 전경 또한 일품이다. 가격대는 상당히 높으나 두브로브니크에서 평생 한 번뿐인 추억을 간직하고픈 의미 있는 여행이라면 가장 먼저 고려해봐야 할 숙소라고 말할 수 있다.

2권 MAP P.63C 구글 지도 GPS 42,642803, 18,107461
찾아가기 필레 게이트에서 도보 약 5분 주소 Uz Posat 5, Dubrovnik 시간 체크인 15:00, 체크아웃 11:00
가격 비수기(10월~5월) 2100kn(≒280유로)~, 성수기(6월~9월) 2700kn(≒350유로)~ 홈페이지 www.villaanastasia.net

호텔 엑셀시오르 Hotel Excelsior

1913년부터 100년이 넘는 세월 동안 두브로브니크 최고 인기 호텔의 자리를 차지하고 있는 곳이다. 플로체 게이트에서 도보 약 10분 거리로 이동이 편리하며, 객실을 비롯해 로비, 레스토랑, 야외 바 등에서 구시가와 바다의 풍경이 눈부시게 펼쳐진다. 5성급 호텔답게 수영장이나 헬스클럽, 스파 등과 별예 비치 부근에 프라이빗 비치도 보유하고 있다. 총 객실 수가 158실로 꽤 많은 편임에도 한 달 전 예약도 힘들 정도로 인기가 높다.

WRITER'S NOTE
반드시 바다 전망 Sea View 객실로 잡으세요! 가격대가 높긴 하지만 기왕 쓰는 김에 조금 더 쓰세요!

2권 MAP P.62 구글 지도 GPS 42.641039, 18.118900
찾아가기 플로체 게이트를 등지고 동쪽 방향으로 해안을 따라 난 길을 따라 약 500m 주소 Frana Supila 12, Dubrovnik 전화 020-430-830 시간 체크인 14:00, 체크아웃 12:00
가격 비수기(10~5월) 1200kn(≒150유로)~, 성수기(6월~9월) 2000kn(≒270유로)~ 홈페이지 www.adriaticluxuryhotels.com/en/hotel-excelsior-dubrovnik

힐튼 임페리얼 Hilton Imperial

플로체 게이트 부근의 최강 호텔이 호텔 엑셀시어라면, 필레 게이트 부근의 최강 호텔은 힐튼 임페리얼이다. 호텔 입구부터 구시가까지 도보로 채 5분이 걸리지 않는 최고의 입지 조건을 자랑한다. 바다와 구시가가 내려다보이는 제법 근사한 풍경을 즐길 수 있다. 객실은 중후하고 고풍스러운 분위기로, 약간 노후하다는 지적도 있다. 주로 연령대가 약간 높은 층에서 선호하는 호텔로, 가족여행이나 부부 동반 여행에 추천하고 싶은 곳이다.

2권 MAP P.63C 구글 지도 GPS 42.642756, 18.104703
찾아가기 필레 게이트에서 도로로 나오면 길 바로 건너편에 보인다. 주소 Marijana Blazica 2, Dubrovnik 전화 020-320-320 시간 체크인 14:00, 체크아웃 12:00 가격 비수기(10~5월) 1500kn(≒200유로)~, 성수기(6~9월) 2300kn(≒300유로)~ 홈페이지 www.hilton.com/en/hotels/croatia/hilton-imperial-dubrovnik-DBVHIHI/index.html

빌라 두브로브니크 Villa Dubrovnik

구시가에서 멀지 않은 위치에서 휴양지 기분을 누리고 싶다면 빌라 두브로브니크를 주목하자. 객실이 60개 미만인 작은 호텔로, 대형 호텔보다 한적하고 여유롭지만 5성급 호텔다운 편의와 서비스는 알차게 즐길 수 있다. 대부분의 객실이 바다 전망으로, 널찍한 창을 통해 아드리아 해와 로크룸 섬의 풍경이 한눈에 들어온다. 모든 객실에 널찍한 발코니가 딸려 있어 바다 전망이 없는 객실도 발코니만 나가면 아드리아 해를 가까이에서 즐길 수 있다. 스파와 실내 수영장, 비치 라운지, 프라이빗 비치 등도 잘 갖추고 있다.

WRITER'S NOTE
위치가 애매한 게 흠입니다. 구시가와 2km가량 떨어져 있어 도보로 오가기는 많이 부담스러워요. 렌터카 여행자에게 좀 더 권하고 싶은 곳입니다.

2권 MAP P.62 구글 지도 GPS 42.638086, 18.126958
찾아가기 플로체 게이트에서 해안도로를 따라 약 2km 직진 주소 Vlaha Bukovca 6, Dubrovnik 전화 020-500-300
시간 체크인 15:00, 체크아웃 12:00 가격 비수기(10~5월) 1800kn(≒230유로)~, 성수기(6~9월) 3500kn(≒450유로)~ 홈페이지 www.villa-dubrovnik.hr

호텔 벨뷰 Hotel Bellevue

구시가와 라파드, 그루즈 터미널 세 곳의 중간 지점쯤에 해당하는 미라마레Miramare 만에 자리하고 있는 호텔로, 전망과 시설은 가히 두브로브니크 최고로 손꼽힌다. 구시가에서 1km 정도 떨어져 있고 주변에 이렇다 할 편의시설이 없어 뚜벅이 여행자들에게는 권하기 힘들지만, 위치에 구애받을 필요 없는 렌터카 여행자들에게는 추천할 만하다. 애매한 위치를 제외하면 100점에 가까운 호텔로, 뛰어난 전망과 세련된 인테리어, 세심한 서비스가 돋보이며 아름다운 프라이빗 비치까지 보유하고 있다. 하루쯤은 관광을 접고 숙소에서 푹 쉬면서 휴양을 즐기고 싶은 여행자라면 이 호텔을 꼭 염두에 둘 것.

2권 ⓞ MAP P.62 ⓖ 구글 지도 GPS 42.646602, 18.092100
ⓐ 주소 Pera Čingrije 7, Dubrovnik ⓟ 전화 020-430-830
ⓣ 시간 체크인 14:00, 체크아웃 12:00 ⓢ 가격 비수기(10~5월) 1150kn(≒150유로)~, 성수기(6~9월) 2000kn(≒250유로)~ ⓗ 홈페이지 www.adriaticluxuryhotels.com/en/hotel-bellevue-dubrovnik

더 푸치치 팰리스 The Pucić Palace

구시가 안쪽에서 숙박을 원하는 사람들은 주목하자. 성 블라호 성당 뒤편 군둘리치 광장 근처 골목에 자리 잡은 숙소로, 부티크 호텔과 아파트 두 종류로 운영된다. '팰리스'라는 이름이 아깝지 않게 우아하면서 고급스러운 인테리어와 설비를 자랑한다. 실내가 좁긴 하지만 오히려 옛날 귀족 저택이라는 것이 더 실감난다. 투숙객은 반예 비치에 자리한 고급 비치 클럽인 이스트 웨스트 비치 클럽East West Beach Club에서 파라솔이나 선베드 등 프라이빗 비치에 준하는 서비스를 받을 수 있다. 발코니아 레스토랑에서 보이는 군둘리치 광장의 전망도 일품.

2권 ⓞ MAP P.63E ⓖ 구글 지도 GPS 42.640466, 18.109745
ⓐ 찾아가기 군둘리치 광장 바로 옆 ⓐ 주소 Ulica od Puča 1, Dubrovnik ⓟ 전화 020-326-222 ⓣ 시간 체크인 14:00, 체크아웃 12:00 ⓢ 가격 비수기(10~5월) 2000kn(≒250유로)~, 성수기(6~9월) 2700kn(≒350유로)~ ⓗ 홈페이지 www.thepucicpalace.com

라디슨 블루 리조트 & 스파
Radisson Blu Resort & Spa

관광은 하루 정도로 끝내고 대부분의 시간을 아름다운 아드리아 해의 품안에서 휴양을 만끽하고자 하는 여행자라면 반드시 주목할 것.

두브로브니크 구시가에서 약 15km 떨어진 오라샤츠Orašac 지역에 자리하고 있는 호텔로, 달마티아 중부에서 두브로브니크로 들어오는 8번 도로에서 한눈에 찾아볼 수 있다. 두브로브니크에서 가장 세련된 호텔로 각종 서비스와 어메니티가 최상급으로 준비되어 있다. 스파 및 수영장 시설이 두브로브니크 인근에서 가장 뛰어난 곳으로, 실내외 통틀어 수영장만 총 세 개 있으며 물론 프라이빗 비치도 있다.

WRITER'S NOTE
일반 호텔 룸 외에도 레지던스 객실이 있어요. 직접 식사를 조리하고 싶다면 그쪽을 선택하세요!

2권 ⓞ MAP P.62 ⓖ 구글 지도 GPS 42.694990, 18.015206
ⓐ 찾아가기 8번 국도 선상에 있다. 구시가에서 약 15km 떨어져 있다. ⓐ 주소 Na Moru 1, Orasac, Dubrovnik
ⓟ 전화 020-361-500(호텔), 00789-61-10502(라디슨 호텔 공통 한국 전용 무료 전화) ⓣ 시간 체크인 16:00, 체크아웃 12:00
ⓢ 가격 비수기(10~5월) 770kn(≒100유로)~, 성수기(6~9월) 2000kn(≒250유로)~ ⓗ 홈페이지 www.radissonblu.com/resort-dubrovnik

빌라 아드리아티카 Villa Adriatica

TV 프로그램 〈꽃보다 누나〉에서 출연진들이 묵었던 숙소. 최강의 전망 덕분에 비슷한 가격대의 다른 아파트에 비하면 상태가 다소 올드한 편임에도 모든 것을 감수할 수 있다. 플로체 게이트에서 도보 약 5분, 구시가 인근에서 가장 큰

마트가 코앞이라는 것도 큰 장점. 모든 객실과 아파트에 전망 발코니가 딸린 것은 아니므로 발코니 딸린 객실을 원한다면 미리 상의해야 한다. 오로지 홈페이지의 이메일 상담만으로 예약을 받는다. 최근 에어비앤비를 통해서도 영업하고 있다.

2권 ⓞ MAP P.63F ⓖ 구글 지도 GPS 42.641910, 18.113018
ⓐ 찾아가기 플로체 게이트 바로 앞에 있다. 콘줌 마트 건물 1층에 있는 기념품 가게에서 리셉션을 담당한다. ⓐ 주소 Frana Supila 4, Dubrovnik ⓟ 전화 098-334-500 ⓣ 시간 체크인 14:00, 체크아웃 10:00 ⓢ 가격 비수기 500kn(≒60유로)~, 성수기 850kn(≒110유로)~
ⓗ 홈페이지 www.villa-adriatica.net

두브로브니크 Dubrovnik Economy

✓ **WRITER'S NOTE**
부대시설이 잘되어 있어 주차장도 당연히 있을 것 같지만 없는 게 반전입니다. 인근의 유료 주차장을 이용해야 한다는 것을 염두에 두세요!

호텔 라파드 Hotel Lapad

두브로브니크 일대 호텔의 아쉬운 점 중 하나는 '적당한' 곳이 드물다는 것이다. 큰맘 먹고 지르는 특급 호텔은 적지 않지만 휴가 여행자들이 이용할 만한 적당한 가격대의 3~4성급 호텔은 도시 규모에 비해 몹시 드문 편이다. 딱 그 정도 호텔을 찾고 있는 사람이라면 호텔 라파드를 주목하자. 그루즈 항구에서 라파드 반도로 가는 길목에 자리한 4성급 호텔로, 고급스러우면서도 안락한 객실을 자랑하며 야외 수영장과 레스토랑을 비롯한 다양한 부대시설을 갖추고 있으면서도 합리적인 가격으로 운영하고 있다. 성수기에는 다소 비싼 편이지만 비수기에는 구시가 내의 호객 아파트와 비슷한 가격으로 숙박 가능하다. 호텔 부근에서 버스로 구시가를 오갈 수 있으므로 뚜벅이들에게도 나쁘지 않다.

2권 ⓜ MAP P.62 ⓖ 구글 지도 GPS 42.657274, 18.081634 ⓒ 찾아가기 필레 게이트에서 버스 2A, 6, 9번 탑승 후 약 15분 ⓐ 주소 Lapadska obala 37, Dubrovnik ⓟ 전화 020-455-555 ⓣ 시간 체크인 14:00, 체크아웃 12:00 ⓢ 가격 비수기(10~5월) 500kn(≒60유로)~, 성수기(6~9월) 900kn(≒120유로)~ ⓗ 홈페이지 www.hotel-lapad.hr

호스텔 빌라 안젤리나 올드 타운 Hostel Villa Angelina Old Town

구시가 북쪽 언덕 위 부자 게이트 근처에 자리한 호스텔로, 현재 올드 타운 내에 있는 호스텔 중에서 가장 인기 있는 곳이다. 4·6·8인실 도미토리를 중심으로 트윈·더블 룸을 운영한다. 구시가에서 가장 높은 곳이라 주변 전망도 좋지만 위치와 시설이 워낙 좋다 보니 도미토리치고는 가격대가 다소 높은 편. 무시무시한 계단을 올라가야 하는 것을 제외하면 딱히 흠잡을 것이 없다.

2권 ⓜ MAP P.63C ⓖ 구글 지도 GPS 42.642485, 18.108598 ⓒ 찾아가기 플라차 거리에서는 필레 게이트에서 프란체스코 수도원을 지나친 뒤 왼쪽으로 두 번째 골목으로 들어가 언덕 끝까지 올라간다. 중간에 갈림길이 나오면 왼쪽으로 간다. 부자 게이트에서는 성 안으로 들어간 뒤 오른쪽(서쪽)으로 꺾어 쭉 직진하다 끝에서 두 번째 골목으로 들어간다. ⓐ 주소 Plovani skalini 17A, Dubrovnik ⓟ 전화 091-893-9089

ⓣ 시간 체크인 14:00~23:30, 체크아웃 08:00~10:30 ⓢ 가격 비수기(10~5월) 140kn(≒18.5유로), 성수기(6~9월) 370kn(≒50유로)~ ⓗ 홈페이지 hostelangelinaoldtowndubrovnik.com

호스텔 마이웨이 Hostel My Way

한 가지는 각오하자. 이곳은 교통이 좋지 않다. 구시가나 버스터미널에서 버스를 타고 가야 하는데, 버스의 배차 간격이 드문드문한데다 노선이 꼬여 있다. 그러나 가격과 시설 두고 봤을 때는 두브로브니크의 호스텔 중 가히 최고라고 할 수 있는 곳이다. 저예산 배낭여행자에게 필요한 모든 시설과 깔끔한 설비를 갖추고 있으면서도 가격은 상당히 저렴하다. 구시가에서 약 1.7km, 버스터미널에서 약 1.5km 거리. 짐이 가볍고 걷는 것을 좋아하며 이 정도 거리는 굳이 버스를 탈 필요 없는 체력 좋은 여행자에게 강력 추천한다.

2권 ⓜ MAP P.62 ⓖ 구글 지도 GPS 42.652768, 18.093682 ⓒ 찾아가기 구시가나 버스터미널에서 8번 버스를 탄다. 버스터미널에서는 4정거장, 구시가에서도 4정거장. ⓐ 주소 Andrije Hebranga 33, Dubrovnik ⓟ 전화 020-415-459 ⓣ 시간 체크인 14:00~23:30, 체크아웃 10:00 ⓢ 가격 비수기(10~5월) 130kn(≒18.5유로), 성수기(6~9월) 220kn(≒29유로)~ ⓗ 홈페이지 www.mywayhostels.com

+ PLUS INFO 두브로브니크에서 아파트 예약하기

두브로브니크에는 정말 아파트가 많다. 부킹닷컴이나 익스피디아, 호텔즈닷컴 등 유명 사이트에서도 둘러보기 및 예약이 가능하지만, 좀 더 다양한 선택을 원하는 예비 여행자라면 아래의 사이트들도 꼭 찾아보자. 인터넷에 능숙하지 않은 순박한 현지인들이 운영하는 진짜 보석 같은 아파트를 수없이 발견할 수 있다.

아파트먼츠 두브로브니크 온라인 / www.apartmentsdubrovnikonline.com
아파트먼츠 인 두브로브니크 / www.apartmentsindubrovnik.com
페르바노보 / www.pervanovo.com
두브로브니크 아파트먼츠 소스 / www.dubrovnikapartmentsource.com

+PLUS INFO

두브로브니크의 베드타운, 라파드 & 바빈 쿡 Lapad & Babin Kuk

호텔 예약 애플리케이션 또는 사이트를 이용해 두브로브니크의 숙소를 예약하다 보면 생소한 지명 두 곳이 빈번히 등장하는 것을 볼 수 있는데, 심지어 괜찮아 보이는 숙소도 많다. 바로 라파드와 바빈 쿡으로, 두브로브니크의 구시가에서 서북쪽으로 4~5km 떨어진 곳에 자리하고 있다. 구시가나 스르지 산처럼 화끈한 볼거리는 없지만 예쁜 비치와 아름다운 자연환경 때문에 호텔과 아파트가 많이 들어서 있는, 두브로브니크의 베드타운과 같은 역할을 하고 있는 곳이다. 이름과 성격만이라도 알아두면 숙소 예약에 큰 도움이 된다.

신시가지, 라파드 Lapad

구시가의 서북쪽에 자리한 작은 반도 지역으로, 그루즈 버스터미널에서 작은 만을 사이에 두고 건너편에 자리하고 있다. 대학과 우체국, 쇼핑센터, 대형 마트 등이 자리한 신시가지로 두브로브니크의 많은 주민들이 거주하고 있다. 호텔과 아파트, 민박도 다수 밀집되어 있는데, 올드 타운 일대보다 시설과 가격 면에서 훨씬 유리하나 관광지로 나가려면 차를 타고 움직여야 한다는 단점이 있다.

LAPAD TIPS

● 민박이나 아파트보다는 2~3성급호텔에서숙박하기를 원한다면 라파드를 눈 여겨볼 것. 라파드 지역에는 가격대가 적당한 호텔들이 다수 들어서 있다.

● 그루즈 버스터미널에서 호객하는 많은 민박이 이 지역에 있다. 올드 타운 쪽에서 숙박을 원하면 반드시 위치를 확인해야 한다.

● 카페, 레스토랑 등의 물가가 올드 타운에 비해 저렴한 편이며, 자그마한 공용 비치도 하나 있다. 두브로브니크를 느긋하게 여행하고자 한다면 이 지역에 숙박하는 것을 적극 고려해볼 것.

2권 ⓘ MAP P.62 ⓘ INFO P.73 ⓖ 구글 지도 GPS 42,65669, 18,07639(Lapad Posta 정류장 부근) 42,65511, 18,07017(라파드 비치) ⓖ 찾아가기 버스 2A, 5, 6, 7, 9번이 다닌다. 중심가 정류장 이름은 라파드 포스타 Lapad Posta

휴양 타운, 바빈 쿡 Babin Kuk

두브로브니크 북부에 자리한 조용하고 아름다운 지역으로, 3~4성급 리조트와 아파트가 다수 들어서 있는 휴양타운이다. 바위와 거친 모래가 이어지는 넓은 비치가 있으며 맑은 물 위로 작은 섬들이 점점이 떠 있는 아름다운 풍경이 일품이다. 일대가 모두 리조트 단지라 깔끔하고 한가한 분위기이다. 두브로브니크 3대 비치 중 하나인 코파카바나 비치 Copacabana Beach가 이 지역에 자리하고 있다.

BABIN KUK TIPS

● 두브로브니크 관광은 최소화하고 주로 드라이브와 물놀이를 하며 여유롭게 지내고 싶다면 바빈 쿡에 숙소를 알아보자. 특히 가족 단위 여행자나 연령대가 약간 높은 여행자들에게 좋다.

● '임포르타네 리조트 Importanne Resort'라는 큰 리조트 단지가 있다. 시설은 오래된 편이지만 객실이 넓고 프라이빗 비치나 수영장이 잘되어 있다.

호텔 넵튠 Hotel Neptune, 로열 프린세스 호텔 Royal Princess Hotel 등이 대표적이며 여행자의 호응도 좋다.

2권 ⓘ MAP P.62 ⓘ INFO P.73 ⓖ 구글 지도 GPS 42,66178, 18,05786(발라마르 프레지던트 리조트) ⓖ 찾아가기 시내와의 거리가 상당하므로 렌터카를 이용하는 여행자에게 적합하다. 대중교통으로 가려면 시내에서 6번 버스를 타고 종점에서 내리면 된다.

스플리트 Split Luxury

팰리스 유디타 헤리티지 호텔 Palace Judita Heritage Hotel

나로드니 광장에 자리한 부티크 호텔로, 중세 시대의 건물을 리모델링해 호텔로 만들었다. 관광하기에 더 이상 좋을 수 없는 위치인데다 객실이나 식당 등에서 시계탑 및 나로드니 광장을 감상할 수 있다. 객실 내부는 소박하지만 고급스럽게 꾸며져 있고, 호텔의 각종 설비나 부대시설 또한 부티크 호텔답게 아기자기하면서도 편안한 분위기로 꾸며져 있다. 외부 주차장을 무료로 사용할 수 있는 등 서비스 및 투숙객을 위한 배려도 좋다. 객실이 8개밖에 없으므로 예약은 되도록 빨리 할 것.

2권 ⓞ MAP P.115E ⑧ 구글 지도 GPS 43.508910, 16.438508 ⓖ 찾아가기 나로드니 광장의 남쪽에 있다. ⓐ 주소 Narodni trg 4, Split ⓣ 전화 021-420-220 ⓛ 시간 체크인 14:00, 체크아웃 11:00 ⓢ 가격 비수기(10~5월) 120유로~, 성수기(6~9월) 300유로~ ⓗ 홈페이지 www.juditapalace.com

코르나로 호텔 Cornaro Hotel

2014년에 문을 연 4성급 호텔로, 스플리트 구시가에서 북쪽으로 약 100m 떨어진 조용한 곳에 자리해 있다. 신축 호텔이라 객실과 로비 등이 모두 깔끔하고 세련된 인테리어로 단장되어 있다. 규모는 크지 않지만 도시의 전망을 감상할 수 있는 테라스와 자쿠지 풀, 스파 등 부대시설이 잘 갖추어져 있다. 구시가에서 가까운 거리에 자리하고 있지만 구시가의 번잡함은 피할 수 있다. 예산에 크게 구애받지 않는 모든 종류의 여행에 추천한다.

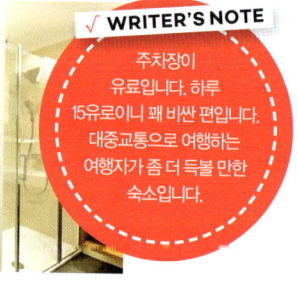

WRITER'S NOTE
주차장이 유료입니다. 하루 15유로이니 꽤 비싼 편입니다. 대중교통으로 여행하는 여행자가 좀 더 득볼 만한 숙소입니다.

2권 ⓞ MAP P.115B ⑧ 구글 지도 GPS 43.510402, 16.439394 ⓖ 찾아가기 궁전 유적과 나로드니 광장 사이의 길을 따라서 북쪽으로 쭉 올라간 뒤 큰길이 나오면 좌회전한다. ⓐ 주소 Sinjska 6, Split ⓣ 전화 021-644-200 ⓛ 시간 체크인 14:00, 체크아웃 11:00 ⓢ 가격 비수기(10~5월) 150유로~, 성수기(6~9월) 300유로~ ⓗ 홈페이지 www.cornarohotel.com

호텔 마몬트 Hotel Marmont

스플리트 구시가 안에 자리한 4성급 부티크 호텔. 15세기 건물을 리모델링한 호텔로 구시가 내부에 있는 호텔치고는 규모가 제법 큰 편으로 객실 수도 22개나 된다. 식당이나 발코니에서는 오래된 건물의 질감을 고스란히 살린 고풍스러운 인테리어를 만날 수 있고, 객실은 깔끔하고 쾌적하게 최신식으로 꾸며져 있다. 전망이나 주차장 사용 등에서 팰리스 유디타 헤리티지 호텔보다 다소 떨어진다는 평가를 받지만, 그래서 예약하기는 더 쉬운 편이다. 구시가에서 숙박을 원하는 사람에게는 차선책이 될 만한 호텔.

2권 ⓞ MAP P.115E ⑧ 구글 지도 GPS 43.508633, 16.437523 ⓖ 찾아가기 마르몬토바 거리 남쪽 부근에서 구시가로 통하는 아케이드 입구로 들어간 뒤 광장이 나오면 자다르스카 Jadarska 길을 찾아 왼쪽으로 꺾는다. ⓐ 주소 Zadarska 13, Split ⓣ 전화 021-308-060 ⓛ 시간 체크인 14:00, 체크아웃 11:00 ⓢ 가격 비수기(10~5월) 120유로~, 성수기(6~9월) 250유로~ ⓗ 홈페이지 www.marmonthotel.com

스플리트 Split Economy

골리보시 디자인 호스텔 Goli±Bosi Design Hostel

스플리트에서 가장 유명한 호스텔이다. '디자인 호스텔'이라는 이름에 걸맞게 깔끔하고 감각적인 인테리어와 편리한 시설을 갖추고 있다. 4, 6, 8인실 도미토리와 싱글·더블 등의 개인실이 있다. 도미토리의 침대가 벙커식으로 구성되어 커튼이 달려 있고 벙커 내부에 전기 콘센트가 있는 등 쾌적한 구조로 되어있다. 실내 곳곳에 그려진 인포그래픽도 돋보이고, 깔끔한 주방도 갖추고 있으며, 1층에 바가 있어 노닥거리기 좋은 것도 소소한 장점. 위치 또한 관광에는 최적이다.

2권 ⓞ MAP P.115E ⓢ 구글 지도 GPS 43.508626, 16.437343 ⓢ 찾아가기
마르몬토바 거리 남쪽에서 구시가로 통하는 아케이드로 들어간다.
ⓐ 주소 Morpurgova Poljana 2, Split
ⓐ 전화 021-510-999
ⓐ 시간 체크인 14:00, 체크아웃 10:00
ⓐ 가격 비수기(10~5월) 도미토리 20유로~ 개인실 48유로~, 성수기(6~9월) 도미토리 29유로~ 개인실 75유로~
ⓐ 홈페이지 www.gollybossy.com

호스텔 엠마누엘
Hostel Emanuel

10인실 도미토리 하나, 5인실 도미토리 하나 총 베드 15개의 소규모 호스텔로, 한국 여행자들에게 인기가 높은 곳이다. 프라이버시가 보장되는 벙커형 베드, 깔끔한 인테리어, 여행자의 편의를 보장하는 각종 설비와 서비스 등은 현재 스플리트 최고라고 하는 골리보시 디자인 호스텔에도 뒤지지 않을 정도이나 가격은 훨씬 저렴하다.

구시가에서 약 500m 떨어져 있고 언덕길을 올라가야 한다는 것이 작은 흠이나 가격 대비 시설을 생각해볼 때 충분히 감수할 만하다.

2권 ⓞ MAP P.115B ⓢ 구글 지도 GPS 43.511076, 16.444316 ⓢ 찾아가기 구시가 동쪽 바깥쪽에 있는 Zagrebačka 길을 따라 북쪽으로 약 500m 올라간다. 스플리트 바깥쪽에서 시내로 진입할 때 들어오는 바로 그 길이다. ⓐ 주소 Tolstojeva 20, Split
ⓐ 전화 021-786-533 ⓢ 시간 체크인 13:00, 체크아웃 11:00 ⓢ 가격 비수기(10~5월) 17유로~, 성수기(6~9월) 29유로~
ⓐ 홈페이지 www.facebook.com/Hostel-Emanuel-350504451738952

[+ PLUS INFO]
〈꽃보다 누나〉, 어디서 묵었을까?

〈꽃보다 누나〉에서 누님들과 이승기가 묵었던, 시계탑이 코앞에 보이는 환상적인 전망으로 예비 크로아티아 여행자들의 관심을 끈 숙소는 어디일까? 〈꽃보다 누나〉 팀은 3명과 2명으로 나눠 두 개의 아파트에 묵었는데 윤여정, 김자옥, 김희애가 묵은 곳은 '빌라 스팔라디움 Villa Spaladium'이고, 이승기와 이미연이 묵은 곳은 '아파트먼트 포르테차Apartments Fortezza'이다. 시계탑 전망과 그럴듯한 발코니가 있는 곳은 바로 빌라 스팔라디움. 아파트먼트 포르테차도 뛰어난 시설과 위치로 높은 인기를 누리고 있는 아파트먼트. 디오클레티아누스 궁전 유적 내에 위치하고 있다. 두 아파트 모두 부킹닷컴 등의 호텔 예약 사이트를 통해 예약 가능하다.

[+PLUS TIP]
부딪쳐라! 얻을 것이다.

예약 사이트에서 예약 가능한 호텔과 아파트일지라도 메일 주소가 공개된 곳은 메일로 예약 문의를 해보는 것이 좋다. '얼마까지 보고 오셨어요?'가 비단 한국 전자상가에서만 통하는 말은 아니라서 7~8월의 극성수기가 아니라면 예약 사이트 최저가 이하 가격으로 흥정도 가능하다.

특히 신혼여행자라면 꼭 메일을 보내볼 것. '저 허니문인데요...'라며 티를 팍팍 내면 가볍게는 웰컴 프루츠나 케이크, 와인에서부터 크게는 룸 업그레이드까지 다양한 서비스를 제공받을 수 있다.

자다르 Zadar Luxury

바스티온 헤리티지 호텔 Bastion Heritage Hotel

구시가 북쪽 항구의 문 가까운 곳에 자리한 호텔로, 겉모습은 시골 여관처럼 수수하고 평범하지만 내부는 '헤리티지'라는 말이 아깝지 않을 정도로 고풍스럽고 근사하며 고급스럽다. 객실 수가 28개밖에 되지 않는 소규모 호텔임에도 스파, 헬스클럽, 야외 테라스 바 등을 갖추고 있으며 크로아티아의 구시가 호텔로는 드물게 엘리베이터도 설치되어 있다. 성벽 내에 자리하고 있어 포럼이나 바다의 오르간 등 관광 중심가는 모두 도보 10분 이내에 연결된다. 예산만 맞는다면 누구나 한번쯤은 노려볼 만한 호텔이다.

2권 ⓜ MAP P.140A ⓖ 구글 지도 GPS 44.118063, 15.223671 ⓐ 찾아가기 항구의 문으로 나간 뒤 왼쪽으로 틀어 조금만 가면 바로 보인다. ⓐ 주소 Bedemi Zadarskih Pobuna 13, Zadar ⓣ 전화 023-494-950 ⓢ 시간 체크인 14:00, 체크아웃 12:00 ⓢ 가격 비수기(10~5월)150유로~, 성수기(6~9월) 200유로~ ⓗ 홈페이지 www.hotel-bastion.hr

자다르 Zadar Economy

부티크 호스텔 포럼 Boutique Hostel Forum

포럼 바로 앞에 자리한 호스텔. 규모는 크지 않으나 최고의 위치, 깔끔하고 감각적인 인테리어, 친절한 서비스, 합리적인 가격에 객실에서 포럼의 모습이 훤히 보이는 전망까지 누릴 수 있다. 조촐하나마 조식도 제공되며, 주방도 깔끔하게 잘 갖추어져 있다. 유럽에서 이보다 더 좋은 저예산 숙소는 찾기 힘들다고 단언해도 좋을 정도. 자다르에서 숙박할 예정인 배낭여행자라면 골치 아프게 민박과 흥정할 생각 말고 이 호스텔을 예약하자. 도미토리가 혼숙이라는 점은 염두에 둘 것.

2권 ⓜ MAP P.140A ⓖ 구글 지도 GPS 44.116215, 15.224841 ⓐ 주소 Široka ulica 20, 23000, Zadar ⓣ 전화 023-250-705 ⓢ 시간 체크인 14:00, 체크아웃 11:00 ⓢ 가격 4인 이상 도미토리 120kn(≒16유로)~, 더블·트윈룸 300kn(≒40유로)~ ⓗ 홈페이지 en.hostelforumzadar.com

크로아티아에서 눈여겨볼 만한 고급 리조트들

암포라 리조트 Amfora Resort

흐바르 타운 중심가에서 약 1km 정도 떨어진 리조트로, '유럽에서 가장 아름다운 비치 20선'에 꼽혀 보니 비치에 자리하고 있다. 비치와 바다의 전망이 한눈에 들어오는 객실과 야외 담수 수영장은 이곳이 왜 크로아티아에서 가장 아름다운 리조트로 손꼽히는지 증명해 준다. 보니 비치에 프라이빗 비치가 있는 것도 빼놓을 수 없는 장점. 예약할 때 부탁하면 체크인, 체크아웃 시 항구까지 픽업서비스가 가능하다. 7~8월의 극성수기는 가격대가 상당히 높으나 6월이나 9월 같은 준성수기에 이용하면 합리적인 가격에 숙박이 가능하다.

2권 ⓜ MAP P.132A ⓖ 구글 지도 GPS 43.173346, 16.434138 ⓐ 찾아가기 흐바르 타운 서쪽 보니 비치 부근에 있다. ⓐ 주소 Ulica biskupa Jurja Dubokovića 5, Hvar ⓣ 전화 021-75-0555 ⓢ 시간 체크인 15:00, 체크아웃 12:00 ⓢ 가격 비수기(10~5월) 100유로~, 성수기(6~9월) 250유로 ⓗ 홈페이지 www.suncanihvar.com/amfora-hvar-grand-beach-resort.html

아드리아틱 호텔 조라 Adriatiq Hotel Zora

프리모슈텐의 간판 비치인 라두차 비치에 자리하고 있는 대형 리조트로, 우주선 같은 독특한 모습의 유리 돔 반노천 수영장으로도 유명하다. 스파와 헬스클럽을 비롯해 각종 레포츠 시설과 실내 수영장을 별도로 갖추고 있다. 객실이 넓고 바다 전망이 보이는 장점이 있으나 다소 노후하고 가격이 상당히 높다는 단점이 있다.

2권 ⓜ MAP P.158A ⓖ 구글 지도 GPS 43.589199, 15.921064 ⓐ 찾아가기 라두차 비치를 따라 구시가 반대편으로 간다. ⓐ 주소 Raduča bb, Primošten ⓣ 전화 022-570-048 ⓢ 시간 체크인 15:00, 체크아웃 11:00 ⓢ 가격 비수기(10~5월) 250유로~, 성수기(6~9월) 400유로~ ⓗ 홈페이지 www.hotelzora-adriatiq.com

저예산 노플랜 여행자를 위한 숙소 현지 조달법

정처 없이 계획 없이 예약 없이 떠돌아다니기를 즐기는 노플랜 여행자에게 크로아티아는 몹시 친절하고 다정한 여행지이다. 숙소 예약은커녕 정보조차 갖고 있지 않아도, 버스터미널이나 구시가 입구에 가면 '아파트먼트' '룸'을 외치는 호객꾼을 쉽게 만날 수 있기 때문. 처음에는 약간 의심스러워 보이지만 크로아티아 사람들이 워낙 순박하기 때문에 크게 운이 없지 않는 이상 괜찮은 숙소를 만날 확률이 더 높다. 다음에 소개하는 몇 가지만 명심할 것.

호객으로 숙소 구할 때 TIPS

1 자그레브 NO, 플리트비체 NO
자그레브와 플리트비체에는 숙소 호객꾼이 없다. 자그레브는 가능한 한 숙소를 미리 예약하는 것이 좋고, 플리트비체는 P.89에 설명했듯 민박 마을에서 한 집 한 집 일일이 발품을 팔아 확인해야 한다.

√ WRITER'S NOTE
두브로브니크는 필레 게이트 앞에도 호객꾼이 적지 않게 있어요. 버스터미널에서 호객꾼을 따라가면 라파드 등 구시가에서 먼 곳으로 데려가는 경우가 많으니, 구시가 인근 숙박을 원한다면 필레 쪽으로 가는 게 나아요.

2 위치를 확인하라
최근 호객꾼들은 대부분 집의 사진을 모아놓은 사진첩을 들고 다닌다. 잘 찍은 사진이 아니라서 오히려 시설 상태를 가늠하기 좋다. 문제는 위치. 시설이 좋고 가격이 저렴하면 언덕 꼭대기라거나 도보 20분을 넘기는 경우가 있다. 지도를 한 장 구해서 어느 곳인지 찍어보라고 할 것.

3 마크를 확인하라
가정집처럼 보이는 곳이라 할지라도 웬만한 소베나 아파트는 정부에 숙박업 허가를 받고 운영한다. 정식 숙박업소라는 표시로 '소베SOBE'나 '아파트먼트 APARTMAN'를 달고 있다. 이런 것이 없는 곳은 가능한 한 피할 것.

4 버스가 도착하면 호객꾼이 온다
이 책에서 소개된 도시 중 자그레브와 플리트비체, 모토분 정도를 제외하면 모든 도시에서 숙소 호객꾼을 볼 수 있다. 호객꾼의 주요 활동 무대는 버스터미널. 주요 관광지에서 오는 버스가 도착하면 호객꾼들이 제일 먼저 달라붙는다. 이들 중 가장 인상 좋은 사람을 골라 흥정을 시작하면 된다.

5 가능하면 방을 보자
3일 이상 장기로 묵을 거라면 아무 방이나 고를 수 없다. 짐을 터미널 보관소에 맡겨두고 직접 따라가서 눈으로 확인하는 것이 가장 이상적.

√ WRITER'S NOTE
미허가 업소 중에는 마피아가 운영하는 곳도 있대요. 마취제를 주사한 뒤 숙박객의 귀중품을 훔쳐가는 경우도 있다고 하니 주의하세요.

6 낮에 도착하자
숙소 현지 조달을 생각하는 도시는 반드시 해 지기 전에 도착할 것. 해가 지면 호객꾼들도 대부분 집에 돌아간다.

√ WRITER'S NOTE
스플리트에서 술 마시고 집에 돌아가는 호객꾼 아저씨랑 길에서 마주쳐 한밤중에 숙소를 구한 적도 있긴 해요. 하지만 그런 경우는 아주 드문 경우예요.

7 에어컨은 필수
5~9월의 크로아티아, 특히 달마티아 지방은 상상을 초월하게 덥다. 에어컨 없이는 버티지 못할 확률이 높다. 에어컨이 있는지 반드시 물어볼 것. 에어컨이 없다고 하면 그 핑계로 가격을 깎아도 좋다.

8 흥정하자
가장 중요한 부분이다. 흥정하라. 대부분은 깎아준다. 300kn를 부르면 250kn까지는 깎을 수 있다. 곤란한 표정을 짓겠지만 결국은 다 깎아준다. 한국인 여행자만 이러는 거 아니다. 전 세계 여행자가 다 흥정하므로 걱정 안 해도 된다.

√ WRITER'S NOTE
두브로브니크에서는 관광 안내소도 숙소 현지 조달에 한몫을 담당하고 있습니다. 구시가 안팎의 저렴한 민박에 대한 정보를 상당히 많이 보유하고 있다고 하네요. 관광 안내소에서 소개하는 것이니 직접 흥정하는 것보다 조금 더 신뢰도 가고요. 버스 터미널이나 필레 게이트에서 마땅한 숙소를 찾지 못했다면 관광 안내소로 가세요!

DAY-150
무작정 따라하기 디데이별 여행 준비

D-150

여권 발급

여권이 없거나 여행 시점에서 여권 유효 기간이 6개월 이내라면 얼른 여권부터 해결할 것. 각 지역의 시·도청 및 구청에서 발급 가능하다. 여권용 사진 1장과 신분증, 여권 발급 수수료를 준비할 것. 발급까지는 최소 3~4일에서 최대 7~10일 걸린다. 수수료는 단수여권은 2만원이며, 복수여권은 5년짜리가 4만5000원, 10년짜리가 5만3000원이다.

+Plus Info 한국과 크로아티아는 90일 무비자 협정이 체결되어 있다. 비자 걱정은 하지 말 것.

D-140

여행 예산 산정

크로아티아는 다채로운 예산 책정이 가능한 여행지이다. 비용을 아끼지 않으며 럭셔리하게 즐길 수도, 합리적인 비용으로 평범하고 무난한 관광을 즐길 수도, 저예산으로 기억에 남을 만한 여행을 즐길 수도 있다. 여행의 스타일에 따른 1인당 예산 모델을 제시해본다.

1. 럭셔리 & 로맨틱 크로아티아 7박 8일
(2인 여행 시 1인 비용)

항공료	비즈니스 or 프리미엄 이코노미로!	200만~300만원
숙박비	5성 호텔, 리조트, 럭셔리 아파트먼트	20만원×7
식대	저녁마다 해물과 와인 파티!	5만원×7
입장료	갈 수 있는 데는 다 들어간다!	10만~20만원
교통비	렌터카(SUV)	5만원×7
기타 비용	쇼핑, 스파, 액티비티, 투어 등	50만원
합계		≒550만원 안팎

2. 합리적 비용으로 쾌적하게 즐기는 7박 8일
(2인 여행 시 1인 비용)

항공료	이코노미 클래스면 충분!	130만~150만원
숙박비	3~4성 호텔, 아파트먼트	5만원×7
식대	한 도시에서 한 번 정도는 고급스럽게	10만~20만원
입장료	웬만한 곳은 다 들어가자!	10만~20만원
교통비	렌터카(소형차) 또는 대중교통	3만원×7
기타 비용	기념품 쇼핑, 각종 투어, 액티비티 등	20만~30만원
합계		≒250만원 안팎

3. 최대한 저렴하게 즐기는 7박 8일
(2인 여행 시 1인 비용)

항공료	프로모션으로 최대한 싸게!	110만~130만원
숙박비	호스텔 다인실, 현지인 민박	3만원×7
식대	여행자 식당에서 싸고 맛있게!	2만원×7
입장료	안 들어간다	
교통비	대중교통	3만원×7
기타 비용	투어 또는 액티비티 한 번 정도	5만~10만원
합계		≒200만원 미만

D-133

항공권 예약

여러 매체와 여행 전문가들이 입을 모아 말하는 '항공권을 가장 저렴하게 구할 수 있는 시점'이 바로 출발 19주 전, 즉 133일 전이다. 비수기 시즌이라면 1~2개월 전도 괜찮지만 7~8월 성수기 출발을 계획한다면 6개월 전 준비도 이른 것만은 아니다.

한국에서 크로아티아 가기

2018년 9월부터 대한항공이 인천-자그레브 구간에 직항을 운항한다. 여행 준비 기간과 예산이 맞는다면 이 항공편이 최선. 이 표를 놓쳤거나 좀더 저렴한 항공편을 찾는다면 1회 경유편을 알아볼 것. 인천↔자그레브 왕복에 두브로브니크→자그레브 국내선 편도 구간을 추가하는 것이 일반적이고, 인천→자그레브, 두브로브니크→인천이 가능한 항공사도 있다. 부산을 비롯한 지방 공항에서는 아직까지 2회 이상 경유해야 한다. 한국과 크로아티아를 잇는 경유 항공편은 7~8개 정도의 노선이 있으며 가격과 스케줄이 맞는다면 어느 항공사든 상관없다. 현재 가장 인기 있는 것은 다음의 세 개 항공편이다.

1. 루프트한자(독일항공) 독일의 뮌헨이나 프랑크푸르트를 경유한 뒤 크로아티아로 간다. 현재 자그레브 입국, 두브로브니크 출국이 가능한 유일한 항공편이다(자그레브 입출국도 가능하다). 가격도 저렴하고, 경유지 대기 시간도 짧은 편. 단 스케줄이 좋지 못해 도착은 밤늦은 시간에, 귀국편은 아침 일찍 출발하는 경우가 많다.

2. 터키항공 이스탄불을 경유해 자그레브로 간다. 스케줄도 괜찮고 크로아티아를 여행하는 김에 이스탄불도 스톱오버로 1~2박 여행하는 장점이 있으며 항공료도 합리적인 선이다. 인기가 높은 노선이라 저렴한 항공권은 재빨리 동난다는 게 단점

+Plus Info 터키항공 무료 투어
터키항공에서는 이스탄불에서 장시간 경유하는 여행자들을 위해 이스탄불 시내 무료 투어를 진행한다. 오전 9시부터 오후 6시까지 6시간 이상 체류하는 여행자에 해당한다. 신청은 입국 로비에 있는 호텔 데스크에서 받으며, 투어 시작 30분 전까지 신청을 마감한다. 투어는 오전 9시, 낮 12시에 시작되며 러닝타임은 6시간. 오전 9시에 시작해 오후 6시에 끝나는 종일 투어도 있다.

3. 카타르항공 카타르의 도하를 경유해 자그레브로 간다. 스케줄은 괜찮은 편이나 가격대가 꽤 높다는 단점이 있다. 단, 허니문 요금이 자비로운 가격대에 출시되는 경우가 종종 있으므로 신혼여행자라면 꼭 체크해볼 것.

항공권 가격 비교-예약 사이트
카약 www.kayak.com
스카이스캐너 www.skyscanner.com
익스피디아 www.expedia.com/Flights
인터파크투어 www.interparktour.com
웹투어 www.webtour.com

크로아티아 국내선 예약하기

크로아티아 여행의 정석은 자그레브에서 시작해 두브로브니크에서 끝내는 것인데, 항공편을 자그레브 입출국으로 예약했다면 두브로브니크에서 자그레브로 가는 국내선 항공편을 별도로 예약해야 한다. 자그레브에서는 크로아티아항공Croatia Airlines이 두브로브니크까지 하루 최소 2편 운항하며 시즌과 날짜에 따라 증편되는 경우가 많다. 예매는 크로아티아항공 홈페이지에서 가능하다.

홈페이지 www.croatiaairlines.com

+Plus Info 크로아티아항공 Tips
- 저렴한 프로모션 티켓이 종종 나오므로 홈페이지를 수시로 체크하는 것이 좋다. 보통 2~3월에 프로모션이 많다.
- 크로아티아항공 국내선은 딜레이가 잦기로 악명이 높다. 두브로브니크→자그레브 구간은 30분에서 1시간은 기본이라고 생각해도 좋을 정도. 만일 두브로브니크에서 자그레브로 이동한 뒤 바로 귀국할 생각이라면, 두브로브니크→자그레브편과 자그레브→귀국편 간격을 적어도 3~4시간 여유 있게 예약할 것. 가장 좋은 것은 자그레브에서 1박을 한 뒤 귀국편을 타는 것이다.
- 크로아티아항공은 3대 마일리지 공유 프로그램 중 스타얼라이언스Star Alliance에 소속되어 있다. 스타 얼라이언스 및 아시아나항공 마일리지를 적립 중이라면 여행 전후 잊지 말고 적립할 것.

유럽의 다른 나라에서 크로아티아 들어가기

유럽 여러 나라를 여행 중 크로아티아에 들르는 경우, 가장 보편적으로 이용하는 교통편이 바로 항공편이다. 크로아티아의 지리적 위치가 다소 애매한데다 다른 교통편이 발달하지 않았기 때문. 자그레브와 두브로브니크, 자다르, 스플리트의 공항에서 국제선 비행기가 착발하는데, 이 중 자다르는 편수와 취항 노선이 상당히 제한적이라 없는 셈 쳐도 무방하다. 크로아티아항공을 이용하는 것이 가장 보편적이면서 무난하고, 이지젯Easy Jet이나 부엘링Vueling도 찾아볼 수 있다. 그 외 항공사들은 주로 성수기에 노선을 편성한다. 항공사 웹사이트나 항공권 원스톱 예약 사이트 또는 앱에서 쉽게 찾아볼 수 있다.

크로아티아항공 www.croatiaairlines.com
이지젯 www.easyjet.com
부엘링 www.vueling.com
스카이스캐너 www.skyscanner.net

D-90
루트 확정

항공편과 여행 기간을 감안해 루트를 확정한다. 특별한 사정이 없다면 자그레브에서 시작해 두브로브니크에서 끝내는 것이 가장 무난하고 자연스럽다. 그 안에서 개인의 취향과 사정, 교통편, 계절 등을 고려해 자유롭게 루트를 짜면 된다. 크로아티아 여행 추천 루트는 2권을 참고할 것!

D-80
카드 만들기

해외에서 사용이 가능한 신용카드나 체크카드가 없다면 이 기회에 만들 것. 현지에서도 필요하지만, 숙소나 렌터카를 예약할 때 보증 용도로 신용카드를 요구하는 경우가 많다.

신용카드 비자VISA 또는 마스터MASTER가 여행 준비와 현지 사용 모두에 적합하다. 앞으로 여행을 열심히 다닐 계획이라면 항공 마일리지가 적립되는 카드로 만들 것.

+Plus Info 마일리지 많이 주는 신용카드

● **하나 크로스마일카드** 대한항공과 아시아나항공 중 택 1로 만들며, 1500원당 1.8크로스 마일리지가 적립된다. '크로스 마일리지'는 해당 항공사는 물론이고 각 항공사의 제휴 항공사 및 호텔에서도 사용 가능하다. 연회비 10만원.

● **씨티 프리미어마일카드** 유효기간이 없고 무제한 적립 가능하며 항공사 마일리지 외에 카드 대금으로도 전환 가능한 '프리미어 마일' 시스템을 운영 중이다. 1000원당 1프리미어 마일로 전환되는데, 대한항공은 1프리미어 마일당 1마일, 아시아나항공은 1.35마일이 적립된다. 연회비 12만원.

● **삼성카드 마일리지플래티넘** 일반 가맹점에서는 1000원당 1마일, 특별 가맹점에서는 2마일이 적립되는 카드. 연회비 4만9000원.

● **국제현금카드·체크카드** 내 통장에 들어 있는 한화를 현지에서 쿠나로 뽑아주는 영특한 물건이므로 꼭 하나쯤은 가져갈 것. 비자, 마스터, 시러스Cirrus, 플러스Plus, 마에스트로Maestro와 제휴된 체크카드를 가지고 있으면 크로아티아에서도 얼마든지 인출이 가능하다. 국제 인출이 가능한 ATM은 모토분이나 플리트비체에도 있을 정도.

+Plus Info 해외 사용 가능 추천 체크카드

● **하나 비바카드** 최근 유럽 여행에서 정석으로 통하는 카드. 해외 인출 수수료 면제를 받는 하나 비바+, 캐쉬백 서비스를 운영하여 사용 금액의 1.0~1.5%를 돌려받을 수 있는 하나 비바G 플래티넘, 대한항공 마일리지 적립이 가능한 비바2 플래티늄 등이 있다.

D-60
숙소 예약

루트가 확정되고 신용카드도 준비되었다면 본격적으로 숙소 예약을 할 차례. 7~8월 여행 예정이라면 더 빨리 해도 OK. 비수기에 저예산으로 떠날 예정이라면 현지 조달이 얼마든지 가능하므로 이 과정을 생략해도 좋다. 크로아티아의 주요 숙소 형태와 예약 방법은 다음과 같다.

1. 숙소 종류
아드리아 해를 만끽하라! 럭셔리 리조트

휴양지로서의 크로아티아를 만끽하기 위한 최선의 선택으로, 신혼여행을 비롯해 비용에 크게 구애받지 않는 여행이라면 한두 도시쯤은 꼭 고려해볼 것. 두브로브니크에 압도적으로 많고, 달마티아와 이스트라에는 주요 도시마다 한두 개씩 그럴듯한 리조트가 있다. 대부분 세련미는 조금 떨어지는 편이지만 창가에서 맛보는 아드리아 해의 놀라운 풍경으로 많은 것이 용서되곤 한다. 라디슨 블루나 엑셀시오르 정도를 제외하면 세계적인 리조트·호텔 체인은 거의 진출해 있지 않고, 크로아티아의 로컬 브랜드 호텔들이 대다수를 점하고 있다.

+Plus Info

- **부대시설** 프라이빗 비치와 실내외 수영장, 레스토랑 등을 기본으로 갖추고 있다. 방갈로나 풀빌라는 기대하지 말 것.
- **전망** 일반적으로 바다 전망Sea View과 정원 전망Garden View으로 나뉜다. 가격은 당연히 바다 전망 객실이 더 비싸지만 기왕 쓰는 것 꼭 바다 전망으로 잡을 것. 많은 리조트가 전망으로 승부하는 경향이 강해 넓고 밝은 전망 창과 널찍한 발코니를 두고 있다.
- **가격** 리조트마다 천차만별이지만 가장 저렴한 객실 기준으로 비수기에는 1박에 100~200유로, 성수기에는 300유로 선이다.

생각보다 어려운 선택, 호텔

'1박에 10만~20만원 선. 엘리베이터 있고 조식 제공되는 호텔. 깔끔하고 관리 상태 좋을 것. 관광지 중심가에 있거나 멀지 않은 곳 위치.' 전 세계 어디에서든 통할 법한 '쓸 만한 호텔'의 조건이지만, 의외로 크로아티아에서는 자그레브 정도만 이 조건이 통한다. 자그레브에는 반 옐라치치 광장이 기차역, 버스터미널 주변에 호텔들이 주로 밀집해 있는데, 5성급 특급 호텔부터 2~3성급 투어리스트 호텔까지 상황과 형편에 맞는 선택이 가능하다. 나머지 도시들의 호텔은 구시가 내의 옛 건물을 리모델링한 고가의 부티크 호텔이거나, 도심과 멀거나, 관리 상태가 좋지 못한 오래된 호텔이다. 구시가 내 부티크 호텔은 신혼여행자 등 로맨틱한 커플 여행에서는 한번쯤 고려해볼 만하나 가격대가 몹시 높다는 것은 염두에 둘 것.

가장 무난한 선택, 아파트먼트

크로아티아에서 가장 대중적이고 보편적인 숙박 형태. 개인이나 소규모 회사가 자신이 보유한 아파트먼트를 여행자에게 단기로 대여해주는 형태로, 한국식으로 말하자면 '원룸 단기 렌털'이다. 신혼여행자가 묵어도 손색없을 정도로 로맨틱하고 고급스러운 아파트먼트부터 배낭여행자의 주머니 사정에도 부담스럽지 않은 저렴한 아파트먼트까지 선택의 폭이 넓다. 일명 '원룸'이라고 불리는 스튜디오Studio 스타일부터 1베드룸, 2베드룸, 3베드룸, 복층 등을 위시해 아예 집 한 채를 통째로 빌리는 렌털 홀리데이 빌라Rental Holiday Villa까지 있다. 독립성이 유지된다는 것과 식사를 직접 조리해 먹을 수 있다는 것은 가장 큰 장점이며, 비슷한 설비라면 호텔보다는 확실히 저렴하다.

+Plus Info

- **예약** 일반 호텔과 마찬가지로 호텔 예약 사이트나 앱을 이용한다. 비수기의 두브로브니크에서는 가끔씩 괜찮은 아파트먼트가 호객에 나서는 경우도 볼 수 있다.
- **부대시설** 대부분 별도의 리셉션을 운영하지 않아 주인의 집이나 상점에 들러 열쇠를 받거나 전화로 불러내야 한다. 예약 사이트 비고란에 자세히 적혀 있는 경우가 많다. 자체 주차장을 가진 아파트먼트는 손에 꼽을 정도이며, 대부분 유료 주차장을 이용해야 한다. 친절한 아파트먼트의 경우에는 무료 주차장이나 저렴한 주차장 정보를 파악해 투숙객에게 알려주기도 한다.
- **객실** 침대와 간단한 테이블 또는 책상, 주방 설비, 욕실 정도가 가장 기본이다. 여기에 발코니나 소파, 욕조를 갖추고 있으면 좀 더 좋은 곳이라고 생각해도 된다. 세탁기 보유 여부도 꼭 체크할 것.
세면도구와 세탁 세제는 없는 경우가 많다. 고급 아파트먼트는 매일 청소하고 침대 시트를 교체해주지만 일반적으로 3박 이하는 아예 청소하지 않고, 일주일 이상의 장기일 경우 1~2회 청소해준다. 청소비를 별도로 받는 곳이 많으니 꼼꼼히 살필 것.
- **가격** 가장 저렴한 스튜디오 기준으로 비수기에는 50~150유로, 성수기에는 100~250유로 선. 카드를 받지 않는 곳이 많으므로 현금을 준비해야 한다. 쿠나와 유로를 모두 받으며, US 달러를 받는 곳도 종종 있다.

저예산 여행자를 위한 방 한 칸, 현지인 민박

아파트먼트가 집 하나를 통째로 빌리는 것이라면, 현지인 민박은 방 하나만 빌리는 것이다. 크로아티아어로 '방'을 뜻하는 '소베Sobe'라는 명칭으로도 불린다. 크로아티아의 저예산 숙소의 대부분을 차지하며 특히 플리트비체 숙소의 80퍼센트는 소베라고 봐도 무방하다. 크로아티아 사람들이 워낙 착하고 순박하기 때문에 친절 여부는 특별히 걱정하지 않아도 좋고, 무료 지도나 간단한 관광안내 정도는 어렵지 않게 받을 수 있다.

아줌마는 지금 민박 호객 중!

+Plus Info
- **예약** 예약 사이트에 올라와 있거나 홈페이지를 운영하는 곳도 간간히 있지만 보통은 버스터미널이나 구시가 입구 등지에서 맨투맨 호객으로 손님을 끌어오는 경우가 훨씬 많다.
- **객실 및 설비** 더블룸이나 트윈룸에 욕실이 딸려 있는 스타일이 가장 흔하다. 주방은 주로 투숙객 공동 사용이거나 주인집 주방을 허락 후 사용하에 아예 없는 경우도 많다.
- **위치** 관광 중심가에서 도보로 10~15분 떨어진 외곽 주택가에 자리한 경우가 가장 많다. 가끔 구시가 한복판에 있는 경우도 있으나 일반 민박에 비해 다소 비싼 편.
- **가격** 비수기에 30~70유로 선, 성수기에는 60~100유로 선이다. 카드 결제가 되는 곳은 아주 극소수이고, 대부분 현금만 받는다.

세계 각지의 여행자들과 어울리는 재미, 호스텔

혼자서 더블이나 트윈룸 방 하나 값을 다 내는 것도 부담스럽고, 호객과 흥정하는 것도 불안하고 귀찮은 저예산 싱글 여행자에게는 호스텔을 적극적으로 추천한다. 자그레브, 스플리트, 자다르의 유명 호스텔들은 유럽 전체를 놓고 봐도 상위권에 드는 시설과 서비스를 자랑한다.

+Plus Info
- **시설** 4~6인실 도미토리를 중심으로 싱글룸, 트윈룸 등을 운영한다. 도미토리는 대부분 남녀 공용이다.
- **가격** 15~30유로 선으로, 유럽 다른 나라와 비교했을 때 시설은 매우 좋지만 가격은 약간 비싼 편.

2. 숙소 예약하기

사전 탐색 후기와 현재 인기도를 한눈에 보고 싶다면, 트립 어드바이저Trip Advisor를 추천한다. 아주 작은 소도시까지 꼼꼼하게 숙박 리뷰와 순위를 볼 수 있으므로 참고가 된다. 해당 숙박업소를 바로 예약할 수 있는 각종 예약 사이트도 링크되어 있다.

트립 어드바이저 www.tripadvisor.com

호텔 예약하기 한 차례 훑어봤다면 본격적으로 예약을 할 차례. 크로아티아의 리조트, 호텔, 아파트먼트 등은 유명 호텔 예약 사이트에 대부분 올라와 있어 손쉽게 예약할 수 있다. 최근에는 해외 예약 사이트들도 한글화가 잘되어 있어 이용에 큰 불편함은 없다. 부킹닷컴Booking.com 같은 곳은 트립 어드바이저 못지않게 리뷰가 많기 때문에 다른 사람들의 의견을 참고하기도 좋다. 최근에는 에어비앤비Airbnb가 상당히 인기를 끄는 중.

부킹닷컴 www.booking.com
호텔스닷컴 www.hotels.com
아고다 www.agoda.com
익스피디아 www.expedia.com
에어비앤비 www.airbnb.co.kr

호스텔 예약하기 호스텔 예약 전문 사이트에서 예약하는 것이 가장 좋다. 호스텔을 주로 이용하는 전 세계의 배낭여행자들이 남겨놓은 리뷰를 볼 수도 있고, 호스텔 이용자에게 꼭 필요한 정보, 이를테면 소등 시간 유무, 도미토리 남녀 분리, 수건 제공, 주방 보유 등을 꼼꼼하게 체크해볼 수 있다.

호스텔월드 www.hostelworld.com
호스텔부커스 www.hostelbookers.com

+Plus Info 크로아티아의 숙박업소에서는 숙박비 외에 7kn의 여행자 세금을 별도로 받는다. 반드시 현금으로 지불해야 하므로 준비해둘 것

D-45

렌터카 예약

렌터카를 이용할 예정이라면 일찌감치 마음 편하게 예약해두자. 비성수기라면 여행 1~2주 전이라도 그럭저럭 구할 수 있으나, 원하는 차종이 있을 경우에는 가급적 일찍 예약하는 것이 좋다. 렌터카에 대한 자세한 정보는 1권 P.187 참고할 것.

D-30

면세점 쇼핑 시작

대부분의 인터넷 면세점은 주간 내지는 한 달 단위로 할인 쿠폰이나 적립금 이벤트를 실시한다. 주간 적립금이나 쿠폰을 이용해 조금씩 사두었다가 막판에 크게 지르는 것이 요령. 모바일 앱을 이용하면 별도의 할인을 더 받을 수 있다

D-20

대중교통 예약, 할까 말까?

크로아티아의 주요 도시 간 이동 수단은 버스. 기차도 있으나 없는 셈 쳐도 무방하다. 비수기 여행자들은 버스 예약에 조금도 신경 쓰지 말 것. 유동 인구에 비해 버스 배차 간격이 촘촘해 최고 인기 구간인 스플리트-두브로브니크조차 연중 대부분은 반 이상 비어 간다. 예약 문화가 정착되어 있는 것도 아니라서 버스 티켓은 현지 터미널에서 당일이나 1~2일 전 발매하는 것이 보통이며, 심지어 급하면 일단 타고 차 안에서 차장에게 정산해도 아무 문제없다. 오히려 그냥 타고 정산하는 게 예약비·발권비가 면제되어 요금이 더 싼 경우도 흔하다. 최고 인기 구간인 자그레브→플리트비체, 스플리트→두브로브니크 정도만 예약할 것. 사실 이 구간들도 피크 시간대를 피해서 움직이면 당일 티켓 확보 또한 크게 어렵지 않다.

+Plus Info 버스 티켓 예약 사이트

- **겟바이버스Getbybus** 크로아티아 국내외 거의 모든 버스망 예약이 가능한 사이트. 사실상 마을버스인 파진→모토분 정도의 구간을 제외하면 대부분의 구간 예약이 가능하다. 예약하지 않더라도 버스 시간표를 체크하는 데 아주 좋은 사이트. getbybus.com

- **자그레브 버스터미널** 자그레브에서 출발하는 버스 티켓을 예매할 수 있다. hwww.akz.hr

D-15

환전

크로아티아는 '쿠나kuna'라고 하는 자국의 통화를 사용한다. 유럽의 경제 위기 및 크로아티아의 국가 부채 문제가 해결되면 유로를 사용할 것이라고 하는데, 빨라야 2020년에나 실현될 얘기라고 한다. 즉, 당분간은 쿠나를 사용한다는 뜻. 현재 한국에서는 크로아티아의 쿠나를 바로 환전할 수 없기 때문에 일단은 유로로 환전한 뒤 현지에서 재환전해 써야 한다.

+Plus Info 유로 환전 팁

- 유로는 시중에서 쉽게 구할 수 있지만 큰 액수를 환전할 예정이라면 시내 중심가의 은행을 찾는 것이 좋다.

- 환율 우대를 꼭 챙기자. 환전 시 발생하는 수수료에 대해 할인받는 것을 말한다. 주거래 은행에서는 50퍼센트부터 시작하고, KEB하나은행 환전 클럽OK나 국민은행 인터넷 환전 등을 이용하면 80~90퍼센트까지 할인받을 수 있다.

- 환전은 꼭 미리 할 것. 최소한 여행 1~2일 전에는 해두는 것이 좋다. 공항에도 환전소가 있지만 별도의 환율 수수료를 적용하기 때문에 일반 은행보다 한참 비싸다.

D-10

여행자보험

여행에서 일어나는 사건이나 사고에 대해 안심이 되지 않는다면 여행자보험을 들 것. 국내 여러 보험사에서 여행자보험 상품을 취급한다. 공인인증서와 신용카드가 있으면 인터넷으로도 간단하게 가입 가능하다.

D-7

짐 싸기

1. 여행 가방 준비하기

큰 가방 옷과 쇼핑 아이템 등 큰 짐을 보관할 용도. 여행용 슈트 케이스, 일명 캐리어가 가장 무난하다. 특히 렌터카 여행자라면 크게 고민하지 말고 슈트케이스를 고를 것. 7~10일 일정이라면 24인치 캐리어 정도면 쇼핑과 여행 일정 소화에 무리 없다. 크로아티아는 길이 거친 곳이 많아 바퀴가 종종 망가지므로 캐리어를 새로 구입해야 한다면 다른 그 무엇보다 바퀴를 중점으로 살펴보자. 여행 기간이 짧은 저예산 여행자라면 배낭도 괜찮은 선택이다.

작은 가방 기내 휴대 및 현지에서 여행할 때 물이나 가이드북, 각종 서류, 간식 등을 넣고 다닐 용도로 쓴다. 가장 무난한 것은 크로스백이나 소매치기의 염려가 적은 나라이므로 작은 백팩도 OK. 백팩을 멜 경우에는 옷핀으로 지퍼를 채우는 등 간단한 보안장치를 하는 것이 좋다.

2. 짐 싸기 체크 리스트

큰 가방
옷 빨래를 할 수 없다는 것을 감안하고 챙길 것.
양말·속옷 여행 일수만큼 챙기는 것이 현명하다.
신발 발이 편한 일상화와 비치 샌들 또는 슬리퍼를 챙기자.
화장품 현지 조달은 크게 기대하지 말 것. 쓰던 제품을 챙기자.
자외선차단제 햇빛이 강한 나라이므로 꼭 챙겨야 한다.
세제류 호텔 어메니티도 질이 대단히 좋지는 않다. 쓰던 것을 챙기자.
치약·칫솔 특급 호텔에서도 치약·칫솔은 주지 않으므로 꼭 챙길 것.
수영복 한겨울 여행만 아니라면 꼭 챙길 것.
상비약 종합감기약, 소화제, 외상용 연고, 반창고 정도.
여성용품 현지에서도 구입 가능하지만 질이 좋지 않다. 가져가는 편을 추천.
렌즈세척액 콘택트렌즈를 이용한다면 꼭 챙길 것.
한식 한식당 찾기 어렵다. 한식 마니아라면 컵라면과 즉석밥 정도는 챙겨 갈 것.

> **+Plus Info 큰 가방 쌀 때 유의할 점**
> • 이용하는 항공사의 수화물 규정을 잘 살펴볼 것. 일반적으로 23kg이 한계이다.
> • 짐은 1/3가량 비워둘 것. 크로아티아의 쇼핑 아이템들은 전반적으로 부피가 크다.
> • 라이터 및 스프레이는 넣지 말 것. 부치는 수화물에는 인화물질을 넣을 수 없다. 라이터 하나 때문에 공항 전체에 이름이 불리고 싶지 않다면 꼭 뺄 것. 라이터는 기내 휴대품으로 1인당 1개 반입 가능하다.

작은 가방
지갑 여행에서 쓸 비용과 각종 카드를 담아둔다. 가장 깊은 곳에 보관할 것.
여권 공항까지는 작은 가방에 넣다가 현지에서는 큰 가방의 깊은 곳으로 옮기자.
스마트폰&태블릿 여권과 항공권 다음으로 중요할 수 있다.
카메라 여행에서 남는 것은 사진뿐이다. 메모리 카드도 넉넉하게 들고 가자.
휴대용 충전기 카메라와 스마트폰의 배터리가 떨어졌을 때 구원.
각종 서류 호텔 및 렌터카 바우처, 항공권 등을 프린트한 것. 스마트폰에 이미지로 저장해도 OK.
손수건&물티슈 땀 닦을 일이 많다. 꼭 챙길 것.
선글라스 일사병 예방에 필수품.
가이드북 여행의 길잡이! 〈무작정 따라하기 크로아티아〉를 챙기자!
렌즈용품 렌즈 케이스, 식염수, 보존액 등을 챙긴다.

> **+Plus Info 작은 가방 쌀 때 유의할 점**
> - 액체류는 최대한 유의해서 싼다. 1개당 100㎖를 넘지 않는 용량으로 20×20cm 지퍼백 하나에 가득 찰 정도만 가져갈 수 있다. 단, 렌즈 세척액은 별도로 신고하면 통과된다.
> - 칼, 송곳 등 위험 물품도 기내 반입되지 않는다.
> - 비행기 안에서 신을 실내용 얇은 슬리퍼를 챙기면 좋다.
> - 혹시 모를 수화물 지연 사태에 대비해 얇은 잠옷과 치약·칫솔·휴대용 세제류는 꼭 챙길 것

D-1

최종 점검

체크 리스트
- ☐ 여권 챙겼는지?
- ☐ 여권 유효기간이 6개월 남았는지?
- ☐ 지갑과 스마트폰은 잘 챙겼는지?
- ☐ 지갑 안에 돈과 카드들은 모두 다 잘 있는지?
- ☐ 호텔 바우처·렌터카 예약 서류·항공권·버스 티켓은 다 출력했는지? 아니면 스마트폰이나 태블릿에 저장되었는지?
- ☐ 면세점 관련 SMS나 이메일은 잘 보관되어 있는지?
- ☐ 스마트폰에 내비게이션은 잘 다운받았는지?
- ☐ 큰 가방은 23kg이 넘지 않는지?
- ☐ 작은 가방에 액체류가 들어 있는 것은 아닌지?
- ☐ 전자제품의 충전기와 케이블은 모두 챙겼는지?
- ☐ (아이폰의 경우) 심카드 교체용 핀은 챙겼는지?

D-DAY

출발!

국제선은 출발 시각 2시간 전에 도착하는 것이 기본. 면세점을 느긋하게 돌아보려면 2시간 30분 전, 명절이나 휴가철에는 3시간 전에 도착하는 것이 좋다. 아무리 늦어도 1시간 전에는 도착해야 한다.

1. 인천국제공항으로 이동하기
공항버스, 공항열차, 승용차 등으로 이동한다. 각 교통수단의 소요 시간을 미리 체크해둘 것. 승용차 이동 시에는 주차장 문제를 미리 해결해두는 것이 좋다. 인천공항 장기 주차장을 이용할 수도 있고, 외부 주차장 발레파킹을 이용할 수도 있다.

2. 탑승 수속하기
공항 로비에 도착하면 먼저 전광판에서 체크인 카운터의 번호를 확인할 것. 해당 카운터로 가서 보딩 패스를 발급받고 수화물을 부친다.

3. 보안 검색 받기
액체류 외에도 칼, 뾰족한 물건 등은 기내 반입이 되지 않는다. 랩탑 컴퓨터와 태블릿, 스마트폰 등은 가방 안에서 따로 꺼내 검색을 받아야 한다. 명절이나 성수기에는 여기서만 1시간씩 소요되는 경우가 허다하다.

4. 출국 심사
시간이 많이 모자라지 않는다면 자동 출입국 심사를 등록할 것. 여권과 지문 정보를 간단히 등록해두면 다음 여행에서 출입국 심사에 걸리는 시간을 크게 단축할 수 있다. 여권에 도장 늘리는 것을 좋아한다면 평범하게 줄을 서서 심사를 받자.

5. 면세품 인도장
여행 전 면세품을 구입했다면 인도장으로 가서 물건을 받을 것. 본관과 탑승동에 각각 인도장이 있다. 면세품을 구입할 때 해당 인도장과 인도 방법에 대한 자세한 설명 및 안내 메일을 받게 되므로 잘 숙지할 것.

6. 인천국제공항 면세점 구경하기
세계 최고 규모를 자랑하는 인천공항 면세점 구경은 놓치기 힘든 재미. 특히 흡연자라면 면세점에서 담배를 꼭 구입할 것. 시중보다 반값 가까운 가격에 구할 수 있다. 크로아티아 담배 면세 반입 한도는 200개비.

7. 탑승 준비!
크로아티아로 향하는 항공사들은 대부분 외항사이므로 본관이 아닌 탑승동에서 탑승해야 하는 경우가 많다. 탑승동으로 가는 셔틀 트레인을 타고 내려 해당 게이트를 찾을 것. 출발 시간 20~30분 전에 탑승을 마감하므로 시간을 놓치지 말자!

INDEX

Ⓐ
H&M P.175, 179

ㄱ
거소 유적 P.70
게스 P.175, 177, 179
고르니 그라드 P.40, 67, 69
골리보시 디자인 호스텔 P.219
공현 대축일
군둘리치 시장 P.169
그레고리우스 대주교의 동상 P.72

ㄴ
나이키 P.179
나프나프 P.117, 179
네옴 P.184
녹투르노(레스토랑) P.116
녹투르노(호스텔) P.213
더 푸치치 팰리스 P.215
데시구엘 P.179

ㄷ
도니 그라드 P.69
돌라치 시장 P.167, 168
돌의 문 P.69
돌체 비타 P.142
성 돔니우스 대성당 종탑 P.100

두브라비차 P.143, 168
두브로브니크 P.35, 36
두브로브니크 대성당 P.60
두브로브니크성벽(투어) P.65, 66, 208
디엠 P.172
디오클레티아누스 궁전 유적 P.43, 70

ㄹ
라구사 공화국 P.36, 59
라두차 비치
라디슨블루리조트&스파 P.215
라디체바 P.115
라스토바치 P.86
라스토케 P.52, 53
라치치 마우솔레움 P.203
라파드 P.217
라파드 비치 P.123
레오나르도 P.116
레이디 피피 P.144, 145
로만 포룸 P.73
로브리예나츠 요새 P.66
로예나 비치 P.130
로칸다 페스카리야 P.138
로크룸 (섬) P.128, 129, 203
로트르슈차크 탑 P.183
루차츠 P.146
리바(스플리트) P.119

리바(자다르) P.121
리바(트로기르) P.120
리예카 P.188
리예카 카니발 P.197
리조트 투리스트 그라보바츠 P.87

ㅁ
마라스카 P.160
마르몬토바 거리 P.177
마르얀 언덕 전망대 P.101
마르얀(레스토랑) P.136
마시모 두띠 P.177, 170
만성절(핼러윈) P.200, 201
말라 브라차 P.62, 158
망고 P.179
메주고리예 P.206
모토분 P.56, 57
모토분 필름 페스티벌 P.199
몬도 P.147
몬테네그로 P.208
무키네 P.85, 86
뮤직 비엔날레 자그레브 P.198
믈리예트 P.131

ㅂ
바다의 오르간 P.182
바스티온 헤리티지 호텔 P.220

230

바츠비체 비치 P.124
반 옐라치치 광장 P.39
반예 비치 P.122
반파시스트 투쟁 기념일 P.201
베네딕트 수도원 P.131
베네통 P.179
베스트 웨스턴 프리미어 호텔
아스토리아 P.212
벨레비트 P.189
보반 P.137
보스니아(헤르체고비나) P.194, 204
부드바 P.209
부자 바 P.97
부티크 호스텔 포룸 P.220
부활절 P.143, 197, 201
분리 독립 선포 기념일 P.198, 201
브라치 P.133
비스 섬 P.43
빌라 두브로브니크 P.214
빌라 아나스타샤 P.214
빌라 아드리아티카 P.215
빌리 산 P.142

ⓢ
사순절 P.143, 197
사해 P.129
선셋투어(카약) P.193

성 돈니우스 (대성당) P.71, 72
성 로브로 성당 P.110
성 로브로 성당 종탑 P.102
성 블라호 성당 P.108
성 블라호 축제 P.197
성 스티븐 데이 P.201
성 야고보 대성당 P.109
성 카타린 성당 공터 P.98
성모 마리아 기념탑 P.107
성모 승천일 P.201
쿠투르 P.208
성체축일 P.201
세계민속축제 P.199
수치의 기둥 P.73
스르지 산 (전망대) P.94, 95
스완키 민트 호스텔 P.213
스칼린스카 P.116
스크라딘 폭포 P.88, 89
스타리 모스트 P.207
스투데노츠 P.172
스파뇰라 요새 P.103
스폰자 궁전 P.61
스플리트 P.41, 42, 43
스플리트 구시가 P.70, 71
스플리트 생선 시장 P.170
스플리트 청과물 시장 P.170
스플리트 티 하우스 P.157

스플리트 페스티벌 P.199
슬라스티차르나 리바 P.142
슬로빈 유니크 라스토케 P.87
승전 기념일 P.201
신년 축일 P.201

ⓞ
아가바 P.114
아니마페스트 P.198
아드리아틱 호텔 조라 P.220
아디다스 P.179
아로마티카 P.159
아쿠아 P.179
암포라 리조트 P.220
액세서라이즈 P.175, 179
에스플라나데 자그레브 호텔 P.212
오노프리오 분수 P.62
오를란도브 기둥 P.61
옥토곤 P.176
유로카즈 P.198
유프라시우스 대성전 P.75
의장 궁전 P.61
일리차 (거리) P.117

ⓩ
자그레브 P.38, 39, 40
자그레브 구시가 P.67

231

INDEX

자그레브 대성당 P.105, 106, 107
자그레브 아이 P.99
자그레브 필름 페스티벌 P.200
자그레브페스트 P.200
자다르 P.45, 46, 47
자라 P.177, 179
주피터 (신전) P.71
지하시장 P.171

(ㅊ)
차브타트 P.203
츠비예트니(쇼핑몰) P.175
치오보 섬 P.120

(ㅋ)
카르피사 P.117
카페 룩소르 P.185
케이블카(두브로브니크) P.95, 96
코르나로 호텔 P.218
코르나트 P.147
코르출라(레스토랑) P.138
코르출라 섬 P.132
코토르 P.208
콘줌 P.172
콜로바레 비치 P.124
크라바타 P.115, 165
크라쉬 P.162

크랄례브 메드 P.161
크레시미로바 길 P.178
크로아타 P.165
크르카 P.88, 89, 90, 91

(ㅌ)
타미힐피거 P.177, 179
타지 마할 P.139
태양의 인사 P.184
토미 P.172
트로기르 P.48, 49
트릴로기야 P.145
트칼치체바 P.113

(ㅍ)
파노라마 (레스토랑) P.96
판 펙 P.143
팰리스 유디타 헤리티지 호텔 P.218
푸니쿨라 P.183
풀라 원형경기장 P.74
풀라 수페리오룸 P.74
프란체스코 수도원(두브로브니크) P.62
프리마 백화점 P.177
프리모슈텐 P.50, 51
플리트비체 P.77, 79, 84
피의 다리 P.68, 115
피자 녹투르노 P.116

피페 P.146

(ㅎ)
호스텔 마이웨이 P.216
호스텔 빌라 안젤리나 올드 타운 P.216
호스텔 샤피 P.213
호스텔 엠마누엘 P.219
호텔 데게니야 P.87
호텔 라파드 P.216
호텔 마몬트 P.218
호텔 벨뷰 (두브로브니크) P.215
호텔 벨뷰 (플리트비체) P.87
호텔 엑셀시오르 P.214
호텔 예거호른 P.117
호텔 예제로 P.87
호텔 크로아티아 P.212
호텔 플리트비체 P.87
흐바르 P.126, 127
히스토리 카페 P.114
힐튼 임페리얼 P.214

사진 제공

1권 표지 DeymosHR / Shutterstock.com
1권 파트 Milosz Maslanka / Shutterstock.com
Giovanni Vale / Shutterstock.com
본문 자그레브 민속 축제 IFF Archive
공항 paul prescott / Shutterstock.com

크로아티아
CROATIA

정숙영 지음

가서 보는 코스북

무작정 따라하기 크로아티아
The Cakewalk Series-CROATIA

초판 발행 · 2016년 12월 7일
초판 4쇄 발행 · 2019년 9월 25일

지은이 · 정숙영
발행인 · 이종원
발행처 · (주)도서출판 길벗
출판사 등록일 · 1990년 12월 24일
주소 · 서울시 마포구 월드컵로 10길 56(서교동)
대표전화 · 02)332-0931 | **팩스** · 02)323-0586
홈페이지 · www.gilbut.co.kr | **이메일** · gilbut@gilbut.co.kr

기획 및 책임편집 · 민보람(brmin@gilbut.co.kr) | **진행** · 방혜수 | **제작** · 이준호, 손일순
영업마케팅 · 한준희 | **웹마케팅** · 이정, 김진영 | **영업관리** · 김명자 | **독자지원** · 송혜란

디자인 · design GO | **지도** · 팀맵핑 | **교정교열** · 조진숙
CTP 출력 · **인쇄** · 상지사 | **제본** · 신정제본

- 잘못된 책은 구입한 서점에서 바꿔 드립니다.
- 이 책에 실린 모든 내용, 디자인, 이미지, 편집 구성의 저작권은 (주)도서출판 길벗과 지은이에게 있습니다.
  허락 없이 복제하거나 다른 매체에 옮겨 실을 수 없습니다.

ISBN 979-11-6050-056-1(13980)
(길벗 도서번호 020056)

ⓒ 정숙영

정가 17,800원

독자의 1초까지 아껴주는 정성 길벗출판사

(주)도서출판 길벗 | IT실용, IT/일반 수험서, 경제경영, 취미실용, 인문교양(더퀘스트) www.gilbut.co.kr
길벗이지톡 | 어학단행본, 어학수험서 www.eztok.co.kr
길벗스쿨 | 국어학습, 수학학습, 어린이교양, 주니어 어학학습, 교과서 www.gilbutschool.co.kr

페이스북 · www.facebook.com/gilbutzigy | 트위터 · www.twitter.com/gilbutzigy

"

독자의 1초를 아껴주는 정성!
세상이 아무리 바쁘게 돌아가더라도
책까지 아무렇게나 빨리 만들 수는 없습니다.
인스턴트식품 같은 책보다는
오래 익힌 술이나 장맛이 밴 책을 만들고 싶습니다.

땀 흘리며 일하는 당신을 위해
한 권 한 권 마음을 다해 만들겠습니다.
마지막 페이지에서 만날 새로운 당신을 위해
더 나은 길을 준비하겠습니다.

독자의 1초를 아껴주는 정성을 만나보십시오.

"

INSTRUCTIONS
무작정 따라하기 일러두기

이 책은 전문 여행작가가 크로아티아 전 지역을 누비며 찾아낸 관광 명소와 함께,
독자 여러분의 소중한 여행이 완성될 수 있도록 테마별, 지역별 정보와 다양한 여행 코스를 소개합니다.
이 책에 수록된 관광지, 맛집, 숙소, 교통 등의 여행 정보는 2019년 8월 기준이며 최대한 정확한 정보를 싣고자 노력했습니다.
하지만 출판 후 또는 독자의 여행 시점과 동선에 따라 변동될 수 있으므로 주의하실 필요가 있습니다.

1권 미리 보는 테마북

1권은 크로아티아의 다양한 여행 주제를 소개합니다. 자신의 취향에 맞는 테마를 찾은 후
2권 페이지 연동 표시를 참고, 2권의 지역과 지도에 체크하며 여행 계획을 세우세요.

1권은 크로아티아의 다양한 여행 주제를 볼거리, 음식, 쇼핑, 체험으로 소개합니다.

이 책의 지명과 관광 명소 등은 국립국어원 외래어 표기법에 따라 표기했습니다. 한글 표기와 함께 현지에서 도움이 될 수 있도록 크로아티아어와 영어를 병기했습니다.

볼거리

음식

쇼핑

체험

구글 지도 GPS
위치 검색이 용이하도록 구글 지도 검색창에 입력하면 바로 장소별 위치를 알 수 있는 구글 지도 GPS 좌표를 알려줍니다. 구글 지도 검색창에 좌표를 입력하세요.

찾아가기
버스터미널이나 대표 랜드마크 기준으로 가장 효율적인 동선으로 찾아갈 수 있는 방법을 설명합니다.

전화
대표 번호 또는 각 지점의 번호를 안내합니다.

시간
해당 장소가 운영하는 시간을 알려줍니다.

휴무
특정한 쉬는 날이 없는 현지 음식점이나 기타 장소들은 비정기적으로 표기했습니다.

2권 가서 보는 코스북

2권은 크로아티아의 주요 도시를 세부적으로 나눠 지도와 여행 코스를 함께 소개합니다. 지역별, 일정별, 테마별 등 다양하게 제시합니다. 1권 어떤 테마에 소개된 곳인지 페이지 연동 표시가 되어 있으니, 참고해 알찬 여행 계획을 세우세요.

지역 페이지
지역마다 인기도, 관광, 식도락, 쇼핑, 문화 유적의 테마별로 별점을 매겨 지역의 특징을 한눈에 보여줍니다.

교통 한눈에 보기
세부 지역별로 주요 장소에서 그곳으로 가는 교통편을 동선 표시, 소요시간, 비용과 함께 자세하게 소개합니다. 그 외 해당 지역 안에서 도보 이동이 가능한지, 그곳의 MTR 출구가 단일 출구인지 등등 생생한 팁을 제공합니다.

아주 친절한 실측 여행 지도
세부 지역별로 소개하는 볼거리, 음식점, 쇼핑점, 체험 장소 위치를 실측 지도로 자세하게 소개합니다. 지도에는 한글 표기와 크로아티아어(또는 영어), 소개된 본문 페이지 표시가 함께 구성되어 길 찾기가 편리합니다.

코스 무작정 따라하기
그 지역을 완벽하게 돌아볼 수 있는 다양한 시간별, 테마별 코스를 지도와 함께 소개합니다.

① 주요 스폿별로 그다음 장소를 찾아가는 방법, 운영 시간, 가격 등을 소개합니다.
② 주요 스폿을 기본적으로 영업시간과 간단한 소개글로 설명합니다.
③ 스폿별로 머물기 적당한 소요시간을 표시했습니다.
④ 코스별로 교통비, 입장료, 식사 비용 등을 영수증 형식으로 소개해 알뜰한 여행이 되도록 도와줍니다.

가격
입장료, 체험료, 메뉴 가격 등을 소개합니다.

홈페이지
해당 지역이나 장소의 공식 홈페이지를 기준으로 합니다.

MAP
해당 스폿이 소개된 지역의 지도 페이지를 안내합니다.

INFO
1권일 경우 2권의 해당되는 지역에서 소개되는 페이지를 짤 때 참고하세요!
2권일 경우 1권의 관련 페이지를 연동 표시했습니다.

트래블 인포 & 줌인 세부 구역
그 지역 볼거리, 맛집, 쇼핑, 체험 장소를 소개합니다. 밀집 구역은 줌인 지도와 함께 한 번 더 소개해 더욱 완벽하게 즐길 수 있게 도와줍니다.

CONTENTS

2권 가서 보는 코스북

INTRO

008	크로아티아 지역 한눈에 보기
010	무작정 따라하기 1단계 크로아티아 이렇게 간다
013	무작정 따라하기 2단계 장거리 버스에 대한 모든 것
016	무작정 따라하기 3단계 두브로브니크 공항 오가기
018	무작정 따라하기 4단계 자그레브 국제공항에서 출국하기
020	크로아티아 여행 코스 무작정 따라하기

Area. 1
ZAGREB
자그레브 P.034

036	자그레브 교통편 한눈에 보기
040	코스 무작정 따라하기
046	TRAVEL INFO

Area. 2
DUBROVNIK
두브로브니크 P.056

058	두브로브니크 교통편 한눈에 보기
062	두브로브니크 여행 한눈에 보기
063	코스 무작정 따라하기
070	TRAVEL INFO

Area. 3
PLITVICE
플리트비체 P.086

088	플리트비체 교통편 한눈에 보기
093	플리트비체 여행 한눈에 보기
094	코스 무작정 따라하기
106	TRAVEL INFO

Area. 4
SPLIT
스플리트 P.110

112	스플리트 교통편 한눈에 보기
115	코스 무작정 따라하기
118	TRAVEL INFO

Area. 5
HVAR
흐바르 P.128

- **130** 흐바르 교통편 한눈에 보기
- **132** 코스 무작정 따라하기
- **134** TRAVEL INFO

Area. 7
TROGIR
트로기르 P.146

- **148** 트로기르 교통편 한눈에 보기
- **150** 코스 무작정 따라하기
- **152** TRAVEL INFO

Area. 9
ŠIBENIK
시베니크 P.162

- **164** 시베니크 교통편 한눈에 보기
- **166** 코스 무작정 따라하기
- **168** TRAVEL INFO

Area. 6
ZADAR
자다르 P.136

- **138** 자다르 교통편 한눈에 보기
- **140** 코스 무작정 따라하기
- **142** TRAVEL INFO

Area. 8
PRIMOŠTEN
프리모슈텐 P.154

- **156** 프리모슈텐 교통편 한눈에 보기
- **158** 코스 무작정 따라하기
- **160** TRAVEL INFO

Area. 10
ISTRA
이스트라 반도 P.172

- **174** 이스트라 반도 교통편 한눈에 보기
- **176** TRAVEL INFO

OUTRO

- **186** 크로아티아 영어 회화 무작정 따라하기
- **191** INDEX

INTRO

무작정 따라하기 크로아티아 지역 한눈에 보기

1 자그레브 Zagreb

크로아티아의 수도이자 크로아티아 여행의 시작점이 되는 곳이다. 작고 소박하지만 오래된 도시 특유의 느낌을 간직하고 있는 구시가도 한나절의 좋은 볼거리.

◉ ★★★☆☆ ⋒ ★★★★☆ 🚌 ★★★★☆

2 두브로브니크 Dubrovnik

크로아티아 여행의 꽃이자 핵심. 유럽에서 가장 완벽한 중세 도시라는 극찬을 받고 있는 크로아티아 최남단의 도시이다. 크로아티아에서 단 한 곳만 여행한다면 주저 말고 이곳을 선택할 것.

◉ ★★★★★ ⋒ ★★★★☆ 🚌 ★★★☆☆

3 플리트비체 Plitvice

'죽기 전에 꼭 가봐야 할 세계의 절경' 등에 자주 선정되는 크로아티아 최대의 국립공원. 수십 개의 호수와 폭포, 석회암 절벽과 숲 등 카르스트 지형이 빚어내는 천혜의 경관을 만끽하자.

◉ ★★★★★ ⋒ ★☆☆☆☆ 🚌 ★☆☆☆☆

4 스플리트 Split

달마티아 지역의 중심으로, 크로아티아에서 가장 중요한 역사 유적인 디오클레티아누스 궁전 유적이 있다. 유적지와 휴양지 중간쯤의 고색창연하면서도 여유로운 느낌이 매력이다.

◉ ★★★★☆ ⋒ ★★★★☆ 🚌 ★★★★☆

5 흐바르 Hvar

달마티아 지방은 새파란 바다 위에 아름다운 섬이 수없이 늘어선 곳인데, 흐바르는 그중에서도 단연 으뜸가는 아름다움을 자랑한다. 드라이브와 휴식에 최적화된 섬.

◉ ★★★★☆ ⋒ ★★☆☆☆ 🚌 ★☆☆☆☆

6 자다르 Zadar

크로아티아의 서부 해안 지방인 달마티아Dalmatia의 북부에 자리한 도시. 하늘과 땅과 소리가 어우러져 세상에 둘도 없는 특별한 낙조 풍경이 매일매일 펼쳐진다.

◉ ★★★★☆ ⋒ ★★★☆☆ 🚌 ★★☆☆☆

7 트로기르 Trogir

달마티아의 작은 도시로, 구시가 전체가 유네스코 세계문화유산으로 지정되었다. 아주 작은 구시가 안에 여러 시대의 아름다운 건축물이 모여 있어 살아 있는 건축 박물관으로 불린다.

◉ ★★★★☆ ⋒ ★★☆☆☆ 🚌 ★☆☆☆☆

8 프리모슈텐 Primošten

유럽의 아름다운 마을 선발대회에서 황금 장미상을 수상한 마을. 바다 위에 오롯이 떠 있는 구시가를 보며 눈부시게 맑은 물에서 해수욕을 즐길 수 있다.

◉ ★★★☆☆ ⋒ ★★☆☆☆ 🚌 ★★★☆☆

9 시베니크 Šibenik

유네스코 세계문화유산인 성 야고보 대성당이 있는 달마티아의 작은 도시. 아직 개발과 복구가 끝나지 않아 앞으로가 더 기대된다. 플리트비체에 버금가는 생태관광지 크르카Krka와 가깝다.

★★★☆☆ ★☆☆☆☆ ★☆☆☆☆

10 이스트라 반도 Istra

크로아티아 서북쪽에서 아드리아 해를 향해 비죽하게 튀어나온 통통한 반도. 아직 제대로 개발되지 않았으나 잠재력만큼은 크로아티아 제일! 로빈과 모토분, 풀라, 포레치 등의 작은 마을이 있다.

★★★☆☆ ★★★★☆ ★☆☆☆☆

CROATIA

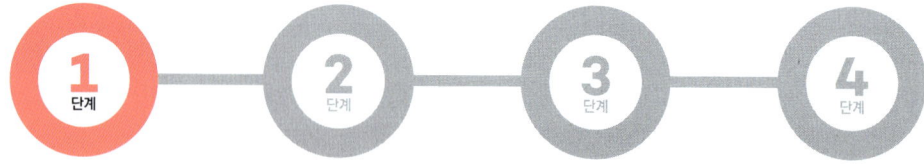

무작정 따라하기 1단계 크로아티아 이렇게 간다

> 자그레브 국제공항 한눈에 보기

자그레브 국제공항은 자그레브 시내에서 약 20km 정도 떨어진 플레소Pleso 지역에 자리하고 있다. '프란뇨 투지만 Franjo Tuđman' 공항이라고도 하는데, 프란뇨 투지만은 크로아티아의 초대 대통령으로 도로나 교량 등 대규모 시설에 흔히 그의 이름이 붙는다. 예전 자그레브 공항은 작은 규모와 낙후된 시설로 유명했었으나 2017년 최신식 설비의 프란뇨 투지만 공항이 문을 열며 대부분의 불명예를 해소했다. 단, 여전히 규모는 자그마하다. 표지판을 따라 입국심사를 마치고 짐을 찾은 후 입국장으로 나오면 여행자에게 필요한 모든 것이 눈앞에 펼쳐진다.

> 자그레브 국제 공항에서 시내 가기

자그레브 국제공항에서 시내의 버스터미널을 연결하는 대중교통편에는 공항버스와 일반 노선버스가 있는데, 공항버스가 저렴하고 효율적이라 대부분 공항버스를 이용한다. 시내까지의 소요시간은 30분. 시간대마다 운행 노선이 조금씩 다르나, 종점은 모두 버스터미널에 붙어 있는 크로아티아 항공 사무소 주차장이다. 시간이 정확하고 친절하며 차 상태도 좋다. 기차역 부근에서 내려 주는 노선도 있으므로 버스기사 또는 차장에게 물어보자.

🕐 **시간** 공항 → 시내 06:00~22:30(30분 간격. 단, 06:00~07:00은 1시간 간격)
💲 **가격** 30kn 🌐 **홈페이지** www.zagreb-airport.hr

> ➕ **PLUS TIP**
> 공항 → 시내 버스 스케줄
> 06:00 · 07:00 · 07:30 · 08:00 · 08:30 · 09:00 · 09:30 ·
> 10:30 · 11:00 · 11:30 · 12:00 · 12:30 · 13:00 · 13:30 ·
> 14:00 · 14:30 · 15:00 · 15:30 · 16:00 · 16:30 · 17:00 ·
> 17:30 · 18:00 · 18:30 · 19:00 · 19:30 · 20:00 · 20:30 ·
> 21:00 · 21:30 · 22:00 · 22:30

> ➕ **PLUS TIP**
> 자그레브 공항버스의 공식 첫차·막차 시간의 이전·이후에 도착하는 항공편이 있는 경우에는 추가편이 편성된다. 단, 정기편이 아니므로 적당히 승객이 다 차면 그냥 가버리곤 한다. 추가편 편성 여부나 시간을 정확히 확인하고 싶다면 공항버스 회사에 이메일로 직접 문의해야 한다.
> 이메일 plesoprijevoz@plesoprijevoz.hr

공항버스 탑승 무작정 따라하기

1 국제선 입국장에서 보이는 문을 나서면 바로 왼쪽에 승강장이 있다.

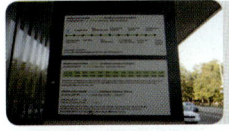

2 출발 시간을 확인하자.

3 버스가 도착하면 탑승한다. 짐은 짐칸에 넣고, 요금은 기사에게 직접 낸다.

4 편하게 종점 또는 기차역까지 간다.

> ➕ **PLUS INFO** 자그레브 공항 택시는 우버가 진리
> 인원 수나 짐이 많다면, 또는 나이 드신 부모님과 함께 여행하고 있다면 택시도 좋은 대안이 된다. 공항부터 시내까지의 택시요금은 300kn 선. 그런데 차량 공유 택시 서비스인 '우버 Uver'를 이용하면 110~150kn 선에서 가능하다. 택시를 이용하게 될 것 같으면 스마트폰에 미리 우버 앱을 깔아서 갈 것.

> 렌터카 픽업하기

자그레브에서 렌터카를 픽업할 경우 가장 좋은 곳이 바로 공항. 입국하자마자 픽업하는 경우는 물론이고 이미 출발한 후라도 공항으로 다시 돌아와 픽업하는 것이 낫다. 시내의 픽업 사무소들이 중심가에서 약간 떨어져 있어 찾아가기 다소 번거롭기 때문. 렌터카 픽업은 예전에 단 한 번도 렌터카를 이용해본 적 없는 완전 초보도 실수하지 않을 정도로 쉽다.

렌터카 픽업 무작정 따라하기

1. 국제선 입국장을 등지고 왼쪽을 보면 렌터카 사무소의 부스가 줄줄이 늘어서 있다.

2. 예약한 렌터카 회사의 부스를 찾아 수속을 밟는다. 필요 서류를 제출하고 간단한 양식 하나를 쓴 뒤 각종 주의 사항을 전달받으면 끝. 자동차 키와 내비게이션도 이때 받는다.

3. 공항 밖에 있는 주차장으로 나가 해당 회사의 간판이 있는 주차 코너를 찾아 차를 픽업한다. 픽업 시 직원이 동반하거나 그렇지 않은 경우도 있지만 굳이 동반하지 않더라도 못 찾고 헤맬 확률은 0에 가깝다.

4. 차의 상태를 꼼꼼히 확인할 것. 전체를 구석구석 사진이나 동영상으로 촬영해두자. 눈에 띄는 흠집이나 이상 상태는 근접 촬영해둘 것.

5. 드라이브 시작!

⊕ PLUS INFO 렌터카 반납하기

렌터카 반납은 보통 두브로브니크에서 하게 된다. 시내 지점 반납과 공항 반납 중에 선택할 수 있는데, 공항버스 요금이 렌터카를 하루 더 사용하는 것보다는 저렴하기 때문에 보통 시내에서 반납하고 공항에는 버스를 타고 가는 경우가 많다. 반납 지점은 렌터카를 픽업할 때 자세히 안내받는다. 반납 전 기름 채워두는 것을 잊지 말 것. 숙소를 구시가에서 멀리 떨어진 곳에 잡았다면 비용을 조금 더 들이더라도 공항까지 렌터카를 사용하는 편이 낫다. 두브로브니크 공항 렌터카 반납 사무소는 공항 청사에서 맞은편으로 약 80m 떨어진 외부 건물에 자리하고 있다.

무작정 따라하기 2단계 장거리 버스에 대한 모든 것

> 크로아티아 장거리 버스

크로아티아에서는 렌터카 여행이 진리로 알려져 있다. 그러나 장롱면허, 무면허, 외국에서 운전하는 것에 대한 두려움 등등 렌터카를 이용하지 못할 이유 또한 많다. 대중교통편으로 크로아티아를 여행하는 뚜벅이 배낭족은 뭘 타고 다닐까? 그 답은 바로 장거리 버스. 크로아티아는 기차가 거의 발달하지 않은 대신 버스망이 전국에 촘촘하게 깔려 있으며, 시설도 한국의 일반 고속버스 정도의 수준은 된다. 평소 한국에서 고속버스를 잘 이용해왔다면 특별히 어려울 것은 없지만, 한국과 다른 크로아티아 특유의 시스템 몇 가지는 꼭 알아두는 것이 좋다.

크로아티아 장거리 버스 무작정 따라하기

1 스케줄을 체크한다. 인터넷 정보를 100% 신뢰하기는 힘드므로 가급적 터미널에서 직접 물어보는 것이 좋다. 발매 창구에서 물어보자.

2 티켓을 끊는다. 하루 전에는 끊어놓는 것이 좋다. 티켓에 출발 플랫폼이 적혀 있지 않다면 출발 전에 창구에서 확인하자.

3 플랫폼으로 간다. 출발 시각 10분 전에는 도착하는 것이 좋다.

4 버스가 플랫폼에 도착하면 앞에 쓰여 있는 행선지를 먼저 확인할 것. 같은 플랫폼에 선행 버스가 있을 수 있으니 주의한다.

5 내가 탈 버스가 맞다면 우선 짐을 맡길 것. 짐 부치는 값을 따로 내고 짐 태그를 받는다.

6 버스에 탑승한다. 사람이 많으면 티켓에 적힌 좌석표대로, 빈자리가 많으면 아무데나 원하는 곳에 앉는다. 북→남 루트에서는 오른쪽 창가가 진리.

> ## 크로아티아 버스 티켓 살펴보기

❶ 버스 티켓
❷ 버스 회사명
❸ 행선지
❹ 출발 날짜-시간
❺ 승강장 번호
❻ 버스 넘버
❼ 좌석 번호
❽ 예약비
❾ 전화 예약비
❿ 발권비
⓫ 보험
⓬ 요금
⓭ 합계
⓮ 세금
⓯ 기본요금

> ## 크로아티아 장거리 버스 심화 연구

① **버스 예약은 겟바이버스 Getbybus** : 크로아티아 전역의 버스 회사의 예약 시스템을 하나로 묶어놓은 것. 웹사이트와 스마트폰 용 애플리케이션 모두 갖추고 있다. 크로아티아의 도시 간 버스편 은 대부분 이곳에서 예약 가능하다. 단, 지방 소도시를 연결하는 소소한 버스편은 정보가 틀리거나 아예 나오는 않는 경우가 많으 므로 직접 터미널에서 확인하고 예약해야 한다. 유동인구에 비해

버스편이 많아 6~9월 성수기를 제외하면 예약하지 않아도 자리가 많이 나는 편이므로 예약 때 문에 큰 스트레스를 받을 필요는 없다. 6~9월의 성수기에 초 인기구간(자그레브→플리트비체, 플리트비체→스플리트, 스플리트→두브로브니크)으로 이동, 아침 7시 전 이동 편 및 야간 버스 를 이용하는 경우는 최소 2~3일 전 예약 필수. 나머지는 여유 있게 생각해도 OK.

> **⊕ PLUS INFO 플릭스 버스 Flix Bus**
> 유럽 곳곳에서 활약하고 있는 독일의 장거리 버스 회사로 저렴한 가격과 쾌적한 시설, 정직한 운행 스케줄을 자랑한다. 최근 크로아티아에도 노선을 개설하여 로컬 버스들을 위협하는 중이다. 자그레브, 스플리트, 두브로브니크 같은 대도시는 물론 제법 작은 규모의 도시까지 촘촘하게 연결한다. 짐 값을 따로 받지 않는 것도 소소하지만 치명적인 장점. 다만 버스 터미널에서 후미진 자리에서 발착하거나 아예 터미널 아닌 엉뚱한 곳으로 찾아가야하는 불편함이 있으며 운행 스케줄이 좋지 않은 경우도 흔하다. 겟바이버스와 플릭스버스를 모두 검색하는 것이 베스트. 웹사이트와 애플리케이션에서 예약 가능하다. 자그레브에서 유럽의 다른 나라 도시로 버스 이동을 할 경우는 플릭스 버스가 압도적으로 편리하다.
> **홈페이지** www.flixbus.hr

> **⊕ PLUS TIP**
> 인터넷 예약을 하면 종종 좌석 지정이 되지 않는 경우가 있다. 이때 만석이 되면 꼼짝없이 서 서 가야 한다. 만석이 예상되는 구간이라면 미리 버스터미널 티 켓 창구로 가서 좌석표를 별도로 구입할 것. 5kn 안팎 소요된다.

② **좌석 번호는 숫자일 뿐** : 크로아티아 장거리 버스에서 좌석 번호는 큰 의미가 없다. 선착순으로 앉고 싶은 좌석에 앉는 문화 이기 때문. 티켓의 좌석 번호를 근거로 내 자리임을 주장하다가 오히려 이상한 사람 취급당하는 일도 일어난다. 그러나 좌석 번 호가 전혀 무의미한 것은 아니며, 특히 만석일 경우에는 중요하 다. 좌석 번호는 버스 안에 좌석을 확보하고 있다는 증명과도 같

기 때문. 그러나 유동 인구에 비해 버스편이 넉넉하기 때문에 만석이 되는 경우는 그다지 많지 않다. 출발지에서 절반 정도 찼다면 그냥 아무데나 앉아도 무방하다.

③ **오른쪽 창가를 사수하라** : 이스트라 → 자다르, 자다르 → 스플리트, 스플리트 → 두브로브니크 등 북쪽에서 남쪽으로 내려가는 해안 루트에서는 반드시 오른쪽 창가 자리를 사수하자. 크로아티아는 한국과 같은 차량 오른쪽 통행이라 북쪽에서 남쪽으로 이동할 시에는 바다가 오른쪽에 펼쳐진다. 터미널에서 티켓을 끊을 때도 'Sea View, Window Side'라고 의견을 분명하게 밝힐 것.

④ **급하면 일단 무임승차** : 버스 티켓을 미리 구매할 시간이 없거나 터미널이 없는 작은 도시나 마을에서 탑승할 경우에는 일단 무임승차를 해도 OK. 차장이 와서 직접 요금을 징수하고 티켓을 끊어준다. 이 경우 좌석 점유가 불가능하므로 만석인 경우에는 꼼짝없이 서서 가야 한다.

⑤ **늦어도 언젠가는 온다** : 자그레브, 스플리트, 자다르, 두브로브니크 등 교통 거점 도시에서는 비교적 버스 시간이 정확하다. 그러나 소도시나 플리트비체, 크르카 등의 여행지에서는 버스가 여러 곳을 거쳐서 오기 때문에 시간이 상당히 부정확하다. 30분 정도 지연되는 일은 흔하고, 1시간 늦는 일도 종종 있다. 기다리다 보면 이 버스가 정말 오는지 안 오는지 의심스러워질 때가 있

지만, 일단 터미널 직원이 표를 끊어준 버스편이라면 언젠가 반드시 온다고 믿어도 좋다. 플리트비체 지역의 버스들은 특이하게도 보통 정해진 시간보다 10~20분 빨리 도착하기 일쑤이다. 빨리 온다고 해서 원래 시간까지 기다려주지도 않으므로 일찍 나가서 기다리는 수밖에 없다.

⑥ **짐값은 별도** : 장거리 버스를 탈 때 큰 짐은 버스 아래 짐칸에 넣는데, 짐 1개당 7~10kn의 별도 요금을 부과한다. 버스에 타기 전에는 언제나 10kn 정도의 잔돈을 준비해두는 것이 현명하다.

> **◉ PLUS INFO 유인 보관소**
> 크로아티아의 모든 버스터미널에는 유인 보관소가 있다. 정말 다 있다. 다만 변변한 안내 표시조차 없거나, 표시가 있더라도 문이 잠겨 있기 일쑤. 그러나 절망하기는 이르다. 티켓 창구나 화장실 등에 문의하면 직원이 달려 나와 보관소의 문을 열고 짐을 접수한다. 1시간에 4~5kn이며 1시간당 1~2kn씩 추가된다. 짐을 맡기기 위해서는 여권이 필요하므로 미리 챙겨둘 것. 24시간 운영하는 곳은 아주 극소수이고 대부분 오후 8시 전후로 문을 닫는다.

⑦ **야간 버스도 있다** : 자그레브 ↔ 두브로브니크, 자다르 ↔ 두브로브니크 등의 장거리 구간에는 야간 버스도 운행한다. 좌석 사이가 약간 넓은 버스를 타고 밤새도록 달리는 것으로, 보통 오후 8~10시에 출발해 오전 7시 정도 도착한다. 가격은 200~250kn 선으로 비행기보다는 저렴하며 1박의 시간과 숙박비를 절약할 수 있어 저비용 배낭여행자들에게 사랑받고 있다. 상당한 체력 소모를 각오해야 한다.

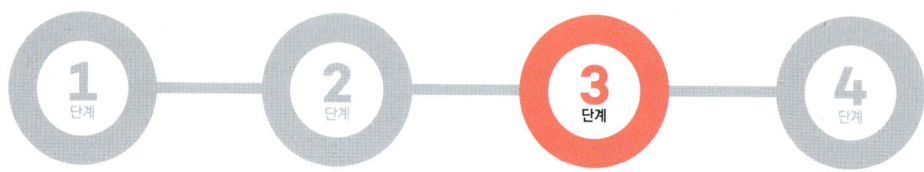

무작정 따라하기 3단계 두브로브니크 공항 오가기

> **두브로브니크 공항 한눈에 보기**

크로아티아 여행 중 자그레브 국제공항 다음으로 '거의 반드시' 가게 되는 공항이 바로 두브로브니크 공항이다. 크로아티아 여행을 마치고 자그레브로 귀국편을 타러 갈 때 가장 많이 이용하고, 드물게는 두브로브니크에서 출국할 수도 있다. 크로아티아 북부에서 달마티아를 거치지 않고 바로 두브로브니크로 들어오거나 유럽 여행 중 두브로브니크만 들르는 사람들은 두브로브니크 공항을 통해 입국하기도 한다.

두브로브니크 국제공항 1층 세부도

두브로브니크 국제공항 2층 세부도

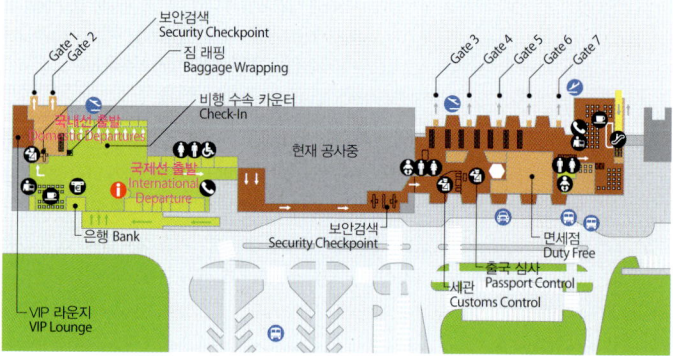

두브로브니크 시내에서 공항 가기

두브로브니크 시내에서 공항 이동 무작정 따라하기

1 먼저 하루 전에 두브로브니크 구시가 내의 인포메이션 센터를 방문한다. 두브로브니크 공항버스는 정기 운행이 아니라 항공기 스케줄이 있을 때마다 비정기적으로 운행되기 때문에, 인포메이션 센터에서 미리 스케줄을 확인해두는 것이 좋다.
국제선은 비행기 출발 120분 전, 국내선은 90분 전에 출발한다.

2 그루즈 버스터미널에서 탑승한다. 케이블카 정류장 앞에도 공항버스 정류장이 있지만 자리 확보 면에서 종점인 그루즈 버스터미널이 유리하다. 버스 티켓은 버스 안에서 판매한다. 요금은 55kn.

3 시내에서 공항까지는 약 30분 소요된다. 공항 청사 바로 앞에 내려준다.

두브로브니크 공항에서 시내 가기

두브로브니크 공항에서 시내 이동 무작정 따라하기

1 공항에서 빠져나오면 버스가 서 있는 것이 바로 보인다. ATLAS라고 적혀 있는 버스를 이용한다. 버스가 늘 있는 것이 아니라 도착편 스케줄이 있을 때마다 1~2대씩 배차되므로 자칫 늑장 부리다가는 꼼짝없이 택시 신세를 져야 한다.

2 요금은 버스 안에서 낸다. 시내까지는 약 30분 소요되며, 그루즈 버스터미널에 정차한다. 55kn.

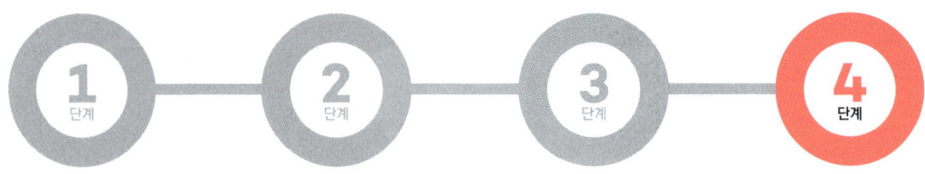

무작정 따라하기 4단계 자그레브 국제공항에서 출국하기

> 자그레브 시내에서 공항 가기

공항에서 시내로 들어올 때와 마찬가지로 공항으로 갈 때도 교통편은 오로지 공항버스뿐이다. 공항버스 정류장 찾는 것이 약간 애매하므로 그 부분만 주의하면 어렵지 않게 찾을 수 있다.

자그레브 시내에서 공항 이동 무작정 따라하기

1 공항버스 출발지는 자그레브 버스터미널 부근에 있는 크로아티아 항공 사무소이다. 버스터미널 북쪽(정면으로 봤을 때 오른쪽)에 있는 에스컬레이터 부근에 있다.

2 사무소 안으로 들어가서 사무실을 통과해 반대쪽 문으로 나오면 공항버스 주차장이 있다.

3 출발 10분 전후로 탑승 가능하다. 요금은 차 안에서 낸다.

4 공항까지는 약 30분 소요. 탑승 정류장 반대쪽 끝에서 하차한다(공항을 면으로 봤을 때 탑승 정류장은 왼쪽 끝, 하차 정류장은 오른쪽 끝).

자그레브 국제공항에서 출국하기

> ⊕ **PLUS INFO** 시내 → 공항 버스 스케줄
> 04:30 - 05:00 - 05:30 - 06:00 - 06:30 - 07:00 - 07:30 - 08:00 - 08:30 - 09:00 - 09:30 - 10:00 - 10:30 - 11:00 - 11:30 - 12:00 - 12:30 - 13:00 - 13:30 - 14:00 - 14:30 - 15:00 - 15:30 - 16:00 - 16:30 - 17:00 - 17:30 - 18:00 - 18:30 - 19:00 - 19:30 - 20:00 - 20:30 - 21:00 - 21:30

자그레브 국제공항 출국 무작정 따라하기

1 청사 오른쪽 출발 로비로 들어가면 바로 항공사 카운터가 나온다. 출국편 탑승 수속을 받고 짐을 부친다.

2 출국장으로 나가면 바로 입출국 심사대가 있다. 출국 도장을 받는다.

3 심사대를 통과하면 바로 탑승 로비가 나온다. 면세점도 이곳에 있다. 면세점이라기보다는 기념품점 수준으로, 넥타이나 초콜릿 등을 판매한다.

4 탑승 시간이 되면 주기장행 셔틀버스가 게이트 앞으로 온다.

5 셔틀버스에서 내려 항공기로 계단을 밟고 직접 올라간다.

TRAVEL COURSE

일정별 추천 코스 | 1. 크로아티아 여행 기본 루트 7DAYS

추천 계절 | 1년 열두 달 모두 가능. 가급적 5~10월 추천

교통 수단 | 대중교통(버스)

추천 대상 | 대중교통을 이용해 일주일 안팎으로 크로아티아를 여행하는, 남녀노소와 국적을 불문한 모든 여행자. 일명 '국민 루트'

체크 사항 | 항공 스케줄에 따라 앞뒤로 출입국 일수를 0~2일 정도 더할 것

1 DAY 자그레브

START, 자그레브 국제공항을 통해 크로아티아 입국, 숙소 체크인

↓

자그레브 완전정복 코스 11시간 30분(P.40)

반 옐라치치 광장	돌라치 시장	자그레브 대성당	트칼치체바 거리

일리차 거리	성 마르코 성당	브로큰 릴레이션십 뮤지엄	성 카카린 성당

2 DAY 플리트비체 (자그레브에서 버스로 2~3시간)

플리트비체(무키네·라스토비차) 도착, 숙소 체크인

↓

플리트비체 하이킹 H코스 4시간 30분(P.104)

호수 상단부	코자크 호수	호수 하단부	벨리키 폭포

3 DAY 자다르 (플리트비체에서 버스로 약 2시간)

자다르 도착, 숙소 체크인

↓

자다르 100% 즐기기 코스 3시간 30분(P.140)

육지의 문	로만 포룸 & 성 도나트 성당	바다의 오르간	태양의 인사

4 DAY

스플리트 (자다르에서 버스로 약 3시간 30분)

스플리트 도착, 숙소 체크인

↓

스플리트 하이라이트 코스 7시간 30분 (P.115)

디오클레티아누스 궁전 유적	그레고리우스 닌 주교 동상	리바	마르얀 언덕 전망대

5 DAY

흐바르 (스플리트에서 배로 2시간 10~20분)

흐바르 도착

↓

흐바르 타운 당일치기 코스 7시간 30분 (P.132)

성 스테판 광장	스파뇰라 요새	보니 비치	프란체스코 수도원 박물관

↓

흐바르 출발

↓ 배로 2시간 10~20분

스플리트 도착, 숙소 체크인 후 휴식

6 DAY

두브로브니크 (스플리트에서 버스로 약 4시간 45분)

두브로브니크 도착, 숙소 체크인

↓

두브로브니크 200% 코스 1일 차 7시간 30분 (P.63)

플라차 거리	올드 포트	반예 비치	스르지 산 전망대

7 DAY

두브로브니크

두브로브니크 200% 코스 2일 차 (P.66)

두브로브니크 성벽	로크룸 섬	부자 바	드 비노

↓

FINISH. 두브로브니크 공항에서 항공편으로 자그레브로 돌아간 뒤 귀국편 탑승 or 두브로브니크 공항에서 출국

RECEIPT
도시 간 버스 비용 400kn
스플리트 ↔ 흐바르 페리 왕복 110kn
각종 입장료 550kn
식사비 1,650kn
기타 비용 100kn

TOTAL
2,810kn(≒562,000원) + 항공료 · 숙박비 ·
두브로브니크 → 자그레브 편도 항공권

일정별 추천 코스 | **2. 렌터카로 크로아티아 정복 10DAYS**

추천 계절	가급적 6~9월. 해가 길면 길수록 좋다.	교통 수단	렌터카
추천 대상	운전이 가능하며 10일 정도 시간을 뺄 수 있는데다 평생 두 번은 크로아티아 여행을 하지 않아도 좋을 정도로 구석구석 최대한 누비고 싶은 여행자	체크 사항	항공 스케줄에 따라 앞뒤로 출입국 일수를 1~2일 정도 더할 것. 특히 입국 때는 앞에 꼭 하루 더하는 것을 추천

자그레브 – 모토분

1 DAY

START. 자그레브 국제공항을 통해 크로아티아 입국, 숙소 체크인
↓
자그레브 구시가 하이라이트 퀵 루트 2시간 30분(P.44)

자그레브 대성당	돌라치 시장	로트르슈차크 탑	반 옐라치치 광장

↓
숙소 체크아웃, 렌터카 픽업
↓ 자동차로 약 3시간
모토분 도착, 숙소 체크인
↓
모토분 돌아보기 2시간(P.182)

구시가	모토분 성벽

2 DAY

이스트라 반도 드라이브(모토분에서 자동차로 약 2시간(포레치 경유 해안 도로 이용))

풀라 도착, 주차

↓

풀라 돌아보기 2시간(P.181)

원형경기장	포룸

↓

자동차 픽업 후 로빈으로 출발
↓ 자동차로 약 40분

로빈 도착, 숙소 체크인

로빈 돌아보기 2시간(P.177)

성 유페미아 성당	대방파제

3 DAY

라스토케 - 플리트비체(로빈에서 자동차로 약 3시간 30분)

라스토케 도착, 숙소 체크인
↓ 자동차로 약 20분

플리트비체 국립공원 1번 출구 앞 도착, 주차

↓

플리트비체 하이킹 B코스 따라하기 4시간(P.96)

호수 하단부	벨리키 폭포	코자크 호수

↓

라스토케 귀환 후 돌아보기 1시간

4 DAY

플리트비체 - 자다르(라스토케에서 자동차로 약 20분)

플리트비체 국립공원 2번 출구 앞 도착, 주차

↓

플리트비체 하이킹 H코스 따라하기 4시간 30분(P.104)

호수 상단부	코자크 호수	호수 하단부	벨리키 폭포

↓

차량 픽업 후 자다르로 출발
↓ 자동차로 약 3시간 30분(벨레비트 산맥 드라이브 코스)

자다르 도착, 숙소 체크인

023

↓

자다르 100% 즐기기 코스 3시간 30분(P.140)

4 DAY

육지의 문

포룸

바다의 오르간

태양의 인사

↓

숙소 귀환 후 휴식

달마티아 드라이브(자다르에서 자동차로 약 1시간 30분(해안 도로 드라이브))

시베닉 도착, 주차

시베닉 두 시간 코스 2시간(P.166)

성 야고보 대성당

크로아티아공화국 광장

미호빌라 요새

성 아나 공동묘지

↓

차량 픽업 후 시베닉 출발

↓ 자동차로 약 40분(해안 도로 드라이브)

프리모슈텐 하이라이트 코스(해수욕) 2시간(P.158)

리바

성 유라이 성당

성 유라이 길

라두차 비치

5 DAY

↓

차량 픽업 후 프리모슈텐 출발

↓ 자동차로 약 40분

트로기르 하이라이트 코스 3시간(P.150)

이나바파블라 2세 광장

성 로브로 성당 종탑

리바

카메를렌고 요새

↓

차량 픽업 후 트로기르 출발

↓ 자동차로 약 40분

스플리트 도착, 숙소 체크인

섬 여행 즐기기

6 DAY

| 비스 섬 푸른 동굴 당일치기 | or | 브라치 섬 졸라트니 라트 당일치기 | or | 흐바르 타운 당일치기 |

↓

흐바르 여행 시에는 숙박 권장

스플리트 – 두브로브니크

7 DAY

스플리트 하이라이트 코스(저녁식사·바츠비체 비치) 5시간 30분(P.115)

디오클레티아누스 궁전 유적

그레고리우스 닌 주교 동상

리바

마르얀 언덕

↓

숙소 체크아웃, 스플리트 출발

↓ 자동차로 약 5시간(해안 도로 드라이브)

두브로브니크 도착

↓

렌터카 반납, 숙소 체크인 및 휴식

두브로브니크

8 DAY

두브로브니크 200% 즐기기 코스 1일 차 7시간 30분(P.63)

플라차 거리

올드 포트

반예 비치

스르지 산 전망대

두브로브니크

9 DAY

두브로브니크 200% 즐기기 코스 2일 차(P.66)

두브로브니크 성벽

로크룸 섬

부자 바

드 비노

두브로브니크

10 DAY

| 비치 즐기기 & 바다 액티비티 | or | 보스니아-헤르체고비나 당일치기 즐기기 | or | 몬테네그로 당일치기 즐기기 |

↓

FINISH. 두브로브니크 공항에서 항공편으로 자그레브로 돌아간 뒤 귀국편 탑승 or 두브로브니크 공항에서 출국

RECEIPT
렌터카 2,800kn(Unirent 기준, 오토매틱 소형차 ×7)
※수동 차량 이용 시 절반 정도로 절약 가능
차량 유지비(유류비 + 주차료 + 고속도로 통행료 등) 500kn
섬 여행 500kn   각종 입장료 550kn
식사비 2,000kn   기타 비용 100kn

TOTAL
6,450kn(≒1,290,000원) + 항공료·숙박비
· 두브로브니크 → 자그레브 편도 항공권

일정별 추천 코스

3. 플리트비체 + 두브로브니크 집중 루트 5DAYS

| 추천 계절 | 연중 가능. 11~3월은 가급적 피할 것 | 교통 수단 | 버스 + 국내선 항공 |

추천 대상: 일주일 이상 도저히 시간을 낼 수 없는 여행자. 유럽 여행 중 크로아티아를 포함해서 돌아보려는 여행자

1 DAY 자그레브 - 플리트비체

START. 자그레브 국제공항을 통해 크로아티아 입국, 숙소 체크인
↓
자그레브 출발
↓ 버스로 2~3시간
플리트비체 국립공원 2번 입구 도착
↓
플리트비체 하이킹 H코스 4시간 30분(P.104)

- 호수 상단부
- 코자크 호수
- 호수 하단부
- 벨리키 폭포

↓
플리트비체 출발
↓ 버스로 2~3시간
자그레브 도착 후 휴식

테마별 추천 코스

1. 로맨틱 선셋 코스 8DAYS

추천 계절: 4~5월, 9~10월. 해가 오후 7시 전후로 지고 날씨도 적당히 선선한 계절

교통 수단: 렌터카. 대중교통으로 여행할 때는 일정을 1~2일 정도 추가할 것

추천 대상: 크로아티아에서 가장 로맨틱한 풍경을 만끽하고 싶은 신혼여행자 및 커플 여행자

START. 자그레브 국제공항을 통해 크로아티아 입국 및 숙소 체크인

DAY 1 — 자그레브

Day Concept: 크로아티아의 첫 도시 자그레브에서 천천히 워밍업하기!
Course: 자그레브 완전정복 코스 (P.40)
Mission: 성 카타린 성당 공터 뷰포인트에서 일몰 보기
+Tip 매시 정각에 모든 성당에서 울리는 종소리를 보너스로 즐길 수 있다.
Stay: 자그레브

DAY 2 — 로빈

Day Concept: 이스트라에서 노을과 야경이 가장 아름답기로 유명한 로빈 즐기기!
Schedule: 10:00 자그레브 출발 → (자동차로 이동) → 13:00 로빈 도착, 숙소 체크인 → 13:30 점심식사 → 14:00 로빈 구시가 산책 → 16:00 커피와 함께 휴식 → 18:00 일몰 풍경 감상하며 바닷가 산책하기
Mission: 대방파제에서 해 지는 모습 지켜보기
+Tip 구시가에서 약간 떨어질 요트 선착장에서도 예쁜 일몰을 볼 수 있다.
Stay: 로빈

DAY 3 — 플리트비체

Day Concept: 크로아티아 여행의 필수 코스 플리트비체 하이킹과 코자크 호수의 저녁노을 즐기기!
Course: 플리트비체 하이킹 H코스 4시간 30분(P.104)
Schedule: 08:00 로빈 출발 → (자동차로 이동) → 11:30 플리트비체 국립공원 2번 입구 도착, 숙소 체크인 → 12:00 점심식사 (폴랴나 레스토랑) → 13:00 하이킹 시작 → 17:30 하이킹 종료 → 18:00 코자크 호수 부근 산책 → 19:30 저녁식사(호텔 내 레스토랑)
Mission: 2번 입구 부근 P1 선착장에서 노을에 물드는 코자크 호수 감상하기
Stay: 플리트비체 +Tip 2번 입구 부근 국립공원 내 호텔에서 묵을 것

DAY 4 — 플리트비체 - 자다르

Day Concept: 플리트비체 하이킹 2차전, 그리고 낙조의 도시 자다르에서 즐기는 공감각적 일몰 감상하기!
Course: 플리트비체 하이킹 E(P.100) or F 코스(P.102), 자다르 완전정복 코스(P.140)
Schedule: 09:00 플리트비체 하이킹 → 12:00 점심식사(P3 선착장 또는 호텔 레스토랑) → 13:00 플리트비체 출발 → (벨레비트 드라이브) → 16:30 자다르 도착, 숙소 체크인 → 17:00 자다르 완전정복 코스 → 20:00 저녁식사(코르나트)
Mission: 바다의 오르간에서 낙조 보며 맥주 마시기 +Tip 맥주는 시로카 길에서 미리 사둘 것!
Stay: 자다르

DAY 5

프리모슈텐 – 스플리트

Day Concept: 프리모슈텐에서 한가로운 한나절, 그리고 스플리트에서 낙조 보기!
Course: 프리모슈텐 하루 즐기기 코스(P.158)
Schedule: 10:00 자다르 출발→(해안도로 드라이브)→12:00 프리모슈텐 도착, 주차→12:30 점심식사→13:30 프리모슈텐 하루 즐기기 코스→17:00 프리모슈텐 출발→18:00 스플리트 도착, 숙소 체크인→18:30 마르얀 언덕 전망대→19:30 저녁식사
Mission: 마르얀 언덕 전망대에서 구시가와 바다에 물드는 노을 감상하기
Stay: 스플리트

DAY 6

스플리트 – 두브로브니크

Day Concept: 스플리트 본격 관광 및 대망의 두브로브니크 입성하기!
Course: 스플리트 하이라이트 코스(바츠비체 비치 물놀이 · 마르얀 언덕 전망대 · 저녁식사)(P.115)
Schedule: 09:00 스플리트 하이라이트 코스 → 13:00 스플리트 출발 → (해안 도로 드라이브) → 17:00 두브로브니크 도착, 숙소 체크인 → 18:00 부자 바 → 20:00 저녁식사
Mission: 부자 바에서 노을 감상하며 시원한 맥주 마시기
Stay: 두브로브니크 +Tip 스플리트 숙소는 아침, 코스 시작 전에 체크아웃할 것!

DAY 7

두브로브니크

Day Concept: 크로아티아 최고의 도시 두브로브니크 본격 즐기기, 그리고 인생 노을 보기!
Course: 두브로브니크 200% 코스 1일 차(P.63)
Mission: 스르지 산 전망대에서 인생 낙조 보기. 다른 건 다 안 해도 이건 꼭 하기
Stay: 두브로브니크

DAY 8

두브로브니크

Day Concept: 크로아티아 최고의 도시 두브로브니크 본격 즐기기 2일 차
Course: 두브로브니크 200% 코스 2일 차(P.66)
+Tip 성 이그나티우스 성당 이후 일정을 빼고 선셋 보트를 넣는다. 보트는 점심시간쯤 올드 포트에서 예매.
Schedule: 10:00 두브로브니크 완전정복 2일 차 시작 → 18:00 올드 포트에서 선셋 보트 타기
Mission: 선셋 보트에서 구시가로 떨어지는 해를 보며 사랑하는 사람과 키스하기. 민망하면 손이라도 꼭 잡기
Stay: 두브로브니크

FINISH. 두브로브니크 공항에서 항공편으로 자그레브로 돌아간 뒤 귀국편 탑승 or 두브로브니크 공항에서 출국

RECEIPT
렌터카 2,000kn(Unirent 기준, 오토매틱 소형차 ×5)
차량 유지비(유류비 · 주차료 · 고속도로 통행료) 400kn
각종 입장료(+보트 투어) 550kn
식사비 2,100kn
기타 비용(시내 교통비 · 예비비 등) 100kn

TOTAL
5,150kn(≒1,030,000원) + 항공료 · 숙박비

| 테마별 코스 디자인 | **2. 예쁜 소도시 탐방 코스 9DAYS** |

추천 계절	3~5월, 9~11월. 한겨울만 아니라면 언제나 OK
교통 수단	렌터카. 교통이 좋지 못한 곳들을 여행하기 때문에 자동차가 훨씬 유리하다
추천 대상	복잡한 대도시보다는 소박하고 작은 마을들을 천천히 여행하며 몸과 마음을 쉬고 싶은 여행자. 시간적 여유가 어느 정도 넉넉한 여행자. 크로아티아를 두 번째 여행하는 사람. 여행하면서 책 좀 읽고 싶은 사람. 혼자 여행하는 사람
체크 사항	대중교통을 이용하고 싶다면 모토분을 빼고 포레치를 넣을 것. 또한 로빈 → 라스토케 이동 구간에 하루를 더 넣어 리예카나 오파티야에서 1박하는 스케줄을 고려하자.

START. 자그레브 국제공항을 통해 크로아티아 입국 및 숙소 투숙

+Tip 입국 시간이 너무 늦지 않았다면 구시가 하이라이트 퀵 루트로 자그레브를 한 바퀴 돌아보자.

DAY 1 — 모토분

Day Concept : 천공의 마을 모토분에서 꿈같은 하루 보내기!
Schedule : 10:00 자그레브 출발 → 13:00 모토분 도착, 숙소 체크인 → 14:00 점심식사 → 15:00 구시가 산책 → 16:00 휴식 시간 → 19:00 저녁식사
Mission : 아랫마을의 전경이 내려다보이는 노천 레스토랑에서 책 읽으면서 시간 보내기
Stay : 모토분

DAY 2 — 로빈

Day Concept : 이스트라 반도 해안의 보석 같은 마을 로빈 탐험하기!
Schedule : 05:00 모토분 새벽 산책 → 11:00 모토분 출발 → 12:00 로빈 도착, 숙소 체크인 → 13:00 점심식사 → 14:00 로빈 구시가 산책 → 16:00 바닷가 카페에서 휴식 → 18:00 대방파제에서 낙조 감상 → 19:00 저녁식사 → 20:00 밤 산책
Mission : ① 모토분 : 새벽안개를 보며 산책하기
② 로빈 : 맥주 마시고 밤 산책 하며 야경 즐기기
Stay : 로빈

DAY 3 — 라스토케

Day Concept : 물의 마을에서 감수성 충만한 하루 보내기!
Schedule : 10:00 로빈 출발 → 13:00 라스토케 도착, 숙소 체크인 → 13:30 민박집에서 차려주는 야외 웰컴 티 즐기기 → 14:30 슬로빈 유니크 방문 → 16:00 휴식 및 산책 → 18:00 저녁식사
Mission : 물소리가 잘 들리는 카페를 찾아 책을 읽거나 음악을 듣기
Stay : 라스토케

DAY 4 — 플리트비체 – 자다르

Day Concept : 플리트비체 하이킹과 자다르의 일몰 즐기기!
Course : 플리트비체 하이킹 H코스(P.104)
Schedule : 05:00 라스토케 새벽 산책 → 09:30 라스토케 출발 → 10:00 플리트비체 국립공원 2번 입구 도착 → 10:30 플리트비체 하이킹 H코스 → 15:30 플리트비체 출발 → (벨레비트 드라이브) → 19:00 자다르 도착, 숙소 체크인 → 19:30 저녁식사 → 20:30 리바 · 바다의 오르간 부근 야경 산책 +Tip 점심식사는 플리트비체 P3 선착장의 간이음식점 이용
Mission : ① 라스토케 : 새벽 물안개 감상 ② 자다르 : 태양의 인사의 불빛을 바라보며 음악 듣고 맥주 마시기
Stay : 자다르

DAY 5 | 프리모슈텐

Day Concept: 달마티아 최고의 휴양 마을 프리모슈텐에서 아드리아 해 만끽하기!
Course: 프리모슈텐 하루 즐기기 코스(라두차 비치 마음껏 즐기기)
Schedule: 10:00 자다르 출발 → (해안 도로 드라이브) → 12:00 프리모슈텐 도착, 주차 → 12:30 점심식사 → 13:30 프리모슈텐 하루 즐기기 코스 → 16:30 라두차 비치 즐기기 → 18:00 저녁식사
Mission: ① 해안도로 드라이브 중 프리모슈텐 앞 국도변 뷰포인트에서 프리모슈텐 전경 사진 찍기
② 라두차 비치에 돗자리 펴고 앉아 바다 소리 들으며 책 읽기
Stay: 프리모슈텐

DAY 6 | 트로기르 – 스플리트

Day Concept: 달마티아에서 가장 예쁜 중세 도시 트로기르에서 하루 보내기!
Course: 트로기르 하이라이트 코스(P.150)
Schedule: 11:00 프리모슈텐 출발 → 11:30 트로기르 도착, 주차 → 12:00 점심식사 → 13:00 트로기르 당일치기 코스 → 16:30 트로기르 출발 → 17:00 스플리트 도착, 숙소 체크인 → 18:00 구시가·리바 산책 → 19:00 저녁식사
Mission: 트로기르 성 로브로 성당 종탑 오르기
Stay: 스플리트

DAY 7 | 스플리트 – 두브로브니크

Day Concept: 스플리트를 돌아본 뒤 해안 도로 드라이브로 두브로브니크로 넘어가기!
Course: 스플리트 하이라이트 코스(바츠비체 비치 이후 일정 빼기)(P.115)
Schedule: 09:00 스플리트 하이라이트 코스 → 15:00 스플리트 출발 → (해안 도로 드라이브) → 19:00 두브로브니크 도착, 숙소 체크인 → 19:30 저녁식사
Mission: 해안 도로 드라이브 도중 마음에 드는 해변을 골라 해 지는 아드리아 해 바다 즐기기
Stay: 두브로브니크

DAY 8 | 두브로브니크

Day Concept: 두브로브니크의 가장 중요한 볼거리 하루에 끝내기!
+Tip 렌터카는 이날 오전 중에 반납할 것.
Course: 두브로브니크 비수기 핵심 하루 코스 +Tip 스르지 산 전망대는 일몰 시간대에 맞춰서 올라갈 것.
Schedule: 09:00 필레게이트에서 여행 시작 → 09:30 플라차 거리·루자 광장 돌아보기 → 10:00 너무 더워지기 전에 플로체 게이트에서 성벽투어 시작 → 12:00 토니에서 점심먹기 → 13:00 부자 바에서 바다 전망 즐기기 → 15:30 두브로브니크 케이블카를 타고 스르지산에 올라 일몰 감상 → 18:00 바라쿠다에서 피자와 함께 맥주 마시기
Mission: 성벽 투어 중 마음에 드는 풍경 포인트 골라 오래오래 머물며 즐기기
Stay: 두브로브니크

DAY 9 | 두브로브니크 – 차브타트 – 로크룸

Day Concept: 두브로브니크 근교의 작은 마을과 한가한 섬을 찾아 오롯이 즐기기!
Schedule: 11:00 두브로브니크 그루즈 버스터미널 출발 → 11:30 차브타트 도착 → 12:00 점심식사 → 13:00 마을 산책 → 14:00 직행보트를 타고 로크룸으로 출발 → 14:30 로크룸 도착 → 15:00 로크룸 산책 → 16:00 서쪽 해안에서 해수욕과 일광욕 즐기기 → 17:00 사해 찾아가기 → 18:00 보트를 타고 두브로브니크로 귀환 → 19:00 저녁식사
Mission: 로크룸의 사해나 서쪽 해안에서 낮잠 자기
Stay: 두브로브니크

FINISH. 두브로브니크 공항에서 항공편으로 자그레브로 돌아간 뒤 귀국편 탑승 or 두브로브니크 공항에서 출국

RECEIPT
- 렌터카 2,800kn(Unirent 기준, 오토매틱 소형차 ×7)
- 차량 유지비(유류비·주차료·고속도로 통행료) 500kn
- 각종 입장료(+ 차브타트 버스) 500kn
- 식사비 2,000kn
- 기타 비용(시내 교통비·예비비 등) 200kn

TOTAL
6,000kn(≒1,200,000원) +
항공료·숙박비·두브로브니크
→ 자그레브 편도 항공권

| 테마별 코스 디자인 | **3. 계곡과 바다 집구 탐구 코스 12DAYS** |

 추천 계절: 6~9월의 성수기. 이 시기에만 운영하는 버스편과 배편이 적지 않다.

 교통 수단: 대중교통(버스 + 페리)

추천 대상: 휴양지로서의 크로아티아를 만끽하고 싶은 여행자. 도시 풍경보다는 자연 풍경이 좋은 여행자. 또래 친구와 함께 여행하는 사람. 특히 3인 이상이 함께 여행하는 사람. 체력과 호기심이 충만한 젊은 여행자.

 체크 사항: 짐은 아주 가볍게 쌀 것. 렌터카를 이용할 생각이라면 자그레브에서 픽업해 스플리트에서 반납할 것. 숙박은 굳이 예약하지 않아도 현지 민박이나 호스텔 조달 가능

START. 자그레브 국제공항을 통해 크로아티아 입국 및 숙소 투숙

DAY 1 — 자그레브

Day Concept: 자그레브를 돌아보며 크로아티아 여행 워밍업하기!
Course: 자그레브 완전정복 코스(P.40)
Schedule: 09:00 반 옐라치치 광장에서 자그레브 여행 시작 → 09:30 돌라치 시장 구경 → 10:30 자그레브 대성당에서 마음 정화하기 → 11:00 캅톨과 그라데츠를 오가며 구시가 풍경 즐기기 → 18:00 츠비예트니 들르기. 특히 콘줌은 꼭 들를 것 → 20:00 성 카타린 성당 공터에서 일몰보기 → 20:30 트칼치체바에서 맥주마시기
Mission: 츠비예트니 쇼핑센터 지하 콘줌 마켓에서 비상식량 챙겨두기 **Stay**: 자그레브

DAY 2 — 플리트비체 – 자다르

Day Concept: 플리트비체를 속성 당일치기로 여행한 뒤 다음 도시인 자다르로 이동!
Course: 플리트비체 하이킹 B코스(P.96)  B코스는 천천히 돌면 약 4시간 걸리지만 빨리 돌면 2시간에도 주파 가능하다. 2시간 30분 정도로 마칠 것. 점심식사는 비상식량으로 해결! 자다르 완전정복 코스
Schedule: 07:30 자그레브 출발 → 09:45 플리트비체 국립공원 1번 입구 도착 → 10:00 플리트비체 하이킹 B코스 → 13:50 자다르행 버스 탑승 → 16:40 자다르 도착, 숙소 체크인 → 17:30 자다르 완전정복 코스 → 20:00 저녁식사
Mission: 하이킹 B코스 2시간 이내로 끊어보기 **Stay**: 자다르

DAY 3 — 자다르 : 코르나티 군도

Day Concept: 자다르 앞바다의 아름다운 섬 코르나티 군도에서 해수욕과 섬 탐험 즐기기!
Schedule: 07:30 코르나티 군도 투어 집합 → 08:00 투어 출발 → 11:30 첫 번째 섬 도착, 점심시간 → 13:00 두 번째 섬 도착, 해수욕 및 전망대 즐기기 → 18:00 자다르 귀환 → 19:00 저녁식사
Mission: 크로아티아 최고의 비치로 꼽히는 레브르나카 섬의 로에나 비치에서 해수욕 즐기기. 발이라도 담그기 **Stay**: 자다르

DAY 4 — 크르카

Day Concept: 장엄한 폭포와 숲으로 둘러싸인 천혜의 물놀이터 크르카 국립공원에서 물놀이 실컷 즐기기!
Schedule: 11:30 자다르 출발 → 12:20 스크라딘 도착, 숙소 체크인 → 13:00 크르카 국립공원 티켓 구입 후 셔틀보트로 이동 → 13:30 스크라딘 폭포 도착, 물놀이 및 하이킹 시작 → 18:00 물놀이 종료, 스크라딘행 셔틀보트 탑승 → 20:00 스크라딘 도착, 저녁식사 후 숙소 휴식  7~8월에는 오후 7시 30분까지 물놀이 가능!
Mission: 물놀이를 마친 뒤 스크라딘 폭포 앞 휴게소에서 시원한 맥주 마시기 **Stay**: 스크라딘

DAY 5 — 프리모슈텐

Day Concept: 달마티아의 섬이 아닌 육지에서 가장 예쁜 비치로 손꼽히는 프리모슈텐의 라두차 비치에서 하루 종일 해수욕과 태닝 즐기기!
Course: 프리모슈텐 하루 즐기기 코스(라두차 비치 마음껏 즐기기)(P.158)
Schedule: 10:45 스크라딘 출발 → 11:15 시베니크 도착 → 11:30 프리모슈텐행 버스 탑승 → 12:00 프리모슈텐 도착, 숙소 체크인 → 12:30 점심식사 → 16:30 라두차 비치 즐기기 → 18:00 저녁식사
Mission: 성 유라이 길의 공방에서 함께 여행 온 친구와 우정 기념품 사기 **Stay**: 프리모슈텐

DAY 6 — 브라치

Day Concept: 유럽 최고의 비치 중 한 곳인 즐라트니 라트 만끽하기!
Schedule: 08:32 프리모슈텐 출발 → 09:34 스플리트 도착 → 11:15 스플리트 항구 출발 → 12:05 브라치 섬 수페타르 항구 도착, 버스 이동 → 13:00 즐라트니 라트 도착, 숙소 체크인 → 13:30 점심식사 → 14:30 즐라트니 라트 만끽하기 → 19:00 저녁식사
Mission: 즐라트니 라트의 모습을 담을 수 있는 포토포인트 찾아보기 **Stay:** 브라치 섬

DAY 7 — 브라치 – 흐바르

Day Concept: 브라치에서 낮 시간을 즐긴 뒤 흐바르로 이동하기!
Schedule: 10:00 즐라트니 라트에서 못다 한 해수욕 더 즐기기 → 12:00 점심식사 → 13:00 마을 구경 후 휴식 → 17:50 볼 항구에서 흐바르행 배 탑승 → 18:10 흐바르 젤사 항구 도착 → 18:30 버스 또는 택시로 흐바르 타운 이동 → 19:00 흐바르 타운 도착, 숙소 체크인 → 19:30 저녁식사
Mission: 흐바르 맛집 코노바 메네고에서 '비밀' 메뉴 주문하기 **Stay:** 흐바르

DAY 8 — 흐바르

Day Concept: 크로아티아 최고의 섬 흐바르에서 여유로운 하루
Schedule: 10:00 성 스테판 광장 산책 → 11:00 스파뇰라 요새 오르기 → 12:00 코노바 메네고 점심 → 14:00 프란체스코 수도원 → 15:00 파브리카 산책로 걷기 → 16:00 보니비치-훌라훌라비치 만끽!
Course: 흐바르 타운 당일치기 코스
Mission: 훌라훌라 비치에서 저녁 시간 만끽하기 **Stay:** 흐바르

DAY 9 — 코르출라

Day Concept: 마르코 폴로의 고향으로 유명한 코르출라 섬에서 조용한 하루 보내기!
Schedule: 10:30 흐바르 타운 선착장에서 코르출라행 페리 탑승 → 11:55 코르출라 도착, 숙소 체크인 → 12:30 점심식사 → 13:30 구시가 탐험하기 → 18:00 저녁식사
Mission: 성벽에 걸터앉아 바다 바라보기 **Stay:** 코르출라

DAY 10 — 두브로브니크

Day Concept: 코르출라에서 페리로 두브로브니크 이동 후 두브로브니크에서 반나절 바다 즐기기!
Schedule: 12:40 코르출라의 콜로쳅 항구에서 두브로브니크행 페리 탑승 → 13:10 두브로브니크 그루즈 항구 도착 → 14:00 숙소 체크인, 점심식사 → 15:00 숙소와 가까운 비치에서 만끽(반예 비치, 라파드 비치 등) → 19:00 저녁식사
Mission: 숙소가 라파드 주변에 있다면 라파드에서 바빈 쿡까지 이어진 비밀스러운 산책로 걸어보기
Stay: 두브로브니크

DAY 11 — 두브로브니크

Day Concept: 두브로브니크까지 왔는데 바다에서만 놀 수는 없다. 하루 종일 구시가 여행 즐기기!
Course: 두브로브니크 비수기 핵심 하루 코스
+Tip 케이블카는 오후 7~8시 이후에 타고 올라갈 것. 부자 바에서 시간을 길게 보내자.
Mission: 부자 바에서 다이빙하는 사람들 구경하다가 자신 있으면 뛰어내려보기 **Stay:** 두브로브니크

DAY 12 — 두브로브니크

Day Concept: 두브로브니크에서 아드리아 해 만끽하기! 로크룸 섬에서 해수욕하고 선셋 카약 투어 즐기기!
Schedule: 10:00 구시가 올드 포트에서 로크룸행 페리보트 탑승 → 10:15 로크룸 도착 → 10:30 서쪽 해변과 사해에서 다이빙과 해수욕 → 16:00 구시가 복귀 후 휴식 → 17:00 선셋 카약 투어 → 19:30 투어 종료
+Tip 로크룸에서는 피크닉을 즐겨보자. 로크룸으로 출발하기 전 구시가 주변의 마트에서 간단히 장을 볼 것!
Mission: 부자 바에서 다이빙하는 사람들 구경하다가 자신 있으면 뛰어내려보기 **Stay:** 두브로브니크

FINISH. 두브로브니크 공항에서 항공편으로 자그레브로 돌아간 뒤 귀국편 탑승 or 두브로브니크 공항에서 출국

RECEIPT
교통비(버스 + 페리) 600kn 각종 입장료 670kn
액티비티 & 투어 630kn 식사비 2,000kn
기타 비용 (공항교통비 · 시내교통비 · 예비비 등) 300kn

TOTAL
Total 4,200kn(≒840,000원) +
항공료 · 숙박비 · 두브로브니크
→ 자그레브 편도 항공권

1 ZAGREB
[자그레브]

크로아티아 여행의 시작

자그레브는 크로아티아의 수도이다. 가장 큰 국제공항과 기차역이 있는, 크로아티아 제일의 관문 도시이자 허브 도시이기도 하다. 그러나 이 정도의 의미를 갖는 도시치고 자그레브는 참 작고 수수하고 한적하다. 구시가는 반나절이면 모두 돌아볼 정도로 작고, 번화가에는 이렇다 할 명품 브랜드 하나 변변하게 들어와 있지 않다. 관광을 주목적으로 하기보다는 크로아티아의 관문으로, 본격적인 여행에 앞서 몸과 마음을 워밍업하는 곳으로 생각하는 것이 좋다. 수도답지 않은 아담함과 한가로운 매력에 은근히 반하는 여행자들도 적지 않으므로, 마음을 열고 느긋한 마음으로 돌아볼 것.

035

MUST SEE 자그레브에서 이것만은 꼭 보자!

№.1
자그레브 대성당의 장엄한 위용

№.2
캅톨과 그라데츠의 고즈넉한 골목들

№.3
성 카타린 성당 옆 공터에서 보는 빨간 지붕의 풍경

MUST EAT 자그레브에서 이것만은 꼭 먹자!

№.1
트릴로기야의 매일매일 바뀌는 메뉴

№.2
두브로비차 & 판펙의 빵

MUST BUY 자그레브에서 이것만은 꼭 사자!

№.1
크로아타 & 크라바타의 넥타이

№.2
아로마티카의 립밤 & 천연 비누

MUST EXPERIENCE 자그레브에서 이것만은 꼭 경험하자!

№.1
돌라치 시장의 활기

№.2
트칼치체바 거리에서 사람 구경하기

TRAVEL MEMO
자그레브 교통편 한눈에 보기

> 자그레브, 이렇게 간다!

해외에서 자그레브 이동하기

① **항공편** : 한국에서 크로아티아로 갈 때, 또는 여행을 마치고 귀국편 비행기를 타러 갈 때 자그레브에서 항공편을 이용하게 된다. 시내에서 약 20km 정도 떨어져 있으며, 시내와는 공항버스를 통해 연결된다. 자세한 설명은 P.10~11 참조.

② **기차** : 슬로베니아, 헝가리 등의 동유럽 국가에서 크로아티아로 넘어갈 때 주로 이용한다. 국내 철도 노선도 있으나 아주 제한적이고 불편해 거의 이용하지 않는다. 시내 중심가에서 남쪽으로 약 1km 떨어진 자그레브 중앙 기차역에서 대부분의 기차가 착발한다.

③ **버스** : 자그레브 중앙 버스터미널에는 크로아티아 전국은 물론이고 전 유럽으로 오고가는 버스 연결망이 구축되어 있다. 모토분 같은 산간벽지나 섬 지역을 제외한 모든 도시가 자그레브와 버스 연결망이 구축되어 있다고 봐도 무방하다. 버스터미널은 중심가에서 남쪽으로 약 1.5km 떨어져 있다.

도시간 자그레브 이동하기

자그레브 중앙 버스터미널

자그레브 중앙 버스터미널Autobusni Kolodvor은 크로아티아 장거리 버스 교통망의 중추 역할을 하는 곳이다. 한국의 버스터미널과 큰 차이는 없지만 시설이 다소 낙후된 데다 건물 구조가 복잡하게 되어 있어 몇가지 정보는 숙지하고 가는 편이 좋다.

> **PLUS TIP**
> 자그레브 버스 스케줄 사이트
> • 겟바이버스
>   www.getbybus.com
> • 자그레브 버스 터미널
>   www.akz.hr

① **교통편** : 자그레브 중앙 버스터미널은 중심가에서 남쪽으로 약 1.5km 떨어진 곳에 자리하고 있다. 중앙 기차역에서 트램으로 4정거장, 반 옐라치치 광장에서는 6정거장이다. 만능 트램 6번(p.38)이 이곳까지 다니고, 그 외에도 2·5·7·8번 트램이 버스터미널을 연결한다.

② **1층에 승강장, 2층에 매표소** : 버스터미널을 전체적으로 보면 도로변 쪽 입구를 통해 2층으로 올라가 매표소에서 표를 구입하고 입구 반대쪽에 자리한 계단을 통해 승강장으로 내려가는 구조이다. 매표소로 올라가는 입구는 건물 양쪽 끝에 있지만, 에스컬레이터는 북쪽 입구에만 설치되어 있으므로 짐이 많다면 무조건 북쪽 입구로 갈 것. 터미널 건물을 정면으로 바라봤을 때 오른쪽이 북쪽이다.

> **PLUS TIP**
> 1층 빵집 오른쪽 옆 부근에 직원용으로 추측되는 엘리베이터가 숨어 있다. 에스컬레이터가 운행하지 않을 때 찾아볼 것. 또한 건물 오른쪽으로 크게 돌아가면 2층을 통하지 않고 바로 승강장으로 들어갈 수도 있다.

③ **짐 보관소** : 1층의 106번 승강장 부근에 유인 보관소가 있다. 요금은 짐 1개당 4시간 동안 6kn이며 그 이후에는 1시간에 4kn씩 올라간다. 여행 가방이 아닌 짐류(자전거, 각종 스포츠 장비 등)는 10kn부터 시작한다.
◐ 영업시간 06:00~22:00

> **PLUS INFO** 자그레브 중앙 기차역 코인 로커
> 자그레브 중앙 기차역에는 코인 로커가 있다. 돈을 넣고 짐을 넣은 뒤 키를 뽑아서 가져가면 되는 간단한 구조의 로커이다. 요금은 24시간에 15kn.

> ## 자그레브 시내 교통

① 트램

자그레브는 숙소만 잘 잡으면 교통수단을 거의 이용하지 않고도 돌아볼 수 있지만 버스터미널을 오갈 때, 또는 숙소를 먼 곳에 잡았을 때는 불가피하게 대중교통을 이용해야 한다. 자그레브의 시내 교통은 몹시 단순하기 때문에 여행 초보도 어렵지 않게 이용할 수 있다.

● **6번 트램** : 자그레브의 교통수단은 버스·트램·택시 등이 있으나 트램 하나만 제대로 알아도 OK. 그 중에서도 반 엘라치치 광장, 중앙 기차역, 중앙 버스터미널, 숙소 앞 네 곳을 연결하는 노선만 파악하면 되는데, 자그레브에는 그 대부분을 연결하는 만능 노선이 있다. 바로 6번 트램. 숙소를 잡을 때도 6번 트램이 다니는 곳인지 확인하자.

6번 트램 노선도

● **PLUS TIP**
주요 거점 트램 노선
반 엘라치치 광장 : 1, 6, 11, 12, 13, 14, 17번
자그레브 중앙 기차역 : 2, 4, 6, 9, 13번
자그레브 중앙 버스터미널 : 2, 5, 6, 7, 8번

● **티켓 구입 및 사용** : 티삭TISAK이라는 신문가판대에서 구입한다. 트램 정류장 근처에는 거의 반드시 티삭이 있으며 중앙 버스터미널이나 중앙 기차역 안팎에서도 쉽게 찾아볼 수 있다. 일일권과 1회권이 있으므로 형편에 맞는 것을 선택할 것. 티켓 개찰은 차 내부에서 한다. 자그레브 시민들이 쓰는 교통카드용 터치형 개찰기는 칸마다 있지만, 종이 티켓 개찰기는 맨 앞칸과 맨 뒷칸에만 있다.

● **PLUS TIP**
평소에는 각자의 양심에 맡기지만, 종종 불시에 검표원이 들이닥쳐 일제 검사를 한다. 무임승차 시 벌금은 250~800kn. 티켓을 갖고 있더라도 개찰하지 않으면 무임승차로 간주한다.

종이 티켓 개찰기

종류	요금	유효 시간
1회권	10kn	90분 무제한 환승
1일권	30kn	발매 당일
3일권	70kn	발매 당일+2일

※ 발매는 개찰기에 티켓을 체크한 시간을 기준으로 한다.

● **신형 트램** : 자그레브의 트램은 시설도 좋고 정류장마다 안내판도 잘되어 있다. 구형과 신형의 두 종류가 있는데, 구형 트램은 발판이 높고 흔들림이 심하므로 짐이 많은 사람이라면 한두 대 기다려서라도 신형 트램을 탈 것.

구형 트램

신형 트램

● **야간 트램** : 밤 12시가 넘은 시각부터는 31 · 32 · 33 · 34번 네 개 노선이 운행한다. 배차 시간은 1시간에 1대. 숙소가 중심가와 멀고 늦게까지 다닐 생각이라면 노선을 꼭 파악해둘 것. 보통 24:00~04:00 운행하며, 티켓 가격은 15kn.

② **택시**

자그레브의 택시는 크게 비싸지 않으면서 서비스도 좋은 편이다. 기본요금 14.4kn에 1km당 5.2kn씩 올라간다. 버스터미널에서 반 옐라치치 광장까지 30kn 정도면 갈 수 있다. 반 옐라치치 광장이나 일리차 거리 주변은 모두 트램 길로 조성되어 있기 때문에 택시를 잡기 힘들다. 다른 곳에서 택시를 타고 이곳까지 도착하는 것은 가능하므로 운이 좋다면 내리는 택시를 바로 잡을 수는 있다. 최근에는 우버의 이용량이 크게 늘었다.

> **PLUS TIP**
> 도보 이동 가능 거리
> 중앙 버스터미널 ↔ 중앙 기차역
> 1.5km(15~20분)
> 중앙 버스터미널 ↔ 반 옐라치치 광장
> 2km(25~30분)
> 중앙 기차역 ↔ 반 옐라치치 광장
> 1~1.5km(15~20분)

> **자그레브, 이렇게 돌아보자!**

① **두 번 보자** : 항공편이 자그레브 입출국으로 구성되어 있다면 입국할 때 1박, 출국할 때 1박으로 일정을 짜는 것을 추천한다. 첫 번째는 구시가 중심으로 천천히 돌아보고, 두 번째는 시장과 마트, 신시가지 등을 돌아보며 쇼핑과 현지인들의 모습을 즐긴다.

② **천천히 보자** : 자그레브는 작고 수수한 도시라 휙 돌아보면 남는 것이 하나도 없다. 되도록 천천히 거닐며 담장과 벽, 성당, 건물 하나하나에 얽힌 사연들을 어루만져볼 것.

③ **시장과 마트를 보자** : 크로아티아의 쇼핑 중심지이다. 특히 크로아티아에서 가장 큰 시장이 있으므로 식품이나 천연 제품 등을 구매하려면 꼭 들를 것. 물건을 굳이 사지 않아도 보는 것만으로도 즐겁다.

1 ZAGREB 자그레브

코스 무작정 따라하기
자그레브 완전정복 코스

040-041

start

s.	반 옐라치치 광장
	↓ 250m, 도보 3분
1.	돌라치 시장
	↓ 250m, 도보 3분
2.	자그레브 대성당
	↓ 400m, 도보 5분
3.	오파토비나 공원
	↓ 200m, 도보 10분(계단)
	뒷장으로 이어짐 →

자그레브에서 온전히 하루를 보내는 여행자를 위한 일일 코스. 아침 일찍부터 저녁까지 자그레브에서 가장 매력적인 스폿들을 가장 매력적인 시간에 돌아볼 수 있는 하루 일정을 소개한다.

1. ZAGREB 자그레브

START ---- 1 -------- 2 -------- 3 ------

Start

반 옐라치치 광장
Trg Bana Jelačića,
Ban Jelačić Square

도보, 혹은 트램 1·6·11·12·13·14·17번을 타고 반 옐라치치 광장에 도착한다. 오전 8시 전에 도착하는 것을 추천
ⓘ 24시간 개방

반 옐라치치 동상을 마주보고 왼쪽 뒤편으로 가다가 건물 사이로 기판대가 펼쳐져 있는 골목으로 들어간 뒤 계단을 올라간다. → 돌라치 시장

1h

돌라치 시장
Dolački Vremeplov,
Dolač Market

크로아티아 최대의 시장. 아침 이른 시간에 가장 활발하게 열린다. 실내 시장도 놓치지 말고 즐길 것
ⓘ 월~금요일 07:00~15:00, 토요일 07:00~14:00, 일요일 07:00~13:00

시장 가판대가 펼쳐져 있는 가장 위쪽 광장까지 올라간 뒤 오른쪽을 보면 샛길이 하나 보인다. 그 길로 들어가서 직진한 뒤 갈림길이 나오면 오른쪽 길을 택한다. → 자그레브 대성당

30m

자그레브 대성당
Zagrebačka Katedrala,
Zagreb Cathedral

자그레브의 역사를 온몸으로 증명하고 있는 곳이다. 성당 구석구석 역사의 흔적과 사연이 담긴 볼거리들이 있으므로 천천히, 꼼꼼히 돌아볼 것.
ⓘ 월~토요일 10:00~17:00, 일요일 13:00~17:00

성당을 등지고 큰길로 나온 뒤 오른쪽으로 약 300m 직진하다 왼쪽 샛길로 들어갔다가 다시 오른쪽으로 보이는 공원 입구로 들어간다. → 오파토비나 공원

20m

오파토비나 공원
Park Opatovina

트칼치체바 및 그라데츠로 가는 길목이다. 운이 좋으면 버스킹도 볼 수 있다.
ⓘ 24시간 개방

입구를 등지고 왼쪽으로 보이는 계단으로 내려간다. 트칼치체바 길이 나오는데 일단 패스. 길을 건넌 뒤 노천카페 사이의 좁은 길로 들어가면 다시 골목이 나오고, 골목을 따라 오른쪽으로 가면 계단이 나온다. 계단을 올라간다. → 라디체바 거리

1 ZAGREB 자그레브

4 --------- **5** --------- **6** --------- **7** ---------

라디체바 거리
Radićeva Ulica, Radićeva Street

언덕길을 따라 예쁜 집들이 즐 비하게 늘어서 있다. 언덕을 따라 올라가면 골목 사이로 캅톨 지구의 풍경을 바라볼 수 있는 전망 포인트들이 나온다.
ⓒ 24시간 개방

계단을 등지고 언덕을 따라 내려가다 성 게오르기우스 동상이 나오면 동상 뒤쪽 경사로로 올라간다. → 돌의 문

돌의 문
Kamenita Vrata, The Stone Gate

그라데츠 언덕으로 가는 문이다. 자그레브의 성지로 추앙받는 곳이므로 경건한 마음으로 조용히 지나갈 것.
ⓒ 24시간 개방

돌의 문을 통과한 뒤 왼쪽에 바로 보이는 레스토랑으로 간다. → 트릴로기야

트릴로기야
Trilogija

아침에 시장에서 그날 가장 물 좋은 식재료를 구입해 유통기한 하루짜리 메뉴를 만들어 선보이는 레스토랑. 점심시간에는 자리가 없을 위험이 크므로 미리 예약할 것!
ⓒ 월~목요일 11:00~24:00, 금·토요일 11:00~01:00

레스토랑을 나와 길을 따라 왼쪽으로 약 50m 가면 오른쪽에 바로 보인다. → 성 마르코 성당

● **PLUS TIP**
추천 메뉴
아시아풍 립아이 스테이크 Ramstek 140kn

성 마르코 성당
Crkva Sv. Marka, St. Mark's Church

지붕의 모자이크 덕분에 자그레브를 대표하는 풍경으로 유명한 성당이다. 내부도 소박하고 아름다우나 예고 없이 열지 않는 날이 많다.
ⓒ 매일 11:00~16:00, 17:35~09:00

성 마르코 성당을 등지고 정면으로 뻗은 길을 따라 약 100m 간 뒤 길이 끝나는 지점에서 왼쪽에 있는 건물로 들어간다. → 브로큰 릴레이션십 뮤지엄

● **PLUS TIP**
추천 메뉴
구운 감자와 문어 Roasted Potatoes with Octopus 135kn

RECEIPT

볼거리	5시간
식사 및 디저트	3시간 30분
쇼핑	2시간 20분
이동 시간	1시간

TOTAL 12 HOURS

입장료	60kn
브로큰 릴레이션십 뮤지엄 40kn	
로트르슈차크 탑 20kn	
식사 및 디저트	380kn
트릴로기야 (점심식사+음료)	160kn
트칼치체바 거리 (커피)	20kn
코르출라 (저녁식사+맥주)	200kn
교통비	20kn
트램 티켓 편도 2장 10+10kn	

TOTAL 460kn
(성인 1인 기준, 쇼핑 비용 별도)

※숙소가 시내 중심가에 있는 경우 트램 비용이 들지 않을 수 있음.

FINISH --------- **15** --------- **14** ---------

반 옐라치치 광장
Trg Bana Jelačića, Ban Jelačić Square

동유럽풍의 번화한 매력이 있는 반 옐라치치 광장의 야경을 놓치지 말 것. 피곤하면 트램을 이용하거나 걸어서 숙소로 돌아가고 아직 체력이 남았다면 트칼치체바 거리에서 한잔하자. 자그레브 아이에서 전망을 보는 것도 Good.
ⓒ 24시간 개방

코르출라
Korčula

달마티아풍 해산물 요리를 주특기로 하는 레스토랑. 최고 인기 메뉴는 '구운 감자와 문어'로 촉촉하고 부드러운 식감이 일품이다.
ⓒ 월~토요일 10:00~23:00 (일요일 휴무)

다시 북쪽으로 약 200m 직진, 일리차 거리를 만나면 우회전해 약 200m → 반 옐라치치 광장

● **PLUS INFO**
일요일엔 문을 닫는다. 가까운 곳에 있는 파스타 맛집 BOBAN(P.48)을 찾아볼 것!

츠비예트니
Cvjetni

자그레브 중심가에서 가장 번듯하고 실속 있는 쇼핑몰. 자그레브를 다시 들를 예정이라면 간단하게 탐색하고, 그렇지 않다면 본격적으로 지르자.
ⓒ 월~토요일 09:00~21:00, 일요일·공휴일 10:00~18:00

옥토곤 출구 쪽으로 가서 남쪽을 향해 길을 따라 한 블록 내려간다. → 코르출라

● **PLUS INFO**
일요일에는 해가 지기 전에 문을 닫으므로 그냥 패스!

042-043

start
← 앞장에서 이어짐

4.	라디체바 거리
	100m, 도보 2분
5.	돌의 문
	10m, 도보 1분
6.	트릴로기야
	200m, 도보 3분
7.	성 마르코 성당
	200m, 도보 3분
8.	브로큰 릴레이션십 뮤지엄
	60m, 도보 1분
9.	로트르슈차크 탑
	500m, 도보 7분
10.	트칼치체바 거리
	500m, 도보 7분
11.	성 카타린 성당
	350m, 도보 4분
12.	일리차 거리
	100m, 도보 2분
13.	옥토곤
	100m, 도보 2분
14.	츠비예트니
	150m, 도보 2분
15.	코르출라
	400m, 도보 5분
F.	반 옐라치치 광장

1. ZAGREB 자그레브

---

8. 브로큰 릴레이션십 뮤지엄 (1h)

Broken Relationship Museum

실연과 이별의 추억에 대한 사연과 물품을 전시하는 박물관. 규모는 아주 작지만 사연 하나하나를 꼼꼼히 읽다 보면 시간이 꽤 걸린다.
⊙ 6–9월 09:00~22:30, 10–5월 09:00~21:00(크리스마스, 1월 1일, 부활절, 핼러윈 휴무)
건물 문을 나선 뒤 길 끝으로 가면 바로 보인다. → 로트르슈차크 탑

9. 로트르슈차크 탑 (30m)

Kula Lotrščak, Lotrščak Tower

구시가 여행의 끝을 상징하는 랜드마크이기도 하다. 꼭대기에 전망대가 설치되어 있다.
⊙ 화–일요일 11:00~20:00(월요일 휴무)

왔던 길을 되돌아 돌의 문까지 간 뒤, 라디체바 길을 따라 언덕 아래로 쭉 내려가다가 왼쪽으로 'Krvavi Most' 골목이 나타나면 들어간다. → 트칼치체바 거리

10. 트칼치체바 거리 (2h)

Tkalčićeva Ulica, Tkalčićeva Street

거리. 천천히 둘러본 뒤 가장 마음에 드는 카페나 퍼브를 골라 잠시 다리를 쉬자. 해가 질 때까지 커피나 맥주를 마시며 수다를 즐길 것.
⊙ 레스토랑 및 상점 10:00~22:00(가게마다 다름)

계단 → 라디체바 거리 → 돌의 문을 거쳐 다시 로트르슈차크 탑 앞으로 돌아온다. 탑을 등지고 왼쪽으로 약 20m 앞에 있는 작은 성당 옆의 공터로 통하는 철문으로 들어간다. → 성 카타린 성당

13. 옥토곤 (10m)

Oktogon

다음 장소로 이동하는 지름길이자 자그레브가 크로아티아 문화 운동의 중심지였던 시절의 모습을 엿볼 수 있으니 천천히 거닐어볼 것.
⊙ 월–금요일 08:00~20:00, 토요일 08:00~15:00

옥토곤 쇼핑몰의 아케이드를 따라 남쪽으로 걷다가 출구로 나가면 광장이 하나 나온다. 광장 건너편 건물의 'Cvjetni' 간판을 보고 들어간다. → 츠비예트니

12. 일리차 거리 (30m)
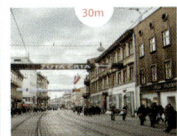
Ulica Ilica, Ilica Street

신시가지와 구시가지의 경계에 자리한 거리. 잠시 걸어보자. 최근 인터내셔널 브랜드의 매장이 속속 문을 열고 있으므로 쇼핑을 좋아한다면 시간이 좀 더 오래 걸릴 수도 있다.
⊙ 레스토랑 및 상점 10:00~20:00(가게마다 다름)

일리차 거리를 따라 서쪽 방향으로 걷다가 길 왼쪽으로 'Privredna Banka Zagreb' 간판이 보이면 입구로 들어간다. → 옥토곤

11. 성 카타린 성당 (30m)

Crkva Sv. Katarine, St. Catherine Church

해가 질 무렵이 가장 아름답기 때문에 꼭 시간대를 맞출 것. 매시 정각에는 주변 교회 종소리가 한꺼번에 울려온다.
⊙ 성당 사정에 따라 유동적

입구 반대편 쪽으로 언덕을 내려가는 계단이 보인다. 계단을 따라 내려가다 갈림길이 나오면 왼쪽, 라디체바 거리를 따라 언덕 끝까지 내려와 반 옐라치치 광장을 가로질러 큰길 쪽으로 간다. → 일리차 거리

1 ZAGREB 자그레브

코스 무작정 따라하기
구시가 하이라이트 퀵 루트

- 히스토리 카페 History Cafe P.55
- 구시가 Stari Grad, Gorni Grad P.46
- 오파토비나 공원 Park Opatovina P.53
- G.E.A 갤러리 G.E.A Gallery P.55
- 성 마르코 성당 Crkva Sv. Marka P.51
- 아가바 Agava P.54
- 돌의 문 Kamenita Vrata P.52
- 트칼치체바 거리 Tkalčićeva Ulica P.51
- 크로아티아 나이브 아트 뮤지엄 Hrvatski Muzej Naivne Umjetnosti P.53
- 트릴로기야 Trilogija P.54
- 피의 다리 Kravavi Most P.53
- 브로큰 릴레이션십 뮤지엄 Broken Relationship Museum P.52
- 라디체바 거리 Radićeva Ulica P.52
- 성모 마리아 기념탑 Bogorodica s Anđelima P.52
- 성 카타린 성당 Crkva Sv. Katarine P.52
- 레오나르도 Leonardo P.54
- 자그레브 대성당 Zagrebačka Katedrala P.51
- 로트르슈차크 탑 Kula Lotrščak P.53
- 크라바타 Kravata P.55
- 녹투르노 Nokturno P.54
- 돌라치 시장 Dolački Vremeplov P.55
- 푸니쿨라 정류장(상단부)
- 푸니쿨라 정류장(하단부)
- 성 마리야 성당 Crkva Sv. Marije P.53
- 아로마티카 Aromatica P.55
- 호텔 예거호른 Hotel Jegerhorn P.49
- 판 펙 PAN PEK P.48
- 반 옐라치치 광장 Trg Bana Jelačića P.46
- 빌라 마트 Billa
- 크라쉬 Kraš P.49
- 일리차 거리 Ulica Ilica P.46
- 자그레브 아이 Zagreb Eye P.47
- 크로아타 Croata P.49
- 츠비예트니 Cvjetni P.49
- 옥토곤 Oktogon P.49
- 티삭 TISAK
- 자그레브 관광안내소 Turistički Informativni Centar
- 츠비예트니 광장 Cvjetni Trg P.48
- 코르출라 Korčula P.48

START ----- 1 ----- 2 ----- 3

반 옐라치치 광장
Trg Bana Jelačića,
Ban Jelačić Square

자그레브 구시가 여행은 반 옐라치치 광장부터. 도보 또는 트램을 타고 반 옐라치치 광장에 도착한다.
⏰ 24시간 개방

광장 동쪽 끝부분에서 성당을 바라보며 언덕을 따라 올라간다. → 자그레브 대성당

20m

자그레브 대성당
Zagrebačka Katedrala,
Zagreb Cathedral

성당 내부의 장엄한 매력에 잠시 반한 뒤 안팎으로 자리한 중요 유적과 볼거리를 쏙쏙 챙긴다.
⏰ 월~토요일 10:00~17:00, 일요일 13:00~17:00

성당을 등지고 광장과 도로를 가로질러 간 뒤 콘줌KONZUM 부근에 보이는 샛길로 들어간다. → 돌라치 시장

30m

돌라치 시장
Dolački Vremeplov,
Dolać Market

아무리 바빠도 안 보고 지나가면 서운한 크로아티아 최대의 시장. 실외 시장 중심으로 분위기를 한껏 즐길 것.
⏰ 매일 06:00~15:00

성모 마리아 성당 샛길을 통해 쭉 내려간다. → 트칼치체바 거리

30m

트칼치체바 거리
Tkalčićeva Ulica, Tkalčićeva Street

'시간만 있으면 여기서 커피 한 잔 했으면 좋겠다'는 감탄이 절로 나온다. 사진발 잘 받는 포인트들도 많다.
⏰ 레스토랑 및 상점 10:00~22:00(가게마다 다름)

해시계를 마주보고 왼쪽으로 나 있는 골목으로 들어가 약 70m 직진한 후 왼쪽으로 난 계단으로 올라간다. 성 게오르기우스 동상이 보이면 뒤쪽 경사로를 따라 올라간다. → 돌의 문

044-045

짧은 일정으로 크로아티아를 여행하는 사람들은 자그레브 일정을 극도로 짧게 잡곤 한다. 저녁때 자그레브에 입국해 다음 날 아침 가볍게 돌아본 뒤 점심시간 전후로 플리트비체 국립공원이나 이스트라 반도로 가는 식이다. 이런 여행자들을 위한 구시가 중심의 굵고 짧은 루트!

4

10m

돌의 문
Kamenita Vrata, The Stone Gate

대화재에서 기적적으로 살아남은 성모마리아의 그림 때문에 자그레브의 성지가 된 곳이다. 간절한 마음으로 기도하는 자그레브 시민들의 모습이 가슴에 깊이 남는다.
🕐 24시간 개방

문을 등지고 약 100m 직진한 뒤 오른쪽을 돌아본다. → 성 마르코 성당

5

20m

성 마르코 성당
Crkva Sv. Marka,
St. Mark's Church

짧고 굵게 돌아볼 때는 오히려 대성당보다 강렬한 느낌으로 다가오는 곳. 지붕의 화려한 모자이크가 자그레브를 기억할 때 가장 먼저 떠오를지도 모른다.
🕐 매일 11:00~16:00, 17:35~09:00

성당을 등지고 정면으로 뻗은 길을 따라 약 200m 간다. → 로트르슈차크 탑

6

10m

로트르슈차크 탑
Kula Lotrščak, Lotrščak Tower

전망대도 설치되어 있지만 시간이 부족하므로 탑 앞에서 보는 전망으로 만족하자. 정오 무렵에 가면 탑 꼭대기에서 발사하는 대포 소리를 들을 수 있다.
🕐 화~일요일 11:00~20:00 (월요일 휴무)

탑을 왼쪽에 두고 정면에 보이는 작은 성당으로 직진한 뒤 성당 오른쪽에 보이는 철문 안으로 들어간다. → 성 카타린 성당

FINISH ----- 7

Finish

반 옐라치치 광장
Trg Bana Jelačića,
Ban Jelačić Square

짧은 시간 안에 자그레브 구시가 하이라이트를 모두 둘러보았다. 이제 다음 여행지로 향하자. 버스를 타고 간다면 중앙버스터미널 1층의 두브라비차 빵은 꼭 사 갈 것.
🕐 24시간 개방

10m

성 카타린 성당
Crkva Sv. Katarine,
St. Catherine Church

해가 질 무렵에 와야 제격이지만 아무 때나 가도 캅톨의 빨간 지붕과 군데군데 교회 탑이 주는 편안한 풍경을 누릴 수 있다.
🕐 성당 사정에 따라 유동적

입구 반대편 쪽으로 언덕을 내려가는 계단이 보인다. 계단을 따라 내려가다 갈림길이 나오면 왼쪽, 라디체바 거리를 따라 언덕 끝까지 내려간다. → 반 옐라치치 광장

RECEIPT

볼거리 ··········· 2시간 10분
이동 시간 ··········· 35분

TOTAL
2.5 HOURS~

교통비 ··········· 20kn
트램 티켓 편도 2장···10+10kn

TOTAL
20kn

※숙소가 시내 중심가에 있는 경우 트램 비용이 들지 않을 수 있다.

↓ start

S. 반 옐라치치 광장
▼
350m, 도보 6분
▼
1. 자그레브 대성당
▼
250m, 도보 4분
▼
2. 돌라치 시장
▼
100m, 도보 2분
▼
3. 트칼치체바 거리
▼
250m, 도보 10분(계단·오르막)
▼
4. 돌의 문
▼
150m, 도보 2분
▼
5. 성 마르코 성당
▼
150m, 도보 2분
▼
6. 로트르슈차크 탑
▼
100m, 도보 2분
▼
7. 성 카타린 성당
▼
400m, 도보 7분
▼
F. 반 옐라치치 광장

1. ZAGREB 자그레브

1 ZAGREB 자그레브

TRAVEL INFO
자그레브 핵심 여행 정보

🅞 SIGHTSEEING

№ 1 구시가
★★★★★ Stari Grad, Gorni Grad, Old Town

자그레브라는 도시가 탄생한 곳으로, 역사가 11세기까지 거슬러 올라가는 유서 깊은 지역이다. 발칸 반도에서 중세 도시 형태가 가장 잘 보존된 곳으로도 알려져 있다. 동쪽의 캅톨과 서쪽의 그라데츠 두 개의 언덕으로 구성되어 있다. 그라데츠는 '위쪽 동네'라는 뜻의 '고르니 그라드Gornji Grad'라는 별칭으로도 불리는데, 고르니 그라드는 캅톨과 그라데츠를 포함해 구시가 전체를 아우르는 명칭으로도 쓰인다. 캅톨은 자그레브의 신앙적 중심지로서 대성당을 비롯한 크고 작은 성당과 교회들이 있고, 그라데츠는 13세기 이후 집중적으로 요새화되어 정치·상업·문화의 중심지가 되었다. 두 지역은 오랜 기간 반목했으나 15세기 중반 오스만튀르크의 침략을 받으며 힘을 모았고, 17세기 초반에는 하나의 도시로 병합되어 현재 자그레브의 기초가 되었다. 자그레브 관광의 중심지로 주요한 볼거리와 레스토랑·카페·여행자 숙소 등이 대부분 이곳에 밀집되어 있다.

🅞 MAP P.40A ⓑ 1권 P.67 ⓢ 구글 지도 GPS 45.816583, 15.975440 ⓣ 찾아가기 반 옐라치치 광장 뒤쪽. 광장 오른쪽으로 난 길로 가면 대성당이 있는 캅톨로, 왼쪽으로 난 길로 가면 그라데츠로 오르는 라디체바 길로 통한다. ⓞ 시간 24시간 개방

№ 2 도니 그라드
★★★ Donji Grad

구시가 언덕 아래, 반 옐라치치 광장과 중앙 기차역을 기준으로 동서로 약 3km 펼쳐진 시가지이다. 구시가에 옛 느낌 물씬한 성당과 골목들로 가득하다면, 도니 그라드는 상점과 레스토랑, 카페, 퍼브, 박물관, 공원 등 현대 도시의 요소에 충실하다. 아름다운 현대 건축물과 공원이 많아 산책하기도 좋다. 도니 그라드는 '아래쪽 동네'라는 뜻으로 '위쪽 동네'를 뜻하는 고르니 그라드Gornji Grad의 상대적인 표현이다.

🅞 MAP P.40C ⓑ 1권 P.69 ⓢ 구글 지도 GPS 45.808837, 15.972946(중심부) ⓞ 시간 24시간 개방

№ 3 반 옐라치치 광장
★★★★★ Trg Bana Jelačića, Ban Jelačić Square

자그레브에서 가장 번화한 광장. 19세기풍 건물들이 머리에 광고판을 이고 쭉 늘어서 있는 풍경이 인상적이다. '반 옐라치치'는 19세기 오스트리아-헝가리 제국의 지배를 받을 때 총독이었던 반 옐라치치의 이름을 딴 것. 광장 한가운데에 우뚝 서 있는 동상의 주인공이다. 광장 북쪽 뒤편이 바로 자그레브 관광의 중심지인 구시가이다.

🅞 MAP P.40C ⓑ 1권 P.39, 69 ⓢ 구글 지도 GPS 45.813401, 15.977296 ⓣ 찾아가기 트램 1, 6, 11, 12, 13, 14, 17번 Trg Bana Jelačića 하차 ⓐ 주소 Trg bana Josipa Jelačića, Zagreb ⓞ 시간 24시간 개방

№ 4 자그레브 아이
★★ Zagreb Eye

'자그레브 360Zagreb 360'이라고도 한다. 반 옐라치치 광장 일대에서 가장 높은 빌딩의 옥상에 자리한 전망대이다. 자그레브 도심의 전망이 360도로 펼쳐진다. 늦은 시간까지 영업하기 때문에 편하고 안락하게 야경을 즐길 수 있다.

🅞 MAP P.40C ⓑ 1권 P.99 ⓢ 구글 지도 GPS 45. 812969, 15.975677 ⓣ 찾아가기 트램 1, 6, 11, 12, 13, 14, 17번 Trg Bana Jelačića 하차. 반 옐라치치 광장 남서쪽 모퉁이 길 건너편 ⓐ 주소 Ilica 1a, Zagreb ⓟ 전화 01-6446-400 ⓞ 시간 일~수 10:00~22:00 목~토 10:00~23:00 휴무 연중무휴이나 사전 예고 없이 문 닫을 수 있다. ⓢ 가격 입장료 성인 60kn, 어린이(150cm 미만) 30kn ⓗ 홈페이지 www.zagreb360.hr

No. 5 일리차 거리
★★★ Ulica Ilica, Ilica Street

반 옐라치치 광장 앞으로 서쪽을 향해 길게 뻗어 있는, 자그레브 중심가에서 가장 핵심이 되는 도로이다. 총 길이는 약 6km인데, 그중 시작점부터 약 350m 정도의 구간만 구시가 및 중심가와 맞닿아 있다. 길을 따라 호텔과 호스텔들이 줄지어 있으며 인터내셔널 브랜드들의 매장이 들어서고 있어 쇼핑 명소로의 재탄생을 준비 중이다.

◉ MAP P.40C ⑬ 1권 P.117 ⓖ 구글 지도 GPS 45.813064, 15.976244(반 옐라치치 광장 앞 시작점) ◉ 찾아가기 반 옐라치치 광장 서쪽 끝에서 시작한다. 동상과 건물을 등지고 오른쪽을 향해 뻗어 있다. ⓢ 시간 레스토랑 및 상점 10:00~20:00(가게마다 다름)

No. 6 츠비예트니 광장
★★★ Cvjetni Trg, Flower Square

신시가지에서 가장 활기찬 광장. 가운데 있는 동상의 주인공은 19세기 크로아티아의 시인 페타르 프레라도비치Petar Preradović로, 이 광장의 정식 명칭 또한 '페타르 프레라도비치 광장'. 츠비예트니는 '꽃'이라는 뜻으로, 14세기부터 이곳에서 전통 꽃시장이 섰다는 데서 유래했다.

◉ MAP P.40C ⓖ 구글 지도 GPS 45.812242, 15.974152 ◉ 찾아가기 일리차 거리에서 나이키 맞은편 번화한 보행자 도로로 들어가 약 80m 직진하면 오른쪽에 보인다. 옥토곤 쇼핑 아케이드를 통해서도 연결된다. ◉ 주소 Trg Petra Preradovića, Zagreb ⓢ 시간 24시간 개방

No. 7 미마라 박물관
★★★ Mimara Museum

유명 예술품 수집가 안테 토피츠 미마라 Ante Topić Mimara가 개인 소장품을 쾌척해 만든 박물관. '크로아티아의 루브르'라는 별칭을 갖고 있다. 유럽, 아시아 등의 회화·조각·공예·유물 등을 전시한다.

◉ MAP P.40C ⓖ 구글 지도 GPS 45.8082005, 15.9672276 ◉ 찾아가기 트램 12, 13, 14, 17번 Trg. Marshall Tito 하차. 국립극장 대각선 건너편 ◉ 주소 Trg F. Roosevelta 5, Zagreb ☎ 전화 01-4828-100 ⓢ 시간 10~6월 화·수·금·토요일 10:00~17:00, 목요일 10:00~19:00, 일요일 10:00~14:00, 7~9월 화~금요일 10:00~19:00, 토요일 10:00~17:00, 일요일 10:00~14:00 ⓒ 휴무 월요일·공휴일 ⓢ 가격 입장료 성인 40kn, 학생 30kn ⓗ 홈페이지 mimara.hr

No. 8 자그레브 국립극장
★★ Hrvatsko Narodno Kazalište u Zagrebu, The Croatian National Theatre

크로아티아에 있는 국립극장 다섯 개 중 하나이다. 주로 오페라·발레·연극 등 클래식한 공연을 한다. 국립극장이 자리한 광장의 이름은 '티토 원수 광장Trg Maršala Tita'으로, 구 유고슬라비아의 대통령 요지프 티토의 이름을 따서 붙여졌다.

◉ MAP P.40C ⓖ 구글 지도 GPS 45.809642, 15.970012 ◉ 찾아가기 트램 12, 13, 14, 17번 Trg. Marshall Tito 하차. 반 옐라치치 광장이나 츠비예트니 광장에서 남쪽으로 약 500m 내려가서 헤브란고바 길Hebrangova Ul.을 만나면 서쪽 방향으로 틀어 직진한다. ◉ 주소 Trg maršala Tita 15, Zagreb ⓗ 홈페이지 www.hnk.hr

No. 9 고고학 박물관
★★ Arheološki Muzej, Archaeological Museum

크로아티아 일대에서 출토된 각종 고고학 유물 및 세계 각지의 중요 유물을 소장·전시하고 있는 박물관이다. 세계적으로도 손꼽힐 만큼 훌륭한 이집트의 미라 컬렉션과 세계 동전 컬렉션을 보유하고 있다.

◉ MAP P.40C ⓖ 구글 지도 GPS 45.810984, 15.977274 ◉ 찾아가기 트램 6, 13번 Zrinjevac 하차. 반 옐라치치 광장에서 도보 약 10분 ◉ 주소 Trg Nikole Šubića Zrinskog 19 ☎ 전화 01-4873-000 ⓢ 시간 화·수·금·토요일 10:00~18:00, 목요일 10:00~20:00, 일요일 10:00~13:00 ⓒ 휴무 월요일·공휴일 ⓢ 가격 입장료 성인 30kn, 학생·65세 이상 15kn ⓗ 홈페이지 www.amz.hr

No. 10 공예 예술 박물관
★★ Muzej za Umjetnost i Obrt, Arts and Crafts Museum

르네상스 시대부터 20세기 초의 아르누보·아르데코까지 시대와 사조를 망라해 다양한 공예작품을 선보이는 박물관이다. 성물·도자기·금속공예·가구·악기·인쇄물 등 매우 다양한 분야의 컬렉션을 소장·전시하고 있다. 공예 및 디자인 관련한 수준 높은 기획전·특별전도 종종 열린다.

◉ MAP P.40C ⓖ 구글 지도 GPS 45.809458, 15.968616 ◉ 찾아가기 트램 12, 13, 14, 17번 Trg maršala Tita 하차. 국립극장 맞은편 ◉ 주소 Trg maršala Tita 10 ☎ 전화 01-4882-111 ⓢ 시간 화~토요일 10:00~19:00, 일요일 10:00~14:00 ⓒ 휴무 월요일·공휴일 ⓢ 가격 입장료 성인 40kn, 학생·65세 이상 20kn ⓗ 홈페이지 www.muo.hr

1 ZAGREB 자그레브

🍴 EATING

№.11 토미슬라브 대왕 광장
★★ Trg Kralja Tomislava, King Tomislav Squre

중앙 기차역에서 북쪽으로 약 300m 시원하게 펼쳐진 광장. 가운데에 우뚝 선 동상이 토미슬라브 대왕으로, 크로아티아 최초의 왕이다. 토미슬라브 대왕 동상 뒤로 보이는 근사한 건축물은 '자그레브 예술 전시관Umjetnički paviljon u Zagrebu, Art Pavillion in Zagreb'. 크로아티아에서 가장 중요한 미술 전시들이 개최되는 전시 공간이다.

ⓜ MAP P.40C Ⓡ 구글 지도 GPS 45.807229, 15.978594(자그레브 예술 전시관) Ⓢ 찾아가기 트램 2, 4, 6, 9, 13번 Glavni Kolodvor 하차. 중앙 기차역 바로 맞은편 ⓢ 주소 Trg Kralja Tomislava, Zagreb ⓘ 시간 24시간 개방

№.12 즈리네바츠 공원
★★ Zrinjevac, Park Zrinjevac

사철 나무와 꽃이 우거져 자그레브에서도 가장 아름다운 공원으로 손꼽힌다. 도로를 사이에 두고 남쪽과 북쪽으로 나뉘는데, 남쪽에는 크로아티아 과학기술 도서관과 스트로스마이어 박물관 같은 주요 건물이 있고, 북쪽에는 크로아티아 위인들의 조각상과 19세기에 만들어진 자그레브 최초의 분수 '버섯 분수'가 있다.

ⓜ MAP P.40C Ⓡ 구글 지도 GPS 45.810520, 15.978455 Ⓢ 찾아가기 트램 6, 13, 3, 34번 Zrinjevac 하차. 토미슬라브 대왕 광장 북쪽 길 건너편에서 바로 시작해 구시가까지 약 500m 펼쳐져 있다. ⓢ 주소 Park Zrinjevac, Zagreb ⓘ 시간 24시간 개방

№.1 코르출라
★★★★ Korčula

구운 감자와 문어Roasted Potatoes with Octopus 135kn

츠비예트니 광장에서 가까운 곳에 자리한 레스토랑으로, 달마티아풍 해산물 요리를 주특기로 한다. 스파게티, 리조토, 뇨키 등 해물이 들어간 식사류는 모두 맛있는 편. 두 종류의 요리를 주문하면 두 요리를 길다란 식기에 한꺼번에 담아준다.

ⓜ MAP P.40C 1권 P.139 Ⓡ 구글 지도 GPS 45.811215, 15.974689 Ⓢ 찾아가기 일리차 거리에서 나이키 맞은편 골목으로 들어가 츠비예트니 광장을 지나 쭉 직진하다 길이 끝나는 곳 건너편에 있다. ⓢ 주소 Teslina 17, Zagreb ⓟ 전화 01-4872-159, 01-4811-331 ⓘ 시간 월~토요일 11:00~23:00 Ⓗ 휴무 일요일 Ⓟ 가격 전채류 40~130kn, 파스타·리조토 75~95kn, 메인 요리 80~450kn Ⓦ 홈페이지 www.restoran-korcula.hr

№.2 두브라비차
★★★★ DUBRAVICA

자그레브 로컬 빵집 브랜드. 버스터미널 지점에는 간단한 빵과 함께 커피를 마실 수 있는 메뉴와 공간이 있는데, 아침을 주는 숙소에 묵으면서도 일부러 이곳에 와서 먹는 여행자들이 있을 정도로 가격과 맛 모두 뛰어나다.

ⓜ MAP P.40F 1권 P.143 Ⓡ 구글 지도 GPS 45.803737, 15.993589 Ⓢ 찾아가기 트램 2, 5, 6, 7, 8, 13, 14, 31번 Autobusni Kolovna 하차. 자그레브 버스터미널 1층 ⓢ 주소 Avenija Marina Držića 4, Zagreb ⓟ 전화 01-6111-764 ⓘ 시간 24시간 Ⓗ 휴무 비정기적 Ⓟ 가격 식사용 빵 4~6kn, 빵+커피 세트메뉴 5~10kn Ⓦ 홈페이지 www.pekara-dubravica.hr

№.3 보반
★★★ Boban

새우를 곁들인 블랙 파스타 Homemade Taliatele with Scrampi 92kn

크로아티아의 천재 미드필더 즈보니미르 보반Zvonimir Boban이 운영하는 레스토랑. 1층은 캐주얼한 레스토랑, 2층은 고급스러운 바Bar로 크로아티아의 상류층이 즐겨 찾는다. 오징어 먹물을 섞은 탈리아텔레, 일명 '블랙 파스타'가 인기 메뉴.

ⓜ MAP P.40C 1권 P.137 Ⓡ 구글 지도 GPS 45.811596, 15.976464 Ⓢ 찾아가기 반 옐라치치 광장 길 건너편 두브로브니크 호텔 골목으로 약 150m 직진 ⓢ 주소 Gajeva ul 9, Zagreb ⓟ 전화 01-48-11-549 ⓘ 시간 월~목요일 11:00~23:00, 금~토요일 11:00~24:00, 일요일 12:00~23:00 Ⓗ 휴무 비정기적 Ⓟ 가격 파스타 65~100kn, 메인 요리 80~150kn Ⓦ 홈페이지 www.boban.hr

№.4 판 펙
★★★ PAN PEK

크로아티아의 국민 빵집으로 불리는 곳으로, 자그레브 시내 중심가에만 지점이 여러 개 있다. 반 옐라치치 광장과 가까운 일리차 지점은 변변한 패스트푸드가 없는 크로아티아에서 맥도날드와 버거킹의 몫까지 하고 있다.

ⓜ MAP P.40C 1권 P.143 Ⓡ 구글 지도 GPS 45.813013, 15.975510 Ⓢ 찾아가기 반 옐라치치 광장 건너편 자그레브 아이가 있는 고층 빌딩의 오른쪽 옆 건물 1층 ⓢ 주소 Frane Petrića 1, Zagreb ⓟ 전화 099-311-5281 ⓘ 시간 월~토요일 06:30~22:00, 일요일 16:00~23:00 Ⓗ 휴무 비정기적 Ⓟ 가격 빵 1개 5~10kn Ⓦ 홈페이지 www.panpek.hr

SHOPPING

№ 1 츠비예트니
★★★★ Cvjetni

자그레브 도심 일대의 유일한 현대식 대형 쇼핑몰 H&M의 대형 매장과 지하의 대형 마트 콘줌KONZUM을 중심으로 록시땅, 몬순, 액세서라이즈, 게스 등 인터내셔널 브랜드 매장과 레스토랑·카페 등이 입점해 있다. 이곳의 H&M은 도심지에 자리한 유일한 매장으로, 규모도 크고 구색도 다양하다. 지하에 있는 콘줌은 중심가 일대에서 가장 쉽게 찾을 수 있는 대형 마트.

ⓜ MAP P.40C ⓑ 1권 P.175 ⓖ 구글 지도 GPS 45.812502, 15.973739 ⓕ 찾아가기 트램 1, 6, 11, 12, 13, 14, 17번 반 옐라치치 광장 하차. 일리차 거리에서 나이키 맞은편 번화한 길로 들어가거나 옥토곤을 따라가면 쉽게 찾을 수 있다. 츠비예트니 광장에 있다. ⓐ 주소 Trg Petra Preradovića 6/I, Zagreb ⓟ 전화 01-487-4370 ⓣ 시간 (매장) 월~토요일 09:00~21:00, 일요일·공휴일 10:00~18:00 (레스토랑) 월~토요일 07:00~24:00, 일요일·공휴일 07:00~24:00 (콘줌) 월~토요일 08:00~22:00, 일요일·공휴일 08:00~19:00 ⓧ 휴무 비정기적 ⓗ 홈페이지 www.centarcvjetni.hr

№ 2 크라쉬
★★★ Kraš

크로아티아를 대표하는 초콜릿 브랜드 크라쉬의 대표 매장. 역사가 무려 1911년까지 거슬러 올라간다. 다양한 제형의 초콜릿 제품을 취급하는데, 그중에서도 누가를 넣은 바야데라Bajadera가 큰 인기. 다양한 초콜릿 상품을 맛볼 수 있는 카페도 마련되어 있다.

ⓜ MAP P.40C ⓑ 1권 P.162 ⓖ 구글 지도 GPS 45.813066, 15.973743 ⓕ 찾아가기 트램 1, 6, 11, 12, 13, 14, 17번 반 옐라치치 광장 하차. 반 옐라치치 광장에서 일리차 거리를 따라 약 300m 직진 ⓐ 주소 Ilica 15, Zagreb ⓟ 전화 01-4876-362 ⓣ 시간 매일 08:00~22:00 ⓧ 휴무 비정기적 ⓢ 가격 초콜릿 20~50kn ⓗ 홈페이지 www.kraschocobar.com

№ 3 옥토곤
★★★ Oktogon

자그레브 기업 은행의 건물 한가운데를 관통하는 아케이드형 쇼핑몰. 일리차 거리부터 츠비예트니 광장까지 100m 남짓 이어진다. '옥토곤'은 헝가리어로 '팔각형'이라는 뜻으로, 중심부에 아름다운 팔각형 유리 천장이 있다.

ⓜ MAP P.40C ⓑ 1권 P.176 ⓖ 구글 지도 GPS 45.813049, 15.974978(일리차 거리쪽 입구) ⓕ 찾아가기 트램 1, 6, 11, 12, 13, 14, 17번 반 옐라치치 광장 하차. 반 옐라치치 광장에서 일리차 거리를 따라 직진하다 150~200m 지나 길 왼쪽 'Privredna Banka Zagreb' 간판 아래의 입구로 들어간다. ⓐ 주소 Ilica 5, Zagreb ⓟ 전화 01-4874-370 ⓣ 시간 24시간 개방. 상점들은 개장시간 각각 다름 ⓧ 휴무 일요일

№ 4 크로아타
★★★ Croata

넥타이를 중심으로 남성 의류·여성 의류·액세서리 등 다양한 실크 제품을 갖춘 브랜드. 크로아티아 전통 문양과 컬러를 살리면서도 좀 더 트렌디한 디자인을 선보인다. 가격대는 다소 높은 자그레브 일리차 거리 지점이 본점으로, 가장 많은 상품을 갖추고 있다.

ⓜ MAP P.40C ⓑ 1권 P.165 ⓖ 구글 지도 GPS 45.812763, 15.974986 ⓕ 찾아가기 일리차 거리의 옥토곤 안에 있다. ⓐ 주소 Oktogon, Ilica 5, Zagreb ⓟ 전화 01-6457-052 ⓣ 시간 월~금요일 08:00~20:00, 토·일요일 08:00~15:00 ⓧ 휴무 비정기적 ⓢ 가격 실크 넥타이 450~2000kn ⓗ 홈페이지 www.croata.hr/en

№ 5 호텔 예거호른
★ Hotel Jegerhorn

일리차 거리 대로변에서 안쪽으로 들어간 곳에 있는 부티크 호텔. 호텔 입구 부근에 소규모의 고급스러운 상점가가 있는데 길가에서는 전혀 보이지 않는 일종의 히든 플레이스이다. 기념품과 의류, 고급스러운 액세서리 등을 주로 선보이며 쇼핑보다는 기념사진 찍기 더 좋은 곳이다.

ⓜ MAP P.40C ⓑ 1권 P.117 ⓖ 구글 지도 GPS 45.813136, 15.973743(일리차에서 골목으로 들어가는 초입 지점) ⓕ 찾아가기 일리차 거리 한복판에 있다. ⓐ 주소 Ilica 14, 10000, Zagreb ⓟ 전화 01-483-3877 ⓣ 시간 매장마다 다름 ⓧ 휴무 매장마다 다름 ⓗ 홈페이지 www.hotel-jagerhorn.hr/en

1 ZAGREB 자그레브

⊕ ZOOM IN
자그레브가 간직한 천년의 목소리, 구시가 Stari Grad, Old Town

구시가는 자그레브가 지나온 지난 천년의 세월을 응축해 간직하고 있는 작은 보석이다. 11세기 이후 자그레브의 정신적·종교적 중심지 역할을 해온 동쪽의 캅톨 Kaptol, 13세기 이후 정치적·문화적 중심지가 된 그라데츠 Gradec 두 개의 언덕은 오랜 세월 반목과 화해를 거듭하다가 17세기 이후 하나가 되었고, 그로 인해 자그레브가 탄생하게 되었다. 걸음이 빠른 사람이라면 2시간 이내에 모두 돌아볼 수 있을 정도로 아담한 곳이지만, 벽과 창문과 바닥과 가로등에 새겨진 천년의 목소리를 들으며 천천히 걸을 것.

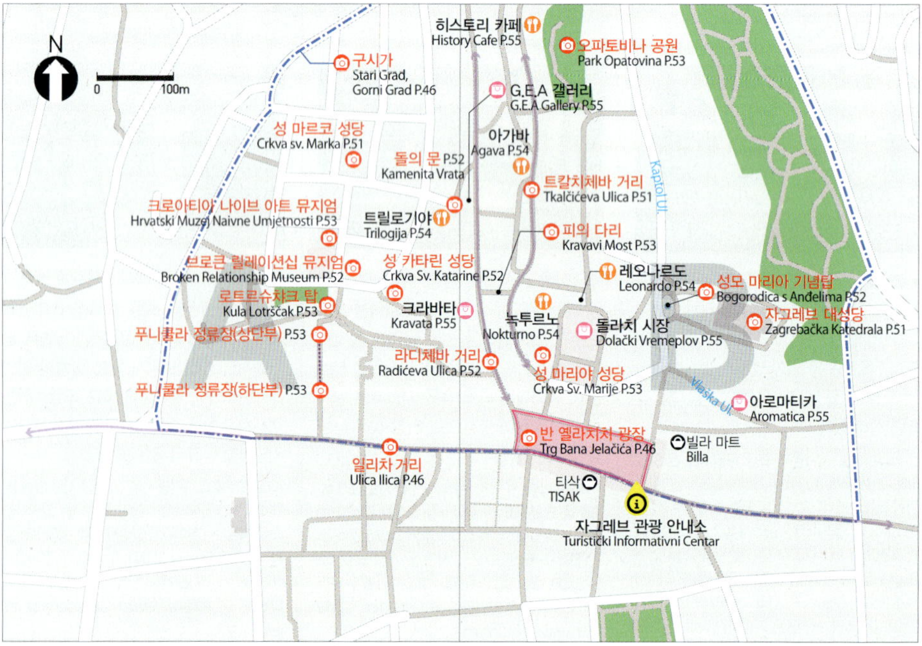

SIGHTSEEING

No.1 자그레브 대성당
★★★★★ Zagrebačka Katedrala, Zagreb Cathedral

자그레브의 중심 성당으로, 성모 승천 대성당Cathedral of the Assumption이라고도 한다. 1093년에 축성을 시작해 13세기 초에 완공되었으나 몇 년 지나지 않아 타르타르족의 침략으로 완전히 파괴되었다가 14세기 무렵 다시 재건된다. 그 후 1880년 자그레브 대지진 때 대부분 파괴되고, 재건축을 통해 두 개의 첨탑은 네오고딕 양식, 몸통 부분은 바로크 양식을 띠는 현재 모습으로 완성된다. 그러나 질 낮은 건축 자재 때문에 부식과 훼손이 심각하게 일어나 1938년 또다시 재건축에 들어갔으

나 발칸 반도가 공산화되며 중단된다. 크로아티아 독립을 전후해 재건축이 다시 진행되어 현재까지도 공사가 이어지는 중이다. 성당 외부에는 1880년 대지진 때 멈춰버린 시계, 15세기의 성벽, 질 낮은 석재를 사용해 훼손된 기둥 등이 있고, 내부에는 글라골 문자로 적힌 기념판, 오래된 프레스코화, 알로이시우스 대주교의 관, 이반 메슈트로비치가 만든 부조 등이 있다. 고지대인 캅톨 언덕에 자리하고 있어 중심가 일대에서는 어디에서든 잘 보인다.

ⓞ MAP P.50B ⓑ 1권 P.67, 105 ⓢ 구글 지도 GPS 45.814516, 15.979842 ⓒ 찾아가기 반 엘라치치 광장에서 성당 첨탑을 바라보며 언덕을 따라 올라간다. 광장 오른쪽으로 돌아가는 길이 가장 가깝다. ⓐ 주소 Kaptol ulica 31, Zagreb ⓣ 전화 01-4814-727 ⓞ 시간 월~토요일 10:00~17:00, 일요일 13:00~17:00 ⓗ 휴무 비정기적 ⓟ 가격 무료입장

No.2 트칼치체바 거리
★★★★★ Tkalčićeva Ulica, Tkalčićeva Street

자그레브에서 가장 예쁜 거리를 꼽으라면 누구나 첫손 꼽는 곳. 캅톨과 그라데츠 언덕 사이에 자리한 골목길로, 과거에는 '메드베슈챠크Medveščak'라는 이름의 작은 냇물을 사이에 두고 의류, 종이, 술, 비누 등을 만드는 공방들이 들어서 있었으나 19세기에 개천을 복개해 현재의 트칼치체바 거리가 생겼다. 500m가 될락 말

마리야 유리치 자고르카 동상과 그 뒤쪽의 해시계

락 하는 길이지만 거리 양쪽에 늘어선 각양각색의 카페와 퍼브를 구경하다 보면 시간 가는 줄 모른다. 낮에는 여유로운 매력을, 저녁에는 쾌활한 활기를 느낄 수 있다. 거리의 남쪽 초입에 있는 작가 마리야 유리치 자고르카 Marija Jurić Zagorka 동상과 그 뒤쪽의 해시계에서 기념사진은 꼭 한 장 찍을 것.

ⓞ MAP P.50B ⓑ 1권 P.113 ⓢ 구글 지도 GPS 45.815009, 15.976385(반 옐라치치 광장 쪽 시작점-해시계 부근) ⓒ 찾아가기 반 옐라치치 광장에서 광장 북쪽 중앙에 있는 대형 건물 왼쪽 골목으로 들어간다. 갈림길이 나오면 왼쪽 골목으로 들어가 약 50m 직진. 돌라치 시장에서 스칼린스카 골목이나 성 마리야 성당 옆길로 들어가도 연결된다. ⓞ 시간 레스토랑 및 상점 10:00~22:00(가게마다 다름) ⓗ 휴무 가게마다 다름

No.3 성 마르코 성당
★★★★★ Crkva Sv. Marka, St. Mark's Church

규모도 작고 생김새도 수수하나 지붕의 아름다운 모자이크 덕분에 자그레브를 상징하는 건축물이 되어버린 중세의 성당. 성당 자체는 중세 시대에 건축되었으나 모자이크는 19세기에 만들어진 것이다. 빨강과 하양이 교차하는 바탕 위에 두 개의 문장이 있는데, 왼쪽이 크로아티아·달마티아·슬로베니아를 상징하는 문장이고 오른쪽이 자그레브 시를 상징하는 문장이다. 지붕의 모자이크가 너무 압도적이라 다른 곳은 평범해 보이지만 가까이서 보면 창문이나 문 등의 디테일이 예사롭지 않은 것을 알 수 있다. 실제로 중세 시대 후기 로마네스크 및 초기 고딕 양식의 중요 건축물로, 복원에만 무려 25년이 걸렸다고 한다. 광장에서 성당을 바라보면 출입구가 하나 있는데, 이 출입구의 위쪽 조각은 14세기 유명한 체코 조각가의 작품이다. 성당 내부에서는 아름다운 벽화와 스테인드글라스를 볼 수 있으나 예고 없이 문을 열지 않는 날이 많아 보기 쉽지 않다. 성 마르코 성당을 바라보고 오른쪽에는 크로아티아의 국회의사당이 자리하고 있다.

ⓞ MAP P.50A ⓑ 1권 P.68 ⓢ 구글 지도 GPS 45.816142, 15.973662(성당 앞 광장) ⓒ 찾아가기 돌의 문을 등지고 약 100m 직진한 뒤 오른쪽을 돌아본다. ⓐ 주소 Trg Svetog Marka 5, Zagreb ⓣ 전화 01-485-1611 ⓞ 시간 매일 11:00~16:00, 17:35~09:00 ⓗ 휴무 연중무휴 ⓟ 가격 무료입장

1 ZAGREB 자그레브

No.4 성 카타린 성당
★★★★★ Crkva Sv. Katarine,
St. Catherine Church

성당 뒤쪽 공터가 자그레브 최고의 전망 포인트로 이름이 높다. 캅톨 언덕에 자리한 빨간 지붕의 집들과 여러 시대에 지어진 교회의 첨탑들이 조화를 이룬 최고의 풍경을 볼 수 있다. 특히 석양 무렵에 가기를 추천한다.

ⓜ MAP P.50A | 1권 P.98 | 구글 지도 GPS 45.814743, 15.974264 | 찾아가기 성 마르코 성당이나 브로큰 릴레이션십 뮤지엄에서 로트르슈차크 탑 방면으로 걸어가다 길이 끝나면 왼쪽으로 꺾는다. 약 50m 앞에 흰빛의 성 카타린 성당이 있고, 그 오른쪽에 공터로 통하는 철문이 있다. ⓐ 주소 Katarinin trg bb, Zagreb ⓣ 전화 01-4851-950 ⓢ 시간 성당 사정에 따라 유동적

No.5 브로큰 릴레이션십 뮤지엄
★★★★ Broken Relationship Museum

단절된 인간관계에 대해 다루는 박물관으로, 주로 이혼이나 이별에 대한 개인의 경험과 생각을 전 세계에서 보내온 다양한 오브제와 함께 보여준다. 개인의 추억 물품과 그에 얽힌 사연을 담담한 문장으로 전시하고 있다. 옷, 구두, 웨딩드레스처럼 누가 봐도 추억 물건인 것들은 물론이고 와이파이 공유기, 도자기 조각, 자동차 번호판, 마약 테스터 등 사연이 궁금해지는 물건들도 많다. 다양한 추억과 사연의 모습들에 가슴 한구석이 뻐근해지는 감동이 느껴진다. 독창적이면서도 감성의 중추를 건드리는 전시로, 세계 여러 각국에 초청받아 전시회를 성공적으로 개최하기도 했다. 평소 예술과 전시를 사랑하는 사람에게 강력 추천한다. 전시물 설명이 영어와 현지어로 되어 있으므로 영어에 어느 정도 자신 있는 여행자에게 좀 더 적합하다.

ⓜ MAP P.50A | 구글 지도 GPS 45.814923, 15.973430 | 찾아가기 성 마르코 성당과 로트르슈차크 탑 사이에 있다. 골목 끝 건물인데다 건물 밖에 현수막이 걸려 있어 찾기 쉽다. ⓐ 주소 Ćirilometodska 2, Zagreb ⓣ 전화 01-4851021 ⓢ 시간 6~9월 09:00~22:30, 10~5월 09:00~21:00 ⓗ 휴무 크리스마스, 1월 1일, 부활절, 할러윈 ⓢ 가격 성인 40kn, 학생·경로(65세 이상) 30kn ⓦ 홈페이지 brokenships.com

No.6 돌의 문
★★★★ Kamenita Vrata, The Stone Gate

그라데츠의 요새를 둘러싼 성벽의 문 중 하나로, 자그레브에서 가장 잘 보존된 중세 건축물로 손꼽힌다. 문 안쪽으로 들어가면 검은 쇠창살로 둘러싸인 작은 기도소가 있다. 쇠창살 안에는 성모 마리아 그림이 있는데 18세기 대화재 때 이 그림만 온전히 남아 이를 기적으로 생각한 사람들이 이곳을 성지로 여겨 지금까지도 기도를 올린다.

ⓜ MAP P.50A | 1권 P.69 | 구글 지도 GPS 45.8157 34, 15.975238 | 찾아가기 라디체바 거리의 성 게오르기우스 동상 뒤쪽으로 감아 올라가는 경사로를 따라간다. ⓢ 시간 24시간 개방

No.7 성모 마리아 기념탑
★★★ Bogorodica s Anđelima,
Virgin Mary with Angels

자그레브 대성당 바로 앞에 자리한 높은 원기둥으로, 흰색과 금색으로 화려하게 장식되어 있어 쉽게 눈길을 끈다. 1880년 대지진으로 성당이 무너진 뒤 현재의 모습으로 재건축된 것을 기념하기 위해 만들어졌다. 중앙에 우뚝 선 성모 마리아가 네 명의 천사를 거느리고 있는 모습을 하고 있다.

ⓜ MAP P.50B | 1권 P.107 | 구글 지도 GPS 45.814697, 15.978629 | 찾아가기 자그레브 대성당 바로 맞은편에 있다. ⓐ 주소 Kaptol ulica 5, Zagreb | 시간 24시간 개방

No.8 라디체바 거리
★★★ Radićeva Ulica, Radićeva Street

반 옐라치치 광장과 그라데츠 언덕을 잇는 경사로이다. 예쁜 집들과 소박한 상점이 늘어서 있다. 언덕 중턱에 있는 말 탄 사나이 동상의 주인공은 초기 기독교의 성자 성 게오르기우스(성 조지)다. 경사로를 따라가면 돌의 문이 나온다.

ⓜ MAP P.50B | 1권 P.115 | 구글 지도 GPS 45.813510, 15.976164(반 옐라치치 광장 쪽 시작점) 45.816118, 15.975575(성 게오르기우스 동상 부근) | 찾아가기 반 옐라치치 광장 서북쪽 모퉁이에 라디체바 거리로 올라가는 초입이 있다. 반 옐라치치 광장 초입에서 150번 버스를 타고 한 정거장 가서 성 게오르기우스 동상 앞에서 내린다. ⓢ 시간 24시간 개방

No. 9 로트르슈차크 탑
★★★ Kula Lotrščak, Lotrščak Tower

중세 시대 그라데츠 언덕을 두르고 있던 방어벽에 설치된 감시탑으로 현재는 전망대로 이용된다. 탑의 4층에는 '그리치 톱 Grički Top'이라는 대포가 있는데, 1877년부터 지금까지 하루도 쉬지 않고 정오를 알리는 포를 쏘고 있다. 시계가 귀하던 시절에 자그레브의 모든 교회가 이 포 소리에 따라 정오의 종을 울렸다고 전해진다.

⊙ **MAP** P.50A ⓑ **1권** P.183 ⓖ **구글 지도** GPS 45.814629, 15.973280 ⓒ **찾아가기** 성 마르코 성당에서 남쪽으로 쭉 내려가다 보면 높은 탑이 보인다. ⓐ **주소** Strossmayerovo šetalište 9, Zagreb ⓣ **전화** 01-4851-768 ⓣ **시간** 화~일요일 11:00~20:00 ⓒ **휴무** 월요일 ⓢ **가격** 전망대 20kn

No. 10 크로아티아 나이브 아트 뮤지엄
★★ Hrvatski Muzej Naivne Umjetnosti, The Croatian Museum of Naive Art

'나이브 아트'는 19세기 말에서 20세기 사이의 어떤 미술 사조나 유파에도 속하지 않고 독창적이면서 소박한 미술 세계를 펼쳐간 화풍으로, 크로아티아에서 크게 발달했다. 그 어느 곳에서도 보기 힘든 순수하면서 재기발랄한 미술 세계를 볼 수 있다.

⊙ **MAP** P.50A ⓖ **구글 지도** GPS 45.815373, 15.973288 ⓒ **찾아가기** 브로큰 릴레이션십 뮤지엄 맞은편 ⓐ **주소** Sv. Ćirila i Metoda 3, Zagreb ⓣ **전화** 01-4851-911 ⓣ **시간** 화~금요일 10:00~18:00, 토~일요일 10:00~13:00 ⓒ **휴무** 월요일·공휴일 ⓢ **가격** 성인 25kn, 학생 15kn ⓗ **홈페이지** www.hmnu.org

No. 11 푸니쿨라
★★ Funicular

그라데츠 언덕과 도니 그라드 사이의 언덕에 있으며 자그레브의 공공 교통수단 중에서 가장 오래되었다. 유럽에서도 가장 오래된 푸니쿨라로 자그레브의 중요한 근대 문화재로 손꼽힌다. '세계에서 가장 짧은 푸니쿨라'의 기록을 가지고 있는데 선로의 총 길이는 겨우 66m, 탑승 시간은 고작 55초에 불과하다.

⊙ **MAP** P.50A ⓑ **1권** P.183 ⓖ **구글 지도** GPS 45.814167, 15.973078(언덕 위 정류장) ⓒ **찾아가기** 로트르슈차크 탑을 등지고 오른쪽으로 가다 보면 정류장이 보인다. ⓐ **주소** 7 Castle Rd, Central ⓣ **시간** 매일 06:30~22:00(10분에 한 대 출발) ⓒ **휴무** 유지 보수를 위해 동절기(11~3월)에 비정기적으로 휴업함 ⓢ **가격** 편도 5kn

No. 12 오파토비나 공원
★ Park Opatovina

캅톨에 거주하는 성직자들이 가꾸던 과수원을 제2차 세계대전 이후 개혁해 시민 공원으로 만들었다. 주로 캅톨 지역에서 트카르치체바 거리로 가는 지름길로 애용되며 여름에는 각종 콘서트 및 야외 공연장으로도 즐겨 쓰인다. 공원 한편에는 잘 보존된 중세의 방어탑이 하나 남아 있다.

⊙ **MAP** P.50B ⓖ **구글 지도** GPS 45.816829, 15.77103(대성당 방향 출입구) ⓒ **찾아가기** 자그레브 대성당에서 북쪽으로 약 400m ⓐ **주소** Park Opatovina, Zagreb ⓣ **시간** 24시간 개방

No. 13 성 마리야 성당
★ Crkva Sv. Marije, St. Mary Church

돌라치 시장 서쪽에 자리한 바로크 스타일의 작은 성당으로, 겉으로 보기에는 몹시 소박하지만 알고 보면 18세기에 지어진 유서 깊은 곳이다. 돌라치 시장과 트카르치체바 거리를 잇는 길목 역할을 하고 있으며, 성당 옆의 계단과 내리막을 따라가면 바로 트카르치체바 거리와 이어진다.

⊙ **MAP** P.50B ⓖ **구글 지도** GPS 45.814333, 15.976890 ⓒ **찾아가기** 돌라치 시장의 노천 시장 서쪽에 있다. ⓐ **주소** Ivana Gorana Kovačića 25, Zagreb ⓣ **전화** 01-481-6320 ⓣ **시간** 24시간 개방

No. 14 피의 다리
★ Krvavi Most

17세기에 합병되기 전까지 캅톨과 그라데츠 두 언덕 주민들은 메드베슈차크 개천을 사이에 두고 극한에 치달을 때까지 싸움을 벌였다. 개천에 놓인 다리는 이들이 흘린 피로 붉게 물들어 '피의 다리'라 불리게 되었다. 다리가 있던 자리에는 트카르치체바 거리와 라디체바 거리를 잇는 작은 골목이 생겼고 옛 이름을 물려받아 '피의 다리'로 불리고 있다.

⊙ **MAP** P.50B ⓑ **1권** P.68 ⓖ **구글 지도** GPS 45.814772, 15.976143(트카르치체바 거리 쪽 시작점) ⓒ **찾아가기** 반 옐라치치 광장에서 트카르치체바 거리로 올라가는 길의 왼쪽 첫 번째 골목 ⓐ **주소** Krvavi Most, Zagreb ⓣ **시간** 24시간 개방

1 ZAGREB 자그레브

🍴 EATING

No.1 트릴로기야
★★★★★ Trilogija

자그레브 최고의 맛집으로, 유명 여행 사이트 '트립 어드바이저Trip Advisor'에서 몇 년 동안 압도적인 지지율로 자그레브 맛집 랭킹 1위를 달렸다. 고정된 메뉴판이 없고, 그날그날 들여온 재료로 매일매일 메뉴를 구성한다. 프렌치와 이탤리언을 기본으로 다양한 조리법을 도입한 창작 요리로, 재료의 장점을 최대한 살리면서도 솜씨와 개성을 한껏 발휘한 음식을 선보인다. 종업원들에게 추천을 부탁하면 그날의 준비 상태와 손님의 입맛에 따라 친절하게 골라준다. 굴 소스를 첨가해 아시아풍 맛을 낸 립아이 스테이크는 거의 매일 메뉴판에 오르는 최고 인기 메뉴이다.

ⓞ MAP P.50A ⓑ 1권 P.145 ⓖ 구글 지도 GPS 45.8157023, 15.975067 ⓒ 찾아가기 돌의 문 바로 옆에 있다. 성 게오르기우스 동상 반대 쪽 입구 부근으로, 입구를 등지고 왼쪽으로 바로 있다. ⓐ 주소 Kamenita 5, Zagreb ⓣ 전화 01-485-1394 ⓢ 시간 월~토 11:00~23:00, 일요일 11:00~17:00 ⓧ 휴무 비정기적 ⓟ 가격 파스타 70~100kn, 메인 요리 100~680kn ⓗ 홈페이지 www.trilogija.com

가지가 들어간 라자냐
Lasagna Patlada 55kn

아시아풍 립아이 스테이크
Ramstek 140kn

No.2 녹투르노
★★★ Nokturno

녹투르노 피자 Pizza
Nokturno 소 36kn

피자 골목으로 유명한 스칼린스카Skalinska에서 호스텔과 식당을 함께 운영하는 곳. 인기 메뉴는 녹투르노 피자로 각종 햄과 풍성한 채소 토핑 위에 달걀이 올라가 있다. 서비스가 느리고 불친절하다는 것은 미리 알고 갈 것.

ⓞ MAP P.50B ⓑ 1권 P.116 ⓖ 구글 지도 GPS 45.814803, 15.977096 ⓒ 찾아가기 돌라치 시장의 북쪽 광장에서 트칼치체바로 내려가는 스칼린스카 골목에 있다. ⓐ 주소 Skalinska 4, Zagreb ⓣ 전화 01-4813-394 ⓢ 시간 월~목요일 08:00~24:00, 금~토요일 09:00~01:00, 일요일·공휴일 08:00~24:00 ⓧ 휴무 비정기적 ⓟ 가격 피자 30~65kn, 맥주 7.5~18kn, 각종 음료 6~12kn ⓗ 홈페이지 www.restoran.nokturno.hr

No.3 아가바
★★★ Agava

자그레브에서 유명한 레스토랑으로, 트칼치체바 거리 한복판에서 그라데츠 언덕 경사면 쪽으로 살짝 올라간 곳에 자리해 있다. 주 메뉴는 스테이크로 소, 닭, 돼지, 오리 가리지 않으며 고기를 굽는 요리는 모두 일정 수준 이상의 맛을 낸다. 식전빵을 따로 제공하지 않고 별도로 포카치아를 주문해야 하는데 쫄깃하고 향기로워 돈이 아깝지 않으므로 꼭 먹어볼 것. 와인 페어링이 뛰어난 레스토랑으로, 저렴하고 음식과 잘 어울리는 와인을 추천받을 수 있다. 거리보다 약간 높은 곳에 자리해 전망도 좋다. 자그레브 물가치고는 전반적으로 가격대가 높은 편.

ⓞ MAP P.50B ⓑ 1권 P.114 ⓖ 구글 지도 GPS 45.816345, 15.976266 ⓒ 찾아가기 트칼치체바 한복판에 있다. 헤시ева-작가 동상을 기준으로 북쪽으로 약 150m 올라간다. ⓐ 주소 Tkalčićeva ulica 39, Zagreb ⓣ 전화 01-482-9826 ⓢ 시간 매일 09:00~23:00 ⓧ 휴무 비정기적 ⓟ 가격 전채·샐러드 68~110kn, 메인 요리 85~100kn, 포카치아Focaccia 12kn ⓗ 홈페이지 www.restaurant-agava.hr

파슈티차다 Pašticada
(달마티아식 소고기 요리)
95kn

스모크 햄과 올리브를
곁들인 뇨키 Gnocchi with
Smoked Ham & Olives
60kn

No.4 레오나르도
★★★ Leonardo

녹투르노와 나란히 있는 피자집. 녹투르노와 메뉴 구성은 비슷하지만 가격대가 높은 편. 맛만 두고 보면 비슷한 수준이며 피자를 제외한 다른 메뉴는 이곳이 낫다.

ⓞ MAP P.50B ⓑ 1권 P.116 ⓖ 구글 지도 GPS 45.814793, 15.977251 ⓒ 찾아가기 돌라치 시장에서 트칼치체바 거리로 향하는 스칼린스카 길 녹투르노보다 조금 더 위쪽에 있다. ⓐ 주소 Skalinska 6, Zagreb ⓣ 전화 01-487-3007 ⓢ 시간 매일 10:00~24:00 ⓧ 휴무 비정기적 ⓟ 가격 큰 바다 샐러드Big Sea Salad 45kn, 블랙 리조토Black Risotto 69kn, 슬라본스카 피자Slavonska 35kn ⓗ 홈페이지 www.facebook.com/Trattoria-Leonardo-155456264216

🛒 SHOPPING

№.5 히스토리 카페
★★ History Cafe

정식 명칭은 '히스토리 & 빌리지History & Village'. 트칼치체바 한복판에 있는 카페로, 트칼치체바에서 가장 규모가 크다. 쾌적한 노천 좌석에서 편하게 거리 구경하기 좋다. 밤에는 실내 공간이 클럽처럼 변신하며, 다양한 이벤트도 열린다. 요청하면 무릎 담요도 가져다준다.

⊙ MAP P.50B 📖 1권 P.114 ⊙ 구글 지도 GPS 45.817378, 15.976417 ⊙ 찾아가기 트칼치체바 중심부에서 약간 북쪽. 해시계-작가 동상을 기준으로 약 250m 올라간다. 오파토비나 공원 출구와 가깝다. ⊙ 주소 Tkalčićeva 68, Zagreb ⊙ 전화 095-646-4117 ⊙ 시간 매일 08:00~04:00 ⊙ 휴무 비정기적 ⊙ 홈페이지 history.hr

№.1 돌라치 시장
★★★★★ Dolački Vremeplov, Dolać Market

20세기 초부터 100년 가까운 세월 동안 자그레브의 식생활을 책임져온 종합 전통시장으로, 유럽에서 가장 큰 전통시장 중 하나이다. 꽃과 과일, 수산물, 육류, 유제품, 향신료 등 자그레브 주민들의 생활에 밀접한 상품 및 기념품을 판매한다. 광장에 자리한 노천 시장과 실내 시장으로 나뉘어 있는데 주로 노천 시장은 꽃·과일·채소류, 실내 시장은 육류·유제품·반조리 식품 등을 취급한다. 올리브유와 꿀, 라벤더 엑기스 등은 전국에서 가장 저렴하고 물량도 많다. 아무것도 사지 않더라도, 시장 특유의 활기와 푸근한 정서에 흠뻑 빠질 수 있는 것만으로도 이 시장을 들를 가치는 충분하다.

⊙ MAP P.50B 📖 1권 P.167 ⊙ 구글 지도 GPS 45.814326, 15.977214 ⊙ 찾아가기 자그레브 대성당에서는 골목을 따라 서쪽 방향으로 내려간다. 반 옐라치치 광장에서는 북쪽 가장 큰 건물의 왼쪽으로 난 골목으로 들어가 계단을 타고 올라간다. ⊙ 시간 월~금요일 07:00~15:00, 토요일 07:00~14:00, 일요일 07:00~13:00 ⊙ 휴무 비정기적 ⊙ 홈페이지 www.trznice-zg.hr

№.2 아로마티카
★★★★ Aromatica

직접 증류·채취한 순수 아로마를 이용해 비누, 바스젤, 핸드크림, 오일 등을 생산하는 브랜드로, 여성 여행자들에게 큰 인기를 누리고 있다. 질 좋은 재료를 사용한 고급 제품임에도 그다지 비싸지 않다.

⊙ MAP P.50B 📖 1권 P.159 ⊙ 구글 지도 GPS 45.813504, 15.979654 ⊙ 찾아가기 자그레브 대성당을 등지고 남쪽으로 가면 왼쪽으로 완만하게 내려가는 Vlaška 길이 보인다. 그 길로 약 20m 가면 왼쪽에 있다. ⊙ 주소 Vlaška 7, Zagreb ⊙ 전화 01-481-1584 ⊙ 시간 월~금요일 08:00~20:00, 토요일 08:30~15:00 ⊙ 휴무 일요일 ⊙ 가격 크림 25ml 39~65kn, 립밤 6.20kn ⊙ 홈페이지 www.aromatica.hr

№.3 크라바타
★★★ Kravata

70년 가까이 넥타이만 만들어 팔고 있는 자그레브의 명물 넥타이 전문점. 전통적인 핸드메이드 방식으로 100% 실크 원단을 사용한다. 크로아티아 국기의 체크무늬나 옛 문자인 글라골 문자를 응용한 패턴 등 크로아티아에서만 구할 수 있는 독특한 디자인이 돋보인다.

⊙ MAP P.50B 📖 1권 P.165 ⊙ 구글 지도 GPS 45.814487, 15.975643 ⊙ 찾아가기 라디체바 거리 중간에 있다. 반 옐라치치 광장 쪽에서는 약 150m 언덕을 따라 올라간다. ⊙ 주소 Radićeva 13, Zagreb ⊙ 전화 01-4851-164 ⊙ 시간 월~토요일 09:00~20:00, 일요일 09:00~15:00 ⊙ 휴무 비정기적 ⊙ 가격 넥타이 390kn~ ⊙ 홈페이지 www.kravata-zagreb.com

№.4 G.E.A 갤러리
★ G.E.A Gallery

크로아티아 각지에서 만든 핸드메이드 공예품을 선보이는 기념품 숍 겸 갤러리. 섬세하면서도 독특한 디자인이 돋보이는 금속 공예품과 베네치아식 가면이 주력 상품이며, 크로아티아 화가들의 회화 작품도 전시·판매한다.

⊙ MAP P.50B ⊙ 구글 지도 GPS 45.815728, 15.975529 ⊙ 찾아가기 라디체바 거리 중간에 있다. 반 옐라치치 광장에서 언덕길을 따라 약 250m 올라간다. 성 게오르기우스 동상에서 조금 내려간다. ⊙ 주소 Radićeva 35, Zagreb ⊙ 전화 01-4851-022 ⊙ 시간 월~토요일 10:00~19:00 ⊙ 휴무 일요일 ⊙ 홈페이지 www.facebook.com/GEA-Gallery-122800544720323

2 DUBROVNIK
[두브로브니크]

크로아티아 여행의 하이라이트

두브로브니크는 크로아티아 여행의 꽃이자 핵심인 도시다. 연중 따뜻한 기온, 유럽에서 가장 완벽한 중세 도시로 첫손 꼽히는 구시가, 서리서리 이어진 해안선을 따라 산재한 예쁜 암석 비치들, 사파이어를 녹여놓은 듯한 신비한 푸른빛의 아드리아 해와 그 위에 오롯이 떠 있는 아름다운 섬들, 오묘한 모습의 석회암 산맥인 디나르 알프스 등 크로아티아의 해안 지방이 가진 모든 매력을 완벽하게 갖춘 도시이다. 유럽 전체를 통틀어도 이만큼 아름다운 도시를 찾기 힘들 정도. 크로아티아에서 단 한 도시만 여행한다면 주저 없이 두브로브니크를 택할 것, 그리고 되도록 오래오래 머물 것.

MUST SEE 두브로브니크에서 이것만은 꼭 보자!

№. 1 두브로브니크 성벽에서 바라보는 바다와 도시

№. 2 스르지 산 전망대에서 바라보는 아드리아 해의 노을

№. 3 맑은 날의 플라차 거리

MUST EAT 두브로브니크에서 이것만은 꼭 먹자!

№. 1 레이디 피피의 그릴 요리

№. 2 부자 바에서 바다를 바라보며 마시는 맥주

MUST BUY 두브로브니크에서 이것만은 꼭 사자!

№. 1 말라 브라차 약국의 로즈 워터와 로즈 크림

MUST EXPERIENCE 두브로브니크에서 이것만은 꼭 경험하자!

№. 1 카약 투어 즐기기

№. 2 블리예트 · 코르출라 · 로크룸 등 섬 여행 즐기기

№. 3 하루 종일 해수욕과 태닝 즐기기

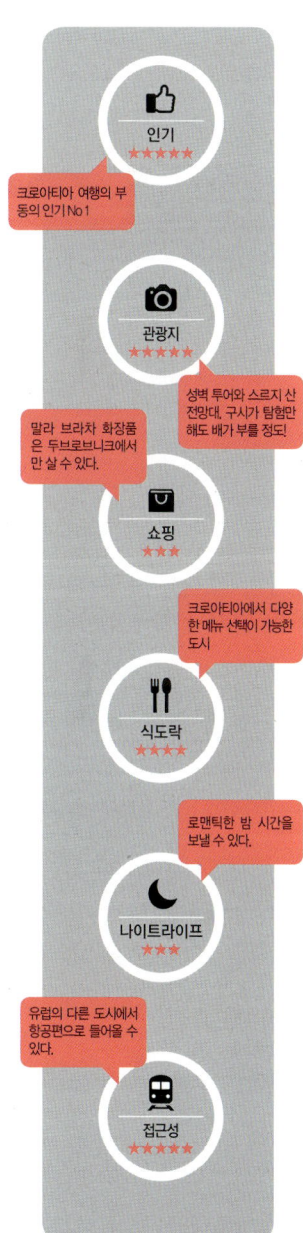

TRAVEL MEMO
두브로브니크 교통편 한눈에 보기

> 두브로브니크, 이렇게 간다!

버스로 가기

전국 각지에서 두브로브니크행 버스편을 쉽게 찾을 수 있지만, 지리적으로 가장 가까운 도시인 스플리트에서 출발하는 경우가 80% 이상 된다. 스플리트에서 두브로브니크로 가는 버스는 1시간에 1~2대꼴로 있다. 소요시간은 4~6시간으로, 고속도로로 가는 직행버스는 4시간, 해안 도로로 가는 완행버스는 4시간 30분~6시간 소요된다.

+ PLUS TIP
버스 스케줄 참고 사이트
· 겟바이버스
www.getbybus.com

+ PLUS INFO 버스로 두브로브니크를 갈 때 꼭 알아둘 것들

① 스플리트 이북의 도시에서 두브로브니크로 버스를 타고 이동하려면 최소 6시간이 소요된다. 가급적 비행기나 야간버스를 이용할 것. 플리트비체에는 공항도 야간버스도 없으므로 자그레브나 스플리트로 이동 후 두브로브니크로 다시 이동하는 계획을 추천한다.

② 스플리트-두브로브니크 구간의 해안 도로는 일부러 드라이브도 하는 루트이므로 시간이 조금 더 걸리더라도 해안 도로로 갈 것. 스플리트 버스터미널 매표소에서 '이 버스는 바다가 안 보이는 루트다'라며 친절하게 알려주곤 하지만, 알려주지 않는다면 직접 물어봐서라도 꼭 해안 도로로 가는 버스를 타자.

③ 중간에 보스니아-헤르체고비나의 영토를 거치게 된다. 국경에서 여권 검사를 하므로 반드시 여권을 가까운 곳에 챙겨둘 것. 예전에는 일일이 도장을 찍어줬지만 요즘은 그냥 훑어만 보는 경우가 많다. 보스니아-헤르체고비나를 통과하는 동안 네움Neum(1권 P.184) 휴게소에서 20분 정도 정차하는데, 이곳 휴게소 마트의 물건값이 상당히 저렴한 것으로 유명하므로 주류나 식료품 등의 구입을 추천한다.

렌터카로 가기

스플리트에서 해안 도로인 D8을 타고 내려오면 4시간 정도 소요된다. 고속도로인 E65를 타고 가다가 도로가 끝날 무렵 D8로 갈아타는 루트를 택하면 3시간 이내에 도착할 수 있다. 하지만 보석 같은 해안 도로 드라이브 기회를 놓치게 되는 것이므로 아주 급하지 않다면 추천하지 않는다.

+ PLUS TIP
자동차로 이동할 때도 보스니아-헤르체고비나를 거치게 된다. 여권을 가까운 곳에 둘 것.

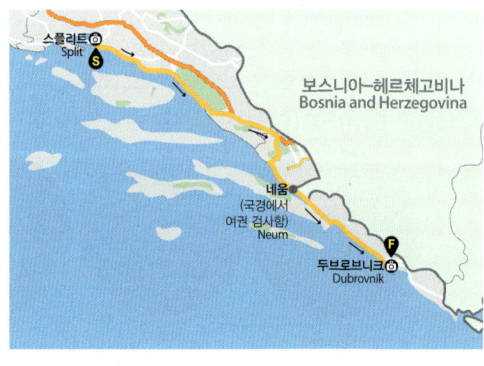

비행기로 가기

자그레브, 자다르 등의 크로아티아 북부에서 이동하는 경우, 또는 유럽의 다른 나라에서 가는 경우에는 항공편을 이용한다. 자그레브에서는 크로아티아 항공Croatia Airlines이 두브로브니크까지 하루 최소 2편 운항하며 시즌과 날짜에 따라 증편되는 경우가 많다. 두브로브니크 공항에 대한 안내는 P.16을 참고한다.

페리로 가기

코르출라, 믈리예트 등의 섬을 여행할 경우 페리를 타고 두브로브니크로 이동한다. 드물기는 하나 자다르나 스플리트에서 버스편을 구할 수 없는 경우 페리를 타고 두브로브니크로 이동하는 경우도 있다. 여름 성수기에는 이탈리아의 바리Bari와 두브로브니크를 잇는 국제선 페리도 종종 이용한다.

> **PLUS TIP**
> 페리 스케줄 참고 사이트
> • 야드롤리니야
> www.jadrdinija.hr

> 두브로브니크 시내 들어가기

> **PLUS TIP**
> 버스터미널 내부에 유인 짐 보관소가 있다. 짐 1개당 1시간에 5kn, 운영 시간은 05:30~22:30.

두브로브니크의 버스터미널과 페리터미널은 구시가에서 약 3km 떨어진 그루즈Gruž 지역에 자리하고 있다. 한 도로 선상에 대형 마트 콘줌KONZUM을 사이에 두고 나란히 있다. 구시가까지는 버스로 이동해야 하며, 페리터미널 앞에는 시내버스 정류장이 없으므로 버스터미널까지 가야 한다. 버스터미널부터 구시가의 필레 게이트까지는 1A, 1B, 1C, 3, 7, 8번이 운행되며, 소요시간은 10분 안팎이다. 그루즈 버스터미널의 시내버스 정류장은 터미널 바깥쪽 큰길가에 있으니 참고할 것.

두브로브니크 시내 교통

① 시내버스 : 여러 노선이 시내 안팎을 연결하지만, 그루즈 버스터미널, 필레 게이트, 라파드, 바빈 쿡을 오가는 노선 정도만 알고 있으면 OK. 그루즈 버스터미널-필레 게이트만 잘 오가도 아무 문제없이 여행할 수 있다. 버스 티켓은 티삭TISAK, 또는 정류장에 마련된 매표소에서 구입한다. 버스에 탑승한 후 탑승자가 직접 개찰해야 한다. 버스기사가 매의 눈으로 감시하고 있기 때문에 무임승차의 가능성은 애초에 봉쇄된다. 티삭이나 매표소가 없을 경우 버스기사에게 직접 구매해도 되지만 매표소보다는 요금이 약간 비싸다. 두브로브니크의 버스 시설은 흠잡을 데가 없으나 배차 간격과 노선은 그다지 효율적이지 못하다.

● 두브로브니크 버스 정보

요금	1회권 12kn(기사에게 구입 시 15kn), 1일권 30kn
배차 간격	자주 오는 버스는 10분 정도, 보통은 20~30분
그루즈 버스터미널 버스 노선	1A, 1B, 1C, 3, 7, 8
필레 게이트 버스 노선	1A, 1B, 1C, 2, 2A, 3, 4, 5, 6, 8, 9, 17
라파드 버스 노선	2A, 5, 6, 7, 9

⊕ PLUS TiP
두브로브니크에서 버스를 탔을 때 절대 직선 거리 기준으로 소요시간을 생각하지 말 것. 도로가 워낙 괴이하게 꼬여 있는데다 일방통행도 많아 버스들이 엄청나게 빙빙 돌아간다. 직선 거리로는 2~3km에 불과한 거리도 20분 이상 소요되는 경우가 흔하다.

② 택시 : 그루즈 버스터미널, 필레 게이트, 플로체 게이트, 케이블카 정류장 앞 등에서 손님을 기다리는 택시를 쉽게 볼 수 있으며 호텔이나 레스토랑 등에서도 콜택시를 불러준다. 기본요금은 30kn이며 1km에 9kn씩 오른다. 두브로브니크의 도로가 워낙 복잡하게 꼬여 있다 보니 시내 어디를 가든 100kn 이상은 각오해야 하므로 꼭 필요한 경우가 아니라면 택시 승차는 신중하게 생각할 것.

> 두브로브니크, 이렇게 돌아보자!

① **최소 사흘** : 두브로브니크 구시가만 돌아본다면 하루면 충분. 그러나 두브로브니크는 오래 머물면 머물수록 정들고 마음이 편해지는 곳이다. 시내 관광 1일, 외곽 관광 1일, 휴식 1일 정도가 가장 적당한 일정이다.

② **바다를 즐기자** : 하루 정도는 아무것도 하지 말고 해수욕과 태닝을 하거나 바다가 잘 보이는 카페에서 전망을 즐길 것. 유럽 최고의 휴양 도시를 여행 중이라면 응당 그에 어울리는 시간을 보내야 한다.

③ **드라이브 or 일일 투어** : 두브로브니크는 주변에도 볼거리가 많다. 다양한 일일 투어 상품이 시내 곳곳에 마련되어 있으니 대중교통 여행자라면 자신에게 맞는 것을 하나쯤 골라서 다녀올 것. 렌터카 여행자라면 외곽 및 가까운 나라 드라이브 여행을 위해 렌트 일정을 하루 정도 여유 있게 잡는 것을 권한다.

> ➕ **PLUS TiP**
> 인포메이션 센터는 구시가 필레 게이트 안쪽 오노프리오 분수 부근에 있다. 지도가 필요할 때, 두브로브니크 공항으로 가는 버스시간표를 알아볼 때, 저렴한 숙소를 알아볼 때 이용할 것.

두브로브니크 카드 Dubrovnik Card

두브로브니크에는 '두브로브니크 카드Dubrovnik Card'라는 이름의 통합 관광 티켓이 있다. 시내 교통권과 두브로브니크 성벽 입장권, 그 외 각종 박물관 입장권과 레스토랑·투어·기념품 숍 등의 할인권을 종합해놓은 카드이다.

하지만 교통권과 성벽 입장권, 의장 궁전 정도를 제외하면 그다지 갈 만한 곳들이 없다. 가격도 따로따로 사는 것에 비해 썩 저렴하지 않기 때문에, 이 카드의 쓸모란 오로지 교통권과 성벽 입장권을 따로 사는 수고를 덜어주는 것 정도이다. 구입해도 좋고, 지나쳐도 무방하다. 홈페이지에서 온라인 구매하면 10% 할인가에 구할 수 있으므로 필요한 사람은 온라인에서 살 것.

● 가격

	포함사항	가격
1일권(24시간)	박물관 13곳의 입장권(두브로브니크 성벽 포함), 24시간 교통권	250kn(온라인 할인가 225kn)
3일권(72시간)	박물관 13곳의 입장권(두브로브니크 성벽 포함), 버스 10회 이용	300kn(온라인 할인가 270kn)
7일권(168시간)	박물관 13곳의 입장권(두브로브니크 성벽 포함), 버스 20회 이용	350kn(온라인 할인가 315kn)

홈페이지 www.dubrovnikcard.com

DUBROVNIK 두브로브니크

TRAVEL MEMO
두브로브니크 여행 한눈에 보기

코스 무작정 따라하기
두브로브니크 200% 즐기기 코스 1일 차

두브로브니크는 안팎으로 할 거리가 많은 곳이기 때문에 제대로 즐기기 위해서는 최소 이틀이 소요된다. 유럽 최고의 중세 도시로 손꼽히는 두브로브니크를 즐기는 첫날의 완벽한 스케줄을 소개해본다. 두브로브니크는 바쁘게 돌아다니는 것보다는 되도록 천천히 순간순간 음미해야 한다는 것을 절대로 잊지 말 것. 두브로브니크의 모든 것이 정상적으로 운영되는 5~10월 성수기·평수기 기준의 루트이다.

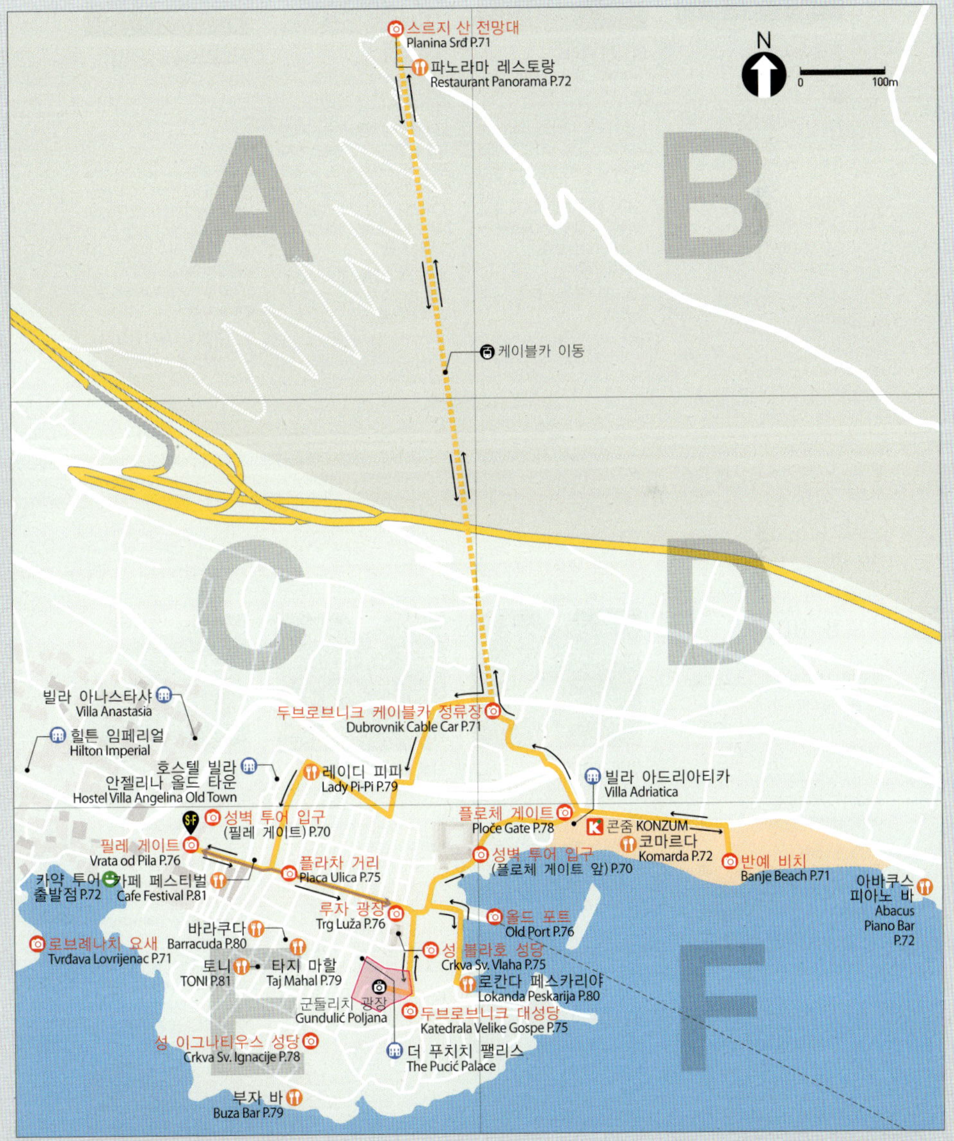

2. DUBROVNIK 두브로브니크

2 DUBROVNIK 두브로브니크

START ---- 1 -------- 2 -------- 3

필레 게이트
Pile Gate
ⓘ 24시간 개방

숙소가 어디에 있든 일단 여기에서 구시가 여행을 시작하자. 중세로 진입하는 차원의 문 같은 곳이다. 오전 10시 전후로 여행을 시작하자.

문을 통과하면 바로 이어진다. → 플라차 거리

플라차 거리
Placa Ulica
ⓘ 24시간 개방

눈부시도록 새하얀 석회암 보도가 끝까지 펼쳐지고, 양옆에 아름다운 중세 건물들이 줄지어 있다. 오노프리오 분수, 성 스파사 성당, 프란체스코 수도원 등이 이 길에 있으므로 천천히 걸으며 감상할 것

길을 따라 쭉 직진한다. → 루자 광장

루자 광장
Trg Luža, Luža Squre
ⓘ 24시간 개방

플라차 거리 끝자락에 자리한 작은 광장으로, 주변에 스폰자 궁전, 성 블라호 성당, 오를란도브 기둥 등의 주요 볼거리가 몰려 있다. 광장 주변의 골목과 이면도로들을 마구 헤매볼 것.

성 블라호 성당을 끼고 오른쪽으로 돌아가서 직진. → 두브로브니크 대성당

두브로브니크 대성당
Katedrala Velike Gospe, Katedrala Marijina Uznesenja, Dubrovnik Cathedral

내부에 있는 티치아노의 성모 승천 제단화는 꼭 보자. 성당 자체는 자그마하므로 주변의 골목들을 샅샅이 훑을 것. 저 멀리 보이는 계단 위로는 아직 올라가지 않아도 된다.

ⓘ 시간 월~토요일 09:00~16:00, 일요일 11:30~16:00

대성당 앞에서 루자 광장 쪽으로 약 30m 정도 가다 왼쪽 골목으로 꺾는다. → 군둘리치 시장

RECEIPT

볼거리	2시간 15분
해수욕	1시간
식사 및 디저트	3시간
쇼핑	30분
이동 시간	1시간 10분

TOTAL
8 HOURS

식사 및 디저트 400kn
로칸다 페스카리야
(점심식사+음료) 100kn
레이디 피피
(저녁식사+와인) 200kn
파노라마 레스토랑
(커피 or 맥주) 50kn
카페 페스티벌
(커피 or 맥주) 50kn

교통비 150kn
스르지 산 케이블카 왕복 150kn

TOTAL
550kn
(성인 1인 기준, 쇼핑 비용 별도)

FINISH ---- 12 -------- 11

필레 게이트
Pile Gate

첫날의 여행은 끝이 시작으로 두 필레 게이트에서 한다. 숙소로 돌아가 편하게 쉬자.
ⓘ 24시간 개방

카페 페스티벌
Cafe Festival

한밤중의 플라차 거리를 피아노 소리로 물들이는 카페 겸 바. 맥주를 한잔 시켜놓고 피아노 연주를 들으며 여행의 하루를 마무리하자.
ⓘ 매일 08:00~24:00(휴무 1월 중순~2월 중순 약 1개월)

플라차 거리를 따라 서쪽으로 간다. → 필레 게이트

레이디 피피
Lady Pi-Pi
2인용 시푸드 플래터 340kn

전망이 훌륭해 해가 지기 전에 오는 것이 좋으나, 일몰 이후에 왔다면 밝을 때 한 번 더 올 것. 비프스테이크를 비롯해 불에 구운 요리라면 무엇이든 OK.
ⓘ 4월~10월 중순 09:00~14:00, 18:00~23:00

플라차 거리 방향으로 계단과 골목을 따라 내려온다. 플라차 거리에서 오른쪽으로 꺾어 필레 게이트 쪽으로 가다 보면 나온다. → 카페 페스티벌

● PLUS TIP
워낙 인기 레스토랑이므로 미리 예약해 두는 것이 좋다. (상세정보 P.79)

064-065

start

S.	필레 게이트
	50m, 도보 1분
1.	플라차 거리
	250m, 도보 5분
2.	루자 광장
	150m, 도보 3분
3.	두브로브니크 대성당
	100m, 도보 2분
4.	군둘리치 시장
	200m, 도보 3분
5.	올드 포트
	100m, 도보 2분
6.	로칸다 페스카리야
	350m, 도보 8분
7.	플로체 게이트
	300m, 도보 7분
8.	반예 비치
	500m, 도보 8분
9.	두브로브니크 케이블카
	케이블카 10분
10.	스르지 산 전망대
	케이블카 10분, 도보 5분
11.	레이디 피피
	150m, 도보 3분
12.	카페 페스티벌
	150m, 도보 3분
F.	필레 게이트

2. DUBROVNIK 두브로브니크

4

30m

군둘리치 시장
Gundulićeva Tržište,
Gundulić Market

오전 11시 전후라면 시장이 열려 있다. 라벤더, 자수 제품, 수제 비누 등의 특산물과 각종 기념품을 구경하자.
⏰ 매일 06:00~13:00

아까 들어왔던 골목으로 다시 나가서 왼쪽으로 꺾어 직진하면 오른쪽으로 시계탑이 보인다. 그 옆의 문으로 나간 뒤 다시 정면에 있는 문으로 들어간다. → 올드 포트

● PLUS TIP
에누리도 된다! 적당한 선에서 깎자!

5

10m

올드 포트
Old Port

라구사 공화국이 아드리아 해 최고의 무역항이던 시절 항구로 이용됐던 곳. 현재는 산책로로 다음 날 로크룸으로 가는 배 시간을 확인해둘 것.
⏰ 24시간 개방

바다를 바라보고 오른쪽으로 간다. → 로칸다 페스카리야

6

1h

로칸다 페스카리야
Lokanda Peskarija

적당한 가격에 맛있는 해산물 요리를 맛보며 옛 항구의 풍경을 즐길 수 있다. 모든 메뉴가 고르게 맛있지만 해산물 리조토가 가장 인기있다.
⏰ 매일 11:00~24:00(7~8월은 01:00까지) (휴무 동절기 보통 11~3월)

구시가로 통하는 뒤 문으로 들어간 뒤 문을 등지고 오른쪽으로 난 길을 쭉 따라 간다. → 플로체 게이트

해산물 리조토 80kn

7

5m

플로체 게이트
Ploče Gate

구시가 동쪽의 문이다. 여기서 구시가 탐험은 일단 종료한다.
⏰ 24시간 개방

플로체 게이트를 등지고 바다 쪽 큰길을 따라 구시가 반대쪽으로 직진하다가 오른쪽으로 입구가 나오면 계단을 따라 바로 내려간다. → 반예 비치

● PLUS TIP
전망 레스토랑 겸 카페 '레스토랑 파노라마'가 있다. 사람이 많지 않다면 이곳에서 커피라도 한잔 즐길 것.

10

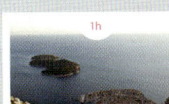
1h

스르지 산 전망대
Planina Srđ, Srđ Mountain

인생에 두 번 보기 힘든 감동스러운 일몰과 야경을 볼 수 있다. 파노라마 레스토랑에서 최고의 전망을 즐겨도 좋다.
⏰ 케이블카 영업시간에 준함
파노라마 레스토랑
⏰ 11~8월 09:00~24:00, 9월 09:00~22:00, 10월 09:00~20:00

산을 내려와 전망대를 등지고 왼쪽으로 찻길을 따라가다가 갈림길이 나오면 왼쪽으로 꺾는다. 구시가 성벽을 따라 오른쪽으로 가다 보면 부자 게이트가 나오고 안으로 들어가 오른쪽으로 가다 보면 나타난다. → 레이디 피피

9

10m

두브로브니크 케이블카
Dubrovnik Cable Car

해 지기 1~2시간 전이 가장 좋은 타이밍. 성수기에는 사람이 많아 한 타임 정도는 놓칠 수 있으나 여유 있게 기다릴 것.
⏰ 4~5월 09:00~20:00, 6~8월 09:00~24:00, 9월 09:00~22:00, 10월 09:00~20:00
💰 성인 왕복 108kn, 어린이(4~12세) 왕복 50kn

케이블카로 이동. → 스르지 산 전망대

8

1h

반예 비치
Banje Beach

두브로브니크에서 가장 인기 높은 해수욕장이다. 4~10월의 따뜻한 날이라면 언제든지 해수욕이 가능하다. 적어도 바다에 발이라도 한번 담가볼 것.
⏰ 부대시설 6~9월 10:00~16:00

큰길을 따라 플로체 게이트 앞으로 돌아온 뒤 티켓 앞에 있는 횡단보도를 건넌다. 경사면을 따라 올라가다 좁은 골목으로 들어가 계단을 한참 올라가면 바로 나타난다. → 두브로브니크 케이블카

2 DUBROVNIK 두브로브니크

코스 무작정 따라하기
두브로브니크 200% 즐기기 코스 2일 차

두브로브니크 케이블카 정류장 Dubrovnik Cable Car P.71
레이디 피피 Lady Pi-Pi P.79
성벽 투어 시작점 (필레 게이트) P.70
플로체 게이트 Ploče Gate P.78
콘줌 KONZUM
반예 비치 Banje Beach P.71
필레 게이트 Vrata od Pila P.76
드비노 D'vino P.80
성벽 투어 입구 (플로체 게이트 앞) P.70
코마르다 Komarda P.72
카약 투어 출발점 P.72
카페 페스티벌 Cafe Festival P.81
플라차 거리 Placa Ulica P.75
루자 광장 Trg Luža P.76
올드 포트 Old Port P.76
아바쿠스 피아노 바 Abacus Piano Bar P.72
로브리예나츠 요새 Tvrđava Lovrijenac P.71
바라쿠다 Barracuda P.80
타지 마할 Taj Mahal P.79
성 블라호 성당 Crkva Sv. Vlaha P.75
토니 TONI P.81
군둘리치 광장 Gundulić Poljana
로칸다 페스카리야 Lokanda Peskarija P.80
성 이그나티우스 성당 Crkva Sv. Ignacije P.78
두브로브니크 대성당 Katedrala Velike Gospe P.75
부자 바 Buza Bar P.79

START ---- 1 ---- 3 ----

Start

플로체 게이트
Ploče Gate

둘째 날의 여행은 플로체 게이트에서 시작된다. 근처에 있는 콘줌에 들러 생수와 간식 거리를 넉넉하게 사둘 것.
⏰ 24시간 개방

플로체 게이트로 들어가 길을 따라가다 약 100m 앞 왼쪽에 있는 작은 예배당을 하나 지나고 왼쪽으로 나타나는 세 번째 철문이 플로체 게이트 쪽 성벽 투어 시작점이므로 잘 살필 것. 눈에 띄지 않으므로 잘 살필 것. → 두브로브니크 성벽

1h 30m

두브로브니크 성벽
Walls of Dubrovnik

구시가의 풍경과 눈부신 바다가 한눈에 내려다보인다. 오전 10시 이전에 시작할 것. 해가 뜨면 뜨거워진다.
📅 4월~10월(일자 별로 다름)
💰 성인 100kn, 어린이(18세 미만)·학생(국제학생증 소지 시) 30kn

플로체 게이트 쪽 출구로 나와 수도원과 성벽 사이에 난 길을 따라 남쪽으로 쭉 내려가다 보면 왼쪽으로 올드 포트와 이어지는 문이 나온다. → 올드 포트

30m

올드 포트
Old Port

로크룸 섬으로 들어가는 배를 탄다. 가급적 30분 뒤에 출발하는 배편을 끊고, 근처의 적당한 식당을 찾아 요기를 할 것.
⏰ 24시간 개방

선착장에서 정기 페리를 타고 이동한다. → 로크룸 섬

2h

로크룸 섬
Lokrum

극성수기가 아니라면 암석 해변 하나를 통으로 전세낸 기분을 즐길 수 있다. 다이빙 포인트로 유명한 사해 호수도 꼭 볼 것.
⏰ 10:00~19:00(6~9월 30분마다 운항, 10~5월 매시 정각 운항) (휴무 12~3월에는 섬 전체가 휴장한다. 배도 운항하지 않는다.)

정기 페리를 타고 올드 포트로 돌아간다. 구시가 안으로 들어가 군둘리치 광장 쪽으로 이동한 후 광장 남쪽에 있는 계단 위로 올라간다. → 성 이그나티우스 성당

성수기의 두브로브니크를 최대한 만끽하는 코스의 2일 차이다. 첫날보다 들르는 여행지는 적지만 좀 더 굵직굵직한 스폿에 들러 시간을 보낸다. 이렇게 이틀간의 완전정복 일정에 하루를 더 붙여 일일 투어나 근교 여행, 카약 투어, 해수욕 등을 즐기거나 또는 완벽하게 아무것도 하지 않고 쉬는 날로 꾸민다면, 진짜 어디에 내놔도 완벽한 두브로브니크 여행이 완성된다.

4

성 이그나티우스 성당
Crkva Sv. Ignacije,
St. Ignatius Church

우선은 계단 아래쪽 구시가의 풍경을 카메라에 담아볼 것. 성벽이나 스르지 산과는 또 다른 소박하고 안온한 전망을 볼 수 있다. 성당 문이 열렸다면 잠시 들어가 보는 것도 OK.
⏰ 매일 07:00~20:00

성당을 등지고 광장을 가로질러 성벽으로 통하는 문으로 들어가 우회전 후 성벽을 따라간다. → 부자 바

5

부자 바
Buža Bar

절벽에 요령 좋게 바를 만들어 놓은 두브로브니크의 명소. 일몰 시간까지 버틴다. 위에 좌석이 없으면 절벽 아래로 내려가서 즐겨도 좋다.
⏰ 매일 09:00~다음 날 01:00

성 이그나티우스 성당으로 내려와 계단을 내려간 뒤 군둘리치 광장 북쪽의 Puca 길을 따라가다 표지판을 따라 좌회전. → 타지 마할

6

타지 마할
Taj Mahal

타지마할 특선 메뉴 100kn

이름만 보면 인도 음식점이지만 의외로 보스니아 전통음식을 선보이는 레스토랑. 마지막 만찬이니만큼 푸짐하게 즐기자.
⏰ 매일 10:00~다음 날 02:00

플라차 대로로 나온 뒤 필레 게이트 방면으로 가다 프란체스코 수도원에서 시내 안쪽 방향으로 세 번째 골목으로 들어간다. → 드 비노

7

드 비노
D'vino

와인 테이스팅 코스 50kn

크로아티아 와인을 한자리에서 즐길 수 있는 와인 테이스팅 룸. 와인도 즐기며 지식도 얻는 일석이조의 공간이다. 늦은 시간까지 영업하므로 술 좋아하는 사람이라면 참고할 것.
⏰ 매일 10:00~다음 날 02:00

플라차 대로로 나온 뒤 필레 게이트 방면으로 간다. → 필레 게이트

FINISH

필레 게이트
Pile Gate

첫날과 마찬가지로 여행의 끝은 필레 게이트에서 한다. 숙소로 돌아가 편하게 쉬며 두브로브니크 여행을 멋지게 마무리하자.
⏰ 24시간 개방

RECEIPT

볼거리	4시간 45분
식사 및 디저트	3시간 30분
이동 시간	1시간

TOTAL
9 HOURS

입장료	**300kn**
두브로브니크 성벽 투어	150kn
로크룸 섬 페리+입장료	150kn
식사 및 디저트	**380kn**
올드 포트 점심식사	100kn
타지마할 (저녁식사+맥주)	150kn
올드 포트 티타임 (커피)	30kn
부자 바 (커피 or 맥주)	50kn
드 비노 와인 테이스팅 코스 (와인)	50kn

TOTAL
680kn
(성인 1인 기준, 쇼핑 비용 별도)

---

start

S.	플로체 게이트
	150m, 도보 3분
1.	두브로브니크 성벽
	200m, 도보 4분
2.	올드 포트
	3km, 정기 페리 15분
3.	로크룸 섬
	3km, 정기 페리 15분
4.	성 이그나티우스 성당
	100m, 도보 2분
5.	부자 바
	300m, 도보 6분
6.	타지 마할
	200m, 도보 3분
7.	드 비노
	200m, 도보 3분
F.	필레 게이트

2. DUBROVNIK 두브로브니크

DUBROVNIK 두브로브니크

코스 무작정 따라하기
두브로브니크 비수기 핵심 하루 코스

START — 1

필레 게이트 Pile Gate
Start
어느 계절이든 구시가 여행의 시작은 필레 게이트다. 오전 10시 전후로 여행을 시작하자.
⏱ 24시간 개방
문을 통과하면 바로 이어진다. → 플라차 거리

플라차 거리 Placa Ulica
30m
오노프리오 분수, 성 스파사 성당, 프란체스코 수도원 등을 감상하고, 골목 사이사이도 들어가 볼 것. ⏱ 24시간 개방
길을 따라 쭉 직진한다. → 루자 광장

2 — 3

루자 광장 Trg Luža, Luža Squre
30m
성 블라호 성당, 스폰자 궁전 등 주변의 유명 스폿과 골목 등을 헤매고 다닐 것.
⏱ 24시간 개방
폰타 게이트로 들어간 뒤 왼쪽으로 꺾어 플로체 게이트 방향으로 가다가 약 100m 지점에서 오른쪽 철문으로 들어간다. → 두브로브니크 성벽

두브로브니크 성벽 Walls of Dubrovnik
1h 30m
성벽에서 보이는 구시가와 바다는 어느 계절이든 아름답다.
플라차 거리로 돌아간 뒤 길 중간쯤에서 티차 맞은편 골목 중에서 표지판에 TONI라고 표시되어 있는 골목으로 한참 들어간다. → 토니

스르지 산 전망대 Planina Srd P.71
파노라마 레스토랑 Restaurant Panorama P.72
케이블카 이동
두브로브니크 케이블카 정류장 Dubrovnik Cable Car P.71
레이디 피피 Lady Pi-Pi P.79
플로체 게이트 Ploče Gate P.78
필레 게이트 Vrata od Pila P.76
성벽 투어 입구 (필레 게이트) P.70
라구사 2 Ragusa 2 P.80
성벽 투어 입구 (플로체 게이트 앞) P.70
코마르다 Komarda P.72
반예 비치 Banje Beach P.71
카약 투어 출발점 P.72
카페 페스티벌 Cafe Festival P.81
플라차 거리 Placa Ulica P.75
콘줌 KONZUM
아바쿠스 피아노 바 Abacus Piano Bar P.72
바라쿠다 Barracuda P.80
타지 마할 Taj Mahal P.79
루자 광장 Trg Luža P.76
올드 포트 Old Port P.76
성 블라호 성당 Crkva Sv. Vlaha P.75
로브리예나츠 요새 Tvrđava Lovrijenac P.71
토니 TONI P.81
군둘리치 광장 Gundulić Poljana
두브로브니크 대성당 Katedrala Velike Gospe P.75
로칸다 페스카리야 Lokanda Peskarija P.80
성 이그나티우스 성당 Crkva Sv. Ignacije P.78
부자 바 Buza Bar P.79

N 0 100m

> **PLUS TIP**
> 두브로브니크 관광은 하루에 끝내고 나머지는 일일 투어나 해수욕 등으로 보내고 싶은 사람에게도 적절한 코스다.

068-069

10월 중순부터 4월 초순까지의 두브로브니크는 겨울잠에 들어간다. 달마티아 자체가 해수욕장 같은 '한철 장사'의 느낌이 강한 곳이지만, 두브로브니크는 가장 대표적인 관광지인만큼 그 정도가 심하다. 문 닫은 곳도 많고 갈 수 없는 곳도 많은 동절기·비수기지만, 그래도 중요한 곳들은 문을 열며 성수기에는 상상도 할 수 없는 한가로운 매력이 있다. 비수기에도 즐길 수 있는 두브로브니크 핵심 하루 코스를 소개한다.

4 ──── 5 ──── 6 ──── 7

토니
TONI

가격은 저렴한 편이지만 맛은 생각외로 뛰어나다. 비수기에도 꿋꿋이 문을 여는 맛집.
ⓘ 매일 11:00~23:00

군둘리치 광장으로 이동한 뒤 남쪽으로 향하는 계단을 오른다. → 성 이그나티우스 성당

성 이그나티우스 성당
Crkva Sv. Ignacije,
St. Ignatius Church

성당은 문이 닫혔을 확률이 높지만 계단 위 풍경은 여전히 아름답다. 잠시 시간을 보내는 것도 OK.
ⓘ 매일 07:00~20:00

성당을 등지고 광장을 가로질러 성벽으로 통하는 문으로 들어가 우회전 후 성벽을 따라간다. → 부자 바

부자 바
Buža Bar

원래는 일몰 명소지만 낮의 새파란 바다도 아름답다. 이곳에서 커피나 낮술을 즐겨보자.
ⓘ 매일 09:00~다음 날 01:00(동절기에는 단축 영업)

성 이그나티우스 성당 앞으로 돌아가 계단을 내려간 뒤 플로체 게이트를 통해 구시가를 빠져나가 길을 건넌 뒤 골목을 따라 언덕으로 올라간다. → 두브로브니크 케이블카

두브로브니크 케이블카
Dubrovnik Cable Car

동절기에는 영업시간이 야속할 정도로 짧다. 늦어도 오후 3시 30분에는 올라가야 여유 있게 볼 수 있다. 줄 서지 않아도 되는 것이 조금은 위안이 된다.
ⓘ 비수기 11월 09:00~17:00, 12~1월 09:00~16:00, 2~3월 09:00~17:00(11~3월 비정기적 휴무)
ⓘ 요금 성인 왕복 108kn, 어린이(4~12세) 왕복 50kn

케이블카로 이동한다. → 스르지 산 전망대

> **PLUS TIP**
> 1~3월에는 2주 정도 유지보수를 위한 휴업을 한다. 홈페이지를 미리 확인할 것(P.71)

RECEIPT

볼거리 ················ 4시간 20분
식사 & 디저트 ········ 2시간 30분
이동시간 ············· 1시간 20분

TOTAL
8 HOURS

입장료 ·························· 150kn
  두브로브니크 성벽 투어 ·· 150kn

식사 및 디저트 ············ 270kn
  토니(점심 파스타+음료) ··· 120kn
  바라쿠다(저녁 피자+맥주) ·· 100kn
  부자 바(커피 or 맥주) ······ 50kn

교통비 ·························· 150kn
  스르지 산 케이블카 왕복

TOTAL
570kn
(성인 1인 기준, 쇼핑 비용 별도)

FINISH ──── 9 ──── 8

필레 게이트
Pile Gate

동절기에는 문을 열지 않는 곳도 많고 저녁이면 의외로 쌀쌀하다. 숙소로 일찍 들어가서 몸을 녹일 것. 아쉬운 사람은 드 비노(P.80)로 가서 와인을 한잔 더 마시거나 플라차 거리 주변의 카페를 찾아 맥주나 커피를 한잔 더 마시자.
ⓘ 24시간 개방

바라쿠다
Baracuda

로칸다 페스카리아, 레이디 피피처럼 성수기에만 영업하는 곳이 아니라면 어디라도 괜찮다. 바라쿠다는 골목 안쪽에 있어 야외 테이블에도 찬 바람이 불지 않는 것이 최고의 장점. 피자는 가격도 저렴하므로 실컷 먹자.
ⓘ 매일 08:30~00:30

플라차 대로로 나와 필레 게이트로 간다. → 필레 게이트

스르지 산 전망대
Planina Srđ, Srđ Mountain

해가 질락말락할 때 야경은 못 보고 내려가야 한다. 그럼에도 불구하고 전망을 보면 이곳이 영업하고 있다는 사실만으로도 감사하게 된다.
ⓘ 시간 케이블카 영업시간에 준함

케이블카로 산을 내려와 플로체 게이트를 통해 구시가로 들어가서 플라차 거리 중간까지 간 뒤 토니가 있던 골목으로 들어간다. → 바라쿠다

---

start

S. 필레 게이트
  50m, 도보 1분
1. 플라차 거리
  250m, 도보 5분
2. 루자 광장
  150m, 도보 2분
3. 두브로브니크 성벽
  400m, 도보 7분
4. 토니
  550m, 도보 10분
5. 성 이그나티우스 성당
  100m, 도보 2분
6. 부자 바
  600m, 도보 20분
7. 두브로브니크 케이블카
  케이블카 10분
8. 스르지 산 전망대
  케이블카 10분, 도보 10분
9. 바라쿠다
  250m, 도보 5분
F. 필레 게이트

2. DUBROVNIK 두브로브니크

2 DUBROVNIK 두브로브니크

TRAVEL INFO
두브로브니크 핵심 여행 정보

📷 SIGHTSEEING

No.1 두브로브니크 구시가
★★★★★ Stari Grad, Old Town

14세기부터 19세기까지 현재 두브로브니크 지역에 존재했던 독립 도시국가 라구사Ragusa 공화국의 수도였던 곳으로, 현재 유럽에서 가장 완벽한 중세 도시로 평가받고 있다. 라구사 공화국은 중개 무역으로 큰돈을 벌어들이며 아드리아 해의 부유한 소국小國으로 이름을 떨쳤는데, 중·근세의 국가로서는 믿어지지 않을 정도로 민주적인 의사결정 과정과 다양한 복지 시스템을 갖춘 세련된 나라였다. 두터운 성벽에 둘러싸여 있는 새하얀 석회암의 도시가 한편으로는 비현실적으로 보일 정도. 1667년의 대지진으로 도시의 90퍼센트가 파괴되었다가 복구되었고, 유고 내전에도 큰 피해를 입었다가 최근 모두 복구되어 아드리아 해 최고의 관광지로 큰 사랑을 받고 있다. 구시가 스폿들은 ZOOM-IN (P.74)을 참고하자.

◎ MAP P.62, 74 ⓑ 1권 P.59 ⓢ 구글 지도 GPS 42.6414, 18.10877(중심부) ⓖ 찾아가기 두브로브니크 전체에서는 남쪽 지역에 해당한다. 그루즈Gruž 버스터미널에서 버스로 약 10분 간다. 자세한 교통편은 P.58 참고. ⓞ 시간 24시간 개방

No.2 두브로브니크 성벽
★★★★★ Walls of Dubrovnik

라구사 공화국 수도를 둘러싸고 있던 성벽으로, 7세기경부터 만들어지기 시작해 17세기까지 꾸준한 확장과 보수를 통해 유럽 최강의 성벽으로 군림했다. 1667년의 대지진을 겪으며 크게 타격을 입었고, 이후 러시아·오스트리아 등과의 전쟁에서 훼손되었다. 1979년 유네스코 세계문화유산에 지정되면서 복원 작업에 들어갔으나 1991년 유고 내전으로 다시 크게 파괴되어 지난한 복원 공사에 들어가 2007년에 현재의 모습으로 완공되었다. 성벽 위에 일주로를 만들어 관광객에게 개방하고 있는데, 두브로브니크라는 도시가 가진 모든 아름다움을 가장 큰 스케일로, 그러나 디테일하게 보여주는 완벽한 여행 방법으로 두브로브니크 여행 필수 코스로 첫손 꼽히고 있다. 필레 게이트와 플로체 게이트에 성벽 투어 시작점이 있는데, 플로체 게이트 쪽에서 시작해야 전반부에 도시와 산의 풍경을 보고 후반부에 바다 풍경을 즐기는 좀 더 완성도 높은 투어를 할 수 있다. 소요시간은 약 1시간 30분에서 2시간 정도. 하절기에는 너무 더운 낮 시간을 피하고, 생수와 선글라스, 모자를 챙기는 센스만 발휘한다면 누구나 쉽게 즐길 수 있다.

◎ MAP P.63E, F ⓑ 1권 P.65 ⓢ 구글 지도 GPS 42.64174, 18.10723(필레 게이트 시작점) 42.64171, 18.1116(플로체 게이트 시작점) ⓖ 찾아가기 필레 게이트와 플로체 게이트에 시작점이 있다. 필레 게이트는 성 스파사 성당 왼쪽에, 플로체 게이트는 게이트와 구시가를 잇는 골목에 있다. ⓒ 전화 020-324-641(관리사무소)

ⓞ 시간

날짜	시간
4.1~5.31	08:00~18:30
6.1~7.31	08:00~19:30
8.1~8.31	08:00~19:00
9.1~9.14	08:00~18:30
9.15~9.30	08:00~18:00
10.1~10.31	08:00~17:30
11.1~3.31	09:00~15:00

ⓧ 휴무 12월 25일 ⓢ 가격 성인 200kn, 어린이(18세 미만)·학생(국제학생증 소지 시) 50kn ⓗ 홈페이지 www.wallsofdubrovnik.com

No.3 스르지 산 전망대
★★★★★ Planina Srđ, Srđ Mountain

스르지 산은 구시가 동북쪽에 자리한 석회암 산으로, 두브로브니크 구시가와 아드리아 해를 한눈에 담을 수 있는 전망대가 설치되어 있다. 특히 이곳에서 바라보는 두브로브니크 구시가와 노을이 어우러지는 낙조 풍경은 완벽하다고 해도 좋을 정도. 케이블카, 도보, 자동차 등으로 오를 수 있으나 케이블카로 오르는 것이 가장 일반적이다. 전망 시설과 함께 카페 겸 레스토랑이 있다. 두브로브니크 여행에서 성벽 투어와 함께 2대 필수 코스로 손꼽힌다.

📍 MAP P.63A 📖 1권 P.94 🌐 구글 지도 GPS 42.65056, 18.11046 🚌 찾아가기 케이블카 - 두브로브니크 케이블카를 이용한다. 도보 - 스르지 산 등산로를 따라 정상까지 하이킹한다. 🏠 주소 Srđul. 3, Dubrovnik(파노라마 레스토랑) 📞 전화 091-486-0047(파노라마 레스토랑) 🕐 시간 케이블카 영업시간에 준함 ❌ 휴무 비정기적 💲 가격 무료 🌐 홈페이지 www.dubrovnikcablecar.com

No.5 두브로브니크 케이블카
★★★★★ Žičara Dubrovnik, Dubrovnik Cable Car

스르지 산 전망대로 올라가는 일반적인 방법으로, 가장 효율적이고 편리하다. 구시가 북쪽 언덕 위 도로변에 케이블카 정류장이 있다. 최신 설비의 안전한 케이블카이므로 안심하고 이용할 것. 케이블카 점검을 위해 매년 3~4일 정도 휴무 기간을 갖는데, 보통 비수기인 2월 중순경에 진행되므로, 이때 여행을 계획하고 있다면 홈페이지를 통해 확인할 것. 운행 간격은 30분에 1대씩이며, 소요시간은 10분 미만.

📍 MAP P.63A~D 📖 1권 P.95 🌐 구글 지도 GPS 42.6431, 18.11172 🚌 찾아가기 플로체 게이트로 나가서 북쪽 방향으로 길을 건넌 뒤 좁은 계단을 한참 오르면 케이블카 정류장에 도착한다. 버스편도 있으나 루트가 비효율적이므로 추천하지 않는다. 🏠 주소 Petra Krešimira 4, Dubrovnik(구시가 측 정류장) 📞 전화 020-414-321(운영사 마케팅팀)

🕐 시간

날짜	시간
12~1월	09:00~16:00
2~3월	09:00~17:00
4월	09:00~20:00
5월	09:00~21:00
6~8월	09:00~24:00
9월	09:00~22:00
10월	09:00~20:00
11월	09:00~17:00

❌ 휴무 유지 보수를 위해 동절기(11~3월) 사이에 비정기적으로 휴무. 날짜는 홈페이지에 사전 공지 💲 가격 성인 왕복 170kn, 편도 90kn, 어린이(4~12세) 왕복 60kn, 편도 40kn 🌐 홈페이지 www.dubrovnikcablecar.com

No.4 로브리예나츠 요새
★★★ Tvrđava Lovrijenac, Fortress Lovrijenac

11세기부터 17세기까지 방어용 요새로 쓰이던 곳이다. TV 시리즈 〈왕좌의 게임〉의 촬영 장소로 유명세를 높이고 있다. 가장 뜨거운 시간을 피해 오후 3~5시에 방문하는 것이 최고. 성벽 투어 티켓이 있으면 투어 당일 무료입장이 가능하다.

📍 MAP P.63E 📖 1권 P.66 🌐 구글 지도 GPS 42.64056, 18.10431 🚌 찾아가기 필레 게이트에서 약 300m 🏠 주소 Ul. od Tabakarije 29, Dubrovnik 📞 전화 020-432-792 🕐 시간 시기에 따라 수시로 변동한다. 보통 오전 8~9시경에 열어 일몰 전후로 닫는다.(일몰 시간 : 11~3월 오후 4시 전후, 4~5월·9~10월 오후 6~7시, 6~8월 오후 8~9시) ❌ 휴무 비정기적 💲 가격 50kn(두브로브니크 성벽 입장권 소지 시 무료)

No.6 반예 비치
★★★ Banje Beach

플로체 게이트 부근에서 엑셀시오르 호텔 부근까지 동남쪽으로 쭉 뻗어 있는, 두브로브니크 구시가에서 가장 가까운 비치이자 인근에서 가장 큰 비치이다. 해수욕 관련 부대시설은 6~9월에만 영업하나, 수건이나 돗자리 등을 준비한다면 한겨울을 제외한 모든 계절에 해수욕이 가능하다.

📍 MAP P.63F 📖 1권 P.122 🌐 구글 지도 GPS 42.64159, 18.11637 🚌 찾아가기 플로체 게이트를 등지고 해변 도로를 따라 약 300m 가면 오른쪽으로 비치로 통하는 계단이 보인다. 🏠 주소 Ul. Frana Supila, Dubrovnik 🕐 시간 부대시설 5~10월 10:00~22:00 💲 가격 선베드+파라솔 100kn(1인당)

DUBROVNIK 두브로브니크

🍴 EATING

No.1 파노라마 레스토랑
★★★ Restaurant Panorama

스르지 산 전망대 1층에 자리한 레스토랑. 최고의 전망을 즐기며 식사를 할 수 있어 창가 자리와 테라스석은 예약하지 않으면 앉기 힘들다. 11~3월의 동절기는 문을 닫거나 케이블카 막차 시간 전후까지만 영업할 때가 있으므로 미리 확인할 것.

📍 MAP P.63A 🌐 구글 지도 GPS 42.65056, 18.11046 🚶 찾아가기 스르지 산 전망대 1층 🏠 주소 Srđul. 3, Dubrovnik ☎ 전화 091-486-0047 🕐 시간 케이블카 영업 시간에 준함 ❌ 휴무 11~3월 비정기적 💰 가격 샐러드·애피타이저 60~70kn, 주 메뉴 100kn~ ✉ 이메일 nautika@du.t-com.hr

No.2 코마르다
★★★ Komarda

해산물 그릴 200kn

바다를 바라보는 테라스석이 넓어 식사와 함께 바다 풍경을 즐기기 좋다. 로크룸과 올드 포트를 가장 가까이에서 볼 수 있다. 생선 요리는 모두 수준급이며, 문어나 토마토 메뉴를 주문하면 만족스럽다. 가격대는 다소 높은 편.

📍 MAP P.63F 🌐 구글 지도 GPS 42.64192, 18.11392(콘줌 옆 출입구) 🚶 찾아가기 플로체 게이트에서 문을 등지고 반예 비치 쪽으로 걸어가다 콘줌이 끝나는 쪽에서 바다 쪽으로 향하는 계단을 타고 내려간다. 🏠 주소 Frana Supila bb, Dubrovnik ☎ 전화 020-311-393 🕐 시간 매일 07:00~02:00 ❌ 휴무 비정기적 💰 가격 파스타·리조토 50~90kn, 생선 요리 60~300kn 🌐 홈페이지 restaurant-komarda.com

No.3 아바쿠스 피아노 바
★★ Abakus Piano Bar

두브로브니크 구시가 인근에서 가장 유명한 특급 호텔인 엑셀시어 호텔Exelcior Hotel의 야외 바. 구시가의 야경을 즐기며 음악을 감상할 수 있는 곳이다. 음료나 주류의 가격이 크로아티아 물가치고는 다소 비싼 편이나, 특급 호텔의 이름값에 전망값까지 생각하면 괜찮은 편이다. 저녁 시간에는 피아노 연주자가 연주를 들려준다.

📍 MAP P.63F 🌐 구글 지도 GPS 42.64098, 18.11881 🚶 찾아가기 플로체 게이트에서 동쪽으로 도보 약 10분 🏠 주소 Masarykov Put 20, Dubrovnik ☎ 전화 020-353-350 🕐 시간 매일 08:00~24:00 ❌ 휴무 비정기적 💰 가격 맥주(작은 병) 25~40kn, 칵테일 50~70kn

😊 EXPERIENCE

No.1 카약 투어
★★★★ Kayaking

바다 위에 작은 카약을 띄우고 아드리아 해를 만끽하는 레포츠로, 두브로브니크에서 가장 활성화되어 있다. 계절과 회사에 따라 루트는 조금씩 다르나, 보통 구시가에서 출발해 인근의 해안이나 섬에 들러 휴식한 후 구시가로 돌아오는 일정이다. 구시가에서 영업하는 여행사 대부분이 카약 상품을 취급하며 호텔·호스텔에서도 손쉽게 예약 가능하다.

📍 MAP P.63E 📖 1권 P.192 🚶 찾아가기 구시가 서쪽 해안에 출발점이 있다. 필레 게이트 바깥쪽에서 해안 방향으로 샛길을 따라가다 보면 나온다. 여행사의 부스도 그 일대에 가장 많다. 💰 가격 200~300kn(코스 및 회사마다 다름)

No.2 믈리예트 섬
★★★★ Mljiet

두브로브니크 북쪽, 펠리예샤츠 반도와 가까운 곳에 자리한 섬으로, 그림 같은 풍경 덕분에 현지인이나 유럽 여행자들에게는 두브로브니크 인근의 최고 여행지로 통하는 곳이다. 섬 서북쪽 끝의 믈리예트 국립공원을 중심으로 섬 가장자리를 빙 둘러가며 아드리아 해에서 가장 아름다운 비치들이 자리하고 있다. 믈리예트 국립공원은 두 개의 아름다운 소금 호수를 야트막한 구릉이 감싸고 있는데, 두 호수는 벨리코 호수Veliko Jezero와 말로 호수 Malo Jezero로 '큰 호수'와 '작은 호수'를 뜻한다. 두 호수 주변에 마련된 자전거 도로 및 하이킹 트레일을 따라 국립공원의 구석구석을 돌아보거나, 비치에 누워 새파란 호수를 바라보며 태닝을 하거나, 호

수에서 수영을 즐긴다. 호수와 어우러진 풍경이란 점에서 '바다의 플리트비체'라고 부르는 사람들도 있다. 아드리아의 섬이 보여줄 수 있는 가장 아름다운 풍경이라고 극찬을 받고 있다. 6~9월 성수기에는 두브로브니크에서 당일치기가 가능하며, 섬 내에 숙박 시설이 있어 1박할 수도 있다. 구시가 주변 여행사에서 믈리예트 섬 일일 투어 상품도 종종 찾아볼 수 있다.

📍 MAP P.62 📖 1권 P.131 🌐 구글 지도 GPS 42.74777, 17.51501(섬 중심부)

찾아가기

종류	경로	운행 시간	소요시간	가격
일반 페리	두브로브니크 그루즈 항구 – 믈리예트 폴라체 항구	6~9월	1시간 40분	70kn
카페리	펠리예샤츠 프라프라트노 항구 – 믈리예트 소브라 항구	연중무휴	45분	사람 30kn, 승용차 180kn

№.3 코르출라 섬
★★★ Korčula

흐바르와 믈리예트 사이에 자리 잡은 섬으로, 기원전으로 거슬러 올라가는 기나긴 역사를 가지고 있다. 사방에 아드리아 해가 펼쳐진 아름다운 풍경 속에 중세에 만들어진 성채 마을이 오롯이 자리하고 있어 마치 바다 한가운데에 두브로브니크가 떠 있는 듯한 느낌이 든다. 화려하지는 않지만 다듬어지지 않은 소박한 매력이 일품으로, 진짜 중세 마을을 걷고 있는 듯한 착각이 일어날 정도이다. 13세기 베네치아의 상인이자 〈동방견문록〉의 저자인 마르코 폴로Marco Polo의 출생지로도 유명하다. 극성수기를 제외하고 크게 붐비지 않는 것도 무시할 수 없는 매력 중에 하나이다.

◎ MAP P.62 ⓘ 1권 P.132 ⓢ 구글 지도 GPS 42.96163, 17.13609(구시가 중심부) ⓒ 찾아가기 아드롤리니아에서 스플리트↔코르출라 구간의 정기 페리를 운항한다. 두브로브니크에서도 페리 및 버스가 다니는데, 해마다 변동이 심한 편이다. 여름철 성수기에는 흐바르-코르출라-믈리예트를 잇는 페리가 운항한다.

№.4 라파드
★★ Lapad

호텔과 아파트먼트, 민박이 다수 밀집해 여행자들에게 베드타운으로 이용되고 있다. 이 지역의 숙소들은 구시가 일대보다 가격이 저렴하고 시설이 깨끗하다. 마을에 라파드 비치Lapad Beach라 이름 붙은 작고 깔끔한 공영 비치도 있다. 구시가까지는 차로 움직여야 하는 것이 치명적인 단점. 대중교통 이용자들은 그루즈 버스터미널에서 호객꾼을 따라가다 얼떨결에 이 지역에 묵게 되는 경우가 많다.

◎ MAP P.62 ⓘ 1권 P.217 ⓢ 구글 지도 GPS 42,656 69, 18.07639(Lapad Posta 정류장 부근) 42.65511, 18,07017(라파드 비치) ⓒ 찾아가기 버스 2A, 5, 6, 7, 9번이 다닌다. 중심가 정류장 이름은 Lapad Posta.

№.5 바빈 쿡
★★ Babin Kuk

두브로브니크 북부에 리조트와 아파트먼트가 다수 들어서 있는 휴양 타운이다. 넓은 비치가 있으며 맑은 물 위로 작은 섬들이 점점이 떠 있는 아름다운 풍경이 일품이다. 이 일대의 리조트들은 설비가 다소 오래된 편이지만 객실이 넓고 프라이빗 비치나 수영장이 잘되어 있어 가족여행객 및 연령대가 높은 여행자들에게 인기가 있다.

◎ MAP P.62 ⓘ 1권 P.217 ⓢ 구글 지도 GPS 42.66178, 18.05786(발라마르 프레지던트 리조트) ⓒ 찾아가기 시내와의 거리가 상당하므로 렌터카를 이용하는 여행자에게 적합하다. 대중교통으로 가려면 시내에서 6번 버스를 타고 종점에서 내리면 된다.

№.6 차브타트
★★ Cavtat

두브로브니크에서 남쪽으로 약 20km 떨어진 작은 마을로, 반도에 항구를 중심으로 예쁜 마을이 형성되어 있다. 고대 그리스 시대부터 사람이 거주하기 시작했고 고대 로마 시대에는 에피다룸Epidaurum이라는 이름으로 불렸다. 아바스족에게 공격당한 에피다룸의 주민들이 피난 가서 만든 도시가 바로 두브로브니크이다. 작은 선착장과 오래된 마을, 마을 옆 언덕이 마을을 구성하는 요소의 전부로, 특별한 볼거리를 찾아다니는 것이 아니라 골목 사이를 돌아다니며 한가로운 분위기를 만끽하는 동네이다. 언덕 위에 자리하고 있는 공동묘지와 라치치 마우솔레움Račić Mausoleum은 꼭 방문해볼 것. 조선업 재벌 가문이었던 라치치 가문의 영묘靈廟로, 크로아티아를 대표하는 현대 조각가 이반 메슈트로비치Ivan Meštrović의 작품이다. 공동묘지에서 보는 마을과 바다의 전망도 인상적이다. 신혼여행자 등 오붓하게 즐길 곳을 찾는 여행자에게는 좋은 대안이 되는 곳이다. 워낙 마을이 작아 방향감각 좋은 사람은 지도 없이도 충분하고, 스마트폰 지도로도 그럭저럭 다닐 만하지만 관광안내소에서 무료 지도를 배포하고 있으므로 전체적인 지형을 가늠해보고 싶다면 꼭 받을 것. 관광안내소는 버스 정류장 바로 앞에 있다.

◎ MAP P.62 ⓘ 1권 P.203 ⓢ 구글 지도 GPS 42,58318, 18,21689(구시가 중심부) ⓒ 찾아가기 버스나 보트로 간다. 버스는 그루즈 버스터미널에서 10번 버스를 타고 종점에서 하차한다. 오전 5시부터 1시간에 1대꼴로 있으며, 소요시간은 약 30분. 보트는 옛 항구(올드 포트)에서 차브타트행이 오전 10시 30분부터 1시간 간격으로 출발한다. 소요시간 약 1시간 ⓟ 가격 버스 편도 27kn, 보트 편도 60kn, 보트 왕복 100kn

DUBROVNIK 두브로브니크

⊕ ZOOM IN
걷기만 해도 행복해지는 중세 도시, 구시가
Old Town

두브로브니크처럼 성벽 안의 세계와 성벽 밖의 세계가 확연하게 다른 색깔을 지니고 있는 도시도 드물다. 구시가의 메인 출입구인 필레 게이트Pile Gate에서 동쪽으로 두브로브니크 시내의 중심 도로인 플라차Plaça 거리가 펼쳐지고, 대부분의 명소가 플라차 거리로 양옆으로 몰려 있다. 플라차 거리를 중심으로 평지에 있는 명소만 돌아보면 1시간 이하, 성벽 안쪽의 골목과 언덕을 구경하며 소소한 것까지 모두 둘러보면 2시간 정도 걸린다. 명성에 비해 지나치게 작다 싶을 수도 있지만, 이 자그마한 구시가가 주는 감동의 크기는 실로 어마어마하다. 작은 보석 상자에 자잘한 다이아몬드가 꽉 차 있는 듯한 느낌이다.

- 말라 브라차 약국 Ljekarna Mala Braća P.82
- 성 스파사 성당 Crkva Sv. Spasa P.78
- 성벽 투어 입구 (필레 게이트) P.70
- 필레 게이트 Vrata od Pila P.76
- 필레게이트 버스 정류장
- 오노프리오 분수 Onofrijeva Fontana P.77
- 카페 페스티벌 Cafe Festival P.81
- 플라차 거리 Placa Ulica P.75
- 바라쿠다 Barracuda P.80
- 토니 TONI P.81
- 타지 마할 Taj Mahal P.79
- 트루바도르 재즈 카페 Troubadour Jazz Cafe P.81
- 부자 바 Buža Bar P.79
- 레이디 피피 Lady Pi-Pi P.79
- 프란체스코 수도원 Franjevački Samostan P.77
- 돌체 비타 Dolce Vita P.81
- 스폰자 궁전 Palača Sponza P.77
- 아쿠아 AQUA P.82
- 루자 광장 Trg Luža P.76
- 성 블라호 성당 Crkva Sv. Vlaha P.75
- 군둘리치 시장 Gundulićeva Tržište P.81
- 의장 궁전 Knežev Dvor P.77
- 성 이그나치에 성당 Crkva Sv. Ignacije P.78
- 두브로브니크 대성당 Katedrala Velike Gospe P.75
- 부자 게이트 Vrata od Buže P.78
- 플로체 게이트 Vrata od Ploča P.78
- 성벽 투어 입구 (플로체 게이트) P.70
- 보트 투어 출발점 P.82 (3섬 투어, 글라스 보트 투어, 파노라마 보트)
- 올드 포트 Old Port P.76
- 폰타 게이트 Vrata Ponta P.78
- 오를란도브 기둥 Orlandov Stup
- 로칸다 페스카리야 Lokanda Peskarija P.80

📷 SIGHTSEEING

№.1 플라차 거리
★★★★★ Placa Ulica

두브로브니크 구시가를 동서로 관통하는 약 500m 길이의 보행자 전용 도로로 12세기에 육지와 섬을 구분하던 물길을 매립해 만들었다. 구시가의 중심 도로로 대부분의 명소가 이 거리와 닿아 있다. 이곳을 제외한 모든 구시가 길은 샛길이거나 이면 도로로 봐도 무방하다. 새하얀 석회암 보도가 반들반들 닳아 예스러운 매력이 가득하다. 길을 따라 고만고만한 높이와 모양의 흰빛 건물들이 늘어서 있는데, 대부분 기념품점이나 상점, 은행, 레스토랑 등으로 쓰이고 있다. 라구사 공화국 당시 건물 외관을 모두 비슷비슷하게 맞춰 도시 정비를 했고, 대지진 이후에 빠른 복원을 위해 건물 규격을 모두 통일해 현재와 같은 모습이 되었다. '스트라둔Stradun'이라고도 한다.

ⓜ MAP P.74A ⓑ 1권 P.64 Ⓖ 구글 지도 GPS 42.64173, 18.10712(필레 게이트 쪽 시작점) 42.64136, 18.10896(중심부) Ⓒ 찾아가기 필레 게이트에서 문 안으로 들어가면 바로 연결된다. Ⓐ 주소 Placa Ulica, Dubrovnik Ⓣ 시간 24시간 개방

№.2 성 블라호 성당
★★★★★ Crkva Sv. Vlaha, St. Blaise Church

두브로브니크의 수호성인인 성 블라호(성 블레이스 또는 성 블라이세)에게 봉헌된 성당. 블라호 성인은 4세기 아르메니아의 주교로 7세기경 두브로브니크가 베네치아에 속아 공격당할 뻔했을 때 현신해 경고해준 이후 두브로브니크의 수호성인으로 길이 추앙받고 있다. 베네치안 양식의 화려하고 아름다운 자태를 뽐내는 성당으로, 17세기에 건축되었으나 지진과 화재로 무너져 18세기에 재건축되었다. 구시가의 노른자위에 위치하고 있어 이곳을 대성당으로 착각하는 여행자들도 많다. 화려한 외부에 비해 성당 내부는 비교적 소박한 편. 내부의 제단에는 은으로 만든 성 블라호의 조각상이 모셔져 있는데, 18세기 초반 성당에서 일어난 화재 당시 내부의 모든 금속 장식과 조각품이 녹아내렸으나 오로지 성 블라호의 조각만 무사했다고 한다. 성 블라호의 조각은 한 손은 하늘을 가리키고, 다른 한 손에는 묵직한 것을 들고 있는데 그 '묵직한 것'은 바로 두브로브니크의 모형이라고 한다.

ⓜ MAP P.74B ⓑ 1권 P.108 Ⓖ 구글 지도 GPS 42.64077, 18.11031 Ⓒ 찾아가기 루자 광장에서 필레 게이트를 등지고 구 항구 쪽을 바라봤을 때 오른쪽에 있다. Ⓐ 주소 Luža 3, Dubrovnik Ⓣ 전화 020-324-999 Ⓣ 시간 매일 08:00~12:00, 16:00~18:00 Ⓢ 가격 무료 입장

№.3 두브로브니크 대성당
★★★★ Katedrala Velike Gospe, Katedrala Marijina Uznesenja, Dubrovnik Cathedral

두브로브니크의 중심 성당으로, 플라차 거리 끝 지점에서 약간 남쪽으로 내려온 곳에 자리하고 있다. 중세 영국의 정복왕으로 유명한 사자왕 리처드가 12세기 초 십자군 원정 중 아드리아 해에서 난파를 당한 뒤 목숨을 건진 것에 보답하기 위해 건립한 것이 이 성당의 시초이다. 리처드 왕이 지었을 당시에는 로마네스크 양식이었으나 대지진에 완전히 무너져 내리고, 그 자리에 로마네스크와 바로크 양식을 섞어 새로 지은 것이 현재까지 내려오고 있다. 현지어로는 두 가지 이름을 가지고 있는데 둘 다 '동정녀 성모의 승천'을 뜻하는 말로, 한국어로는 '두브로브니크 성모 승천 성당'이라고도 불린다. 내부는 의외로 소박하고 단순하나 크로아티아의 국보급 보물들을 다수 소장하고 있다. 그중 가장 유명한 것은 이탈리아 르네상스의 거장 티치아노가 그린 〈성모승천〉 제단화로 〈꽃보다 누나〉를 본 사람이라면 출연자가 이 그림을 찾아 두브로브니크 시내를 헤매는 모습을 쉽게 기억해낼 수 있을 것이다. 참고로 이 〈성모승천〉은 인터넷에서 티치아노의 〈성모승천〉을 검색하면 흔히 나오는 그림과는 다른 버전이다.

ⓜ MAP P.74B ⓑ 1권 P.60 Ⓖ 구글 지도 GPS 42.63998, 18.11037 Ⓒ 찾아가기 플라차 거리의 동쪽 끝 지점에서 오른쪽으로 간 뒤 길의 끝까지 직진한다. Ⓐ 주소 Poljana M Držića, Dubrovnik Ⓣ 전화 020-323-459 Ⓣ 시간 월~토요일 09:00~16:00, 일요일 11:30~16:00(성당 사정에 따라 시간 수시 변경) Ⓒ 휴무 비정기적 Ⓢ 가격 무료 입장

DUBROVNIK 두브로브니크

№.4 루자 광장
★★★★ Trg Luža, Luža Squre

플라차 광장 동쪽 끝 부분에 형성된 작은 광장. 한가운데에 두브로브니크에 현존하는 공공 조각 작품 중 가장 오래된 것으로 알려진 '오를란도브 기둥Orlandov Stup, Roland's Column'이 서 있다. '오를란도브'는 중세 프랑스의 유명한 기사 롤랑Roland의 크로아티아식 표기이다. 라구사 공화국의 자유 독립 정신을 상징하는 기념물로, 정부에서 새로운 법령이나 규칙이 제정될 때마다 이곳에서 시민들에게 공포했다고 한다. 지금은 주로 여름 축제 때 라구사 공화국 시절의 깃발을 꽂는 용도로 사용한다.

ⓞ MAP P.74B ⓑ 1권 P.61 ⓖ 구글 지도 GPS 42.64097, 18. 11039(오를란도브 기둥) ⓒ 찾아가기 플라차 광장 동쪽 끝, 성 블라호 성당 맞은편. ⓐ 주소 Luža ulica, Dubrovnik ⓣ 시간 24시간 개방

№.6 필레 게이트
★★★ Vrata od Pila, Pile Gate

두브로브니크 구시가의 서문으로, 세 개의 성문 중 가장 중심이 되는 문이다. 구시가 일대에서 가장 큰 버스 정류장이 있어 버스 터미널이나 항구 등에서 버스나 택시를 타면 보통 이곳에서 내리게 된다. 15세기에 건축된 문으로, 돌다리와 나무로 된 도개교를 지나 문으로 들어가면 넓지 않은 공간이 나오고, 다시 구시가로 통하는 작은 문이 나오는 이중문의 구조이다. 바깥쪽 성문 위에는 작게, 안쪽 성문 위에는 약간 크게 두브로브니크의 수호성인인 성 블라호Sv. Vlaho, St. Blaise의 모습이 조각되어 있는데, 크로아티아의 국민 조각가인 이반 메슈트로비치의 작품이다.

ⓞ MAP P.74A ⓑ 1권 P.36 ⓖ 구글 지도 GPS 42.64174, 18.10687 ⓒ 찾아가기 구시가 서쪽에 있다. 필레 게이트 버스 정류장에서 도보 약 1분 ⓣ 시간 24시간 개방

№.5 올드 포트
★★★★ Old Port

라구사 공화국이 아드리아 해의 최고 무역 항이던 시절 항구로 이용됐던 곳. 지금은 모든 항구 기능이 그루즈Gruž 항구로 옮겨지고, 이곳은 개인 요트 정박 및 소규모 페리들이 착발하는 용도로만 쓰인다. 석회암 산과 새파란 바다, 성벽을 배경으로 보트와 요트가 열을 지어 있는 모습과 저 앞에 한가롭게 떠 있는 로크룸Lokrum 섬, 바다를 향한 절벽에 다닥다닥 붙어 있는 빨간 지붕의 예쁜 집 등 근사한 풍경을 볼 수 있다. 노천카페와 레스토랑도 즐비해 항구라기보다는 근사한 해변 산책로에 더 가까운 곳이다.

ⓞ MAP P.74B ⓑ 1권 P.63 ⓖ 구글 지도 GPS 42.64094, 18. 11156 ⓒ 찾아가기 스폰자 궁전 옆 폰타 게이트로 나간 뒤 정면에 보이는 문을 한번 더 통과해 나간다. ⓣ 시간 24시간 개방

№.7 오노프리오 분수
★★★ Onofrijeva Fontana, Onofrio's Fountain

15세기 초에 라구사 시민들의 원활한 식수 조달을 위해 만들어진 급수대이다. 총 16면으로 되어 있으며, 각 면에서 파이프를 통해 물이 나오고, 그것을 통에 받아서 마신다. 수원지는 두브로브니크에서 무려 20km 떨어진 곳에 있다고 한다. '오노프리오'는 급수대의 설계를 담당한 건축가 오노프리오 조르다노Onofrio Giordano의 이름에서 따온 것. 500년 이상 두브로브니크의 젖줄 역할을 한 곳이니만큼 이곳에서 나오는 물은 얼마든지 믿고 마셔도 좋다. 단, 겨울철이나 갈수기에는 물이 나오지 않는 일이 더 많다.

ⓜ MAP P.74A | 1권 P.36, 62 ⓖ 구글 지도 GPS 42.64157, 18.10733 ⓣ 찾아가기 필레 게이트에서 구시가로 들어오면 오른쪽에 바로 보인다. ⓞ 시간 24시간 개방

№.8 프란체스코 수도원
★★★ Franjevački Samostan, Franciscan Monastery

두브로브니크 유일의 프란체스코 수도원으로, 몇 백 년간 라구사에서 가장 크고 화려한 건축물로 존재감을 뽐냈지만 17세기 대지진으로 모두 무너져 현재의 모습으로 재건축되었다. 내부는 고즈넉하고 안온한 분위기로 아치형 입구와 섬세한 기둥, 아름다운 정원 등의 볼거리가 있다. 크로아티아에서 가장 큰 중세 도서관이 있다.

ⓜ MAP P.74A ⓑ 1권 P.62 ⓖ 구글 지도 GPS 42.64172, 18.10746(입구 부근) 42.64175, 18.1077(수도원 내부 교회) ⓣ 찾아가기 플라차 거리, 성 스파사 성당 바로 옆에 있다. 수도원 입구는 플라차 거리 쪽에 있으나, 약국은 후미진 별도의 입구로 들어간다. ⓐ 주소 Plača 2, Dubrovnik ⓞ 시간 4~10월 09:00~18:00, 11~3월 09:00~14:00 ⓗ 휴무 비정기적 ⓢ 가격 성인 30kn, 어린이·경로 15kn

№.9 스폰자 궁전
★★★ Palača Sponza, Sponza Palace

플라차 거리 끝 부분에 있는 르네상스 시대의 교역소 건물. 라구사 공화국의 특산물과 지중해 각지의 물건이 거래되던 곳으로, 라구사 공화국에서는 가장 중요한 건물로 여겨졌다. 당시 가장 뛰어난 건축가에 의해 최신 공법으로 만들어졌고, 어찌나 튼튼하게 지었는지 17세기의 대지진에도 무사했다고 한다. 현재는 두브로브니크 역사 기록물 보관소로 내부 출입은 되지 않는다.

ⓜ MAP P.74B ⓑ 1권 P.63 ⓖ 구글 지도 GPS 42.6411, 18.11063 ⓣ 찾아가기 플라차 거리 끝부분, 폰타 게이트 바로 옆에 있다. ⓐ 주소 Stradun 2, Dubrovnik

№.10 의장 궁전
★★★ Knežev Dvor, Rector's Palace

라구사 공화국의 행정 수반이었던 '의장 Rector'이 머물던 궁전. 현재는 두브로브니크의 역사와 문화 및 라구사 공화국 당시 귀족들의 생활상을 보여주는 박물관으로 꾸며져 있다. 두브로브니크 카드 무료 입장 혜택도 누리자. 궁전 앞에는 르네상스 시대 극작가이자 교육자였던 마린 드르지치Marin Držić의 동상이 있다.

ⓜ MAP P.74B ⓑ 1권 P.61 ⓖ 구글 지도 GPS 42.64033, 18.11064 ⓣ 찾아가기 성 블라호 성당을 끼고 오른쪽으로 돈 뒤 약 70m 직진하면 왼쪽에 보인다. ⓐ 주소 Knežev dvor 1, Dubrovnik ⓟ 전화 020-321-422 ⓞ 시간 4~10월 09:00~18:00, 11~3월 09:00~16:00 ⓗ 휴무 비정기적 ⓢ 가격 입장료 100kn

DUBROVNIK 두브로브니크

№.11 성 이그나티우스 성당
★★★　Crkva Sv. Ignacije, St. Ignatius Church

예수회의 창립자인 이그나티우스 로욜라에게 봉헌된 17세기에 설립된 성당이자 예수회 교육기관이다. 크로아티아의 대표적인 바로크 건축물로 손꼽힌다. 내부에는 이그나티우스 로욜라의 생애를 그린 제단화·벽화·천장화가 그려져 있는데, 보는 순간 탄성이 터져 나올 정도로 인상적이다. 성당 바깥쪽 계단 위는 구시가의 주요 전망 포인트 중 하나로, 스르지 산을 배경으로 구시가 동쪽의 풍경이 한눈에 들어온다.

⊙ MAP P.74A ⓖ 구글 지도 GPS 42.63962, 18.10905 ⊙ 찾아가기 플라차 거리 끝 지점에서 군둘리치Gundulić 광장을 지나 남쪽으로 직진하면 언덕배기로 올라가는 바로크 양식의 계단이 나온다. 이 계단을 올라가면 오른쪽에 바로 보인다. ⊙ 주소 Poljana Ruđera Boškovića 6, Dubrovnik ⊙ 전화 020-323-500 ⊙ 시간 매일 7:00~20:00(성당 사정에 따라 시간 수시 변경) ⊙ 휴무 비정기적 ⊙ 가격 무료

№.12 플로체 게이트
★★★　Vrata od Ploča, Ploče Gate

성 동쪽에 위치한 문이다. 필레 게이트와 여러모로 비슷하나 규모는 작은 편. 바깥쪽 성문으로 들어가면 돌다리가 나오고, 다시 안쪽의 성문이 등장하는 구조이다. 스르지 산 전망 케이블카를 타러 갈 때나 반예 비치, 엑셀시오르 호텔로 갈 때 이 문을 통과해 나가면 가깝다. 두브로브니크 인근에서 가장 전망 좋고 저렴한 현지인 민박집들은 대부분 이 주위에 있다.

⊙ MAP P.74B ⓖ 구글 지도 GPS 42.6420198, 18.1130135 ⊙ 찾아가기 플라차 거리 동쪽 끝 지점에서 시계탑을 바라보고 좌회전 해 길을 따라 쭉 올라가면 도착한다. ⊙ 시간 24시간 개방

№.13 성 스파사 성당
★★　Crkva Sv. Spasa, St. Saviour Church

플라차 거리 입구. 오노프리오 분수 맞은편에 자리한 자그마한 성당이다. 스파사는 '구세주'라는 뜻. 지진으로 사람들이 죽고 다치자, 앞으로 재앙이 닥치지 않기를 기원하며 이 성당을 예수님께 봉헌한다. 그 이후 대지진으로 시내 대부분이 파괴되었으나 이 성당만은 아무런 피해 없이 살아남아 구원과 희망의 상징이 되었다. 콘서트나 비정기 이벤트 때 잠깐 열 뿐 대부분은 문을 걸어 잠가 내부 관람은 어렵다.

⊙ MAP P.74A ⓖ 구글 지도 GPS 42.64167, 18.10737 ⊙ 찾아가기 오노프리오 분수와 플라차 거리를 사이에 두고 마주보고 있다. ⊙ 주소 Poljana Paska Miličevića, Dubrovnik

№.14 폰타 게이트
★★　Vrata Ponta, Ponta Gate

플라차 거리 동쪽 끝 지점. 시계탑 옆에 있는 작은 문으로, 옛 항구 및 플로체 게이트와 연결되는 출입구이다. 플로체 게이트가 플라차 거리에서 약간 벗어난 곳에 있기 때문에 길눈이 어두운 여행자들은 이곳을 두고 플로체 게이트로 종종 오인하곤 한다. 시계탑 오른편에 오노프리오가 만든 또 하나의 분수가 있다.

⊙ MAP P.74B ⓖ 구글 지도 GPS 42.64096, 18.11064 ⊙ 찾아가기 플라차 거리의 필레 게이트 반대편 끝 지점에 있다. ⊙ 시간 24시간 개방

№.15 부자 게이트
★★　Vrata od Buže, Buža Gate

성 북쪽에 자리한 작은 문으로, 북쪽에 거주하는 주민들이 성 바깥과 원활하게 소통하기 위해 20세기 초반에 만들었다. 언덕 위에 있는데다 플로체 게이트와 그다지 멀지 않기 때문에 큰 쓰임새는 없으나, 이 문 바깥쪽에 주차장이 있어 구시가로 차를 가지고 들어올 경우에는 알아두는 것이 좋다. 부자 비치 및 부자 바는 구시가 남쪽 끝에 위치하고 있으므로 혼동하지 말 것.

⊙ MAP P.74B ⓖ 구글 지도 GPS 42.64229, 18.11033 ⊙ 찾아가기 북쪽 언덕으로 한참 올라가거나 성 북쪽 바깥으로 나가 성 외곽으로 난 길을 따라간다. ⊙ 시간 24시간 개방

078-079

🍴 EATING

№.1 레이디 피피
★★★★★ Lady Pi-Pi

믹스드 미트 그릴 220kn
생선구이 130kn

구시가 북쪽 언덕 꼭대기에 자리한 그릴 전문 레스토랑으로, 성벽 눈높이에서 아드리아 해의 눈부신 푸르름과 구시가의 빨간 지붕을 바라보며 식사를 즐길 수 있다. 그릴 요리는 대부분 다 맛있으나 특히 비프스테이크가 일품. 예약을 받지 않으므로 전망 좋은 자리를 맡으려면 오픈 30분~1시간 전에는 오는 것이 좋다. 이곳의 단점은 두 가지로 첫째는 무려 3000여 개의 계단을 올라야 한다는 것, 둘째는 1년에 절반은 영업을 하지 않는다는 것. 해마다 조금씩 다르나 4~5월에 문을 열어 10월 중순 전후로 그 해의 영업을 종료한다.

ⓘ MAP P.74A ⓘ 1권 P.145 ⓢ 구글 지도 GPS 42.64245, 18.10902 ⓘ 찾아가기 필레 게이트에서 플라차 거리를 따라가다 왼쪽 네 번째 골목으로 들어간 뒤 계단을 통해 언덕으로 올라간다. 성 바깥 쪽에서 부자 게이트를 통해 성 안으로 들어와 북쪽 내벽을 따라 벽을 등지고 오른쪽 방향으로 간다. ⓘ 주소 Peline, Dubrovnik ⓒ 전화 020-321-288 ⓘ 시간 09:00~11:30, 12:00~15:00, 18:00~22:00 ⓘ 휴무 10월 초중순에서 3~4월 중 ⓢ 가격 그릴 요리 90~230kn ⓘ 홈페이지 www.facebook.com/LADY.PI.PI.Dubrovnik

№.2 부자 바
★★★★★ Buža Bar

구시가 남쪽, 성벽 바깥쪽 절벽에 자리한 카페이다. '부자'란 크로아티아의 옛말로 '다른 곳과 연결되는 작은 구멍'이라는 뜻이며, 이름처럼 성벽에 뚫린 작은 구멍으로 출입한다. 아드리아 해의 환상적인 풍경을 즐기며 음료를 즐길 수 있어 여행자들에게 인기가 높다. 최근 근처에 2호점도 개설되었다. 일몰 명소로 이름이 높아 해 질 무렵에는 자리를 잡기 힘들 정도로 북적인다. 자리를 잡고 일몰을 보고 싶다면 해 지기 2~3시간 전에는 올 것. 신용카드를 받지 않으며 뜨거운 음료가 없다는 것은 미리 알아둘 것.

ⓘ MAP P.74A ⓘ 1권 P.97 ⓢ 구글 지도 GPS 42.63901, 18.10865 ⓘ 찾아가기 성 이그나티우스 성당 앞 광장에서 성당 반대편 쪽으로 광장을 가로질러가면 레스토랑들이 보인다. 레스토랑 뒤편으로 가면 성벽으로 통하는 좁은 입구가 보인다. 입구로 들어간 뒤 성벽의 왼편에 두고 쪽 길을 따라가면 부자 바로 통하는 작은 입구가 나온다. ⓘ 주소 Crijevićeva ulica 9, Dubrovnik ⓒ 전화 098-361-934 ⓘ 시간 매일 09:00~다음 날 01:00(동절기에는 단축 영업) ⓘ 휴무 비정기적 ⓢ 가격 아이스커피 20kn, 맥주·와인 40~50kn, 소프트드링크 30~40kn

№.3 타지 마할
★★★★ Taj Mahal

이름만 보면 인도 음식점이지만 의외로 정통 보스니아 음식을 선보이는 곳이다. 두브로브니크에서 오랫동안 최고 맛집 중 하나로 군림하고 있다. 대표 메뉴는 떡갈비처럼 구운 양고기를 촉촉한 빵 껍질 안에 넣은 요리인 체바피Ćevapi. 바삭한 파이 안에 버섯 크림과 치즈로 맛을 낸 송아지 고기를 담아낸 타지마할 특선 메뉴 Speciality of the House 'Taj Mahal'도 맛있다. 육류를 좋아하고 새로운 문화권의 식재료나 향에 거부감이 없는 사람에게 강력 추천. 모든 음식이 맥주와 잘 어울리므로 술을 할 줄 안다면 맥주를 꼭 곁들일 것.

ⓘ MAP P.74A ⓘ 1권 P.139 ⓢ 구글 지도 GPS 42.64054, 18.10883 ⓘ 찾아가기 루자 광장을 등지고 플라차 거리를 따라가다 왼쪽 네 번째 골목으로 들어가서 직진 후 다시 네 번째 골목에서 우회전하면 바로 보인다. 플라차 광장 골목 초입에 안내판이 붙어 있다. ⓘ 주소 Nikole Gucetica 2/Iva Vojnovica 14, Dubrovnik ⓒ 전화 010-323-221 ⓘ 시간 매일 10:00~다음 날 01:00 ⓘ 휴무 비정기적 ⓢ 가격 메인 요리 90~250kn ⓘ 홈페이지 www.tajmahal-dubrovnik.com

특선 요리 Speciality of the House 'Taj Mahal' 160kn

체바피 Ćevap 10조각 120kn 7조각 100kn 5조각 90kn
부렉 50kn

DUBROVNIK 두브로브니크

No. 4 로칸다 페스카리야
★★★★ Lokanda Peskarija

시푸드를 맛보고 싶다. 어느 정도 가격은 감수하겠지만 너무 비싼 것은 곤란하다. 기왕이면 경치도 좋았으면 좋겠다. 맛은 기본이지만 너무 낯선 식재료나 향 또는 조리법은 아니었으면 좋겠다. 꽤 까다로운 조건이지만 로칸다 페스카리야는 이런 모든 것을 만족시키는 곳이다. 올드 포트에서 약간 들어간 곳에 자리한 시푸드 전문 레스토랑으로, 올드 포트의 풍경이 한눈에 들어오는 노천 테이블이 널찍하게 마련되어 있다. 홍합찜, 해물 리조토, 오징어튀김, 새우구이, 문어 샐러드 등 다른 레스토랑에서도 흔히 취급하는 친숙한 메뉴들을 선보이는데, 양이 푸짐하고 모든 메뉴가 고루 합격점 이상의 맛을 내며, 가격도 합리적이다. 테이블이 많아 자리 없을 염려가 적다는 것도 소소하지만 중요한 장점.

◎ MAP P.74B ⓖ 구글 지도 GPS 42.64026, 18.11115 ⓖ 찾아가기 올드 포트에 있다. 바다 쪽을 바라보고 오른쪽으로 약 100m 가면 바로 보인다. ⓐ 주소 Na ponti bb, Dubrovnik ⓟ 전화 020-324-750 ⓢ 시간 매일 11:00~24:00(7~8월은 01:00까지) ⓗ 휴무 동절기(보통 11~3월) ⓟ 가격 해산물 요리 70~300kn ⓦ 홈페이지 www.mea-culpa.hr

오징어튀김 123kn 시푸드 리조토 123kn

새우 구이 155kn

No. 5 바라쿠다
★★★ Barracuda

바라쿠다 Barracuda 75kn

저예산 여행자들에게 사랑받고 있는 피자 전문점. 종류만 30가지를 넘으며 베지테리언 메뉴도 갖추고 있다. 메뉴에 토핑 재료가 상세히 나와 있으므로 좋아하는 것을 골라서 시키면 된다. 파스타와 라자냐도 괜찮은 편. 다양한 연령대와 입맛, 주머니 사정을 모두 만족시키는 곳이다.

◎ MAP P.74A ⓖ 구글 지도 GPS 42.64059, 18.10857 ⓖ 찾아가기 플라차 거리 중간쯤에서 티삭TISAK 맞은편 골목으로 들어간다. 골목 앞에 가게 이름이 적힌 표지판이 있으니 잘 보고 들어간다. ⓐ 주소 Nikole Božidarevića 10, Dubrovnik ⓟ 전화 020-323-260 ⓢ 시간 매일 10:30~24:00 ⓗ 휴무 비정기적 ⓟ 가격 피자 50~700kn~

No. 6 드 비노
★★★ D'Vino

크로아티아의 대표적인 와인을 한자리에서 맛볼 수 있는 와인 테이스팅 룸. 서양 여행자들 사이에서는 두브로브니크 필수 코스로 꼽히는 곳이다. 레드, 화이트, 로제, 스파클링 등 각종 크로아티아 와인을 맛볼 수 있는 테이스팅 코스를 운영 중. 각 품종의 산지와 특성에 대한 자세한 설명이 곁들여진다. 가격은 가장 기본인 레드 또는 화이트 3종 코스가 50kn이며, 와인의 급이 올라갈수록 가격은 더 비싸진다. 25~40kn대의 글라스 와인도 다양하게 갖추고 있으며, 보틀 구매도 가능하다. 실내도 아기자기하니 예쁘고, 여행자들과도 쉽게 대화를 나눌 수 있을 정도로 분위기가 유쾌하다. 와인에 관심이 많은 애호가라면 꼭 가볼 것. 늦게까지 영업하기 때문에 2차나 3차로 가기도 좋다.

◎ MAP P.74A ⓖ 구글 지도 GPS 42.64171, 18.10861 ⓖ 찾아가기 필레 게이트를 등지고 플라차 거리를 따라가다 프란체스코 수도원에서 왼쪽 네 번째 골목으로 들어간다. ⓐ 주소 Palmoticeva 4a, Dubrovnik ⓟ 전화 020-321-130 ⓢ 시간 매일 08:00~24:00 ⓗ 휴무 비정기적 ⓟ 가격 와인 테이스팅 코스 55kn~, 글라스 와인 25kn~ ⓦ 홈페이지 www.dvino.net

화이트 와인 테이스팅 코스 50kn

No.7 토니
★★★ TONI

파스타를 주메뉴로 하는 저렴한 가격대의 이탈리언 레스토랑으로, 한때는 미슐랭 가이드에도 이름이 거론된 적이 있다. 메뉴 가짓수는 그다지 많지 않으나 하나하나 메뉴가 상당히 맛깔스럽다. 추천메뉴는 부카티니 달마티노Bucatini Dalmatino로, 안초비와 루콜라를 넣고 올리브유로 맛을 낸 깔끔한 파스타이다. 안초비는 짜고 비린 맛 때문에 유럽 여행자들의 기피 식재료 1위로 통하지만, 적어도 이 집에서는 그럴 필요 없다. 바다의 심포니Sea Symphony라는 거창한 이름의 파스타 샐러드는 파스타 면에 새우와 참치를 듬뿍 넣고 마요네즈소스로 비빈 인기 메뉴이다. 먹다 보면 조금 느끼한 것이 흠.

◎ MAP P.74A ⑧ 구글 지도 GPS 42.6404, 18.10825 ⓖ 찾아가기 바라쿠다가 있는 골목에서 좀 더 안쪽으로 들어간다. ⓟ 주소 Nikole Božidarevića 14, Dubrovnik ☎ 전화 020-323-134 ⓛ 시간 매일 11:00~23:00 ⓒ 휴무 비정기적 ⓢ 가격 파스타 80~120kn ⓗ 홈페이지 spaghetteria-toni.com

부카티니 달마티노
Bucatini Dalmatino 85kn

바다의 심포니 Sea
Symphony 62kn

No.8 돌체 비타
★★★ Dolce Vita

두브로브니크에서 최고 인기의 아이스크림 전문점. 이탈리아풍의 젤라토를 선보이는 곳으로, 거의 모든 종류의 아이스크림이 수준급의 맛을 보인다. 예쁜 그림으로 된 가격표가 있어 주문하기도 편하다.

◎ MAP P.74A ⓑ 1권 P.142 ⑧ 구글 지도 GPS 42.64153, 18.10883 ⓖ 찾아가기 필레 게이트에서 플라차 거리를 따라 걷다가 왼쪽 다섯 번째 골목으로 들어간다(프란체스코 수도원 입구로 들어가는 골목을 제외하고 다섯 번째). ⓟ 주소 Nalješkovićeva 1A, Dubrovnik ☎ 전화 020-321-666 ⓛ 시간 매일 09:00~24:00(비수기에는 영업시간 단축) ⓒ 휴무 비정기적 ⓢ 가격 1스쿱 13kn

🛍 **SHOPPING**

No.9 카페 페스티벌
★★ Cafe Festival

라이브 카페 겸 레스토랑. 6~9월에는 매일 밤 카페에서 피아노 연주를 선보이는데, 피아노가 창가 쪽에 놓여 있어 야외 테이블에서도 음악을 즐길 수 있다. 성수기가 아닐 때도 가끔씩 피아노 연주를 선보인다. 커피, 차, 소프트드링크, 주류 등이 다양하게 있다.

◎ MAP P.74A ⑧ 구글 지도 GPS 42.64154, 18.10809 ⓖ 찾아가기 프란체스코 수도원 바로 옆 플라차 거리에 있다. ⓟ 주소 Placa 28, Dubrovnik ☎ 전화 020-321-148 ⓛ 시간 매일 08:00~24:00 ⓒ 휴무 1월 중순~2월 중순 약 1개월 ⓢ 가격 커피·소프트드링크·주류 20~50kn ⓗ 홈페이지 www.cafefestival.com

No.10 트루바도르 재즈 카페
★★ Troubadour Jazz Cafe

정통 재즈 공연을 볼 수 있는 카페로, 무대가 야외에 있어 밤공기와 함께 공연을 즐길 수 있다. 추울 때는 실내 공연도 열린다. 와인 한 잔에 50쿠나 안팎으로 비싼 편이지만 수준 높은 공연에 와인 한 잔이 딸려 나온다고 생각할 것.

◎ MAP P.74B ⑧ 구글 지도 GPS 42.63984, 18.10997 ⓖ 찾아가기 대성당 뒤편 군둘리치 광장 부근 ⓟ 주소 Bunićeva poljana 2, Dubrovnik ☎ 전화 020-323-476 ⓛ 시간 3~10월 매일 09:00~다음 날 03:00, 11~2월 매일 17:00~23:00 ⓒ 휴무 비정기적 ⓢ 가격 글라스 와인 50kn~

No.1 군둘리치 시장
★★★ Gundulićeva Tržište,
Gundulić Market

군둘리치 광장Gundulić Poljana에서 매일 열리는 작은 시장. 청과물·치즈·올리브·향신료 등의 식료품과 아로마 오일·포푸리·수제 레이스 등의 지역 특산물을 판매한다. 가격대는 살짝 높지만 시향, 시식도 할 수 있고, 비수기에는 깎아주기도 한다. 토요일에는 시장 규모가 더 커져 의장 궁전 앞까지 진출하기도 한다.

◎ MAP P.74B ⓑ 1권 P.169 ⑧ 구글 지도 GPS 42.64036, 18.11(군둘리치 동상 주변) ⓖ 찾아가기 성 블라호 성당과 대성당 뒤편 성 이그나티우스 성당으로 올라가는 계단 앞쪽 ⓟ 주소 Gundulić Poljana, Dubrovnik ⓛ 시간 매일 06:00~13:00 ⓒ 휴무 비정기적 ⓗ 홈페이지 www.trznice-Zg.hr

DUBROVNIK 두브로브니크

№ 2 말라 브라차 약국
★★★★★ Ljekarna Mala Braća

유럽에서 세 번째로 오래된 약국이다. '례카르나 말라 브라차'는 '말라 브라체(작은 형제들) 약국'이라는 뜻인데, 복잡한 크로아티아어 문법상 마지막 '브라체'가 '브라차'로 변하기 때문에 '말라 브라차'로 더 잘 알려져 있다. 이곳에서는 예로부터 피부 질환 및 각종 트러블을 치유할 목적으로 천연 성분 화장품을 만들어왔으며, 지금도 100% 천연 성분을 이용해 수도사들이 소규모 수공으로 제작하고 있다. 순하면서도 보습력이 좋고, 진정효과가 있다. 가장 인기 있는 품목은 로즈 워터Aqua Rosae

와 장미 크림Krema od Ruza, 그리고 살구씨를 주성분으로 하는 골드 크림Gold Krema이다. 약국에서 테스트와 시향이 가능하며 피부 타입과 트러블 증상 등을 말하면 그에 맞는 제품을 골라주기도 한다. 고시된 영업시간보다 빨리 닫기 일쑤이므로 되도록 빨리 가는 것이 좋다. 오직 이곳 약국에서만 유통하고 있기 때문에 두브로브니크를 여행하는 중에 반드시 구입해야 하는 필수 아이템이다.

ⓞ MAP P.74A ⓑ 1권 P.158 ⓖ 구글 지도 GPS 42.64172, 18.10746 ⓒ 찾아가기 성 스파사 성당과 프란체스코 수도원 사이로 난 좁은 길로 들어간다. ⓐ 주소 Plača 30, Dubrovnik ⓣ 전화 020-321-411 ⓞ 시간 월~금요일 10:00~19:00, 토요일 10:00~15:00, 10~3월 월~토요일 10:00~13:30 ⓞ 휴무 일요일, 동절기(10~3월)에는 비정기적 ⓢ 가격 크림류 70~90kn, 핸드 크림·립밤 40~50kn

№ 3 아쿠아
★★★ AQUA

비치웨어·비치타월·슬리퍼·수영복·수영 도구 등 바캉스용품과 바다를 주제로 한 다양한 액세서리·인테리어 소품·일상용품 등을 판매한다. 두브로브니크 지점이 찾기 쉽고 규모도 큰 편이다.

ⓞ MAP P.74A ⓑ 1권 P.179 ⓖ 구글 지도 GPS 42.64125, 18.10937 ⓒ 찾아가기 플라차 거리의 필레 게이트 쪽 시작점에서 약 200m ⓐ 주소 Placa ulica 7, Dubrovnik ⓣ 전화 013-091-765 ⓞ 시간 성수기(6월 중순~9월 초) 08:00~24:00, 비수기(9월 중순~6월 초) 09:00~20:00 ⓞ 휴무 일요일 ⓢ 가격 비치샌들 100kn~, 티셔츠 100kn, 타월 90~230kn, 파우치 80~130kn ⓦ 홈페이지 aquamaritime.hr

😊 EXPERIENCE

№ 1 3섬 투어
★★★ 3 Islands Tour

두브로브니크에서 북쪽으로 10~20km 떨어진 작은 섬 세 곳을 하루에 돌아보는 투어. 가장 흔한 루트는 콜로체프Koločep, 쉬판Šipan, 로푸드Lopud 세 개의 섬을 돌아보는 것으로, 콜로체프에서 30~40분 정도 산책한 뒤 쉬판에 들러 점심을 먹고 로푸드에서 3~4시간 정도 해수욕과 태닝 등을 즐긴다. 올드 포트에서 가장 활발하게 호객을 모으는 상품으로, 전단지를 꼼꼼히 읽어보고 예약 부스에서 상담받자.

ⓞ MAP P.74B ⓒ 찾아가기 올드 포트로 가면 예약부스와 선착장이 있다. ⓞ 시간 10:30 두브로브니크의 올드 포트를 출발해 18:00 올드 포트로 귀환 ⓢ 가격 250~500kn

№ 2 파노라마 보트 투어
★★★ Panorama Boat Tour

19세기에 만들어진 해적선 스타일의 보트를 타고 약 50분간 두브로브니크 앞바다를 항해하는 투어 상품. 오전 10시부터 매시간 출발, 저녁 시간대에는 낙조까지 감상할 수 있어 인기가 높으며 특히 신혼여행이나 커플여행자들에게 각광받고 있다.

ⓞ MAP P.74B ⓒ 찾아가기 올드 포트로 가면 예약부스와 선착장이 있다. ⓣ 전화 099-441-2054, 091-332-4112 ⓞ 시간 10:00~18:00 매 시각 정시 출발. 낙조를 보기 위해서는 17:00, 18:00 보트 이용(10~4월의 동절기에는 15:00까지만 운항함) ⓞ 휴무 연중무휴. 단 고객 상황에 따라 운항하지 않을 수 있음. ⓢ 가격 90~120kn ⓦ 홈페이지 www.dubrovnik-panoramacruise.com

№ 3 글라스 보트 투어
★★ Glass Boat Tour

배 밑창의 가운데 부분에 유리를 대어 바다 속 풍경이 보이도록 만든 특수한 배를 타고 두브로브니크 앞바다를 한 바퀴 돈다. 동남아시아 등 열대 바다에서 유명한 상품인데, 두브로브니크 앞바다에는 산호초가 없어 매력이 다소 떨어지는 편. 일몰 시간대에는 바다 속 풍경과 일몰 풍경을 동시에 볼 수 있어 좋다. 낙조를 보기 위해서는 17:00, 18:00 보트 이용.

ⓞ MAP P.74B ⓒ 찾아가기 올드 포트로 가면 예약부스와 선착장이 있다. ⓞ 시간 10:00~18:00 매 시각 정시 출발. 10~4월의 동절기에는 15:00까지만 운항함 ⓞ 휴무 연중무휴. 단 고객 상황에 따라 운항하지 않을 수 있음. ⓢ 가격 90~120kn

No.4 보스니아-헤르체고비나 투어
★★★★ Bosnia-Herzegovina Tour

두브로브니크는 크로아티아 최남단의 도시로 발칸 반도의 또 다른 국가인 보스니아-헤르체고비나와 국경을 맞대고 있다. 그 때문에 두브로브니크에는 보스니아-헤르체고비나로 떠나는 일일 투어가 발달되어 있다. 보스니아-헤르체고비나는 북쪽의 보스니아와 남쪽의 헤르체고비나로 나뉘는데, 두브로브니크에서 출발하는 투어는 거리 관계상 주로 남부 헤르체고비나 지역의 명소를 돌아보게 된다. 보스니아-헤르체고비나 최고의 관광 도시이자 이슬람과 가톨릭 문화가 공존하는 특별한 풍경을 자랑하는 모스타르Mostar, 1981년 성모가 발현한 것으로 알려진 (아직 교황청에서 정식으로 공인하지는 않았다) 메주고리예Medjugorje를 중심으로 2~3개 지역을 돌아보는 종일 코스로 되어 있다. 여행사의 전용 차량으로 이동하며, 가이드의 능숙하고 재미있는 설명도 들을 수 있다. 구시가 내의 여러 여행사에서 예약이 가능한데, 그중에서 레아 트래블Lea Travel이 가장 유명하다.

레아 트래블 Lea Travel
ⓖ 1권 P.204 ⓐ 주소 Šetalište kralja Zvonimira 20A, Dubrovnik ⓣ 전화 098-787-708 ⓞ 시간 6~9월 09:00~22:00, 10~4월 09:00~19:00 ⓒ 휴무 비정기적 ⓢ 가격 45유로~ ⓗ 홈페이지 www.lea-travel.com 이메일 travellea79@gmail.com

No.5 몬테네그로 투어
★★★★ Montenegro Tour

몬테네그로는 크로아티아 남쪽에 자리한 작은 나라로, 유고 내전 이후 세르비아와 병합되었다가 2006년 독립하게 되었다. 몬테네그로는 이탈리아어로 '검은 산'이라는 뜻이며, 디나르 알프스의 거무스름한 석회암 산맥이 국토의 대부분을 차지하고 있어서 붙은 이름이다. 아직 개발도가 낮고 관광객이 많지 않아 크로아티아보다도 한층 더 순수하고 질박한 느낌이 가득하다. 두브로브니크에서 남쪽으로 채 1시간도 떨어져 있지 않은 곳에 몬테네그로 국경이 있어 가벼운 마음으로 다녀오기 좋다. 구시가 전체가 유네스코 세계문화유산으로 지정된 아름다운 소도시 코토르Kotor와 도시와 휴양지의 성격을 모두 갖춘 부드바Budvar 두 도시를 중심으로 몬테네그로의 아름다운 풍광 지구를 중간중간 들르는 종일 투어로 진행된다. 보스니아-헤르체고비나 투어와 마찬가지로 여행사 전용 차량을 이용해 가이드의 재미있는 설명을 들으며 편하게 즐길 수 있으며, 레아 트래블의 투어가 가장 유명하다.

레아 트래블 Lea Travel
ⓖ 1권 P.208 ⓐ 주소 Šetalište kralja Zvonimira 20A, Dubrovnik ⓣ 전화 098-787-708 ⓞ 시간 5~9월 09:00~22:00, 10~4월 09:00~19:00 ⓒ 휴무 비정기적 ⓢ 가격 45유로~ ⓗ 홈페이지 www.lea-travel.com 이메일 travellea79@gmail.com

⊕ ZOOM IN
공작새의 섬, 로크룸 섬 Lokrum

두브로브니크 구시가에서 동남쪽으로 약 600m 떨어진 작은 섬으로, 성벽이나 스르지 산 등에서 바라보는 구시가와 아드리아 해의 풍경에 멋진 포인트가 되어주는 곳이다. 섬 전체가 공원으로 꾸며져 있는데, 특이하게도 공작새를 풀어 키우고 있어 숲과 바다에 공작새가 어우러진 독특한 풍경을 연출한다. 극성수기를 제외하고는 사람이 그다지 많지 않아 한가롭게 산책과 해수욕을 즐기기 좋다. 작은 베네딕트 수도원, 합스부르크 왕족이 지은 저택, 열대 정원 등이 있어 작은 섬임에도 불구하고 알차게 볼거리가 있는 편이다. 중간중간 지도와 표지판이 잘되어 있어 길 잃을 염려도 없다. 두브로브니크 여행 중 반나절의 쉼터로 가장 좋은 곳이다.

ⓜ **1권 P.128** ⓖ **찾아가기** 두브로브니크 → 로크룸 올드 포트에서 약 15분 소요, 10:00~19:00(6~9월 30분마다 운행, 10~5월 매시 정각 운행), 로크룸에서 두브로브니크 나가는 마지막 배는 18:00에 운항한다. ⓗ **휴무** 12~3월에는 섬 전체가 휴장한다. 배도 운항하지 않는다. ⓢ **가격** 뱃삯 왕복 150kn(입장료 포함)

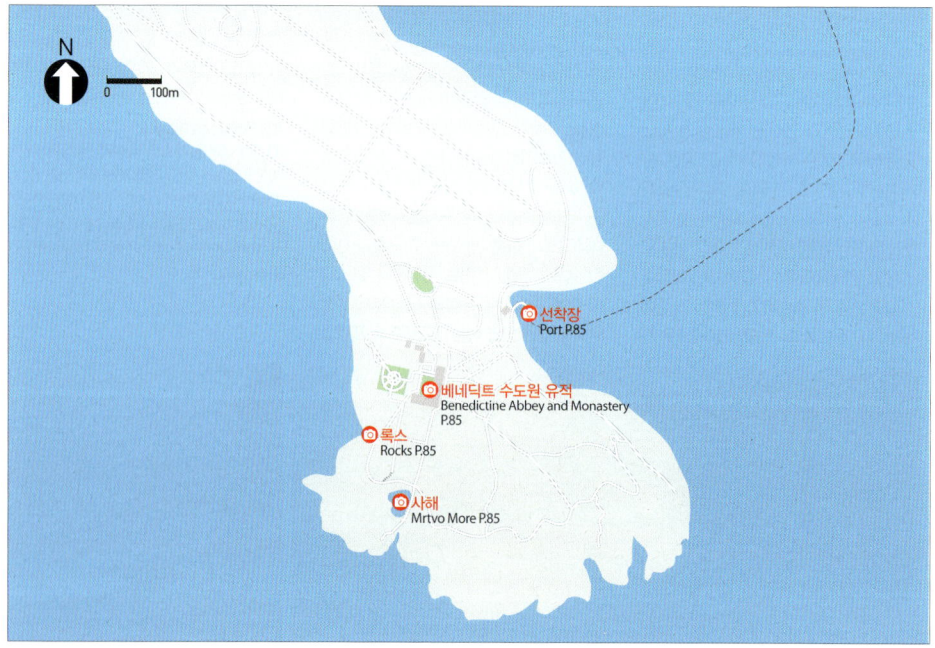

📷 SIGHTSEEING

No. 1 록스
★★★★ Rocks

로크룸 섬 서남쪽, 선착장 반대쪽에 위치한 해안. 특별한 지명이 없고 섬의 공식 지도에도 'Rocks'라고만 표시되어 있다. 바닷물이 섬 안쪽으로 동그랗게 들어와 작은 만을 이루고, 그 주변에 자잘한 바위 조각이 깔려 있는 비치로, 마치 비밀의 해안을 발견한 듯한 느낌을 주는 곳이다. 로크룸에서 해수욕을 본격적으로 즐기기에 가장 좋다.

⊙ MAP P.84 Ⓢ 구글 지도 GPS 42.62366, 18.11967 ⊙ 찾아가기 사해와 베네딕트 수도원 중간쯤에서 서쪽으로 간다. ⊙ 시간 24시간 개방

No. 2 사해
★★★★ Mrtvo More, Dead Sea

서쪽 해안에서 내륙으로 약간 들어간 곳에 위치한, 바닷물이 갇혀서 만들어진 작은 호수이다. 이스라엘의 사해에 버금갈 정도로 염도가 높아 '사해'라는 명칭이 붙었다. 수영도 좋지만, 수심이 깊은 곳은 10m나 되기 때문에 다이빙 명소로도 인기가 높다. 다이빙대가 마련되어 있지 않으므로 주변의 절벽이나 나무 등에서 야생 다이빙을 즐겨야 한다. 아름다운 풍경이므로 굳이 수영할 생각이 없더라도 꼭 찾아가 볼 것.

⊙ MAP P.84 Ⓢ 1권 P.129 Ⓢ 구글 지도 GPS 42.62259, 18.1204 ⊙ 찾아가기 선착장을 등지고 산책로를 따라 서쪽으로 가다가 베네딕트 수도원 부근에서 남쪽으로 꺾는다. ⊙ 시간 24시간 개방

No. 3 베네딕트 수도원 유적
★★★ Benedictine Abbey and Monastery

11세기에 세워진 베네딕트 수도원 및 성당의 유적이다. 로크룸에는 열대식물과 과일나무가 많은 식물원이 있는데, 베네딕트 수도원에서 중세 시대부터 열대작물을 재배한 것이 그 시작이라고 한다. 오래된 유적이다 보니 많은 곳이 허물어졌지만 안뜰과 회랑은 비교적 온전하게 보존되어 있다. 내부에 대형 야외 레스토랑도 있으며 미국 인기 드라마 〈왕좌의 게임Game of Throne〉의 촬영 장소로 사용되기도 했다.

⊙ MAP P.84 Ⓢ 구글 지도 GPS 42.62443, 18.12092 ⊙ 찾아가기 선착장을 등지고 산책로를 따라 서쪽으로 간다. ⊙ 시간 24시간 개방

No. 4 선착장
★★★ Port

로크룸 여행을 시작하는 곳이다. 로크룸 섬 남동쪽 옴폭 파인 만灣에 자리하고 있다. 섬으로 향하는 입구와 섬의 지도, 매표소가 모두 이 근방에 있다. 저 멀리 석회암 산맥과 푸른 바다가 어우러진 가운데 선착장 사이를 오가는 배들의 풍경이 상당히 아름다워 이곳에서 오랫동안 시간을 보내는 사람도 많다. 선착장 바로 북쪽에 자리한 포르토치Portoč 만은 스노클링과 해수욕으로 인기가 높다. 로크룸의 비밀스러운 누드 비치도 이 일대에 있다.

⊙ MAP P.84 Ⓢ 구글 지도 GPS 42.62563, 18.12284 ⊙ 찾아가기 페리에서 내리면 바로 도착한다.

3 PLITVICE
[플리트비체]

신비로 가득한 요정의 숲

셔틀버스를 타고 꼭대기 정류장에서 내린다. 하이킹 코스의 시작을 알리는 표지판과 함께 호수 저 너머까지 펼쳐진 산책로가 보인다. 나무 발판으로 만들어진 산책로를 따라 발걸음을 옮긴다. 갈대숲을 지나 얕은 여울과 거센 물살을 건너고, 짙은 숲과 바위 그늘을 지나 세찬 폭포의 곁에 다다른다. 맑다가 흐리다, 덥다, 새가 울다, 바람이 뺨을 스치다, 사그라진다. 그렇게 수시간 동안 눈높이와 속도에 맞추어 날것 그대로의 자연을 만난다. 크로아티아가 자랑하는 자연 국립공원 플리트비체는 발칸 반도 위로 묵묵하게 흘러온 시간의 감동스러운 족적이자, 순수한 모습 그대로 존재하는 자연이 얼마나 벅찬 광경인지 알려주는 곳이다.

MUST SEE 플리트비체에서 이것만은 꼭 보자!

№. 1
하이킹 코스
하단부에 있는 호수의
신비로운 물빛

№. 2
벨리키 폭포의
장엄한 모습

№. 3
플리트비체
전경이 한눈에 들어오는
하단부 전망대

MUST EXPERIENCE 플리트비체에서 이것만은 꼭 경험하자!

№. 1
플리트비체 국립공원의
모든 것을 만끽할 수 있는
H코스 하이킹

№. 2
밤하늘을
수놓는 별과 나무
위의 반딧불

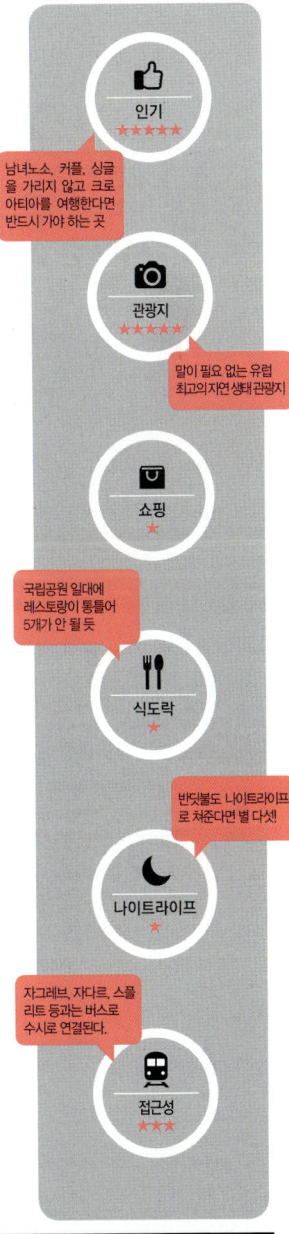

인기 ★★★★★
남녀노소, 커플, 싱글을 가리지 않고 크로아티아를 여행한다면 반드시 가야 하는 곳

관광지 ★★★★★
말이 필요 없는 유럽 최고의 자연 생태 관광지

쇼핑 ★
국립공원 일대에 레스토랑이 통틀어 5개가 안 될 듯

식도락 ★
반딧불도 나이트라이프로 쳐준다면 별 다섯

나이트라이프 ★
자그레브, 자다르, 스플리트 등과는 버스로 수시로 연결된다.

접근성 ★★★

TRAVEL MEMO
플리트비체 교통편 한눈에 보기

> 플리트비체, 이렇게 간다!

버스로 가기

① 자그레브에서 출발하자 : 플리트비체는 자그레브에서 출발하는 것이 가장 좋다. 자그레브 버스 터미널에서 버스편이 1시간에 1~2대꼴로 있고, 소요 시간도 2~3시간으로 적당. 아침 일찍 출발하면 당일치기도 가능하다. 자다르, 스플리트, 시베니크 등에서도 직행버스가 있으나 소요시간이 길고 배차가 불규칙하여 강추하기는 힘들다. 버스 요금은 회사와 출발 시간에 따라 다르며 60~215kn 정도.

● **PLUS TIP**
자그레브 → 플리트비체
버스 첫차 05:45 막차 17:25(2016년 기준)

② 카를로바츠Karlobac를 기억하라 : 이스트라 반도에서 플리트비체로 이동할 때는 직행버스 노선이 없으므로 보통은 자그레브를 경유한다. 만약 새로운 도시 하나 정도를 더 보고 싶다면 카를로바츠를 고려할 것. 자그레브에서 플리트비체로 향하는 길목에 있는 도시로, 이스트라 반도 대부분의 도시에서 카를로바츠까지 가는 직행버스가 있다. 단, 버스 시간 맞추기가 다소 까다롭다는 것은 염두에 둘 것.

● **PLUS TIP**
버스 스케줄 참고 사이트
• 겟바이버스
www.getbybus.com

● **PLUS TIP**
카를로바츠는 크로아티아의 국민 맥주인 카를로바치코의 본고장

● **PLUS TIP**
차로 이동할 때도 카를로바츠는 꽤 쓸모 있는 도시. 첫 번째 목적지를 카를로바츠로 놓고, 카를로바츠에 도착한 후 다시 플리트비체를 세팅하면 편하게 고속도로로 이동 가능하다. 특히 이스트라 반도 지역에서 플리트비체로 갈 경우 아주 요긴하다.

플리트비체에서 다른 도시 가기

플리트비체 다음 도시로는 자다르나 스플리트가 무난하다. 여름철 성수기에는 시베니크행 버스도 하루에 몇 차례 운행한다. 플리트비체에서 두브로브니크로 가는 직행버스도 있지만 소요시간이 무려 8시간이나 걸리므로 추천하기는 힘들다.

버스로 가기

● **PLUS TIP**
비수기에는 버스가 정류장을 그냥 지나쳐버리는 경우가 종종 있다. 손을 흔들어 세우자!

① 요금은 버스 안에서 : 버스정류장은 1, 2번 입구 앞 부근과 무키네·라스토바차 마을 앞에 있는데, 몹시 부실한 가건물 정류장으로 티켓 판매소 같은 것은 없다. 요금은 버스 탑승 후에 정산할 것.

② 버스시간표 체크 : 정류장 안에 붙어 있는 버스 스케줄도 믿지 말 것. 특정 회사의 스케줄일 뿐이다. 1, 2번 입구의 인포메이션 센터에서 버스시간표를 확인하자. 인터넷에서도 확인할 수 있지만 실제 운행 시간에는 변수가 많으므로 꼭 인포메이션 센터에서 재확인할 것.

● **PLUS TIP**
11~3월의 동절기에는 인포메이션 센터 정보조차 틀릴 수 있다. 자그레브 버스터미널에서 알아보는 것이 가장 확실하다.

③ 일찍 나가자 : 플리트비체에서는 유난히 버스가 예정 운행 시간보다 5~10분 빨리 도착하는 경우가 잦다. 적어도 버스시간표의 시각에서 15분 정도는 일찍 나와서 기다리는 것이 좋다.

택시로 가기

플리트비체에는 자다르, 스플리트, 자그레브, 시베니크 등지로 운행하는 사설 밴 택시가 성행하고 있다. 버스정류장에 서 있다 보면 택시기사 아저씨들이 슬금슬금 다가오곤 한다. 도시마다 다르지만 보통 한 대에 800~1000kn. 가격 흥정도 가능하다. 버스 스케줄이 맞지 않고 인원이 3인 이상이면 고려해볼 만하다.

> **+ PLUS TIP**
> 도시에서 플리트비체로 이동하는 택시도 있다. 버스터미널 부근에서 호객하는 기사 아저씨들을 어렵지 않게 볼 수 있다.

렌터카로 가기

렌터카를 이용한다면 플리트비체에서 달마티아로 넘어갈 때 일반적으로 이용하는 고속도로가 아닌 벨레비트 산맥을 넘는 국도를 탈 것. 시간과 수고는 더 들지만 크로아티아의 아름다움을 종합선물세트로 즐길 수 있다. 플리트비체에서 D1 국도를 따라 내려오다 코레니차Korenica에서 D25 국도로 바꿔 탄 뒤 계속 내려온다. 그대로 달리다가 카를로박Karlobag이라는 해안 마을에서 E65 고속도로로 바꿔 탄 뒤 자다르까지 간다.

> **+ PLUS TIP**
> 산맥 정상부에 바다를 감상할 수 있는 전망대가 있으므로 꼭 들를 것.

> **+ PLUS TIP**
> 플리트비체→자다르
> 정석루트: 약 1시간 40분
> 벨레비트 루트: 약 3시간 30분
> 플리트비체→스플리트
> 고속도로: 2시간 40분~3시간 자다르부터 해안도로 이용시: 약 5시간

> 플리트비체 숙소 잡기

소베 Sobe

현지인 민박을 현지어로 '소베Sobe'라고 한다. 플리트비체 주변에 형성된 민박 마을에 들러 발품을 팔면 미리 예약하지 않고도 얼마든지 현지 조달이 가능하다. 도미토리는 찾아보기 힘들고 싱글 룸, 더블 룸, 트윈 룸 등의 별도 객실에 욕실이 딸려 있는 경우가 많다. 가격이 저렴한 편이라 저예산 여행자들에게 좋다. 주로 예쁜 펜션 같은 전통 건물에서 영업하므로 여행 기분 내기에도 그만이다.

마을 이름	위치	장점	단점
라스토바차 Rastovača	1번 입구 부근	객실 상태나 서비스, 가격은 무키녜와 비슷하다. 1~3월 동절기 이용 가능	H코스를 비롯한 2번 입구 출발 코스를 이용하기 불편하다.
무키녜 Mukinje (Best)	2번 입구 부근	마을과 2번 입구를 잇는 샛길이 있어 통행이 편하다. 예쁜 소베가 많고 큰 슈퍼마켓이 있다.	1~3월 동절기에는 2번 입구를 열지 않으므로 라스토바차 쪽을 이용하는 것이 좋다.
예제르체 Jezerce	무키녜 길 건너편	무키녜에 남은 방이 하나도 없을 때 가볼 만한 곳	위치와 가격 등에서 나머지 두 곳보다 떨어진다.

> **+ PLUS TIP**
> 플리트비체의 민박들은 짐을 잘 맡아주지 않는다. 여행자 입장에서도 민박에 맡기면 동선이 꼬이므로 렌터카 트렁크에 보관하거나 입구 부근의 코인 로커에 맡기는 편이 낫다.

숙소 선택 팁

① **예약 or 발품** : 민박주와 이메일로 소통하거나 에어비앤비를 통해 예약할 수 있다. 가격대는 30~100유로로 인원, 시즌, 조건, 위치에 따라 천차만별이다. 피치 못할 사정으로 예약을 하지 못했다면 마을의 민박을 돌아다니며 발품을 팔아 구할 수도 있다. 3~4곳은 돌아보고 결정하는 것이 좋다. 마을의 크기가 작아 20~30분 정도면 맘에 드는 숙소를 찾을 수 있다. 오후 보다는 오전 시간이 선택의 여지가 넓다.

② **현금을 챙기자** : 발품을 판 경우는 물론이고 예약 사이트를 이용했을 경우에도 숙박비는 주로 현금으로 결제해야 한다. 가족 단위로 소소하게 운영하는 민박일 경우에는 카드 결제가 100% 안 된다고 보면 된다.

③ **표지판을 보자** : 대부분의 민박집 앞에는 자기 집에서 가능한 것들에 대해 표시해놓은 인포그래픽 간판이 있어 주차, 레스토랑 운영, 와이파이 가능 여부 정도는 파악 가능하다.

> **+ PLUS TIP**
> 발품 팔 때 꼭 물어볼 것들
> – 와이파이가 되나요?
> – 아침식사는 되나요?
>   or 주방 사용할 수 있나요?
> – 핫 샤워는 가능한가요?
> – (여름 이외) 난방은 되나요?

플리트비체 국립공원 입구 찾아가기

플리트비체 국립공원에는 북쪽의 1번 입구 Entrance 1와 남쪽의 2번 입구 Entrance 2, 입구가 두 곳 있다. 1번 입구는 하단부 쪽과 통하고, 2번 입구는 코자크 호수와 연결된다. 두 입구 간의 거리는 3~4km 정도 된다. 입장권은 두 입구에서 모두 구입 가능하다.

① **1번 입구** : 플리트비체 국립공원의 정식 입구로, 매점이나 기념품 판매소 등이 활성화되어 있다. 매표소와 입구 모두 도로변에 면해 있어 좀 더 찾기 쉽다. 1번 입구에서 구름다리를 통해 길을 건너면 주차장이 나오는데, 이쪽을 국립공원 입구로 착각하는 경우도 많다. 1번 입구 부근에서 다리를 건넜더니 차가 잔뜩 있더라, 이러면 길 잘못 찾았다고 생각할 것.

② **2번 입구** : 1번 입구보다 조금 더 남쪽에 있는 입구로, 사무소와 매표소, 주차장이 모두 국립공원 길 건너편에 있고 공원까지는 구름다리를 통해 길을 건너서 들어간다. 인근의 주요 호텔들이 모두 2번 입구 부근에 있고 대표적 민박촌인 무키녜와도 가까워 이용도는 1번 입구보다 오히려 더 높다. 플리트비체 하이킹 정석 코스로 통하는 H코스를 이용하기도 더 편리하다.

● **PLUS TIP**
단, 동절기에는 2번 입구를 운영하지 않는다.

● **PLUS INFO 또 다른 입구**
2번 입구에는 입구가 하나 더 있다. 큰길에서 국립공원 쪽으로 들어와 호텔촌이 있는 숲을 지나면 공원 셔틀버스가 다니는 길이 나오는데, 이 길에서 공원 쪽으로 들어가다 보면 관광안내소 겸 티켓 검사하는 입구가 하나 더 있다. 동절기에는 2번 입구의 큰길 쪽 정식 입구를 닫는 대신 이쪽이 입구 역할을 한다.

플리트비체 내 교통수단

교통수단

① **셔틀버스** : 8톤 트럭을 개조한 듯한 무시무시하고 거대한 모양의 셔틀버스가 운행 중이다. 정류장은 ST1, ST2, ST4 세 곳이 있으며 각각 1번 입구, 2번 입구, 상단부 하이킹 시작점에 자리해 있다. 별도의 요금은 없으며, 수시로 운행한다.

② **보트** : 코자크 호수를 횡단한다. P1, P2, P3 세 개 선착장이 있으며 P1 선착장은 2번 입구, P2는 상단부 하이킹 코스, P3는 플리트비체 국립공원 내의 유일한 휴게소와 화장실, 하단부 하이킹 코스와 연결된다. 각 지점에서 보트가 수시로 오가기 때문에 행선지를 잘 보고 타야 한다.

입장료

플리트비체 국립공원 입장료

입장권은 1, 2번 입구에 있는 입장권 판매소에서 구입한다. 당일치기의 경우는 1일권, 1박 이상 여행할 경우는 2일권을 권한다. 한번만 돌기는 너무 아깝기 때문. 단, 국립공원 내의 세 호텔(호텔 예제로, 호텔 벨뷰, 호텔 플리트비체)에 투숙하는 경우, 1일권을 구매해 호텔 측에 제시하면 하루 더 돌아볼 수 있는 바우처를 주므로 굳이 2일권을 끊을 필요가 없다.

① 1일권

	1.1~3.31, 11.1~12.31	4.1~5.31, 10.1~10.31	6.1~6.30, 9.1~9.30 정상가	할인가	7.1~8.31 정상가	할인가
성인	60kn	100kn	250kn	150kn	250kn	150kn
성인 단체	55kn	90kn	150kn	150kn	250kn	150kn
학생	50kn	75kn	160kn	100kn	160kn	100kn
학생 단체	45kn	70kn	100kn	100kn	160kn	100kn
어린이・청소년 (7~18세)	30kn	50kn	120kn	70kn	120kn	70kn
어린이・청소년 단체 (7~18세)	25kn	45kn	80kn	70kn	120kn	70kn

- 7세 이하 유아 및 장애인 무료
- 학생은 대학생과 대학원생을 모두 포함하며 국제학생증을 필히 제시해야 한다.
- 6.1~8.25 기간에는 오후 4시 이후, 8.26~9.30 기간에는 오후 3시 이후에 할인가가 적용된다.

② 2일권

	11.1~3.31	4.1~5.31/10.1~10.31	6.1~9.30
성인	90	160	350
학생	70	120	250
어린이・청소년(7~18세)	50	80	170

자주하는 질문, Q&A

Q. 버스 타고 가려고 하는데, 어떤 정류장에서 내려야 하나요?
A. 플리트비체행 버스를 타면 요금 받는 아저씨가 몇 번 입구에서 내릴 것인지 물어본다. 물어보지 않는다면 먼저 자신이 가고자 하는 입구 또는 마을 이름을 정확히 얘기해줄 것. 주요 마을이나 입구에 도착하면 기사 아저씨나 요금 받는 아저씨가 큰 소리로 얘기해주거나 자리까지 와서 알려주므로 실수 없이 내릴 수 있다.

Q. 짐 맡길 곳이 있나요?
A. 1번과 2번 입구에 모두 무료 코인 로커가 있다. 인포메이션 센터에 로커를 이용하겠다고 말하면 열쇠를 내준다. 동절기나 기상 사정 등으로 입구가 폐쇄됐을 때는 호텔 벨뷰나 호텔 예제로 등에서 소정의 금액을 받고 짐을 보관해준다.

Q. ATM은 있나요?
A. 2번 입구 부근에 있는 호텔 벨뷰에 ATM이 있다. 깊은 산골짜기지만 현금 인출이 안 될 것이라는 걱정은 접어두고 안심할 것.

Q. 지도는 어디서 구하죠?
A. 인포메이션 센터에서 상세한 지도를 유료로 판매하고 있으나, 티켓 뒷면에 있는 간단한 지도로도 큰 불편함 없이 여행할 수 있다.

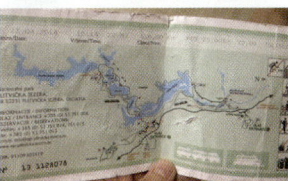

Q. 술 마실 곳은 있나요?
A. 변변한 식당도 없는 동네에서 술집 같은 사치는 기대하지 말자. 국립공원 내 호텔의 바, 또는 레스토랑을 운영하는 소베에서 맥주와 간단한 칵테일을 마실 수 있다. 보통은 무키네의 슈퍼마켓에서 사다가 숙소에서 마신다. 주당들은 자그레브에서 술을 잔뜩 사 가기도 한다.

Q. 여자 혼자 가면 위험한가요?
A. 대낮에 하이킹 코스에서 위험할 일은 거의 없다고 봐도 좋다. 전체적으로 범죄 발생률이 아주 낮은 곳이지만, 밤에는 가로등이 거의 없어 무섭긴 하다.

Q. 주차비는 유료인가요?
A. 국립공원 정식 주차장은 유료로 운영된다. 1시간에 7~8kn 수준으로 비싸지는 않은 편.

TRAVEL MEMO
플리트비체 여행 한눈에 보기

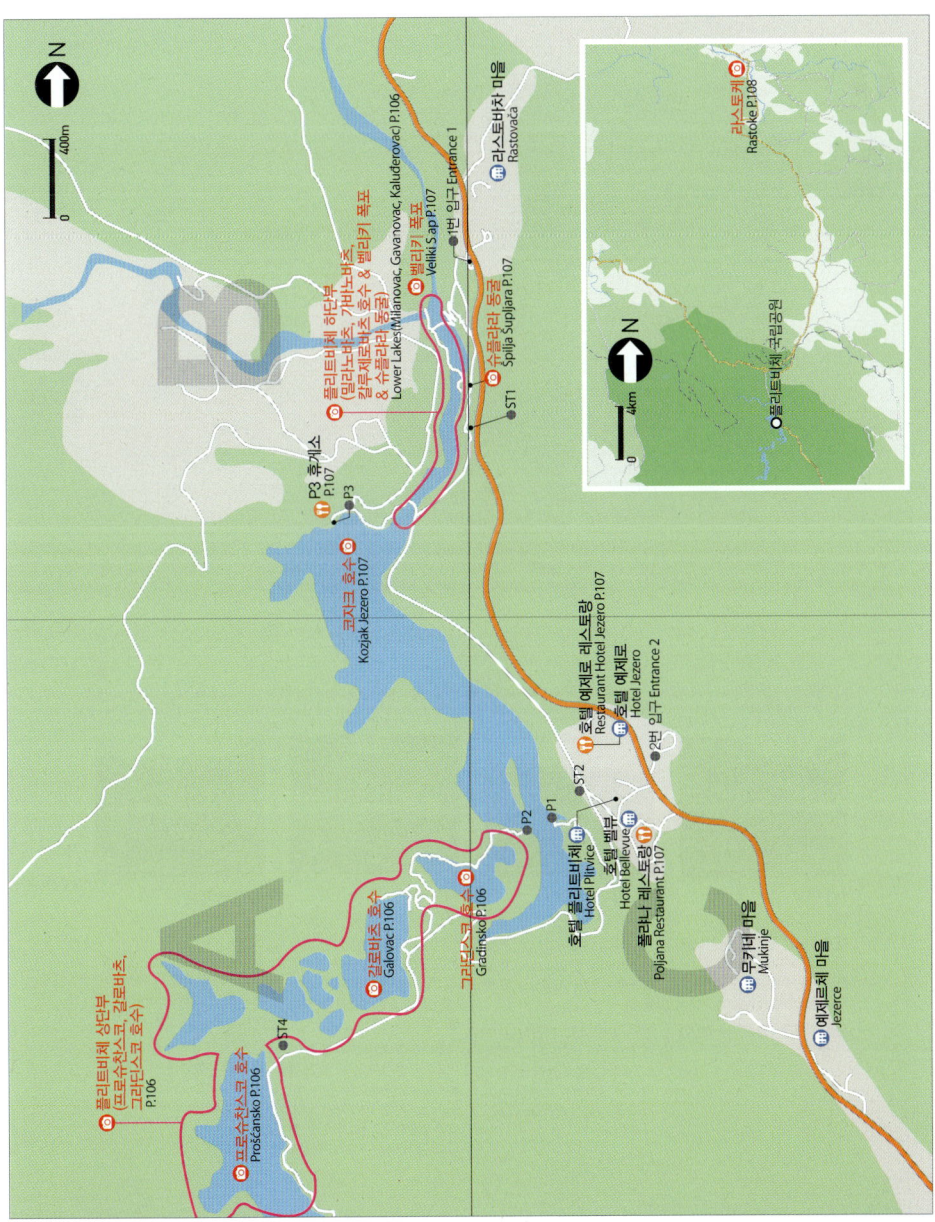

3 PLITVICE 플리트비체

코스 무작정 따라하기
하이킹 A코스 따라하기

START ---- 1 -------- 2 -------- 3 --------

1번 입구

매표소에서 입장권을 구매한 뒤 'Ulaz 1−ENTRÉE 1'이라고 쓰인 간판 아래의 입구를 통해 국립공원으로 들어간다.
길을 따라 직진한다. → 1번 입구 전망대

1번 입구 전망대

사진 등에 나오는 장엄한 폭포와 신비로운 물빛의 호수가 발 아래로 보인다. 기념샷을 꼭 찍을 것.
가던 방향으로 직진하다 보면 갈림길이 나타난다. 오른쪽의 내리막길을 이용할 것. 지그재그의 내리막길이 한참 이어지며, 중간중간 전망대도 있다. → 하단부

하단부

전망대에서 보았던 그 신비로운 물빛이 바로 눈앞에 펼쳐진다. 호수 한가운데 놓인 나무다리 위에 조심스럽게 한 발을 올려놓자.
나무다리를 지나 호수를 건넌 뒤 나무 발판으로 된 트레일을 따라 오른쪽으로 간다. 'K' 코스 표지판을 따라가면 된다. 나무 발판이 끝나고 앞으로 조금 더 들어간다. → 벨리키 폭포

벨리키 폭포
Veliki Slap

플리트비체에서 가장 큰 폭포. 나이아가라 폭포나 빅토리아 폭포 같은 걸 상상하면 실망할 수도 있다. 기념샷을 남기기 가장 좋다.
온 길을 되돌아간 뒤 갈림길이 나오면 오른쪽으로 간다. → 칼루제로바츠 호수

하단부의 작은 호수 세 곳을 돌아보며 플리트비체의 하이라이트라 할 수 있는 신비로운 푸른 물빛의 계곡과 벨리키 폭포를 감상하는 코스. 걸음이 빠르면 2시간 미만으로도 주파 가능한 코스라 당일치기 여행자들에게 적합하다. 시작과 끝이 모두 1번 입구이기 때문에 1번 입구의 코인 로커에 짐을 맡기거나 주차장에 차를 대는 여행자에게 추천. 표지판이 헷갈리기 되어 있어 길을 잘못 들기 일쑤이므로 7번 코스에서 길 선택을 잘해야 한다.

4

20m

칼루제로바츠 호수
Kaluđerovac

하단부에 도착했을 때 보았던 바로 그 푸른 물빛의 호수이다. 서쪽 가장자리를 따라 만들어진 하이킹 트레일을 따라 걷는다.

길을 쭉 따라가다가 왼쪽으로 다리가 나오면 건넌다. 끝부분에서 갈림길이 나오면 왼쪽으로 간 뒤 계단을 따라 쭉 올라간다. → 슈플랴라 동굴

5

15m

슈플랴라 동굴
Šupljara

슈플랴라 동굴을 독특한 시야에서 바라볼 수 있는 작은 동굴. 항상 영상 10도를 유지하므로 여름이라면 더위 피하기도 좋다.

동굴에서 내려와 아까의 갈림길로 돌아온 뒤 동굴을 등지고 왼쪽 길로 간다. → 가바노바츠·밀라노바츠 호수

6

30m

가바노바츠·밀라노바츠 호수
Gavanovac · Milanovac

하단부 세 개의 호수 중 두 개의 호수를 돌아본다. 하이킹 트레일은 호수의 동쪽 가장자리를 따라 만들어져 있다. 중간 중간 길이 좁아지는 부분만 조심하면 어렵지 않게 돌아볼 수 있다.

호숫가로 난 길을 따라 직진한다. → 다리 앞

7

5m

다리 앞

호숫가를 따라 걷다 보면 오른쪽으로 다리가 하나 나온다. 그 다리를 건너지 말고 지나쳐 원래 가던 방향으로 쭉 걷다 보면 왼쪽으로 'ST1'으로 빠지는 경사진 샛길이 나온다. 표지판에 'Parking No 1' 또는 'ST1'이라 되어 있는지 확인할 것.

길을 따라 쭉 올라간다. → ST1 정류장

FINISH ---- 8

난이도 ★★★

2시간 30분~
(각종 이동 및 휴식 포함)

⊕ PLUS TIP
호수 이름이나 코스의 디테일을 정확히 파악하려고 애쓸 필요는 없다. 못 가는 데가 있어도 괜찮다. 표지판을 따라가며 자연이 주는 감동을 만끽하는 걸로 충분하다.

Finish

1번 입구

숲길을 빠져나오면 아까 왔던 1번 입구가 보인다. 짐을 찾거나 주차해놓은 차를 빼서 다음 여행 장소로 향하자.

5m

ST1 정류장

오른쪽으로 셔틀버스 정류장이 보이면 제대로 온 것이다. 진행 방향이 맞는지 확인하고 다시 걷기 시작하자.

진행했던 방향으로 숲길을 따라 계속 걷는다. → 1번 입구

094-095

↓ **start**

S.	1번 입구
	70m, 도보 3분
1.	1번 입구 전망대
	500m, 도보 15분
2.	하단부
	250m, 도보 7분
3.	벨리키 폭포
	250m, 도보 7분
4.	칼루제로바츠 호수
	100m, 도보 3분
5.	슈플랴라 동굴
	100m, 도보 3분
6.	가바노바츠·밀라노바츠 호수
	500m, 도보 10분
7.	다리 앞
	200m, 도보 10분(오르막길)
8.	ST1 정류장
	1km, 도보 15분
F.	1번 입구

※각 포인트의 끝 지점에서 다음 포인트 시작점까지의 이동 거리라고 생각하면 된다. 도보 이동 거리도 모두 하이킹의 일부이다.

3 PLITVICE 플리트비체

코스 무작정 따라하기
하이킹 B코스 따라하기

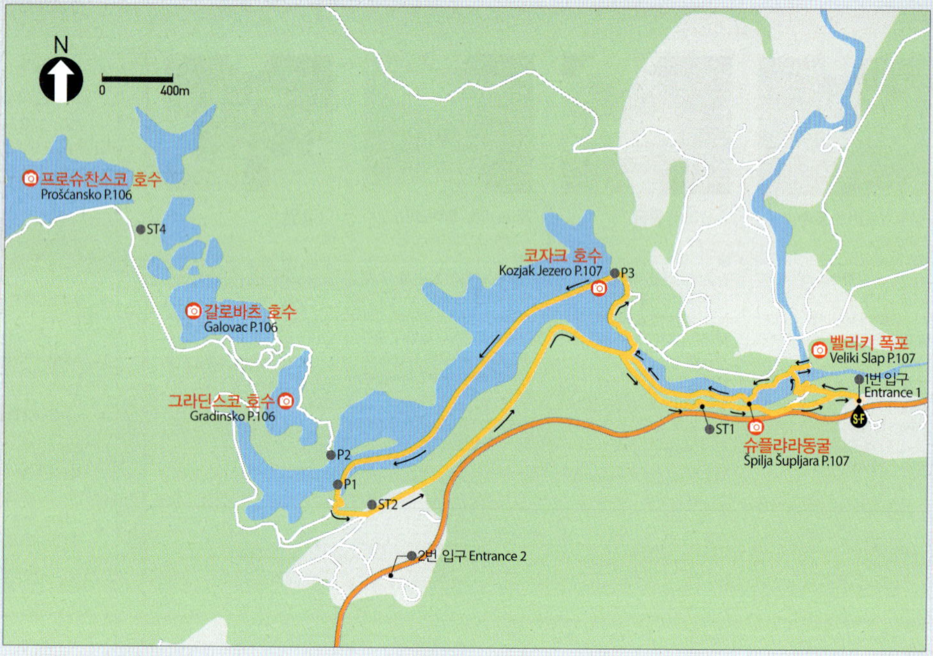

START --- 1 --------- 2 --------- 3 --------- 4 -----

1번 입구

매표소에서 입장권을 구매한 뒤 'Ulaz 1-ENTRÉE 1'이라고 쓰인 간판 아래의 입구를 통해 국립공원으로 들어간다. 길을 따라 직진한다. → 1번 입구 전망대

1번 입구 전망대

장엄한 폭포와 신비로운 물빛의 호수가 발아래로 펼쳐진다. 일단 기념샷부터 찍을 것.
가던 방향으로 직진하다 보면 갈림길이 나타난다. 오른쪽의 내리막길을 이용할 것. 지그재그의 내리막길이 한참 이어지며, 중간중간 전망대도 있다.
→ 하단부

하단부

플리트비체 하단부 호수 물빛은 형언하기 어려울 정도로 아름답다. 호수 한가운데 놓인 나무다리 위에 조심스럽게 한 발을 올려놓는다.
나무다리를 지나 호수를 건넌 뒤 나무 발판을 따라 오른쪽으로 간다. 'K' 코스 표지판을 따라가면 된다. 나무 발판이 끝나고 앞으로 조금 더 들어간다.
→ 벨리키 폭포

벨리키 폭포
Veliki Slap

플리트비체에서 가장 큰 폭포. 플리트비체의 대표 기념샷 포인트이다.
온 길을 되돌아간 뒤 갈림길이 나오면 오른쪽으로 간다. → 칼루제로바츠 호수

칼루제로바츠 호수
Kaluđerovac

호수의 서쪽 가장자리를 따라 만들어진 길을 따라 걷는다. 맑은 물과 울창한 숲, 절벽과 기암괴석의 풍경을 한껏 즐길 것.
길을 쭉 따라가다 왼쪽으로 다리가 나오면 건넌다. 끝부분에서 갈림길이 나오면 왼쪽으로 간 뒤 계단을 따라 쭉 올라간다.
→ 슈플랴라 동굴

전반부는 A코스와 동일, 후반부에 코자크 호수 보트 횡단과 셔틀버스 탑승이 추가된다. 처음부터 B코스를 선택하는 여행자보다는 처음에는 A코스로 시작했으나 밀라노바츠 끝 지점 부근의 표지판이 애매하게 되어있어(A코스는 다리를 건너면 안 되지만 표지판에는 건너라고 되어 있다) 본의 아니게 B코스로 빠져드는 사람들이 많다. 풀코스를 걸을 시간과 체력은 없지만 배도 타보고 셔틀버스도 타보고 싶은 여행자에게 추천한다.

5

15m

슈플랴라 동굴
Supljara

칼루제로바츠 호수를 또 다른 각도에서 바라본다. 비가 오거나 추운 날에는 패스해도 OK.

동굴에서 내려와 아까의 갈림길로 돌아온 뒤 동굴을 등지고 왼쪽 길로 간다. → 가바노바츠 · 밀라노바츠 호수

6

30m

가바노바츠 · 밀라노바츠 호수
Gavanovac · Milanovac

호수의 동쪽 가장자리를 따라 하이킹 트레일이 만들어져 있다. 맑고 고요한 호수가 새하얀 석회암 절벽과 어우러져 한 폭의 풍경화를 연출한다. 중간중간 길이 좁아지는 부분만 조심하면 어렵지 않게 돌아볼 수 있다.

길을 따라 직진한다 → 다리 앞

7

1h

다리 앞

오른쪽으로 다리가 하나 나온다. A코스는 다리를 지나쳐갔지만 B코스에서는 다리를 건너자. 다리를 건넌 뒤 왼쪽으로 꺾어 오솔길을 따라간다. → P3 선착장-휴게소

8

10m

P3 선착장-휴게소

코자크 호수 주변에 있는 세 개의 셔틀보트 선착장(Pier) 중 가장 규모가 큰 곳. 휴게소로 꾸며져 있으므로 잠시 쉬어가도 좋다. 화장실은 꼭 들를 것. 충분히 쉬고 난 후 P행 보트를 탄다.

셔틀보트를 타고 코자크 호수를 가로질러 간다. → P1 선착장

난이도 ★★★

4시간~
(각종 이동 및 휴식 포함)

FINISH

Finish

1번 입구

숲길을 빠져나오면 아까 왔던 1번 입구가 보인다. 짐을 찾거나 주차해놓은 차를 빼서 다음 여행 장소로 향하자.

11

5m

ST1 정류장

버스에서 내린다. 아직 다 온 것이 아니라는 것을 잊지 말 것. 정류장 옆으로 난 숲길을 따라 북쪽으로 간다. 찻길을 따라가도 되지만 다소 위험하니 숲길로 갈 것. → 1번 입구

10

5m

ST2 정류장

2번 입구와 가까운 셔틀버스 정류장(Station). 2번 입구 부근에서 여행을 끝내고 싶다면 이곳에서 2번 입구로 빠져나간다. ST1행 셔틀버스를 탄다. → ST1 정류장

9

5m

P1 선착장

2번 입구와 가까운 선착장. 주변 풍경이 아름다우므로 잠시 사진을 찍고 가도 OK. 선착장을 등지고 오솔길을 따라가다 보면 계단이 나타난다. 계단을 따라 한참 올라간다. → ST2 정류장

---

3. PLITVICE 플리트비체

↓ start	
S.	1번 입구
	70m, 도보 3분
1.	1번 입구 전망대
	500m, 도보 15분
2.	하단부
	250m, 도보 7분
3.	벨리키 폭포
	250m, 도보 7분
4.	칼루제로바츠 호수
	100m, 도보 3분
5.	슈플랴라 동굴
	100m, 도보 3분
6.	가바노바츠 · 밀라노바츠 호수
	600m, 도보 10분
7.	다리 앞
	600m, 도보 7분
8.	P3 선착장-휴게소
	3km, 보트 15분
9.	P1 선착장
	400m, 도보 15분(계단)
10.	ST2 정류장
	3km, 버스 10분
11.	ST1 정류장
	1km, 도보 15분
F.	1번 입구

3 PLITVICE 플리트비체

코스 무작정 따라하기
하이킹 C코스 따라하기

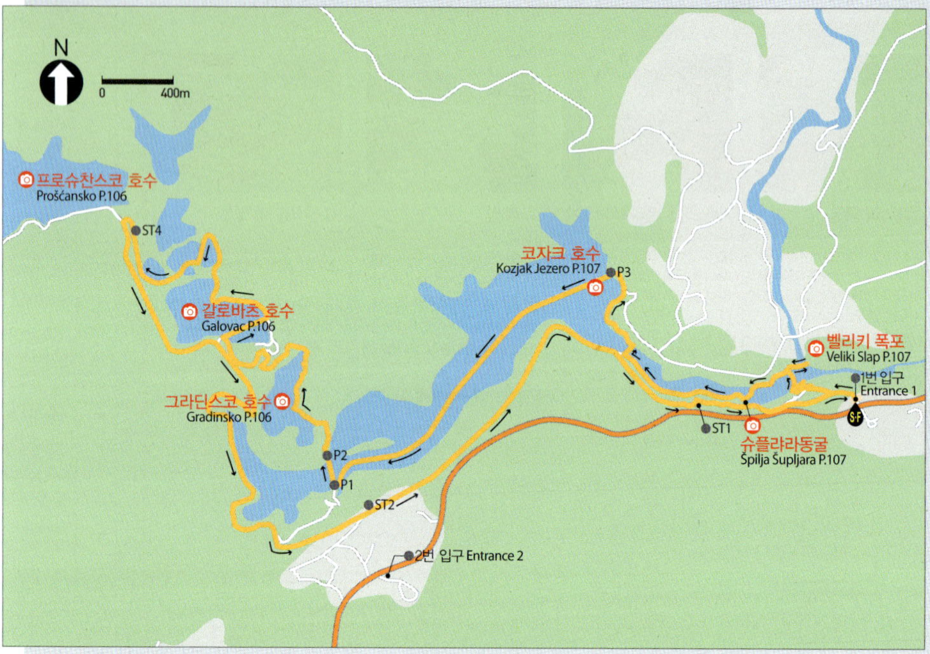

START --- 1 --------- 2 --------- 3 --------- 4 -----

1번 입구
매표소에서 입장권을 구매한 뒤 'Ulaz 1-ENTRÉE 1'이라고 쓰인 간판 아래의 입구를 통해 국립공원으로 들어간다.
길을 따라 직진한다. → 1번 입구 전망대

1번 입구 전망대
플리트비체의 호수와 물빛에 대한 워밍업을 하는 곳. 본격적으로 땀 흘리기 전에 이곳에서 깔끔한 모습의 인증샷을 찍어둘 것.
가던 방향으로 직진하다 보면 갈림길이 나타난다. 오른쪽의 내리막길을 이용할 것. 지그재그 내리막길이 한참 이어지며, 중간중간 전망대도 있다.
→ 하단부

하단부
하단부와의 첫 만남이다. 물빛이 거짓말처럼 아름답다. 호수를 가로지르는 나무다리를 건너다 보면 천국의 다리를 걷는 기분이 든다.
나무다리를 지나 호수를 건넌 뒤 나무 발판을 따라 오른쪽으로 간다. 'K' 코스 표지판을 따라가면 된다. 나무 발판이 끝나고 앞으로 조금 더 들어간다. → 벨리키 폭포

벨리키 폭포
Veliki Slap
플리트비체에서 가장 큰 폭포, 긴 여정이므로 이곳에서 잠시 쉬어갈 것.
온 길을 되돌아간 뒤 갈림길이 나오면 오른쪽으로 간다.
→ 칼루제로바츠 호수

칼루제로바츠 호수
Kaluđerovac
호수의 서쪽 가장자리를 따라 만들어진 트레일을 따라 걷는다. 나무가 우거져 상쾌한 숲의 향기를 한껏 즐길 수 있다.
길을 쭉 따라가다 왼쪽으로 다리가 나오면 건넌다. 끝부분에서 갈림길이 나오면 오른쪽으로 간 뒤 계단을 따라 쭉 올라간다.
→ 슈플랴라 동굴

1번 입구에서 시작해 하단부와 상단부 호수를 모두 돌아보는 코스로, H코스 다음으로 인기가 높다. 특히 2번 입구를 개방하지 않는 동절기(11~3월)에 전체 코스를 돌고자 하는 많은 여행자들이 이 코스를 선택한다. 하단부를 먼저 돌고 상단부로 가기 때문에 전체 코스가 계속 오르막으로 이뤄져 있다는 것이 큰 단점이나 H코스보다 높은 지대에 하이킹 트레일이 만들어져 풍경이 더욱 아름답다.

5

슈플랴라 동굴
Šupljara

비가 오거나 추운 날에는 패스해도 OK. 못 찾으면 어쩔 수 없으나 웬만하면 올라가 볼 것.
동굴에서 내려와 아까의 갈림길로 돌아온 뒤 동굴을 등지고 왼쪽 길로 간다. → 가바노바츠·밀라노바츠 호수

6

가바노바츠·밀라노바츠 호수
Gavanovac·Milanovac

맑고 고요한 호수와 석회암 절벽이 어우러진 그림 같은 풍경을 볼 수 있다.
호숫가를 따라 걷다 보면 오른쪽으로 다리가 하나 나온다. 다리를 건넌 뒤 왼쪽으로 꺾어 오솔길을 따라간다. → P3 선착장-휴게소

7

P3 선착장-휴게소

매점에서 간단하게 요기를 하자. 화장실은 꼭 다녀올 것.
셔틀보트를 타고 P2 선착장으로 간다. P3에서 P2로 바로 가는 보트도 있으나 가끔 다니므로 P1으로 간 뒤 P2행으로 바꿔 타는 편이 낫다. P3 ↔ P1, P1 ↔ P2 보트는 자주 다닌다. → P2 선착장

8

P2 선착장

보트에서 내린 뒤 다음 루트를 향해 전진!
호수를 등지고 바라보면 계단이 하나 보이는데, 그곳으로 올라간다. 갈림길이 나타나면 오른쪽으로 간다. 계단과 나무 발판 산책로가 번갈아가며 이어진다. → 그라딘스코 호수

12

ST4 정류장

C코스의 하이킹이 끝나고, 1번 입구로 돌아갈 시간. 커피나 음료를 파는 휴게 시설이 있으니 잠시 쉬어가도 OK.
셔틀버스를 타고 종점까지 간다. → ST1 정류장

11

프로슈찬스코 호수
Prošćansko

상단부에서 가장 큰 호수지만 서쪽 일부분만 살짝 보고 지나간다. 호수의 얕은 부분에 나무다리를 놓아 건너갈 수 있도록 했다.
호수 위에 놓인 나무다리를 건넌 뒤 숲길에 놓인 나무 발판 길을 따라 숲을 빠져나간다. → ST4 정류장

10

갈로바츠 호수
Galovac

갈로바츠 호수를 비롯해 작은 호수와 폭포를 여러 개 거친다. 하단부에 비해 오밀조밀한 풍경을 자랑하는 상단부의 특징을 느낄 수 있다.
숲길과 나무다리를 따라 걷는다. → 프로슈찬스코 호수

9

그라딘스코 호수
Gradinsko

본격적인 상단부 하이킹의 시작이다. 그라딘스코 호수의 서쪽을 따라 마련된 숲길을 따라 한참을 걷는다. 나무가 우거져 숲길의 참맛을 느낄 수 있다.
숲길과 나무다리를 따라 걷는다. → 갈로바츠 호수

13

ST1 정류장

버스에서 내려 좀 더 걸으면 1번 입구에 도착한다.
정류장 옆으로 난 숲길을 따라 북쪽으로 간다. → 1번 입구

FINISH

1번 입구

C코스 하이킹이 완전히 끝났다. 다음 코스로 향하거나 숙소로 돌아가 잠시 쉴 것.

난이도 ★★★★

총 6시간 소요
(각종 이동 및 휴식 포함)

---

start

S.	1번 입구
	70m, 도보 3분
1.	1번 입구 전망대
	500m, 도보 15분
2.	하단부
	250m, 도보 7분
3.	벨리키 폭포
	250m, 도보 7분
4.	칼루제로바츠 호수
	100m, 도보 3분
5.	슈플랴라 동굴
	100m, 도보 3분
6.	가바노바츠·밀라노바츠 호수
	600m, 도보 10분
7.	P3 선착장-휴게소
	3km, 보트 15분
8.	P2 선착장
	300m, 도보 10분(오르막·계단)
9.	그라딘스코 호수
	1km, 도보 15분
10.	갈로바츠 호수
	1km, 도보 15분
11.	프로슈찬스코 호수
	100m, 도보 3분
12.	ST4 정류장
	6km 버스 15분
13.	ST1 정류장
	1km, 도보 15분
F.	1번 입구

3 PLITVICE 플리트비체

코스 무작정 따라하기
하이킹 E코스 따라하기

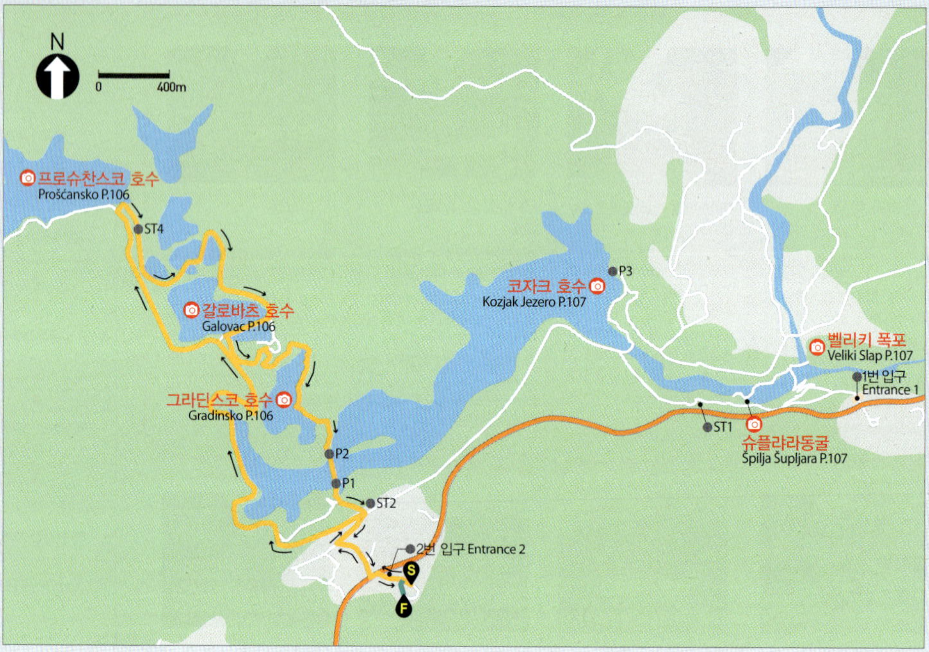

START ---- 1 -------- 2 -------- 3 --------

2번 입구

매표소에서 입장권을 구매한 뒤 표지판을 따라 이동한다. 구름다리를 건너야 하는 것을 잊지 말 것.
구름다리를 건넌 뒤 숲길을 따라간다. → ST2 정류장

ST2 정류장

ST4행 셔틀버스를 탄다. 국립공원을 등지고 입구 쪽을 바라보고 섰을 때 오른쪽 방향으로 가는 버스를 타면 된다.
셔틀버스를 타고 종점까지 간다. 여행자들이 모두 내릴 때 같이 내리면 된다. → ST4 정류장

ST4 정류장

버스에서 내린 뒤 차를 등지고 바라보면 하이킹 루트의 시작점을 알리는 표지판과 나무 발판이 보인다. 그쪽으로 가서 본격적인 하이킹을 시작한다.
나무다리를 따라 걷는다. → 프로슈찬스코 호수

프로슈찬스코 호수
Proščansko

상단부에서 가장 큰 호수지만 하이킹 코스에서는 서쪽 일부분만 살짝 지나간다. 얕고 맑은 물 위로 갈대가 자라고 그 위로 구름이 떠가는 모습 등 말로만 듣던 플리트비체의 환상적인 풍경을 접하게 된다.
여러 개의 작은 호수와 폭포를 거치며 나무다리와 숲길을 따라 쭉 걷는다. → 갈로바츠 호수

2번 입구에서 시작하는 코스로, 상단부 호수만 돌아본 뒤 2번 입구로 돌아가는 루트이다. 일반적인 선호도는 그다지 높지 않다. 주로 플리트비체에 대한 아무런 사전 지식이나 정보가 없는 여행자들이 2번 출구에서 얼떨결에 상단부를 한 바퀴 돈 뒤 하단부에도 호수가 있다는 것을 상상조차 하지 못하고 하이킹을 끝내는 경우, 이미 상단부를 한 바퀴 돌아본 여행자들이 그 아름다움에 반해 한번 더 돌아보는 경우에 이용한다.

4 ----- 5 ----- 6 ----- 7 -----

갈로바츠 호수
Galovac

호수 동쪽 가장자리의 하이킹 트레일을 따라 걷는다. 아름다운 호수를 눈높이에서 바라보며 여유롭게 하이킹을 즐긴다. 호수와 숲길이 번갈아 이어지고 중간중간 아름다운 폭포가 나타나 지루할 새가 없다.

나무다리와 숲길을 따라간다. 중간중간 갈림길이 나오면 표지판을 참고한다. → 그라딘스코 호수

그라딘스코 호수
Gradinsko

다시 호수 옆으로 산책로가 나온다. 눈높이로 보이는 호수의 풍경을 즐길 것.

호수 옆 산책로가 끝나면 숲길이 나온다. 숲길을 따라가다 계단이 나오면 아래로 내려간다. → P2 선착장

P2 선착장

P1 선착장으로 가는 셔틀보트를 탄다. P1과 P2 사이에는 셔틀보트가 자주 오기 때문에 오래 기다리지 않아도 된다.

셔틀보트를 타고 코자크 호수를 가로질러 간다. → P1 선착장

P1 선착장

E코스 하이킹이 끝났으니 2번 입구로 돌아가자.

선착장을 등지고 오솔길을 따라가다 보면 계단이 나타난다. 계단을 따라 한참 올라간다. → ST2 정류장

FINISH ----- 8

난이도 ★★

2시간 30분~
(각종 이동 및 휴식 포함)

2번 입구

코인 로커에 넣어둔 짐을 찾거나 주차장에 세워놓은 차를 찾는다.

ST2 정류장

2번 입구와 가까운 셔틀버스 정류장. 숙소가 이곳 주변에 있거나 차를 이 근처 주차장에 세워놓았다면 여기서 끝내도 무방하다.

숲길을 지나고 구름다리를 건넌다. → 2번 입구

	↓ start
S.	2번 입구
	500m, 도보 8분
1.	ST2 정류장
	3km, 버스 15분
2.	ST4 정류장
	100m, 도보 3분
3.	프로슈찬스코 호수
	100m, 도보 3분
4.	갈로바츠 호수
	500m, 도보 10분
5.	그라딘스코 호수
	200m, 도보 10분
6.	P2 선착장
	200m, 보트 5분
7.	P1 선착장
	400m, 도보 15분(계단)
8.	ST2 정류장
	500m, 도보 8분
F.	2번 입구

3 PLITVICE 플리트비체

코스 무작정 따라하기
하이킹 F코스 따라하기

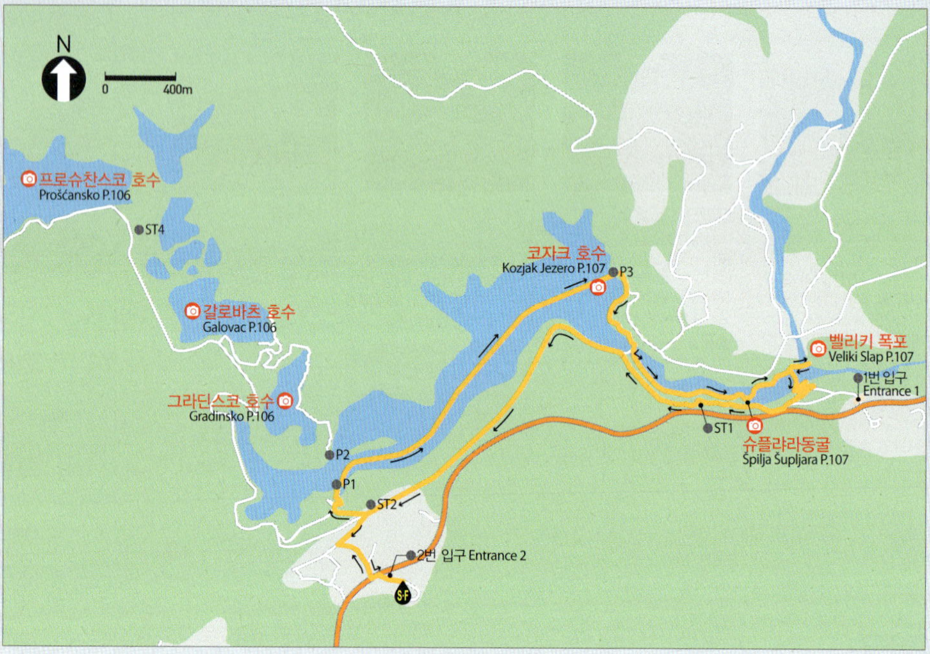

START ---- 1 -------- 2 -------- 3 -------- 4

2번 입구
매표소에서 입장권을 구매한 뒤 표지판을 따라 이동한다. 구름다리를 건너가자.
구름다리를 건너간 뒤 숲길을 따라간다. → ST2 정류장

ST2 정류장
국립공원으로 통하는 안쪽 입구로 들어간다. 이곳에서 표 검사를 한다.
계단을 따라 한참 내려간다. → P1 선착장

P1 선착장
P3 선착장으로 가는 셔틀보트를 탄다.
셔틀보트를 타고 코자크 호수를 가로질러 간다. → P3 선착장-휴게소

P3 선착장-휴게소
피곤하거나 배고프거나 화장실 가고 싶은 것이 아니라면 휴게소는 지나칠 것. 선착장과 호수를 등지고 오른쪽으로 가면 하단부 호수로 향하는 길이 나타난다.
콘크리트로 포장된 길을 조금 지나면 오솔길이 나온다. 오솔길을 한참 따라가다 보면 오른쪽으로 다리가 나온다. 다리를 건널 것. → 가바노바츠·밀라노바츠 호수

가바노바츠·밀라노바츠 호수
Gavanovac·Milanovac
하단부 세 개의 호수 중 두 개의 호수를 동쪽으로 난 하이킹 트레일을 따라가며 감상한다. 물이 어찌나 맑은지 안에서 노니는 물고기들이 다 보인다. 길이 좁아지는 부분만 조심할 것.
호숫가를 벗어나면 나무 발판 길이 나오고, 나무로 만들어진 계단을 내려가면 지금까지 온 길과 수직을 이루는 나무 발판 길이 보인다. 오른쪽으로 간 뒤 계단을 올라간다. → 슈플랴라 동굴

2번 입구에서 시작해 하단부를 한 바퀴 도는 코스. 처음 플리트비체 하이킹을 하는 여행자보다는 이미 한 번 돌아본 사람이 하단부를 집중적으로 보고 싶을 때 좀 더 적합한 코스이다. 특히 2번 입구 부근의 호텔(예제로, 플리트비체, 벨뷰)에 묵을 경우 둘째 날 하이킹할 때 하단부만 돌고 싶다면 이 코스를 선택할 것. 당일치기 여행자가 2번 입구에서 시작할 경우에도 추천할 만하다.

5

슈플랴라 동굴
Šupljara

동굴 위에서 바라보는 신비로운 물빛의 호수는 눈높이에서 볼 때와는 또 다른 감동을 준다. 인증샷 남기기도 좋다.

동굴에서 내려와 아까의 갈림길로 돌아온 뒤 동굴을 등지고 왼쪽 길로 간다. → 칼루제로바츠 호수

6

칼루제로바츠 호수
Kaluđerovac

호수 서쪽 면을 따라 만들어진 하이킹 트레일을 천천히 걷는다. 하이킹이 거의 끝나간다. 나무 발판을 따라간다. 갈림길이 나와도 상관하지 말고 계속 원래 진행 방향으로 갈 것. → 벨리키 폭포

7

벨리키 폭포
Veliki Slap

플리트비체에서 가장 큰 폭포. F코스 하이킹의 하이라이트라 할 수 있다.

온 길을 되돌아간 뒤 갈림길이 나오면 왼쪽으로 간다. 칼루제로바츠 호수를 가로지르는 다리를 건넌 뒤 언덕길로 접어든다. 지그재그 경사로를 따라 한참 올라가면 꼭대기에서 길이 갈라지는데 직진하면 된다. → 하단부 전망대

8

하단부 전망대

지그재그로 만들어진 경사로 중간중간에 전망대가 있으니 천천히 올라가며 경치를 만끽할 것. 다른 곳은 지나치더라도 경사로 끝 지점의 전망대는 꼭 들러 하단부 호수의 신비로운 풍경을 즐기자.

숲 안쪽으로 들어가는 길을 따라 직진한다. → ST1 정류장

9

ST1 정류장

ST2행 셔틀버스를 탄다. 셔틀버스를 타고 한 정거장 지나서 내린다. → ST2 정류장

10

ST2 정류장

2번 입구와 가까운 셔틀버스 정류장. 숙소가 이곳 주변에 있거나 차를 이 근처 주차장에 세워놓았다면 여기서 끝내도 무방하다.
숲길을 지나고 구름다리를 건넌다. → 2번 입구

FINISH

2번 입구

코인 로커에 넣어둔 짐을 찾거나 주차장에 세워놓은 차를 찾는다.

난이도 ★★

3시간~
(각종 이동 및 휴식 포함)

↓ **start**

S. 2번 입구
　500m, 도보 8분
1. ST2 정류장
　400m, 도보 10분
2. P1 선착장
　3km, 보트 15분
3. P3 선착장-휴게소
　600m, 도보 10분
4. 가바노바츠·밀라노바츠 호수
　100m, 도보 3분
5. 슈플랴라 동굴
　100m, 도보 3분
6. 칼루제로바츠 호수
　250m, 도보 7분
7. 벨리키 폭포
　750m, 도보 20분(경사로)
8. 하단부 전망대
　150m, 도보 3분
9. ST1 정류장
　3km, 버스 10분
10. ST2 정류장
　500m, 도보 8분
F. 2번 입구

3. PLITVICE 플리트비체

3 PLITVICE 플리트비체

코스 무작정 따라하기
하이킹 H코스 따라하기

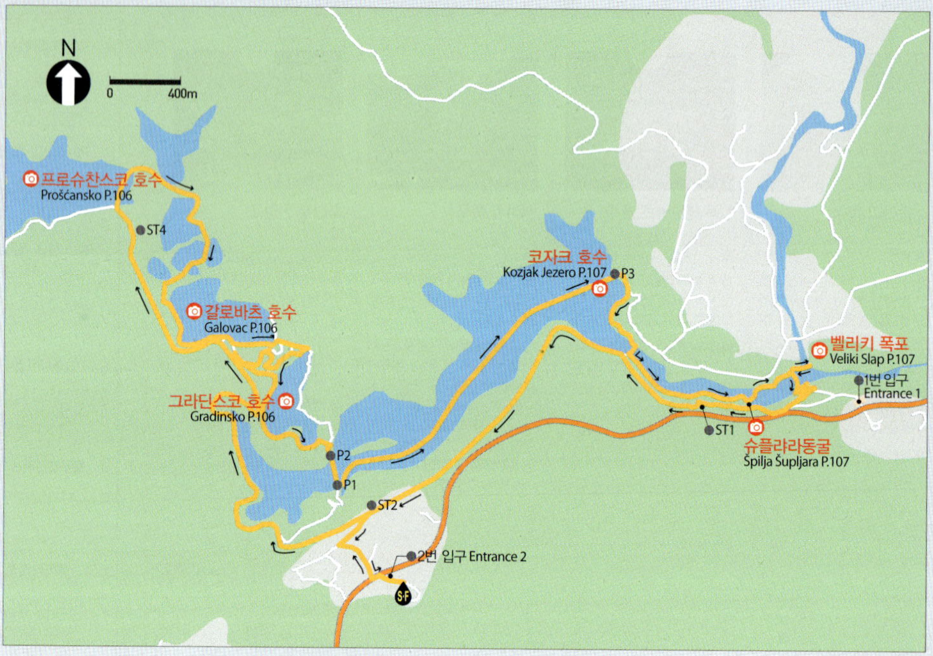

START --- 1 -------- 2 -------- 3 -------- 4 --------

2번 입구
매표소에서 입장권을 구매한 뒤 표지판을 따라 이동한다.
구름다리를 건넌 뒤 숲길을 따라 걷는다. →ST2 정류장

ST2 정류장
ST4행 셔틀버스를 탄다. 공원을 등지고 오른쪽 방향이다.
셔틀버스를 타고 종점까지 간다. →ST4 정류장

ST4 정류장
하이킹 루트의 시작점을 알리는 표지판과 나무 발판을 쉽게 찾을 수 있다. 본격적인 하이킹 시작이다.
나무다리를 따라 걸어간다. →프로슈찬스코 호수

프로슈찬스코 호수
Prošcansko
상단부에서 가장 큰 호수의 일부분을 살짝 스쳐 지나간다. 키 큰 갈대와 얕은 물, 태양과 구름의 조화가 너무도 아름다운 곳이다.
여러 개의 작은 호수와 폭포를 거치며 나무다리와 숲길을 따라 쭉 걷는다. →갈로바츠 호수

갈로바츠 호수
Galovac
아름다운 호수를 눈높이에서 바라보며 천천히 하이킹을 즐긴다. 중간중간 아름다운 폭포가 나오고, 곳곳에 풀과 꽃이 자라나는 늪이 있다. 상단부에서 가장 아름다운 구간.
나무다리와 숲길을 따라간다. 중간중간 갈림길이 나오면 표지판을 참고한다. →그라딘스코 호수

104-105

2번 입구에서 시작해 상단부를 돌아본 뒤 코자크 호수를 건너고 하단부에서 마무리하는 코스. 모든 코스를 통틀어 가장 짜임새가 좋은 코스로, 일명 플리트비체 하이킹 코스의 '끝판왕'으로 불린다. 막판에 ST1으로 가기 위해 지그재그 경사로를 한참 올라야 한다는 것만 빼면 흠잡을 곳이 없다. 2번 입구에서 하이킹을 시작하는 것에 무리가 없고 하루를 온전히 투자할 수 있다면 무작정 H코스를 따라가자.

5

그라딘스코 호수
Gradinsko

호수 옆으로 난 하이킹 트레일을 따라가며 가까이에서 호수 풍경을 즐길 것.

호수 길이 끝나면 숲길이 나온다. 숲길을 따라가다 계단이 나오면 아래로 내려간다. → P2 선착장

6

P2 선착장

P3 선착장으로 가는 셔틀보트를 탄다. P2에서 P3로 바로 가는 보트도 있지만 자주 오가지 않으므로 P1으로 갔다가 P3로 가는 편이 더 낫다.

셔틀보트를 타고 코자크 호수를 가로질러 간다. → P3 선착장

7

P3 선착장-휴게소

휴게소에서 소시지나 닭구이 등으로 요기할 것. 휴게소를 등지고(호수를 바라보고) 왼쪽으로 가자. 이곳부터 하단부 호수 하이킹의 시작이다.

콘크리트로 포장된 길을 조금 지나면 오솔길이 나온다. 오솔길을 한참 따라가다 보면 오른쪽으로 다리가 나온다. 다리를 건널 것. → 가바노바츠·밀라노바츠 호수

8

가바노바츠·밀라노바츠 호수
Gavanovac-Milanovac

하단부 세 개의 호수 중 두 개 아지만 부분만 조심하자.

호숫가를 벗어나면 나무 발판 길이 나오고, 나무로 만들어진 계단을 내려가면 지금까지 온 길과 수직을 이루는 나무 발판 길이 보인다. 오른쪽으로 간 뒤 계단을 올라간다. → 슈플랴라 동굴

12

하단부 전망대

경사로 중간중간에 전망대가 있다. 다른 곳은 지나치더라도 경사로 끝 지점의 전망대는 꼭 들를 것. 플리트비체의 풍경이 한눈에 들어온다.

숲 안쪽으로 들어가는 길을 따라 직진한다. → ST1 정류장

11

벨리키 폭포
Veliki Slap

플리트비체에서 가장 큰 폭포. F코스 하이킹의 하이라이트.

온 길을 되돌아 갈림길이 나오면 왼쪽으로 간다. 칼루제로바츠 호수를 가로지르는 다리를 건넌 뒤 언덕길로 접어든다. 지그재그 경사로를 따라 한참 올라가면 꼭대기에서 길이 갈라지는데 직진하면 된다. → 하단부 전망대

10

칼루제로바츠 호수
Kaluđerovac

호수 서쪽 면을 따라 만들어진 하이킹 트레일을 천천히 걷는다. 하이킹이 거의 끝나간다.

나무 발판을 따라간다. 갈림길이 나와도 상관하지 말고 계속 원래 진행 방향으로 갈 것. → 벨리키 폭포

9

슈플랴라 동굴
Šupljara

동굴 위에서 바라보는 신비로운 물빛의 호수를 감상하자.

동굴에서 내려온 뒤 나무 발판 길을 따라가며 호수를 건넌다. → 칼루제로바츠 호수

13

ST1 정류장

ST2행 버스를 탄다.

셔틀버스를 타고 한 정거장 지나서 내린다. → ST2 정류장

14

ST2 정류장

2번 입구와 가까운 셔틀버스 정류장. 여기서 끝내도 OK.

숲길을 지나고 구름다리를 건넌다. → 2번 입구

FINISH

2번 입구

코인 로커에 넣어둔 짐을 찾거나 주차장에 세워놓은 차를 찾는다. 하이킹 끝!

난이도 ★★★★★

4시간 30분~
(각종 이동 및 휴식 포함)

---

3. PLITVICE 플리트비체

↓ **start**

S.	2번 입구
	500m, 도보 8분
1.	ST2 정류장
	3km, 버스 15분
2.	ST4 정류장
	100m, 도보 3분
3.	프로슈찬스코 호수
	100m, 도보 3분
4.	갈로바츠 호수
	500m, 도보 10분
5.	그라딘스코 호수
	200m, 도보 10분
6.	P2 선착장
	200m, 보트 5분
7.	P3 선착장-휴게소
	600m, 도보 10분
8.	가바노바츠·밀라노바츠 호수
	100m, 도보 3분
9.	슈플랴라 동굴
	100m, 도보 3분
10.	칼루제로바츠 호수
	250m, 도보 7분
11.	벨리키 폭포
	750m, 도보 20분(경사로)
12.	하단부 전망대
	150m, 도보 3분
13.	ST1 정류장
	3km, 버스 10분
14.	ST2 정류장
	500m, 도보 8분
F.	2번 입구

PLITVICE 플리트비체

TRAVEL INFO
플리트비체 핵심 여행 정보

📷 SIGHTSEEING

No.1 플리트비체 상단부(프로슈찬스코, 갈로바츠, 그라딘스코 호수)
★★★★★ Upper Lakes

플리트비체 국립공원은 중앙부의 코자크 호수를 중심으로 남쪽의 상단부와 북쪽의 하단부로 나뉜다. 상단부는 프로슈찬스코 Prošćansko, 갈로바츠Galovac, 그라딘스코Gradinsko를 비롯해 12개의 크고 작은 호수가 잇닿아 있으며, 사이사이로 늪과 폭포가 자리하고 있다. 미로 같은 숲길이나 호수에 놓인 다리, 여울을 따라 놓인 길 등은 마치 밀림을 탐험하는 듯한 기분을 느낄 수 있다. 상단부를 전부 도는 데는 1시간 30분에서 2시간 정도 소요된다. 플리트비체의 간판이라 할 수 있는 벨리키 폭포나 신비한 물빛의 호수들이 대부분 하단부에 있어 짧게 돌아보는 사람들은 상단부 하이킹을 제외하는 경우가 많으나, 감수성이 예민한 사람들은 상단부의 아기자기하고 순수한 자연 풍경에 더 높은 점수를 주기도 한다.

📍 MAP P.93A Ⓖ 구글 지도 GPS 44.8711, 15.60041(ST4 부근) 44.87019, 15.59826(프로슈찬스코 호수 부근) 44.87751, 15.60786(갈로바츠 호수 부근) 44.87903, 15.61274(그라딘스코 호수 부근) 44.8801, 15.61531(P2 선착장 부근) Ⓖ 찾아가기 2번 입구와 좀 더 가깝다. ST2 정류장에서 셔틀버스를 타고 ST4로 올라간 뒤 하이킹을 시작하는 것이 가장 보편적이고 편리한 방법이다. C, E, H 코스에 상단부 하이킹이 포함되어 있다.

※ 1권 P.76(MANUAL 04 숲과 계곡)에서 자세한 정보 참조

No.2 플리트비체 하단부(밀라노바츠, 가바노바츠, 칼루제로바츠 호수 & 벨리키 폭포 & 슈플랴라 동굴)
★★★★★ Lower Lakes

코자크 호수를 기점으로 북쪽에 해당하며, 밀라노바츠Milanovac, 가바노바츠 Gavanovac, 칼루제로바츠Kaluđerovac 세 개의 호수가 연이어 있다. 코라나Korana 강의 상류에 해당하며 코라나 강은 이 지역에서 발원해 크로아티아와 보스니아-헤르체고비나의 국경 부근까지 흘러간다. 세 개의 호수가 각각 독립적으로 떨어져 있는 것이 아니라 강이 폭포 등으로 인해 구간구간 나뉘었다고 생각하면 된다. 플리트비체의 상징인 신비한 푸른빛의 호수가 바로 이곳에 있으며, 벨리키 폭포나 슈플랴라 동굴 등 주요 볼거리도 이 일대에 몰려 있다. 짧은 코스의 하이킹을 원한다면 하단부만 둘러봐도 크게 후회는 없을 것이다.

📍 MAP P.93B Ⓖ 구글 지도 GPS 44.90216, 15.61082(칼루제로바츠 호수 동쪽 1번 입구 연결점 부근) Ⓖ 찾아가기 1번 입구와 가깝다. 1번 입구로 들어간 뒤 지그재그 경사로 언덕을 내려오는 것이 가장 일반적. 또는 P3 선착장-휴게소에도 하단부의 밀라노바츠 호수와 연결되는 길이 있다. F코스를 제외한 전 코스에 하단부 하이킹이 포함되어 있다.

No. 3 코자크 호수
★★★★ Kozjak Jezero, Kozjak Lake

플리트비체에서 가장 큰 호수로, 이곳을 중심으로 상단부와 하단부가 나뉜다. 각각 P1·P2·P3 선착장에서 수시로 셔틀보트가 오간다. P1, P2와 P3는 3km 정도 떨어져 있어 유람선 기분도 느낄 수 있다. A코스를 제외한 전 코스에 코자크 호수가 포함된다.

◎ MAP P.93A ⑧ 구글 지도 GPS 44.88037, 15.6172(P1 선착장 부근) 44.8801, 15.61531(P2 선착장 부근) 44.89356, 15.60335(P3 선착장 부근) 44.886024, 15.612341(호수 중심부) ⊙ 찾아가기 P1 선착장은 ST2 정류장에서 계단을 따라 내려오면 있고, P2 선착장은 상단부 하이킹 코스의 시작–종료 지점에, P3 선착장은 하단부 하이킹 시작–종료 지점에 있다.

No. 4 벨리키 폭포
★★★★ Veliki Slap, The Big Waterfall

플리트비체 국립공원에서 가장 큰 폭포로, 78m의 높이를 자랑한다. 벨리키는 '크다'라는 뜻으로, 플리트비체 대폭포라는 이름으로도 통한다. 플리트비체 최고의 인증샷 포인트로, 7~8명 정도는 너끈히 올라설 수 있는 기념사진대까지 설치되어 있다. 나이아가라 폭포나 빅토리아 폭포를 생각했다면 실망할 수도 있으나 시원한 풍경만으로도 충분히 만족할 것이다.

◎ MAP P.93A ⑧ 구글 지도 GPS 44.90245, 15.60899 ⊙ 찾아가기 하단부 하이킹 코스에서 가장 북쪽에 해당한다. 칼루제로바츠 호수 서쪽 부근에서 북쪽으로 빠지는 길을 따라가면 쉽게 찾을 수 있다.

No. 5 슈플랴라 동굴
★★★ Špilja Šupljara, Šupljara Cave

플리트비체 하단부에 있는 작은 동굴. 가바노바츠 호수와 칼루제로바츠 호수 중간 석회암 언덕 위에 자리하고 있다. 다양한 동굴 생태계를 갖추고 있어 생태학적으로도 가치가 높다. 입구에서는 동굴과 호수 풍경이 어우러진 모습을, 위쪽으로 올라가면 탁 트인 전망을 즐길 수 있다. 동굴 내부의 온도는 영상 10도 안팎을 유지해 여름날 더위를 피하기에 좋다.

◎ MAP P.93A ⑧ 구글 지도 GPS 44.89985, 15.61165(입구 부근) ⊙ 찾아가기 가바노바츠에서 칼루제로바츠로 넘어가는 부근에서 동쪽으로 간다. 'Šupljara'라는 표지판이 있으므로 근처에 가면 찾기 어렵지 않다.

🍴 EATING

No. 1 P3 휴게소
★★★ P3

플리트비체 인근에서 '의외의 맛집'으로 소문난 곳. 휴게소 내의 간이음식점으로 맥주, 커피, 소시지, 닭구이 등을 판매한다. 닭구이는 저렴한 가격에 괜찮은 맛으로 한국 여행자들의 지지를 받고 있다. 플리트비체 주변에 워낙 먹을 것이 없다 보니 다소 과대평가된 점도 있다.

◎ MAP P.93B ⑧ 구글 지도 GPS 44.89416, 15.60328 ⊙ 찾아가기 P3 선착장 휴게소의 한복판에 있다. F, H코스에서는 P1에서 셔틀보트를 타고 갈 수 있으며 B, C코스에서는 하단부 하이킹 종료 지점에서 갈 수 있다.

No. 2 폴랴나 레스토랑
★★ Poljana Restaurant

플리트비체 내 그릴 전문 레스토랑으로, 스테이크·민물생선구이 등이 간판 메뉴이다. 단체 관광객들이 즐겨 찾으며, 음식은 평범한 편. 안쪽에서 셀프서비스로 이용하는 편이 더 저렴하다.

◎ MAP P.93C ⑧ 구글 지도 GPS 44.88016, 15.62283 ⊙ 찾아가기 ST2 부근에 있다. ST2에서 남쪽, 즉 ST4 방면으로 약 400m 간 뒤 왼쪽으로 보면 쉽게 찾을 수 있다. ⊙ 주소 Plitvička jezera bb, Plitvička Jezera ☎ 전화 053-751-015 ⓢ 시간 매일 08:00~23:00 ⊙ 휴무 비정기적 ⓢ 가격 애피타이저 40~60kn, 생선 요리 60~80kn, 스테이크·그릴 요리 110~210kn

그릴드 포크 커틀렛 65kn

No. 3 호텔 예제로 레스토랑
★★ Restaurant Hotel Jezero

플리트비체 내 호텔 예제로에 자리한 레스토랑. 이탈리아 음식을 비롯한 서양 음식을 선보인다. 플리트비체 인근에서 잡힌 자연산 송어 요리가 맛있는 편. 리조토와 파스타 종류도 평범하나 버섯 리조토는 한국인의 입맛에 잘 맞는다. 2번 입구와 ST2 부근에서 가깝다.

버섯 리조토 60kn

◎ MAP P.93C ⑧ 구글 지도 GPS 44.88381, 15.61871 ⊙ 찾아가기 2번 입구와 ST2 사이의 숲 속에 자리한 호텔 예제로Hotel Jezero의 지하에 있다. ⊙ 주소 Plitvička jezera bb, Plitvička Jezera ☎ 전화 053-751-100 ⓢ 시간 매일 11:30~15:00, 19:00~21:00 ⊙ 휴무 비정기적

3 PLITVICE 플리트비체

⊕ ZOOM IN
물의 마을, 라스토케 Rastoke

플리트비체 국립공원에서 북쪽으로 약 35km 떨어진 작은 마을로, 행정구역상으로는 슬루니Slunj라는 곳에 속해 있다. 슬룬치차Slunjčica 강과 코라나Korana 강이 교차하는 지점으로, 수량이 풍부한 폭포와 급류가 곳곳에 흐르고 있다. 이러한 지형적 특색을 이용해 19세기 말부터 20세기 초에 물레방앗간촌이 생겨났고, 지금까지 그 모습을 그대로 간직하고 있다. 현재는 플리트비체 인근의 대표적 관광지로 마을 전체가 민박촌으로 운영되고 있다. 마을 바깥쪽은 폭포와 급류의 풍경이, 안쪽은 잔잔한 개울과 저수지가 예스러운 작은 집들과 어우러진 한가로운 풍경이 펼쳐진다. 딱히 무언가를 하기보다는 천천히 산책을 즐기며 몸과 마음을 푹 쉬어가기에 좋은 곳이다.

⊙ **MAP** P.108 ⓑ **1권** P.52 ⓖ **구글 지도 GPS** 45.121752, 15.587702(마을 입구 다리 앞) ⓢ **찾아가기** (렌터카) – 내비게이션에 '라스토케Rastoke'를 입력하면 쉽게 찾을 수 있다. 마을 중심부로 좀 더 가까이 들어가고 싶다면 'Rastoke 21' 등 구체적인 주소를 입력할 것. (대중교통) – 플리트비체, 자그레브, 카를로바츠 등에서 '슬루니Slunj'행 버스를 탄다. 자그레브에서는 1시간에 1대꼴로, 플리트비체에서는 2시간에 1대꼴로 있다. 인터넷에서 스케줄을 꼭 체크할 것. 슬루니 정류장에서 내린 뒤 큰길을 따라 북쪽으로 걷다 보면 라스토케 표지판을 찾을 수 있다. ⊙ **주소** Rastoke, Croatia

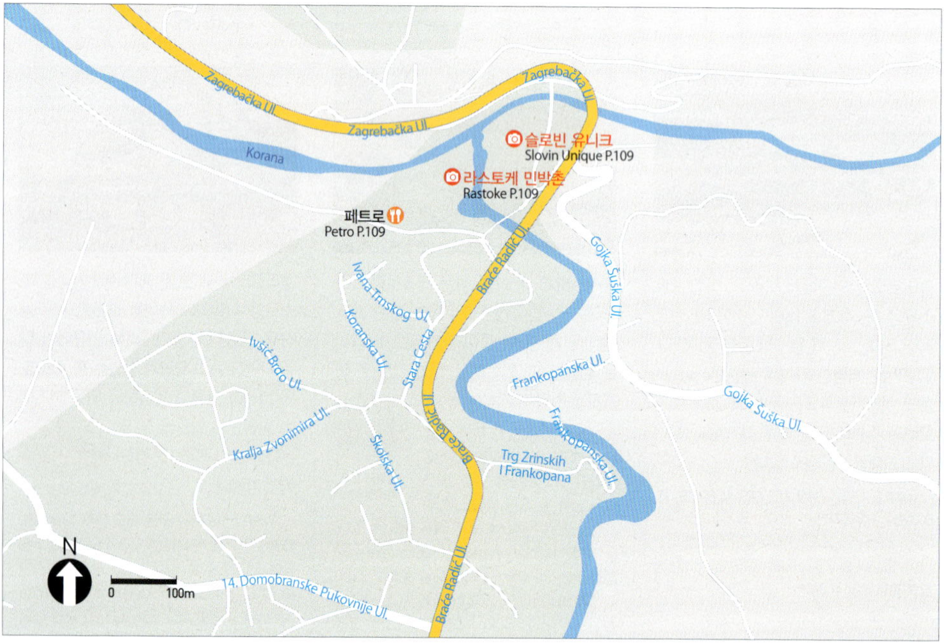

📷 SIGHTSEEING

№.1 라스토케 민박촌
★★★ Rastoke

중심부에 작은 개울이 흐르고 그 주변에 옛 모습을 간직한 소박한 집들이 가득한 아기자기하고 예쁜 마을로, 천천히 걸어도 1시간이면 모두 돌아볼 수 있다. 이곳의 집들은 대부분 민박으로 꾸며져 있는데, 시설은 다소 불편하나 친절하고 저렴하며 개울의 풍경을 시각과 청각으로 즐길 수 있다는 큰 장점이 있다. 또한 이 일대의 민박들은 아침식사가 맛있는 것으로 유명하며 손님들에게 환영의 의미로 개울가에 티 테이블을 차려주기도 한다. 가격은 트윈/더블 룸 1박에 25~40유로 정도로, 객실의 종류와 시즌, 아침식사 유무에 따라 조금씩 차이가 있다. 예약은 이메일이나 전화로만 가능하나 최근에는 에어비앤비에도 조금씩 올라오고 있다. 가장 인기 많은 곳은 21번지와 14번지.

◎ MAP P.108 ⑧ 구글 지도 GPS 45.121368, 15.587078(14번지 민박 부근) ◎ 찾아가기 라스토케 마을 중심부에 있다. 마을 한가운데의 다리를 기준으로 하면 동쪽 지역에 해당한다.

№.2 슬로빈 유니크 라스토케
★★ Slovin Unique

그 흔한 성당 하나 없는 라스토케에서 유일무이한 관광 스폿으로 군림하고 있는 곳으로, 라스토케 일대의 아름다운 풍경을 만끽할 수 있는 소규모 자연 관광단지이다. 레스토랑과 소규모 숙박시설, 연회장을 중심으로 라스토케 일대의 아름다운 자연과 옛 마을의 정취를 만끽할 수 있는 산책 코스가 조성되어 있다. 슬로빈은 '슬루니(Slunj)'의 옛 이름이다. 민박촌에서 계곡과 집들의 아기자기한 조화를 즐긴다면, 이곳에서는 폭포와 물레방아 모습을 구경할 수 있다. 작은 폭포와 개울이 이어지는 자연 풍경을 마을보다 좀 더 본격적으로 감상할 수 있는 곳이다. 라스토케에 한나절 이상 머문다면 가볼 만하다.

◎ MAP P.108 ⑧ 구글 지도 GPS 45.120446, 15.585365 ◎ 찾아가기 라스토케 민박촌에서 작은 다리를 하나 건너면 바로 나온다. ◎ 주소 Rastoke 25 b, Slunj ◎ 전화 047-801-460 ◎ 시간 월·수요일~일요일 10:00~20:00 ◎ 휴무 화요일 ⑤ 가격 입장료 30kn ◎ 홈페이지 www.slunj-rastoke.com

🍴 EATING

№.1 페트로
★★★ Petro

구운 송어 Grilled Trout 160kn(1kg당)

라스토케의 두 개뿐인 레스토랑 중 하나. 야외 좌석이 마련되어 숲과 강의 풍경을 마음껏 즐기며 식사할 수 있다. 송어구이를 비롯한 민물생선 요리가 유명한데, 생선에 최소한의 조미만 하고 숯불이나 장작에 구워낸다.

◎ MAP P.108 ⑧ 구글 지도 GPS 45.119874, 15.584163 ◎ 찾아가기 슬로빈 유니크 부근에 있다. ◎ 주소 vl. Milan Petrović, Rastoke 29, Slunj ◎ 전화 047-777-709 ◎ 시간 매일 09:00~23:00 ◎ 휴무 비정기적 ⑤ 가격 생선 요리 150~210kn, 고기 요리 50~220kn ◎ 홈페이지 www.petro-rastoke.com

4 SPLIT
[스플리트]

생각보다 다채로운 매력의 도시

스플리트는 크로아티아에서도 가장 다재다능한 도시이다. 크로아티아에서 가장 중요한 역사 유적이 있는 곳으로 달마티아의 섬과 도시들을 잇는 교통의 허브이기도 하다. 골목은 그 어느 도시보다 좁고 신비로우며, 곳곳에는 각양각색의 이야기가 숨어 있다. 오래된 도시와 쾌적한 휴양지의 분위기가 어우러진 여유롭고 유쾌한 느낌도 일품. 맛집이나 쇼핑거리도 의외로 많다. 볼거리 중심으로 여행하는 사람들에게는 딱 반나절만큼의 즐거움을 안겨주지만 조금 더 여유를 갖고 꼼꼼히 여행하는 사람들에게는 생각보다 많은 기쁨과 재미를 안겨주는 곳, 스플리트는 그런 의외의 매력 덩어리 도시이다.

MUST SEE 스플리트에서 이것만은 꼭 보자!

No. 1 디오클레티아누스 궁전 유적의 열주 광장과 성 돔니우스 대성당

No. 2 성 돔니우스 대성당 종탑 또는 마르얀 언덕 전망대에서 바라보는 스플리트의 전경

No. 3 리바 거리의 활기찬 낮 풍경과 로맨틱한 저녁노을

MUST EAT 스플리트에서 이것만은 꼭 먹자!

No. 1 피페의 크로아티아식 내장탕

No. 2 빌리 산의 레몬젤라토 or 슬라스티차르나 리바의 망고아이스크림

MUST BUY 스플리트에서 이것만은 꼭 사자!

No. 1 지하시장의 각종 기념품

No. 2 스플리트 티 하우스의 허브티

MUST EXPERIENCE 스플리트에서 이것만은 꼭 경험하자!

No. 1 비스 or 브라치 섬 여행

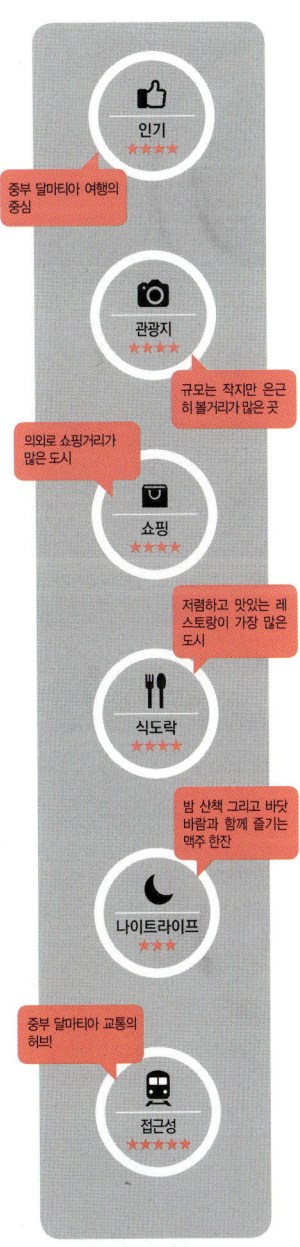

- 인기 ★★★★ — 중부 달마티아 여행의 중심
- 관광지 ★★★★ — 규모는 작지만 은근히 볼거리가 많은 곳
- 쇼핑 ★★★★ — 의외로 쇼핑거리가 많은 도시
- 식도락 ★★★★ — 저렴하고 맛있는 레스토랑이 가장 많은 도시
- 나이트라이프 ★★★ — 밤 산책 그리고 바닷바람과 함께 즐기는 맥주 한잔
- 접근성 ★★★★★ — 중부 달마티아 교통의 허브

TRAVEL MEMO
스플리트 교통편 한눈에 보기

> **스플리트, 이렇게 간다!**

버스로 가기

스플리트는 두브로브니크, 플리트비체, 자그레브 다음으로 손꼽히는 크로아티아의 인기 관광도시이자 중부 달마티아의 교통 허브이다. 못 가는 데도, 안 통하는 데도 없지만 지리적 위치와 시간을 고려할 때 가장 무난한 루트는 다음의 두 가지.

① **자다르 → 스플리트** : 가장 흔한 루트 중 하나. 비수기·성수기 모두 버스가 1시간에 1~2대꼴로 다닌다. 계절이 언제가 됐든 버스 없을 걱정은 절대 하지 않아도 좋다.

② **플리트비체 → 스플리트** : 여행 기간이 짧은 사람, 크로아티아의 핵심 도시만 돌아보려는 사람, 자다르에 매력을 느끼지 못한 사람들이 택하는 루트이다. 버스가 성수기에는 하루 5~6대, 비수기에는 하루 2~3대 정도 다닌다. 비수기에는 배차가 불규칙하고 막차가 오후 1~3시 정도로 생각보다 빨리 끊긴다.

> **● PLUS TIP**
> 자그레브와 이스트라 반도의 주요 도시에서도 직행 버스가 있으며, 심지어 자그레브에서는 1시간에 2~3대꼴로 다닌다. 하지만 이동시간이 너무 길어 직행으로 가는 것보다 중간에 자다르나 플리트비체를 거치는 것을 추천.
>
> 버스 스케줄 참고
> · 겟바이버스
> www.getbybus.com

> **● PLUS TIP**
> 버스터미널 외부에 유인 짐 보관소가 있다. 터미널 건물을 바라보고 오른쪽에 짐 보관소의 창구가 보인다. 짐 1개당 5kn이고, 1시간마다 1.5kn씩 가산된다. 영업시간은 07:00~21:00. 성수기에는 1~2시간 연장되기도 한다.

● PLUS INFO 버스터미널

구시가의 동쪽 끝 리바 일대에서 바다를 따라 남쪽으로 약 350m 떨어진 지점에 있다. 도보로 5~10분 거리이므로 짐이 많은 사람들도 힘들지 않게 오갈 수 있다. 아담한 단층 건물로 실내에 매표소와 대합실이 있고, 바로 바깥쪽 대로변에 버스 승강장이 있는 간단한 구조이다.

렌터카로 가기

스플리트는 달마티아 해안 드라이브의 거점 도시이기도 하다. 가장 흔한 루트는 다음의 두 가지.

① **자다르 → 스플리트 :** '아드리아 해 고속도로 Jadranska Magistrala'를 타고 가다가 시베니크 부근에서 8번 국도로 갈아탄다. 빨리 가고 싶다면 E65번 고속도로를 이용할 것.

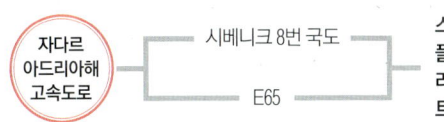

② **플리트비체 → 스플리트 :** 시간을 들이더라도 아름다운 길에서 드라이브하고 싶다면 1권 P.78에서 소개한 벨레비트 산맥 코스를 이용해 먼저 자다르로 간 뒤, 자다르부터는 아드리아 해 고속도로와 8번 국도를 이용한다. 빨리 가기를 원한다면 고속도로를 선택할 것. E71-E65 고속도로 조합이 2시간 30분대로 갈 수 있는 최단 루트이나 고속도로 통행료가 있다. 30분 정도 더 걸려도 되니 통행료가 없는 루트를 택하려면 D1을 따라 쭉 내려올 것.

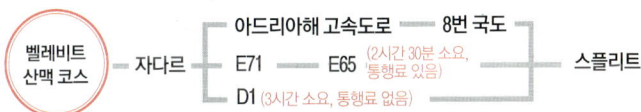

페리로 가기

스플리트 페리터미널은 버스터미널에서 남쪽으로 더 내려가면 나온다. 이곳에서 흐바르, 브라치, 비스 등으로 가는 페리 티켓을 구입하고 배를 탈 수 있다. 크로아티아의 여객선 회사 '야드롤리니야JADROLINIJA'의 간판이 크게 보이므로 어렵지 않게 찾을 수 있다.

스플리트 ↔ 흐바르 47~55kn (페리 318~588kn) 편도 1시간~2시간
스플리트 ↔ 비스 54kn (페리 350~610kn) 편도 2시간 20분
스플리트 ↔ 브라치 33kn (페리 160~276kn) 편도 45분

⊕ **PLUS TIP**
페리 스케줄 참고 사이트
• 야드롤리니야
www.j-adrolinija.hr

> 스플리트,
> 이렇게
> 돌아보자!

① **Only 도보** : 스플리트는 대부분의 볼거리들이 구시가에서 2km 이내에 몰려 있다. 버스터미널과 항구조차 구시가와 가까운 곳에 자리해 시내 교통편을 이용할 일이 없다고 봐도 무방하다. 튼튼한 두 다리로 씩씩하게 다닐 것.

② **휴양과 관광의 중간** : 스플리트의 관광 중심지는 구시가와 리바 일대인데, 주요 관광 스폿만 빠르게 구경하고 돌아다니면 반나절도 채 걸리지 않을 정도로 아담하다. 휴양지를 즐기는 기분으로 천천히 쉬다 걷다 할 것. 쉬어갈 만한 카페나 맛있는 아이스크림 가게가 많다.

③ **골목과 상점** : 스플리트의 구시가는 오랜 세월 동안 첩첩이 쌓인 건물들 때문에 실핏줄 같은 골목들이 미로처럼 얽혀 있다. 이런 골목들을 목적 없이 마구 헤매볼 것. 생각보다 근사한 공간이나 상점들을 발견할 수 있다.

⊕ **PLUS TIP 표지판에 주목!**
구시가의 골목들은 미로 뺨치게 복잡하지만 걱정은 하지 않아도 좋다. 중요한 분기점이나 모퉁이에 반드시 주변 랜드마크의 위치를 알려주는 표지판이 나타나기 때문. 표지판만 잘 따라가도 지도가 필요 없을 정도이다.

④ **전진기지** : 스플리트는 교통이 워낙 편리해 달마티아 소도시 및 섬 여행의 전진기지로 애용된다. 대중교통을 이용하는 여행자가 달마티아 지역의 소도시나 섬들을 꼼꼼하게 돌아보고 싶다면 스플리트에 넉넉하게 숙박 일정을 잡고 버스·페리를 이용하거나 당일치기 투어 상품을 통해 돌아본다.

코스 무작정 따라하기
스플리트 하이라이트 코스

스플리트의 관광 중심지는 몹시 규모가 아담하지만 틈틈이 시간 보낼 곳이 많으므로 적어도 반나절은 잡는 것이 좋다. 여기 소개한 코스를 고스란히 따라가기보다는 구시가 안팎을 자유롭게 드나들며 골목 산책을 즐기는 것을 권한다. 중간중간 느긋하게 시간 보내는 곳을 빨리 지나치면 소요시간이 절반 이하로 줄어들고, 바츠비체 비치에서 물놀이하는 코스를 빼면 전체 소요시간이 확 줄어든다.

4 SPLIT 스플릿

START ---- 1 -------- 2 -------- 3

Start

동문(은의 문)
Srebrna Vrata, Silver Gate

⊙ 24시간 개방

코스 중간에 브런치가 포함되어 있으므로 아침은 먹지 않거나 간단하게 요기만 하자. 오전 10시 전후에 시작하는 것이 가장 적당하다.

동문을 마주 보고 왼쪽에 있는 광장으로 간다. 리바 동쪽 시작점에서 들어오는 경우에는 굳이 동문까지 갈 필요 없이 바로 연결된다. → 청과물 시장

30m

청과물 시장
Pazar, Green Market

⊙ 매일 개장 06:00~07:00, 폐점 15:00~16:00

스플리트 구시가에서 가장 큰 전통시장. 시장 구경은 이른 아침이 좋지만 오전 10~11시 정도면 적당하다. 이제 시작이므로 지름신이 왔다면 되도록 가벼운 것으로 고를 것.

동문으로 돌아가서 안으로 들어가면 바로 보인다. → 성 돔니우스 대성당 종탑

30m

성 돔니우스 대성당 종탑
Zvonik, Bell Tower

⊙ 매일 06:30~12:00, 16:00~19:00
ⓦ 가격 성당 35kn, 종탑 20kn, 종탑+성당+주피터 신전 45kn

스플리트를 대표하는 전망대가 있다. 엘리베이터가 없으므로 계단 185개를 씩씩하게 걸어 올라갈 것. 원래 운동은 아침에 하는 것이 제 맛이다.

성당 바로 옆에 있는 광장으로 간다. → 열주 광장

1h

열주 광장
Peristil, Peristyle

⊙ 24시간 개방
ⓦ 카페 룩소르 매일 09:00~24:00

디오클레티아누스 궁전 유적 내에서 가장 화려하고 궁전다운 곳이다. 열주 광장을 둘러싼 계단에 방석을 놓아 노천 공간으로 쓰고 있는 '카페 룩소르Cafe Lvxor'에 꼭 들를 것.

열주 광장을 등지고 빠져나와 정면으로 난 좁은 길로 들어서서 약 100m 직진. → 북문(금의 문)

● **PLUS TIP**
룩소르 카페는 아침식사가 맛있는 곳으로 유명하다. 브런치를 즐기자!

● **PLUS TIP**
전망대 근처에 '비딜리차Vidilica'라는 카페가 있다. 천천히 즐기고 싶다면 이곳에서 맥주 한잔!

```
      R E C I E P T
볼거리 ·············· 2시간 35분
식사 및 디저트 ··········· 2시간
해수욕 ················· 1시간
쇼핑 ··················· 50분
이동 시간 ··········· 1시간 30분

            T O T A L
            8 HOURS

입장료 ················· 20kn
  성 돔니우스 대성당 종탑  20kn
식사 및 디저트 ·········· 260kn
  카페 룩소르 브런치 ···· 100kn
  리바 or 마르몬토바 아이스크림
  ····················· 10kn
  피페(저녁식사+맥주) ··· 150kn
기타 ··················· 40kn
  바츠비체 비치 파라솔 ··· 40kn

            T O T A L
            320kn
  (성인 1인 기준, 쇼핑 비용 별도)
```

FINISH ---- 10 --------

Finish

피페
Fife

⊙ 매일 06:00~24:00

저렴한 가격과 뛰어난 맛으로 현지인과 여행자들의 사랑을 두루 받고 있는 레스토랑이다. 크로아티아산 맥주와 곁들여 맛있고 푸짐한 저녁식사를 즐기자!

한국어 메뉴판이 있다. 걸쭉하고 얼큰한 내장탕 강추. 47kn

20m

마르얀 언덕 전망대
Marjan

⊙ 24시간 개방

리바 거리와 바다의 풍경이 포근하면서 시원하게 펼쳐진다. 특히 저녁시간대에 일몰 명소로 사랑받고 있다. 저녁노을이 물든 스플리트의 풍경을 마음껏 즐길 것.

카페 비딜리차 옆의 계단으로 쭉 내려온 뒤, 골목을 따라 좀 더 진행한다. → 피페

116-117

start

S.	동문(은의 문)
	10m, 도보 1분
1.	청과물 시장
	100m, 도보 2분
2.	성 돔니우스 대성당 종탑
	20m, 도보 1분
3.	열주 광장
	100m, 도보 4분
4.	북문(금의 문)
	30m, 도보 1분
5.	그레고리우스 닌 대주교 동상
	200m, 도보 5분
6.	나로드니 광장
	300m, 도보 10분
7.	마르몬토바 거리
	300m, 도보 10분
8.	리바
	1km, 도보 20분
9.	바츠비체 비치
	2km, 도보 30분
10.	마르얀 언덕 전망대
	400m, 도보 8분
F.	피페

4. SPLIT 스플리트

5

● PLUS TIP
동상의 왼발 발가락을 만지면서 소원을 빌면 이뤄진다고 한다. 꼭 소원을 빌 것!

4

5m

북문(금의 문)
Zlatna Vrata, Golden Gate

'금의 문'이라는 별명과는 달리 수수하고 특징 없는 문이다. 유고 내전 당시의 총격 흔적이 고스란히 남아 있다. 잠시 숙연한 마음가짐을 가져볼 것.
ⓘ 24시간 개방

문을 등지고 바로 앞에 있는 작은 공원으로 간다. → 그레고리우스 닌 대주교 동상

5

20m

그레고리우스 닌 대주교 동상
Kip Biskupa Grgura Ninskog,
Statue of Gregory of Nin

북문 바깥쪽에 있는 거대한 동상으로, 10세기경 닌 지방의 종교 지도자였던 그레고리우스 대주교의 모습을 본떠 만들었다. 크로아티아의 천재 조각가 이반 메슈트로비치의 작품.
ⓘ 24시간 개방

동상을 등지고 2시 방향으로 보이는 궁전 유적 성벽 옆으로 난 골목으로 들어간다. → 나로드니 광장

6

20m

나로드니 광장
Narodni Trg, People's Squre

궁전 유적 바깥이 구시가 구역에서 가장 중심이 되는 광장이다. 광장 동쪽에는 궁전 유적의 성문인 서문(철의 문)과 시계탑이 있고, 북쪽에는 구 시청 건물이 있다. 아담한 광장이므로 금세 돌아볼 수 있다.
ⓘ 24시간 개방

방향을 서쪽으로 잡고 골목을 마구 헤맨다. 서쪽 방향만 맞다면 어느 골목으로 나와도 OK. → 마르몬토바 거리

● PLUS TIP
망고 알레르기가 없다면 '슬라스티차르나 리바Slastičarna Riva'의 망고젤라토 추천.

9

1h

바츠비체 비치
Bacvice Beach

스플리트 주민을 위한 공영 비치로 풍경이 썩 아름답다고는 할 수 없으나 접근성이 좋은 것이 장점. 해가 질 때까지 햇빛과 바다, 물놀이와 태닝을 즐기자.
ⓘ 24시간 개방
₩ 비치베드·파라솔 20~40kn

바닷가를 따라왔던 방향으로 돌아간다. 리바의 서쪽 끝을 지나 바닷가 길 끝까지 간 뒤 광장 정면에 보이는 작은 교회 오른편으로 'Marjan' 표지판을 따라 언덕으로 올라간다. → 마르얀 언덕 전망대

● PLUS TIP
수건이나 돗자리는 미리 준비할 것!

8

1h

리바
Riva

스플리트가 가진 항구 도시, 유적 도시, 휴양 도시 세 가지 매력을 모두 보여주는 거리. 바닷가에서 산책과 사람 구경을 즐기다가 벤치나 카페에서 잠시 쉬어갈 것.
ⓘ 24시간 개방
ⓘ 슬라스티차르나 리바 매일 06:00~24:00

바닷가를 따라 버스터미널 방면으로 약 300m 걸어가다 표지판을 보면서 주택가 사이의 골목을 따라 낮은 언덕을 넘어간다. → 바츠비체 비치

7

20m

마르몬토바 거리
Marmontova

스플리트 중심가 최고의 쇼핑 거리이다. 다양한 의류·잡화 브랜드의 숍과 난데없이 나타나는 생선 시장 등을 천천히 구경할 것.
ⓘ 24시간 개방

거리를 따라 남쪽으로 쭉 내려온다. → 리바

TRAVEL INFO
스플리트 핵심 여행 정보

📷 **SIGHTSEEING**

№.1 구시가
★★★★★ Stari Grad, Old City

서기 3세기경, 달마티아의 일개 병졸 출신으로 로마 황제의 지위까지 올랐던 풍운아 디오클레티아누스는 퇴위 후 고향으로 돌아와 말년을 보낼 궁전을 짓는다. 디오클레티아누스 황제가 죽고 궁전은 몇 백 년의 세월에 걸쳐 서서히 유적화되어가다 7세기경 이민족의 침략을 받은 이웃 도시 살로나의 시민들이 궁전 유적으로 이주해 방어 도시를 만든 것을 기점으로 다시 생명을 얻는다. 살로나의 시민들은 서서히 이곳에 정착하게 되고, 나중에는 '스팔라툼Spalatum'이라는 이름의 도시를 형성하게 된다. 이후 스플리트가 항구 도시로 크게 번성해 도시가 커지자 스팔라툼 지역은 구시가로 남고, 현재 스플리트의 가장 중요한 관광 중심지가 되었다. 스플리트에서 대부분의 시간을 보내는 곳으로, 서기 3세기경의 로마 유적부터 중세와 베네치아 시대의 건축물, 좁은 골목들 사이사이로 카페와 상점들이 어우러진 독특한 풍경을 즐길 수 있다. 구시가 내의 스폿과 유적들은 ZOOM·IN(P.122)을 참고하자.

📍 MAP P.115A, B 📖 1권 P.70 🔗 구글 지도 GPS 43.508355, 16.440172(디오클레티아누스 궁전 유적 부근) 🚶 찾아가기 스플리트 남쪽 바닷가에 자리하고 있다. 버스터미널에서 북쪽으로 약 300m 걸어가면 성문 및 리바 거리에 도착한다. 🕐 시간 24시간 개방

№.2 리바
★★★★ Riva

스플리트 구시가 남쪽을 따라 이어지는 약 300m의 보행자 전용 해변 산책로. 크로아티아의 리바 거리 중에서도 단연 넓고 아름답고 쾌적하다. 노천카페가 줄지어 자리하고 있다.

📍 MAP P.115A 📖 1권 P.119 🔗 구글 지도 GPS 43.507244, 16.439591(동쪽 시작점 부근) 43.507632, 16.438383(중심부) 43.508196, 16.436468(서쪽 마르몬토바 거리 교차점 부근) 🚶 찾아가기 구시가 남쪽 바닷가에 있다. 구시가에서는 마르몬토바 거리 입구, 궁전 유적 남문, 보치니 광장 등과 이어지며, 항구나 버스터미널에서는 구시가 쪽으로 걸어가다 보면 보인다. 🕐 시간 24시간 개방

№.3 마르얀 언덕 전망대
★★★★ Marjan

스플리트 구시가 서쪽 언덕 전체가 넓은 공원이다. 시가지와 산맥, 리바 거리와 바다 풍경을 한눈에 볼 수 있다. 특히 일몰 명소로 사랑받고 있으며, 근처에 카페 비딜리차Vidilica가 있다. 해가 진 이후에는 위험하니 접근하지 않는 것이 좋다.

📍 MAP P.115A 📖 1권 P.101 🔗 구글 지도 GPS 43.507908, 16.430191(비딜리차 카페) 🚶 찾아가기 리바 거리를 바닷가 쪽으로 따라 서쪽 끝까지 가면 작은 교회가 보인다. 교회 오른쪽으로 'Marjan' 표지판을 따라 언덕으로 올라간다. 📍 주소 Prilaz Vladimira Nazora 1, Split(비딜리차 카페) 🕐 시간 24시간 개방

№.4 그레고리우스 닌 대주교 동상
★★★★ Kip Biskupa Grgura Ninskog, Statue of Gregory of Nin

북문(금의 문) 바깥쪽에 있는 거대한 동상. 10세기경 닌 지방의 종교 지도자이자 크로아티아 어학계의 영웅 그레고리우스 대주교를 기리기 위해 만든 크로아티아의 조각가 이반 메슈트로비치의 작품이다. 동상의 왼발 발가락을 만지면서 소원을 빌면 이뤄진다는 전설이 내려와 엄지발가락만 유난히 반들거린다.

📍 MAP P.115B 📖 1권 P.72 🔗 구글 지도 GPS 43.509479, 16.440767 🚶 찾아가기 구시가 북쪽의 작은 공원에 있다. 궁전 유적의 북문을 나서면 바로 보인다. 🕐 시간 24시간 개방

EATING

№ 5 바츠비체 비치
★★ Bacvice Beach

버스터미널 부근에 있는 비치로, 스플리트 공영 비치로 이용되고 있다. 풍경이 아름답다고는 할 수 없으나 파라솔, 비치베드, 샤워 시설 등 기본적인 시설을 모두 갖추고 있으며 접근성이 좋아 여행자들에게 인기가 높다. 암석이나 자갈 비치가 많은 크로아티아에서 보기 드물게 부드러운 모래가 깔려 있다. 스플리트에서 해수욕을 즐기고 싶다면 찾아갈 만한 곳이다.

ⓞ MAP P.153D | 1권 P.124 | ⓖ 구글 지도 GPS 43.502525, 16.446828(비치 중심부) | 찾아가기 버스터미널과 기차역을 지나 남쪽으로 쭉 걷다가 표지판을 따라 왼쪽으로 간다. | ⓢ 가격 비치베드·파라솔 20~40kn | ⓣ 시간 24시간 개방

№ 6 아르니르 예배당 첨탑
★ Kapela Sv. Arnira, St. Arnir's Chapel

북문 바깥쪽 그레고리우스 닌 대주교 동상 부근에서 외롭고 난데없어 보이는 모습의 첨탑을 하나 볼 수 있다. 15세기에 만들어진 성당인 아르니르 예배당에 딸린 첨탑으로, 예배당 자체는 어디 있는지 눈에 띄지 않지만 탑 하나만큼은 뚜렷한 존재감을 드러낸다. 1층에는 작은 갤러리가 자리 잡고 있다.

ⓞ MAP P.115B | ⓖ 구글 지도 GPS 43.509569, 16.440496 | 찾아가기 그레고리우스 닌 대주교 동상에서 서쪽 방향으로 간다. | 주소 Ulica kralja Tomislava 15 | ⓣ 시간 24시간 개방

№ 1 마르얀
★★★★ Marjan

오늘의 수프 Daily Soup 20kn

시푸드 파스타 Pasta with Seafood 80kn

스플리트 최고의 맛집으로 손꼽히는 곳. 그날그날 잡아온 신선한 해물을 사용하며 계절과 재료에 따라 스페셜 메뉴를 선보인다. 저녁 시간과 주말에는 예약 필수.

ⓞ MAP P.115A | 1권 P.136 | ⓖ 구글 지도 GPS 43.508430, 16.434193 | 찾아가기 마르얀 언덕길 초입에 있다. 리바 거리 서쪽 끝에 있는 작은 교회에서 오른쪽으로 들어간 후 갈림길이 나오면 또 오른쪽으로 간다. | 주소 Senjska 1, Split | 전화 098-934-6848 | 시간 매일 12:00~22:30 | 휴무 비정기적 | 가격 스타터 30~60kn, 파스타·리조토 50~90kn, 생선 요리 90~400kn | 홈페이지 www.facebook.com/KonobaMarjan

№ 2 피페
★★★★ Fife

크로아티아식 내장탕 Tripice 47kn

크로아티아 전통 음식을 저렴하게 맛볼 수 있으며 한국어 메뉴판까지 있다. 한국인 입맛에 맞는 음식은 생선구이와 각종 튀김, 리조토 등. 내장 요리에 거부감이 없다면 감자탕 맛과 비슷한 '크로아티아식 내장탕Tripice' 추천

ⓞ MAP P.115A | 1권 P.146 | ⓖ 구글 지도 GPS 43.507611, 16.433768 | 찾아가기 리바를 따라 마르얀 언덕 쪽으로 계속 가다 리바가 끝나면 바닷가를 따라 난 큰길로 'Trumbićeva Obala'로 간다. 약 200m 가면 길이 갈라지는데 오른쪽 길의 초입에 있다. | 주소 Trumbiceva obala 11, Split | 전화 021-345-223 | 시간 매일 06:00~24:00 | 휴무 비정기적 | 가격 메인 요리 45~85kn

№ 3 루차츠
★★★★ Lučac

구운 농어 Grilled Sea Bass 95kn

크로아티아 및 발칸 반도의 전통 요리를 선보인다. 소규모 레스토랑이지만 공들여 만든 요리를 맛볼 수 있다. 계절 단위로 신메뉴를 꾸준히 개발해 업데이트하고 있는 것도 장점.

ⓞ MAP P.115B | 1권 P.146 | ⓖ 구글 지도 GPS 43.506454, 16.443170 | 찾아가기 구시가에서 동쪽 방향으로 빠져나와 길을 건넌 뒤 동쪽으로 진행하는 야트막한 언덕길로 올라가다 오른쪽으로 빠지는 샛길로 들어간다. | 주소 Petrova 1, 21000 Split | 전화 021-490-266 | 시간 매일 12:00~24:00 | 휴무 비정기적 | 가격 전채 30~90kn, 파스타 40~60kn, 해산물 50~290kn, 고기 요리 60~200kn | 홈페이지 www.facebook.com/konoba.Lucac

№ 4 코드 요제
★★★ Kod Joze

해물 탈리아텔레 Green Noodle with Sea Fruits 80kn

여행자들은 잘 모르는 '현지 맛집'. 중심가에서 벗어난 주택가에 자리한 데다 간판도 변변히 없어 한적한 곳에서 맛있는 시간을 보내고 싶은 여행자들에게 적격.

ⓞ MAP P.115B | ⓖ 구글 지도 GPS 43.510258, 16.441937 | 찾아가기 구시가 북쪽에서 그레고리우스 닌 대주교 동상을 지나 북쪽으로 가다 보면 큰길이 나온다. 큰길을 건너 11시 방향에 보이는 골목으로 약 50m 가면 오른쪽에 있다. | 주소 Sredmanuska 4, Split | 전화 021-347-397 | 시간 월~금요일 10:00~24:00, 토~일요일 12:00~24:00 | 휴무 비정기적 | 가격 전채 70~500kn, 파스타 50~80kn, 해산물 100~800kn

SPLIT 스플리트

№ 5 빌리 산
★★★ Bili San

마르몬토바 거리의 골목에 자리한 작은 아이스크림 가게로, 레몬과 오렌지, 블루베리 등의 과즙을 사용한 아이스크림이 매우 맛있다. 특히 아주 상큼한 레몬 아이스크림 강추. 간판은 없으나 찾기 어렵지 않다. 성수기에는 꽤 늦은 시간까지 영업한다.

 MAP P.115A 1권 P.142 구글 지도 GPS 43.509772, 16.437552 찾아가기 마르몬토바 거리의 북쪽 끝 사거리에서 궁전 유적 쪽으로 꺾는다. 북쪽 성벽과 이어지는 길에서 남쪽으로 한 블록 아래 골목에 있다. 주소 Nigerova 2, Split 시간 매일 10:00~22:00(시즌에 따라 닫는 시간 다름) 휴무 비정기적 가격 1스쿱 7kn

№ 6 슬라스티차르나 리바
★★★ Slastičarna Riva

'슬라스티차르나'는 크로아티아어로 '제과점'이라는 뜻으로 거의 모든 아이스크림 숍 앞에 붙는 명칭. 이름 그대로 제과점을 겸하고 있어 빵, 케이크 등도 맛볼 수 있다. 리바 거리에서 가장 눈에 띄는 곳으로, 접근성도 좋고 특히 망고 맛은 스플리트 최고.

 MAP P.115A 1권 P.142 구글 지도 GPS 43.507519, 16.439532 찾아가기 지하시장의 리바 쪽 출입구를 바라보고 왼쪽으로 약 30m 주소 Obala hrv. narodnog preporoda 20, Split 전화 021-355-184 시간 매일 06:00~24:00 휴무 비정기적 가격 1스쿱 10kn 홈페이지 www.facebook.com/slasticarnicariva.split

SHOPPING

№ 1 마르몬토바 거리
★★★★ Marmontova Ulica

스플리트 최고의 쇼핑 거리. 자라, 마시모 두띠, 베르슈카Bershka, 타미힐피거, 에스프리 등의 인터내셔널 브랜드 매장이 있다. 소박한 거리지만, 크로아티아 내에서는 중심가의 단일 도로에서 가장 브랜드 매장 밀집도가 높은 곳이라고 할 수 있다.

 MAP P.115A 1권 P.177 구글 지도 GPS 43.508468, 16.436550(리바 부근 시작점) 43.510115, 16.437488(북쪽 성벽 교차점) 찾아가기 리바 거리의 서쪽 끝에서 북쪽으로 올라간다. 구시가 내부에서 골목을 따라 서쪽으로 빠져나오면 마르몬토바로 연결된다. 주소 Marmontova Ulica, Split 시간 상점마다 다름

№ 2 청과물 시장
★★★★ Pazar, Green Market

스플리트 시내 인근에서 가장 큰 식료품 시장으로, 과일과 채소를 비롯해 꽃 · 와인 · 올리브유 · 치즈 · 향신료 · 소시지 등 식료품과 생활용품을 광범위하게 취급한다. 기념품이나 토산품도 간간이 판매하지만 압도적으로 현지인들의 먹거리와 생활용품이 대다수를 차지한다. 올리브유, 라벤더, 와인류를 눈여겨볼 것. 주요 산지인 흐바르, 코르출라, 펠리예샤츠 등이 가깝기 때문에 저렴한 가격의 좋은 물건을 쉽게 볼 수 있다. 굳이 먹거리를 구입하려는 목적이 아니더라도 평소 동네 마트나 시장으로 마실 나가는 습관을 가진 여행자라면 꼭 들러보자. 스플리트 현지인들의 삶을 엿볼 수 있는 곳이다.

 MAP P.115B 1권 P.170 구글 지도 GPS 43.507972, 16.441862(청과물 좌판이 가장 많은 지점) 찾아가기 구시가 동문(실버 게이트) 바로 앞부터 성벽을 따라 넓게 펼쳐져 있다. 주소 Stari pazar 8, Split 시간 매일 개점 06:00~07:00, 폐점 15:00~16:00(가게마다 다름) 휴무 비정기적

№ 3 스플리트 티 하우스
★★★ Split Tea House

녹차와 홍차, 허브티, 중국차, 루이보스티, 과일차 등 총 240가지가 넘는 다양한 종류의 차를 취급한다. 이 외에도 숍에서 직접 믹스한 차를 여러 종류 선보인다. 티포트와 거름망, 찻잔 등 관련 용품도 판매한다.

 MAP P.115A 1권 P.157 구글 지도 GPS 43.509952, 16.438109 찾아가기 마르몬토바 거리의 북쪽 끝 부근에서 구시가의 벽을 따라 오른쪽으로 꺾은 뒤 약 50m 직진한다. 주소 Kralja Tomislava 6, Split 전화 021-33-2358 시간 월요일 12:00~20:00, 화~금요일 08:00~20:00, 토요일 08:00~14:00 휴무 일요일 가격 믹스티 50g 25~30kn, 고급 녹차 50g 35~100kn 홈페이지 www.kucacaja-split.hr

EXPERIENCE

№.1 브라치 섬
★★★★ Brač

스플리트와 흐바르 사이에 자리한 큰 섬으로, 크로아티아에서 가장 신기한 해안으로 첫손 꼽히는 '즐라트니 라트Zlatni Rat'가 있다. 모래톱이 삼각형의 뿔 모양으로 바다에 비죽이 나와 있는데, 즐라트니 라트라는 지명 자체가 '황금의 뿔'이라는 뜻이라고 한다. 새하얀 모래톱이 눈이 시리도록 파란 바닷물과 어우러진 풍경이 일품이다. 스플리트를 비롯한 달마티아 일대에서 최고의 해수욕 명소로 사랑받고 있는 곳이기도 하다. 스플리트에서는 정기 페리를 이용해 여행할 수 있으며, 소요시간은 편도 45분 정도. 섬 안에 민박과 호스텔도 있으므로 한적한 휴양을 원하는 사람이라면 이곳에서 1박하는 것도 좋다. 브라치 섬과 흐바르 섬, 또는 비스 섬을 엮은 당일 투어도 찾아볼 수 있다.

ⓞ MAP P.110 ⓘ 1권 P.133 ⓖ 구글 지도 GPS 43.260939, 16.657415(볼 선착장) 43.257343, 16.634036(즐라트니 라트) ⓒ 찾아가기 스플리트 항구에서 브라치 섬의 수페르타Superta까지 수시로 페리를 운항한다. 수페르타에서 즐라트니 라트가 있는 '볼Bol'까지는 다시 버스를 타고 약 1시간 가야 한다. ⓣ 시간 6~9월 06:00~01:00(1시간에 1대꼴로 운항), 10~5월 07:00~21:00(2시간에 1대꼴로 운항) ⓟ 가격 페리 편도 성인 33kn, 어린이 16.5kn, 승용차 160~276kn ⓗ 홈페이지 www.jadrolinija.hr(페리 회사, 시간 및 요금 체크 필수)

> ⊕ PLUS TIP
> 스플리트 ↔ 볼 페리 편도가 하루에 1대씩 다닌다. 일정이 넉넉하며 브라치 섬에서 2박 이상을 계획하고 있다면 이용해볼 만하다.

№.2 비스 섬
★★★ Vis

스플리트에서 약 60km 떨어진 섬으로, 좁은 해식 동굴 안으로 햇빛이 스며들어 동굴 속의 물이 온통 푸른빛으로 빛나는 신비한 동굴이 두 곳 있다. 본섬에는 초록빛을 내는 '그린 케이브Green Cave'가, 부속 섬인 비셰보Biševo에는 파란빛을 내는 '블루 케이브Blue Cave'가 있다. 스플리트에서 운항하는 정기 페리를 타고 비스로 간 뒤 현지에서 보트 투어 하는 사람들과 흥정해 두 동굴을 여행할 수 있다. 또는 스플리트·흐바르·트로기르 등의 현지 여행사에서 운영하는 당일치기 투어를 이용할 수도 있다. 정기 대규모 투어가 아니라 스피드 보트 한 대를 모객 인원끼리 비용을 나눠 내고 빌리는 식으로 진행되는 경우가 많아 인원이 소수이면 비용이 상당히 비싸지거나 아예 투어가 진행되지 않는다. 동굴 속 바닷물이 빛을 내기 위해서는 상당히 많은 일조량을 필요로 하기 때문에 최적기는 7~8월이며 가급적 6~9월에 가야 한다. 햇빛이 제대로 들어오는 시간이 정오 전후이기 때문에 시간대 맞추기가 까다롭다. 또한 파도가 조금만 높아도 보트 투어가 올 스톱된다. 가기 쉽지 않은 곳이지만, 정말 감동적이고 신비한 풍경을 볼 수 있다.

ⓞ MAP P.110 ⓘ 1권 P.133 ⓖ 구글 지도 GPS 43.061702, 16.184590(비스 선착장) ⓒ 찾아가기 스플리트에서 비스까지 정기편이 하루 2회 운항한다. 극성수기인 7~8월에는 3회까지 늘어난다. 소요시간은 약 2시간 20분. 성수기에는 선착장에서 보트 투어 호객꾼을 어렵지 않게 만날 수 있다.

№.4 스플리트 생선 시장
★★ Ribarnice, Fish Market

구시가 서쪽 마르몬토바 거리 한복판에 자리한 작은 규모의 생선 전문 시장이다. 대형 마트의 생선 판매 코너보다 조금 더 큰 수준이나, 신선한 생선을 매대 위에 잔뜩 쌓아놓고 판매하는 상인들과 생선값을 흥정하는 주변 상인 및 스플리트 주민들의 모습이 흥미로운 곳이다. 구시가 일대에서 '오늘의 생선'을 맛볼 생각이라면 이곳을 한 바퀴 둘러본 뒤 결정하는 것도 좋다.

ⓞ MAP P.115A ⓘ 1권 P.170 ⓖ 구글 지도 GPS 43.509165, 16.437441(좌판이 가장 많은 지점) ⓒ 찾아가기 리바 서쪽 끝에서 마르몬토바 거리 입구로 들어가 약 100m 직진하면 오른쪽에 있다. ⓐ 주소 Kraj Svete Marije, Split

№.5 프리마 백화점
★ PRIMA

5층 규모의 쇼핑몰로 1층에 화장품 매장이 있고 위로 올라가면 의류와 잡화 매장이 있다. 제품의 구색에 이렇다 할 장점이나 특색은 없으나 여행 가방이나 여행 중 급하게 필요한 의류, 신발 등을 구매하는 실속 쇼핑을 하기에 좋다.

ⓞ MAP P.115A ⓘ 1권 P.177 ⓖ 구글 지도 GPS 43.510757, 16.438690 ⓒ 찾아가기 마르몬토바 거리의 북쪽 끝 지점에서 오른쪽으로 꺾어 약 25m 가면 보인다. ⓐ 주소 Trg Gaje Bulata 5, Split ⓟ 전화 021-211-566 ⓣ 시간 월~토요일 08:00~20:00 ⓧ 휴무 일요일 ⓗ 홈페이지 www.prima-commerce.hr

SPLIT 스플리트

ZOOM IN
황제의 궁전이 있던 곳, 구시가
Old Town

스플리트 구시가는 크게 보아 사각형 두 개를 나란히 붙여놓은 모양으로, 성벽으로 둘러싸인 동쪽 사각형이 궁전 유적이고 서쪽 사각형이 중세 및 르네상스 시대에 개발된 일반 구시가이다. 궁전 유적과 구시가가 공존해온 세월이 워낙 길다 보니 두 곳의 모습이 크게 다르지 않다. 궁전 유적과 일반 구시가를 합쳐도 서쪽 끝부터 동쪽 끝까지 350m밖에 되지 않는 작은 규모이다. 하지만 오랫동안 세월과 건물이 중첩되며 좁은 골목들이 모세혈관처럼 사방으로 뻗어 있고 그 사이사이로 매력적인 카페나 상점들이 많아 꼼꼼히 즐기다 보면 의외로 시간을 지체하게 되는 곳이다.

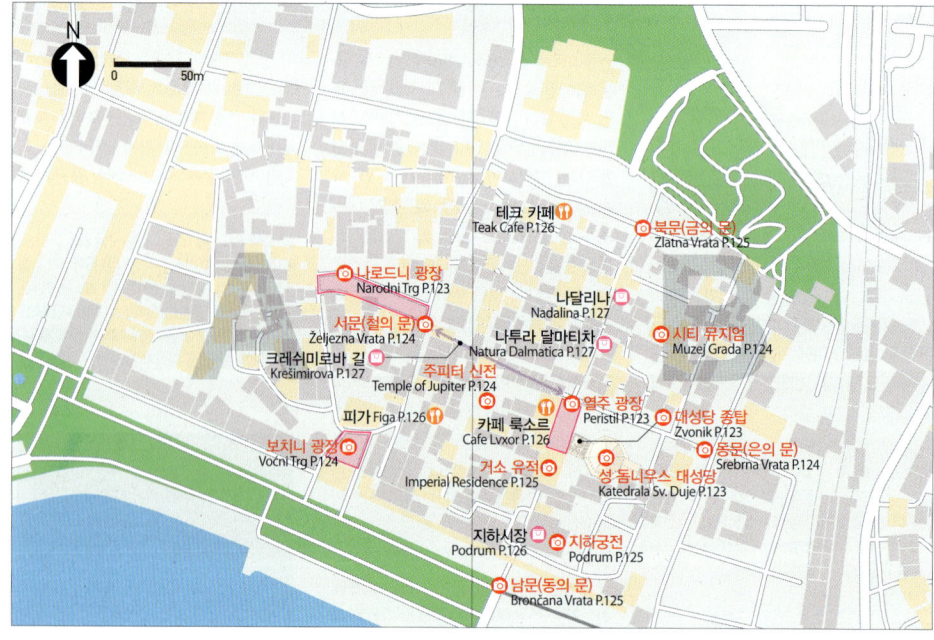

SIGHTSEEING

№.1 열주 광장
★★★★★ Peristil, Peristyle

디오클레티아누스 궁전 유적 내에서 가장 화려하고 궁전다운 곳이다. 황제가 군대의 사열과 공개회의를 비롯한 각종 이벤트를 개최하던 곳으로, 정면에 네 개, 양쪽에 각각 여섯 개 총 16개의 기둥이 늘어서 있는 '열주列柱, Peristyle' 형식의 광장이다. 정면을 바라보고 왼쪽으로 성 돈니우스 대성당 및 미처 복원되지 못한 궁전의 유적 파편들이 널려 있어 그 어느 곳보다 로마 유적이라는 느낌을 강하게 주는 곳이다.

광장을 둘러싼 사방의 야트막한 계단은 현재 '카페 룩소르Cafe Lvxor'(P.126)의 야외 공간으로 사용되고 있다. 지금도 스플리트에서 주요 이벤트나 국가 행사가 열릴 때는 이곳이 중심이 되곤 한다.

◎ MAP P.122B ⓑ 1권 P.70 ⓢ 구글 지도 GPS 43.508304, 16.440190 ⓖ 찾아가기 디오클레티아누스 궁전 유적 한복판에 있다. 동문과 가장 가깝고, 북문과 서문에서는 좁은 골목을 따라 직진한다. 남문에서는 지하시장을 거쳐 올라온다. ⓐ 주소 Peristil, Split ⓣ 시간 24시간 개방

№.2 나로드니 광장
★★★★ Narodni Trg, People's Squre

서문 바깥쪽으로 바로 자리한 구시가의 중심 광장 나로드니는 '인민 광장'이라는 뜻으로, 도시에서 중심이 되는 광장에 종종 붙는 이름이다. 사방이 레스토랑과 노천카페로 둘러싸인 가운데 15세기에 건축된 시청 건물과 '철의 문Iron Gate'으로 불리는 궁전 서문이 아름답게 돋보인다. 철의 문 부근에 우뚝 서 있는 시계탑은 구시가에서 가장 아름다운 조형물이다.

◎ MAP P.122A ⓢ 구글 지도 GPS 43.508918, 16.438814(광장 중심부) ⓖ 찾아가기 철의 문 서쪽에 자리하고 있다. ⓐ 주소 Narodni Trg, Split ⓣ 시간 24시간 개방

№.3 성 돈니우스 대성당 종탑
★★★★ Zvonik, Bell Tower

성 돈니우스 대성당 본당 옆에 자리한 60m 높이의 탑. 11세기에 로마네스크 양식으로 건설되었다가 20세기 초 대대적인 개보수를 거치며 현재의 모습이 되었다. 183개 계단을 걸어서 올라야 하지만, 그에 비해서는 썩 대단하지 않은 풍경이라는 의견도 있다.

◎ MAP P.122B ⓑ 1권 P.100 ⓢ 구글 지도 GPS 43.508100, 16.440308 ⓖ 찾아가기 스플리트 구시가 한복판 열주 광장 바로 옆 성 돈니우스 대성당 본당 옆에 있다. ⓐ 주소 Kraj Sv. Duje 5, Split ⓣ 전화 021-342-589 ⓣ 시간 매일 06:30~12:00, 16:00~19:00 ⓣ 휴무 10~5월의 비수기에는 평일에 예고 없이 휴무 ⓢ 가격 성당 35kn, 종탑 20kn, 종탑+성당+주피터 신전 45kn

№.4 성 돈니우스 대성당
★★★★ Katedrala Sv. Duje, Cathedral of St. Domnius

스플리트의 중심 성당으로, 세계에서 가장 오래된 성당 중 하나로 손꼽힌다. 성당의 건물은 팔각형의 본당과 종탑으로 나뉘는데, 각각 스플리트의 수호성인인 성 돈니우스와 성모에게 헌정된 것이다. 성당의 내부에서는 성 돈니우스 제단을 비롯해 로마네스크·고딕·베네치안 등 다양한 양식이 섞인 아름다운 구조물들을 볼 수 있다. 본당 건물은 언뜻 봐서는 성당인지 모를 정도로 이색적인 모양새를 하고 있는데, 원래 디오클레티아누스 황제의 영묘로 세워진 곳이었기 때문. 7세기경 이곳에 새로운 도시를 건설하며 영묘를 대성당으로 개축하고, 성 돈니우스의 이름을 붙여 현재에 이르고 있다. 성 돈니우스는 3세기경 살로나의 대주교로 로마 제국의 기독교 박해로 인해 순교했는데, 박해의 장본인이 다름 아닌 디오클레티아누스 황제라고 한다. 진한 역사의 아이러니를 느낄 수 있는 곳이다.

◎ MAP P.122B ⓑ 1권 P.71 ⓢ 구글 지도 GPS 43.508057, 16.440499 ⓖ 찾아가기 스플리트 구시가 한복판 열주 광장 바로 옆 ⓐ 주소 Kraj Sv. Duje 5, Split ⓣ 전화 021-342-589 ⓣ 시간 6~9월 월~토요일 08:00~19:00, 일요일 12:30~18:30, 10~5월 비정기적 ⓣ 휴무 10~5월의 비수기에는 평일에 예고 없이 휴무 ⓢ 가격 성당 35kn, 종탑 20kn, 종탑+성당+주피터 신전 45kn

No. 5 서문(철의 문)
★★★★ Kamenita Vrata, The Stone Gate

성문 네 개 중 가장 화려하고 아름다운 문이다. 나로드니 광장에서 바라볼 때 시계탑 및 주변 건물과 어우러져 몹시 아름답게 보인다. 문 안쪽 공간에는 주변 레스토랑의 노천 좌석이 있고, 종종 거리의 악사들이 나와 음악을 연주하는데, 성문 안쪽의 돌벽에 공명해 달콤한 소리가 울려 퍼지곤 한다. 이 안쪽으로 들어가면 좁디좁은 쇼핑 골목인 크레쉬미로바 길(P.127)이 나온다.

⊙ MAP P.122A ⓘ 1권 P.72 ⓖ 구글 지도 GPS 43.508712, 16.439289 ⓢ 찾아가기 나로드니 광장 동쪽에 있다. 시계탑을 찾으면 쉽게 방향을 잡을 수 있다. ⓣ 시간 24시간 개방

No. 6 보치니 광장
★★★ Voćni Trg, Fruit Square

리바 거리에서 구시가 쪽으로 들어가면 바로 마주치는 작은 광장. 과거 이곳에 과일 시장이 있었기 때문에 '과일 광장'이라는 뜻의 보치니 광장으로 불린다. 현재는 따뜻한 느낌의 중세 및 바로크 건축물들로 둘러싸여 있다. 중앙에 있는 동상은 최초로 크로아티아어로 시를 쓴 15세기의 시인 마르코 마룰리츠Marko Marulić로, 이 또한 이반 메슈트로비치의 작품이다.

⊙ MAP P.122A ⓖ 구글 지도 GPS 43.508117, 16.438575(마르코 마룰리츠 동상 부근) ⓢ 찾아가기 리바 거리에서 궁전 유적의 성벽과 일반 구시가 사이로 난 길로 들어가면 바로 나타난다. ⓣ 시간 24시간 개방

No. 7 시티 뮤지엄
★★ Muzej Grada, City Museum

중세 달마티아의 귀족인 파팔리치Papalić 가문의 저택을 개조해 만든 작은 박물관이다. 선사 시대의 유물부터 로마 시대, 중세, 현대의 예술품까지 다양한 전시물들을 볼 수 있다. 무료로 안뜰까지 들어갈 수 있다.

⊙ MAP P.122B ⓖ 구글 지도 GPS 43.508736, 16.440806 ⓢ 찾아가기 열주 광장에서 북문 쪽으로 골목을 따라 쭉 올라가다 약 40m 지점에서 박물관 표지와 차양이 나타나면 오른쪽으로 꺾어 조금 더 들어간다. ⊙ 주소 Papalićeva 1, Split ⓣ 전화 021-360-171~2 ⓣ 시간 화~금요일 09:00~21:00, 토~월요일 09:00~16:00 ⓣ 휴무 비정기적 ⓢ 가격 성인 22kn, 어린이·학생 12kn ⓦ 홈페이지 www.mgst.net

No. 8 동문(은의 문)
★★ Srebrna Vrata, Silver Gate

궁전 유적의 동쪽 성벽에 자리한 문으로, 열주광장이나 성 돔니우스 대성당 등 궁전 유적의 주요 스폿과 가깝게 통하는 문이다. 항구, 버스터미널, 리바 등과도 가장 가까운 성문으로, 스플리트 관광 루트를 짤 때 중심이 되는 랜드마크 중 하나이다.

⊙ MAP P.122B ⓘ 1권 P.72 ⓖ 구글 지도 GPS 43.508100, 16.441263 ⓢ 찾아가기 리바의 동쪽 시작점 부근에서 성벽을 따라 북쪽으로 가다 보면 쉽게 찾을 수 있다. 또는 동쪽 성벽과 평행하게 난 자그레바치카 길 Zagrebačka Ulica을 따라 북쪽으로 거슬러 올라가다 왼쪽의 계단을 올라가서 들어가면 정면으로 보인다. ⓣ 시간 24시간 개방

No. 9 주피터 신전
★★ Temple of Jupiter

디오클레티아누스 황제가 궁전 안에 건설했던 세 개의 신전 중 하나. 황제는 특히 태양의 신 주피터를 숭앙했던 것으로 알려져 있는데, 심지어 자신을 주피터의 아들로 칭할 정도였다고 한다. 이곳 또한 7세기경 살로나 시민들이 궁전 유적을 점령했을 때 세례당으로 변경된 역사가 있다. 신전 앞쪽에서는 머리 없는 스핑크스의 조각을, 내부에서는 아름다운 천장 부조와 크로아티아의 미켈란젤로라 불리는 천재 조각가 이반 메슈트로비치Ivan Meštrović의 조각 작품을 볼 수 있다.

⊙ MAP P.122B ⓘ 1권 P.71 ⓖ 구글 지도 GPS 43.508341, 16.439579 ⓢ 찾아가기 열주 광장에서 카페 룩소르 건물 왼쪽의 좁은 골목으로 들어가면 바로 나타난다. ⊙ 주소 Kraj Svetog Ivana 2, Split ⓣ 전화 021-345-602 ⓣ 시간 5~9월 월~토요일 08:00~19:00, 일요일 12:30~18:30 ⓣ 휴무 10~4월 비수기 ⓢ 가격 10kn, 종탑+성당+주피터 신전 45kn

№ 10 거소 유적 ★★ Imperial Residence

황제가 거주하던 침실 및 생활공간 유적으로, 현재는 대부분 주춧돌만 남아 있다. 가장 보존이 잘된 곳은 현관Vestibule 유적으로, 거의 유일하게 제 모습을 보존하고 있다. 위쪽이 뚫려 있는 둥그스름한 원뿔형의 건축물로, 신하들이 황제를 알현하기 전에 대기하던 곳이라고 한다. 가끔씩 이곳에서 달마티아 전통 민요를 부르는 남성 중창단이 공연을 한다. 본격적인 거소 유적은 이 현관 너머에 넓게 펼쳐져 있으나 정말 주춧돌밖에 없으므로 역사적 상상력을 발휘할 수 있는 여행자에게만 권한다.

ⓜ MAP P.122B Ⓑ 1권 P.70 Ⓖ 구글 지도 GPS 43.508050, 16.440054(현관 유적) Ⓖ 찾아가기 열주 광장에서 트인 쪽을 뒤로하고 정면의 회랑을 바라보면

각각 위와 아래로 향하는 두 개의 입구가 있다. 이 중 위쪽 입구로 올라간다. Ⓢ 시간 24시간 개방

№ 11 북문(금의 문) ★★ Zlatna Vrata, Golden Gate

성벽의 북쪽에 자리하고 있는 문으로, '골든 게이트'라는 유혹적인 별칭을 가지고 있지만 정작 모습은 수수한데다 보존 상태가 썩 좋지 못하다. 여기저기 훼손된 곳도 많은데, 세월이 지난 탓도 있으나 유고 내전 당시 피해를 크게 입어 성벽 바깥쪽 면은 가까이서 보면 총알 자국이 보일 정도이다. 성문 밖으로 나가면 그레고리우스닌 대주교의 동상(P.118)이 서 있는 작은 공원이 나온다.

ⓜ MAP P.122B Ⓑ 1권 P.72 Ⓖ 구글 지도 GPS 43.509275, 16.440753 Ⓖ 찾아가기 열주 광장을 등지고 앞에 보이는 좁은 길을 따라 북쪽 성벽까지 간다. Ⓢ 시간 24시간 개방

№ 12 지하궁전 ★ Podrum, Basement Hall of Diocletian's Palace

디오클레티아누스 궁전의 지하층으로, 흔히 부르는 지하궁전보다는 '궁전 지하'라는 표현이 더 정확하다. 로마 시대의 창고 겸 노예들이 거주하던 공간으로, 중세 시대 이후에는 유적 주변에서 나오는 각종 폐자재와 석재들을 이곳에 쌓아놓았다고 한다. 넓은 지하 공간에 지상층의 건물을 떠받치는 튼튼한 열주들이 늘어서 있는 곳으로, 특별한 볼거리가 있는 것은 아니지만 묘한 공간감을 느낄 수 있다. 스플리트 기념품 쇼핑의 명소인 지하시장(P.126)이 바로 이곳 입구 부근에 있다.

ⓜ MAP P.122B Ⓖ 구글 지도 GPS 43.507619, 16.439714 Ⓖ 찾아가기 열주 광장에서 트인 쪽을 뒤로하고 정면의 회랑을 바라보면 위와 아래로 향하는 두 개의 입구가 있다. 아래쪽 입구로 내려가면 지하시장이 나오고, 들어온 쪽 입구를 등지고 오른쪽으로 꺾으면 지하궁전의 입구가 나온다.
Ⓢ 시간 매일 09:00~21:00 Ⓗ 휴무 비정기적
Ⓟ 가격 성인 40kn, 학생·경로 20kn

№ 13 남문(동의 문) ★ Brončana Vrata, Bronze Gate

리바 거리에서 골목과 지하시장을 지나 열주 광장으로 통하는 문이다. 그래도 번듯한 '성문' 같은 다른 문들과는 달리 오직 성벽에 네모지게 출입구 하나가 뚫려 있을 뿐이다. 또한 문 양쪽에 다른 건물들이 들어서 있어 나중에 성문이라는 것을 알면 놀랍기까지 한 곳이다.

ⓜ MAP P.122B Ⓑ 1권 P.72 Ⓖ 구글 지도 GPS 43.507574, 16.439800 Ⓖ 찾아가기 열주 광장 쪽에서는 지하시장을 거쳐 남쪽으로 직진하면 바로 연결된다. 리바 쪽에서는 리바 동쪽 시작점 부근에서 성벽 쪽을 보면 성문을 표시하는 차양이 보인다. Ⓢ 시간 24시간 개방

4 SPLIT 스플리트

🍴 EATING

№.1 카페 룩소르
★★★★★ Cafe Lvxor

열주 광장 서쪽에 자리한 카페 겸 레스토랑으로, 주 광장을 빙 둘러싸고 있는 계단 위에 방석을 깔아 노천 공간으로 사용하고 있다. 유네스코 세계문화유산 한복판에서 커피와 음료를 마시며 천천히 즐길 수 있는 대단한 공간이다. 가격은 스플리트 시내의 다른 카페보다 조금 비싼 편이나 자릿값이라고 생각하면 아깝지 않다. 커피와 소프트드링크, 맥주 등 음료 외에도 케이크를 비롯한 각종 디저트류, 간단한 식사류를 갖추고 있다. 실내 공간도 옛 건물의 질감을 그대로 살려 우아하고 고급스럽게 꾸몄다. 아침식사가 맛있으므로 브런치를 즐기는 것도 추천.

◎ MAP P.122B ⓘ 1권 P.185 ⓖ 구글 지도 GPS 43.508241, 16.439947 ⓓ 찾아가기 열주 광장, 스플리트 구시가 한복판에 있다. ⓐ 주소 Kraj Sv. Ivana 11, Split ☎ 전화 021-341-082 ⓣ 시간 매일 08:00~24:00 ⓧ 휴무 비정기적 ⓢ 가격 커피 15~30kn, 맥주 36kn, 탄산음료 30~40kn ⓗ 홈페이지 www.lvxor.hr

№.2 테크 카페
★★★ Teak caffe

북쪽 성벽 안쪽에 숨듯이 자리한 카페로, 후미진 골목을 통과해야 찾을 수 있다. 오래된 중세 건물의 질감을 잘 살린 실내 인테리어도 매력적이지만, 이곳의 특별한 점은 노천 테이블에 있다. 궁전 성벽과 몇 백년 된 중세 건물에 둘러싸인 안뜰이 아늑하고 편안한 분위기를 낸다.

◎ MAP P.122B ⓘ 구글 지도 GPS 43.509347, 16.440206 ⓓ 찾아가기 북문을 지나 오른쪽 첫 번째 골목으로 들어간다. 골목처럼 보이지 않지만 믿고 들어가야 찾을 수 있다. ⓐ 주소 Majstora Jurja 11, Split ☎ 전화 021-782-010 ⓣ 시간 월~목요일 08:00~24:00, 금~토요일 08:00~01:00, 일요일 08:00~01:00 ⓧ 휴무 비정기적

№.3 피가
★★★ Figa

보치니 광장에서 나로드니 광장으로 가는 길목에 자리한 카페 겸 레스토랑으로, 골목 사이의 좁은 계단에 테이블과 의자를 내놓은 재미있는 노천 공간으로 인기를 모으고 있다. 커피와 각종 음료, 아침식사와 생선 요리, 디저트 등 다양한 메뉴를 선보인다. 밤에는 좋은 음악을 들려주는 것으로도 유명하다.

◎ MAP P.122A ⓖ 구글 지도 GPS 43.508280, 16.439177 ⓓ 찾아가기 보치니 광장에서 북쪽으로 약 50m 올라가면 나오는 작은 광장 건너편 ⓐ 주소 Buvinina 1, Split ☎ 전화 021-274-491 ⓣ 시간 매일 08:30~01:00 ⓧ 휴무 비정기적

🛍 SHOPPING

№.1 지하시장
★★★★ Podrum

'지하궁전' 입구 부근에 형성된 관광객용 시장이다. 냉장고 자석이나 액세서리, 엽서, 장식 접시, 머그컵 등의 전형적인 관광지 기념품과 지역 예술가들의 그림·조각 작품 등을 판매한다. 대부분의 기념품은 흔히 볼 수 있는 조악한 품질의 물건들이나, 지역 예술가의 작품이나 핸드메이드 제품 중에는 눈에 확 띌 정도로 괜찮은 물건들이 종종 있다. 한 바퀴 돌아보면 누구나 마음에 드는 물건 한 가지 정도는 어렵지 않게 고를 수 있다. 딱히 쇼핑을 하지 않더라도 지하시장이라는 독특한 공간감 때문에라도 가볼 만하다. 리바와 궁전 유적을 잇는 길목이라 누구나 한번은 꼭 가게 되는 곳이기도 하다.

◎ MAP P.122B ⓘ 1권 P.43, 171 ⓖ 구글 지도 GPS 43.507606, 16.439713 ⓓ 찾아가기 디오클레티아누스 궁전 유적 지하에 있다. 열주 광장에서 지하로 들어가거나 리바 거리에서 남문으로 들어간다. ⓣ 시간 매일 10:00~20:00(매장마다 다르며 성수기에는 22:00까지 영업하는 곳도 있다) ⓧ 휴무 비정기적

NO.2 나달리나
★★★ Nadalina

달마티아 지역에서 가장 유명한 초콜릿 브랜드. 라벤더, 견과류, 특산 과일 등 달마티아의 특색이 가득한 속재료로 유명하다. 라벤더 초콜릿은 맛도 좋고 크로아티아 분위기가 느껴져 선물용으로 인기.

◎ MAP P.122B ◎ 1권 P.162
◎ 구글 지도 GPS 43.508885, 16.440532 ◎ 찾아가기 열주 광장을 등지고 북문으로 향하는 골목으로 들어가 약 60m 직진 ◎ 주소 Dioklecijanova 6 ◎ 전화 021-212-651 ◎ 시간 월~금요일 08:30~20:00, 토요일 09:00~14:00 ◎ 휴무 일요일 ◎ 가격 판초콜릿 40~50g 14kn, 각종 믹스 제품 100g 29kn ◎ 홈페이지 www.nadalina-cokolade.com.hr

판초콜릿 5종 세트 70kn

NO.3 나투라 달마티차
★★★ Natura Dalmatica

달마티아 지방에서 생산된 다양한 아로마를 이용한 화장품 및 일상용품을 판매한다. 비누와 립밤, 오일, 화장수, 포푸리 등 아로마 제품이 주종을 이루지만 그 외에도 꿀, 와인, 전통 술, 올리브유 등도 팔고 있어 기념품점에 가까운 곳이다. 상품의 질이 상당히 좋고 상점 내에서 시식이나 시향 등도 할 수 있다.

◎ MAP P.122B ◎ 구글 지도 GPS 43.508696, 16.440509 ◎ 찾아가기 열주 광장을 등지고 북문으로 향하는 골목으로 들어가 20~30m 직진 ◎ 주소 Dioklecijanova ulica 2, Split ◎ 전화 091-444-2580 ◎ 시간 08:00~20:00 ◎ 가격 포푸리 25kn, 립밤 25kn

NO.4 크레쉬미로바 길
★★★ Krešimirova

왕궁 유적의 서문(철의 문)에서 열주 광장으로 향하는 약 60m 골목으로, 두 사람이 지나가기도 힘들 정도로 좁은 골목 양옆으로 디젤, 칼하트, 크로아타, 칼제도니아 등의 브랜드 숍과 선물 가게, 잡화점들이 들어서 있다. 특히 신발과 가방을 파는 잡화점이 많은데, 디자인과 가격이 모두 착한 편이라 여행자들에게 사랑받고 있다.

◎ MAP P.122A, B ◎ 1권 P.178 ◎ 구글 지도 GPS 43.508597, 16.439503(서문 부근 시작점) ◎ 찾아가기 나로드니 광장에서 서문을 통과하면 바로 이어진다. 샛길이나 뒷골목 같은 길이 눈앞에 펼쳐지지만 그 길이 바로 크레쉬미로바 길이므로 당황하지 말 것. ◎ 주소 Ul. Kralja Petra Krešimira IV, Split

맑은 날의 나로드니 광장

5 HVAR
[흐바르]

달마티아의 모든 것을 가진 섬

사파이어처럼 새파란 바다와 아름다운 언덕, 중세와 르네상스 시대에 만들어진 하얀 건물과 대리석 바닥들, 저 멀리 점점이 보이는 아드리아의 신비로운 섬. 흐바르는 달마티아가 가진 역사와 자연 모두를 섬이라는 형태로 응축한 느낌이다. 고대 그리스 시대부터 휴양지로 개발되어 수천 년의 세월 동안 달마티아 최고의 휴양지로 군림하고 있다. 라벤더의 주산지로 여름이면 어디에서나 흔하게 라벤더 향을 맡을 수 있는 향기로운 섬이기도 하다. 낮에는 해수욕과 산책, 태닝, 책 읽기로 시간을 보내고 저녁이면 맛있는 와인 한잔을 즐기며 지중해 분위기를 만끽하는, 여유로우면서도 흥겨운 여행이 세상 그 어느 곳보다 잘 어울리는 곳이다.

MUST SEE 흐바르에서 이것만은 꼭 보자!

№. 1
스파뇰라 요새에서
바라보는 흐바르 타운과
바다 전망

MUST EAT 흐바르에서 이것만은 꼭 먹자!

№. 1
코노바 메네고의
'우리 와이프의
비밀 레시피'

MUST EXPERIENCE 흐바르에서 이것만은 꼭 경험하자!

№. 1
비치에서
해수욕 즐기기

№. 2
성 스테판 광장에서
소소하게 즐기는
흐바르의 여름밤

№. 3
바다를 눈으로
즐기며 아무것도
안 하기

TRAVEL MEMO
흐바르 교통편 한눈에 보기

> 흐바르, 이렇게 간다!

페리로 가기

흐바르는 스플리트에서 약 45km 떨어진 달마티아 해상의 섬. 따라서 교통편은 오로지 배뿐이다. 정기 페리를 이용해 흐바르로 가는 방법을 알아보자.

① **스플리트 ↔ 흐바르** : 가장 일반적인 루트. 섬 북쪽에 있는 마을인 스타리 그라드Stari Grad로 가는 편과 관광 중심가인 흐바르 타운Hvar Town으로 가는 편이 있다. 두 편의 장단점이 명확하기 때문에 자신의 여행 목적에 따라 선택할 것. 일반적으로 렌터카 이용자와 비성수기 여행자는 스타리 그라드행, 성수기 대중교통 이용자는 흐바르 타운행을 이용한다.

● **스타리 그라드행 vs 흐바르 타운행**

	스타리 그라드행	흐바르 타운행
선착장 위치	흐바르 타운에서 북쪽으로 약 20km	마을 바로 앞
중심가까지의 교통	흐바르 타운까지 버스로 약 20분	도보로 약 10분
카페리	O	×(사람만 탈 수 있는 소형 선박)
스플리트에서 당일치기	성수기 · 비수기 모두 OK	6~9월 OK, 10~5월 NO!

● **스플리트 ↔ 흐바르 페리 시간표 & 티켓 가격**

		10~5월	6~9월	티켓 가격
갈 때	스플리트 → 스타리 그라드	06:00, 08:30, 14:30, 20:30	01:30, 05:00, 08:30, 11:00, 14:30, 17:00, 20:30	성인 47kn 어린이 23.5kn 자동차 318~588kn
	스플리트 → 흐바르 타운	10:35, 12:35	8:30, 9:45, 11:00, 13:00, 14:30, 15:00, 15:30, 16:30, 20:00	1인 110kn
올 때	스타리 그라드 → 스플리트	05:30, 11:30, 14:30, 17:30	05:30, 07:45, 11:30, 14:00, 17:30, 20:00, 23:00	성인 47kn 어린이 23.5kn 자동차 318~588kn
	흐바르 타운 → 스플리트	12:30	6:35, 10:15, 10:50, 11:30, 12:45, 14:45, 16:10, 18:35, 21:30	1인 110kn

*2019~2020년 기준. 스케줄이 매우 유동적이므로 반드시 1~2일 전 인터넷이나 선착장에서 직접 확인할 것.

> ⊕ **PLUS TIP**
> 흐바르 교통편 시간은 요일이나 달에 따라 스케줄이 매우 유동적이다. 반드시 야드롤리니야 홈페이지(www.jadrolinija.hr) 또는 항구의 게시판을 통해 원하는 날짜의 출항 시간을 정확히 확인할 것.

② **코르출라 ↔ 흐바르** : 달마티아의 또 다른 섬 코르출라와 흐바르 사이에도 페리가 다닌다. 흐바르 타운에서 출발하는 노선은 1년 내내, 스타리 그라드에서는 성수기인 6~9월에 한시적으로 화~토요일 하루 1회 오전 시간대에 운항하나 해마다 운항 여부의 변동이 심한 편이다. 달마티아의 모든 매력적인 섬을 여행하고 싶은 섬 욕심쟁이라면 스케줄을 꼭 체크해볼 것. 요금은 120kn.

③ **브라치 ↔ 흐바르** : 유럽에서 가장 아름다운 비치 '즐라트니 라트Zlatni Rat'가 있는 브라치 섬에서도 흐바르 왕복 노선이 다닌다. 과거에는 흐바르타운이나 스타리 그라드가 아닌 '젤사Jelsa'라는 항구에서만 출발했으나 최근 흐바르타운 출발편이 생겼다. 성수기 비수기 하루 1회 운항한다. 요금은 100kn.

흐바르 타운 들어가기

버스로 가기

흐바르의 관광 중심지는 섬 남쪽에 위치한 마을인 '흐바르 타운Hvar Town'. 흐바르 타운행 페리를 탔다면 도착 후 선착장에서 마을까지 걸어가면 된다. 그러나 섬 북부에 있는 스타리 그라드나 젤사에 도착했다면 흐바르 타운까지 별도의 교통편이 필요하다.

① **스타리 그라드 ↔ 흐바르 타운** : 선착장에서 흐바르 타운까지 버스가 운행된다. 페리 도착 시간과 버스 출발 시간이 거의 맞아떨어진다. 배에서 내리면 10m 앞에 버스가 기다리고 있다. 배차 간격이 드문드문하기 때문에 버스를 놓치면 꼼짝없이 택시를 타야 할 수도 있으니 내리자마자 바로 탑승하도록 한다.

② **젤사 ↔ 흐바르 타운** : 스타리 그라드와 마찬가지로 선착장에서 흐바르 타운까지 버스가 운행된다. 스타리 그라드보다 버스편이 적기 때문에 버스 시간표를 잘 숙지해둬야 한다.

⊕ **PLUS TIP**
버스를 놓쳤다면 택시를 타야 하는데, 흐바르의 택시비는 비싸기로 악명이 높다. 대부분 대절 택시로 운영되는데 스타리 그라드부터 흐바르 타운까지 무려 200~250kn 선. 미터로 가는 경우에도 기본요금이 100kn 안팎이라 200kn 이상은 각오해야 한다.

⊕ **PLUS TIP**
흐바르 섬 내부를 운행하는 버스 스케줄은 흐바르 관광안내소 공식 홈페이지(visithvar.hr/nova-autobusna-linija/)에서 확인할 것. 3~4개월 단위로 스케줄이 대대적으로 바뀌므로 여행 바로 전날쯤 확인하는 것이 가장 좋다.

흐바르, 이렇게 돌아보자!

① **당일치기 가능** : 스플리트에서 흐바르는 페리가 자주 다니기 때문에 당일치기가 가능하다. 6~9월에는 꽉 채운 하루를 계획할 수 있고, 나머지 비수기에는 주요 포인트 정도를 돌아볼 수 있다.

② **쉬러 가자!** : 흐바르는 정말 아름다운 섬이지만 사실 딱히 볼 것은 없다. 산책을 하고, 해수욕과 태닝을 즐기고, 책을 읽고, 한밤중의 흥겨운 광장과 해변을 즐기는 것으로 충분한 곳이다. 1~2박 푹 쉬며 산책과 해수욕을 즐기는 것이 흐바르를 제대로 여행하는 최고의 방법.

③ **드라이브하자!** : 렌터카 여행자라면 꼭 차를 가지고 갈 것. 아름다운 석회암 언덕과 바다, 그리고 오래된 유적들이 어우러진 아름다운 풍경을 즐기며 드라이브를 할 수 있다. 특히 6~7월에는 섬 곳곳에 라벤더가 흐드러지게 피는 장관이 펼쳐진다.

HVAR 흐바르

코스 무작정 따라하기
흐바르 타운 당일치기 코스

지도 위치 표시:
- 스파뇰라 요새 Tvrdava Spanjola P.134
- 암포라 리조트 Amfora Resort
- 코노바 메네고 Konoba Menego P.135
- 로지아 Loggia P.135
- 콘줌 KONZUM
- 흐바르 타운 버스 정류장 Hvar Bus Station
- 아스날 Arsenal P.135
- 성 스테판 광장 Trg Sv. Stjepana P.135
- 카테드랄라 Sv. Stjepana
- 보니 비치 Bonj Beach P.135
- 파브리카 산책로 Fabrika P.134
- 흐바르 관광안내소 TURISTIČKA ZAJEDNICA GRADA HVARA
- 리바 Riva
- 흐바르 타운 선착장 Hvar Town Ferry Terminal
- 흐바르 비치 Hvar Beach
- 프란체스코 수도원 박물관 Franciscan Monastery & Museum P.134

삽입 지도:
- 스타리 그라드 선착장 Stari Grad Ferry Terminal
- 스타리 그라드 관광 중심가 Stari Grad Old Town P.135
- 젤사 선착장 Jelsa Ferry Terminal
- 흐바르 타운 선착장 Hvar Town Ferry Terminal

START — 1 — 2 — 3

흐바르 타운 선착장
Start

스플리트에서 오전 9시 15분에 출발하는 흐바르 타운행 배를 타면 흐바르에 오전 10시 30분 정도 도착한다. 배에서 내리자마자 펼쳐지는 흐바르의 놀랍도록 아름다운 모습에 1차로 반하게 된다.

선착장을 뒤로하고 리바를 따라 마을 쪽을 향해 걷다 보면 오른쪽에 광장이 나온다. → 성 스테판 광장

성 스테판 광장
Trg Sv. Stjepana, St. Stephen's Square
30m

초입에 있는 관광안내소에서 지도를 받아들자. 우선 광장 남쪽 일대의 골목을 훑고 다닐 것.
⏰ 24시간 개방

광장 북쪽 로지아 주변의 아무 골목으로 들어가도 표지판이 나타난다. 표지판을 따라 언덕을 올라간다. → 스파뇰라 요새

⊕ PLUS TIP
광장 주변에 노천 레스토랑 겸 카페가 줄지어 있다. 여유롭게 커피도 한 잔 즐기자.

스파뇰라 요새
Tvrdava Spanjola
30m

흐바르에서 꼭 가봐야 하는 곳. 집에 뚝 떼어서 가져가고 싶을 정도로 아름다운 전망을 자랑한다.
⏰ 성수기(5~9월) 09:00~21:00, 비수기(10~4월) 09:00~15:00
💰 입장료 25kn

언덕을 내려와 큰길을 건너면 계단이 있는 마을길로 접어든다. 계단을 내려가다 첫 번째 사거리에서 왼쪽으로 간 뒤 두 번째 블록에서 다시 오른쪽으로 꺾어 언덕 아래로 내려간다. → 코노바 메네고

코노바 메네고
Konoba Menego
1h

달마티아 전통 요리를 선보이는 흐바르 타운의 대표 맛집. 흐바르 물가치고는 다소 비싼 편이나 맛으로 보답받는다.
⏰ 월~금요일 11:30~14:00, 18:00~22:30, 토요일 18:00~22:30 (일요일 휴무)

언덕을 내려와 선착장 반대쪽으로 간다. → 파브리카 산책로

⊕ PLUS TIP
추천 메뉴
메뉴판에 유난히 '비밀'이 많다. 특히 '아내의 비밀 레시피(My Wife's secret recipe)'는 보기와 다른 맛을 지닌 특제 샐러드, 35kn.

132-133

흐바르의 관광 중심가 흐바르 타운Hvar Town은 빠르게 돌아보면 1~2시간이 채 걸리지 않을 정도로 작은 마을이다. 천천히, 느릿느릿 뜨거운 햇살과 새파란 바다를 누리는 하루를 계획해보자. 이 코스는 대중교통 여행자가 성수기에 당일치기로 여행할 때 다니기 좋은 동선으로, 렌터카 여행자나 1박 이상 여행자, 비수기 여행자는 흐바르 타운 주변을 즐길 때 참고할 것.

4

파브리카 산책로
Fabrika

성 스테판 광장 부근부터 서쪽 해안선을 따라 펼쳐지는 산책로. 약 300m 지점부터는 소나무 그늘이 있는 본격적인 산책로가 펼쳐진다. 흐바르가 얼마나 아름다운 섬인지 느낄 수 있는 산책 코스.
⏰ 24시간 개방

파브리카를 따라 쭉 직진한다.
→ 보니 비치

5

보니 비치
Bonj Beach

흐바르에 들르는 가장 큰 목적은 해수욕과 태닝과 휴식. 이곳에서 해수욕을 지칠 때까지 즐길 것.
⏰ 24시간 개방

파브리카를 따라 마을 중심가 쪽으로 돌아간 뒤 길을 따라 반대편 리바 끝까지 걸어간다.
→ 프란체스코 수도원 박물관

6

프란체스코 수도원 박물관
Franciscan Monastery & Museum

건물 주변에 아름다운 조각 작품이 많아 기념샷 남기기 좋다. 수도원 앞에 자그마한 비치가 하나 있으니 해수욕이 모자랐다면 좀 더 즐길 것.
⏰ 월~토요일 09:00~13:00, 17:00~19:00
💰 입장료 25kn(일요일 휴무)

리바를 따라 쭉 올라갔다가 오른쪽으로 간다. → 성 스테판 광장

● **PLUS TIP**
수건과 돗자리는 미리 챙겨 갈 것.

FINISH --- 7

흐바르 타운 선착장 or 버스터미널

흐바르 타운에서 스플리트로 돌아가는 배는 오후 7시 30분에 있다. 만일 돌아가는 게 아쉽다면 스타리 그라드에서 출발하는 오후 11시 배를 타자. 스타리 그라드로 가는 버스는 오후 9시 30분이 막차이니 유의.

성 스테판 광장
Trg Sv. Stjepana,
St. Stephen's Square
🍴

성 스테판 광장은 여름밤이면 더욱 화려하게 변신한다. 광장에 있는 레스토랑에서 피자와 맥주를 즐겨볼 것.
⏰ 24시간 개방

리바를 따라 남쪽으로 내려가거나 광장을 가로질러 성 스테판 성당 뒤쪽으로 간다. → 흐바르 타운 선착장 or 버스터미널

RECIEPT

볼거리	2시간
해수욕·휴식	2시간
식사 및 디저트	1시간 30분
이동 시간	2시간(산책 포함)

TOTAL
7.5 HOURS

입장료	**70kn**
스파뇰라 요새	40kn
프란체스코 수도원 박물관	30kn
식사 및 디저트	**350kn**
코노바 메네고 (점심식사+음료)	200kn
성 스테판 광장 (저녁식사+피자+맥주)	150kn
교통비	**220kn**
스플리트↔흐바르 페리왕복	220kn

TOTAL
640kn
(성인 1인 기준, 쇼핑 비용 별도)

↓ start

S.	흐바르 타운 선착장
	300m, 도보 5분
1.	성 스테판 광장
	800m, 도보 25분
2.	스파뇰라 요새
	750m, 도보 15분
3.	코노바 메네고
	250m, 도보 3분
4.	파브리카 산책로
	800m, 도보 20분
5.	보니 비치
	1.5km, 30분
6.	프란체스코 수도원 박물관
	500m, 도보 10분
7.	성 스테판 광장
	300~500m, 도보 5~10분
F.	흐바르 타운 선착장 or 버스터미널

5. HVAR 흐바르

5 HVAR 흐바르

TRAVEL INFO
흐바르 핵심 여행 정보

📷 SIGHTSEEING

№.1 스파뇰라 요새
★★★★★ Tvrdava Spanjola, Hvar Fortress

한가로운 휴양의 섬 흐바르에서 '반드시' 찾아가야 할 단 한 곳의 스폿을 꼽는다면 바로 스파뇰라 요새이다. 흐바르 타운의 언덕 위에 우뚝 서 있는 옛 성채로, 6세기경에 축성되었다. 언덕 꼭대기에 자리하고 있어 올라가는 데는 제법 힘들지만 흐바르 타운과 사파이어빛 바다, 인근의 작은 섬들이 점점이 흩어진 풍경은 크로아티아의 그 어느 전망대와 견주어도 한 수 위의 아름다움을 자랑한다. 요새 내부에 옛날 감옥이나 포대 등의 볼거리들도 있다. 10~4월의 비수기에는 예고 없이 열지 않는 날도 많은데, 요새 앞쪽 소나무 숲에서 보는 전망도 꽤 근사하므로 열지 않는 날은 아쉬운 대로 이곳에서 즐기자. 자동차로도 올라갈 수 있다.

차 가능 공간) ⓖ **찾아가기** 흐바르 타운에서 북쪽 언덕으로 향하는 골목 아무데나 들어가면 요새로 안내하는 표지판을 쉽게 찾을 수 있다. 흐바르 타운에서 도보로 약 20분 소요 ⓐ **주소** Fortica, Hvar ⓣ **시간** 성수기(5~9월) 09:00~22:00(자정까지 개방할 때도 있음), 비수기(10~4월) 09:00~15:00 ⓗ **휴무** 비수기 기간에는 예고 없이 휴무 ⓟ **가격** 입장료 40kn

ⓜ MAP P.132B ⓑ 1권 P.103 ⓖ 구글 지도 GPS 43.174745, 16.442176(요새 중심부) 43.175165, 16.441604(주

№.2 성 스테판 광장
★★★ Trg Sv. Stjepana, St. Stephen's Square

흐바르 타운에서 가장 큰 광장이자 사실상 유일하게 '광장'이라고 부를 수 있는 공간이다. 관광안내소와 약국, 레스토랑 등 흐바르 타운을 쾌적하게 즐기기 위한 모든 것이 몰려 있다. 흐바르 타운의 주요 건축물도 대부분 이 근처에 있다. 광장 남쪽에는 퍼브 겸 레스토랑들이 들어서 있어 밤마다 흥겹게 북적인다.

ⓜ MAP P.132B ⓖ 구글 지도 GPS 43.172401, 16.442630(광장 중앙부 스투데나츠 마트 앞) ⓖ **찾아가기** 흐바르 타운의 중심부에서 약간 동쪽으로 치우쳐 있다. 선착장에서 북쪽으로 올라간 뒤 오른쪽으로 돌아서면 바로 보인다. ⓐ **주소** Trg sv. Stjepana, Hvar ⓣ **시간** 24시간 개방

№.3 프란체스코 수도원 박물관
★★★ Franciscan Monastery & Museum

15~16세기에 지은 르네상스 양식의 수도원. 성당 겸 박물관으로 쓰이고 있다. 건물 안팎에 르네상스 시대에 만들어진 아름다운 조각들이 전시되어 있다. 앞에는 작은 비치가 있는데, 바다와 백사장의 품질이 썩 좋지 못함에도 중심가와 가장 가까워 인기다.

ⓜ MAP P.132B ⓖ 구글 지도 GPS 43.168421, 16.442902 ⓖ **찾아가기** 리바를 따라 선착장을 지나 쭉 내려간다. 제방의 남쪽 끝자락에 있다. ⓐ **주소** Šetalište put križa, Hvar ⓣ **전화** 021-741-193 ⓣ **시간** 월~토요일 09:00~13:00, 17:00~19:00 ⓗ **휴무** 일요일 ⓟ **가격** 입장료 40kn ⓗ **홈페이지** ofm-sv-jeronim.hr

№.4 파브리카 산책로
★★★ Fabrika

흐바르 타운 중심가에서 서쪽 리조트 지구를 잇는 해변 산책로이다. 흐바르 타운에서 시작하는 초반 약 300m는 리바와 비슷한 분위기이며 이후에는 소나무 숲이 우거진 자연 산책로로 변모한다. 한쪽에는 눈부신 바다, 다른 한쪽에는 아름다운 흐바르 타운의 전경이 펼쳐지는 최고의 산책로로, 흐바르가 얼마나 아름다운 곳인지 느끼게 해준다.

ⓜ MAP P.132A ⓖ 구글 지도 GPS 43.172585, 16.440316(리바 쪽 시작점) ⓐ **주소** Fabrika, Hvar ⓖ **찾아가기** 리바 건너편에서 시작한다. ⓣ **시간** 24시간 개방

No.5 아스날
★★ Arsenal

16세기에 세워진 건축물로, 전해지는 기록에 의하면 '달마티아에서 가장 아름답고 실용적인 건물'로 칭송받았다고 한다. 한때 무기고로 사용된 적이 있어 '아스날Arsenal'로 불리게 되었다. 내부에는 박물관과 공연장이 있고, 1층 바깥에 흐바르 관광안내소가 있다.

◎ MAP P.133B ⑤ 구글 지도 GPS 43.172170, 16.441657(관광안내소) ⑥ 찾아가기 성 스테판 광장 초입에 있다. ⑥ 주소 Trg Sv. Stjepana 42, Hvar ☎ 전화 021-741-059, 021-742-977(관광안내소) ⓒ 시간 24시간 개방 ⑥ 홈페이지 www.tzhvar.hr(관광안내소)

No.6 로지아
★★ Loggia, City Lodge

흐바르 타운 선착장에서 마을 쪽으로 걷다 보면 가장 먼저 눈에 띄는 랜드마크로, 15~16세기에 만들어진 후기 르네상스식 건축물이다. 베네치아 공화국의 지배를 받을 당시에 총독관으로 사용됐다. '로지아'란 건물의 한 면이 열주 형식으로 되어 있는 건축 스타일을 가리킨다. 20세기에는 잠시 호텔로도 쓰였으나 현재는 각종 이벤트 공간 및 전시실로 쓰인다.

◎ MAP P.132B ⑤ 구글 지도 GPS 43.172667, 16.441434 ⑥ 찾아가기 성 스테판 광장 초입의 북쪽. 언덕 쪽에 자리하고 있다. 선착장 인근에서는 어디에서든 잘 보인다. ⓒ 시간 24시간 개방

No.7 성 스테판 성당
★★ Katedrala Sv. Stjepana, St. Stephen's Cathedral

광장 깊숙한 곳에 우뚝 선 성당으로, 성 스테판 광장의 이름은 바로 이 성당에서 따온 것이다. 16~17세기에 베네치안 르네상스 스타일로 지어졌다. 종탑이 총 4층으로 되어 있는데, 위로 올라갈수록 창문의 숫자가 조밀하게 늘어나는 것을 볼 수 있다.

◎ MAP P.132B ⑤ 구글 지도 GPS 43.172228, 16.443196 ⑥ 찾아가기 성 스테판 광장 가장 안쪽에 있다. ⑥ 주소 Trg Sv. Stjepana, Hvar ⓒ 시간 매일 09:00~13:00, 17:00~21:00 ⓒ 휴무 비정기적 ⑤ 가격 입장료 10kn

No.8 보니 비치
★★ Bonj Beach

흐바르 타운 중심가에서 서쪽으로 약 1km 떨어져 있는 비치로, 흐바르 남쪽에서는 가장 크고 아름다운 비치로 통한다. 흐바르 최고의 리조트인 암포라 리조트Amfora Resort가 바로 이곳에 있다. 모래가 곱고 물이 맑으며 해수욕 시설 및 비치 바 등이 잘되어 있다. 흐바르를 당일치기 내지 1박으로 들렀을 때 가장 무난하고 쾌적하게 해수욕을 즐길 수 있는 곳이다.

◎ MAP P.132A ⑤ 구글 지도 GPS 43.171415, 16.433800 ⑥ 찾아가기 흐바르 타운 중심가에서 파브리카 산책로를 따라 약 800m 서쪽으로 간다. ⓒ 시간 24시간 개방

No.9 스타리 그라드
★★ Stari Grad

흐바르 타운행 배가 도착하는 선착장 근처 마을. 세월이 느껴지는 차분한 색조의 집들과 호젓한 포구가 어우러진 한가로운 마을로, 30분 정도면 구석구석을 돌아볼 수 있을 정도로 작다. 그냥 지나치기는 아쉬운 곳이나 버스 스케줄이 잘 맞지 않아 대중교통 당일치기의 경우에는 돌아보기 힘든 곳이기도 하다. 렌터카 이용자나 1박 이상 여행하는 사람이라면 꼭 들러볼 것.

◎ MAP P.132A ⑤ 구글 지도 GPS 43.180804, 16.576384(선착장) 43.183027, 16.595728(구시가 중심부) ⑥ 찾아가기 스타리 그라드 선착장에서 약 2km 떨어져 있다. ⓒ 시간 24시간 개방

🍴 EATING

No.1 코노바 메네고
★★★★ Konoba Menego

메뉴명에 유난히 '비밀Secret'이 많이 등장하는데, 셰프의 비밀부터 와이프의 비밀, 나의 비밀, 할아버지 할머니의 비밀까지 있다. 흐바르 일대에서 가장 가격대가 높지만 맛으로 충분히 보답받는 곳이다.

◎ MAP P.133B ⑤ 구글 지도 GPS 43.173247, 16.442716 ⑥ 찾아가기 스파뇰라 요새를 향해 올라가다 사거리가 나오면 오른쪽으로 꺾어 두 번째 블록에서 다시 왼쪽 계단으로 올라간다. ⑥ 주소 Kroz Grodu 26, Hvar ☎ 전화 021-717-411 ⓒ 시간 월~금요일 11:30~14:00, 18:00~22:30, 토요일 18:00~22:30 ⓒ 휴무 일요일 ⑤ 가격 전채 요리 60~100kn, 주요리(2인분) 130~450kn ⑥ 홈페이지 www.menego.hr

6 ZADAR
[자다르]

바다가 노래하는 낙조의 도시

자다르는 제2차 세계대전 당시에 도시의 대부분이 파괴되어 재건된 도시다. 때문에 세월의 때가 덜 묻어서 새하얀 것이 특징이다. 자다르는 기원전 7세기 경부터 역사가 시작되는 유서 깊은 항구 도시로, 지금도 구시가 곳곳에 로마 제국의 유적이 남아 있다. 낮에는 두브로브니크나 스플리트에 비해 수수한 모습을 하고 있지만, 저녁이 되면 영화감독 히치콕이 극찬했던 낙조 풍경에 '바다의 오르간'과 '태양의 인사'가 더해져 세상 어디에서도 찾아볼 수 없는 특별한 광경이 펼쳐진다. 주요 도시로의 직행편을 쉽게 찾아볼 수 있는 달마티아 북부의 교통 허브이기도 하다.

MUST SEE 자다르에서 이것만은 꼭 보자!

NO. 1
'바다의 오르간' 앞에서 바라보는 저녁노을

NO. 2
밤마다 화려한 빛을 내는 '태양의 인사'

NO. 3
천년의 세월을 간직한 로마 유적 포룸

MUST EAT 자다르에서 이것만은 꼭 먹자!

NO. 1
레스토랑 코르나티의 식전빵 스프레드

NO. 2
레스토랑 펫 부나라의 생선 수프

MUST BUY 자다르에서 이것만은 꼭 사자!

NO. 1
독하지만 달콤한 전통 술 마라스카

NO. 2
마라스카 체리로 만든 체리 브랜드

MUST EXPERIENCE 자다르에서 이것만은 꼭 경험하자!

NO. 1
신비의 섬 코르나티 군도 투어

TRAVEL MEMO
자다르 교통편 한눈에 보기

> 자다르, 이렇게 간다!

버스로 가기

자다르는 북부 달마티아 지역의 교통 허브로, 이 책에서 소개하는 대부분의 도시에서 직행 버스가 다닌다. 가장 많이 이용하는 루트는 다음의 두 가지이다.

① **플리트비체 → 자다르** : 자그레브에서 플리트비체로 이동한 뒤 자다르로 가는 가장 인기 있는 루트 중 하나이다. 소요시간이나 루트 진행, 배차 시간 등 모든 면에서 가장 무난하고 위험도도 낮다. 하절기(4~10월)에는 하루 5~6편, 동절기(11~3월)에는 하루 2편 정도 있다.

> ● PLUS TIP
> 버스 스케줄 참고 사이트
> · 겟바이버스
> www.getbybus.com

② **이스트라 → 자다르** : 이스트라 반도를 여행한 뒤 자다르 → 플리트비체 → 스플리트 루트로 여행하는 것도 가능하다. 풀라에서 하루 2~3회 정도 직행 버스가 다닌다.

렌터카로 가기

플리트비체에서 이동할 때와 이스트라에서 이동할 때 각각 다른 루트를 이용해야 한다.

① **플리트비체 → 자다르** : 벨레비트 산맥 구간으로 드라이브를 즐기자! 플리트비체에서 D1 국도를 따라 내려오다가 코레니차Korenica에서 D25 국도로 바꿔 그대로 달리다가 카를로박Karlobag이라는 해안 마을에서 E65 고속도로로 다시 바꿔 자다르까지 간다. 소요시간 약 3시간 20분. 파그Pag 섬의 신비로운 모습이 한눈에 보이는 크로아티아 최고의 드라이브 루트 중 하나이다.

> ● PLUS TIP
> 정석 루트는 1번 국도를 타고 남쪽으로 내려오다 522번 국도로 갈아탄 뒤 다시 E71번 고속도로로 갈아타는 것으로, 2시간도 채 걸리지 않는다. 절벽과 호수가 어우러진 풍경을 볼 수 있으나 아무래도 벨레비트 산맥 구간보다는 덜하다. 빨리 이동해야 하는 경우는 이쪽을 택할 것.

② **이스트라 → 자다르** : 풀라에서 시작하는 D66 국도를 타고 해안 드라이브를 즐기다가 오파티야Opatija에서 E61 고속도로로 갈아탄다. E61은 리예카Rijeka 부근에서 E65로 바뀌고, 달마티아 해안을 끼고 자다르까지 이어진다.

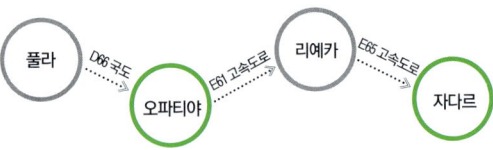

> 자다르 시내 교통

① **시내버스** : 버스터미널에서 구시가까지는 약 1.5km 떨어져 있어 걷기 조금 부담스럽다. 버스터미널 앞의 버스정류장에서 버스 2, 4번을 타면 구시가 앞에 바로 내려준다. 버스정류장 건너편으로 대형 마트 콘줌KONZUM이 보인다면 제대로 찾아온 것. 티켓은 버스정류장 부근의 티켓 판매소 티삭TISAK에서 구매한다. 요금은 편도 10kn, 왕복 16kn.

> **PLUS TIP**
> 자다르 버스터미널에 유인 로커가 있다. 짐 하나당 15kg 이하는 1시간에 3kn, 15kg 이상은 1시간에 10kn. 운영시간은 06:00~22:00.

② **택시** : 기본요금은 30kn이고, 1km당 6kn씩 올라간다. 버스터미널에서 구시가까지는 약 10분 소요, 50~60kn 정도의 요금이 나온다.

③ **도보 이동** : 크로아티아의 작은 도시들이 대부분 터미널과 관광 중심가가 연결되는 데 비해 자다르는 터미널과 구시가가 다소 먼 편이다. 도보로 이동할 때의 거리는 아래와 같다. 구시가 내에서는 모두 도보로 이동 가능하다.

> **PLUS TIP**
> **도보 이동 가능 거리**
> 자다르 버스터미널 ↔ 구시가 육지의 문 1.5km(20~30분)
> 자다르 버스터미널 ↔ 구시가 바다의 문 2km(30~40분)
> 육지의문 ↔ 바다의오르간 1km(15~20분) 바다의문 ↔ 바다의오르간 500m(7~8분)

> 자다르, 이렇게 돌아보자!

① **1박 하자** : 자다르의 가장 좋은 볼거리가 일몰 시간대에 있으므로 가능하면 1박을 하는 편이 좋다. 플리트비체를 아침 일찍 돌아보고 오후에 자다르로 넘어와 관광을 한 뒤 느긋하게 노을을 즐기는 것이 가장 일반적.

② **당일치기도 가능** : 자다르는 교통편이 워낙 좋고 도시 규모가 작기 때문에 당일치기도 가능하다. 플리트비체에서 아침 일찍 넘어와 당일치기로 돌아본 뒤 저녁때 스플리트나 시베니크로 이동하는 것이 대중교통·렌터카 양쪽 모두에 무난한 루트로 통한다.

③ **코르나티 투어에 도전하자** : 자다르에는 코르나티 군도로 떠나는 투어 상품이 활성화되어 있다. 크로아티아에서 가장 아름다운 군도로 꼽히는 곳이므로 일정이 넉넉한 여행자라면 꼭 다녀올 것.

ZADAR 자다르

코스 무작정 따라하기
자다르 100% 즐기기 코스

START ---- 1 -------- 2 -------- 3 ----------

육지의 문
Kopnena Vrata, Land Gate

구시가를 둘러싼 성벽의 주 출입구로, 가장 남쪽에 있다. 시작은 이곳에서 하는 것이 가장 무난하다.
⏰ 24시간 개방

문 안으로 들어가서 약 30m 지나 오른쪽으로 계단과 샛길이 보인다. 샛길로 들어가서 성벽을 따라 쭉 걸어가면 광장이 하나 나오는데 광장 오른쪽에 있는 계단을 올라가면 바로 보인다. → 다섯 개의 우물 광장

'다섯 개의 우물' 광장
Pet Burana, Five Wells

중세 베네치아 공화국 시절의 우물 유적이 있는 광장으로, 우물 다섯 개가 한 줄로 나란히 서 있다. 자다르와 첫 인사하기 좋은 곳.
⏰ 24시간 개방

광장 서북쪽의 기둥 유적을 찾아 뒤로하고 오른쪽으로 교회를 둔 뒤 좁은 길로 들어가서 직진한다. → 나로드니 광장

나로드니 광장
Narodni Trg, People's Square

관광안내소가 이곳에 있으므로 지도를 하나 받아둘 것. 카페와 레스토랑이 몰려 있어 시간이 이르다면 마음에 드는 곳을 골라 느긋하게 쉬어가도 OK.
⏰ 24시간 개방

광장의 시계탑 왼쪽 길로 들어선다. → 시로카 거리

시로카 거리
Siroka ulica, Siroka Street

이곳에서 조촐한 파티 준비를 할 것. 마트에 들러 맥주와 음료수, 안주거리를 구입하자.
⏰ 10:00~20:00 (가게마다 다름)

시로카 거리를 따라 직진한다.
→ 성 스토시야 성당

+ PLUS TIP
시로카 거리 중간에 있는 '서프 앤 프라이즈 Surf N Fries'에서 감자튀김 추천. 맥주 안주로 최고다. 17kn.

140-141

자다르 구시가 안에 볼거리가 모두 몰려 있는데, 정말 아담하기 그지없어 주요 관광명소를 다 돌아본다고 해도 몇 시간 걸리지 않는다. 해가 긴 6~9월에는 낮 시간에 다른 도시 여행이나 코르나티 군도 투어, 해수욕 등을 실컷 즐긴 뒤 저녁 5~6시 정도부터 이 루트를 시작해도 해가 지기 전에 다 끝낼 수 있다. 대낮에 잠깐 들렀다 가는 여행자들에게도 무난히 적용되는 코스다.

4

성 스토시야 성당
Katedrala Sv Stošije, Cathedral of St. Anastasia

종탑에 전망대가 설치되어 있으니 높은 곳에서 바라보는 풍경을 좋아한다면 올라가 볼 것.
⏰ 월~금요일 06:30~19:00, 토요일 08:00~09:00, 일요일 08:00~09:00, 18:00~19:00 💰 입장료 15kn

왔던 길을 되돌아가다 첫 번째 사거리에서 우회전한다. 또는 원래 진행 방향을 따라 성 스토시야 성당을 한 바퀴 돈다. → 로만 포룸 & 성 도나트 성당

5

로만 포룸 & 성 도나트 성당
Roman Forum & Crkva Sv. Donata

로마 시대의 공회당이 있던 유적. 지금은 주춧돌만 남아 있는데 이곳의 석재를 가져다 만든 성당이 바로 성 도나트 성당이다.
⏰ 로만 포룸 24시간 개방
성 도나트 성당 5·6·9월 09:00~21:00, 7·8월 19:00~22:00, 10~4월 09:00~16:00
💰 입장료 20kn

성 도나트 성당을 등지고 바닷가 쪽으로 걸어간다. 바닷가가 나오면 오른쪽으로 방향을 잡을 것. → 리바

6

리바
Riva

바닷가를 따라 조성된 산책로. 저 멀리 무인도와 가끔씩 다니는 통통배나 돛단배, 수평선에 가까워진 해를 보며 천천히 산책을 즐기자. 멀리서 '바다의 오르간' 소리가 서서히 들리기 시작한다.
⏰ 24시간 개방

길의 끝까지 직진. → 바다의 오르간

7

바다의 오르간
Morske Orgulje, Sea Organ

가급적 해가 질 무렵에 오자. 저 멀리 코르나티 군도 부근으로 떨어지는 해와 붉게 물든 하늘, 여기에 바다의 오르간의 몽롱한 소리가 얹어지면 인생에서 두 번은 경험하기 힘든 공감각적 낙조 풍경이 완성된다. 시로카 거리에서 사온 맥주는 바로 이 시점에서 딸 것.
⏰ 24시간 개방

바다의 오르간 바로 옆에 있다. → 태양의 인사

FINISH — 8

바다의 문
Morska vrata, Sea Gate

구시가에서 숙박하는 사람들은 여기서 여행을 끝낼 필요 없이 레스토랑으로 가서 식사를 하거나 숙소로 돌아가면 된다. 구시가 바깥쪽에서 숙박하거나 아니면 버스터미널로 돌아가는 사람들은 이리로 올 것. 버스터미널 쪽으로 가는 버스정류장이 이 문 가까운 곳에 있다.
⏰ 24시간 개방

태양의 인사
Pozdrav Suncu, Greetings to the Sun

사방이 어두워지면 본격적으로 태양의 인사가 진가를 발휘한다. 바닥에서 펼쳐지는 현란한 조명 쇼를 한껏 즐길 것. 술기운에 춤을 추대도 뭐라고 할 사람은 아무도 없다.
⏰ 일몰 이후부터 일출까지

바다를 따라 바다의 오르간 반대편으로 빙 돌아간다. 시내 중심부를 통과해서 가도 관계없다. → 바다의 문

RECEIPT

볼거리	2시간 30분
식사 및 디저트	30분
이동 시간	40분

TOTAL
3.5 HOURS

입장료	**35kn**
성 스토시야 성당 종탑	15kn
로만 포룸 & 성 도나트 성당	20kn
식사 및 디저트	**47kn**
커피	10kn
맥주	20kn
감자튀김	17kn

TOTAL
82kn
(성인 1인 기준, 쇼핑 · 비용 별도)

---

start

1. 육지의 문
   100m, 도보 2분
2. '다섯 개의 우물' 광장
   250m, 도보 4분
3. 나로드니 광장
   10m 미만, 도보 1분
4. 시로카 거리
   350m, 도보 5분
5. 성 스토시야 성당
   200m, 도보 3분
6. 로만 포룸 & 성 도나트 성당
   150m, 도보 2분
7. 리바
   400m, 도보 7분
8. 바다의 오르간
   50m, 도보 1분
9. 태양의 인사
   700m, 도보 15분
F. 바다의 문

6. ZADAR 자다르

ZADAR 자다르

TRAVEL INFO
자다르 핵심 여행 정보

📷 **SIGHTSEEING**

№.1 바다의 오르간
★★★★★ Morske Orgulje, Sea Organ

리바의 끝자락에 자리한 계단식 조형물로, 자다르 최고의 명물로 꼽힌다. 계단 맨 위 칸에 자잘한 구멍이 주르륵 뚫려 있는 것을 볼 수 있는데, 파도가 치면 이 구멍을 통해 바람이 들어가 소리가 난다. 하모니카와 정확히 같은 원리이다. 음색은 콜라병에 바람 불 때 나는 소리와 거의 같고 음계도 단순하지만 주변 풍경과 어우러지는 바다의 오르간 소리는 신비롭다 못해 음산하고 몽환적으로 느껴진다. 노을이 물드는 저녁 시간에는 신비로움이 한층 더해진다. 사진으로도 담지 못하는 청각의 추억을 만들어주는 곳으로, 오로지 이것을 경험하기 위해 자다르를 여행하는 사람들도 적지 않다.

ⓜ MAP P.140A ⓑ 1권 P.46, 182 ⓖ 구글 지도 GPS 44.11733, 15.21986 ⓒ 찾아가기 구시가 서북쪽 끝. 바닷가를 따라서 난 리바를 따라 쭉 걷다 보면 구시가의 서북쪽 끝에서 찾을 수 있다. ⓣ 시간 24시간 개방

№.2 태양의 인사
★★★★★ Pozdrav Suncu, Greetings to the Sun

자다르 해변 산책로에 설치된 일종의 설치미술 작품. 지름 22m의 둥근 유리판 안쪽에 태양광 집광 장치와 조명을 설치해 낮 시간 내내 태양광을 모아두었다가 밤이 되면 모아둔 태양 에너지를 조명으로 바꾸어 현란한 조명 쇼를 벌인다. 바로 근처에 자리한 '바다의 오르간'과 더불어 자다르의 최고 명물로 손꼽히며, 특히 일몰 무렵에 진가를 발휘한다. 동절기는 일조량이 충분한 날에도 켜지지 않으므로 기대하지 말 것.

ⓜ MAP P.140A ⓑ 1권 P.46, P.184 ⓖ 구글 지도 GPS 44.11771, 15.21989 ⓒ 찾아가기 구시가 서북쪽 끝. 바다의 오르간 바로 옆에 있다. ⓣ 시간 일몰 이후부터 일출까지

№.3 '다섯 개의 우물' 광장
★★★ Trg Pet Bunara, Five Wells Square

중세 베네치아 공화국 시절 만들어진 우물의 유적이 있는 광장으로, 이름 그대로 우물 다섯 개가 한 줄로 나란히 서 있다. 오스만튀르크와 대립하고 있을 때 군대의 공격에 대비해 식수를 확보하기 위해 팠던 우물이라고 한다. 밤에 조명이 들어오면 또 다른 모습을 보여준다.

ⓜ MAP P.140B ⓖ 구글 지도 GPS 44.11261, 15.22879 ⓒ 찾아가기 자다르 구시가 동남쪽 끝. 버스 2, 4번을 타고 구시가 앞에 내린 뒤 항구 쪽으로 걷다가 건너편에 공원이 나오면 길을 건너 공원 안으로 들어간 뒤 서북쪽 방향으로 진행한다. ⓐ 주소 Trg Pet Bunara, Zadar ⓣ 시간 24시간 개방

№.4 로만 포룸
★★★★ Roman Forum

BC 1세기부터 AD 3세기까지 이 자리에 있던 로마 시대 공회당 '포룸Forum'의 유적으로, 로마 초대 황제 아우구스티누스가 만든 것으로 전해진다. 현재 세계에 남아 있는 로마 시대의 포룸 유적 중 가장 규모가 크다. 시민들의 집회장 및 시장으로 쓰이던 곳으로, 도시의 가장 중심 공간이었다. 지금은 기둥 일부와 주춧돌만 남았는데 이곳의 유적이 훼손된 것은 이미 오래 전 일로, 6세기의 대지진으로 모두 무너진 뒤 복원하지 않고 있다가 중세 시대에 이곳에 널브러진 석재를 가져다 다른 건축물을 만드는 데 썼다고 한다. 1930년대에 발굴되기 시작했고, 1970년대에 복원을 시작해 현재와 같은 공원의 형태로 정비되었다. 죄인을 묶어두던 '수치의 기둥'이나 희생양을 바치던 '제단의 유적' 등이 남아 있다.

⊙ MAP P.140A ⓑ 1권 P.73 ⓖ 구글 지도 GPS 44.11572, 15.22455(성 도나트 성당 부근) ⓒ 찾아가기 나로드니 광장에서 시작해 시로카 거리를 따라 걷다 보면 약 250m 지점에서 눈앞이 탁 트이며 광장과 교회가 나타난다. 이 광장이 바로 포룸이다. ⓣ 시간 24시간 개방

수치의 기둥 / 제단

№.5 성 도나트 성당
★★★ Crkva Sv. Donata, St. Donatus Church

로만 포룸 바로 앞에 자리한 성당으로 9세기에 건축되었으며, 이 성당을 건축한 자재가 바로 로만 포룸의 기둥과 벽면이다. 처음에는 '성 삼위일체 성당'으로 불리다가 15세기에 이 지역 대주교 이름을 따서 '성 도나트 성당'으로 불리게 되었다. 현재는 박물관으로 쓰인다.

⊙ MAP P.140A ⓖ 구글 지도 GPS 44.11579, 15.22441 ⓒ 찾아가기 로만 포룸 동쪽에 있다. ⓐ 주소 Trg Rimskog Foruma, Zada ⓟ 전화 023-316-166 ⓣ 시간 4.1~5.31, 9.1~10.31 09:00~17:00, 6.1~6.30 09:00~21:00, 7.1~8.31 09:00~22:00 ⓧ 휴무 1.1~3.31 (비정기적으로 개방) ⓢ 가격 입장료 20kn

№.6 성 스토시야 성당
★★★ Katedrala Sv. Stošije, Cathedral of St. Anastasia

달마티아 지방에서 가장 큰 성당으로 종탑은 자다르에서 가장 대표적인 전망대로 꼽힌다. 수백 개의 좁고 꼬불꼬불한 계단을 올라가면 자다르 시내의 붉은 지붕과 코르나티 군도의 신비한 모습을 한눈에 볼 수 있다.

⊙ MAP P.140A ⓖ 구글 지도 GPS 44.11624, 15.22423 ⓒ 찾아가기 시로카 거리에서 나로드니 광장 반대 방향으로 간다. 또는 성 도나트 성당의 뒤쪽으로 간다. ⓐ 주소 Trg Svete Stošije, Zadar ⓟ 전화 023-316-166 ⓣ 시간 월~금요일 06:30~19:00, 토요일 08:00~09:00, 일요일 08:00~09:00, 18:00~19:00 ⓧ 휴무 비정기적 (동절기에 예고 없이 휴무) ⓢ 가격 종탑 입장료 15kn

№.7 리바
★★ Riva

육지의 문에서 구시가의 성벽 서쪽 바깥을 따라 바다의 오르간(000페이지)까지 1km 남짓 길게 이어지는 해변 산책로. 육지의 문부터 시작하면 구시가의 성벽을 오른쪽에 두고 걷게 된다. 바다 쪽으로는 새하얀 석회암 섬이 떠 있는 신비로운 풍경이, 구시가 쪽으로는 성벽과 옛 요새, 솔숲의 풍경이 펼쳐진다.

⊙ MAP P.140A ⓑ 1권 P.121 ⓖ 구글 지도 GPS 44.11467, 15.22337(포룸에서 바닷가 쪽으로 나왔을 때 합류 지점) ⓒ 찾아가기 구시가의 서쪽 바닷가 전체가 리바이다. 시작점은 육지의 문 부근이지만 실제로는 포룸 근처에서 가는 편이 제일 낫다. ⓣ 시간 24시간 개방

ZADAR 자다르

№.8 육지의 문
★★ Kopnena Vrata, Land Gate

자다르의 구시가는 베네치아 공화국 시절 오스만튀르크의 외침을 막기 위해 건설한 두터운 성벽으로 둘러쌓여 있고, 외부와 시가지를 연결하는 성문이 네 개 있다. 육지의 문은 그중 가장 중심이 되는 문으로, 달마티아에서 중요한 르네상스 건축물 중 하나로 손꼽힌다. 가운데 큰 문과 좌우로 작은 문이 나 있으며 원래 가운데로는 마차가 다니고 양옆으로 사람이 통행했다고 한다.

⊙ MAP P.140B ⓖ 구글 지도 GPS 44.1122, 15.b22854 ⓒ 찾아가기 자다르 구시가 동남쪽 끝. 앞에 공원이 있다. ⓢ 시간 24시간 개방

№.9 나로드니 광장
★★ Narodni Trg, People's Square

르네상스 시대부터 지금까지 구시가의 중심지 역할을 하고 있는 광장이다. 광장 한편에 우뚝 선 시계탑 건물은 베네치아 공화국 시절에 세워진 감시탑 그라드스카 스트라차Gradska Straža로, 육지의 문과 더불어 자다르의 대표적인 르네상스 양식 건축물이다.

⊙ MAP P.140B ⓖ 구글 지도 GPS 44.11422, 15.22757(광장 중심부) ⓒ 찾아가기 육지의 문에서는 구시가 안쪽으로 약 200m 직진하다 사거리에서 오른쪽으로 꺾는다. '다섯 개의 우물' 광장에서는 기둥이 있는 좁은 골목으로 들어가 약 250m 직진한다. ⓟ 주소 Narodni Trg, Zadar ⓢ 시간 24시간 개방

№.10 콜로바레 비치
★★ Kolovare Beach

구시가와 버스터미널 중간 지점에 자리한 자그마한 비치로, 자다르 시민들의 여름 휴식처로 애용되는 곳이다. 모래가 거친데다 풍광도 평범하나, 자다르 구시가 근처에서 조촐하게 한나절 해수욕 및 바닷가 나들이를 즐기기에는 적합하다. 특히 자다르의 잘생긴 젊은 남녀들이 여름을 만끽하는 모습을 구경하기에 좋다.

⊙ MAP P.140B ⓑ 1권 P.124 ⓖ 구글 지도 GPS 44.10489, 15.23449 ⓒ 찾아가기 구시가에서 버스터미널 방면으로 바닷가 길을 따라 약 1km 가면 오른쪽으로 비치의 모습이 보인다. ⓟ 주소 Kolovare Ulica, Zadar ⓢ 시간 24시간 개방

№.11 시로카 거리
★★ Siroka Ulica, Siroka Street

나로드니 광장부터 북서쪽을 향해 뻗어나간 길로, 역사책에도 등장할 정도로 유서 깊은 자다르 구시가의 중심 도로이다. 크로아티아어로 '큰길' 또는 '넓은 길'이라는 뜻을 지니고 있다. 양옆으로 기념품점과 마트, 음식점, 카페 등이 늘어서 있다.

⊙ MAP P.140A, B ⓖ 구글 지도 GPS 44.1142, 15.22724(나로드니 광장 부근 시작점) 44.11548, 15.22575(길 중간 지점) ⓒ 찾아가기 나로드니 광장의 서북쪽 모퉁이. 시계탑 부근부터 길이 시작된다. ⓟ 주소 Siroka Ulica, Zadar ⓢ 시간 10:00~20:00(가게마다 다름) ⓗ 휴무 비정기적

№.12 바다의 문
★ Morska vrata, Sea Gate

구시가의 북동쪽 항구 부근에 있는 작은 문으로, 자다르 성벽에 나 있는 네 개의 성문 중 하나이다. 베네치아 공화국 시절에 개선문으로 축조되었다고 한다. 육지의 문보다는 작고 소박하나, 주변에 주차장이 있고 버스정류장도 가까워 실용성은 육지의 문보다 한 수 위라 할 수 있다. '항구의 문'이라고도 불리고, 주변에 자리한 교회의 이름을 따서 '성 크리소고누스의 문 Gate of St. Chrysogonus'이라고도 불린다.

⊙ MAP P.140B ⓖ 구글 지도 GPS 44.1167292, 15.226515 ⓒ 찾아가기 로만 포룸 동쪽에 있다. ⓢ 시간 24시간 개방

🍴 EATING

№.1 코르나트
★★★★ Kornat

마라슈티나 탈리아텔레 Marastina Tagliatelle 65kn

구시가 바깥쪽 항구 부근에 자리한 레스토랑. 시푸드와 파스타, 달마티아 전통 요리 등을 다양하게 선보인다. 계절마다 제철 재료를 이용한 참신한 메뉴를 만들어 내놓는데 세심하면서 공들인 맛을 느낄 수 있다.

⊙ MAP P.140A ⓑ 1권 P.147 ⓖ 구글 지도 GPS 44.11856, 15.22291 ⓒ 찾아가기 구시가 서북쪽 끝 성벽 바깥쪽에 있다. '바다의 오르간' 부근에서 도로를 따라 시계 방향으로 가면 금세 찾을 수 있다. ⓟ 주소 Liburnska Obala 6, Zadar ⓣ 전화 023-2540-501 ⓢ 시간 매일 12:00~24:00 ⓗ 휴무 비정기적 ⓟ 가격 리조토·파스타 60~95kn, 메인 요리 70~200kn ⓦ 홈페이지 restaurant-kornat.hr

№ 2 펫 부나라
★★★ Pet Bunara

현지인들과 서양 여행자들 사이에서 자다르에서 가장 맛있는 레스토랑으로 통하는 곳 중 하나. 펫 부나라는 '다섯 개의 우물'이라는 뜻으로, 다섯 개의 우물 광장 바로 앞에 자리하고 있다. 달마티아 전통 요리를 비롯해 계절 특선 요리, 이탈리아 요리 등 비교적 다양한 요리를 선보이는데, 모든 요리가 고르게 수준급의 맛을 낸다. 특히 달마티아 햄, 치즈 등의 기본 재료가 신선하고 질이 좋다. 가격대가 다소 높은 편이며 한국인보다는 서양인들 입맛에 좀 더 잘 맞는다. 메인 요리를 줄이고 저렴한 수프류와 빵을 주문하는 것을 추천한다. 특히 이곳의 생선 수프는 생각보다 훨씬 맛있다.

ⓜ MAP P.140B ⓖ 구글 지도 GPS 44.113, 15.22918 ⓕ 찾아가기 '다섯 개의 우물' 광장에서 나로드니 광장으로 가는 길목 바로 앞. 근처에 로마 시대에 만들어진 높은 장식 기둥 하나가 서 있다. ⓐ 주소 Trg Pet Bunara bb ⓣ 전화 023-224-010 ⓗ 시간 11:00~23:00 ⓡ 휴무 비정기적 ⓦ 홈페이지 www.petbunara.hr

라비올리 펫 부나라
Ravioli Pet Bunara 98kn

펫 부나라 플레이트
Pet Bunara Plate 78kn

생선 수프 Fish Soup 25kn

№ 3 서프 앤 프라이즈
★★ Surf N' Fries

시로카 Široka 거리에 자리 잡은 테이크아웃 전문 패스트푸드점. 감자를 두툼하게 썰어 겉은 바삭하고 속은 촉촉하게 튀겨낸 감자튀김이 일품이다. 감자튀김이 중심이 된 메뉴를 주문하면 다양한 소스가 딸려 나오는데, 소스들이 모두 수준급의 맛을 낸다.

서프 앤 버거 메뉴
Surf N' Burger Menu 39kn

ⓜ MAP P.140A ⓖ 구글 지도 GPS 44.11526, 15.22627 ⓕ 찾아가기 시로카 거리 한가운데 자그레브 은행 옆에 있다. ⓐ 주소 Široka Ulica 10, Zadar ⓗ 시간 매일 10:00~21:00 ⓡ 휴무 비정기적 ⓢ 가격 감자튀김 17~20kn, 버거 단품 23~25kn, 세트 30~40kn ⓦ 홈페이지 surfnfries.com

---

🛍 SHOPPING

№ 1 마라스카
★★★ Maraska

'마라스카'는 달마티아에서 생산되는 체리의 품종이자, 자다르에 본사를 두고 있는 크로아티아의 대표적인 주류·음료 회사의 이름. 자다르의 특산물인 마라스키노와 체리브랜디도 이곳의 제품이 가장 유명하다. 마트나 기념품점에서는 볼 수 없는 다양한 제품이 있다.

ⓜ MAP P.140A ⓑ 1권 P.160 ⓖ 구글 지도 GPS 44.11693, 15.22465 ⓕ 찾아가기 시로카 거리에서 성 스토시야 성당을 지나 직진하다 성당 앞 사거리에서 오른쪽(항구 쪽)으로 1블록 간다. ⓐ 주소 Mate Karamana 3, Zadar ⓗ 시간 월~토요일 08:00~20:00 ⓡ 휴무 일요일 ⓢ 가격 마라스카 주류 100kn 내외 ⓦ 홈페이지 www.maraska.hr

---

😊 EXPERIENCE

№ 1 코르나티 국립공원 투어
★★★ Nacionalni Park Kornati

자다르와 시베니크 사이의 달마티아 앞바다에 떠 있는 석회암 군도로, 140여 개의 크고 작은 섬들이 몰려 있다. '코르나티'는 그중 가장 큰 섬의 이름이다. 석회암 섬들이 점점이 흩어져 있는 신비로운 풍경이 일품이며, 바닷물이 몹시 맑아 해수욕 명소로도 인기가 높다. 현재 코르나티 군도까지 정기적으로 운항하는 페리가 없기 때문에 자다르에서 출발하는 당일치기 투어 상품을 이용하는 것이 일반적이다. 오전 8시에 시작해 오후 6시 정도 끝나는 종일 일정으로 운영되며, 오전 7시 30분쯤 리바 거리 중간 부분에 있는 집합 장소에 나와 기다리면 보트가 바로 픽업한다. 오전 시간에는 배 안에서 다과를 즐기며 섬 곳곳을 둘러보는, 그야말로 다도해 상공원 관광을 하고, 점심시간을 전후해 섬 한두 곳에 들러 식사를 하고 비치 또는 전망대를 즐기는 코스로 이어진다. 달마티아 인근 아드리아 해에서 가장 아름다운 다도해의 풍경을 바로 코앞에서 즐길 수 있는데다 사람이 많지 않은 비치를 만끽할 수 있다는 것이 최고의 장점. 투어 가격에 식사가 두 끼 포함되어 있다. 자다르에서 이틀쯤 머무는 사람이라면 하루 정도 충분히 투자할 만하다.

ⓜ MAP P.140A(집합 장소) ⓑ 1권 P.130 ⓕ 찾아가기 자다르 시내의 여러 여행사에서 코르나티 군도 당일치기 투어를 만나볼 수 있으며, 가격도 비슷하다. 아파트먼트나 호텔의 리셉션에서도 수수료 없이 예약을 대행해준다. ⓗ 시간 집합 07:30, 투어 시작 08:00, 투어 종료 17:00~19:00 ⓢ 가격 370~400kn(50유로 상당)

7 TROGIR
[트로기르]

모든 시대의 아름다움을 응축한 도시

트로기르는 몹시 작다. 인구 1만 명 남짓의 소도시이기도 하거니와 관광 중심가는 더더욱 작다. 작은 섬 하나를 통째로 중세 도시로 만든 구시가가 트로기르의 관광 중심지인데, 섬 크기가 이 끝부터 저 끝까지 채 1km도 안 된다. 그러나 그 작은 구시가 안에 헬레니즘, 로마네스크, 베네치안 르네상스, 바로크까지 다양한 시대에 지어진 아름다운 건축물들이 오밀조밀 들어서 있어 중세 도시가 흔한 크로아티아에서도 가장 예쁜 구시가로 첫손에 꼽히고 있다. 이렇게 다양한 시대의 건축물이 한 도시에 조밀하게 들어선 예는 세계적으로도 드물기에 구시가 전체가 유네스코 세계문화유산으로 지정되는 영광을 안았다.

MUST SEE 트로기르에서 이것만은 꼭 보자!

Nº. 1
성 로브로 대성당
종탑에서 바라보는
트로기르의 전경

Nº. 2
성 로브로 대성당
입구의 부조

Nº. 3
치오보 섬에서 바라보는
트로기르 구시가의 모습

MUST EXPERIENCE 트로기르에서 이것만은 꼭 경험하자!

Nº. 1
야자수가 늘어선
이국적인 풍경의
리바 걷기

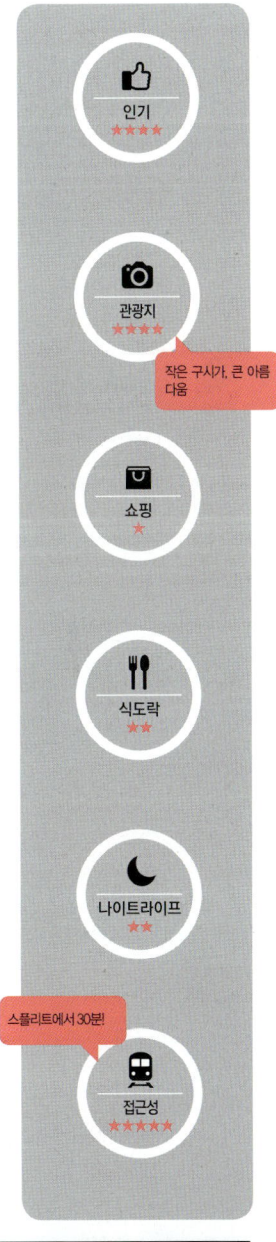

인기 ★★★★

관광지 ★★★★
작은 구시가, 큰 아름다움

쇼핑 ★

식도락 ★★

나이트라이프 ★★

스플리트에서 30분!
접근성 ★★★★★

TRAVEL MEMO
트로기르 교통편 한눈에 보기

> **트로기르, 이렇게 간다!**

버스로 가기

트로기르는 스플리트에서 당일치기로 여행하는 것이 일반적이다. 시간도 얼마 걸리지 않고 버스편도 자주 있기 때문. 프리모슈텐과 연계해서 여행할 수도 있다.

① **스플리트 → 트로기르** : 트로기르는 스플리트에서 버스로 약 30~40분 걸린다. 버스편은 1시간에 2~3회 있다. 가장 흔하면서 편한 루트이다.

② **프리모슈텐 → 트로기르** : 프리모슈텐에서도 버스로 약 30분이면 갈 수 있다. 비수기·성수기 버스편은 하루 6~7회 정도. 버스 스케줄을 잘 맞추면 하루에 스플리트 → 트로기르 → 프리모슈텐 → 스플리트의 루트도 가능하다.

+ PLUS TIP
자그레브·플리트비체·두브로브니크에서도 트로기르행 직행 버스가 있다. 그러나 편수가 그다지 많지 않은데다 소요시간이 오래 걸려 추천하기는 힘들다.

+ PLUS INFO 트로기르 버스터미널
트로기르 버스터미널은 구시가 바로 옆에 자리하고 있다. 버스터미널에서 몇 걸음만 걸으면 구시가이기 때문에 별다른 시내 교통편이 필요치 않다. 작고 허름한 터미널 건물 옆에 넓은 승하차장이 있는 단순한 구조로 되어 있다.

+ PLUS TIP
버스터미널에 짐 보관소가 있다. 화장실 담당 직원이 보관소도 담당한다. 가격은 짐 1개당 15kn. 운영시간은 08:00~20:00.

+ PLUS TIP
버스 스케줄 참고 사이트
· 겟바이버스
www.getbybus.com

렌터카로 가기

트로기르는 자다르에서 시베니크 → 프리모슈텐 → 스플리트 등을 잇는 해안도로인 8번 국도 선상에 있다. 렌터카로 움직인다면 굳이 스플리트에서 당일치기할 필요 없이 자다르나 시베니크 등의 북쪽 도시에서 8번 국도를 타고 내려오다가 들르는 것이 좋다.

+ PLUS TIP
공영 주차장은 버스터미널 바로 옆에 있다.

> **트로기르, 이렇게 돌아보자!**

① **반일치기** : 도시 규모가 자그마하기 때문에 스플리트에 서라면 당일치기가 아니라 반일치기도 충분하다. 버스 스케줄만 잘 맞춘다면 하루 동안 스플리트 → 트로기르 → 프리모슈텐 → 스플리트의 '두 탕 반일치기'도 가능하다.

② **골목 헤매기** : 무언가를 확실히 보겠다는 것보다는 좁은 골목을 누비며 트로기르가 주는 특별한 느낌에 푹 빠져보자. 특히 건축물의 디테일을 유심히 볼 것. 다른 도시보다 유난히 세심한 부조나 장식 등에 쉽게 매료될 것이다.

치오보 섬에서 바라본 트로기르 구시가의 저녁 풍경

7 TROGIR 트로기르

코스 무작정 따라하기
트로기르 하이라이트 코스

START ---- 1 -------- 2 -------- 3 --------

버스터미널
Autobusni kolodvor, Bus Terminal

스플리트나 프리모슈텐에서 버스를 타고 트로기르에 도착한다

버스터미널을 빠져나와 서쪽, 즉 터미널을 등지고 왼쪽으로 조금만 걸으면 유네스코 표지판과 함께 구시가로 건너가는 다리가 나타난다. 주저 없이 다리를 건너자. → 북문

북문
Sjeverna Vrata, North Gate

구시가의 입구. 성문 위에 있는 성 이반 오르시니의 입상을 놓치지 말고 볼 것.
ⓘ 24시간 개방

북문으로 들어간 뒤 길이 막히면 왼쪽으로 갔다가 다시 오른쪽으로 간다. 다시 길이 막히면 왼쪽으로, 그리고 다시 오른쪽으로 간다. → 이바나 파블라 2세 광장

이바나 파블라 2세 광장
Trg. Ivana Pavla II, John Paul II Square ⓘ

트로기르의 메인 광장. 중요한 건축물과 레스토랑, 관광안내소 등이 모여 있다. 조그만 광장이라 5분이면 휙 둘러볼 수 있지만 천천히 하나하나 음미하며 살펴볼 것.
ⓘ 24시간 개방

광장의 북쪽 면으로 간다. → 성 로브로 대성당

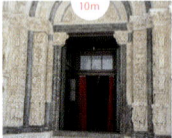

성 로브로 대성당
Katedrala Sv. Lovre, Cathedral of St. Lawrence

트로기르를 건축 박물관으로 불리게 한 일등 공신. 크로아티아에서 가장 중요한 문화재 중 하나이다. 입구의 아름다운 부조들을 유심히 볼 것.
ⓘ 24시간 개방

성당 내부로 들어가서 종탑 입구로 간다. → 종탑

트로기르는 정말 작은 도시라 길만 헤매지 않으면 30분 안에 속성으로 관광을 끝마칠 수 있다. 그러나 그것보다는 되도록 자주 쉬어가며 종종 길도 잃으면서 트로기르의 아름다움에 푹 빠져보기를 추천한다. 공영 주차장이 버스터미널 바로 옆에 있으므로 렌터카로 여행하는 사람들도 이와 비슷한 루트를 밟게 된다.

4

25m

성 로브로 대성당 종탑
Zvonik, Bell Tower

트로기르에 안 왔다면 또 모를까, 기왕 왔으니 꼭 올라가 볼 것.
- 6~8월 08:00~12:00, 16:00~19:00, 9~5월 08:00~12:00
- 입장료 15kn

종탑에서 내려온 뒤 성당을 나와 이바나 파블라 2세 광장 건너편 뒤쪽으로 간다. → 구시가 서쪽 골목

5

20m

구시가 서쪽 골목

트로기르 구시가는 80%가 좁은 골목이다. 하도 작아 길 잃을 염려도 없으므로 마음껏 골목을 헤맬 것. 길이 워낙 예뻐 지루할 틈도 없다. 가급적 남서쪽으로 방향을 잡자.

구시가에서 남쪽 방향으로 빠져나오면 리바에 도착한다. 리바를 따라 서쪽 끝까지 간다. → 카메를렌고 요새

6

10m

카메를렌고 요새
Tvrđava Kamerlengo, Kamerlengo Fortress

입장이 가능하지만 그다지 볼 것은 없으므로 외부에서만 즐겨도 충분하다. 인증샷 배경으로는 이만한 곳이 없으니 사진 한방 찍고 갈 것.
- 5~10월 09:00~23:00 (11~4월 휴무)
- 입장료 25kn

요새를 등지고 동쪽 방향으로 바닷가를 따라서 간다. → 리바

7

10m

리바
Riva

트로기르의 리바는 야자수가 늘어선 열대 지방의 모습으로, 바다 건너 치오보 섬의 풍경이 이색적으로 펼쳐진다. 되도록 천천히 걸을 것.
- 24시간 개방

리바의 끝까지 간 뒤 오른쪽, 즉 남쪽으로 향하는 다리를 건넌다. → 치오보 섬

FINISH --- 8

Finish

버스터미널
Autobusni kolodvor, Bus Terminal

스플리트행 버스는 자주 있으므로 아무 때나 가도 탈 수 있다. 트로기르와 헤어지기 아쉽다면 왔던 길의 반대 방향으로 한 바퀴 더 돌아도 OK.

20m

치오보 섬
Čiovo

이곳에서 바라보는 구시가의 풍경이 제법 아름답다. 카페나 노천 바 등이 있으니 커피라도 한잔 마시며 쉴 것.

다시 다리를 건넌 뒤 성벽을 감싸고 도는 도로를 따라 북문 앞으로 가서 다리를 건너 구시가를 뒤로하고 오른쪽으로 간다. → 버스터미널

RECEIPT

| 볼거리 | 2시간 |
| 이동 시간 | 1시간 |

TOTAL 3 HOURS

| 입장료 | 15kn |
성 로브로 대성당 종탑 전망대 15kn

| 교통비 | 60kn |
스플리트-트로기르 왕복 버스 60kn

TOTAL 75 kn
(성인 1인 기준, 쇼핑 · 비용 별도)

---

start

S.	버스터미널
	200m, 도보 3분
1.	북문
	100m, 도보 5분
2.	이바나 파블라 2세 광장
	50m, 도보 1분
3.	성 로브로 대성당
	47m (종탑 높이), 도보 15분
4.	성 로브로 대성당 종탑
	50m, 도보 1분
5.	구시가 서쪽 골목
	50~300m, 도보 3~10분
6.	카메를렌고 요새
	100m, 도보 2분
7.	리바
	450m, 도보 10분
8.	치오보 섬
	600m, 도보 15분
F.	버스터미널

7 TROGIR 트로기르

⊕ TRAVEL INFO
트로기르 핵심 여행 정보

📷 SIGHTSEEING

No.1 성 로브로 대성당
★★★★★ Katedrala Sv. Lovre, Cathedral of St. Lawrence

영어명인 '성 로렌스 성당'으로 더 유명하며 초기 기독교의 성자인 성 라우렌시오에게 헌정된 성당이다. 높은 종탑과 우아한 자태가 단숨에 눈길을 끄는 성당으로, 트로기르의 중심성당이자 달마티아에서 가장 중요한 종교 건축물 중 하나로 꼽힌다. 13세기에 현재의 모습으로 완공되었고 그 이후 조금씩 증개축을 거쳐 로마네스크를 비롯해 고딕, 매너리즘 등 다양한 양식이 뒤섞여 있다. 성당 입구의 섬세한 부조는 13세기 달마티아 최고의 조각가 라도반Radovan의 작품으로, 크로아티아를 대표하는 문화재로 꼽힌다. 특히 문 양쪽에 서 있는 아담과 이브의 나체 조각상은 달마티아 최초의 누드 조각품으로 꼭 챙겨 봐야 할 포인트이다.

📍 MAP P.150B ⓖ 구글 지도 GPS 43.517046, 16.251513 ⓖ 찾아가기 구시가의 중심인 이바나 파블라 2세 광장 북쪽에 자리하고 있다. ⓐ 주소 Trg Ivana Pavla II, Trogir ⓣ 시간 24시간 개방 ⓗ 휴무 비정기적 ⓢ 가격 성당 5kn, 종탑 통합 성인 25 5kn, 학생 20kn

〈아담과 이브〉 중 이브의 조각

No.2 성 로브로 대성당 종탑
★★★★ Zvonik, Bell Tower

성 로브로 대성당에 부속된 높이 47m의 종탑. 세 개의 층으로 구성되어 있는데 각 층의 건축 연대가 모두 달라 창문 모양이 각각의 시대를 나타내는 독특한 건축물이다. 꼭대기에 전망대가 마련되어 있어 트로기르 구시가와 주변 섬들, 그리고 바다의 풍경이 소담하게 펼쳐진다.

📍 MAP P.150B 📖 1권 P.102 ⓖ 구글 지도 GPS 43.517019, 16.251290 ⓖ 찾아가기 구시가의 중심인 이바나 파블라 2세 광장 북쪽에 자리하고 있다. ⓐ 주소 Trg Ivana Pavla II, Trogir ⓣ 시간 6~8월 08:00~12:00, 16:00~19:00, 9~5월 08:00~12:00 ⓗ 휴무 비정기적 ⓢ 가격 입장료 15kn

No.3 시계탑 & 로지아
★★★★ Clock Tower & Loggia

이바나 파블라 2세 광장에서 가장 눈에 띄는 건축물로, 시계탑이 우뚝 서 있고 그 오른쪽에 로지아(Loggia, 주랑형 건축물)가 딸려 있다. 시계탑은 성 세바스찬 교회 부속물이고, 로지아는 공개 재판장으로 쓰이던 곳이라 한다. 로지아의 회랑 안쪽으로 꼭 들어가 볼 것. 다양한 부조 작품들을 만나 볼 수 있는데, 특히 정면에 있는 말을 탄 남자의 부조는 유명 조각가 이반 메슈트로비치의 작품이다.

📍 MAP P.150B ⓖ 구글 지도 GPS 43.51676, 16.25116 ⓖ 찾아가기 이바나 파블라 2세 광장을 사이에 두고 성 로브로 대성당 맞은편에 있다. ⓐ 주소 Gradska ul, Trogir ⓣ 시간 24시간 개방

No.4 북문
★★★ Sjeverna Vrata, North Gate

육지에서 구시가를 향해 다리를 건너면 바로 등장하는 르네상스 양식의 성문으로, 트로기르 구시가의 입구라 할 수 있다. 성문 위에는 12세기의 주교이며 트로기르의 수호성인으로 모시고 있는 성 이반 오르시니St. Ivan Orsini의 동상이 우뚝 서 있다.

📍 MAP P.150B ⓖ 구글 지도 GPS 43.51767, 16.25056 ⓖ 찾아가기 버스터미널이나 공영 주차장에서 서쪽으로 조금만 걸으면 유네스코 표지판과 함께 구시가로 건너가는 다리가 나타나고, 다리를 건너면 바로 보인다. ⓣ 시간 24시간 개방

No. 5 이바나 파블라 2세 광장
★★★ Trg. Ivana Pavla II, John Paul II Square

트로기르의 메인 광장으로, 성 로브로 대성당을 비롯한 주요 건축물과 레스토랑, 관광안내소 등이 모여 있다. '이바나 파블라 2세'는 전 교황 요한 바오로 2세의 크로아티아식 표기. 나로드니 광장Narodni Trg(인민광장)이라고도 불린다. 규모는 작지만 로마 시대, 중세, 르네상스 시대의 아름다운 건축물들이 경쟁적으로 몰려 있으며 '살아 있는 건축 박물관'으로 불리는 트로기르에서도 가장 중요한 곳이다. 광장 동쪽에 있는 단아한 3층 건물이 바로 트로기르의 시청사이다.

◉ MAP P.150B ⓑ 구글 지도 GPS 43.51688, 16.25126(광장 북쪽 성 로브로 성당 앞) ⓖ 찾아가기 트로기르 구시가 동쪽에 있다. ◉ 주소 Trg Ivana Pavla II, Trogir ⓒ 시간 24시간 개방

No. 6 치오보 섬
★★ Otok Čiovo

트로기르 구시가가 자리한 작은 섬에서 바다 쪽 건너편에 있는 커다란 섬으로, 행정구역상으로는 이곳도 트로기르에 속한다. 트로기르 관광객들이 즐겨 찾는 카페, 레스토랑, 숙소 등이 대부분 이곳에 있다. 섬 북쪽의 해안에서 바라보는 트로기르 구시가의 풍경이 인상적. 구시가와 치오보 섬 사이에는 다리가 하나 놓여 있는데, 과거에는 이 자리에 큰 배가 지나가면 열리는 도개교가 있었다고 한다.

◉ MAP P.150B ⓑ 구글 지도 GPS 43.51503, 16.25228 ⓖ 찾아가기 트로기르 구시가가 있는 작은 섬의 동남쪽 끝에 있는 다리를 건넌다.

No. 7 리바
★★★ Riva

구시가가 남쪽 해안에 접해 있는 약 500m의 산책로. 한쪽에는 구시가의 건물과 노천카페가 있고, 반대편 해안에는 고급 요트가 줄지어 정박한 모습을 볼 수 있다. 가로수로 야자수를 심어놓아 열대의 느낌이 물씬 난다. 이웃 섬의 모습이 손에 잡힐 듯 가까이 보이는 것이 특징. 곳곳에 벤치와 예쁘게 조성된 화단이 있어 느긋한 마음으로 걷다 쉬다 하기에 좋다.

GPS 43.51574, 16.25105(이바나 파블라 2세 광장 남쪽에서 연결되는 지점) 43.51531, 16.24729(카메를렌고 요새) ⓖ 찾아가기 트로기르 구시가에서 남쪽으로 방향을 잡으면 금세 도착한다. 성 로브로 대성당이 있는 이바나 파블라 2세 광장에서 길을 따라 남쪽으로 내려간다. ⓒ 시간 24시간 개방

◉ MAP P.150A, B ⓑ 1권 P.120 ⓒ 구글 지도

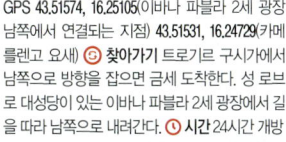

No. 8 카메를렌고 요새
★★ Tvrđava Kamerlengo, Kamerlengo Fortress

리바의 끝자락에 자리한 중세풍 요새. 15세기에 축성되었던 방어용 성벽의 일부로, 이후 증축해 궁전으로 쓰이다가 현재는 관광지 및 다양한 지역 행사장으로 활용되고 있다. 5~10월의 성수기에는 내부 입장이 가능하며 파수대에 전망대가 마련되어 있으나 내부 정비가 제대로 되지 않아 입장료에 비해 볼거리가 부족하다는 평가이다.

◉ MAP P.150A ⓑ 구글 지도 GPS 43.51531, 16.24729 ⓖ 찾아가기 리바의 서쪽 끝자락에 있다. ◉ 주소 Ulica Hrvatskog Proljeća 1971, Trogir ⓒ 시간 5~10월 09:00~23:00 ⓧ 휴무 11~4월 ⓢ 가격 입장료 25kn

8 PRIMOŠTEN
[프리모슈텐]

달마티아의 황금 장미

바다 위에 오롯이 떠 있는 예쁜 케이크 같은 모습 때문에 달마티아를 대표하는 풍경으로 책자나 잡지 등에 즐겨 등장하는 작은 마을이다. 원래는 섬이었는데, 16세기에 육지와 연결되는 둑길을 놓아 현재와 같은 물방울 모양의 육계도가 되었다. 섬 안에 소담하게 자리한 중세 마을과 마을 북쪽으로 넓게 펼쳐진 자갈 해변, 또 하나의 작은 반도, 그리고 눈부시게 파란 바다가 프리모슈텐을 구성하는 요소의 전부지만, 그 단순한 요소의 조화가 오래 기억에 남을 만큼 인상적인 풍경을 만들어낸다. 유럽의 아름다운 마을을 선정하는 '앙탕트 플로랄Entente Florale'에서 2007년 골든플라워상을 수상하기도 했다.

MUST SEE 프리모슈텐에서 이것만은 꼭 보자!

№. 1
해안도로에서 바라보는
마을의 전경

№. 2
파란 바다를
마주보며
걷는 리바 및 산책로

MUST BUY 프리모슈텐에서 이것만은 꼭 사자!

№. 1
구시가 공방에서 파는
독특한 수공예품

MUST EXPERIENCE 프리모슈텐에서 이것만은 꼭 경험하자!

№. 1   №. 2
구시가 골목 산책   두 개의 라두차 비치에서
                    해수욕과 태닝 즐기기

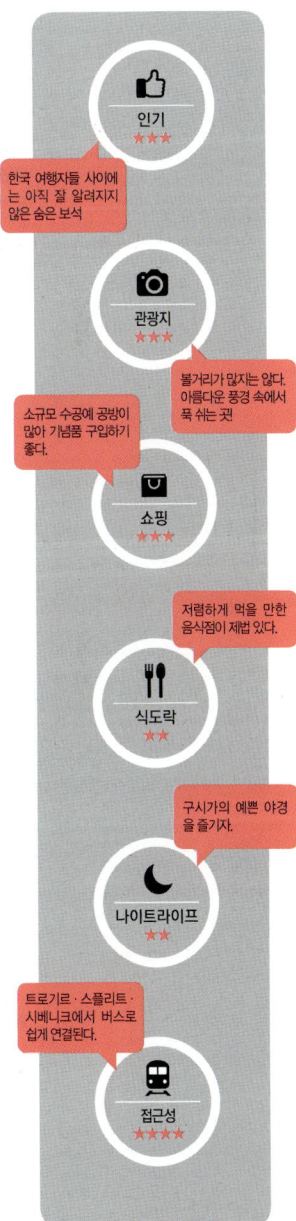

인기 ★★★
한국 여행자들 사이에는 아직 잘 알려지지 않은 숨은 보석

관광지 ★★★
볼거리가 많지는 않다. 아름다운 풍경 속에서 푹 쉬는 곳

쇼핑 ★★★
소규모 수공예 공방이 많아 기념품 구입하기 좋다.

식도락 ★★
저렴하게 먹을 만한 음식점이 제법 있다.

나이트라이프 ★★
구시가의 예쁜 야경을 즐기자.

접근성 ★★★★
트로기르·스플리트·시베니크에서 버스로 쉽게 연결된다.

TRAVEL MEMO
프리모슈텐 교통편 한눈에 보기

> 프리모슈텐, 이렇게 간다!

버스로 가기
스플리트, 시베니크, 트로기르에서는 모두 한번에 가는 버스가 있다. 스플리트에서는 1시간에 1~2대꼴로 있고, 시베니크와 트로기르에서는 그보다 드문드문 있다.(시베니크 → 프리모슈텐 하루 10회 이상, 트로기르 → 프리모슈텐 하루 10회 이상) 자다르에서도 시간은 다소 걸리지만 한번에 가는 버스를 어렵지 않게 찾을 수 있다. 어느 도시에서든 프리모슈텐행 버스는 대부분 오후 5시 이전에 끊긴다는 것을 염두에 둘 것.

> **⊕ PLUS TIP**
> 프리모슈텐에는 버스터미널이 없다. 마을 입구 부근의 환상교차로에 있는 버스 정류장을 이용해야 한다. 크로아티아 버스는 모두 탑승 후 티켓을 구입할 수 있으니 걱정하지 않아도 OK. 단, 버스터미널이 없다는 것은 짐 맡길 곳이 없다는 얘기이므로 큰 짐을 들고 프리모슈텐 당일치기할 계획은 일찌감치 접을 것.

> **⊕ PLUS TIP**
> 버스 스케줄 참고 사이트
> • 겟바이버스
> www.getbybus.com

렌터카로 가기
자다르–시베니크–트로기르–스플리트 등을 잇는 달마티아 해안 도로인 8번 국도 선상에 있다. 자다르나 시베니크 등의 도시에서 남쪽으로 내려가다가 들르는 것을 추천. 8번 국도 선상에 프리모슈텐 구시가가 한눈에 내려다보이는 뷰포인트가 있으므로 그곳은 꼭 들를 것.

> **⊕ PLUS TIP**
> 마을 입구 부근의 환상교차로에 24시간 주차장이 있다. 구시가와 라두차 비치에서 모두 가까우므로 그곳에 차를 세울 것.

> **⊕ PLUS TIP**
> **● 해안도로 이용기준 이동 시간**
> 자다르 → 프리모슈텐 : 약 2시간
> 시베니크 → 프리모슈텐 : 약 40분
> 크르카(스크라딘) → 프리모슈텐 : 약 1시간
> 스플리트 → 프리모슈텐 : 약 1시간 10분
> 트로기르 → 프리모슈텐 : 약 40분

> 프리모슈텐, 이렇게 돌아보자!

① **가능하면 1박을** : 프리모슈텐은 스플리트와 시베니크에서 당일치기가 가능하며, 버스 스케줄만 잘 맞추면 트로기르와 묶어 두 군데 당일치기도 가능하다. 그러나 휴양지의 성격이 강한 데라 최소한 한나절 놀다 갈 생각을 하고, 일정이 허락한다면 1박하는 것을 적극적으로 고려할 것.

② **산책과 해수욕** : 프리모슈텐에서 할 거리는 딱 두 가지로 요약할 수 있다. 첫째는 구시가와 소나무 숲길 산책, 둘째는 해수욕과 태닝이다. 이 두 가지 외에는 딱히 할 것도, 할 수 있는 것도 없다. 느긋하게 쉬면서 즐기는 휴양지라는 것을 감안하고 갈 것.

③ **바쁘면 인증샷이라도** : 렌터카 여행자들이라면 아드리아 해안을 드라이브하다 잠시 들러 돌아보는 것도 좋다. 일정이 급해 들를 시간이 없다면 해안 도로에서 보이는 마을의 모습이라도 꼭 카메라에 담아볼 것.

시골 느낌이 물씬한 프리모슈텐 구시가의 골목

8 PRIMOŠTEN 프리모슈텐

코스 무작정 따라하기
프리모슈텐 하이라이트 코스

START ---- 1 ---------- 2 ---------- 3 ----------

프리모슈텐 환상교차로

프리모슈텐은 남쪽의 육계도와 북쪽의 반도로 구성되어 있고, 그 중간 지점 내륙에 환상교차로Roundabout가 있다. 프리모슈텐 여행은 여기에서 시작하는 것이 좋다. 버스 정류장이 바로 이 환상교차로에 있고, 주차장도 이곳에서 멀지 않다.
① 24시간 개방

버스 정류장 뒤편으로 이어진 'Grgura Ninskog' 길을 따라 직진. 길이 시작되는 곳에 'CENTAR'라고 쓰여 있다. → 구시가 입구

구시가 입구
Old Town

성문 안으로 주저 없이 들어갈 것. 작고 특색 없는 광장 하나가 나타나지만 프리모슈텐 구시가에서 가장 아름답지 않은 곳이므로 지레 실망하지 말 것. 관광안내소가 이곳에 있다. 구글 지도가 시원치 않은 지역이므로 지도를 받아두는 것도 OK.
① 24시간 개방

성문을 등지고 왼쪽 바닷가 길로 간다. → 리바 및 산책로

리바 및 산책로
Riva Žrtava Dvanjke

성문 앞 광장부터 약 100m 정도 리바가 조성되어 있고, 리바 너머에도 섬 가장자리를 빙 둘러 약 1km의 산책로가 마련되어 있다. 믿기 힘들 정도로 새파란 바다와 고즈넉한 마을의 풍경을 한껏 즐길 것.
① 24시간 개방

마을 언덕 위로 향하는 계단을 오른다. 산책로 어느 곳에서든 쉽게 연결된다. → 성 유라이 성당

성 유라이 성당
Crkva Sv. Juraj,
Church of St. George

프리모슈텐 언덕 꼭대기에 있는 작고 소박한 성당으로, 15세기에 지어진 것이다. 성당 자체의 모습보다는 이곳에서 바라보는 전망이 몹시 아름답다.
① 24시간 개방

성당 부근에 북쪽 방향으로 내려가는 계단이 있다. 다른 계단에 비해 잘 포장되어 있으며 찾기 어렵지 않다. 계단으로 내려간다. → 성 유라이 길

158-159

프리모슈텐은 워낙 작은 마을이다. 지리도 단순하기 때문에 스마트폰 지도조차 그다지 필요치 않다. 시간이 급하지 않다면 태생적인 방향감각에 몸을 맡겨도 충분하다. 그래도 무엇을 먼저 해야 좋을지 우선순위를 정하기 어려운 여행자를 위해 하루 동안 느릿느릿 차례차례 프리모슈텐을 즐기는 코스를 소개해본다.

4

20m

성 유라이 길
Ulica Sv. Jurja

이제 천천히 구시가를 벗어날 차례. 성 유라이 성당과 구시가 입구를 잇는 길로, 수공예 기념품점이 많으므로 천천히 돌아보며 걸을 것.

⏱ 24시간 개방

구시가를 빠져나온 뒤 구시가를 등지고 왼쪽에 보이는 바닷가로 간다. → 말라 라두차 비치

5

30m

말라 라두차 비치
Mala Raduča

말라Mala는 '작다Small'는 뜻으로 말라 라두차는 구시가 앞에 자리하고 있다. 본격 해수욕은 벨리카에서 하고, 이곳에서는 구시가와 바다가 어우러진 풍경을 보며 기념사진을 남길 것

⏱ 24시간 개방

말라 라두차 길을 따라 북쪽으로 이동한다. → 벨리카 라두차 비치

6

1h

벨리카 라두차 비치
Velika Raduča

벨리카Velika는 '크다. 위대하다Great'는 의미로, 북쪽 반도의 대부분을 차지하고 있는 큰 비치이다. 일반적으로 프리모슈텐의 라두차 비치는 이곳을 말한다. 뒤로는 솔숲이 우거져 있고 앞으로는 새하얀 자갈이 깔려 있는 눈부시도록 아름다운 비치이다. 이곳에서 신나게 해수욕과 태닝을 즐겨보자.

⏱ 24시간 개방

비치에서 빠져나온 뒤 라두차 길Ulica Raduča을 따라 환상교차로로 돌아간다. → 프리모슈텐 환상교차로

➕ **PLUS TIP**
돗자리와 수건, 간단한 도시락은 미리 챙겨 갈 것!

FINISH

RECEIPT

볼거리 ·············· 1시간 15분
해수욕 ·············· 1시간 30분
이동 시간 ············· 30분

TOTAL
3 HOURS

교통비 ························ 78kn
스플리트 왕복 버스비 ····· 78kn

TOTAL
78kn
(성인 1인 기준, 쇼핑 비용 별도)

Finish

프리모슈텐 환상교차로

이곳에서 여행을 마치고 버스나 차를 이용해 다음 여행지로 이동할 것. 렌터카 여행자들은 해안 도로에 있는 뷰포인트에서 마을의 모습을 꼭 사진으로 담을 것. 버스 창밖으로도 볼 수 있으니 대중교통 여행자들도 너무 아쉬워하지 말자.

↓ **start**

S. 프리모슈텐 환상교차로
▼
350m, 도보 6분
▼
1. 구시가 입구
▼
100m, 도보 2분
▼
2. 리바 및 산책로
▼
150m, 도보 5분
▼
3. 성 유라이 성당
▼
30m, 도보 1분
▼
4. 성 유라이 길
▼
50m, 도보 1분
▼
5. 말라 라두차 비치
▼
500m, 도보 10분
▼
6. 벨리카 라두차 비치
▼
300m, 도보 5분
▼
F. 프리모슈텐 환상교차로

8. PRIMOŠTEN 프리모슈텐

PRIMOŠTEN 프리모슈텐

TRAVEL INFO
프리모슈텐 핵심 여행 정보

📷 **SIGHTSEEING**

№.1 벨리카 라두차 비치
★★★★★ Velika Raduča

프리모슈텐 구시가 북쪽에 있는 작은 반도의 북쪽 해안을 따라 펼쳐진 비치로, 크로아티아에서 가장 아름다운 비치 중 하나로 손꼽히는 곳이다. 뒤로는 솔숲이 우거져 있고, 작은 만灣을 새하얀 자갈 해안이 둘러싸고 있다. 열대 휴양지를 연상케 하는 신비로운 푸른빛의 맑디맑은 바다에서 마음껏 해수욕을 즐길 수 있다. 극성수기를 제외하면 사람도 많지 않아 마치 전세 낸 듯한 호젓함까지 누릴 수 있다. 샤워 시설과 공공 화장실이 갖춰져 있고 레스토랑이나 바도 쉽게 찾을 수 있다.

📍 **MAP** P.158A ⓘ **1권** P.125 ⓖ **구글 지도 GPS** 43.58968, 15.92217 🚶 **찾아가기** 마을 중심의 환상교차로에서 라두차 길Ulica Raduca를 따라 북쪽으로 올라간다. 구시가나 말라 라두차 비치에서는 말라 라두차 길Ulica Mala Raduca을 통해 바로 연결된다. 🏠 **주소** Raduča ulica, Primošten ⏰ **시간** 24시간 개방

№.2 말라 라두차 비치
★★★★ Mala Raduča

말라Mala는 크로아티아어로 '작다Small'는 의미로, 라두차 비치의 축소 버전이라 할 수 있다. 구시가 입구에 자리하고 있어 구시가의 예쁜 모습을 보며 해수욕과 태닝을 즐길 수 있다. 해수욕을 하지 않더라도 프리모슈텐에 들렀다면 인증샷을 남기기 위해 꼭 들를 것.

📍 **MAP** P.158B ⓘ **1권** P.125 ⓖ **구글 지도 GPS** 43.58752, 15.92334(비치 중심부) 🚶 **찾아가기** 프리모슈텐 구시가 입구 바로 앞에 있다. 구시가 바깥쪽에서 성문을 등지고 왼쪽으로 펼쳐진 해안을 따라가면 금세 찾을 수 있다. 🏠 **주소** Mala Raduča, Primošten ⏰ **시간** 24시간 개방

№.3 성 유라이 성당
★★★ Crkva Sv. Juraj, Church of St. George

프리모슈텐 구시가의 중심에 우뚝 서 있는 성당으로, 최초의 기록은 15세기까지 거슬러 올라갈 정도로 유서 깊은 곳이다. 성당 자체는 썩 인상적이지 않으나, 프리모슈텐 구시가에서 가장 고지대인지라 주변의 풍경을 내려다보기 좋은 일종의 전망 공원으로 사랑받고 있다. 특히 저녁 시간에 석양 풍경이 아름다운 곳으로 유명하다.

📍 **MAP** P.158A ⓖ **구글 지도 GPS** 43.58483, 15.92029 🚶 **찾아가기** 구시가 안에서는 어느 길과도 연결된다. 특히 외곽 산책로에서는 중심로 향하는 계단이라면 어디든 성 유라이 성당과 통한다. 🏠 **주소** A. Kačića Miošića 2, Primošten ⏰ **시간** 24시간 개방

№.4 성 유라이 길
★★★ Ulica Sv. Jurja

성 유라이 성당에서 구시가 입구를 잇는 약 200m의 좁고 거칠거칠한 시골길로, 프리모슈텐 구시가의 관광 중심가라 할 수 있다. 레스토랑과 기념품점이 밀집해 있는데, 재기발랄한 공예품을 선보이는 소규모 공방과 기념품점이 많아 크로아티아 여행의 특별한 기념품을 구입하기 좋다.

📍 **MAP** P.160A ⓖ **구글 지도 GPS** 43.58626, 15.92253(마을 입구 부근 시작점) 🚶 **찾아가기** 구시가 입구 부근 광장에서 입구를 등지고 정면에서 약간 오른쪽으로 치우친 쪽으로 올라가는 길이다. 🏠 **주소** Sv. Jurja, Primošten ⏰ **시간** 24시간 개방

프리모슈텐 구시가 산책로의 모습.
달마티아는 바다와 햇살을 마주하며 느리고
여유 있는 여행을 만끽하는 곳이다.

9 ŠIBENIK
[시베니크]

세계문화유산을 품은 오래된 도시

현재의 시베니크를 두고 대단히 매력적인 관광지라고 말하기는 힘들다. 전쟁 후 복원이 늦었던 탓인지 여기저기 공사 중인 곳도 많고, 개발도도 낮다. 그러나 거칠지만 질박한 거리와 골목에 매력을 느끼는 여행자들, 그 나라 사람들이 살아가는 생활의 체온이 좀 더 잘 느껴지는 도시를 애호하는 여행자들이라면 시베니크에서 깊은 울림을 느낄 수 있을 것이다. 알고 보면 시베니크는 몹시 특별한 곳이기도 하다. 다른 달마티아의 도시들이 대부분 이민족의 손에 의해 만들어진 것과 달리 시베니크는 발칸 반도의 토착 민족이자 크로아티아인의 시조인 '크로아츠Croats'가 만든 도시이기 때문. 근처에 플리트비체에 필적하는 자연 관광지 크르카Krka가 있는 것도 시베니크의 무시할 수 없는 매력 중 하나이다.

MUST SEE 시베니크에서 이것만은 꼭 보자!

№. 1
유네스코 세계문화유산에
빛나는 성 야고보 성당

№. 2
미호빌라 요새 또는 성 아나
공동묘지에서 바다와 리바의
전망 바라보기

№. 3
크르카의 17단 폭포
스크라딘 폭포

MUST EXPERIENCE 시베니크에서 이것만은 꼭 경험하자!

№. 1
크르카에서 물놀이와
하이킹 만끽하기

№. 2
하얀 건물이 가득한
언덕의 골목길 걷기

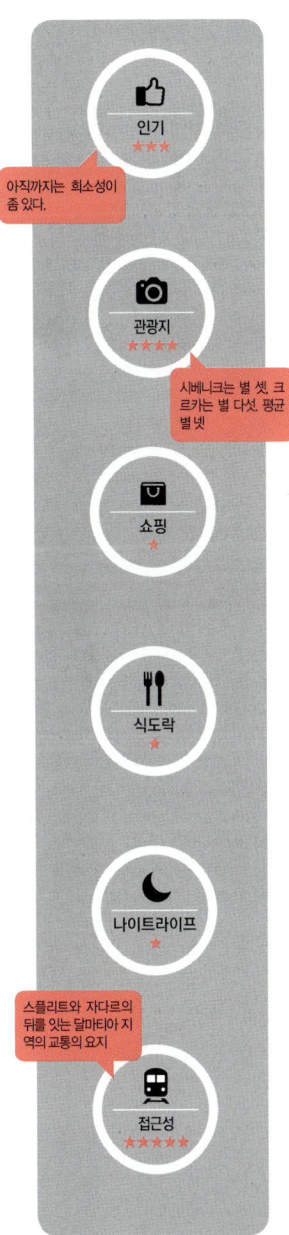

인기 ★★★
아직까지는 희소성이 좀 있다.

관광지 ★★★★
시베니크는 별 셋 크르카는 별 다섯. 평균 별 넷

쇼핑 ★

식도락 ★

나이트라이프 ★

접근성 ★★★★★
스플리트와 자다르의 뒤를 잇는 달마티아 지역의 교통의 요지

TRAVEL MEMO
시베니크 교통편 한눈에 보기

> **시베니크, 이렇게 간다!**

버스로 가기

스플리트와 자다르의 뒤를 잇는 달마티아 지역의 교통의 요지로, 렌터카 여행자는 물론이고 대중교통 이용자들도 자다르에서 스플리트 가는 길에 어렵지 않게 들를 수 있다. 가장 흔한 이동 경로는 다음의 세 가지이다.

① **시베니크 ↔ 스플리트** : 시베니크를 단독으로 여행할 경우 주로 스플리트에서 당일치기를 한다. 버스가 1시간에 1~2대꼴로 있으며 소요시간도 1시간 30분 안팎으로 적당하다. 크로아티아의 시외버스들이 보통 오후 5시 전후에 끊기는 것에 반해 시베니크 ↔ 스플리트 구간의 막차는 오후 9시 30분 전후까지 운행. 상당히 늦은 시간에 이동하는 것도 가능하다.

② **시베니크 ↔ 스크라딘** : 시베니크를 들르는 여행자 중에는 크르카 국립공원이 목적지인 사람들도 많다. 크르카는 스크라딘Skradin이라는 작은 도시 안에 있는데, 스크라딘과 시베니크는 단 30분 거리. 그러나 버스는 하루 5~6번꼴로, 거리가 가까운 것치고는 자주 다닌다고 보기 힘들다.

③ **시베니크 ↔ 자다르** : 달마티아를 북쪽에서 남쪽으로 샅샅이 훑고 싶은 여행자라면 자다르 다음 코스로 시베니크를 택하면 된다. 오전 6시부터 오후 6시까지 1시간에 1대꼴로 다니며, 소요시간은 약 1시간 30분.

> **⊕ PLUS TIP**
> 버스 스케줄 참고 사이트
> · 겟바이버스
> www.getbybus.com

> **⊕ PLUS INFO 시베니크 버스터미널**
> 시베니크 버스터미널은 시내 중심가에서 남동쪽으로 약 500m 떨어진 곳에 위치해 있다. 달마티아 중부의 교통 중심 도시답게 버스터미널의 규모가 제법 큰 편이다. 버스터미널에서 강 하구 쪽과 통하는 남쪽 출구로 나와 오른쪽으로 꺾은 뒤 강을 따라 걸으면 구시가로 쉽게 진입 가능하다.

렌터카로 가기

달마티아의 주요 도시들을 잇는 해안 도로 8번 국도 선상에 있다. 드라이브 중 잠시 들러보는 것을 추천. 1박 이상으로 돌아볼 예정이라면 굳이 시베니크 시내에 숙소를 정할 필요가 없고, 크르카나 달마티아 해안에 있는 차로만 접근이 가능한 숙소를 알아볼 것. 에어비앤비에서 어렵지 않게 찾아볼 수 있다.

> **⊕ PLUS TIP**
> 시베니크 공영 주차장은 버스터미널과 기차역 사이의 약 350m 구간에 길쭉하게 자리 잡고 있다. 당일치기로 여행한다면 이곳에 차를 세우자.

시베니크, 이렇게 돌아보자!

① **당일치기** : 도시 대부분이 언덕 위에 조성되어 걷기 좋은 곳이 아님에도 한 바퀴 돌아보는 데 2시간이면 충분하다. 다음 목적지가 스플리트라면 꽤 늦은 시간까지도 버스 끊길 걱정은 안 해도 된다.

② **스플리트의 대안** : 한 도시에 길게 숙박하며 트로기르와 프리모슈텐을 당일치기로 여행하려는 저예산 배낭여행자는 시베니크를 주목하자. 시베니크는 스플리트에 버금가는 교통망을 가지고 있으면서도 관광객들의 발길이 덜한 때문인지 숙소 가격은 훨씬 저렴하다. 숙소 예약 사이트에서는 큰 차이가 느껴지지 않으나 직접 현지 호객꾼과 부딪쳐보면 차이가 꽤 크다.

③ **크르카** : 시베니크는 달마티아의 주요 도시 중 크르카 국립공원과 가장 가까운 곳으로, 두 곳을 묶어서 여행 일정을 짜는 것을 추천한다. 시베니크에 숙박하면서 크르카를 당일치기로 여행해도 좋고, 크르카를 들른 뒤 다른 도시로 이동하기 전 시베니크에 들러 1~2시간 정도 둘러보는 것도 괜찮다.

9 ŠIBENIK 시베니크

코스 무작정 따라하기
시베니크 2시간 코스

지도상 표시:
- 미호빌라 요새 Tvrđava Sv. Mihovila P.169
- 성 아나 공동묘지 Groblje Sv. Ana P.169
- 성 로브로 수도원 정원 Srednjovjekovni Samostanski Mediteranski Vrt Sv. Lovre P.169
- 성 야고보 성당 Katedrala Sv. Jakova P.168
- 크로아티아공화국 광장 Trg Republike Hrvatske P.168
- 리바 Riva P.169
- 시베니크 버스터미널 Šibenik Autobusni kolodvor

START --- 1 --------- 2 --------- 3 ---------

Start — 리바 입구
Riva

시베니크 구시가 여행은 리바 남쪽 끝 지점에서 시작하는 것이 가장 무난하다. 버스터미널에서 올 경우에는 터미널 남쪽에 있는 강가 쪽 출구로 나와 오른쪽으로 쭉 걸어가면 쉽게 도착한다.
🕐 24시간 개방

강을 왼쪽으로 두고 물길을 따라 직진. → 리바

1 (10m) — 리바
Riva

요트가 줄지어 있는 풍경 때문에 꼭 바다처럼 보이지만 알고 보면 강줄기라는 것이 반전. 최대한 느긋하게 걸으며 풍경을 만끽할 것.
🕐 24시간 개방

리바를 따라 약 400m 직진하다가 오른쪽 구시가 쪽으로 빠지는 보도 및 횡단보도가 나타나면 오른쪽으로 꺾어 길을 건너 계단을 올라간다. → 성 야고보 대성당

2 (20m) — 성 야고보 성당
Katedrala Sv. Jakova, The Cathedral of St. James

실내로 들어가야 이 성당의 장엄한 '포스'를 제대로 느낄 수 있다. 시베니크에서 가장 중요한 볼거리이므로 되도록 시간을 들여 꼼꼼하게 돌아볼 것.
🕐 6-9월 08:00~20:00, 10-5월 08:00~19:00
💰 입장료 15kn

성당 정면 쪽으로 나와 성당을 마주보고 왼쪽으로 간다. → 크로아티아공화국 광장

3 (10m) — 크로아티아공화국 광장
Trg Republike Hrvatske, Square of the Republic of Croatia

광장의 시청사 건물은 시베니크 여행의 좋은 인증샷 포인트 중 하나. 시간이 넉넉하다면 이 근처에서 커피나 맥주를 마시고 갈 것.
🕐 24시간 개방

시청사 왼쪽으로 언덕을 오르는 계단을 따라 올라가다 왼쪽으로 골목이 나오면 꺾어 직진, 또다시 오른쪽으로 골목이 나오면 들어간다. → 성 로브로 수도원 정원

166-167

시베니크의 구시가는 아직 볼거리가 많지 않다. 시베니크에서 숙박하는 여행자든, 오전에 크르카를 돌아본 뒤 시베니크 시내를 잠깐 들렀다 가는 여행자든 넉넉잡아 2시간이면 구시가 안팎의 주요 볼거리를 모두 돌아볼 수 있다. 언덕을 오르내리며 퇴색한 흰빛의 골목을 걷는 재미 또한 다른 도시에서는 경험할 수 없는 시베니크만의 매력이므로 마음껏 즐길 것.

4

10m

성 로브로 수도원 정원
Srednjovjekovni Samostanski Mediteranski Vrt sv. Lovre,
The Medieval Monastery Mediterranean Garden of St. Lawrence

규모는 작지만 아기자기하고 아름답게 꾸며놓은 정원이다. 시베니크에서 가장 눈에 띄는 볼거리라고 할 수 있지만, 입장료를 내야 하므로 돈이 아깝다면 패스해도 좋다.
ⓒ 4월 초·중(부활절)~10월 말 08:00~23:00, 11월 초~4월 초·중(부활절) 09:00~16:00
⑤ 입장료 15kn

골목과 길이 복잡하게 엉켜 있다. 되도록 위쪽으로 향하는 계단이나 경사로로 가다 보면 'Tvrđava Sv. Mihovila' 또는 'St. Micheal Fortress' 등의 표지판이 보이므로 참고할 것.
→ 미호빌라 요새

5

20m

미호빌라 요새
Tvrđava Sv. Mihovila,
St. Micheal Fortress

내부의 볼거리에 비해 입장료가 다소 비싸기는 하나 시베니크에서 딱히 돈 쓸 곳이 없다는 것을 생각하고 이 정도는 기꺼이 투자하자.
ⓒ 3월 09:00~17:00, 4~5월 09:00~20:00, 6~9월 08:00~20:00, 10월 08:30~19:00, 11~2월 09:00~16:00(11~2월 공휴일 휴무)
⑤ 성인 50kn, 어린이(5~18세) 및 학생 30kn

남쪽 성문으로 나간 뒤 성벽을 따라 내려가다 보면 왼쪽으로 문이 보인다. → 성 아나 공동묘지

6

15m

성 아나 공동묘지
Groblje Sv. Ana,
St. Anne's Cemetary

19세기에 만들어진 공동묘지. 미호빌라 요새에 버금가는 전망 포인트이다. 묘지의 풍경 자체도 몹시 아름다워 생각 외로 반하게 되는 곳.
ⓒ 24시간 개방

계단과 경사로를 따라 언덕 아래로 내려온다. → 리바

FINISH

RECIEPT
볼거리 ············ 1시간 25분
이동 시간 ············ 30분

TOTAL
2 HOURS

입장료 ················ 80kn
　성 야고보 대성당 ······ 15kn
　성 로브로 수도원 정원 ·· 15kn
　미호빌라 요새 ········ 50kn

TOTAL
80kn
(성인 1인 기준, 쇼핑 제외)

Finish

리바
Riva

시베니크 구시가 관광은 여기서 끝. 버스터미널로 가서 다음 도시로 이동하거나, 다시 구시가로 들어가 골목 탐색을 해볼 것.
ⓒ 24시간 개방

---

start

S. 리바 입구
↓ 400m, 도보 8분
1. 리바
↓ 60m, 도보 3분
2. 성 야고보 대성당
↓ 30m, 도보 1분
3. 크로아티아공화국 광장
↓ 50m, 도보 3분
4. 성 로브로 수도원 정원
↓ 200m, 도보 6분
5. 미호빌라 요새
↓ 40m, 도보 2분
6. 성 아나 공동묘지
↓ 300m, 도보 7분
F. 리바

9. ŠIBENIK 시베니크

9 ŠIBENIK 시베니크

⊕ TRAVEL INFO
시베니크 핵심 여행 정보

📷 SIGHTSEEING

№.1 성 야고보 대성당
★★★★★ Katedrala Sv. Jakova, The Cathedral of St. James

시베니크의 중심 성당으로, 13~15세기 약 200년의 세월에 걸쳐 이탈리아 중북부와 달마티아 최고의 명장들이 심혈을 기울여 만든 건축물이다. 유네스코 세계문화유산으로 지정된 크로아티아의 대표 문화재이기도 하다. 건축 기간이 길었던 이유로 고딕 양식과 르네상스 양식이 섞여 있다. 크로아티아 성당에서 흔히 보이는 높은 첨탑 대신 독특하게 돔 지붕을 얹었는데, 돔 지붕은 르네상스 시대 당시 최첨단 기술을 동원해야 만들 수 있었다고 한다. 돔 천장의 창문과 벽면 높은 곳에 자리한 스테인드글라스에서 흘러들어오는 햇빛이 어둡고 웅장한 실내에 신비스러운 빛을 채우는 모습을 보면 적지 않은 감동이 느껴진다. 성당 외벽을 장식한 72개의 사람 두상頭狀도 이 성당의 독특한 점 중 하나. 단 한 개도 같은 얼굴이 없으며 얼굴만 보고 직업과 나이를 짐작할 수 있을 정도로 세심한 것이 특징이다. 성당이 축조되던 당시 시베니크 주민들을 모델로 만들었다. 성당 내부 세례소의 성수반 주변의 섬세한 부조도 좋은 볼거리. 역사와 문화를 사랑하는 여행자라면 오로지 이 성당 하나만 보고 시베니크행을 결정해도 후회하지 않을 것이다.

📍 MAP P.166A Ⓖ 구글 지도 GPS 43.735703, 15.889066 Ⓖ 찾아가기 버스터미널 부근에서 바닷가로 난 길을 따라 약 500m 걸어간 뒤 오른쪽으로 'Gradska Vrata' 길이 나타나면 그 길을 따라 언덕으로 올라간다. 한 블록 다음에 성당이 있다. Ⓐ 주소 Trg Republike Hrvatske, Šibenik Ⓞ 시간 6~9월 08:00~20:00, 10~5월 08:00~19:00 Ⓗ 휴무 비정기적 Ⓟ 가격 입장료 20kn

№.2 크로아티아공화국 광장
★★★ Trg Republike Hrvatske, Square of the Republic of Croatia

시베니크 구시가의 중심 광장이다. 한쪽은 성 야고보 대성당, 다른 한쪽은 주랑 Loggia 형식의 아름다운 르네상스-바로크 양식의 건물이 들어서 있다. 이 건물은 16세기에 지어진 시베니크의 시청사로, 제2차 세계대전 때 폭격에 모두 무너진 것을 최근에 복구했다. 시청사 건물 안팎으로 카페와 레스토랑이 다수 자리하고 있어 쉬어가기도 좋다.

📍 MAP P.166A Ⓖ 구글 지도 GPS 43.735729, 15.889358(광장 중심부) Ⓖ 찾아가기 성 야고보 대성당의 정문을 마주보고 왼쪽으로 가면 바로 나온다. Ⓐ 주소 Trg Republike Hrvatske, Šibenik Ⓞ 시간 24시간 개방

№ 3 미호빌라 요새
★★★★ Tvrđava Sv. Mihovila, St. Micheal Fortress

시베니크 구시가 북쪽 가장 높은 지대에 자리한 중세의 요새. 11세기 초에 축성되어 수없이 파괴와 재건을 반복하다 1752년에 현재와 같은 모습으로 완성됐다. 달마티아에서 중요한 전략적 요새로, 크로아티아 중세에서 가장 위대한 왕으로 기록되어 있는 페타르 크레쉬미르 4세(Petar Krešimir IV)가 이곳을 축성하기 시작했다고 한다. 현재는 구시가와 크르카 강을 한눈에 내려다볼 수 있는 시베니크 최고의 전망대로 사랑받고 있다. 여름철에는 뮤직 페스티벌을 비롯한 각종 이벤트가 수시로 열린다. 최근 오랜 공사를 마치고 완벽하게 새 단장해 전망 외에도 다양한 견학 코스 및 박물관을 조성해두었으나 그럼에도 불구하고 볼거리에 비해 입장료는 다소 비싼 편이다.

◉ MAP P.166A ⓖ 구글 지도 GPS 43.737659, 15.889649 ⓒ 찾아가기 구시가에서 북쪽으로 방향을 잡고 오르막 또는 계단을 따라 올라가다 보면 도착한다. 표지판이 곳곳에 있어 찾기 어렵지 않다. ⓐ 주소 Zagrađe 21, Šibenik ⓣ 전화 091-497-5547 ⓢ 시간 3월 09:00~17:00, 4~5월 09:00~20:00, 6~9월 08:00~20:00, 10월 08:30~19:00, 11~2월 09:00~16:00 ⓡ 휴무 11~2월 공휴일(3~10월은 연중무휴) ⓟ 가격 성인 50kn, 어린이(5~18세) 및 학생 30kn ⓗ 홈페이지 svmihovil.sibenik.hr

№ 4 성 아나 공동묘지
★★★ Groblje Sv. Ana, St. Anne's Cemetary

19세기에 조성된 시베니크 최초의 공립 묘지이다. 18세기까지는 가톨릭교도들만이 교회에 부속된 공동묘지에 안장되는 풍속이 있었는데, 19세기부터 종교에 관계없이 시민이라면 누구나 매장될 수 있는 공립 묘지가 생기기 시작했다. 미호빌라 요새 바로 아래쪽에 자리해 요새에 버금가는 풍광을 자랑한다.

◉ MAP P.166A ⓖ 구글 지도 GPS 43.736794, 15.890009 ⓒ 찾아가기 미호빌라 요새 남쪽 아래에 있다. 시내에서는 미호빌라 요새의 표지판이 별도 마련된 표지판을 보고 올라가면 된다. ⓐ 주소 1 Ulica pod tvrđavom, Šibenik ⓢ 시간 24시간 개방

№ 5 리바
★★ Riva

시베니크에도 구시가 인근 강가를 따라 약 500m 길이의 리바가 있다. 동쪽으로는 구시가가 있는 언덕이, 서쪽으로는 크르카 강 하구와 건너편 육지의 모습이 보인다. 스플리트나 트로기르의 리바에 비해서는 소박한 풍경이다.

◉ MAP P.166A ⓖ 구글 지도 GPS 43.733544, 15.891512(동남쪽 버스터미널 부근 시작점) ⓒ 찾아가기 구시가 서쪽, 강가를 따라 산책로가 조성되어 있다. 버스터미널에서는 강 쪽 출구로 나온 뒤 터미널을 등지고 오른쪽 방향으로 약 250m 가면 리바의 시작점을 만날 수 있다. ⓢ 시간 24시간 개방

№ 6 성 로브로 수도원 정원
★★ Srednjovjekovni Samostanski Mediteranski Vrt Sv. Lovre, The Medieval Monastery Mediterranean Garden of St. Lawrence

성 로브로 수도원은 중세에 만들어진 평범한 수도원이었으나 오랫동안 버려진 채로 문을 닫고 있다가 2007년에 수도원과 정원을 모두 새 단장해 문을 열었다. 크로아티아의 유명 조경 전문가 작품이며, 현재 정원은 시베니크 사립 고교 Šibenska Privatna Gimnazija의 교정으로 이용되며 학교에서 관리를 맡고 있다. 지중해에 서식하는 각종 나무와 꽃으로 장식한 정원으로, 규모는 크지 않으나 중세 건물과 화려한 정원이 어우러진 아늑한 풍경이 일품이다. 정원 한구석에는 카페도 마련되어 있다. 그냥 들어가서 구경하는 것은 입장료를 받지 않으나 내부에서 사진을 찍으려면 입장권을 구매해야 한다.

◉ MAP P.166A ⓖ 구글 지도 GPS 43.736473, 15.889460 ⓒ 찾아가기 크로아티아공화국 광장에서 시청사 건물을 마주보면 왼쪽으로 언덕을 오르는 계단이 보인다. 그 계단을 따라 올라가다 왼쪽으로 골목이 나오면 꺾어 직진. 또다시 오른쪽으로 골목이 나오면 들어간다. ⓐ 주소 Strme stube 1(Andrije Kačića Miošića 11), Šibenik ⓢ 시간 4월 초·중(부활절)~10월 말 08:00~23:00, 11월 초~4월 초·중(부활절) 09:00~16:00 ⓡ 휴무 비정기적 ⓟ 가격 입장료(사진촬영비) 15kn

9 ŠIBENIK 시베니크

⊕ ZOOM IN
숲 속에서 즐기는 물놀이, 크르카 국립공원
Nacionalni Park Krka

푸르게 우거진 숲 사이로 장쾌한 폭포가 쏟아지고, 그곳에서 사람들이 물놀이를 한다. 발끝만 담가도 벌금 물 것처럼 생긴 곳에서 사람들이 수영을 하고 있다. 근사한 폭포와 울창한 숲을 배경으로 시리도록 푸른 물속에서 몸을 담글 수 있는 곳이 달마티아에 존재한다. 바로 크르카 국립공원이다. 시베니크 구시가 앞으로 흐르는 크르카 강의 상류 지대로, 카르스트 지형이 발달해 수십여 개의 폭포와 계곡, 숲이 어우러진 장관을 볼 수 있다. 플리트비체와 비슷하나 이곳에서는 물놀이가 가능하다는 결정적인 차이점이 있다. 상당히 넓은 지대에 폭포·호수·계곡·수도원·유적 총 다섯 가지의 포인트가 있으나 교통편이 좋지 못해 모든 곳을 돌아보기 위해서는 렌터카가 필수. 가장 중심지인 크르카 폭포라고도 부르는 스크라딘스키 폭포Skradinski Buk에서 하이킹과 물놀이를 즐기는 것만으로도 크르카에 들른 것을 후회하지는 않을 것이다.

ⓑ 1권 P.88 ⓖ 구글 지도 GPS 43.805605, 15.963348(스크라딘 폭포) ⓖ 찾아가기 크르카 국립공원의 메인 입구인 로조바츠Lozovac로 가기 위해서는 스크라딘Skradin이라는 작은 마을에 있는 선착장에서 셔틀보트를 타야 한다. 스크라딘까지는 시베니크나 스플리트에서 버스를 탄다. 시베니크에서는 약 30분, 스플리트에서는 약 1시간 30분 소요된다. 버스를 이용할 경우에는 굳이 보트를 탈 필요가 없으며 입구까지 바로 갈 수 있다. 티켓은 스크라딘에 있는 관광안내소에서 구입하거나 로조바츠 입구 티켓 판매소에서 구입한다.
ⓛ 시간 11~2월 09:00~16:00, 3월 09:00~17:00, 4월 08:00~18:00, 5월 08:00~19:00, 6~8월 08:00~20:00, 9월 1일~10월 15일 08:00~18:00, 10월 16일~31일 09:00~17:00
ⓢ 가격 ※7세 이하 무료, 6~9월 오후 4시 이후 입장은 90kn

	11~3월	4·5·10월	6~9월
성인	30kn	100kn	200kn
어린이·청소년	20kn	80kn	120kn

ⓗ 홈페이지 www.np-krka.hr/en

SIGHTSEEING

№.1 스크라딘 폭포
★★★★★ Skradinski Buk, Skradinski Waterfall

공원의 메인 입구인 로조바츠Lozovac로 들어가면 가장 먼저 만나는 크르카 국립공원의 첫 번째 포인트이자 관광 중심지이다. 카르스트 지형으로 만들어진 17단의 장엄한 폭포를 중심으로 사방에 검은빛이 돌 정도로 짙푸른 숲이 펼쳐져 있고, 폭포의 가장 아랫단에 형성된 호수와 강물에서 물놀이를 즐길 수 있다. 신비한 빛깔의 파란 물이 층층이 쏟아지는 풍경은 플리트비체에서도 볼 수 없는 크르카만의 장관. 폭포와 숲을 가까이에서 관찰할 수 있는 하이킹 코스도 조성되어 있다. 타월과 돗자리는 미리 준비해 갈 것. 또한 여타 계곡 물놀이와 마찬가지로 샤워장이나 탈의실이 없다는 것도 염두에 두자. 호수 주변에 넓은 규모로 식당 겸 휴게실이 있어 물놀이를 즐긴 뒤 시원하게 맥주를 마실 수도 있다.

◎ MAP P.170 ⑤ 구글 지도 GPS 43.805605, 15.963398 ⑤ 찾아가기 스크라딘에서 셔틀보트를 타고 로조바츠 입구에서 내려 티켓 검사를 한 뒤 약 200m 걸어 들어가면 바로 폭포의 모습을 볼 수 있다. 하이킹 코스는 호수 오른쪽 부근에서 시작한다. ⓒ 시간 24시간 개방

№.2 비소바츠
★★★ Visovac

스크라딘스키 폭포에서 북쪽으로 약 6~7km 떨어진 작은 섬으로, 섬 위에는 1445년에 세워진 프란체스코 수도회의 수도원이 오롯이 자리하고 있다. 스크라딘스키 폭포에서 출발하는 셔틀보트를 타면 이곳까지 갈 수 있다.

◎ MAP P.170 ⑤ 구글 지도 GPS 43.861181, 15.973197(프란체스코 수도원) 43.862627, 15.979162(스티니체 선착장) ⑤ 찾아가기 스크라딘스키 폭포 부근에서 셔틀보트를 탄다. 하이킹 코스 중간 지점에서 비소바츠행 보트 선착장과 이어지는 표지판을 발견할 수 있다. 렌터카 이용자들은 호수를 따라 난 도로를 이용해 레메티치Remetić 또는 스티니체Stinice 선착장으로 이동한 후 보트를 타면 된다.

№.3 로슈키 계곡
★★ Roški Slap

비소바츠에서 6~7km 위에 자리한 계곡으로, 계단식 논처럼 층층이 겹쳐진 모습의 계곡과 폭포를 볼 수 있다. 스크라딘스키 폭포에서 비소바츠를 거쳐 이곳까지 셔틀보트가 연결되며, 소요시간은 약 3시간 30분. 대부분은 렌터카를 이용해서 간다.

◎ MAP P.170 ⑤ 구글 지도 GPS 43.904114, 15.976888(계곡 옆 음식점) ⑤ 찾아가기 스크라딘스키 폭포에서 출발하는 셔틀보트가 비소바츠에서 약 1시간 멈춘 뒤 다시 로슈키 계곡으로 간다. 렌터카 이용 시에는 내비게이션에 'Roski Slap'을 맞춘다. 도로가 복잡하게 꼬여 있는데다 중간에 길이 끊기는 곳도 많으므로 반드시 종이 지도나 구글 지도를 함께 이용할 것. ⓒ 시간 24시간 개방

№.4 크르카 수도원
★ Manastir Krka, Krka Monastery

로슈키 계곡에서 북쪽으로 7~8km 떨어져 있다. 수도원 바로 옆에 있는 교회는 무려 비잔틴 시대에 만들어진 것으로, 역사가 거의 천년을 헤아린다. 교회 지하에는 로마 시대의 지하 무덤인 카타콤도 작은 규모로 남아 있다. 아름다운 계곡의 풍경 속에 오롯이 자리하고 있는 수도원이나 교통이 불편해 당일치기로는 힘들고 주로 크르카 일대에서 1박 이상 숙박하며 자동차로 꼼꼼히 여행하는 사람들이 들른다.

◎ MAP P.170 ⑤ 구글 지도 GPS 43.962500, 15.990019 ⑤ 찾아가기 4~9월에는 로슈키 계곡에서 이곳까지 셔틀보트를 연결해 운행한다.

№.5 부르눔
★ Burnum

크르카 국립공원의 최북단에 자리한 고대 로마 시대의 군사기지와 원형경기장의 유적이다. 외진 곳에 자리한데다 발굴이 계속 진행 중이라 볼거리가 많지는 않다. 이 일대는 보트가 다니지 않아 렌터카 여행자만 올 수 있다.

◎ MAP P.170 ⑤ 구글 지도 GPS 44.019115, 16.018302(원형경기장) 44.017973, 16.025726(군사기지 유적) ⑤ 찾아가기 크르카 수도원에서 서쪽으로 약 3.5km 떨어진 작은 마을 키스타네Kistanje에서 59번 국도를 타고 크닌Knin 방면으로 가다 보면 도로변에 원형경기장과 군사기지 유적이 있다. ⓒ 시간 24시간 개방

10 ISTRA
[이스트라 반도]

아직은 덜 다듬어진 최고의 보석들

이스트라 반도는 크로아티아 서북쪽에서 아드리아해를 향해 비죽하게 튀어나온 반도로, 로빈Rovinj, 포레치Poreč, 풀라Pula, 모토분Motovun 등 작은 도시와 마을들이 촘촘히 박혀 있다. 관광지로 개발이 더뎌 한국 여행자들에게는 잘 알려지지 않았지만 잠재력만은 크로아티아 제일이라고 봐도 좋다. 크로아티아를 천천히 깊게 여행하는 사람들은 이 일대를 크로아티아 최고로 치기도 한다. 아름다운 산과 바다, 순박한 사람들의 미소가 가득한 작은 마을들. 무언가를 보겠다거나 하겠다는 강박관념 없이 그냥 순간순간을 즐기는 여행이 잘 어울린다. 대중교통이 불편하므로 렌터카 여행자들에게 좀 더 적합한 곳이다. 드라마 〈디어 마이 프렌즈〉에 모습을 드러내며 우리나라 여행자들에게도 조금씩 관심을 끌고 있다.

MUST SEE 이스트라 반도에서 이것만은 꼭 보자!

NO. 1
로빈의 저녁노을

NO. 2
모토분의 아침 안개

NO. 3
풀라의 원형경기장 또는 포레치의 유프라시우스 대성전

MUST EAT 이스트라 반도에서 이것만은 꼭 먹자!

NO. 1
향긋한 말바지아 포도로 만든 화이트 와인

NO. 2
정말 귀한 식재료 화이트 트러플이 들어간 음식

MUST EXPERIENCE 이스트라 반도에서 이것만은 꼭 경험하자!

NO. 1
모토분의 패러글라이딩

인기 ★★
아직 한국 여행자들에게는 많이 알려지지 않았다.

관광지 ★★★★
때 묻지 않은 크로아티아의 참모습을 볼 수 있다.

쇼핑 ★
특산물 기념품 쇼핑이 전부

식도락 ★★★★
화이트 트러플, 말바지아 와인, 푸쉬 파스타 등의 특산물이 있다.

나이트라이프 ★
로맨틱한 밤 시간을 보낼 수 있다.

접근성 ★★
대중교통은 상당히 불편하다. 렌터카로 여행하는 것을 추천

TRAVEL MEMO
이스트라 반도 교통편 한눈에 보기

> **이스트라 반도, 이렇게 간다!**

버스로 가기
이스트라 반도는 아직까지 렌터카 여행자들의 전유물이라고 해도 좋을 만큼 대중교통편이 좋지 못하다. 그러나 불편할 뿐 아예 교통편이 없는 것은 아니다. 버스를 이용해 이스트라를 돌아볼 뚜벅이 여행자들은 다음 세 가지의 루트를 택한다

① **자그레브 ↔ 이스트라** : 포레치, 풀라, 로빈 모두 자그레브에서 버스가 하루에 5~6회 다닌다. 소요시간은 4~6시간 정도. 지리적으로 크로아티아의 북부에 해당하므로 자그레브에서 가는 것이 가장 무난하다.

② **플리트비체 ↔ 이스트라** : 플리트비체에서 이스트라까지 직행버스는 아직 다니지 않는다. 자그레브를 경유하거나 자그레브와 플리트비체 사이에 있는 '카를로바츠Karlobac'라는 도시를 한 차례 거쳐야 한다. 카를로바츠에서 로빈, 포레치, 풀라행 버스를 쉽게 찾아볼 수 있으며 소요시간은 3~4시간 정도. 다만 플리트비체 ↔ 카를로바츠에서 카를로바츠 ↔ 이스트라로 갈아타는 타이밍이 딱 맞아떨어지지 않으므로 카를로바츠에서 반나절 정도는 보낼 각오를 해야 한다.

③ **달마티아 ↔ 이스트라** : 달마티아에서 이스트라로 갈 경우 직행버스가 없기 때문에 리예카Rijeka나 오파티야Opatija를 한 차례 거쳐야 한다. 달마티아와 이스트라 사이에 있는 도시로, 두 곳 모두 크로아티아에서는 열 번째 이내의 도시라 교통은 좋은 편이다.

✚ PLUS TIP
11~3월에는 이스트라의 버스편이 아주 뜸해진다. 자그레브 ↔ 리예카 교통편만 정상적이고, 심지어 이스트라 반도 내에서의 버스편조차 그다지 원활하지 못하다. 대중교통 여행자라면 동절기에는 아쉽지만 이스트라 지역을 여행 후보지에서 뺄 것.
버스 스케줄 참고 사이트
• 겟바이버스
  www.getbybus.com

✚ PLUS INFO 몹시 특별한 모토분
모토분은 산꼭대기에 자리한 아주 비밀스러운 마을로, 교통편이 그야말로 극악이다. 정기적으로 편성된 버스가 하루에 두세 편이 채 되지 않는다. 대중교통 여행자라면 준비와 각오를 철저히 할 것. 가능하면 렌터카로 여행하는 것을 권한다.

로빈 버스터미널의 모습

렌터카로 가기
크로아티아 북부에 위치한 지역이므로 자그레브에서 이동하는 것이 가장 좋다. 자그레브에서 E65번 고속도로를 타고 리예카Rijeka로 간 뒤 그곳에서 모토분을 가장 먼저 들른 후 서쪽 해안에 위치한 세 개의 도시를 포레치 → 로빈 → 풀라의 순서로 돌아보는 것이 가장 정석 루트이다.

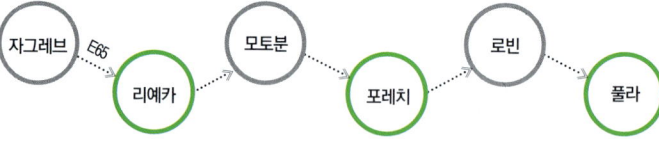

이스트라 반도에서 버스로 움직이기

① **포레치 ↔ 로빈** : 성수기·평수기 모두 버스가 하루 3~4회 있으며 소요시간은 40~50분 정도(비수기 하루 4회). 포레치 → 로빈은 오전 11시와 오후 3시경이, 로빈 → 포레치는 오전 5~6시와 오후 2시경이 이동하기 좋다. 포레치가 좀 더 북쪽에 있고 자그레브나 슬로베니아 국경과 가깝기 때문에 일반적으로는 포레치 → 로빈 순서로 이동하는 경우가 많다.

② **로빈 ↔ 풀라** : 성수기·평수기 모두 버스가 하루 5~6회 있으며 소요시간은 1시간~1시간 30분 정도. 로빈이 좀 더 북쪽에 자리하고 있어 로빈 → 풀라 순서로 이동하는 경우가 많다. 로빈 → 풀라는 오전 6시 30분경에 1회, 그 이후는 낮 12시~오후 5시에 몰려 있고, 풀라 → 로빈은 오전 6시경에 2회, 오후 1~4시에 1시간에 1대꼴로 있으며 오후 6시 이후에도 다닌다.

③ **포레치 ↔ 풀라** : 중간 지점에 로빈이 있기 때문에 두 도시를 직접 오가는 버스는 그다지 이용도가 높지 않다. 소요시간은 1시간 30분 정도, 하루 5~6회 다닌다. 포레치 → 풀라는 주로 오전 9~11시에, 풀라 → 포레치는 오후 2~5시에 집중 운행한다.

이스트라 반도, 이렇게 돌아보자!

① **드라이브가 제 맛** : 이스트라의 해안 도로는 크로아티아에서 가장 아름다운 드라이브 코스 중 하나로 손꼽힌다. 해안 도로를 달리며 작은 도시들을 잠깐씩 들러 중요한 볼거리와 아름다운 순간을 놓치지 않고 즐기는 것이 이스트라 여행의 정석이라 할 수 있다.

② **로빈 필수** : 이스트라의 해안 도시 중 가장 아름답다고 소문난 곳은 단연 로빈. 이스트라에서 숙박할 예정이라면 숙소는 가급적 로빈에 정하는 것을 권한다. 로빈의 저녁노을은 이스트라 반도에서 꼭 봐야 할 것 중 하나. 대중교통으로 여행한다면 부득이 1~2개 도시를 골라서 돌아봐야 하는데, 로빈을 택하면 적어도 후회하지는 않는다.

③ **모토분에 도전** : 모토분 여행은 그 자체로 '도전'이다. 워낙 외떨어져 있는데다 도로가 불편해 아무리 차가 있더라도 가기 쉽지 않다. 특히 대중교통 여행자가 모토분을 여행하려는 건 '무모한 도전'에 가깝다. 모토분을 여행할 생각이 있다면 최소 하루는 온전히 모토분에 할애할 것.

④ **시간은 넉넉하게** : 이스트라 지역은 교통이 좋지 못해 도시 간 이동에 시간을 허비하는 경우가 많다. 모토분은 오가는 데만 꼬박 하루씩 소요될 정도이다. 이스트라 여행을 마친 후 다른 지역으로 이동할 때도 시간이 많이 걸린다. 이스트라에서 달마티아로 이동할 때는 7시간이나 걸리기 때문에 중간에 리예카나 오파티야 등의 도시에서 숙박하는 편이 현명하며, 플리트비체로 갈 때도 중간 경유지인 카를로바츠를 거쳐 이동하다 보면 거의 하루가 소요된다. 대중교통 여행자가 이스트라를 여행하고 싶다면 시간을 넉넉하게 잡는 것이 좋다.

⊕ ZOOM IN
이스트라 해안 여행의 핵심, 로빈 Rovinj

이스트라 반도 서쪽 해안 중부에 자리하고 있는 작은 마을로, 육지에서 바다로 살짝 튀어나온 곳에 자그마한 구시가가 형성되어 있다. 원래는 작은 섬이었는데, 1763년에 섬과 육지 사이의 물길을 복구해 지금과 같은 작은 곶이 되었다. 고대와 중세 내내 로마와 베네치아의 지배하에 있었고, 20세기 초에도 30여 년간 이탈리아의 영토였기에 지금도 이탈리아 색채가 강하게 드러난다. 별달리 할 것이 있거나 대단한 명소가 있는 것은 아니지만, 언덕 위 교회를 중심으로 채도 낮은 파스텔톤의 나지막한 집들이 곶을 동그랗게 둘러싸고 있는 마을의 모습이 아름다워 크로아티아를 통틀어 손꼽히는 인기 여행지로 사랑받고 있다. 볼거리나 할 거리에 대한 강박관념을 버리고 골목과 바닷가를 산책하며 느긋하게 거닐 것.

◉ MAP P.176 ⓑ 1권 P.54 ⓖ 구글 지도 GPS 45.080703, 13.638780(로빈 버스터미널) ⓖ 찾아가기 포레치에서 이동하는 것이 가장 일반적(P.175). 자그레브에서 이동 시에는 4시간 35분에서 7시간 정도 걸린다. 오전 10시 15분에 출발하는 버스가 소요시간 4시간 35분으로 가장 적게 걸리며 시간대도 적절하다. ◉ 주소 Rovinj, Croatia

로빈, 이렇게 돌아보자!

① 넉넉잡아 2시간이면 마을 전체를 돌아볼 수 있다.

② 당일치기로 여행할 예정이라면 가급적 늦은 시간에 방문할 것. 저녁노을과 야경이 일품이다.

③ 해수욕을 즐기고 싶다면 구시가에서 남쪽으로 약 2km 떨어져 있는 물리니 비치Mulini Beach를 추천한다.

④ 아파트와 민박이 흔해 숙소를 구하는 데는 큰 문제가 없고, 현지 조달도 쉬운 편이다. 다만 여름철에는 해수욕 휴양지로 인기가 절정에 오르므로 일찍 예약하는 것을 권한다.

⑤ 마을 중심부에서는 무료 와이파이가 터진다.

> **PLUS INFO**
> 원래 크로아티아어 발음으로는 '로비니'이고, '로빈'은 영어식 명칭이다. 현지에서도 '로빈'으로 흔히 통용된다.

📷 SIGHTSEEING

№.1 대방파제
★★★★ Veliki Mole

구시가 남쪽에서 약 200m 바다를 향해 뻗어 있는 방파제로, 가장 규모가 크다. 구시가의 남쪽 모습이 가장 예쁘게 담기는 로빈의 포토포인트 중 한 곳이다. 사진의 구도가 가장 좋은 곳에는 포토포인트 표지판과 함께 해당 스폿에서 찍은 사진 샘플도 전시되어 있다. 특히 낙조 무렵에 사진이 가장 예쁘게 나오는 곳이다.

◎ **MAP** P.176 ⑧ **구글 지도 GPS** 45.081224, 13.632833(리바와 이어지는 부근) ⓖ **찾아가기** 마을 입구의 광장에서 바닷길을 따라 약 200m 들어간 곳에 있다. ⓛ **시간** 24시간 개방

№.2 성 유페미아 성당
★★★★ Crkva Sv. Eufemije, Church of St. Euphemia

구시가 언덕에 자리한, 로빈의 수호성인인 성 유페미아에게 봉헌된 성당으로, 1736년 바로크 양식으로 지어졌다. 성당에는 약 60m 높이의 종탑이 있는데, 꼭대기에 전망대가 설치되어 있다.

◎ **MAP** P.176 ⑧ **구글 지도 GPS** 45.083300, 13.631052 ⓖ **찾아가기** 마을 중심부 언덕 위로 향하는 계단이나 오르막길을 오르면 나온다. ⓐ **주소** Trg Sv. Eufemije, Rovinj ⓣ **전화** 052-815-615(교구 사무소) ⓛ **시간** 11~4월 10:00~14:00, 5월 10:00~16:00, 6~9월 10:00~18:00, 10월 10:00~16:00 ⓗ **휴무** 11~4월 중 예고 없이 문 닫을 수 있다. ⓟ **가격** 종탑 입장료 20kn

№.3 그리시아 길
★★★ Ulica Grisia

구시가 입구의 광장에서 성 유페미아 성당을 잇는 약 200m 길이의 길로, 로빈 구시가의 중심 도로 중 하나이다. 로빈은 거리의 미술가들이 많은 곳으로 유명한데, 그들이 운영하는 화랑과 스튜디오가 대거 몰려 있다. 조붓한 길에 각양각색의 그림들이 내걸린 모습이 인상적이다. 스튜디오나 화랑 내부는 대부분 사진 촬영 금지.

◎ **MAP** P.176 ⑧ **구글 지도 GPS** 45.082356, 13.633326(구시가 입구 부근) ⓖ **찾아가기** 바닷가나 구시가 초입에서 발비의 아치를 통과해서 가는 것이 가장 정확하다. ⓐ **주소** Ulica Grisia, Rovinj ⓛ **시간** 24시간 개방

№.4 발비의 아치
★★ Balbijev luk, Balbi's Arch

구시가 입구의 광장에서 구시가 안쪽으로 이어지는 곳에 자리한 아치형 돌문으로, 이 문을 지나가면 그리시아 길로 이어진다. 중세 시대의 로빈은 요새였고, 성벽에 총 일곱 개의 문이 있었다. 성벽과 나머지 문은 모두 사라지고 발비의 아치만 남아 있다. 발비의 아치는 17세기에 새로 만든 문으로 아치 맨 윗부분에 사람의 두상이 조각되어 있다.

◎ **MAP** P.176 ⑧ **구글 지도 GPS** 45.082169, 13.634428 ⓖ **찾아가기** 구시가 초입의 광장에서 바로 보인다. ⓛ **시간** 24시간 개방

ZOOM IN
세계문화유산과 휴양이 공존하는 곳, 포레치 Poreč

이스트라 반도 북부 교통의 요지이자 아드리아 해의 푸른 바다와 오렌지빛 태양이 함께하는 자그마한 휴양 도시이다. 주로 크로아티아 북부와 이탈리아, 슬로베니아 등 주변 국가들의 피서지로 사랑받는 곳으로, 리조트와 호텔, 여행사, 레스토랑 등 휴양에 필요한 모든 것을 갖추고 있어 이스트라 여행 시 머물기 좋은 곳이기도 하다. 아름다운 해변과 산책로, 유서 깊은 구시가 등 규모는 작지만 이스트라 반도 특유의 거칠고 소박하면서도 아기자기한 매력을 잘 갖추고 있다. 유네스코 세계문화유산 중 하나인 유프라시우스 대성전이 있어 역사 마니아들의 필수 순례지로 꼽히는 곳이다.

MAP P.178 구글 지도 GPS 45.224496, 13.597655(포레치 버스터미널)
찾아가기 자그레브에서 이동하는 것이 일반적. 자그레브 버스터미널에서 버스가 하루 7~8회 있으며 소요시간은 4시간 30분에서 6시간 정도. 로빈에서 갈 경우에는 버스가 하루 4~5회 있으며 소요시간은 약 40분. 주소 Porec, Croatia

포레치, 이렇게 돌아보자!

① 유프라시우스 대성전 외에는 특별한 볼거리가 없다. 구시가의 크기도 작은 편이라 전부 돌아보는 데 1시간도 채 걸리지 않을 정도. 느긋한 마음으로 분위기를 즐기며 쉬는 곳이라고 생각하는 것이 좋다.

② 이스트라 반도의 주요 관광 도시 중에서 가장 북쪽에 자리하고 있어 이스트라 도시를 하나하나 여행하려면 포레치를 가장 먼저 들르는 것이 무난하다.

③ 모토분을 여행하려는 사람이라면 포레치를 주목할 것. 평일 오후 2시 15분에 모토분으로 가는 정기 버스편이 있다. 그러나 모토분에서 포레치로 돌아오는 버스편은 없다. 자세한 설명은 P.183 참조.

📷 SIGHTSEEING

№.1 유프라시우스 대성전
★★★★★ Eufrazijeva Bazilika, Euphrasian Basilica

6세기경 이스트라 반도가 동로마 제국의 지배를 받을 때 건축된 초기 비잔틴 양식 예배당 유적이다. 비잔틴 시대의 예술적 성취를 가늠할 수 있는 귀중한 유적으로 유네스코 세계문화유산에 등재되어 있다. 당시의 건축물과 프레스코, 모자이크가 이 정도로 온전하게 남아 있는 것은 세계적으로도 아주 드물다고 한다. 역사 및 건축 마니아들은 오로지 이 성당 하나를 보기 위해 포레치에 들르기도 하며, 이스트라 반도를 통틀어 가장 중요한 볼거리로 꼽기도 한다. 해당 분야에 조예가 없더라도 건축물 특유의 투박한 아름다움이 바다와 조화를 이루는 풍경은 상당히 매력적이다. 동쪽 끝 제단의 모자이크가 압권으로, 아기 예수를 중심으로 대천사들과 이스트라 지역의 순교자들을 새겨놓았다. 왼쪽에서 두 번째 있는 인물이 이 성전을 건축한 유프라시우스 주교로, 손에 성전의 모형을 들고 있다. 유적 내에는 16세기에 만들어진 종탑이 있는데, 내부에 전망대가 설치되어 있다. 높이는 그다지 높지 않으나 바다와 포레치 구시가가 인근의 풍경이 소담하게 들어오므로 꼭 올라갈 것.

📍 MAP P.178 ⑧ 1권 P.75 ⑧ 구글 지도 GPS 45.228695, 13.593246(성당 중심부) 45.228312, 13.593251(입구) ⑥ 찾아가기 성벽 북쪽에 맞닿아 있다. 구시가 가장 북쪽에 있는 유프라지예바 길 Eufrazijeva ul.을 찾아간다. 구시가 곳곳에 표지판이 있어 쉽게 찾을 수 있다. 입구가 의외로 수수하므로 주소지를 정확히 찾아갈 것. ⓐ 주소 Eufrazijeva ulica 22, Poreč ☎ 전화 052-451-784 ⏱ 시간 4~6월·9~10월 09:00~18:00, 7~8월 09:00~21:00, 11~3월 09:00~16:00 ⊖ 휴무 일요일 $ 가격 성인 50kn, 학생 25kn, 미취학 아동 무료

№.2 해안 산책로
★★★ Promenade

바다로 살짝 튀어나온 곳에 자리 잡고 있는 구시가의 가장자리를 빙 둘러 산책로가 마련되어 있다. 포레치의 한가롭고 여유 만점의 분위기를 만끽하기 좋은 곳. 산책로 중간중간에 바다로 내려가는 계단이 있는데, 수심이 얕고 물이 맑아 여름철에는 바다에서 해수욕이나 태닝을 즐기는 사람들도 볼 수 있다. 산책로 곳곳에 카페가 있어 쉬어가기 좋다.

📍 MAP P.178 ⑧ 구글 지도 GPS 45.228205, 13.595273(구시가 입구 시작점 부근) ⑥ 찾아가기 구시가 어느 쪽에서든 바닷가로 향하면 산책로와 연결된다. ⏱ 시간 24시간 개방

№.3 데쿠마누스 길
★★ Uliza Decumanus

포레치 구시가의 중심 도로이다. 중세 시대에 깔아놓은 자연석 보도가 그대로 남아 있는 조붓한 길로, 도로보다는 골목이라는 표현이 더 잘 어울리는 곳이다. 기념품점을 비롯한 각종 상점과 카페, 레스토랑이 대부분이 골목에 몰려 있다. 길의 서쪽 끝으로 가면 중세 시대의 탑과 망루 유적도 볼 수 있다.

📍 MAP P.178 ⑧ 구글 지도 GPS 45.227419, 13.595407(동쪽 시작점 부근) ⑥ 찾아가기 구시가 동쪽에 자리한 슬로보데 광장 Trg Slobode에서 바로 이어진다. 슬로보데 광장은 구시가의 입구에 해당하는 곳으로, 버스터미널에서 구시가 쪽으로 갈 경우 바로 만나게 된다. ⏱ 시간 24시간 개방

ZOOM IN
로마 원형경기장의 도시, 풀라 Pula

이스트라 반도 최남단에 자리한 항구 도시로, 로마 시대의 원형경기장이 있는 곳으로 유명하다. 기원전 2세기경부터 로마의 세력권에 속했고, 로마 제국과 해상 왕래가 용이한 천혜의 항구 도시라는 지리적 이점 덕분에 이내 이스트라 반도 및 크로아티아 북부 일대에서 가장 큰 도시로 군림했다. 원형경기장 외에 개선문, 포룸, 요새 등의 유적이 다수 남아 있고 박물관도 여러 곳 있으나 아직까지는 원형경기장 외에 제대로 복구 작업이나 관광지로 정비가 되지 않아 폐허처럼 보이는 곳도 적지 않다. 그러나 앞으로 복원 및 정비 작업이 제대로 진행되고 나면 크로아티아 최고의 역사 여행지로 거듭날 수 있는, '잠재력'이 충만한 도시이다.

ⓜ MAP P.180 ⓖ 구글 지도 GPS 44.876140, 13.854969(풀라 버스터미널)
ⓡ 찾아가기 이스트라 반도 가장 남쪽에 자리해 로빈에서 이동하는 것이 가장 효과적. 버스는 하루 10회 이상 다니나 주로 오후 2~5시에 몰려 있으며, 소요시간은 40분 정도이다. ⓐ 주소 Pula, Croatia

SIGHTSEEING

풀라, 이렇게 돌아보자!

① 대중교통으로 여행할 경우에는 로빈에 숙소를 정하고 당일치기로 들르는 것이 가장 좋다. 단, 여름철에는 풀라 전체가 휴양지 분위기로 물들기 때문에 이곳에서 숙박하는 것도 나쁘지 않다. 포룸 주변에 호스텔, 호텔, 아파트먼트 등 다양한 형태의 숙소가 있다.

② 원형경기장을 중심으로 2~3시간이면 모두 걸어서 돌아볼 수 있다. 버스터미널에서 원형경기장까지 약 200m이고, 다시 원형경기장부터 중심가까지 200m 정도 된다. 버스터미널부터 원형경기장까지는 표지판을, 원형경기장부터 시내까지는 큰길을 따라가면 된다.

No.1 원형 경기장
★★★★ Amfiteatar, Amphitheater or Pula Arena

크로아티아의 가장 대표적인 유적으로, 10쿠나 지폐 뒷면의 도안에도 들어가 있다. 기원전 1세기 목재로 지어졌다가 이후 베스파시아누스 황제가 검투사 경기를 개최하기 위해 석재로 개축했다고 한다. 중세시대 때 성당 건축 등의 자재로 쓰기 위해 이곳의 석재를 뜯어내 크게 훼손되었다가 19세기에 복원되었다. 약 2만 5000명을 수용할 수 있는 규모로, 로마 콜로세움과 비교했을 때 크기는 한참 못 미치지만 건축 연대는 거의 비슷하거나 오히려 앞선다고 한다. 현재 각종 콘서트 및 행사장으로 사용되며 관광객에게도 개방한다. 거의 완벽하게 복원된 외부에 비해 내부는 아직 제대로 복원되지 않아 곳곳에서 허물어진 부분이나 당시의 석재를 쌓아둔 모습 등이 발견된다. 그러나 이런 것들이 오히려 2000년의 역사를 지닌 곳이라는 느낌을 더욱 실감나게 전해준다.

⊙ MAP P.180 ⓑ 1권 P.74 ⓖ 구글 지도 GPS 44.872960, 13.849519(입구 부근) ⓒ 찾아가기 풀라 구시가와 버스터미널 중간에 있다. 표지판을 따라가면 어렵지 않게 찾을 수 있다. ⓐ 주소 Scalierova ul. 30, Pula ⊝ 전화 052-219-028 ⓛ 시간 11~3월 09:00~17:00, 4·10월 08:00~20:00, 5·9월 08:00~21:00, 6월 08:00~22:00, 7~8월 08:00~23:00 ⊖ 휴무 비정기적 ⓢ 가격 성인 50kn, 어린이·학생 25kn(학생증 지참 필수)

No.2 세르기우스 개선문
★★ Slavoluk Sergijevaca, Triumphal Arch of Sergius

'금의 문'이라는 별칭도 있다. 기원전 27년경에 건설된 것으로, 악티움 해전에서 승리를 거둔 풀라 출신의 세르기우스 삼 형제의 공을 기리기 위해 세워진 승전 개선문이다. 중세 시대까지는 성벽에 둘러싸인 풀라 시가의 입구 역할을 했고, 성벽이 거의 사라진 지금에도 구시가의 입구를 알리는 랜드마크 노릇을 하고 있다. 미켈란젤로가 이 개선문의 아름다움에 찬사를 남긴 것으로도 유명하다.

⊙ MAP P.180 ⓖ 구글 지도 GPS 44.86828, 13.84691 ⓒ 찾아가기 풀라 구시가 입구 바로 앞에 있다. ⓛ 시간 24시간 개방

No.3 포룸
★★★ Forum

고대 로마 시대에 공회당이 있던 자리로, 현재는 풀라 구시가의 중심 광장이 되었다. 최근 복구된 아우구스투스 사당 Temple of Augustus과 베네치아 시대에 만들어진 풀라 시청사 Gradska uprava Pula, The city administration of Pula가 광장 북쪽에 사이좋게 서 있다. 그 일대에 카페와 레스토랑, 숙소 등이 대거 몰려 있다.

⊙ MAP P.180 ⓖ 구글 지도 GPS 44.86957, 13.84223(중심부) 44.87014, 13.84187(아우구스투스 신전) 44.87027, 13.84221(풀라 시청사) ⓒ 찾아가기 세르기우스 개선문에서 길을 따라 구시가 안쪽으로 약 350m 들어간다. ⓛ 시간 24시간 개방

ZOOM IN
비밀스러운 천공의 마을, 모토분 Motovun

모토분은 이스트라 반도 내륙에 자리한, 상주인구가 겨우 500명 남짓한 작디작은 산동네이다. 고대 로마 시대부터 14~16세기의 르네상스 시대까지 부농이나 귀족 가문들이 거주지나 별장지로 삼으며 로마네스크·고딕·르네상스 등 시대에 맞는 건축물을 지었다. 이후 외부와 극히 단절된 환경이라 전쟁 등의 영향을 덜 받아 성벽과 교회, 집 등이 옛 모습을 그대로 간직하게 되었다. 눈썰미 있는 여행자들이 찾아와 입소문을 내기 시작했고, 저패니메이션 감독 미야자키 하야오가 〈천공의 성 라퓨타〉를 만들 때 모티프를 얻은 마을로 알려지며 일약 세계적 관심의 대상이 되었다. 현재도 크로아티아에서 가장 관심을 받는 여행지 중 한 곳이나, 워낙 외딴 곳에 있는데다 교통편이 몹시 좋지 못해 여전히 여행자들 손에 잘 닿지 않는 비밀스러운 곳으로 남아 있다.

ⓜ **MAP** P.182 ⓑ **1권** P.56 ⓖ **구글 지도 GPS** 45.336834, 13.828400(구시가) ⓐ **주소** Motovun, Croatia

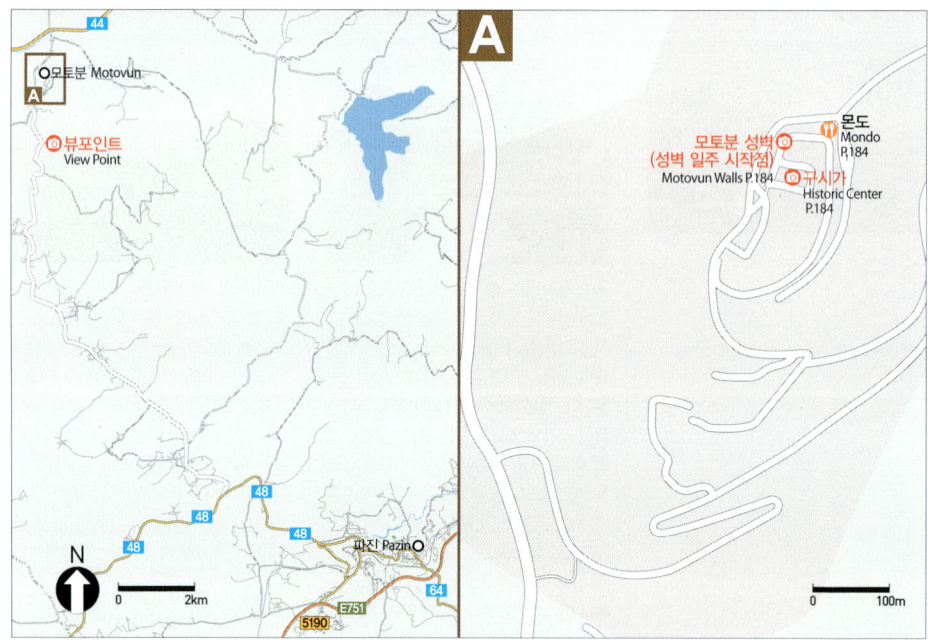

모토분, 이렇게 간다!

모토분은 대중교통편이 극악이라고 해도 좋을 정도로 까다롭다. 아주 복잡하고 까다로워 그냥 없다고 봐도 무방할 정도. 가능하면 렌터카로 여행하는 것을 권하지만, 사정상 꼭 대중교통을 이용해야 한다면 다음의 방법을 참고할 것.

포레치 버스터미널의 모습

① 파진 → 모토분

이스트라의 작은 도시인 파진Pazin에서 버스가 하루 3회 다닌다. 소요시간은 30~40분 정도. 문제는 다른 도시에서 파진으로 이동하는 것이 몹시 까다롭다는 점. 파진 버스 정류장에 터미널 시설이 되어 있지 않아 짐을 맡기거나 다음 버스편을 기다릴 곳이 없는데, 파진에서 모토분행으로 갈아타는 데는 거의 반드시 2~3시간 정도의 텀이 발생하기 때문. 포레치·로빈에서는 오전 10시 전후에 출발해 오전 11시 30분 전후에 도착하는 버스편을 이용해야 하고, 자그레브에서는 오전 7시 55분에 출발해 오전 10시 30분 전후에 도착하는 편이 있다. 짐이 가벼워 맡길 곳이 필요 없는 사람이 아니라면 파진에서 1박을 하는 것이 가장 안전하다. 토·일요일 및 공휴일에는 버스를 운행하지 않는다.

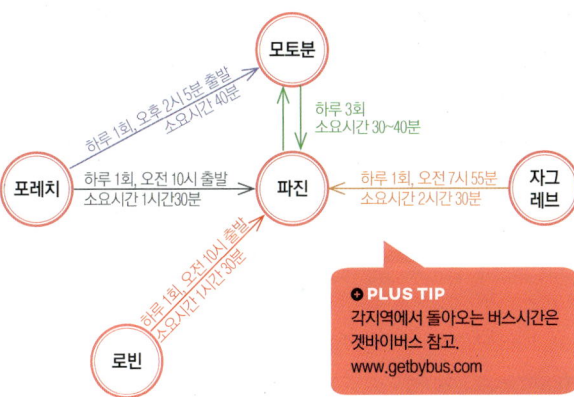

+ PLUS TIP
각지역에서 돌아오는 버스시간은 겟바이버스 참고.
www.getbybus.com

② 포레치 → 모토분

버스가 하루 1회 오후 2시 15분에 출발한다. 소요시간은 약 40분. 포레치에서 숙박한 뒤 천천히 모토분으로 향할 수 있고, 포레치에 오전에 도착한 뒤 짐을 맡기고 한 바퀴 돌아보고 오후에 모토분으로 가는 일정도 가능하다. 다만 모토분에서 출발하는 버스는 오로지 파진행뿐이라는 것을 명심할 것. 파진에서 갈아타고 로빈이나 풀라로 가거나 포레치로 되돌아가는 루트를 짜자. 역시 토·일요일·공휴일에는 버스를 운행하지 않는다.

버스 스케줄 참고 사이트 : www.autotrans.hr

+ PLUS TIP
모토분을 오가는 버스는 일반 대형버스가 아닌 마을버스 같은 작은 버스이다. 크로아티아 전국 버스 예약 사이트인 겟바이버스 www.getbybus.com에서는 찾을 수 없고, 노선을 운행하는 아우토트랜스Autotrans 홈페이지에서 예약 및 스케줄을 확인해야 한다.

③ 택시 이용

파진이나 포레치에서 택시를 이용할 수도 있다. 요금은 편도 약 200kn. 렌트가 불가능한 여행자가 모토분은 꼭 가고 싶지만 시간이 많지 않을 때 최후의 수단으로 선택할 수 있는 방법이다. 택시 예약 사이트를 이용하는 것이 가장 무난하고, 포레치에서는 관광안내소에서 소개받을 수도 있다. 파진에서는 숙박을 했다면 숙소 주인에게 부탁 가능하나 그렇지 않다면 버스 정류장에 적힌 전화번호를 이용해 직접 불러야 한다.

택시 예약 사이트 : www.croatia-taxi.hr

10 ISTRA 이스트라 반도

📷 SIGHTSEEING

№.1 모토분 성벽
★★★★★ Motovun Walls

11~15세기 오랜 세월에 걸쳐 만들어진 모토분의 방어용 성벽으로, 성벽을 따라 모토분을 한 바퀴 돌아볼 수 있는 산책로가 나 있다. 언덕 아래 농가와 논밭의 평화로운 풍경을 한눈에 내려다볼 수 있는 곳으로, 모토분 여행의 하이라이트라 할 수 있다. 특히 이곳에서 바라보는 새벽안개 풍경이 유명한데, 일출 무렵 아랫마을이 새하얀 새벽안개에 덮여 있는 모습은 비현실적일 정도로 아름답다.

📍 MAP P.182 ⓖ 구글 지도 GPS 45.3371, 13.82852 광장에서 성벽으로 연결되는 진입로) 🅖 찾아가기 마을 중심 광장에서 성벽과 바로 이어지는 길이 있다. ⏰ 시간 24시간 개방

№.2 뷰포인트
★★★★ View Point

파진-모토분 간 국도변에 자리한 뷰포인트로, 모토분의 모습을 한눈에 담을 수 있다. 넓은 벌판에 야트막한 동산, 그 동산에 마을이 자리한 모습은 감탄이 절로 나올 정도로 아름답다. 간이식당이 있고 사진을 찍기 좋도록 발판이 설치되어 있다. 대중교통 이용자는 버스 창밖으로 풍경을 즐기자. 렌터카 이용자는 파진에서 모토분으로 와야 찾을 수 있다.

📍 MAP P.182 ⓖ 구글 지도 GPS 45.323738, 13.827260 🅖 찾아가기 파진과 모토분을 잇는 국도변에 있다. ⏰ 시간 24시간 개방

№.3 구시가
★★★★ Historic Center

모토분은 언덕 정상의 구시가와 그 아래 주거지로 나뉜다. 구시가는 대부분 12~16세기 건축된 것으로, 소박하지만 우아하고 고풍스럽다. 성 스테판 성당Sveti Stjepan을 중심으로 자그마한 광장이 있고, 그 주변을 오래된 건물들이 둘러싸고 있다. 단순하고 규모가 작지만, 산꼭대기에 아름다운 마을이 있다는 사실만으로도 충분히 만족스러운 곳이다.

📍 MAP P.182 ⓖ 구글 지도 GPS 45.33693, 13.82838(구시가 입구) 🅖 찾아가기 모토분 중심부에 있다. ⏰ 시간 24시간 개방

🍴 EATING

№.1 몬도
★★★★★ Mondo

특산물인 트러플 요리를 선보이는 레스토랑. 파스타나 리조토 등이 트러플과 만나 특별한 요리로 변신한다. 뉴욕 타임스는 '당신이 평생 갈 수 없을지도 모르는 최고의 레스토랑'이라고 표현했다.

📍 MAP P.182 ⓖ 1권 P.147 ⓖ 구글 지도 GPS 45.337211, 13.829126 🅖 찾아가기 모토분 구시가에서 언덕을 내려오자마자 오른쪽에 있다. 🏠 주소 Barbican 1, Motovun 📞 전화 052-616-918 ⏰ 시간 수~월요일 점심 12:00~15:30, 저녁 18:00~22:00 🚫 휴무 화요일 💰 가격 파스타·리조토 70~150kn, 메인 요리 100~200kn 🌐 홈페이지 www.facebook.com/Konoba-Mondo-Motovun-174688335890143

😊 EXPERIENCE

№.1 패러글라이딩
★★★★ Paragliding

여행 다큐멘터리에 등장한 이후 크로아티아 여행의 최고 로망 중 하나로 등극했다. 상공에서 산꼭대기의 구시가와 푸르른 산지, 평야를 한눈에 담을 수 있어 모토분을 감상하는 최고의 방법. 호주 출신의 패러글라이딩 강사가 운영하는 '패러글라이딩 탠덤 이스트라 Paragliding Tandem Istra'라는 업체가 가장 유명하다. 업체의 홈페이지에서 상담과 예약이 가능하다. 5~11월에만 영업한다.

📍 1권 P.194 ⏰ 시간 5~11월(비정기적) 🚫 휴무 비정기적 💰 가격 700~1,600kn 🌐 홈페이지 www.istraparagliding.com

아침 안개가 걷힐 무렵 모토분 성벽에서 바라본 아랫마을의 모습

세계에서 가장 찾아가기 어려운 맛집 중 한 곳인 모토분의 〈몬도 Mondo〉

OUTRO
크로아티아 영어 회화 무작정 따라하기

크로아티아는 사람들은 일반적으로 영어가 유창하지 않으므로 짧고 간단하며 직관적인 단어나 문장을 주고받는 것이 가장 효율적이다. 문법이나 어법에 크게 구애받지 말고 무례하지 않은 선에서 자신의 용건을 분명한 단어로 전달하자.

공항에서 입국할 때

입국 목적은 관광입니다. [Sightseeing.]
수화물 분실 신고 센터는 어디죠? [Where is the lost & found?]
(유니렌트, 허츠) 카운터는 어디 있죠? [Where is (Uni Rent, Hertz) counter?]
심카드 여기서 파나요? [Do you have a prepaid SIM?]
공항버스 타는 곳은 어디죠? [Where is airport bus station?]
공항버스 막차 끊겼나요? [No more bus today?] or [The final bus had gone?]
택시는 어디서 탈 수 있죠? [I'm looking for a taxi.]

공항에서 출국할 때

루프트한자(터키항공) 카운터는 어디죠? Where is Lufthansa(Turkish Airlines)?
나란히 붙은 좌석으로 주세요. Side by side, please.
창가(복도) 자리로 주세요. Window(Aisle) seat, please.
오버 차지는 얼마인가요? How much for over charge?

호텔에서

저는 예약자 OOO입니다. [I'm OOO.]
부킹닷컴에서 예약했습니다. [I made my reservation at Booking.com.]
오늘부터 3박입니다. [3 nights from today.]

금연실로 주세요. [Non-smoking room, please.]
조식이 몇 시부터죠? [When the breakfast start?]
방을 바꾸고 싶어요. [I want to change my room.]
방에서 와이파이가 안 터져요. [No wifi in my room.]
방에 열쇠를 놓고 문을 잠가버렸어요. [I left my key in the room and door is locked now.]
하루 더 숙박할 수 있나요? [Can I stay another night?]
방값은 어떻게 되나요? 같은 가격인가요? [How the room charge? With same price?]
짐 좀 맡아주세요. [Can you keep my luggage, please?]
오후 4시까지 올게요. [I'll be here until 4pm.]
짐 찾으러 왔어요. [Can I have my luggage back?]
여기서 버스터미널까지 어떻게 가나요? [How can I get to bus terminal from here?]

버스터미널에서

자다르 가는 티켓 주세요. [To Zadar, please.]
내일 갈 거예요. [Tomorrow.]
오후 시간이에요. [In the afternoon.]
좌석 예약해주세요. [Seat reservation, please.]
바다 보이는 창가 좌석으로 주세요. [Window seat, sea view, please.]
예약 바꾸고 싶어요. [I'd like to change my reservation.]
이거 취소하고 싶어요. [I'd like to cancel it.]
플리트비체 가는 막차가 몇 시에 있죠? [When is the last bus to Plitvice?]

장거리 버스 탈 때

플리트비체(두브로브니크, 스플리트) 가는 버스 맞나요? [Plitvice(Dubrovnik, Split)?]
짐값 얼마예요? [How much for luggage?]
여기 제 자리예요. [Hey, This is my seat.]

티켓 안 끊었어요, 얼마예요? [I have no ticket. How much?]

이 버스 와이파이 되나요? [Wi-fi available?]

화장실 가고 싶어요. [I want to go toilet.]

현지에서 숙소 흥정할 때

방 구하고 있어요. [I'm looking for a room.]

2박할 거예요. [I'm gonna stay 2 nights.]

위치가 어디예요? [Where is the location?]

와이파이 돼요? [Wifi ok?]

뜨거운 물 나오나요? [Hot shower ok?]

주방은 있나요? [Do you have a kitchen?]

가까운 곳에 마트 있나요? [Is there any supermarket?]

200쿠나라고요? 160쿠나에 해요. [200kuna? 160.]

에이, 그러지 말고. 160. [Come on. 160.]

알았어요. 그럼 175. [OK. 175.]

체크아웃하고 나서 짐 맡길 수 있나요? [Can I keep my luggage after check-out?]

식당에서

2명이에요. [2 persons.]

창가 자리 비어 있나요? [Is window seat vacant?]

메뉴판 주세요. [Menu, Please.]

오늘 맛있는 생선은 뭔가요? [What is 'Today's Fish'?]

추천 메뉴는 뭐죠? [What is recommend?]

이거 주세요. [Can I have this?]

맥주 한 잔(병) 더 주세요. [Can I have another beer?]

덜어 먹을 접시 좀 주세요. [Can we have a plate to share, please?]

카드 계산 되나요? [Can I pay by credit card?]

계산서 주세요. [Check, please.]

팁이 포함된 계산인가요? [Tip included?]

맛있었어요. [I really enjoyed.]

영수증 주세요. [Can I have a receipt, please?]

공짜 물(수돗물) 주세요. [Can I have (tab) water, please?]

*패스트푸드점 등에서 먹고 갈 거예요. [Eat here.]

*패스트푸드점 등에서 싸 갈 거예요. [Takeaway.]

길 물어볼 때

저기요, 영어 할 줄 아시나요? [Hello, Do you speak English?]

여기 가고 싶은데요. [I'd like to go here.]

여기서 얼마나 멀어요? [How far from here?]

걸어갈 수 있나요? [Is walking distance?]

지도에서 찍어주시겠어요? [Could you spot on the map, please?]

아플 때

감기에 걸렸어요. [I have a cold.]

기침이 심해요. [Coughing badly.]

콧물이 나요. [Runny nose.]

열이 나요. [I have a fever.]

반창고 주세요. [Plaster, please.]

소화제 주세요. [Can I have digestive medicine?]

진통제 주세요. [Painkiller, please.]

불에 데었어요. [Burnt.]

영문 진단서를 가지고 있어요. [I have a medical certificate written in English.]

꼭 알아둘 크로아티아어 회화·단어

Bok 복 : 안녕!
(간단한 인사. 원래는 만날 때 인사이나 헤어질 때도 쓴다.)

Dobra Dan 도브라 단 : 안녕하세요!
(Bok보다 좀 더 격식을 갖춘 인사. 원래는 점심 인사이나
해가 있는 동안에는 아무 때나 쓴다.)

Hvala (흐)발라 : 감사합니다. ('흐'는 거의 들리지 않을 정도로 작게 발음한다.)

Oprostite 오프로스티테 : 실례합니다.

Molim 몰림 : 부탁합니다. (영어의 **please**에 해당. 주문할 때나 부탁할 때 쓸 수 있는 표현.)

Dobro 도브로 : 좋아요. (영어의 **good**. **Hvala**의 대답으로도 쓰인다.)

Voda 보다 : 물

Autobus 아우토부스 : 버스

거리에서 자주 마주치는 크로아티아어

Ljekarna 례카르나 : 약국

Pekara 페카라, **Pekarna** 페카르나 : 빵집

Peron 페론 : 승강장

Ulaz 울라츠 : 입구

Izlaz 이츨라츠 : 출구

Kolodvor 콜로드보르 : 역 또는 터미널

Odlazak 오들라착 : 출발

Dolazak 돌라착 : 도착

Dobro došil 도브로 도쉴 : 환영합니다.

Blagajna 블라가이나 : 계산대, 티켓 창구

Pozor! 포조르 : 주의!

Razina 라지나 : (건물의) ~층

Trg 트르그 : 광장

Cesta 세스타 : 길

Uliza 울리차 : 길

INDEX

A
3섬 투어 P.82
G.E.A 갤러리 P.55
P3 휴게소 P.107

ㄱ
가바노바츠 호수 P.106
거소 유적 P.125
고고학 박물관 P.47
공예 예술 박물관 P.47
구시가 P.46
군둘리치 시장 P.81
그라딘스코 호수 P.106
그레고리우스 닌 주교의 동상 P.118
그리시아 길 P.177
그린 케이브 P.121
글라스 보스 투어 P.82

ㄴ
나달리나 P.127
나로드니 광장(스플리트) P.123
나로드니 광장(자다르) P.144
나투라 달마티차 P.127
남문/동의 문(스플리트) P.125
네움 P.58
녹투르노 P.54

ㄷ
'다섯 개의 우물' 광장 P.142
대방파제 P.177
데쿠마누스 길 P.179
도니 그라드 P.46
돌라치 시장 P.55
돌의 문 P.52
돌체 비타 P.81
동문/은의 문 P.124
두브라비차 P.48
두브로브니크 구시가 P.70
두브로브니크 대성당 P.75
두브로브니크 성벽 P.70
두브로브니크 케이블카 P.71
드 비노 P.80

ㄹ
라디체바 거리 P.52
라스토케 민박촌 P.109
라파드 P.73
레오나르도 P.54
레이디 피피 P.79
로만 포룸(자다르) P.143
로브레나치 요새 P.71
로슈키 계곡 P.171
로지아(흐바르) P.135
로칸다 페스카리야 P.80
로트르슈차크 탑 P.53
록스 P.85
루자 광장 P.76
루차스 P.119
리바(스플리트) P.118
리바(시베니크) P.169
리바(자다르) P.143
리바(트로기르) P.153

ㅁ
마라스카 P.145
마르몬토바 거리 P.120
마르얀 언덕(전망대) P.118
마르얀(레스토랑) P.119
말라 라두차 비치 P.160
말라 브라차 약국 P.82
모토분 구시가 P.184
모토분 성벽 P.184
몬도 P.184
몬테네그로 투어 P.83
믈리예트 섬 P.72
미마라 박물관 P.47
미호빌라 요새 P.169
밀라노바츠 호수 P.106

ㅂ
바다의 문 P.144
바다의 오르간 P.142
바라쿠다 P.80
바빈 쿡 P.73
바츠비체 비치 P.119
반 옐라치치 광장 P.46
반예 비치 P.71
발비의 아치 P.177
베네딕트 수도원 유적 P.85
벨리카 라두차 비치 P.160
벨리키 폭포 P.107
보니 비치 P.135
보반 P.48
보스니아-헤르체고비나 투어 P.83
보조니 광장 P.124
부르눔 P.171
부자 게이트 P.78
부자 바 P.79
북문(트로기르) P.152
북문/금의 문(스플리트) P.125
뷰포인트(모토분) P.184
브라치 섬 P.121
브로큰 릴레이션십 뮤지엄 P.52
비소바츠 P.171
비스 섬 P.121
빌리 산 P.120

ㅅ
사해 P.85
상단부(플리트비체) P.106
서문/철의 문 P.124
서프 앤 프라이즈 P.145
선착장(로크룸) P.85
성 도나트 성당 P.143
성 돔니우스 대성당 P.123
성 돔니우스 대성당 종탑 P.123
성 로브로 대성당 P.152
성 로브로 대성당 종탑 P.152
성 로브로 수도원 정원 P.169
성 마르코 성당 P.51
성 마리야 성당 P.53
성 블라호 성당 P.75
성 스테판 광장 P.134
성 스토시야 성당 P.143
성 스파사 성당 P.78
성 아나 공동묘지 P.169
성 야고보 성당 P.168
성 유라이 길 P.160
성 유라이 성당 P.160
성 유페미아 성당 P.177
성 이그나치예 성당 P.78

191

성 카타린 성당 P.52
성모 마리아 기념탑 P.52
세르기우스 개선문 P.181
슈플랴라 동굴 P.107
스르지 산 전망대 P.71
스크라딘 폭포 P.171
스타리 그라드(흐바르) P.135
스파뇰라 요새 P.134
스폰자 궁전 P.77
스플리트 구시가 P.118
스플리트 생선 시장 P.121
스플리트 티 하우스 P.120
슬라스티차르나 리바 P.120
슬로빈 유니크 라스토케 P.109
시계탑 & 로지아(트로기르) P.152
시로카 거리 P.144
시티 뮤지엄 P.124

아가바 P.54
아로마티카 P.55
아르니르 예배당 첨탑 P.119
아바쿠스 피아노 바 P.72
아스날 P.135
아쿠아 P.82
열주 광장 P.123
오노프리오 분수 P.77
오파토비나 공원 P.53
옥토곤 P.49
올드 포트 P.76
원형경기장 P.181
유프라시우스 대성전 P.179
육지의 문 P.144
의장 궁전 P.77
이바나 파블라 2세 광장 P.153
일리차 거리 P.46

ㅈ
자그레브 구시가 P.46
자그레브 국립극장 P.47
자그레브 대성당 P.51
자그레브 아이 P.47

주피터 신전 P.124
즈리네바츠 공원 P.48
지하궁전 P.125
지하시장 P.126

ㅊ
차브타트 P.73
청과물 시장(스플리트) P.120
츠비예트니 광장 P.47
츠비예트니(쇼핑몰) P.49
치오보 섬 P.153

ㅋ
카메를렝고 요새 P.153
카약 투어 P.72
카페 룩소르 P.126
카페 페스티벌 P.81
칼루제로바츠 호수 P.106
코노바 메네고 P.135
코드 요제 P.119
코르나트 P.144
코르나티 국립공원 투어 P.145
코르출라 섬 P.73
코르출라(레스토랑) P.48
코마르다 P.72
코자크 호수 P.107
콜로바레 비치 P.144
크라바타 P.55
크라쉬 P.49
크레쉬미로바 길 P.127
크로아타 P.49
크로아티아 공화국 광장 P.168
크로아티아 나이브아트 뮤지엄 P.53
크르카 수도원 P.171

타지 마할 79
태양의 인사 P.142
테크 카페 P.126
토니 P.81
토미슬라브 대왕 광장 P.48
트루바도르 재즈 카페 P.81

트릴로기야 P.54
트칼치체바 거리 P.51

파노라마 레스토랑 P.72
파노라마 보트 투어 P.82
파브리카 산책로 P.134
판 펙 P.48
패러글라이딩 P.184
페트로 P.109
펫 부나라 P.145
포룸(풀라) P.181
폰타 게이트 P.78
폴랴나 레스토랑 P.107
푸니쿨라 P.53
프란체스코 수도원박물관(흐바르) P.134
프란체스코 수도원(두브로브니크) P.77
프로슈찬스코 P.106
프리마 백화점 P.121
플라차 거리 P.75
플로체 게이트 P.78
피가 P.126
피의 다리 P.53
피페 P.119
필레 게이트 P.76

하단부(플리트비체) P.106
해안 산책로(포레치) P.179
호텔 예거호른 P.49
호텔 예제로 레스토랑 P.107
히스토리 카페 P.55

사진 제공

군둘리치 시장 RnDmS / Shutterstock.com
이바나 파블라 2세 광장 Michail Surma / Shutterstock.com
자그레브 국제공항 Damir Sencar / Shutterstock.com, paul prescott / Shutterstock.com
치오보 섬 Joymsk140 / Shutterstock.com